Freiraum und Innovationsdruck

KIRCHE IM AUFBRUCH

Reformprozess der EKD

Herausgegeben vom Kirchenamt der EKD

Band 12

Freiraum und Innovationsdruck

Der Beitrag ländlicher Kirchenentwicklung in „peripheren Räumen" zur Zukunft der evangelischen Kirche

Herausgegeben vom Kirchenamt der EKD

EVANGELISCHE VERLAGSANSTALT
Leipzig

Die Studie „Alternative Formen kirchlicher Präsenz in Peripherieräumen – Eine aufsuchende Analyse“ wurde in Auftrag gegeben unter großzügiger finanzieller Unterstützung der *Akademoe der Versicherer im Raum der Kirchen*.

Versicherer im Raum der Kirchen
Die Akademie
Eine Einrichtung der Bruderhilfe · Pax · Familienfürsorge

Bibliographische Information der Deutschen Nationalbibliothek
Die Deutsche Nationalbibliothek verzeichnet diese Publikation in der Deutschen Nationalbibliographie; detaillierte bibliographische Daten sind im Internet über http://dnb.dnb.de abrufbar.

Printed in EU · H 7979

Das Buch wurde auf alterungsbeständigem Papier gedruckt.

Gesamtgestaltung: Kai-Michael Gustmann, Leipzig
Umschlagfoto: © TOM – Fotolia.com
Druck und Binden: GRASPO CZ a. s., Zlín

ISBN 978-3-374-03885-5
www.eva-leipzig.de

Geleitwort

Eine der wesentlichen Herausforderungen für die Evangelische Kirche in Deutschland im 21. Jahrhundert ist die Frage nach Bedingungen und Möglichkeiten kirchlicher Präsenz in ländlich-peripheren Räumen. Denn hier werden die Auswirkungen der demographischen Veränderungen in besonderer Weise spürbar: Nachdem Schule, Poststation und Arztpraxis längst nur noch in der weit entfernten Kreisstadt zu finden sind, haben oftmals auch bereits der Lebensmittelladen und die Gaststätte geschlossen. Öffentlicher Nahverkehr existiert lediglich als Schulbus. Junge Menschen sind in die Ballungszentren abgewandert. Wirtschaftliches und soziales Leben erodiert. Umso nachdrücklicher wird die Erwartung formuliert, dass wenigstens „die Kirche im Dorf bleiben" müsse. Doch auch die kirchlichen Strukturen sind mancherorts längst überdehnt, Konzentrationsbemühungen ausgereizt, die haupt- und ehrenamtlichen Mitarbeiterinnen und Mitarbeiter an die Grenzen ihrer Leistungsfähigkeit gestoßen.

Das prägende kirchliche Leitbild ist seit etwa 150 Jahren das einer parochialen Ortsgemeinde, gruppiert um Kirchturm und Pfarrhaus. Die Landkarte kirchlicher Präsenzformen wird zukünftig jedoch bunter und vielfältiger sein müssen, als man sie sich zurzeit vorstellen kann. Daraus resultiert neben Innovationsdruck auch ein hohes Maß an konzeptionellem und praktischem Freiraum. Der hohen Bedeutung dieses kirchlichen Entwicklungsfeldes steht ein großes kirchliches Nichtwissen gegenüber. Zwar ist davon auszugehen, dass EKD-weit zahlreiche Projekte und Modelle des kreativen Umgangs mit kleinen Gemeindegliederzahlen auf großer Fläche praktiziert werden oder sich in Planung befinden; eine Analyse solcher alternativer Modelle gelingender kirchlicher Präsenz in peripheren Räumen auf der Basis belastbarer empirischer Daten fehlte bislang jedoch.

Diesem Desiderat widmen sich die beiden hier vorgelegten Studien mit je eigenen Ansätzen und Fokussierungen. Sie gehören hinein in die neue kirchliche Aufmerksamkeit für die „Kirche auf dem Land", nachdem in der jüngeren Vergangenheit die „Kirche in der Stadt" ganz im Fokus stand.

Die Bonner Studie verfährt unter dem Titel „Aufsuchende Analyse" deduktiv. Sie geht von einer Kirchentheorie aus. Aus ihr werden die Typen von zu untersuchenden Praxisbeispielen gewonnen. Die Analyse der Beispiele dient der Kontrolle der Theorie: Wo erfüllen sich die Erwartungen? Welche Überraschungen gibt es, die zu Modifikationen der leitenden Theorie beitragen? Hohes Gewicht wird in der Analyse auf die Kommunikation im Interview selbst und auf die Rollenbeschreibungen der Pfarrer/innen und der Ehrenamtlichen gelegt.

Die Greifswalder Studie „Landaufwärts" folgt dagegen einem induktiven Ansatz: Sie definiert eingangs nur die Kriterien Land, Mission und Innovation. Daraufhin sucht sie aus einer hohen Zahl von Beispielen heraus, welche Merkmalsgruppen vorkommen. Zu denen wird dann jeweils ein repräsentatives Beispiel genauer untersucht. Die Analyse vergleicht die „Fingerabdrücke" und benennt Spezifika innerhalb der Kategorien. Auf der Suche nach einer Prozessgrammatik fragt sie nach Ingredienzen des Anfangs, ihrer sachlichen und zeitlichen Ordnung.

Auch hinsichtlich der inhaltlichen Fokussierung ergänzen sich die beiden Studien: Während die Greifswalder Studie in besonderer Weise nach die Parochie transzendierenden Einzelprojekten und ihrem missionarischen Bewusstsein fragt, legt die Bonner Studie den Schwerpunkt eher auf parochial strukturierte Gemeinden und die Frage nach der Erfüllung des kirchlichen Auftrags bei abnehmenden Ressourcen. Interessanterweise gelangen die beiden Studien aus ihrem je unterschiedlichen Blickwinkel zu einem zentralen Ergebnis, indem sie feststellen: Bemühungen um missionarische Innovation und Bemühungen um Weiterführen des Bisherigen bei verringerten Ressourcen sind keine reine Alternative, sondern abhängig von den konkreten Rahmenbedingungen in spezifischen Mixturen sinnvoll. In der Bonner Studie zeigt die Analyse der Beispiele: Damit das Bisherige bewahrt werden kann, ist oftmals ein hohes Maß an Innovation nötig (etwa in Sachen Rollenverteilung und Muster der räumlichen bzw. zeitlichen Präsenz). Korrespondierend dazu zeigt die Analyse der Beispiele in der Greifswalder Studie: Wenn die Innovationen funktionieren, binden sie meist auch herkömmliche Strukturen (Gebäude, Hauptamtliche) ein.

In dieser Korrespondenz zeigt sich die besondere Qualität dieses Bandes: Hier werden nicht nur zwei thematisch ähnlich gelagerte Studien additiv publiziert, sondern die Ergebnisse werden gezielt miteinander ins Gespräch gebracht. Das schärft den Blick für Besonderheiten, für Gemeinsamkeiten und für Fragen. Diese werden im abschließenden Teil zur weiteren Diskussion markiert.

Unser Dank gilt den Autoren. Sie haben sich über das eigene Forschungsinteresse hinaus den Ergebnissen der jeweils anderen Studie intensiv gewidmet. Den damit verbundenen Mehraufwand nahmen sie in bewundernswerter Weise an.

Zugleich geht ein ausdrückliches Danke an alle Projektverantwortlichen. Bereitwillig gaben sie in Interviews Auskunft, präsentierten nicht allein Gelungenes, sondern ermöglichten auch Einsichten in Widerstände. Die Studien sind damit zugleich ein Abbild für das bemerkenswerte Engagement, das an vielen weiteren Orten unsere Kirche prägt und trägt.

Ein besonderer Dank gilt den Trägern der Studien, dem Institut zur Erforschung von Evangelisation und Gemeindeentwicklung der Ernst-Moritz-Arndt-Universität Greifswald für die Studie „Landaufwärts – Innovative Beispiele missionarischer Praxis in peripheren, ländlichen Räumen" sowie der Akademie der Versicherer im Raum der Kirchen, der Evangelischen Kirche in Deutschland und der Evangelischen Kirche von Kurhessen-Waldeck für die Bonner Studie „Alternative Formen kirchlicher Präsenz in Peripherieräumen – Eine aufsuchende Analyse".

Oberkirchenrat Dr. Konrad Merzyn

Inhaltsverzeichnis

I
Thematische Einleitung

Eberhard Hauschildt/Thomas Schlegel

Die beiden folgenden Studien liefern Detailforschung dazu, wie Kirche in ländlichen Räumen in der Gegenwart aussieht und aussehen kann. Solche Darstellung steht in bestimmten Kontexten. Die beiden Studien widmen sich dem gerade vielfach diskutierten Thema „Land", und sie fragen nach Gestaltung von „Kirche". Sie gehören hinein in die neue kirchliche Aufmerksamkeit für die „Kirche auf dem Land", nachdem über einige Zeit die „Kirche in der Stadt" ganz im Fokus stand, und hinein in ein entstehendes Gebiet praktisch-theologischer Forschung.

Darum sind hier drei allgemeinere und gemeinsam verfasste Abschnitte vorangestellt. Deren erster stellt vor, was heute unter dem Begriff „Land" verstanden werden kann (1.). Ein zweiter gibt einen gerafften Überblick über den Stand der kirchlichen Bemühungen zum Thema und der Forschungen in der Praktischen Theologie dazu (2.). Schließlich folgen einige kirchentheoretische Vorüberlegungen (3.).

1 Was ist Land und was sind „periphere Räume"?

Wenn in der vorliegenden Studie „das Land" als Umfeld kirchlicher Arbeit in den Blick gerät, so tauchen in der gewöhnlichen Vorstellung schnell einigermaßen eindeutige *Bilder auf von Natur und Acker und Vieh und kleinen Dörfern, in denen die Menschen sich kennen*. Szenen attraktiver ursprünglicher Idyllen oder auch abschreckender Traditionalität und Engstirnigkeit stellen sich schnell ein. Jedoch offenbart sich diese Einschätzung als oberflächliche Wahrnehmung. Einer der besten Kenner des ländlichen Raumes, Gerhard Henkel, schrieb schon vor Jahren dazu: „Der ländliche Raum ist nicht leicht zu fassen. Er ist vielfarbig und tiefgründig zugleich, von sehr unterschiedlichen Wandlungsprozessen betroffen; seine ausgeprägten regionalen und lokalen Individualitäten, seine vielschichtigen Potentiale und Probleme, entziehen sich einer schnellfüßigen Darstellung und Generalisierung."[1] Diese Einschätzung dürfte angesichts der zunehmenden Differenzen zwischen den Teilräumen Deutschlands (Ost und West, Nord und Süd) heute sogar noch zutreffender sein. Der Raumordnungsbericht des Bundes konstatiert entsprechend, dass das Land *„weniger denn je eine einheitliche Raumkategorie"*[2] darstellt.

Um „Land" aber dennoch einigermaßen exakt beschreiben zu können, rekurriert die Forschung auf einzelne „Basisstrukturmerkmale", wie es in der aktuellen Raumtypisierung des Bundesinstitutes für Bau-, Stadt- und Raumforschung (= BBSR) von 2010 heißt.[3] Dazu gehört zunächst *„Besiedelung"*, was in die beiden Komponenten „Bevölkerungsdichte und Siedlungsflächenanteil" zerfällt: „Hoch verdichtete Gebiete stehen genau wie hohe Siedlungsabdeckung für städtisch geprägte Umgebung und gering verdichtete Gebiete

1 Gerhard Henkel, Der ländliche Raum. Gegenwart und Wandlungsprozesse seit dem 19. Jahrhundert in Deutschland, Berlin u. a. 2004[4], 17.

2 Bundesamt für Bauwesen und Raumordnung (Hg.), Raumordnungsbericht 2005, (Berichte Band 21), Bonn 2005, 203 (Kursivierung nicht im Original). Besonders radikal ist Birgit Hoyer, Seelsorge auf dem Land. Räume verletzbarer Theologie (Praktische Theologie heute 119), Stuttgart 2011, 14 f., die für ihr Buch konstatiert: „Dem Land fehlt jegliche Einheitlichkeit – und so muss auch zwangsläufig dieser Arbeit daran mangeln, weil sie sich den Bewegungen ländlicher Räume aussetzt." Die Suche „nach einer Definition, nach Kriterien, Grundstrukturen und letztlich einer Konzeption für den ländlichen Raum und die Kirche auf dem Land ... ist gescheitert ...".

3 Bundesinstitut für Bau-, Stadt- und Raumforschung im Bundesamt für Bauwesen und Raumordnung (Hg.), Raumtypen 2010, Bonn 2010, unter: <http://www.bbsr.bund.de/cln_032/nn_1067638/BBSR/DE/Raumbeobachtung/Raumabgrenzungen/Raumtypen2010__vbg/Raumtypen2010__alt.html> (zuletzt aufgesucht am 20. September 2014).

und hoher Freiraumanteil für ländlich geprägte Umgebung."[4] Das zweite Basisstrukturmerkmal ist die „*Lage*" eines Gebietes im Verhältnis zu den großen Agglomerationsräumen.[5] Je länger der Weg in das nächste große Zentrum, umso peripherer liegt ein Ort innerhalb der Bundesrepublik. Die Pendlerverflechtungen sinken dabei signifikant mit zunehmender Dauer für eine zurückzulegende Wegstrecke.[6]

Diese Typisierung schreibt im Wesentlichen die Ansätze des Raumordnungsberichtes von 2005 fort. Dort wurde Deutschland aufgrund der beiden Kernindikatoren „Bevölkerungsdichte" und „Zentrenerreichbarkeit" geografisch aufgeteilt und „ohne Bezug auf administrative Grenzen" als „weich abgegrenzte Zonen" dargestellt. Am Ende erhält man *drei Grundformen von Raumstruktur*, die jeweils noch einmal untergliedert werden: *Zentralraum, Zwischenraum und Peripherraum*. Nur 11% des Bundesgebietes können als Zentren mit hohen Verdichtungen (ca. 1.000 EW/qkm) gelten. In ihnen leben ca. 50% der Bürger. Die Zentren sind verbunden durch „korridorartige Zwischenräume", die ca. 30% des Bundesgebietes ausmachen (ca. 200 EW/qkm). Dort lebt etwa ein Viertel der Menschen. Von besonderem Interesse ist hier allerdings der Peripherraum. Es handelt sich um „dünn besiedelte Gebiete [...] mit größeren Entfernungen zu den Zentren." Die Dichtestufe bewegt sich zwischen 50 EW/qkm (Peripherraum sehr geringer Dichte) und 150 EW/qkm (Peripherraum mit Verdichtungsansätzen). Etwa 58% der Fläche Deutschlands entfällt auf diesen Raumtyp, in dem ca. ein Viertel der Einwohner leben.[7] Sämtliche Greifswalder Beispiele und ebenso die meisten der Bonner stammen aus Orten in peripherer Lage und mit ländlicher Besiedlung unterhalb der Bevölkerungsdichte in Zwischenräumen.

Auch wenn diese Typisierung von 2005 nicht mehr die aktuellste ist, sei im Folgenden darauf Bezug genommen.[8] Dies liegt zum einen darin begrün-

---

4 A.a.O.

5 Mit dieser Raumtypisierung wird nicht nur die Pluralität ländlicher Räume unterstrichen, sondern auch einem gängigen Klischee widersprochen: Als würde man auf dem Dorfe immer entlegen und fernab jeder urbanen Dynamik wohnen. Immerhin 11,3% der Fläche Deutschlands sind „überwiegend ländlich" strukturiert, liegen aber „zentral bzw. sehr zentral" – es handelt sich vorwiegend um Dörfer im Umfeld der Ballungsräume.

6 Eine BBSR-Umfrage im Jahr 2002 hat ergeben, dass „sich Kontakt- bzw. Verflechtungsintensität bei Berufspendlern mit zunehmender Wegedauer etwa alle 10 bis 15 min" halbiert (vgl. BBSR, Raumtypen 2010).

7 Vgl. zum Ganzen: Raumordnungsbericht 2005, 15–22. Nach dem Raumordnungsbericht 2011, der nach anderer Nomenklatur verfährt, wären dies die *Räume mit ländlicher Siedlungsstruktur in einer peripheren bzw. sehr peripheren Lage*. Sie machen 49,4% der Fläche Deutschlands aus, 13,1% der Bewohner leben und 7,9% der Beschäftigen arbeiten hier.

8 Genauer müsste man sagen: Für die Analyse der einzelnen Orte orientieren wir uns – aus genannten Gründen – an den Indikatoren von 2005. Was die Einstufung der Siedlungen in die Raumtypen 2010

det, dass sich „Wandeln und gestalten“, das maßgebende Papier der EKD aus dem Jahre 2007, mit den Vorschlägen einer kirchlichen Raumaufteilung ebenfalls daran anlehnt. So entspricht der kirchliche Raumtyp 1: „Strukturschwache Räume“ (EKD) dem „Peripherraum sehr geringer Dichte“ (BBSR) bzw. die Typen 2 „Periphere Räume mit einzelnen Entwicklungsfeldern“ (EKD) und 3 „Periphere Räume mit ausgesprochener Eigendynamik“ (EKD) dem „Peripherraum mit Verdichtungsansätzen“ (BBSR). Die Beispiele guter missionarischer Praxis aus der Greifswalder Studie bewegen sich allesamt innerhalb der ersten beiden Raumtypen von „Wandeln und gestalten“, denen dort keine bzw. nur punktuelle Wachstumsperspektiven zugebilligt werden. Wenn man nach dem Grund für diese Prognose fragt, stößt man auf das zweite Argument für die Raumtypen von 2005: Sie fokussieren in ihrer Strukturierung um Zentrenerreichbarkeit und Einwohnerdichte auf zwei eminent raumwirksame Faktoren. Denn was schon länger beobachtet wurde[9], bestätigt eine Studie des Berlin-Instituts: dass der Bevölkerungsrückgang eines Gebietes entscheidend von diesen beiden Faktoren abhängt. Räume *mit geringer Verdichtung* in einer *peripheren bzw. sehr peripheren Lage sind die demographischen Problemzonen der Nation.*

Die Studie „Die Zukunft der Dörfer“, die vom Berlin-Institut 2011 veröffentlicht wurde, beabsichtigte, den Einwohnerverlust ländlicher Räume nachzuzeichnen bzw. zu verstehen. Die Autoren kommen zu dem Ergebnis, dass besonders „kleine Dörfer stärker in ihrer Zukunftsfähigkeit gefährdet sind als größere Orte“[10]. Im hessischen Vogelsbergkreis, der näher untersucht wurde, haben fast 50 % der Dörfer mit weniger als 250 Einwohnern mehr als 8 % der Einwohner in nur sechs Jahren verloren. Besonders die Unter-45-Jährigen wanderten ab und fehlten so nicht nur als Bewohner, Beschäftigte und Engagierte, sondern auch als potenzielle Eltern. Der zweite demographische Einflussfaktor sei die Entfernung zu den Zentren: „Je weiter die Entfernung zum Oberzentrum, desto stärker fällt der Bevölkerungsrückgang in allen Siedlungstypen aus – am stärksten jedoch in ländlichen Gemeinden.“ Alle Orte, die inner-

angeht, verweisen wir jeweils auf die Klassifizierung, die das BBSR für jeden Ort in Deutschland vorgenommen hat und prüfen ihn nicht eigens nach.

9 So beobachtete Thomas Gericke 1997 „[d]ie Bevölkerungsabnahme in Gemeinden des Freistaates Sachsen, die weit abseits urbaner Zentren liegen und weniger als 500 EW haben“ (Thomas Gericke, Landjugendliche im Osten Deutschlands. In: Uta Schlegel/Peter Förster [Hg.], Ostdeutsche Jugendliche. Vom DDR-Bürger zum Bundesbürger, Opladen 1997, 141–151, hier 149). Die regionale Identität „Ost“ könnte man indes als einen dritten Faktor (neben Lage und Größe) geltend machen: In den neuen Bundesländern sind zwischen 2003 und 2008 96 % der ländlichen Gemeinden geschrumpft (ehemalige BRD 66 %), und immerhin 60 % aller Gemeinden im Osten haben jährlich mindestens 1 % der Bewohner eingebüßt.

10 Steffen Kröhnert/Eva Kuhn, Die Zukunft der Dörfer. Zwischen Stabilität und demografischem Niedergang, Berlin 2011, 7.

halb eines 20-minütigen Erreichbarkeitsradius liegen, „sind im Durchschnitt demografisch stabil“[11].

Hinter dem Stichwort des „demographischen Wandels“ stecken auf dem Land drei zu unterscheidende Prozesse. 1) Lag in früheren Zeiten die *Geburtenrate* in ländlichen Räumen deutlich über der in Städten, so kann man heute weitgehend von einer Angleichung der Quote sprechen.[12] 2) Der Großteil der Untersuchungen weist darauf hin, dass in Sachen *Lebenserwartung* die allgemeinen Stadt-Land-Differenzen ebenfalls hinter den Wirkungen des sozioökonomischen Status (Bildung, Einkommen) sowie einer Fülle anderer Faktoren verschwinden.[13] So ist schließlich für das demographische Austrocknen ländlicher Regionen 3) die *Migration*, die Wanderung in die attraktiven Gebiete – vor allem die Städte – am bedeutsamsten.[14]

Das Phänomen der *Urbanisierung* lässt sich weltweit beobachten und hat in den letzten Jahren an Dynamik gewonnen.[15] Effizienzsteigerung und Technisierung in der Landwirtschaft, die zu einem weitgehenden Funktionsverlust ländlicher Räume führt; der Wandel zur Wissensgesellschaft, die eine Konzentration der Arbeitsplätze in den Städten zur Folge hat; Metropolräume als Knotenpunkte globaler Verkehrsströme und als Zentren von Infrastruktur-

---

11 Kröhnert/Kuhn, Zukunft, 15.

12 Wie das Bundesinstitut für Bevölkerungsforschung im April 2013 mitgeteilt hat, differiert das „Geburtenverhalten in Stadt und Land“ nicht gravierend (Frauen aus Großstädten bekommen durchschnittlich 1,3 Kinder, Frauen aus ländlichen Regionen 1,4. Ursache hierfür ist zum einen die Kinderlosigkeit, die in Städten höher ist; zum anderen der Zeitpunkt der Geburt: „Frauen, die in Großstädten leben ... werden erst in einem höheren Alter Mütter und bekommen in der Folge weniger Kinder.“ (vgl. <http://www.bib-demografie.de/SharedDocs/Publikationen/DE/Download/Grafik_des_Monats/2013_04_geburtenziffer_stand_land.pdf?__blob=publicationFile&v=5> [zuletzt aufgesucht am 14. September 2014]). Die Lebensstile haben sich angenähert und das Bildungsniveau in ländlichen Räumen ist erheblich gestiegen.

13 Vgl. dazu Robert Koch-Institut (Hg.), Sterblichkeit, Todesursachen und regionale Unterschiede (Gesundheitsberichterstattung des Bundes, Heft 52), Berlin 2011. Für Hessen und Mecklenburg-Vorpommern konnte freilich gezeigt werden, dass die Lebenserwartung der Männer zwischen städtischen und ländlichen Regionen variiert: Ursula Wittwer-Backofen/Marc Luy, Soziale Ungleichheit – Ein Stadt-Land-Gefälle?, Public Health Forum 9, 33 (2001), 7–9.

14 Das Landleben selbst scheint zudem eine höhere Mortalität in peripheren Räumen nicht zu erklären. Vielmehr steckt dahinter die Migration, nämlich „die Auswanderung von gesunden arbeitssuchenden Bevölkerungsschichten aus strukturschwachen und unattraktiven Regionen ... und das Zurückbleiben von Bevölkerungsteilen mit höherer Krankheitslast und damit Sterbewahrscheinlichkeit“ (Koch-Institut [Hg.], Sterblichkeit, 22). Zu diesem Ergebnis kommen auch Ursula Wittwer-Backofen und Marc Luy in erwähntem Artikel.

15 Vgl. dazu Frieder Dünkel/Michael Herbst/Thomas Schlegel (Hg.), Think rural! Dynamiken des Wandels in peripheren ländlichen Räumen und ihre Implikationen für die Daseinsvorsorge, Wiesbaden 2014. Gerade die internationale Dimension der Prozesse und ihre Dynamik werden hier besonders plastisch.

einrichtungen – dies sind nur einige der Faktoren, die als Ursachen benannt werden können. Der entscheidende Vorteil der Ballungsräume ist Teil ihrer Definition: In ihnen werden Menschen, Industrie, Bildung, Medizin, Wissen etc. verdichtet. Wo Verdichtung zählt, geraten ausgedünnte, entlegene Räume an den Rand, nicht nur geographisch, sondern sozial. Der Prozess, der dort zu beobachten ist, wird als *Peripherisierung* – und damit als rückseitiger Teil der Urbanisierung – bezeichnet. Darunter ist die „graduelle Schwächung und/oder Abkopplung sozial-räumlicher Entwicklungen gegenüber den dominanten Zentralisierungsvorgängen“ zu verstehen.[16] Peripherisierung führt letztlich zu „territorialer (Des)Integration“[17], dem Auseinanderfallen der sozialen Kohärenz vor Ort und Abkoppelung von den sonstigen Entwicklungen für die Mehrheit der Staatsbürger; sie führt damit auch zu verminderten Teilhabechancen, weil „der Zugang zu erstrebenswerten Gütern und Dienstleistungen wie Arbeitsplatz oder gesundheitliche Versorgung [...] aufgrund des Wohnortes dauerhaft erschwert [...] ist“[18]. Parallel zu den heruntergekommenen Stadtvierteln entstehen so auch auf dem Land prekäre Örtlichkeiten. Denn das Leben am Rande kommt einem Bedeutungs- und Machtverlust gleich. Es finden also *neue Prozesse der sozioökonomischen und kulturellen Segregierung* statt, die auch eine emotionale Seite für die zurückbleibenden Dorfbewohner besitzt: „Ihre Sicht auf die Dinge bleibt irrelevant. Die Deutungs- und Benennungsmacht [...] liegt bei anderen.“[19] Es herrscht das Gefühl, abgehängt worden zu sein oder „dass es auf einen nicht mehr ankommt“[20].

Dieser Entwicklung in den peripheren Räumen stehen andere ebenfalls als ländlich geltende Räume gegenüber, in denen die Kurve nach oben zeigt. Sie haben im Gegensatz zu den zu betrachteten peripheren Räumen viel stärker den Charakter von *Zwischenräumen* zwischen Stadt und Land:

- Liegt *auch in etwas weiterer Ferne eine wachsende Groß*stadt, so kann günstiges Bauland sowohl für potenzielle Pendler als auch für Unterneh men interessant werden. Bestehende Verkehrsverbindungen, auch die des

16 Diese lasse sich „nur in Abhängigkeit von zentripetalen Vorgängen, das heißt, als eine Funktion von Zentralisierungen sinnvoll beschreiben. Es sind die Logik und die Dynamik der räumlichen Zentralisierungen, also etwa in den größeren Stadtregionen, die in erheblichem Maße die Peripherisierungen der übrigen Räume bestimmen, und zwar dadurch, dass sie Menschen, wirtschaftliche Produktivität und Infrastrukturfunktionen bündeln und so den übrigen Regionen entziehen.“ Karl-Dieter Keim, Peripherisierung ländlicher Räume, in: Aus Politik und Zeitgeschichte 37/2006, 3–7, hier 3.

17 Vgl. Wilhelm Heitmeyer, Rechtsextremismus in ländlichen Räumen, in: Dünkel/Herbst/Schlegel (Hg.), Think rural!, 131–146.

18 Claudia Neu, Territoriale Ungleichheit. Eine Erkundung, in: Aus Politik und Zeitgeschichte 37/2006, 8–15, 8.

19 A. a. O., 13.

20 Heinz Bude, Die Ausgeschlossenen. Das Ende vom Traum einer gerechten Gesellschaft, München 2010, 56.

öffentlichen Nahverkehrs, werden weiter optimiert. Das wirtschaftliche und personelle Potenzial der Kommune nimmt zu.
- Gibt es *eine oder mehrere Kleinstädte in der Nähe,* kann auch dies die Lage stabil halten.
- Gibt es am Ort, der ggf. auch sehr weit von städtischen Zentren entfernt sein kann, eine *besonders attraktive Naturlandschaft* (Berge, Meer), so kann sich um einen Tourismus herum, mit seinen ausgeprägten saisonalen Schwankungen, viel entwickeln.

Im Fokus beider Studien, die dieser Band enthält, stehen die Tendenzen der peripheren Räume. Das geschieht nicht aus einer Vorliebe für die negativen Seiten des Landes, sondern weil gerade das Szenario der Schrumpfung eine Dynamik freisetzt, bei der sich kirchliche Veränderungen, Ab- und Aufbrüche, besonders gut beobachten lassen. Die Veränderungen im Erleben von Kirche und ihren Strukturen angesichts zurückgehender Ressourcen stellt dabei etwas dar, was auch für die Kirche in anderen Regionen als den peripheren ländlichen Räumen relevant ist. Davon gehen wir in beiden Studien aus. Man kann also fragen, inwiefern die Herausforderungen, die Kirche in ländlichen Räumen zu bewältigen hat, nur spezifisch für das Land[21] sind – oder ob sie nicht vielmehr für eine allgemeine Entwicklung hin zum Weniger beispielhaft sind. Dies gilt umso mehr, als die ausgeprägten Gegensätze von städtischer und ländlicher Lebensweise sich dadurch relativiert haben, weil physische Distanzen angesichts der Entwicklungen in der Verkehrstechnik (Eisenbahn, Auto) und dann noch einmal neu der Kommunikationstechnik (Telefon, Radio, Fernsehen, Computer, Smartphone) als überwindbar gelten. Alle Menschen leben insofern inzwischen im globalen Dorf.

Es sind also weniger als früher die mentalen Unterschiede, sondern Ausdünnungen an Menschen vor Ort und größere Entfernungen für das physische Zusammenkommen, die das kirchliche Arbeiten in peripheren ländlichen Räumen zunehmend bestimmen: lange Fahrzeiten, kleine Gruppen, weniger Angebote, geringere Ressourcen, vergleichsweise hoher Verwaltungsaufwand und Kosten für Gebäude. Solche Komponenten führen zu den Veränderungen, die in den untersuchten Beispielen häufig begegnen: allgemeine Strukturanpassungen wie Zusammenlegungen von Kirchengemeinden, Bildung größerer kirchlicher Organisationseinheiten, Streichung von Pfarrstellen, mangelnde Nutzung von Gebäuden, Änderung kirchlicher Veranstaltungsformate

---

21 Auf der Basis einer Bestreitung der Definierbarkeit von Land überhaupt wird gefragt – und schließlich bestritten, ob bzw. dass es überhaupt einen gemeinsamen Nenner für ländliche Pastoral gäbe (Birgit Hoyer, Seelsorge, 17 f., 220 ff. Es existierten nur jeweils diverse lokale kirchliche Transformationsräume in globalen Wechselwirkungen).

(kleine Gottesdienste ohne Pfarrer), Verlust oder Verringerung kirchenmusikalischer Angebote bzw. kirchlicher Arbeit mit Jugendlichen und schließlich einer stärkeren Verantwortung von Ehrenamtlichen. Viele dieser Aspekte lassen sich in den 24 von uns insgesamt vorgestellten Beispielen entdecken. Wie die Akteure darauf reagieren, welche Herausforderungen sie besonders im Blick haben[22], welche Wege die Akteure gehen und welche Wirkungen die Veränderungen haben[23], versucht dieses Buch aufzuzeigen.

---

22 Die Greifswalder Teilstudie ordnet die oben genannten Aspekte zu sechs Herausforderungen für Kirche in ländlichen Räumen. In den Interviews wurde besonders danach gefragt, welcher der sechs Punkte die Akteure zu begegnen suchten. Die Ergebnisse werden ihrerseits systematisiert und eigens verglichen (siehe S. 312, III, 3.3.2.4 Deutung und Zusammenschau der Vergleiche).

23 Dies spielt eine stärkere Rolle in der Bonner Studie. Besonders die Auswirkungen der Strukturveränderungen auf die Position der Ehrenamtlichen treten hervor.

2 Kirche auf dem Land als Thema kirchlicher Aufmerksamkeit und der praktisch-theologischen Forschung

Wie für Themen der Praktischen Theologie nicht unüblich, wirken kirchliche Debatten und praktisch-theologische Forschungen aufeinander ein. Hat doch die Theologie die Aufgabe, über Vorgänge der Praxis der Kirche zu reflektieren, und werden ihre Forschungsergebnisse in vielen Fällen in der Kirche rezipiert und gehen in die kirchlichen Debatten ein. Im Fall der beiden in diesem Band vorgelegten Studien kommt sogar der Auftrag zu ihnen aus der Kirche, der EKD, und erfolgt die Veröffentlichung in einer Reihe der EKD. Die hier vorgestellte Forschung ist dabei von kirchlichen Ergebnisvorgaben frei und nur dem Stand der wissenschaftlichen Debatte verpflichtet.

Über viele Jahrzehnte hatte das Thema „Kirche auf dem Land" kaum Konjunktur. Es erfuhr nur marginale Aufmerksamkeit in den kirchlichen Debatten und war aus der praktisch-theologischen Forschung im Verlauf des 20. Jahrhunderts so gut wie völlig verschwunden. Stand doch „Kirche auf dem Land" für die Kirche der Vergangenheit und nicht der Zukunft. Wo im Zusammenhang der Wort-Gottes-Theologie die Kirche als ein ganz anderer und eigener Raum vor allem im Kontrast zur „Welt" verstanden wurde, galten die Unterschiede von Stadt und Land meist auch als theologisch nebensächlich. Spätestens seit den 1960er Jahren, als die Verknüpfungen mit gesellschaftlichen Entwicklungen wieder positiver gewertet wurden, erfuhr dann die Kirche in der Stadt die ganze Aufmerksamkeit[24], denn dort schienen sich ja die besonderen Herausforderungen der Moderne zu bündeln. Für diesen Bereich wurden die neuen Formen kirchlicher Arbeit empfohlen vom Teampfarramt über Citykirche bis zur Regionalisierung und zur Kooperation von funktionalen Orten mit neu über jeweilige Schwerpunkte zu profilierenden Parochialgemeinden.

Gegen *Ende des 19. Jahrhunderts und in den ersten Jahrzehnten des 20. Jahrhunderts* war das anders gewesen. Ausgehend von Entwicklungen in der zweiten Hälfte des 19. Jahrhunderts entstand eine *„Dorfkirchenbewegung"*.[25] Angesichts der Industrialisierung und Verstädterung in der deutschen Gesellschaft

---

24 Vielbeachtet waren Harvey Cox, Stadt ohne Gott?, Stuttgart/Berlin 1966, und Ernst Langes Projekt einer „Ladenkirche" in Berlin ab 1960. Die Reihe „Kirche in der Stadt", Hamburg 1991 ff., hg. von Wolfgang Grünberg u. a., hat mittlerweile 21 Bände hervorgebracht.

25 Vgl. zum Folgenden den Artikel von Eckhard Fenner, Die Dorfkirchenbewegung, in: TRE IX (1982), 147–150. Siehe außerdem: Michael Klein, Zwischen Eigenkirchenrecht und Dorfkirchenbewegung, Historische Studien zum Verhältnis von Kirche und Land, Berlin 2003; Angela Treiber, Volkskunde und evangelische Theologie: die Dorfkirchenbewegung 1907–1945, Köln/Weimar/Wien 2004.

wurde man auf den Unterschied zwischen Stadt und Land auch in Sachen Frömmigkeit aufmerksam. Pfarrer seien mit der „Pflege des religiösen Lebens auf dem Lande in heimatlicher und volkstümlicher Gestalt" vertraut zu machen, so heißt es in der Programmerklärung zur Zeitschrift, die unter dem Titel „Die Dorfkirche" 1907 erscheint, bis sie 1941 kriegsbedingt ihr Erscheinen einstellt.[26] Auch der architektonische Charakter von Dorfkirchen und die „Dorfpredigt"[27] erhalten besondere Aufmerksamkeit. Die Bewegung im Zusammenhang des Kulturprotestantismus hat einen dominierend romantisch-konservativen Zug samt Konzentration auf die traditionelle bäuerliche überschaubare Gemeinschaft.[28] Ab 1914 nimmt auch bei ihr das nationale und völkische Denken zu, wobei ab 1933 dann ebenso die Stimmen der dialektischen Theologie in einer Reihe führender Vertreter repräsentiert sind. Nach dem Zweiten Weltkrieg wird der Faden zwar wieder aufgenommen, auch mit Landkirchenkonferenzen. Aber die Zeiten einer Dorfkirchenbewegung waren vorbei. Stattdessen betont man die Eigenheit der Kirche im Dorf, und es bilden sich landeskirchliche Werke für den „Dienst auf dem Lande": Landesjugendakademien, Landvolkshochschulen spielen eine prominentere Rolle. 1957 entsteht eine Zusammenarbeit in der „Arbeitsgemeinschaft für den dorfkirchlichen Dienst" der EKD, aus der 1978 der „Arbeitsausschuss für den Dienst auf dem Lande" der EKD wird. Dieser übernimmt dann auch die Herausgabe der Zeitschrift für die „Kirche im ländlichen Raum" in Zusammenarbeit mit der Landjugendakademie Altenkirchen.[29] Der Fokus liegt seltener auf spezifisch kirchlichen Herausforderungen, vielmehr sind gesellschaftliche Themen aller Art (von Wetter, Wasser, Wald und Garten bis zu Auswirkungen von Europa und Globalisierung) Gegenstand des viermal jährlich erscheinenden Heftes.[30]

Während im Westen Deutschlands die Thematik der Kirche auf dem Land als Unterthema der allgemeinen Modernisierung und Urbanisierung

---

26 Das Zitat stammt aus dem Artikel „Was wollen wir sein?", unterzeichnet vom Herausgeber und den Mitarbeitern, S. 7 im einleitenden Beitrag des ersten Hefts der Zeitschrift.

27 Zum Beispiel Alfred Uckeley, Die moderne Dorfpredigt, Leipzig 1908, 1914[2]; Julius Boehmer, Dorfpfarrer und Dorfpredigt, Gießen 1908; und die Predigtbände der Reihe „Predigtbuch der Dorfkirche", in 4 Bänden 1915–1936, hg. von Gustav Mahr.

28 Vor diesem Hintergrund kann man das Büchlein von Christian Möller kritisch befragen (Lasst die Kirche im Dorf! Gemeinden beginnen den Aufbruch, Göttingen 2009), das theologisch nun nicht kulturprotestantisch ausgerichtet ist. Auch in seinen kybernetischen Ausführungen scheint es eher um Kritik am „resignierten" (56) Reformprozess der EKD bzw. der „ökonomischen Ausrichtung" (36) des Impulspapiers „Kirche der Freiheit" zu gehen als um spezifisch ländliche Gemeindeentwicklung. Oder anders gesagt: „Dorf" operiert auch hier als Platzhalter für ein traditionsorientiertes „Weiter so!"

29 Zeitschriften: Kirche im Dorf, Himmelspforten/Hasefeld 1950–1978; „Kirche im ländlichen Raum", Altenkirchen 1978 ff.

30 Freilich sind auch dezidiert kirchliche Themen im Blick: die Folgen von Peripherisierung und Demographie werden besonders in dem Heft 01/2013 thematisiert: „Landkirche – Achtung Wanderbaustelle".

abgehandelt wird[31] oder man noch 1974 meinte, „kirchliches Handeln für das Land darf keine Dorfpfarrstelle antasten“[32], musste sich der *„Bund der evangelischen Kirchen in der DDR“* bereits seit den 1970er Jahren mit den Abbruchprozessen in ländlichen Räumen auseinandersetzen.[33] Schon damals kam es zu der These, dass auch auf dem Dorf „von Volkskirche [...] in den meisten Fällen nicht mehr geredet werden“ kann.[34] „Weiße Flecken“, Zusammenlegungen von Pfarrstellen, Kooperation, also Regionalisierung und Stärkung des Ehrenamtes: Alles das sind keine neuen Themen, wie das Papier „Die Kirche und das Dorf“ aus dem März 1986 belegt. Doch erst *im 21. Jahrhundert* verstärkt sich spürbar die allgemeine Aufmerksamkeit für das Thema in Kirche und Forschung.

2.1 Die kirchliche Thematisierung

Für die gesamtkirchliche Wahrnehmung in Deutschland stellte mit der Zuspitzung auf die Frage prekärer kirchlicher Verhältnisse auf dem Land in der *wiedervereinigten EKD* das Papier *„Wandeln und gestalten“*[35] einen Wen-

31 So schon für die 1950er Jahre auch Eckhard Fenner, Erfahrungen und Perspektiven im kirchlichen Dienst auf dem Lande, Harsefeld 1974 (der Band enthält Aufsätze des Autors von den 1950er bis zu den 1970er Jahren). Bei Johannes Hasselhorn, Kirche auf dem Land (Missionarische Gemeinde Heft 4), Hannover 1962, heißt es ebenso: „Dorf wird ländliche Gesellschaft“ (53), und es ist die Rede von der „Kirche in und für ländliche Gesellschaft“ (51); ausführlich werden Formen des dorfübergreifenden „Kirchlichen Dienstes auf dem Land“ beschrieben (63–112). Der Praktische Theologe Karl-Fritz Daiber, Kirche in der ländlichen Gesellschaft Calwer Hefte 102, Stuttgart 1964, betont die „Urbanisierung des Landes“ (7) und dass auch dort „der ortsgemeindliche Dienst um den funktionalen ergänzt“ werden soll (27); Pfarrermangel wird beobachtet (15), der Zukunftsausblick ist unter die Rubrik „Das soziale Engagement des Landpfarrers“ (39 ff.) im Zusammenhang mit der gesellschaftlichen Mitverantwortung der Kirche gestellt. Und: „Es kann kein Zweifel daran bestehen, dass der Zusammenschluss kleiner Dörfer zu einer ländlichen Großgemeinde erhebliche Fortschritte bringen wird.“ (43).

32 So jedenfalls der damalige bayerische Landesjugendpfarrer Paul Geißendörfer, Kirche und Dorf. Eine Chance für die Mitgestaltung unserer Gesellschaft, München 1975, 41. Ebd., in Abwehr des Interesses an der Stadt: „Die Seelenzahl eines Dorfes kann kein Kriterium für die Besetzung der Pfarrstellen sein.“ 62: „Kirchliche Arbeit auf dem Land hat in Zukunft noch wie bisher den Charakter der Pastorierung zu tragen, während sich die Arbeit in der Stadt mehr auf Missionierung einrichten wird. Deshalb ist es so wichtig, die Pfarrstellen auf dem Dorf zu belassen [...].“

33 1971 beschäftigte sich die Gemeindekommission des Bundes Evangelischer Kirchen mit der „Kirche im Dorf“, und 1979 stand das Thema auf der Agenda einer Synodaltagung der Berlin-Brandenburgischen Kirche.

34 BEK in der DDR (Hg.), Die Kirche und das Dorf. Erkundungen – Erfahrungen – Fragen, Kommission für Kirchliche Jugendarbeit, Buchholz 1986, 2 (unveröffentlichtes Manuskript).

35 Kirchenamt der EKD (Hg.), Wandeln und gestalten. Missionarische Chancen und Aufgaben evangelischer Kirche in ländlichen Räumen, EKD-Texte 87, Hannover 2007.

depunkt dar. Entstanden seit 2005, fragte es ein Jahr nach dem EKD-Impulspapier „Kirche der Freiheit“ nach „missionarischen Chancen und Aufgaben evangelischer Kirche in ländlichen Räumen“. In zweierlei Hinsicht erweiterte es den Horizont bisheriger Debatten. Zum einen empfahl es nicht mehr das kirchliche Vollprogramm in allen Dörfern dieser Republik: Es differenzierte, je nach Kontext, und identifizierte sogar sieben kirchliche Raumtypen – die in Anlehnung an den Raumordnungsbericht von 2005 entwickelt wurden. Zum Zweiten ermutigte das Papier dazu, Lücken zu lassen und mancherorts nur eine Grundversorgung zu gewährleisten. Der Geist der Konzentration durchwehte auch diese Schrift.

2009 dann wurde *„Kirche in der Fläche“ als Schwerpunkt* in den Reformprozess aufgenommen; seither versucht die EKD, mit *Land-Kirchen-Konferenzen*[36] bzw. *Fachtagen* weitere Impulse zu geben, Akteure zu vernetzen und anzuregen, das Thema in den Gliedkirchen eigens zu bearbeiten. Bei alledem geht man nicht hinter „Wandeln und gestalten“ zurück, fragt vor allem nach kirchlichem Handeln dort, wo Abbrüche und Schrumpfung mit Händen zu greifen sind. Wo und wie kommt es zu Innovationen? Wie kann kirchliche Präsenz anders gestaltet werden? Solche Fragen sind auch Hintergrund für vorliegendes Buch.

Auf der Suche nach Antworten sucht die EKD immer wieder auch das Gespräch mit den Akteuren, die vor ähnlichen Herausforderungen stehen, etwa Experten zur Daseinsvorsorge und Regionalentwicklung.

Mit ländlicher Kirche vor dem Hintergrund aktueller Mitgliederverluste und demographischer Schrumpfungen beschäftigten sich diverse Tagungen kirchlicher Bildungszentren. So fragte z. B. die Akademie Loccum vom 29.–31.10.2010 nach der „Zukunft der Kirche auf dem Lande“, die evangelische Akademie Berlin veranstaltete dazu am 27.08.2013 ein Schwanenwerder Gespräch[37], und in Bad Alexandersbad hat man vom 18.–20.06.2013 „Land in Sicht“[38] genommen. In der ökumenischen Tagung *„Leuchtfeuer oder Lichternetz“* (August 2011) wurden verschiedene missionarische Perspektiven auf ländliche Räume eröffnet.[39]

---

36 Vgl. die Dokumentationen der Tagungen in der Reihe epd-Dokumentationen: Die 1. Land-Kirchen-Konferenz in Gotha, Juni 2011 (37/2011), die 1. Fachtagung in Hannover, Juni 2012 (43/2012), die 2. Land-Kirchen-Konferenz in Nordheim im Mai 2013 (17/2014) sowie alle Texte im Internet unter <http://www.kirche-im-aufbruch.ekd.de/reformprozess/kirche_in_der_flaeche.html>.

37 Reformbüro der EKBO (Hg.), Stadt und Land – Welche Kirche brauchen wir morgen?, Schwanenwerder Gespräche, Berlin 2014, 11–52.

38 Gemeinde- und Regionalentwicklung in Nordostbayern (Hg.), Land in Sicht. Kirche in ländlichen Räumen und ihre Zukunft, Bad Alexandersbad 2014.

39 Thomas Schlegel/Martin Alex, Leuchtfeuer oder Lichternetz. Missionarische Perspektiven für ländliche Räume, Neukirchen 2012. Der um einige internationale Beiträge erweiterte Tagungsband bietet einen guten und aktuellen Überblick über kirchliche Trends in Sachen ländliche Gemeindeentwicklung.

Auch die letzten Kongresse, die zur „Gemeindeentwicklung" organisiert wurden, nahmen die Fragen in ihren Workshops oder Foren auf (Gemeinde 2.0/ Filderstadt, Theologenkongress der AMD/Dortmund, Kirche hoch zwei/Hannover[40]).

Kybernetische Antworten unter den „Bedingungen unserer Zeit"[41] suchen auch zwei Einzelbeiträge aus verschiedenen Landeskirchen zu geben. Das süddeutsche Bändchen von *Gabriele Wulz* macht deutlich, wie verschieden die „Bedingungen" innerhalb der EKD inzwischen sind.[42] Das westdeutsche Plädoyer von *Ralf Kötter* für eine „leidenschaftliche Kirche in der Mitte der Gesellschaft" berichtet von einem gemeindlichen Aufbruch zweier inzwischen fusionierter Gemeinden. Ganz im Gefälle vorliegenden Buches identifiziert er die schwierigen Verhältnisse an der Peripherie als Chance, die Kirche von morgen zu gestalten: „Das Land ist hell und weit."[43] Ein Arbeitsheft für Gemeinden, das einen guten Querschnitt durch Ansätze, Literatur und best-practice bietet, ist gerade in zweiter Auflage beim EKD-Zentrum für Mission in der Region erschienen.[44]

Auch in der *katholischen Kirche* werden solche Fragen verstärkt rezipiert. Die katholische Landjugendbewegung veranstaltete erst kürzlich ein Symposium zur Landpastoral unter der Überschrift „Menschenland sehnen suchen leben" auf dem Volkersberg/Würzburg. Eine Tagung auf der Huysburg bei Halberstadt im Oktober 2011 besaß deshalb eine besondere Tragweite, weil sie die maßgeblichen Impulse mit maßgeblichen Rezipienten zusammenbrachte. Vertreter der Diözese Poitiers stellten ihre Ideen einer Basiskirchenbewegung den Diözesen im deutschsprachigen Raum vor, die davon lernen wollen: das Bistum Linz, das schon seit Jahren nach französischem Vorbild agiert, das Bistum Hildesheim, wo man nun nachdrücklich auf „lokale Kirchenentwicklung" setzt[45], und das Bistum Magdeburg, das mit dem „VOLK-Projekt"[46] erste Schritte in diese Richtung unternimmt.

---

40 Vgl. Martin Alex/Thomas Schlegel, Von ländlicher Idylle und schrumpfender Peripherie – Hintergründe und Ausblicke, in: Phillip Elhaus/Christian Hennecke u.a. (Hg.), Kirche. Eine ökumenische Vision, Würzburg 2013², 377–396.

41 Ralf Kötter, Das Land ist hell und weit. Leidenschaftliche Kirche in der Mitte der Gesellschaft, Berlin 2014, 13.

42 Gabriele Wulz, Bleibt die Kirche im Dorf? Gemeinde im ländlichen Raum: Chancen, Grenzen und Herausforderungen, Gießen 2010.

43 Vgl. Anm. 41.

44 <http://www.zmir.de/veroffentlichungen/zmir_praktisch>.

45 <http://www.bistum-hildesheim.de/bho/dcms/sites/bistum/gesellschaft/lokale_kirchenentwick lung/index.html>.

46 Vgl. Annette Schleinzer, Vor Ort lebt Kirche – Das VOLK-Projekt im Bistum Magdeburg, in: Evangel. Magazin für missionarische Pastoral 2/2013.

Das „*Modell Poitiers*" findet indes auch im protestantischen Raum Beachtung. Schon die hohen Auflagenzahlen der deutschen Darstellung verweisen darauf, dass mit dem, was Erzbischof Albert Rouet vor über 20 Jahren in Poitiers auf den Weg brachte, ein Nerv ländlicher Kirchenwirklichkeit getroffen wurde.[47] Es wird mit Interesse zu beobachten sein, welche Früchte Adaption und Umsetzung in den deutschsprachigen, evangelischen Kontext tragen werden. Ebenfalls richtet sich Aufmerksamkeit auf *Ideen aus Großbritannien*. Dort haben die Kirchen ein dicht gespanntes Netz an „rural officern" aufgebaut und verfügen mit dem ökumenischen „Arthur-Rank-Centre"[48] über ein langjähriges, bestvernetztes Kompetenzzentrum zu allen Fragen rund um Kirche auf dem Land. Dort werden Weiterbildungen angeboten, Zeitschriften herausgegeben und Tagungen organisiert, alles unter dem Motto „Supporting rural communities and churches". Zentral für den Ansatz ist eine Sozialraumorientierung, die zugleich als Teil einer missionarischen Sendung von Gemeinden verstanden ist. In diesem Zusammenhang widmet man sich auch neuen Gemeindeformen auf dem Land, den sogenannten „fresh expressions".[49]

2.2 Die praktisch-theologische Forschung der letzten Jahre

Die kirchlichen Entwicklungen werden in der *praktisch-theologischen Forschung* rezipiert und über sie weiter verstärkt und geformt.

Noch vor dem Aufschwung in der kirchlichen Debatte veröffentlichte 2005 *Kai Hansen* seine Kieler Dissertation über „Evangelische Kirche in ländlichen Räumen".[50] Sie liefert einen breiten historischen Rückblick und einen Einblick in die gegenwärtige Situation, wobei geographische, soziologische und theologische Aspekte berücksichtigt sind. Außerdem wird der Literaturtyp erfahrungsbasierter Praxisberichte von Landpfarrern ausgewertet.[51] Auch wenn in Hansens Arbeit der kybernetische Ausblick mehr im Grundsätzlichen bleibt

47 Reinhard Feiter/Hadwig Müller, (Hg.), Was wird jetzt aus uns, Herr Bischof? Ermutigende Erfahrungen der Gemeindebildung in Poitiers, Ostfildern 2012^{5} und Dies. (Hg.), Frei geben. Pastoraltheologische Impulse aus Frankreich, Ostfildern 2013^{3}.

48 Alle Aktivitäten unter <http://www.arthurrankcentre.org.uk>.

49 Sally Gaze, Mission-shaped and rural. Growing churches in the countryside, London 2011.

50 Kai Hansen, Evangelische Kirche in ländlichen Räumen, Schenefeld 2005.

51 Diese Gattung enthält beachtenswerte Beobachtungen, die keineswegs nur aufs Anekdotische zielen, sondern teilweise wertvolle ethnographische und praktisch-theologische Einsichten, meist mit regionalem Einschlag, bieten. Auch das kürzlich erschiene Buch von Harm Cordes dürfte zu dieser Gattung gehören: Kirche im Dorf – Glaube im Alltag. Impulse für die kirchliche Arbeit im ländlichen Raum, Leipzig 2013.

und prekäre Verhältnisse nur am Rande gestreift werden, eröffnete das Buch Bahnen für den praktisch-theologischen Diskurs zum Thema.[52]

Seit 2009 widmet sich das *Institut zur Erforschung von Evangelisation und Gemeindeentwicklung* (Leitung *Michael Herbst*) an der Universität Greifswald den kybernetischen Grundfragen und spezifischen Herausforderungen rund um „Kirche in ländlichen Räumen". Dazu werden regelmäßig Lehrveranstaltungen angeboten, wissenschaftliche Symposien organisiert[53], gezielte Einzelstudien vorgenommen und Qualifikationsarbeiten[54] betreut. Den Hintergrund dabei stellt die ausgedünnte, entkirchlichte Situation im schrumpfenden Nordosten dar – weil diese als besonderer Modellraum verstanden wird. Dabei verfolgen die Mitarbeiter (u.a. *Martin Alex, Thomas Schlegel und Benjamin Stahl*) einen bewusst interdisziplinären Ansatz, arbeiten ökumenisch und international vernetzt.[55] So kann für das interdisziplinäre Forschungskonsortium „Think rural!"[56], das sich unter Leitung des IEEG im März 2011 an der Greifswalder Universität gegründet hat, als ein Alleinstellungsmerkmal gelten: Hier sind verschiedenste Forschergruppen zusammenge-

52 Der „Ausblick" (411–442) betont die Pluralität und Modernität ländlicher Verhältnisse. Die Kirche soll den Wandel „begleiten" und „neue Lebensformen und Lebensmöglichkeiten auf dem Lande mitgestalten" (416), dabei für alle offen sein (417–427); Kasualien und Kirchengemeinden am Ort machen weiterhin das Zentrum aus (427 f., 438); Dorfkirchen sind öffentliche Gebäude (430); Regionalisierung über Vernetzung ist aber auch nötig (436–439). Und es wird angedeutet: „Die Zukunft wird durch das neue Gewicht und die neue Würdigung der Ehrenamtlichen bestimmt sein" (433, Zitat von Wolfgang Huber), und die Hauptamtlichen sind „in erster Linie als erreichbare ‚Dienstleister der ehrenamtlichen Mitarbeiter/innen' zu begreifen" (434 mit Zitat aus Bernhard Petry, Leiten in der Ortsgemeinde, Gütersloh 2001, 381.277). Dass die Verhältnisse in der Peripherie und im Osten noch einmal durchaus andere sind, wird anerkannt, aber dann eben doch als in die allgemeine Deutung bruchlos integrierbar angesehen.

53 Bisher haben zwei wissenschaftliche Symposien am Alfried-Krupp-Wissenschaftskolleg stattgefunden: Neben dem erwähnten „Think rural!" gab es ein weiteres im Mai 2013. Unter dem Motto „Mittendrin! – Kirche in peripheren ländlichen Regionen" kamen Forscher und kirchliche Würdenträger aus fünf Ländern zusammen. 2014 wurden die Beiträge im Verlag Springer VS bzw. dem Neukirchener Verlag von Frieder Dünkel/Michael Herbst/Thomas Schlegel bzw. Martin Alex und Thomas Schlegel unter gleichem Titel herausgegeben.

54 Benjamin Stahl arbeitet derzeit an einer Arbeit zum Thema „Entwicklung von kontextsensiblen ‚Pfarrbildern' am Beispiel peripherer ländlicher Räume in Ostdeutschland", und Martin Alex steht vor dem Abschluss seiner Dissertation. Einen Einblick in seine Forschungen bietet: Allein auf weiter Flur? Zum Pfarrbild in ländlich-peripheren Räumen, in: Michael Herbst/Matthias Clausen/Thomas Schlegel (Hg.), Alles auf Anfang. Missionarische Impulse für Kirche in nachkirchlicher Zeit, Neukirchen-Vluyn 2013, 42–68.

55 So ist das IEEG beispielsweise Partner in dem Verbund „Transforming Religious Identities and Communities at the Intersections of the Rural, Urban, and Virtual", das seine Zentrale an der Freien Universität in Amsterdam hat (vgl. <http://www.religioustransformations.org>).

56 Vgl. <http://www.uni-greifswald.de/forschen/forschungsleistung/forschungskonsortium-think-rural.html>.

schlossen, um die „Dynamiken des Wandels in peripheren ländlichen Räumen und ihre Implikationen für die Daseinsvorsorge" zu untersuchen.[57]

Auch an anderen Universitäten kommt die praktisch-theologische Forschung zum Thema in Fahrt. Die ausgedünnten, säkularisierten Räume standen auch im Mittelpunkt einer qualitativen Umfrage des religionspädagogischen Lehrstuhls an der Martin-Luther-Universität Halle (*Michael Domsgen* und *Frank M. Lütze*). Deutlich wurde, wie sehr die kirchlichen Angebote „Lernorte des Glaubens" darstellen, auch weil die Zahl der konfessionslosen Partizipanten überproportional hoch ist.[58] *Kristian Fechtner* an der Universität Mainz rekurriert in seinen praktisch-theologischen Erkundungen mehrfach auf den ländlichen Raum als Kontext „spätvolkskirchlichen" und pastoralen Handelns im 21. Jahrhundert.[59] In Marburg steht eine durch *Ulrike Wagner-Rau* betreute Dissertation von Kerstin Menzel über den „Pfarrberuf in ländlichen Räumen" kurz vor dem Abschluss.[60]

Das Sozialwissenschaftliche Institut der EKD in Hannover hat ebenfalls mit zwei Forschungsprojekten sich in die weite Fläche begeben. Schon im Jahre 2009 untersuchte *Marlis Winkler* die Spezifika ländlicher Armut (z. B. „Unsichtbarkeit")[61], und aktuell befindet sich ein Team in der Uckermark, um der Frage nachzugehen „Was können evangelische Kirchengemeinden gegen Armut tun?"[62] Mittels Datenanalyse, Interviews und teilnehmender Beobachtung wollen *Susann Jenichen* und *Wolf von Nordheim* herausfinden, welche diakonischen Potenziale Landgemeinden besitzen und wie diese geweckt werden können.

Auf katholischer Seite konzentriert sich die wissenschaftliche Anbindung des Themas auf Fulda, wo der Lehrstuhl von *Richard Hartmann* in Kooperation mit verschiedenen Erzdiözesen und der katholischen Arbeitsstelle für missio-

57 Unter diesem Motto stand auch das wissenschaftliche Symposium im Herbst 2012: Vertreter aus vier Kontinenten gaben einen Einblick, wie stark weltweit Regionen von Prozessen der Peripherisierung bzw. Urbanisierung betroffen sind (Dünkel/Herbst/Schlegel [Hg.], Think rural!).

58 Vgl. dazu Michael Domsgen/Ekkehard Steinhäuser (Hg.), Identitätsraum Dorf. Religiöse Bildung in der Peripherie, Leipzig 2014.

59 Kristian Fechtner, Späte Zeit der Volkskirche. Praktisch-theologische Erkundungen (Praktische Theologie heute 101), Stuttgart 2010, 116–128. Ders., Pfarramt auf dem Lande. Pastoraltheologische Notizen zur „Örtlichkeit des Ortes", in: Regina Sommer/Julia Koll, Schwellenkunde. Einsichten für den Pfarrberuf im 21. Jahrhundert, Stuttgart 2012, 205–217.

60 Vgl. der erste Einblick in Kerstin Menzel, Pfarrerinnen und Pfarrer im ländlichen Raum und ihre Kirchenbilder. Eine Reflexion pastoraler Praxis im kirchlichen Umbruch, in: Kirchentheorie. Praktisch-theologische Perspektiven auf die Kirche, hg. von Birgit Weyel und Peter Bubmann, Leipzig 2014, 167–188.

61 Marlis Winkler, Nähe, die beschämt. Armut auf dem Land, Münster 2010^2.

62 Befähigende Kirchengemeinde – Ein Projekt in der Uckermark, vgl. <http://www.ekd.de/si/projekte/17503.html>.

narische Pastoral nach dem spezifisch kirchlichen Agieren in ländlichen Räumen geforscht hat. Ein Ergebnis dieser Zusammenarbeit stellte das Symposium „Landpastoral" im Oktober 2011 dar.[63] Die bisher einzige Habilitation zu „Seelsorge auf dem Land"[64] hat *Birgit Hoyer* (jetzt Erlangen-Nürnberg) vorgelegt. Die Verfasserin stellt die Debatte zum Land ausführlich dar, bezieht sich auf eine Fülle von interviewten Personen und entwirft ein disparates Bild von Spots, Räumen kirchlicher Arbeit und streiflichternder Pastoral. Sie mahnt Verletzbarkeit als Wert pastoralen Handelns an und dekonstruiert dabei Land als Kategorie fast vollständig. *Franz Schregle* wagt einen etwas anderen Zugang: Anknüpfend an den „spatial turn", vor allem Martina Löw, gelangt er zu einer fluiden Leitkategorie Land, die eine landschaftliche Seelsorge verlange.[65]

Ist in Deutschland „Kirche in ländlichen Räumen" ein sehr junges und immer noch vergleichsweise selten behandeltes Thema in der praktisch-theologischen Wissenschaft, so sieht die *Forschungslage im Ausland* zum Teil deutlich besser aus. In Großbritannien beispielsweise ist der Bereich nicht nur kirchlich anders eingebunden, in der akademischen Theologie hat sich so etwas wie eine *„rural theology"* ausgeprägt, die auch in das Curriculum einzelner Colleges Aufnahme gefunden hat.[66] Besonders hervorzuheben ist hier sicher die gleichnamige Zeitschrift, die seit 2002 „international, ecumenical and interdisciplinary perspectives" bietet. Tatsächlich laufen hier die Fäden verschiedener Kontinente zusammen; regelmäßig erscheinen Beiträge aus Australien, Asien, Nordamerika, Afrika und Europa.[67] Die Beiträge in „rural theology" spiegeln in der Regel den Ansatz des Hauptherausgebers wider: *Leslie J. Francis* aus Bangor (Wales), promoviert in Theologie und Psychologie, verbindet seine praktischen Reflexionen stets mit empirischen Untersuchungen, Umfragen, Statistiken oder Interviews. Seit den 1980er Jahren publiziert er zu „Church in the countryside" – und zählt zu den profiliertesten theologischen Akademikern in diesem Bereich.[68]

---

63 Beiträge erschienen unter Richard Hartmann (Hg.), Bilderwechsel. Kirche – herausgefordert durch ländliche Räume, Fuldaer Hochschulschriften 54, Würzburg 2012.

64 Birgit Hoyer, Seelsorge. Die Verfasserin steht im Kontext der traditionsreichen katholischen Landjugendbewegung. Zu mehreren früheren Gesamtdarstellungen katholischer Landpastoral aus den 1980er und 1990er Jahren siehe dort 220–230.

65 Franz Schregle, Pastoral in ländlichen Räumen. Wegmarkierungen für eine landschaftliche Seelsorge, Studien zur Theologie und Praxis der Seelsorge 77, Würzburg 2009.

66 Regelmäßig bietet beispielsweise Dagmar Winter in Durham entsprechende Seminare an.

67 So fasst im Jahrgang 2014 David Knight aus Worcester zehn Interviews mit Priestern über Sterbebegleitung in englischen Dörfern zusammen (What constitutes a good death? A Clergy perspective); Ian Nell aus Stellenbosch (Südafrika) fragt nach dem Einfluss traditioneller afrikanischer Konzepte auf die „leadership in rural church" The changing landscape in religious leadership: Reflections from rural African Faith Communities? (Rural Theology 12 [2014]).

68 Einige Publikationen: Leslie J. Francis, Rural Anglicanism: A future for young Christians? London

Die Liste von Theologen, die sich den Chancen und Herausforderungen ländlicher Gemeindeentwicklung auf der Theorieebene stellen, ließe sich bequem erweitern. Oft sind sie unmittelbar in den Kontext der pastoralen bzw. Priesterausbildung eingebunden, sodass hier Literatur auf der Grenze zwischen akademischen und kirchlichen Publikationen entsteht.[69]

1985. Ders., Church watch. Christianity in the countryside, London 1996. Ders./Christine E. Brewster. Understanding stress from time-related over-extension in multi-parish benefices. The role of personal, environmental, psychological, and theological factors among rural Anglican clergy, Rural Theology 10 (2012), 161–178; Leslie Francis/Mandy Robbins (eds.), Rural life and rural church. Theological and empirical perspectives, Sheffield 2012.

69 Vgl. beispielsweise die Arbeiten von Shannon L. Jung von der Saint Paul School of Theology. Seine Publikationen markieren diese Linie: Shannon Jung/Mary A. Agria, Rural congregational studies. A guide for good shepherds, Nashville 1997; ders. et al. (eds.), Rural Ministry: The Shape of the Renewal to Come, Nashville 1998; ders., Discovering Hope: Building Vitality in Rural Congregations, Minneapolis 2001.

3 Kirchentheoretische Vorüberlegungen

In jeder näheren Beschäftigung mit dem Thema der Herausforderungen für die Kirche in den ländlichen Regionen kommt es implizit oder explizit zu Vorstellungen darüber, was Kirche sei und sein soll. In den pastoralen und überhaupt den kirchlichen Äußerungen zum Thema ebenso wie den praktisch-theologischen Forschungen dazu spielt es unausweichlich eine vorentscheidende Rolle, wie Kirche definiert wird und welche Praxis von Kirche als zentral und charakteristisch und welche als eher nebensächlich gesehen werden.

So soll hier für die beiden Studien vorab offengelegt werden, welche ekklesiologischen Voraussetzungen gegeben sind. Es soll außerdem auch schon angezeigt werden, in welche Richtung dabei unterschiedliche Akzentsetzungen in den beiden Studien gehen werden.

Evangelische Kirche in Deutschland: Wenn in den Studien von „Kirche" die Rede ist, dann ist dabei nicht nur von Kirche überhaupt die Rede, sondern auch immer eine bestimmte Kirche im Blick: die evangelische Kirche in Deutschland. Das bedeutet – so sollte man sich klarmachen – eine kirchliche Praxis und Kultur, die sich ausgehend von der Reformation im 16. Jahrhundert zunächst unter landesherrlichem Kirchenregiment und damit staatskirchlich entwickelt hat und danach bis heute hin, föderal strukturiert, in Landeskirchen. Ist das Last oder Chance, ist es mehr eine Last oder mehr eine Chance? Worin wird es für die Zukunft noch bedeutsam sein?

Von der Mehrheit zur Minderheit: Soziologisch betrachtet sind es volkskirchliche Verhältnisse, die den historisch gewachsenen Hintergrund der evangelischen Kirche in Deutschland ausmachen. Dabei ist es schon Teil einer Debatte, wie weit man für die Gegenwart vom Ende der Volkskirche oder doch „nur" von ihrer Transformation ausgeht, in der religiöse und weltanschauliche Pluralisierung kräftig zugenommen haben. Jedenfalls machen die evangelischen Kirchenmitglieder (ganz anders als in den „evangelischen Teilgebieten" Deutschlands etwa noch im Jahr 1950) vielerorts nicht mehr die Mehrheit der Bevölkerung aus. Deutschlandweit liegt ihr Anteil gegenwärtig bekanntlich bei rund 30 %. In den Regionen des Ostens Deutschlands sind die Mitglieder christlicher Kirchen insgesamt ganz eindeutig in der Minderheit.

Evangelische Konfession: Kirche überhaupt lässt sich als eine solche soziale Gestalt ansehen, in der es um die Gegenwart Christi als herausragende Fassung der Gegenwart Gottes in der Welt geht. Nach dem Selbstverständnis der von der Reformation herkommenden Kirchen Deutschlands wird diese Gegenwart Christi im Zusammenkommen der Gläubigen unter Wort und Sakrament (vgl. Augsburger Konfession von 1530, Artikel 7) wirklich. Im „Gottesdienst" wird Kirche ausdrücklich und eindeutig erkennbar, genauer: in der Auseinandersetzung mit dem Evangelium in der Bibel. Darin liegt ein Unterschied zu solchen Kirchen, in denen zusätzlich das Moment globaler hierarchischer Leitung und kirchlicher Rechtskohärenz eine tragende Rolle spielt (katholische Kirche) oder in der aus der liturgischen Tradition selbst die Einheit der Kirche konstruiert wird (orthodoxe Kirchen). Es gibt auch einen Unterschied zu solchen Kirchen, in denen die aktuelle individuelle Inspiriertheit (Zungenrede, Geistheilung) neben der Schrift als zusätzliche konstitutive Merkmale wahrer Kirche gelten (Typus pentekostaler Kirchen).

Kirche der Gottesliebe und der Nächstenliebe: Es gehört zur evangelischen Kirche aber nicht nur das gottesdienstliche Handeln im engeren Sinne samt seiner künstlerischen Ausgestaltung als Ausdruck der Gottesliebe. Ebenso gehört nach ihrem Selbstverständnis auch das aus dem Glauben motivierte helfende Handeln in der Nächstenliebe dazu, wie es sich in Diakonie, Seelsorge, Bildung, in sozialräumlichem und damit letztlich auch immer politischem Handeln zum Besten der Nächsten zeigt, somit der Einsatz für eine gerechtere Welt überhaupt. Die Greifswalder Studie im vorliegenden Band konkretisiert diese Doppelheit in der Konzeptionalisierung eines erweiterten Missionsverständnisses, die Bonner in einer Beschreibung einer Matrix von Aufgaben der Kirche bei der Kommunikation des Evangeliums.

Kirchenreform: Kirche auf dem Land steht vor der Herausforderung, unter gewandelten Bedingungen ihrem Kirchensein gerecht zu werden. Das betrifft ihre Praktiken: die Gottesliebe im Hören auf sein Wort und im Feiern gemeinschaftlich auszudrücken ebenso wie ihren Beitrag für eine gerechtere Welt zu leisten, auch im Dorf und für das Dorf. Im Innenverhältnis wie im Außenverhältnis bedeutet das Reform – eine Reform, die immer, je mit unterschiedlichem Gewicht, Momente der Innovation und der Anpassung kombiniert.

Empirie und Theologie: Beide Studien untersuchen kirchliche Praxis vor Ort, um zu erkennen, wie man sich tatsächlich auf die Veränderungen einstellt, was dabei funktioniert (und was nicht). Welche Muster veränderter kirchlicher Praxis lassen sich erkennen? Wie verändert das das Kirchesein intern und die Beziehung zu den anderen in der Gesellschaft? Wer so fragt, fragt empirisch und tut dies doch in einem jeweiligen Theoriehorizont, zu dem auch eine ekklesiologische Konzeption gehört. Wie beides aufeinander bezogen ist, kann unterschiedlich aussehen, muss aber in jedem Fall erkennbar und reflektiert sein.

Kirchenbilder und Kirchensozialformen: Unumstritten in beiden Studien ist, dass in der Kirche der Gegenwart zweierlei Sozialformen faktisch vorhanden sind: einerseits die Sozialform der volkskirchlichen Herkunft der evangelischen Kirche in Deutschland, andererseits die der Gruppen kirchlich bewusster und aktiver Menschen, die miteinander in intensiverem kommunikativen und liturgischen Austausch stehen. Unumstritten ist auch: Die modernen Organisationsformen und -methodiken sind für die Kirche zum einen ein angebrachtes Mittel der Wahl, zum anderen aber darf davon allein nicht die Lösung tiefergehender Schwierigkeiten erwartet werden. Keine volle Übereinstimmung besteht aber zwischen beiden Studien in der Frage, wie pragmatisch eine optimale Gewichtsverteilung zwischen großkirchlichen Sozialformen und gruppenkirchlichen Sozialformen idealiter aussehen könnte. Dahinter steht eine Differenz in der Theologie. Sie lässt sich äußerlich daran festmachen, dass im Bonner Kirchenverständnis West die Situation einer volkskirchlichen Mehrheitskirche weiterhin ein im Vergleich zu Greifswald größeres Gewicht hat. Im Greifswalder Kirchenverständnis Ost steht die Konstellation einer Kirche der Minderheit der Gläubigen vor Augen, in deutlicher Differenz zu einer Mehrheit ohne Kenntnis von und ohne Kontakt mit christlichen Glaubens- und Lebensformen; da ist Mission angesagt. Doch auch unabhängig von den Ost-West-Unterschieden und dem Klang der Begriffe Mission bzw. Volkskirche bestehen hier in der Kirchentheorie jeweils etwas andere Gewichtungen:

In Greifswalder Perspektive gibt es eine große Kohärenz zwischen der religiösen „Gemeinschaft" von Menschen als Leib Christi und den Sozialbeziehungen der Nähe in einer Kirchengemeinde als vitaler Gruppe. Das ist nicht mit einer Sektenstruktur zu verwechseln; es erweist sich vor allem als vitalisierendes Moment angesichts der Gefahr der inhaltlichen Verwässerung und sozialen Verkrustung von Institution. In Bonner Perspektive wird demgegenüber auch die Ambivalenz von Prozessen in Gruppen der Nähe überhaupt betont, neben deren unersetzbaren Leistungen beim Aufbau von Überzeugungen und Lebensformen. Demgegenüber wird der institutionelle Bezug in einer Lage relativer Distanz der Menschen untereinander bewusst nicht als prinzipiell problematisch und nicht als Auslaufmodell gewertet.

Auf der Ebene der kirchentheoretischen Literatur der Gegenwart bildet sich diese Disparatheit der Sichten darin ab, dass Gesamtdarstellungen praktisch-theologischer Kirchentheorie im deutschsprachigen Raum in der Regel weithin sehr volkskirchenfreundlich sind. Die Monographien von Reiner Preul[70] (1997) und Jan Hermelink (2011)[71] sind dafür repräsentative Beispiele, auch die von Hauschildt/Pohl-Patalong (2013) betont neben anderem die großkirchliche Situation. Auf der Seite derer, die am Konzept der Mission interes-

70 Reiner Preul, Kirchentheorie, Berlin/New York 1997.

71 Jan Hermelink, Kirchliche Organisation und das Jenseits des Glaubens, Gütersloh 2011.

siert sind, steht hingegen der Bezug auf die Vitalität der jeweiligen einzelnen Gemeinden im Vordergrund. Aktuelle an Mission interessierte Ekklesiologien bzw. an kirchentheoretischen Fragen interessierte Missionstheologien liefern die Arbeiten von Michael Herbst (2010, 2013) und die anderer Autoren des Greifswalder Instituts.[72]

Doch darf man auch den Gegensatz nicht zu groß machen. In den beiden vorliegenden Studien jedenfalls werden von volkskirchlicher Seite wie von missionskirchlicher Seite jeweilige Erweiterungen des Blicks stark gemacht. Dazu mehr später im gemeinsamen Kapitel zu den Ergebnissen beider Studien.

Die dennoch bleibenden *kirchentheoretischen und gemeindetheoretischen Unterschiede in beiden Studien* sind nach unserer gemeinsamen Überzeugung kein Nachteil für die Leserinnen und Leser. Vielmehr bietet eine Veröffentlichung in einem Band mit zwei Texten zu einer gleichen bis ähnlichen Fragestellung einen Vorteil. Beide Studien beschäftigen sich mit der Kirche auf dem Land im Blick auf die peripheren Räume. Die eine fragt nach innovativen Gruppen mit dem Potenzial für Alternativen zu den bisherigen Strukturen, die andere nach Anpassung der Strukturen mit dem Potenzial innovativer Entwicklungen. Wo man auf beiden Wegen zu gleichen oder ähnlichen Ergebnissen kommt, macht das diese Resultate stärker, auch in den kirchentheoretischen Zusammenhängen. Wo sich ein Dissens zeigt, wird weiter darüber zu diskutieren sein. Am Schluss des Buches wird diese Diskussion zwischen den Verantwortlichen für beide Studien im Blick auf die Bedeutung der vorgelegten Ergebnisse weitergeführt. Dabei sind wir daran interessiert, in der Diskussion der Ergebnisse scheinbare von echten Unterschieden, auch in Sachen Kirchentheorie, abzuheben. Die Debatte spitzt sich dort schließlich auf die „Leistungen eines erweiterten Missionsverständnisses" heute einerseits und die „Auswirkungen infrastruktureller Ausdünnung auf die Kirche als Hybrid" von Institution und Bewegung/Gruppe andererseits zu (siehe Abschnitte 5.2 und 5.3). Am Ende der Debatte finden wir, dass sie sich wirklich gelohnt hat. In der Analyse unter der Frage, was für die Kirche auf dem Land heute von Bedeutung ist, und der Debatte über die Ergebnisse der beiden Studien steckt Potenzial auch für die theologische Debatte um das Verständnis von Kirche

72 Matthias Clausen/Michael Herbst/Thomas Schlegel (Hg.), Alles auf Anfang. Missionarische Impulse für Kirche in nachkirchlicher Zeit, BEG 19, Neukirchen-Vluyn 2013; Michael Herbst, Missionarischer Gemeindeaufbau in der Volkskirche, BEG 8, Neukirchen-Vluyn 2010[5]; ders., Kirche mit Mission. Beiträge zu Fragen des Gemeindeaufbaus, BEG 20, Neukirchen-Vluyn 2013; Johannes Zimmermann, Gemeinde zwischen Sozialität und Individualität. Herausforderungen für den Gemeindeaufbau im gesellschaftlichen Wandel, BEG 3, Neukirchen-Vluyn 2009[2]. In systematisch-theologischer Perspektive im ausführlichen Gespräch mit E. Troeltsch, E. Herms, W. Härle, N. Luhmann u. a. plädiert für missionarisches Profil und Gemeinschaftsbildungen in der Volkskirche: Martin Abraham, Evangelium und Kirchengestalt. Reformatorisches Kirchenverständnis heute, Berlin/New York 2007.

überhaupt. Ein Diskurs zwischen unterschiedlichen Kirchentheoriekonzeptionen, wenn er sich an vorgelegten vergleichbaren Analysen abarbeitet, kann auch die Kirchentheorie weiter voranbringen – finden wir.

All dies, so hoffen wir, soll die Arbeit der Kirche verbessern, bei den Verantwortlichen vor Ort ebenso wie bei denen in kirchenleitender Verantwortung; es soll ihnen helfen bei Entscheidungen, die wegen einer veränderten Lage und für ein zukunftsfähiges Engagement von ihnen abverlangt werden.

II

Alternative Formen kirchlicher Präsenz in Peripherieräumen – eine aufsuchende Analyse Die Bonner Studie

Eberhard Hauschildt/Olliver Heinemann

Die Bonner Studie geht in drei Schritten vor. Zunächst (Teil 1) erarbeitet sie eine *Matrix erwartbarer Modelle kirchlichen Handelns in peripheren Räumen.* Die Modelle stellen verschiedene Wege dar, auf die verschärfte Ressourcenverknappung für evangelische Gemeinden auf dem Land (innovativ) zu reagieren. Um das jeweilige Profil solcher Veränderungen zu erfassen, ihre Chancen und Risiken, werden sie in den Kontext bestimmter kirchentheoretischer Überlegungen gestellt. So können theoretisch abgeleitete Vorerwartungen aufgestellt werden über Stärken und Schwächen der Veränderungen.

Sodann (Teil 2) werden diesen theoretischen Überlegungen empirische Fälle an die Seite gestellt. *Zehn Beispielgemeinden* wurden mithilfe der in Teil 1 entwickelten Kriterien ausgesucht für die Analyse faktischer gegenwärtiger Praxis solcher Modelle. Vor Ort wurden *Interviews mit Haupt- und Ehrenamtlichen* geführt (in der Regel von jeweils etwa einer Stunde Dauer) und ausgewertet.

Abschließend (Teil 3) werden die gefunden Ergebnisse systematisiert. Welche Gemeinsamkeiten zeigen sich in den Beispielen aus Teil 2? Wie werden die kirchentheoretischen Überlegungen aus Teil 1 dadurch korrigiert und erweitert? Welche Erfahrungen mit neuen Wegen kirchengemeindlicher Arbeit sind hier zu entdecken, weiter anzustoßen bzw. breiter zu übertragen? Eine Zusammenfassung (3.7) wird die *Kirche auf dem Land als Vorreiterin wichtiger Innovationen für die evangelische Kirche in Deutschland überhaupt* profilieren.

1 Kirchentheoretische Grundlegung: Innovationsmodelle der Kirche auf dem Land

Veränderungsprozesse brauchen beides, die klärende Besinnung auf die Ziele und Grundlagen (Ekklesiologie) ebenso wie dass es einen Freiraum in der Praxis für Experimente gibt. Die vorliegende Studie bezieht beides aufeinander. Sie geht von einer Ekklesiologie aus, um vorhandene Experimente in Typen zu gruppieren und in ihren Stärken und Schwächen vorab einzuschätzen. Diese Einschätzung wird durch eine empirische Untersuchung einschlägiger Beispiele geprüft und vertieft, um daraus auch einen Ertrag für die Ekklesiologie zu ziehen.

1.1 Die Kirche als Hybrid aus Institution, Organisation und Gruppengemeinschaft

Bekanntlich gibt es sehr *konträre kirchentheoretische Entwürfe*. Manche setzen auf die Kirche als missionarische Gruppe oder als alternative zivilgesellschaftliche Bewegung, andere auf die etwas modifizierte oder zu bewahrende Volkskirche. Dabei können die Schwerpunkte stärker lokal bei der missionarischen möglichst selbstständigen Gemeinde bzw. bei der weiterhin volkskirchlichen Parochie oder überregional bei der landeskirchlichen bzw. EKD-weiten kirchlichen Organisationsstrukturreform gesehen werden. In all diesen Konzeptionen wirken unterschiedliche Kirchenideale und werden unterschiedliche Kirchenlogiken vorausgesetzt.

In der hier in Ansatz gebrachten Kirchentheorie wird die Frage, ob Volkskirche oder Gemeinschaftskirche, ob – bezogen auf Inhalte wie auf Formen – die Wahrung der Tradition oder die tiefgreifende Modernisierung angebracht sind, bewusst nicht entschieden. Die „ekklesiologische Offenheit“[1] solcher Theorie begreift vielmehr schon die faktische evangelische Kirche, auch in der absehbaren Zukunft, als ein „Hybrid“ aus sehr gegensätzlichen Kräften.[2]

---

1 Jürgen Schilling, Anstöße und Aufgaben – Zur Zukunft der „Kirche in der Fläche“, in epd 34/2012, 37–39, fordert für das Land einen „Verzicht auf Einheitlichkeit zugunsten ekklesiologischer Offenheit“ und nennt dies „ein Wesensmerkmal des anstehenden Prozesses“ (39). „Ekklesiologische Offenheit ist Investition in die Zukunft. Strukturen und Finanzinvestitionen müssen sie gezielt fördern.“ (37).

2 Vgl. dazu Eberhard Hauschildt/Uta Pohl-Patalong, Kirche, in: Lehrbuch Praktische Theologie Bd. 4, Gütersloh 2013, bes. Kap 3, 117–219.

Nach der Hybrid-Theorie besteht zwar ein nicht unerhebliches Risiko darin, dass sich oppositionelle Kirchenpraktiken gegenseitig schwächen, aber es tun sich auch Möglichkeiten zur gegenseitigen Stärkung der unterschiedlichen Kirchenpraktiken auf. Für das Forschungsvorhaben der vorliegenden Studie ist solche Kirchentheorie jedenfalls deshalb besonders geeignet, weil sie nicht parteiisch das eine oder andere Kirchenbild und die dementsprechende Kirchenpraxis systematisch abblendet, sondern Veränderungsmöglichkeiten auf den jeweiligen Pfaden konträrer Kirchenbilder insgesamt Rechnung tragen kann.

Die Theorie der Kirche als Hybrid geht von einer Kombination drei je eigener Kirchenideale und Funktionslogiken von Kirche aus.[3] Die Kirchenideale finden sich in theologisch vertretenen konträren Kirchenreformentwürfen. Die Funktionslogiken zeigen sich in auf verschiedenen Ebenen der Gesellschaft vorhandenen sozialen Grundformen, in denen sich auch Kirche als empirisches soziales Handeln vollzieht. Es lässt sich die Vielfältigkeit der kirchlichen Debatte und der kirchlichen Praktiken auf drei Grundtypen zurückführen.[4] Die theologischen Schlagwörter dieser Idealtypen lauten „Volkskirche", „aktive Gruppe" und „Kirche als Unternehmen". Die damit verbundenen Sozialformen sind: 1. *„Institution" als Sozialform der Volkskirche*, 2. *„Gruppe/Bewegung" als Sozialform der aktiven Gruppe* und 3. *„(moderne) Organisation" als Sozialform der Kirche als Unternehmen auf dem Religions- und Freizeitmarkt.*

Dass der Charakter des Hybrids alles andere als eine zufällige Gegebenheit oder eine Fantasievorstellung ist, lässt sich mithilfe der Theorie der Non-Profit-Organisation plausibel machen. Nach ihr befinden sich die Non-Profit-Organisationen auf dem intermediären Sektor zwischen den drei Sektoren Staat, Markt und privater/informeller Bereich. Sie kombinieren und vermitteln die drei Logiken und Charakteristiken miteinander: staatsanaloge Gleichbehandlung aller, marktanaloges Konkurrenzbewusstsein und Expansionsstreben und dem Privaten nachgebildete persönliche Zuneigungs- und Wertebeziehungen.[5]

---

3 Nur dual angelegt ist die in der Anglikanischen Kirche bekanntlich seit längerem verbreitete Idee von der „mixed economy of parish churches and network churches [...] in an active partnership across a wider area" (The Archbishop's Council, mission shaped church, London 2004, S. XI).

4 Ausführlich dazu Hauschildt/Pohl-Patalong, 2013, 117–219. Als Skizze zur Erklärung der Vorgänge in den Kirchenreformdebatten und der Debatte über das EKD-Impulspapier „Kirche der Freiheit" erstmals auf der EKD-Synode 2007 vorgelegt; Abdruck: Eberhard Hauschildt, Organisation der Freiheit – „evangelisch Kirche sein" verändert sich. Referat zum Schwerpunktthema (2007), in: Kirchenamt der EKD (Hrsg.), Kirche im Aufbruch. Schlüsseltexte zum Reformprozess (Kirche im Aufbruch. Reformprozess der EKD, Bd. 7), Leipzig 2012, 215–230.

5 Vgl. Adalbert Evers/Benjamin Ewert, Hybride Organisationen im Bereich sozialer Dienste. Ein Konzept, sein Hintergrund und seine Implikationen, in: Thomas Klatetzki (Hg.), Soziale Dienstleistungsorganisationen, Wiesbaden 2010, 103–128.

Wie zwischen diesen Logiken auch von den Kirchenmitgliedern hin- und hergewechselt werden kann, lässt sich am Beispiel der Erfahrungen bei Kirchenaustritt und Kirchenwiedereintritt anschaulich machen: Der Kirchenaustritt wird meist verstanden nach der *Organisation*slogik: Gerechtfertigt wird er damit, dass die Abwägung von Kosten (Kirchensteuer) und tatsächlichem Nutzen der Mitgliedschaft negativ ausfalle. (Zusätzlicher Anlass kann dabei sein, dass eine *Konflikterfahrung* mit einem Vertreter der Kirche als fehlende personale Zuneigung interpretiert wird, die doch dem wahrhaft Christlichen widerspreche.) Dem Kircheneintritt gehen in der Regel neue Zuwendungs- und *Vertrauenserfahrungen* voraus (sei es im persönlichen Gottesverhältnis, in der Begegnung mit familiärem Religionsbedarf bei neuer Partnerschaft oder Kindern, sei es mit positiven Erfahrungen mit einem Pfarrer/einer Pfarrerin). Der Eintritt selbst in die Kirche ist dann aber in der Regel mit der gewachsenen Einsicht verbunden, dass die Kirche als *Institution* in der Gesellschaft nötig und unterstützenswert sei. So wird denn auch trotz Wiedereintritt mehrheitlich aus der positiven Kirchenerfahrung im Privatbereich gerade nicht die Konsequenz gezogen, nun vor Ort in der Gemeindekirche besonders aktiv mitarbeiten zu wollen.[6]

Das Hybrid aus Institution, Organisation und Gruppe prägt auch die Stellung der Kirche auf dem Lande und die Erfahrung mit ihr. Dabei treten bestimmte Elemente aber noch einmal anders hervor.

1.1.1 Kirche als Institution auf dem Land

Im Dorf steht viel häufiger als bei den vielen Kirchen in der Stadt anschaulich die (einzige) Kirche in der Mitte des Dorfes und überragt weithin die anderen Gebäude der Siedlung. Sie stellt eines der wenigen öffentlichen großen Gebäude des Ortes und definiert in sehr vielen Fällen zugleich, wo das eine Ortszentrum liegt, während es in der Stadt dazu vielerlei Alternativen an öffentlichen Plätzen und Gebäuden (Konsumtempel, Banken, Hochhäuser usw.) gibt. Zwar mag es in der Stadt auch die Zentralkirche oder gar die berühmte Kathedrale geben, so finden sich neben ihr jedoch mancherlei Stadtteilkirchen und Gemeindehäuser, die für diese öffentliche Repräsentanz des Gesamtgemeinwesen eine untergeordnete Rolle spielen. Doch *auf dem Land hat die jeweilige Dorfkirche jedes Dorfes automatisch diese herausragende Position*. Mag es in der Stadt viele Kirchen- und Versammlungsräume

6 Vgl. Eberhard Hauschildt, Wiedereintritt in welche Gemeinschaft der Kirche? Was sich von den Wiedereintretenden für eine Praktische Theologie der Kirche lernen lässt, in: PTh 102 (2013), 27–39, mit Bezug auf die im gleichen Heft vorausgehenden Artikel von Christian Grethlein und Norbert Ammermann zu einer Münsteraner Befragung von Wiedereingetretenen.

für unterschiedliche Religionen geben, so ist es auf dem Land viel wahrscheinlicher, dass die Dorfkirche den einzigen Religionsraum des Dorfes stellt.

Dass an dem kirchlichen Gebäude sich die Identität des Dorfes, seine Geschichte und Tradition, seine Besonderheit, anschaulich festmacht, ist geradezu der Normalfall. Ebenso, dass es dazu wenig bauliche Alternativen gibt. Das Dorf ist und bleibt in seiner gefühlten Abmessung ein „Kirchspiel".

Das Dorf hat hinnehmen müssen, dass es den Dorfkrug und den Dorfladen nicht mehr gibt. Das geschah im Zuge marktlicher Optimierung, und dem steht als Gegengewicht bei Bewegung im Raum die Möglichkeit gegenüber, mit dem Auto spezielleren Bedarf an anderen Orten zu decken und dort günstigere Preise zu bezahlen. Der Wandel wird insoweit als selbst mitverursachter Wandel plausibel und erträglich. Noch einmal anders erfahren wird, dass es den Dorfarzt, die Dorfschule und den Dorfbürgermeister nicht mehr gibt. Das wird als Entzug von staatlicher (sozialer) Versorgung erfahren, von anderen Mächten außerhalb des Dorfes fremdbestimmt entschieden. In dieser Situation gilt *die Position des Pfarrers / der Pfarrerin als die paradigmatische letzte große Institution des Dorfes*, die noch so ist, wie sie war. Damit lagert sich an die Rolle des Pfarramts noch zusätzliches Potenzial an, für die Identität des Dorfes zu stehen. Wird nun die Pfarrstelle gestrichen oder muss auch nur die Pfarrstelle mit einem anderen Dorf geteilt werden, so wird das umso mehr als Angriff auf das ganze Dorf erfahren. Ähnliches gilt für herausragende Veranstaltungen (Kirchenfest, Konfirmation, Weihnachtsgottesdienst): Der soziale Zwang, daran teilzunehmen, hat auch im Dorf längst nachgelassen. Doch dass die Veranstaltungen nicht im eigenen Dorf, sondern in einem anderen bzw. nicht zur „richtigen" Zeit, sondern später oder früher stattfinden sollen, wird ebenfalls von allen als weiterer Angriff auf die Identität des Dorfes erfahren. Er wird in der Institutionslogik analog zum sozialstaatlichen Handeln als Entzug und Verrat, von außen gesteuert, gedeutet.

Sind die Negativerfahrungen verstärkt, so gilt aber eindeutig nicht, dass die vertraute Kirchlichkeit von den Trends in der Stadt nicht betroffen sei. Die *Selbstverständlichkeit kirchlich-religiöser Sozialisierung mag auf dem Lande lediglich nicht ganz so ausgeprägt* wie in der Stadt abgenommen und die ethische Pluralisierung entsprechend etwas weniger zugenommen haben.

Damit entsteht das *Dilemma*: Die Institution Kirche auf dem Land kann zwar weniger leisten als früher, gleichzeitig aber haben sich die Erwartungen an die Kirche und das Kränkungspotenzial bei ihrem Rückbau noch erhöht.[7] Die EKD hat sich sehr mutig als abschließenden Höhepunkt ihrer Erklärung

7 Vergleichbare „scherenförmige" Entwicklungen in einer ländlichen Kirche zeichnen Martin Alex und Thomas Schlegel auch in anderen Bereichen nach (vgl. „Mittendrin!" Kirche in peripheren ländlichen Regionen, in: Dies. [Hg.], Mittendrin! Kirche in peripheren ländlichen Regionen, 14–46, hier 25).

von 2007 das Bild von der „Kirche als zentrale Entwicklungsträgerin ländlicher Räume“ auf die Fahnen geschrieben.[8]

1.1.2 Kirche als aktive Gruppe auf dem Land

Religion dürfte in der Primärgruppe der Familie/Sippe entstanden sein (vgl. auch im Alten Testament den „Gott der Väter“) und das Christentum aus der Gruppe um Jesus. Nachdem es sich zuerst in den Städten der Antike verbreitete, wurde es später in Mitteleuropa als flächendeckende Kirche durchgesetzt. Diese wurde dementsprechend dann von der Mehrheit der Bewohner in ihren dörflichen Lebensverhältnissen erfahren. Erst in den modernen städtischen Verhältnissen wird es zum Normalfall, in der Öffentlichkeit auf nichtvertraute Menschen zu treffen – geprägt durch Verhältnisse der funktionalen Interaktion und eine dementsprechende Beziehung auf Distanz.[9] Damit wurden die Verhältnisse von Beziehungsnähe zum Ausnahmefall der besonderen Kontakte in der privatisierten Lebenswelt. Entsprechend gilt genauso: Die Ausgangsbeziehung auch zur Institution Kirche und ihrem Personal ist meist die der üblichen Distanz, aus der als besonderes biographisches Ereignis sich dann auch die nähere Vertrautheit von Beziehungen zu kirchlichen Individuen und die Beteiligung an Gruppen entwickeln kann. Diese kirchlichen Kreise und Gruppen stellen gegenüber der eigenen Familie Sekundärgruppen dar. Ein extra gewählter Freundeskreis, eine extra besuchte Gruppe der Gleichaltrigen oder Gleichgesinnten, mit denen man seine Freizeit verbringt, hat dabei im Vergleich mit der Familie und Nachbarschaft an Rang für das Privatleben gewonnen. Entsprechend ist im Laufe der Modernisierung die religiöse Gruppe als Erscheinung von Kirche wichtiger geworden (vgl. schon die collegia pietatis des Pietismus oder die Salongruppen von Aufklärung und Romantik, später dann die Erweckungsbewegung und die Jugendbewegung). In einer pluralisierten Gesellschaft wird die Gruppe zum wichtigen Ort, um spezielle Normen und Lebensweisen, die sich vom Gesamtdurchschnitt unterscheiden, zu pflegen und aufrechtzuerhalten. Eine dementsprechende christliche Sozialgestalt lebt von der Differenz der Gruppe zur Mehrheitsgesellschaft insgesamt und auch von der Differenz zur Volkskirche, sei es, dass man sich als die Frommeren und wahrhaften Bekehrten oder als die Progressiven und wahrhaft Alternativen versteht oder schlicht als die Aktiven im Gegensatz zu den Passiven.

8 Kirchenamt der EKD (Hg.), Missionarische Chancen und Aufgaben der evangelischen Kirche in ländlichen Räumen, EKD-Texte 87 2007, 71–74.

9 Vgl. zu diesen Zusammenhängen im Anschluss an die von Uwe Sander ausgearbeiteten Theorie der mediatisierten Kommunikation: Gerald Kretzschmar, Kirchenbindung. Praktische Theologie der mediatisierten Kommunikation, Göttingen 2007.

In der Gemeindebewegung am Ende des 19. Jahrhunderts ging es darum, diese Gruppenmechanismen wieder erneut in die städtischen anonym gewordenen Massen- und Großparochien gezielt einzuführen. Man suchte so, ein Gemeindeleben der Gruppen und Kreise im dazu erfundenen kirchlichen Vereinshaus (Gemeindehaus) zu etablieren und damit so etwas Ähnliches wie dörfliche Verhältnisse in der Stadt nachzubauen.[10] In jüngster Zeit konnte sogar die gesamte Gemeindearbeit als speziell auf unterschiedliche Milieu-Zielgruppen ausgerichtet begriffen werden.[11]

Auf dem Land stellten sich die Verhältnisse tendenziell anders dar, weil die Massensituation weniger gegeben ist. Die überschaubarere Parochie blieb erhalten. Gemeindegruppen und dörfliche Zugehörigkeit aufgrund noch nachbarschaftlicher Lebensweise überlappen sich weiterhin deutlich stärker als in der Stadt. Eine Gemeindegruppe steht der Dorfgruppe überhaupt viel näher. Ausdifferenzierungen nach Milieus sind gedämpfter, weil man häufiger quer über Milieugrenzen hinweg auf die gleichen Menschen, die man kennt, trifft. Für ein Sich-Konzentrieren auf die Personen des eigenen Milieus fehlt innerhalb des eigenen Dorfes die nötige Zahl an Menschen. Konnte in der Stadt die Gemeinschaft in der Kirche stärker als Sondergemeinschaft der Glaubenden, der Kerngemeinde akzentuiert werden, so *bleibt Gemeinschaft in der Kirche auf dem Lande stärker eine Gemeinschaft der Wohnenden* – jedenfalls im Westen.

Wenn sich nun doch Gruppen und Kreise nach städtischem Muster auf dem Land bilden, dann überschreiten sie den Horizont des Dorfes und gestalten sich als Gruppen mit speziellen Zugehörigen aus den unüberschaubareren Verhältnissen der Region. Sie gehören damit zu den Fällen von privaten Aktivitäten außerhalb des Dorfes. Wenn sie in einem anderen Dorf stattfinden, versteht sich nicht von selbst, dass sie dort Teil des Dorfes werden und mit zu seinem Dorfleben beitragen, sondern das bedarf erst noch eigener Anstrengung. Oder positiv gewendet: Gerade diese *Gruppen sind es, die Promotoren werden könnten einer Identität, die die Abgrenzungen von den anderen (Dörfern) in der Region aufbrechen könnte*. Denn in solchen Gruppen würde von einigen Dorfakteuren ein Bewusstsein für die Zusammengehörigkeit der Region mit entwickelt. Ob dieses Bewusstsein für regionale Zusammengehörigkeit das Dorf insgesamt stärker beeinflussen kann, bleibt allerdings offen. Es wird nur dann möglich, wenn zugleich auch die innerdörfliche Kommunikation stark bleibt und Anlässe findet.[12]

---

10 Vgl. Hauschildt/Pohl-Patalong, 2013, 97 f., 257 f.

11 Zum Beispiel Claudia Schulz/Eberhard Hauschildt/Eike Kohler, Milieus praktisch. Analyse- und Planungshilfen für Kirche und Gemeinde, Göttingen 2010³.

12 Vgl. dazu auch den Abschnitt „Region und Parochie" in: Christhard Ebert/Hans-Hermann Pompe (Hg.), Handbuch Kirche und Regionalentwicklung. Region – Kooperation – Mission, Im Auftrag des

Das Potenzial einer kirchlichen Gruppe, zahlreiche Mitglieder zu bekommen, ist umso geringer, je mehr die Gruppe auf das Dorf beschränkt bleibt. Man erhält dann Veranstaltungen mit vergleichsweise wenigen Personen. Das kann anders aussehen, wenn man aus einer Region zusammenkommt; dann können solche *Gruppen angesichts der auf dem Lande geringeren Konkurrenz vergleichsweise viele und beständige Mitglieder* anziehen. Das Phänomen findet sich etwa bei blühenden Kirchenchören in einer ländlichen Region. Die Möglichkeiten der elektronischen Kommunikation stellen inzwischen aber auch für das Land die gesamten globalen Angebote des Internets zur Verfügung, was neue Konkurrenzen für die Gruppen auch hier schafft.

1.1.3 Kirche als Organisation auf dem Land

In der Organisationsgesellschaft, die sich zunehmend im 19. Jahrhundert entwickelte, werden Funktionen der alten Institutionen durch bürgerliche Selbstorganisation in „freiwilligen Assoziationen" übernommen. Im politischen Bereich traten an die Stelle des erblichen Königtums die miteinander konkurrierenden Parteien, in der Wirtschaft an die Stelle der Zünfte die im Wettbewerb zueinander stehenden Unternehmen. Charakteristisch für moderne Organisationen ist ein leitender klar bestimmbarer spezifischer Zweck. Zu dessen Erreichung sind die nötigen Ressourcen zu akquirieren. Effizienz und Effektivität der Zielerreichung spielen eine wichtige Rolle. Seit den 1990er Jahren werden entsprechende Modelle – stark motiviert durch die Erwartung, mit einer solchen Reform Ressourcenverbrauch einzusparen – auch im staatlichen, im sozialen und im großkirchlichen Bereich wirksam. Mit dem EKD-Impulspapier des Jahres 2006[13] kamen die damit verbundenen Logiken flächendeckend auf die Agenda der Kirche, nachdem sie zunächst auf der Ebene einzelner Gemeinden (vgl. die Gemeindewachstumsbewegung und Literatur zur Gemeindeentwicklung) und dann einzelner Kirchenkreise und schließlich Landeskirchen angewendet worden waren.

Die Organisationslogik ergreift sowohl das Handeln nach außen als auch die Verhältnisse innerhalb der Organisation. *Auf dem Lande wirken sich davon weniger die konkurrenz- und marktorientierten Expansionsbemühungen aus, genauso wie in der Stadt aber betreffen das Land die verwaltungsinternen Planungen zu ressourcensparender Regionalisierung.* In einer ersten Welle wurde das Land bereits in den 1970er Jahren von kommunalpolitischer Neustrukturierung erfasst. Nun stellen sich die gleichen Fragen für die Kirche auf dem

Zentrums für Mission in der Region in Zusammenarbeit mit Martin Alex, Heinzpeter Hempelmann, Daniel Hörsch, Juliane Kleemann und Thomas Schlegel, Leipzig 2014, 119–139.

13 Kirchenamt der EKD (Hg.), Kirche der Freiheit, 2006.

Lande. Regionalisierung, bei der Dörfer als Struktureinheiten weitgehend aufgehoben werden, trifft das Land viel tiefer als solche, bei denen Vorortgemeinden und Stadtteilgrenzen aufgehoben werden. Dass die Kirche als Verbund einzelner kirchlicher Orte in der größeren Fläche verstanden wird, ist in der Stadt mit seiner Mehrzahl an solchen Orten deutlich plausibler als auf dem Land mit der Dorfkirche als dem einen kirchlichen Ort im Dorf.

1.1.4 Hybrid Kirche auf dem Land

Nach unserer Theorie stellt sich de facto die Kirche als Hybrid aus allen drei Grundkomponenten dar. Dabei ist auf dem Land das Institutionsmodell in der Mehrheit der Fälle noch etwas stärker vorhanden, auch wenn es sich ebenso dort abschwächt. Es kann aber nicht unbesehen wie bisher fortgeführt werden, schon allein aus Finanzierungsgründen. Das Gruppenmodell in seiner modernen Fassung spezialisierter Gruppen wirkt zunächst einmal ebenfalls als Abzug der Kräfte aus dem Dorf und muss erst mit eigenen Anstrengungen für das jeweilige Dorf fruchtbar gemacht werden. Das Organisationsmodell hat, jedenfalls auf den ersten Blick, auf dem Land weniger Wachstumspotenzial und stärkeres Kränkungspotenzial. Insoweit *bestätigt sich auch für das Land die Ansicht der Theorie der Kirche als Hybrid: Eine Weiterentwicklung in Richtung auf eines der drei Kirchenbilder statt der beiden anderen ist nicht sinnvoll.* Ja, es dürfte eine Umstellung auf entweder pure institutionelle Versorgung oder pure Gruppenkirche oder pure Organisationsoptimierung auf dem Land sogar noch gravierendere negative Wirkungen haben als in der Stadt. Es kommt vielmehr auf gute Kombinationen an. Alle drei Grundmodelle, die im Hybrid Kirche kombiniert sind, haben aber auf dem Land besondere Risiken, während ihre landspezifischen Stärken weniger klar hervortreten.

Die Hybridperspektive nimmt die quer durch viele Bereiche der Gesellschaft gemeinsamen sozialen Grundformen in den Blick. Sie sei nun noch durch zwei weitere Perspektiven ergänzt. Diese legen das Gewicht stärker auf Besonderheiten der Kirche: ihren Charakter als Religion (1.2) und ihren Charakter als spezifisch kirchliches Handeln in der Gegenwart (1.3).

1.2 Primäre und sekundäre Religionserfahrung

Es lässt sich zwischen zwei Typen, Religion zu erfahren, unterscheiden:[14] *Primäre Religionserfahrung* ist dadurch gekennzeichnet, dass sie in Primärgruppen (also der Familie) sozialisatorisch vermittelt wird. Sie erfüllt soziale gesellschaftliche Funktionen, stellt die nötigen Riten (bei Geburt, Hochzeit, Tod, Katastrophen), ist dabei inhaltlich weniger genau bestimmt und schließt tendenziell alle Menschen in ihrem Umfeld ein. Insofern ist ihr Grundmodus der der Institution, und sie ist systemstabilisierend.

Sekundäre Religionserfahrung grenzt sich von der primären als Kritik an ihr ab und vermittelt eigene ausformulierte Inhalte. Sie stellt sich als im Laufe der Biografie erworbene selbstverantwortete Überzeugung dar und markiert die Differenz zu anderen Überzeugungen und anderen Lebensbereichen. Insofern ist ihr Grundmodus der der Gruppe, und sie ist systemkritisch.

Die christliche Religion ist zunächst als sekundäre Religionserfahrung entstanden. Wie alle erfolgreichen sekundären Religionen rückte sie aber auch in die Stellung der Erfüllung von Funktionen der primären Religion ein. Das wurde umso unausweichlicher, je mehr das Christentum zur Staatsreligion wurde. Auch in der Volkskirche findet weiterhin deutlich eine Übernahme von Funktionen primärer Religion statt. Das ist selbst da in den Blick zu nehmen, wo – wie vor allem in den östlichen Bundesländern – Kirchenmitgliedschaft zwar zum Minderheitsphänomen wurde. Doch die Christentumsvergangenheit prägt weiterhin auch da indirekt die gesellschaftlichen Gestaltungen – Kultur, Recht und Politik etwa – mehr oder minder spürbar mit.

Kirchliches Handeln der evangelischen Großkirche besteht de facto und sinnvollerweise in einer Kombination aus primärer und sekundärer Religion. Auch eine sekundäre Religion kann kaum anders, als bestimmte Bedarfe primärer Religion mit zu erfüllen, also zumindest Familienreligion mit bereitzustellen. Kirche erweist sich auch in dieser Hinsicht als intermediäres Phänomen. Wie sich dabei die Gewichte zwischen primärer und sekundärer Religion verteilen, hängt in besonders hohem Ausmaß von den Mehrheits- und Minderheitsver-

14 Vgl. dazu in der Praktischen Theologie zuletzt Christian Grethlein, Praktische Theologie, Berlin/New York 2012, 182–187. Die Begrifflichkeit wurde von dem Religionswissenschaftler Theo Sundermeier 1980 eingeführt. Etwas anders, als wir das im Anschluss an die genannten Autoren im Folgenden tun, differenziert Wilhelm Gräb, Religion als Deutung des Lebens. Perspektiven einer Praktischen Theologie gelebter Religion, Gütersloh 2006, 46–66: Religion 1 steht hier für die vorsprachliche, vorbewusste bzw. unmittelbar bewusste allgemeine und subjektive Religion, Religion 2 für sichtbare objektive je kulturell geformte spezifische Religion wie die des Christentums. Religion 1 wird in ihrer Versprachlichung unweigerlich zu Religion 2 und diese bedarf, um in der Moderne verständlich zu sein, der Verflüssigung in Richtung der Erfahrungen von Religion 1.

hältnissen ab. Im Dorf drängt der Wegfall vieler Institutionen die Kirche dazu, über die Funktionen der primären Religion hinaus ein Bedürfnis nach Dorfgemeinschaft mit zu bedienen. Kirche definiert sich hier als *Trägerin der (Land-) Kultur*. In einer *Diasporaposition* auf dem Land kann die gelebte Zugehörigkeit zur Kirche vor allem so gestärkt werden, dass die Anteile an Kleingruppenerfahrung sekundärer Religion deutlicher hervortreten. Kirchengemeinde auf dem Land wird dann als *Kontrastgesellschaft* erfahren.

1.3 Aufgaben der Kirche

Die folgende, ursprünglich von Uta Pohl-Patalong entwickelte Beschreibung der Aufgaben der Kirche unterscheidet Weisen der Kommunikation. Das Feld kirchlicher Handlungen wird danach gegliedert, welche Weise der Kommunikation jeweils überwiegt[15] (siehe Tabelle 1):

Tabelle 1: Aufgaben der Kirche[16]

Orientierung der Kommunikation des Evangeliums	*Modus der Kommunikation*	*Aufgaben: Typ der Tätigkeit und dazugehöriges Kommunikations-Charakteristikum*
Thema: religiöse Deutungen und Praktiken	direkt	1: Christliche Botschaft vermitteln: inhaltliche und traditionsbezogene Kommunikation
	indirekt	2: Räume für Religion bereitstellen: plurale und tolerante Kommunikation
Subjekt: individuelles und soziales Erleben	direkt	3: individuelle Lebensbegleitung: spezialisierte fallbezogene Kommunikation
	indirekt	4: Initiierung von Gemeinschaft: inklusive Kommunikation
Welt: psycho-physischer Zustand	direkt	5: Hilfe für Hilfebedürftige: nur exemplarisch durchführbar
	indirekt	6: Einsatz für bessere Gesellschaft: nur exemplarisch durchführbar

15 Vgl. Hauschildt/Pohl-Patalong, 2013, 415–437.
16 Nach Hauschildt/Pohl-Patalong, 2013, 419.

Dieses Schema setzt bei der allgemeinen Grundunterscheidung des kommunikativen Dreiecks von Thema (Sache), Subjekt (ich) und Welt (wir) an. Es deckt in älteren Beschreibungen kirchlichen Handelns vorgenommene Unterscheidungen mit ab[17], führt aber zusätzlich eine weitere Differenzierung ein: die zwischen direkter und indirekter Kommunikation. Diese wird in einer Gesellschaft, die von Individualisierung und inhaltlicher Pluralisierung geprägt ist, bedeutsam. „Direkt“ steht hier einerseits dafür, dass in einer pluralisierten Welt christliche Deutungen nur als eine von vielen Möglichkeiten inhaltlich profilierter Kommunikation begegnen (Aufgabe 1), die andererseits immer nur als relevant erfahren werden können in ihrer Passgenauigkeit für das Individuum in seinem persönlichen Zustand (Aufgaben 3 und 5). „Indirekt“ steht hier einerseits dafür, dass die profilierte Inhaltlichkeit einer bestimmten Religion nur aufbauen kann auf einer ihrerseits nicht mehr selbstverständlichen weiteren Kultiviertheit von religiösen Fragestellungen in all ihrer Pluralität überhaupt (Aufgabe 2). Doch steht andererseits die Kirche auch in einer pluralisierten und individualisierten Spätmoderne weiterhin in gesellschaftlichen wie gemeinschaftlichen Kontexten (Aufgaben 4 und 6). Auch wenn ihr Einfluss auf diese Gebiete gesunken ist, tut sie, gerade als Großkirche, gut daran, sich aus diesen Zusammenhängen nicht zurückzuziehen, sondern zu ihnen beizutragen. Christlicher Glaube ist und bleibt mehr als reine Privatsache.[18]

---

17 Man kann 1. nach typischen *kirchlichen Handlungsphänomenen* differenzieren: a) In den Lehrbüchern der Praktischen Theologie wird seit dem 19. Jahrhundert für die Hauptgebiete pastoralen Handelns in die Disziplinen Homiletik/Liturgik, Seelsorge (und Diakonie), Religionspädagogik und Kybernetik unterteilt. b) In den Diskursen der letzten Jahrzehnte hat sich etabliert, als Aufgabenbereiche kirchlicher Arbeit Kerygma/Martyria, Diakonia, Koinonia zu nennen, manchmal auch noch durch Paideia ergänzt (vgl. für die Ergänzung um Paideia zuerst PETER BUBMANN, Gemeindepädagogik als Anstiftung zur Lebenskunst, in: PTh 93 2004, 99–114, hier: 102–104). GRETHLEIN, 2012, 252–323, reduziert auf die drei Dimensionen „Lehren und Lernen“, „gemeinschaftliches Feiern“ und „Helfen zum Leben“. 2. Man kann nach *gesellschaftlichen Sphären* differenzieren: a) Die Theorien des neuzeitlichen Christentums unterscheiden kirchliches, öffentliches und privates Christentum (DIETRICH RÖSSLER, Grundriß der Praktischen Theologie, Berlin/New York 1994, eingeführt auf den Seiten 90–94). b) Jüngst ist untersucht worden, in welchem Maße Gemeinden ihre Angebote als solche mit 1. religiösen, 2. kulturellen und 3. sozialen Inhalten verstehen (PETRA ANGELA AHRENS/GERHARD WEGNER: Wie geht's der Kirchengemeinde? Die Kirchengemeinde-Umfrage des Sozialwissenschaftlichen Instituts der EKD, Hannover 2012, 12). 3. Immer noch alles andere als überholt ist Friedrich Schleiermachers Differenzierung auf der Basis *anthropologisch gegebener Handlungstypen*: Das darstellende Handeln überwiegt im Kultus, das wirksame in Seelsorge und Unterricht.

18 In dem Schema der sechs Grundaufgaben der Kirche wird das Leitungshandeln nicht eigens thematisiert, weil dessen Zweck allein darin besteht zu fördern, dass die genannten Kommunikationen gut erfolgen können. Der Bereich der Paideia, der Religionspädagogik, taucht nicht mehr als ein eigener auf. Damit wird der Entwicklung Rechnung getragen, dass das Pädagogische heute nicht mehr als eine Sonderbemühung für die Unmündigen, die zu Belehrenden erscheint, sondern zugleich auch

1.4 Zur Herausforderung der Kirche durch verringerte Ressourcen

1.4.1 Reduktion aufs Kerngeschäft?

Das kirchliche Handeln in Deutschland muss darauf reagieren, dass die Ressourcen an Kirchensteuerfinanzaufkommen und an hauptamtlichem Personal für die Arbeit abnehmen. Zum Beispiel gehen jüngste Prognosen für den Zeitraum von 2009 bis 2040 mit einer Abnahme der Mitglieder der evangelischen Großkirchen in Deutschland um 34 % aus.[19] Es stellt sich damit die Frage, wie bei den Aufgaben der Kirche angemessen gekürzt werden kann. Dies betrifft, wie dargestellt, natürlich auch und zugleich in eigener Weise die Kirche auf dem Land und besonders in den peripheren Räumen.[20] Die Kirche ist auf der Suche danach, welche veränderten Modelle ihrer Arbeit auch vorstellbar sind für Situationen von ganz erheblich verringerten Ressourcen gegenüber der derzeitigen Lage.

Es wird bei Reduktionsüberlegungen in der Kirche immer wieder auch die Erwartung geäußert, eine theologisch begründbare allgemeine Rangfolge von wichtigeren und unwichtigeren kirchlichen Handlungsgebieten der Kirche aufzustellen. Doch erweist sich eine solche Vorstellung, eine *theologisch deduzierte Streichliste* aufstellen zu können, *aus mehreren Gründen als nicht angebracht*:

1. Die Allgemeinheit der Liste: Eine solche Liste lässt nicht erkennen, wo im konkreten Einzelfall bei einem an sich als hoch wichtig eingestuften Handlungsgebiet dennoch Potenzial zur Schonung von Ressourcen besteht. Sie macht es ebenso unmöglich wertzuschätzen, wenn im konkreten Einzelfall bei einem als wenig wichtig eingestuften Handlungsgebiet mit sehr wenig Aufwand vergleichsweise viel Arbeit geleistet werden kann.
2. Die Theologizität der Liste: Theologisch lässt sich zwar zwischen den Minimalgegebenheiten von Kirche (Wort und Sakrament) und anderen notae ecclesiae unterscheiden, also de facto zwischen explizitem kirchlichen Handeln im Gottesdienst und implizitерem kirchlichen Handeln in nichtgottesdienstlichen Tätigkeiten. Wer daraus schließen würde, das nicht-gottesdienstliche Handeln sei unwichtig, zerreißt aber den biblischen Zusammenhang von Gottesliebe und Nächstenliebe (Konkretionen dazu stellen z. B. die Kultkritik

---

als Raum der Kommunikation auf Augenhöhe mit Menschen jeden Alters verstanden wird. Die Bemühung um Förderung von Verstehensprozessen beim Gegenüber zieht sich damit quer durch alle anderen Aufgaben. Ebenfalls in allen Aufgaben finden sich Mischungen aus primärer und sekundärer Religion (siehe dazu 1.2).

19 Kirchenamt der EKD (Hg.), Kirchenmitgliederprognose 2009–2040, Hannover 2011, 5 ff.

20 Zur Charakterisierung der „peripheren Räume" siehe in diesem Buch die Einleitung S. 17–23 und in der Greifswalder Studie, S. 183 ff.

Micha 6,8, die Erzählung vom Endgericht Mt 25 und das Gleichnis vom barmherzigen Samariter Lk 10 dar).

3. Verlockend ist eine nach innen hin gerichtete Aufgabenbeschränkung auf die Felder 1, 3, 4 (Gottesdienst, Seelsorge, Gemeindegruppen). In einer Existenzbedrohung gewalttätiger Christenverfolgung mag dies auch eine Überlebensstrategie sein. In einer religionspluralen und säkularen Umwelt aber ist das gerade keine missionarische Strategie, nicht einmal für eine Kirche in hochgradiger Minderheits- und Diasporasituation. Es würde einen Rückzug aus der öffentlichen Sichtbarkeit und aus der Mitverantwortung für eine bessere Gesellschaft bedeuten.

Darum spricht alles dafür, *situativ und bezogen auf die faktischen Verhältnisse zu entscheiden, wo Ressourcen nicht genug ausgeschöpft sind und vergleichsweise geringer Verlust durch Sparen entsteht und wo Ressourcen neu erschlossen werden können.*

1.4.2 Prinzipien eines optimierten Umgangs mit Ressourcen

Es gibt weitere Handlungsmöglichkeiten neben dem schlichten Streichen einer Tätigkeit. Ein optimierter Umgang mit Ressourcen kann durch qualitative wie durch quantitative Veränderungen eintreten. Auch die Bemühung um Qualität verbraucht eine Quantität an Ressourcen. Insofern ist auch ein verbesserter quantitativer Umgang mit Ressourcen ein Beitrag dazu, wenn auch nicht hinreichend, um Qualität zu verbessern.

Die (quantitative) Knappheit kann in verminderten Finanzmitteln bestehen und/oder einer verminderten Anzahl an Personen, die für die Kirche beruflich oder ehrenamtlich tätig sind. Sie wirkt sich darauf aus, wo und wie viel und durch wen kirchlich gehandelt werden kann. Grundsätzlich bestehen folgende Veränderungsmöglichkeiten (siehe Tabelle 2)[21]:

21 Steffen Fleßa, Irgendwann muss jeder zum Arzt – und wenn keiner mehr da ist? Erfahrungen aus dem Dienstleistungssektor, in: epd 43/2012, 33–36, zeigt, wie die Überlegungen bei der Versorgung des Landes mit ärztlichen Dienstleistungen zu den Fragen von „Raum" und „Personal" strukturell ähnlich aussehen.

Tabelle 2: Merkmale für den Umgang mit geringeren Ressourcen

	I) Ressourcenschonung	II) Ressourcenveränderung
1. Raum	verteilt auf verschiedene Orte und technische Überbrückung räumlicher Entfernung	andersartige Face-to-Face-Präsenz
2. Zeit	in größeren Abständen	zusammengelegt auf ein längeres Zusammensein
3. Personen	verteilt auf andere Schultern	veränderte Zentralrollen

Es leuchtet ein, dass eine reine Reaktion nach Modellen der Spalte I) weniger zukunftsweisend ist, während eine Kombination von I) und II) oder auch II) allein höheres Potenzial enthält.[22]

1.5 Innovationsmodelle[23] für Kirche auf dem Land

1.5.1 Typen innovativer Modelle

Die Studie soll Innovationen in der Arbeit von Kirche auf dem Land, in peripheren Räumen identifizieren und prüfen. Vielerlei Modelle sind in der Diskussion. Sie lassen sich, auf der Basis der zuvor angestellten Überlegungen, in folgender Weise systematisieren (siehe Tabelle 3):

22 Geringe Gemeindemitgliederzahlen wirken sich im Kirchensteuerzahlungssystem der Landeskirche in der Regel auch in entsprechend geringen Finanzzuweisungen für die jeweilige Gemeinde aus. Nicht explizit aufgeführt ist in dieser Tabelle der Umgang mit Finanzen – Ressourcenschonung durch Sparen und Ressourcenveränderung durch Auftun neuer Einnahmequellen. Letzteres setzt das Auskoppeln eigener Spezialinitiativen voraus, für die speziell dann um Spenden oder Kofinanzierungen durch andere geworben werden kann, von Maßnahmen zum baulichen Erhalt der Dorfkirche über soziale Projekte bis hin zu missionarischen Einzelinitiativen (dazu mehr in der Greifswalder Studie), kaum aber für die Finanzierung von Dauerstellen und Standardaufgaben.

23 Der in dieser Studie verwendete Begriff der Innovation ist allgemeiner als der in der Greifswalder Studie. Er zielt nicht auf eine Abgrenzung von anderen Veränderungsprozessen (solchen des Gegensteuerns und der Anpassung). Stattdessen steht „Innovation" hier schlicht im alltagssprachlichen Sinne für „neu", also für etwas, was so, jedenfalls als Modell für die evangelische Gemeinde, neu und anders ist.

Tabelle 3: Modelle der Innovation durch veränderten Umgang mit Ressourcen[24]

A) „Über das Dorf hinaus" – Modelle der Entgrenzung des *Raumes:*	
A1: Kirchenkreis als Gemeinde[25]	institutionelles Modell, durch Regionalisierung geweitet
A2: Zentren	Konzentrationsmodell: „Leuchtturm-Dorfkirchen", „Inseln gelingender Kirchlichkeit", „ausstrahlungsstarkes Gemeindeleben"[26]
A3: Mediale Netzwerke	„digitales Land", virtuelle Gemeinde-Netzwerke
B) „Es geht auch ohne Dorfpastor" – Modelle der Veränderung der *Zentralrollen*:	
B1: Hausgemeinden / Zellbildung[27]	familiärer Ansatz, frühkirchliche Tradition nach dem Oikos-Modell der Alten Kirche
B2: Kleinstgemeinden ohne Pastor[28]	gemeinschaftsbezogen wie B1, aber stärker ausgebildete Leitungsrolle
C) „Nicht immer, aber dafür intensiv" – Modelle der Veränderung der *Zeitrhythmen*	
C1: Wanderprediger/in[29]	„ambulante Versorgungsformen"[30], personenorientiert, „flying pastor", „pastor go to"; vgl. auch etwa die Versorgung kleiner jüdischer Gemeinden in Deutschland

24 In den Tabellen steht in der linken Spalte jeweils ein generalisierender Begriff für das Modell, während in der rechten Spalte beschreibende Stichworte bzw. illustrative Bezeichnungen aufgeführt sind.

25 Eine wichtige Rolle spielt dieses Modell etwa in „Wandeln und gestalten", hier: 60–62, unter dem Titel „3. Strategie: Lebensraumbezogene Netzwerkgemeinden". Vgl. dazu auch die Strukturveränderung im Kirchenkreis Wittstock-Ruppin (EKBO), die 2012 vom Zentrum Mission in der Region evaluiert wurde (vgl. <http://www.zmir.de/veroffentlichungen/zmir_evaluation>).

26 Vgl. Thies Gundlach, Wohin wächst die Kirche?, Von der Generalzuständigkeit zu Zentren gelingender Kirchen, in: PTh 94 2005, 224 u. 228.

27 Die EKBO hat für den Zeitraum 2014 bis 2020 das Projekt 9 „Kleine christliche Gemeinschaften" aufgelegt, mit dem Ziel: „Kleine Gemeinschaften bilden Kirche vor Ort ab in Gebet, Schrift, Abendmahl und Diakonie (‚Kirche für andere')" (<http://www.reformprozess.ekbo.de/1058375>). Cell churches als ergänzende Gemeindeform in dem ländlichen Norfolk beschreibt Sally Gaze, 2007², 58 ff.

28 Als solche Kleinstgemeinden mit fester ehrenamtlicher Struktur können die Basisequipen in der Diözese Poitiers gelten (vgl. Albert Rouet, Die Gaben der Taufe und die Strukturen der Kirche, in: Alex/Schlegel, Mittendrin!, 2014, 208–228).

29 Gundlach, 2005, 228; Katrin Göring-Eckardt, Kreative Wandlung – Perspektiven für Kirche in der Fläche, in: epd 43/2012, 8–11, hier: 8 f.; Friedrich Weber, Flächenpfarrerin, Wanderprediger, Verwalter, …?, in: epd 43/2012, 16–24.

30 Gundlach, 2005, 228.

C2: Wanderbühnen / Wandertheater	mobile Organisationen; Gruppen, die mit bestimmten Angeboten herumziehen
C3: Eventkirche	Kirche zu besonderem, seltenem Event-Anlass
C4: Sommer- / Winterkirchen[31]	Gebäude nur für bestimmte Zeiten, vgl. Kirchendörfer in Schweden
D) „Was Besonderes in der Kirche" oder „Kirche woanders" – Modelle der geänderten Zuordnung von *Gebäuden und Funktionen*[32]	
D1: Kommunitäten / Klöster	eine besondere Gemeinschaft auf Dauer ist zugleich das Zentrum der Gemeinde des Ortes
D2: Evangelische Schule[33]	Schule und Gemeindegebäude als Einheit gemeinsamer kirchlicher Arbeit
D3: Diakonisches Investment[34]	z. B. Nutzung des Kirchengebäudes als Begegnungsstätte oder Tagesklinik für Ältere
E) Kombinationsmodell (kombiniert A und D)	
E1: Schwerpunktbildung in der Dorfgemeinde	die Dorfgemeinde hat einen abgestimmten Schwerpunkt für die Region

1.5.2 Theoriegeleitete Voreinschätzungen zu Stärken und Schwächen der Typen innovativer Modelle

Auf der Basis der angestellten Vorüberlegungen lassen sich Hypothesen darüber formulieren, welche Chancen diese Typen jeweils haben und worin auch ihre jeweiligen Probleme liegen könnten.

31 Göring-Eckardt, 2012, 9.

32 „Wandeln und gestalten" redet im Rahmen der „4. Strategie: Geistliche Zentren und besondere Wachstumsgemeinden" von *„geistliche[n] Zentren* wie z. B. besondere Orte (Kirchen, Klöster), Gemeinschaften (Kommunitäten) oder Einrichtungen (Schulen/Internate, diakonische Zentren, Bildungsstätten), die eine überregionale kirchliche Ausstrahlungskraft und missionarische Wirkung entfalten" (62). Und unter „2. Strategie: Spezieller Arbeitsschwerpunkt – bei Gewährleistung von Grundvollzügen kirchlichen Lebens" werden als „Beispiele spezieller kirchlicher Arbeitsschwerpunkte in strukturschwachen ländlichen Räumen" „diakonische Tätigkeiten und Bildungseinrichtungen" empfohlen (59).

33 „School-based" und „school-linked congregations and churches" in den Dörfern spielen in Großbritannien eine wichtige Rolle (vgl. die Liste in The Archbishop's Council [Hg.], 2004), daneben auch die „Café churches" (ebd.) im Dorfgemeinschaftshaus (vgl. auch Gaze, 2011, 65 ff.).

34 Vgl. Beispiele in der Anglikanischen Kirche von Dorfläden, Beratungsstellen und Postämtern im Kirchengebäude (Gaze, 2011, 55, 60 u. ö.).

A1. Kirchenkreis als Gemeinde

Das Modell besteht darin, eine größere Flächeneinheit („Region") als Gemeinde zu definieren. Die neue „Gemeinde" besteht dann aus einer Zahl von einigen Pfarrstellen und einer ganzen Reihe von Gottesdienststätten. Das Modell ist aus der Organisationsperspektive angelegt. Es streicht oder relativiert die unterste Ebene und ersetzt bzw. ergänzt als Handlungseinheit die nächsthöhere Ebene, um eine Grundversorgung zu bewahren. Damit kann es vor Ort als Verlust sowohl von Kirche als Institution als auch Kirche als Gruppe erlebt werden. Es verfolgt offensichtlich zu einem guten Teil die Organisationslogik im Hybrid, ggf. auf Kosten der beiden anderen. Die Möglichkeiten zur Gemeinschaftsbildung, sowohl auf der kirchlichen wie der dörflichen Ebene, könnten stark beeinträchtigt sein. Gegenüber der Gewichtung von primärer und sekundärer Religion besteht bei dem Modell keine prinzipielle Option, ebenso bezüglich der sechs Aufgabenfelder (bei allerdings potenziell erheblicher Schwächung von Aufgabe 4 [Gemeinschaft]). Soweit die Ressourcenschonung allein der Logik des Ausdünnens (Spalte I von Tabelle 2) folgt, erscheinen Impulse für Ressourcenveränderung als nicht gegeben. Bei Projekten dieser Art ist besonders darauf zu achten, ob und wie die potenziellen Negativeffekte abgefangen werden können.

A2. Zentren

Während Modell A1 die kirchlichen Aktivitäten in der Region verteilt, werden sie hier an einem Ort konzentriert. Wieder wird im Hybridmix besonders der Organisationslogik gefolgt. Die Effekte von Verlusterfahrung an den Orten, die nicht das Zentrum darstellen, stellen wieder ein erhebliches Risiko dar. Es ist mit deutlichem Rückgang bei vorher kirchlich Beteiligten zu rechnen.[35] Während Modell A1 sich für Regionen ohne Zentrum nahelegt, entspricht dieses Modell einer Situation, in der ein Ort ohnehin als Zentrum herausragt. Viel hängt von der Erreichbarkeit des Zentrums ab. Dass dabei auch der öffentliche Nahverkehr Möglichkeiten bietet, ist jedenfalls wahrscheinlicher als in Modell A1.

35 In Großbritannien soll eine Zentralisierungsstrategie der Methodisten dazu geführt haben, dass in den aufgelösten Kleinstgemeinden nur ein Drittel der Mitglieder sich zur methodistischen Zentralgemeinde umorientierte, während ein Drittel sich nicht mehr beteiligte und das letzte Drittel zu Kirchengemeinden anderer Denominationen in der Nähe wechselte (Thomas Schlegel, Regionale Ausstrahlung oder Dienst vor Ort? Wie wir Menschen auf dem Lande besser erreichen, in: Thomas Schlegel/Martin Alex [Hg.], Leuchtfeuer, 2012, 19–39, hier 23, Anm. 10, mit Zitat aus: George Lings, The Village and fresh Expressions, 2005, 12).

A3. Mediale Netzwerke
Das Modell setzt bei der Überbrückung der örtlichen Entfernungen mittels der Techniken elektronischer Kommunikation an. Es setzt damit ein gut ausgebautes und vielfältiges elektronisches kirchliches Angebot voraus. Fraglich ist, wie damit umgegangen wird, dass Face-to-Face-Kommunikation nicht als generell ersetzbar beurteilt werden kann. Offen bleibt, wie „Internetanalphabeten" nicht ausgeschlossen werden. Ungeklärt ist, was mit den lokalen Identitäten geschieht, also der Kirche, die für das Dorf steht.

B1. Hausgemeinden/Zellbildung
Dieses Modell verlagert Kirche in das Haus und auf die bewussten Gläubigen. Es ist dadurch gekennzeichnet, dass es gängige Elemente von Kirche auslässt. In der Hybridstruktur fußt es auf der Logik der kleinen Gruppe und scheint ohne die Logiken von Institution und Organisation auszukommen. Es hat seinen Schwerpunkt in der sekundären Religionserfahrung. Es bearbeitet die Aufgaben 1, 3 und 4. Kirchengebäude und Pfarramt sind für dieses Modell nicht unbedingt nötig (doch was passiert dann mit den Dorfkirchen?). Es schafft andere kirchliche Haupträume (Haus) und Hauptrollen (allgemeines Priestertum, Ehrenamtliche) und kann so örtliche Nähe gewährleisten[36] und ausbauen. Bei diesem Projekt ist zu prüfen, ob und wie es de facto doch auf Ergänzungen durch anderes angewiesen ist.[37]

B2. Kleinstgemeinden ohne Pastor
Bei diesem Modell wird die Pfarramtsrolle gestrichen. Entscheidend ist dann, wie man die ehrenamtliche Leitung und Aufgabenerfüllung gestaltet, so dass sie attraktiv ist und die Aufgabenerfüllung gewährleistet. Man schafft damit so etwas wie ein ehrenamtliches Pfarramt und hat zu bedenken, wie dieses auszugestalten ist. Wird es durch eine oder mehrere Personen ausgeübt? Wie sind Rechte und Pflichten geregelt? Gibt es Aufwandsentschädigungen oder doch eine Teilzeitentlohnung? Wie wird theologische Qualifikation und Organisationsleitungsqualifikation bereitgestellt? Erfolgt eine Qualitätskontrolle?

36 Dieser Aspekt steht ganz im Vordergrund bei einem Modell von „Hausgottesdiensten" in der Advents- und Passionszeit. Sie finden „vor allem bei Gemeindegliedern [...] [statt], die aus Gründen der Gesundheit oder des Alters ihr Haus nicht mehr verlassen können" (Michael Lehmann, Von volkskirchlichem Gemüt und missionarischer Leidenschaft. Beispiele aus dem evangelisch-lutherischen Kirchenkreis Gotha, in: Schlegel/Alex, Leuchtfeuer, 2012, 149–157, hier 155).

37 Eine originelle Variante mit Eventmomenten stellt der „Hauskreis auf Zeit" dar, bei dem nur für drei Treffen zu einem Hauskreis eingeladen wird, jeweils wieder in einem anderen „Gastgeberhaus", wobei dies zugleich deutlich mit der Kirchengemeinde verknüpft ist: Es wird als Aktion der Kirchengemeinde veröffentlicht und diese stellt dann auch jeweils zwei „Leiter" für den Hauskreis (Hans Hager, Hauskreis auf Zeit, in: Schlegel/Alex, Leuchtfeuer, 2012, 158–163).

C1. Wanderprediger/in
Dieses Modell verändert bei der Zentralrolle des Pfarramts dessen Anwesenheit, indem es zeitliche Lücken zulässt, gleichzeitig aber Zeiten der intensiven Präsenz schaffen könnte. Der Hybridcharakter, die Balance von primärer und sekundärer Religion und die Aufgabenabdeckung werden nicht prinzipiell verändert. Es stellt sich die Frage, was in der Zeit zwischen den Präsenzzeiten an kirchlichem Leben passiert. Und wie wird mit „Notfällen" (Bestattungen, akuter Seelsorgebedarf, akute Organisationsleitungsentscheidungen und -beratungen) umgegangen?

C2. Wanderbühnen/Wandertheater
Dieses Modell setzt auf besondere Einzelereignisse von Kirche. Die Angebote der „Wanderbühnen" wären dann wohl jeweils auf eine bestimmte Zielgruppe oder ein bestimmtes Angebot in einem der sechs Aufgabenfelder zugeschnitten.[38] Die Frage ist, was mit dem Bedarf an Kontinuität geschieht: Wer ist der Ansprechpartner vor Ort, der den Bedarf kennt, den Anreisenden die örtlichen Verhältnisse erklärt und sie mit den nötigen Informationen versorgt?[39] Wo wird neben den Einzelereignissen der Wanderbühnen die Kontinuität gepflegt und können Vertrauensbeziehungen aufgebaut werden?

C3. Eventkirche
Bei diesem Modell ist an Einzelevents mit großen Auswirkungen auf die gesamte Örtlichkeit zu denken. Sie können als wiederkehrende überregionale Events Teil der Identität des Dorfes werden. Ihr Schwerpunkt liegt typischerweise im Kulturbereich. Das Modell ist nur an einzelnen Orten, nicht an vielen denkbar. Zu beachten ist: Gelingt es tatsächlich, auch religiöse Thematiken und helfendes Handeln in das Event zu integrieren oder an es anzugliedern? Beteiligt sich das Dorf nur als (religiöser) Anbieter des Events für Zureisende oder ist es selbst auch (religiöser) Nutznießer des Angebots? Was passiert in den Zeiten ohne Event?

38 Ein Beispiel dafür stellt etwa „der Blaue Bus" des CVJM im Kirchenkreis Oderbruch dar, der an jedem Tag der Woche in einem anderen Dorf Kinder- und Jugendarbeit anbietet (Jan Simon Schneider, Der Blaue Bus – mit einem Jugendhaus auf Rädern vom Zentrum in die Fläche, in: Schlegel/Alex, Leuchtfeuer, 2012, 140–157. Das Modell ist genauer in der Greifswalder Studie in diesem Band untersucht, siehe S. 210 ff.

39 Im Fall „Der Blaue Bus" wurde im Lauf der Jahre ergänzend eine Verknüpfung zur Jugendarbeit an einem Zentralort aufgebaut (Schneider, a. a. O., 145) und werden „leider zu wenig Verknüpfungen zur bestehenden kirchlichen Struktur und deren Angebot" konstatiert (147).

C4. Sommer-/Winterkirchen
Dieses Modell bezieht sich auf Fälle, in denen ausgeprägte Saison-Situationen bestehen, wie es sie an touristisch ausgebauten Orten der Peripherie gibt. Hybridmix, primäre und sekundäre Religionserfahrung, Aufgabenabdeckung können in den Saisonzeiten gewährleistet werden. Zu fragen ist, ob die Win-Situation für die touristischen Besucher des Ortes tatsächlich auch eine Win-Situation für die Bewohner darstellt. Sie sind in der Hauptsaison ja gerade in ihrem Freizeitbudget extrem eingeschränkt. Wie ist das Modell zu ergänzen, damit es außerhalb der Saison, wenn die Bewohner mehr Zeit haben, auch Kirche gibt?

D1. Kommunitäten/Klöster
Bei diesem Modell wird das kirchliche Zentralgebäude (Dorfkirche/Pfarrhaus) verändert oder ein anderes Gebäude mit den Aufgaben von Dorfkirche und Pfarramt betraut. Eine nicht-parochiale kirchliche Gemeinschaft erhält die Aufgaben der Erfüllung der Funktionen von Parochie. Das Potenzial liegt darin, sämtlichen Handlungsfeldern einen dazu passenden neuen Fokus zu geben. Nicht so sehr in Ausdifferenzierung, sondern in der Integration der Aufgaben liegt hier die Chance. Zu bedenken ist, wie die Kommunität wirtschaftlich ihre Mitglieder versorgen kann und ob diese Wirtschaftseigeninteressen die Erfüllung der kirchlichen Aufgaben nicht beeinträchtigt. Das Modell bietet sich nur in einigen wenigen Fällen an. Es kommt entscheidend darauf an, dass eine gute Verschränkung von interner Gemeinschaft und Gemeinschaft des Dorfes gelingt.

D2. Evangelische Schule
Das Modell funktioniert im Prinzip ähnlich wie D1. Die Wirtschaftlichkeit ist hier leichter gegeben, weil staatliche Finanzierungsquellen für die Schultätigkeit und gegebenenfalls weitere Finanzierungen aus privater Hand bei einem Internat, einer Privatschule zustande kommen. Trotzdem sind auch hier die Interessen von Gemeinde und Schule sorgfältig aufeinander abzustimmen. Fraglich wird, ob der Pfarrer/die Pfarrerin der Schule auch die pastoralen Aufgaben sorgfältig wahrnimmt.

D3. Diakonisches Investment
Dieses Modell verknüpft ähnlich wie D1 und D2 das Kirchengebäude/Pfarrhaus mit einer weiteren kirchlichen Nutzung bzw. betraut eine Nutzung eines anderen Gebäudes mit parochialen Aufgaben. Hier liegt diese im sozialen Bereich. Das Modell bietet sich gerade in solchen Regionen an, die zu den sozial prekären im regionalen Raum gehören, etwa solchen sozialen Projekten, die auf hohe Arbeitslosigkeit reagieren oder auf einen hohen

Anteil an alten Menschen. Es stellen sich die ähnlichen Fragen wie bei D1 und D2.

E1. Schwerpunktbildung in der Dorfgemeinde
Dieses Modell geht davon aus, ähnlich wie es für die Stadt vorgeschlagen wird, in den Dorfkirchen einer Region deutliche Schwerpunkte der Arbeit auszubilden. Die Vorteile liegen darin, dass allen damit eine doppelte Möglichkeit geboten wird: entweder den spezialisierteren Bedarf an einem anderen Ort in der Region zu decken oder bei Interesse am Bleiben im Dorf vor Ort den allgemeinen Bedarf mit abzudecken, auch wenn die Arbeit hier ein ziemlich spezifisches Gepräge hat. Modelle D1 bis D3 wären Beispiele für ein solches spezifischeres Gepräge, aber es wären auch Konzentrationen auf eine bestimmte Altersgruppe, auf bestimmte religiöse (Frömmigkeitsprofil), kulturelle (Musik, Literatur) und soziale Ausprägungen (Beratung, Eine-Welt, Umweltfragen usw.) denkbar. Bei diesen Ausprägungen sollte dann aber auch darauf geachtet werden, dass in den jeweils fernerliegenden Handlungsfeldern, Teile des Hybrids, die primäre oder die sekundäre Religionserfahrung dennoch beachtet und konstruktiv auf die Ausprägung bezogen sind. Das Modell lässt sich langsam entwickeln. De facto stellt das Modell eine Art der Regionalisierung bzw. Zentralisierung (vgl. A1 und A2) dar. Sollen alle oder viele Dorfgemeinden einen solchen Charakter haben, dann benötigt das Modell allerdings doch ein relativ dichtes Netz an Dorfpfarrstellen.

2 Analyse: Zehn Praxisbeispiele

Zu den theoretisch erhobenen Modellen (siehe 1.5) wurden passende Einzelfälle für die Detailanalyse identifiziert[40]. So können hier nun *zehn Detailbeschreibungen* (2.1 bis 2.10) vorgelegt werden aus Gemeinden in peripheren Räumen mit – in den meisten Fällen – ländlicher Besiedlungsweise.[41] Drei davon stammen aus den Kirchen Ostdeutschlands (2.1, 2.4, 2.10), je eines aus einer Randlage im Süden (2.2) und im Norden (2.6); außerdem finden sich jeweils ein Beispiel aus Niedersachen (2.3) und Franken (2.5) sowie zwei aus Hessen (2.8 und 2.9). Ein Beispiel stammt aus dem Ausland: die deutsche evangelische Gemeinde in Finnland (2.7). In einer Minderheits-/Diaspora-Situation befinden sich die Gemeindeglieder in den drei Fällen aus den Kirchen Ostdeutschlands sowie dem aus dem Süden und dem aus Finnland.

Es wurden vor Ort in der Regel pro Fall zwei halbstandardisierte Interviews durchgeführt, eines mit Hauptamtlichen und eines mit Ehrenamtlichen.[42] Ein entwickelter *Interviewleitfaden* zielte auf Äußerungen zu Beweggründen, zu

---

40 Zwei Ausnahmen gibt es: Für die Modelle A3 und E1 wurde schließlich auf eine weitere Untersuchung verzichtet. Nicht gefunden werden konnte eine Form von Internetgemeinde im Sinne einer Alternative für Landgemeinden (A3), die nicht bloß ein allgemeines kirchliches Zusatzangebot oder mehr als einen Internetauftritt lokaler Kirche darstellte. Hier wird man gesamtkirchlich die Entwicklung weiter verfolgen müssen. Ebenso ist uns keine Dorfgemeinde bekannt geworden, bei der eine ausgeprägte Schwerpunktbildung bewusst mit jeweils anderen Schwerpunktbildungen anderer Dorfgemeinden der Region abgestimmt ist (Modell E1). Außerdem ist zu beachten: In einem der identifizierten und analysierten Fälle (2.2) sind Charakteristika von Modell A2 (Zentrum) und C3 (Event) miteinander verknüpft.

41 Die Charakterisierung beruht auf der Zuordnung zum jeweiligen mit dem kirchlichen Flächengebiet überwiegend übereinstimmenden Gebiet einer politischen Gemeinde, definiert nach den Raumtypen des Bundesinstituts für Bau-, Stadt- und Raumforschung nach der Typologie von 2010 (vgl. <http://www.bbsr.bund.de/BBSR/DE/Raumbeobachtung/Raumabgrenzungen/Raumtypen2010_vbg/Raumtypen2010_alt.html?nn=443270>; <http://www.bbsr.bund.de/BBSR/DE/Raumbeobachtung/Downloads/downloads_node.html>). In sechs der Beispiele handelt es sich um Gemeinden in sehr peripherer, in drei um solche in peripherer Lage; sechs Beispiele sind solche aus dem ländlichen Raum, drei aus einem Raum mit teilweise städtischer Besiedlung. Ein Beispiel findet sich in der räumlichen Sondersituation einer eigenen kirchlichen Gemeinde der EKD verstreut über die Fläche eines ganzen Staats (hier Finnland außerhalb der Hauptstadt Helsinki). Die in den Porträts jeweils auch mitgeteilte Zahl der Einwohner pro Quadratkilometer beruht auf den Daten des Statistischen Bundesamts, bezogen auf den 31.12.2011 (<https://www.destatis.de/gv/suche_gv2000.htm>).

42 Die ursprüngliche Idee, bei den Ehrenamtlichen zwischen zwei Gesprächsgruppen zu unterscheiden, wurde aufgegeben. Es gab meist große personelle Überschneidungen zwischen den Kirchenvor-

positiven und negativen Erfahrungen sowie zu den Erwartungen und der vermuteten längerfristigen Sicht auf die weitere Zukunft vor Ort. Daraus ergab sich folgender Gesprächsaufbau: Es wurden nach der Bitte um eine kurze Selbstvorstellung die Hauptamtlichen zunächst nach dem Beweggrund für die Entwicklung des Projekts und dann nach dem Wichtigsten dessen, was bislang erreicht sei, gefragt; die Ehrenamtlichen wurden eingangs nach der Selbstvorstellung gefragt, was sie gut am Projekt finden und danach, wo sie Bedenken haben. Beide Gruppen wurden dann gebeten, von den schönsten und auch von den schwierigsten Erfahrungen zu berichten. Schließlich wurde nach den wichtigsten anstehenden Aufgaben bzw. der Entwicklung in den nächsten fünf Jahren gefragt und ganz am Ende danach, wie sich in rund 20 Jahren Gemeinde und Kirche vor Ort wohl verändert haben werden.

Die *Analyse der Interviewaussagen* ist darauf ausgerichtet festzustellen, inwieweit sich die Vorerwartungen, die für das jeweilige Modell vorab kirchentheoretisch abgeleitet worden waren (vgl. 1.5.2), im tatsächlichen Fall bestätigen oder sie zu relativieren sind. Da ja die Aufgaben der Kirche als Kommunikationsaufgaben gefasst wurden (1.3), wird zusätzlich herausgearbeitet, wie sich das kommunikative Miteinander der Interviewten darstellt. Bisweilen wird auf andere schriftliche/elektronische Quellen der Selbstdarstellung zurückgegriffen. Die Analysen sind unterschiedlich ausführlich ausgefallen; darin wirken sich der Umfang der relevanten Interview-Äußerungen, die Komplexität der Beobachtungen und auch die eingeschätzte Bedeutung für die Gesamtfragestellung aus. Für das Lernen aus Beispielen ist nicht nur interessant, wenn etwas gelingt, sondern ebenso auch, wenn Schwierigkeiten deutlich werden. Den Interviewten sei ganz herzlich für ihre Bereitschaft zu den Interviews und für ihre nachdenklichen und offenen Worte gedankt.[43]

stehern (als Stimme einer größeren Breite der Gemeinde und Mitglieder des Beschlussorgans) und den ehrenamtlich Mitarbeitenden in der Gemeindearbeit.

43 Anonymisierte Transkriptionen der Interviews liegen vor und können auf Anfrage für Forschungszwecke bei Prof. Hauschildt eingesehen werden.

2.1 Regionalisierung in Mitteldeutschland – Faktoren eines gelungenen Beispiels (Region Nördliches Zeitz)

Name und Zugehörigkeit:	Ev. Kirche in der Region Nördliches Zeitz; Kirchenkreis Naumburg-Zeitz, Ev. Kirche in Mitteldeutschland
Orte:	28 Kirchengemeinden, mehrheitlich zusammengefasst zu 7 Kirchspielen (KS) und 3 selbstständigen Kirchengemeinden (KG) – in der Region gibt es insgesamt 45 Orte, 32 Ortsteile und über 60 kleine und kleinste Wohngebiete: KS Draschwitz (Draschwitz, Maßnitz), KS Görschen-Stößen (Görschen, Rathewitz, Stößen), KS Hohenmölsen-Land (Göthewitz, Hohenmölsen, Jaucha, Keutschen, Muschwitz, Rössuln, Wählitz, Webau, Zembschen), KS Reuden (Ostrau, Predel, Reuden), KS Teuchern-Kistritz (Gröben, Kristritz, Krössuln, Schelkau, Teuchern, Werschen), KS Theißen-Langenaue (Aue-Aylsdorf, Deuben, Luckenau, Naundorf, Theißen, Trebnitz, Wildschütz, Zangenberg), KS Tröglitz-Gleina (Gleina, Tröglitz), KG Langendorf, KG Profen und KG Rehmsdorf
Gemeindeglieder:	ca. 3.200 (ca. 9,1 % der ca. 35.000 Einwohner in der Region), Altersdurchschnitt: 51–74 Jahre
Pfarrstellen:	2: Theißen und Profen, Hohenmölsen (zur Zeit unbesetzt)
Hauptamtlich/nebenamtlich Mitarbeitende:	Gemeindepädagogik (1,5 Stellen)
Ehrenamtlich Mitarbeitende:	3 Kirchengemeinde- und 7 Kirchspielräte, ca. 200 weitere Ehrenamtliche, darunter mehrere Pfarrer im Ruhestand
Gebäude:	34 Kirchen, 16 Pfarrhäuser, 2 Gemeinderäume, 19 Friedhöfe
Einrichtungen:	Erlebnis-Kirche Wählitz
Veröffentlichungen:	„Gemeindebrief INTERREGIO-nal" (sechsmal jährlich – Auflage: 2040); Abschlussbericht Regionenbildung in der Region „Nördliches Zeitz" des Kirchenkreises Naumburg-Zeitz (2007) (<http://www.kirchenkreis-naumburg-zeitz.de/pdf/Schlussbericht_N_Zz.pdf>); http://www.geistreich.de/regional_groups/2199
Internet:	http://www.noezz.de
Raumtyp:	Gemeinde Teuchern: ländlich-peripherer Raum; 112 EW/qkm, Oberzentrum Leipzig ist ca. 52 km/34 Autominuten entfernt

Das Modell *Region als Gemeinde* (A1) geht davon aus, dass nun eine größere Flächeneinheit als Gemeinde gilt, die mehrere vormals bestehende Einzelgemeinden zusammenfasst. Rechtlich gesehen existieren im vorliegenden Fall Pfarrstellen, die jeweils einem anderen Verbund zahlreicher Dorfgemeinden zugeordnet sind. Insgesamt gibt es in der Region 45 Orte, 32 Ortsteile und 60 kleine und kleinste Wohngebiete. Kirchlicherseits bestehen 28 Kirchengemeinden, mehrheitlich zu sieben Kirchspielen zusammengefasst, drei Kirchengemeinden sind selbstständig geblieben. Der Regionalbeirat kann Beschlüsse nur fassen, wenn die sieben Kirchspiele und die drei selbstständigen Gemeinden sämtlich zustimmen. Doch wirken in der Region Nördliches Zeitz faktisch die Hauptamtlichen (zwei Pfarrstellen, 1,5 Stellen Gemeindepädagogik) nebeneinander für das Ganze.[44]

Wenn man das Modell der Regionalisierung aus der Organisationsperspektive von der Region als Handlungseinheit her denkt, um eine Grundversorgung zu bewahren, stellen sich kritische Fragen (vgl. A1): Wird die Regionalisierung nicht vor Ort als Verlust sowohl von Kirche als Institution wie als Gruppe erlebt? Sind nicht so die Möglichkeiten zur Gemeinschaftsbildung, sowohl auf der kirchlichen als auch der dörflichen Ebene, stark beeinträchtigt? Wie soll eine solche Logik des Ausdünnens Negativeffekte überhaupt abfangen können? Insofern ist es besonders interessant, ein Beispiel genauer zu betrachten, das als Vorbild für eine gelingende Regionalisierung gilt.

Beim Besuch zu diesem Projekt wurden in einem Gespräch zunächst die Ehrenamtlichen interviewt (E1 bis E6), in einem zweiten die Hauptamtlichen (H1 bis H3).

2.1.1 *„Die unmittelbare Verbindung zu den Gemeindegliedern erfolgt über uns" – zur Sicht der Ehrenamtlichen*

Positive Entwicklung:

Aus der Sicht der Ehrenamtlichen hat das Projekt eine positive Entwicklung für den *Sonntagsgottesdienst* bewirkt. Zu Zahlen von über 20 Personen pro Gottesdienst heißt es: „Wir sind damit zufrieden" (E4). Wann und wo Gottesdienst gefeiert wird, ist gerechter organisiert. „Es war notwendig", sagt E1, der von sich auch berichtet, dass er „zuerst schon gegen den Zusammenschluss" gewesen war angesichts schlechter Erfahrungen mit Unternehmensberatern an seiner Arbeitsstätte. Aber „es hat sich doch als gut bewährt, und jetzt bin ich persönlich der Meinung, es wäre anders gar nicht gegangen. Jetzt sind

44 In „Wandeln und gestalten", a. a. O., wird die Situation der Region „Nördliches Zeitz" als ein Beispiel für den „Typ 6: Ländliche Räume im engeren Umfeld von Verdichtungsgebieten – Kirche ohne besondere Wachstumsperspektive" bereits ausführlicher beschrieben (36–38).

wir sehr, sehr froh, wie es geworden ist." Ohne *Akzeptanz* der Beteiligten geht es nicht. „Uns wurde nichts übergestülpt" (E4). „[...] bevor wir irgendeinen Zusammenschluss von oben übergestülpt bekamen, entschlossen wir uns dann auf freiwilliger Basis" (E2). Das hebt sich ab von dem, was man im katholischen Bereich beobachtet hat: „Das wurde von oben angeordnet, wer mit wem wann zusammengeht. Da gab es keinerlei Diskussionen. Zudem hätte sich das auch niemand getraut" (E2).

Das Projekt wird von den Interviewten zugleich als *verbesserte Gemeinschaft* erfahren. E1 ergänzt einen eigenen Bericht von sich aus: „Ein Satz dazu bitte noch: Wir alle haben uns auch viel besser kennengelernt." E2 sekundiert direkt darauf: „Die Not hat uns zusammengeschweißt, und es ist eine wirklich gute Gemeinschaft entstanden." Und später noch einmal: „Zu unserer Gemeinschaft noch etwas: Wir haben bei uns gemerkt, dass wir jeden Tag voneinander hören im Gemeinderat."

Eine neue eigene Rolle:
Eigentlich wäre es schön, wenn wie früher Pfarrer für jeden Gottesdienst da sein könnten. Weil es aber „organisatorisch nicht anders" geht, kommt es vor, „dass wir die Christvesper selbst machen" (E1) oder „dass wir einmal im Monat eine Wochenschlussandacht selbst anbieten [...], in freier Form" (E3). Es fällt auf, wie stark die Ehrenamtlichen immer wieder von sich selbst als einem „Wir" sprechen. Ihre eigene Rolle ist positiv besetzt. Die Menschen orientieren sich heute im Dorf an bekannten Personen aus dem Gemeindekirchenrat:

> „[...] die unmittelbare Verbindung zu den Gemeindegliedern erfolgt über uns im Wechsel. Anders ist es nicht möglich. Auch wir, die wir ja viele Jahre schon im Dorf wohnen, kennen die Menschen dort, auch mit ihren Sorgen und Nöten, die uns anvertraut wurden, auch in zwanglosen Gesprächen. Wenn ich dann mal am Friedhof mit dem Baumschnitt zugange bin oder andere Arbeiten erledige, kommen dann auch immer mal ältere Damen, nicht, um mich zu besuchen, sondern um die Gräber zu pflegen, aber auch dann ergeben sich Gespräche mit mir" (E3). „Wenn ich heute dort durch die Straßen gehe, kennen mich sehr viele, und ich kenne auch viele, Gemeindemitglieder oder nicht" (E1).

Mit der Einnahme der Verantwortungsrolle verbinden sich freilich auch andere Gefühle: „Derzeit, ohne den Kollegen, bin ich schon etwas überfordert mit allen Aufgaben eines Pfarrers. Bei mir läuft derzeit alles zusammen, und das Telefon steht nicht still" (E6). Ebenso wird aber auch die Arbeit als bewältigbar erlebt. E2 berichtet: „[...] alles, was auf meinen Tisch kommt, wird bearbeitet." Und E3 sagt dazu: „Es baut auf und lässt oft die viele organisatorische und Schreibarbeit vergessen, wenn unsere Leute dankbar mit uns sprechen und so etwas sagen wie ‚Gut, dass wir euch haben'."

Dabei ergibt sich ein Netzwerk der gegenseitigen Verweisung. E3 findet: „Wir können vieles miteinander austauschen, auch an Erfahrungen, Organisatorisches und Zeit.“ Auf die Frage des Interviewers: „Erleben Sie das so, dass Sie in dieser Tätigkeit Unterstützung bekommen – von Ihrem Pfarrer, Ihren Gemeindepädagogen?“ reagiert die Gruppe mit Einwürfen von allen. Akustisch setzt sich die Antwort durch: „Ja, auf jeden Fall.“ Die Unterstützung erfährt man auch vom Kirchenverwaltungsamt (E4) beispielsweise bei Bauangelegenheiten: „Wenn's mal sehr Eiliges gibt, rufen wir dort an und flugs ist jemand hier“ (E6).[45]

Man macht sich Sorgen, was nach einem kommt. Auch *Probleme* werden von der Gruppe wahrgenommen. Der Versuch einer Regionalisierung auch der Baufinanzierung gelang nicht (mehr dazu s. u.), und es ist die eine Pfarrstelle schon länger unbesetzt. Bezüglich einer Wiederbesetzung der Pfarrstelle werden auch Fantasien geäußert: „Einen weiteren Pfarrer zu bekommen, wenn's geht auch zwei“(E1). Und an gleicher Stelle ist man sich seiner eigenen Bedeutung ganz bewusst: „Wenn wir heute sagen würden, wir hören auf, dann können alle Kirchen hier geschlossen werden. Dann werden nur noch die Kirchengebäude von der evangelischen Kirche verwaltet. Von der Seelsorge mal ganz abgesehen, unsere wesentliche Aufgabe.“ (E4)

Für die Ehrenamtlichen schwer zu deutende Erfahrungen:
So weit sind die Dinge für die Ehrenamtlichen klar und auch zwischen ihnen ganz unstrittig. Es gibt aber auch mehrere Bereiche, wo Unsicherheit darüber besteht, wie man es deuten soll, und dementsprechend in der Gruppe auch Meinungsverschiedenheiten bestehen.

a) Die gemischten Erfahrungen von *einerseits überraschender Kooperationsbereitschaft und andererseits Nichtbeteiligung derer, die doch dazugehören*, verwirren. Aus ihrer geschichtlichen Erfahrung ist den Ehrenamtlichen (E4, E5) die im Osten gängige Rede von „Christen“ und „Nichtchristen“ geläufig. Wie kann es dann sein, dass Menschen, Nichtchristen, sich bei der Kirchenrenovierung handwerklich so engagieren, doch nach deren erfolgreichem Abschluss nie mehr in die Kirche kommen? E3: „Wenn's etwas zu tun gibt, sind sie dabei, aber der Schritt von da in die Kirche ist vielen zu groß, Weihnachten und Ostern ausgenommen.“ E1 berichtet ausführlich von solcher überraschenden Hilfsbereitschaft für Kirchbauangelegenheiten und resümiert: „Ich weiß nicht, wie ich das einordnen soll, aber da schlummert etwas wirklich Großes,

45 Allerdings gibt es auch gegenteilige Erfahrungen mit der Bürokratie. Seit der Vereinigung mit der Landeskirche Thüringens gehe nun „alles streng nach Gesetz [...]. Vorher konnte man mal sagen: Hier unterschreib und gut. Jetzt ist alles viel bürokratischer: Stempel, Unterschrift, weiterleiten und noch weiterleiten und so“ (E4). „Die letzte Sicherheitsbegehung hat uns fast dahin gebracht, zu sagen: Bitte sucht euch jemanden!“ (E1).

nach dem Motto: Lasst uns ja die Kirche im Dorf!" Wieso gibt es „eingetragene Christen", die dann doch dem Gottesdienstleben und Gemeindeleben, für das sich die Ehrenamtlichen einsetzen, ganz fernbleiben? E5 findet: „Ich denke, die besten Leute in meinem Stall sind eigentlich Leute, die nicht zur Kirche gehören. Die sind mir oft lieber als manch ein eingetragener Christ. Mir sind da aktive Menschen lieber als die, die nur irgendwo eingetragen sind und nichts von sich hören lassen."

b) Unklar ist auch, welches Gewicht die *Kirche als Repräsentantin der Dorfkultur* haben soll, während die Ressourcenknappheit der Kirche doch Regionalisierung erfordert. Wofür sich die Menschen engagieren, ist laut E3 „dann immer aufs Dorf bezogen und nicht auf die Region. Die interessieren unsere Details weniger." E5: „Da wünscht sich schon jeder einen wirklich guten Gottesdienst, bei dem mindestens die Hälfte der Besucher, die dort sind, nicht zur Kirche gehören. Die Region selbst interessiert hier niemanden." E1 deutet: „Hier sind die Kirchen noch so'n bisschen kulturelles Zentrum [der Dörfer]." Aber das heißt auch: Für Weihnachtsfeiern, Konzerte und Rockevents gilt: „Dann ist die Kirche voll. [...] Dann kommen also viel mehr Menschen zur Kirche, aber dabei bleibt es dann auch meistens" (E1).

c) Deutliche Ambivalenzen bestehen beim *Thema „Mission"*. Man weiß sich dazu gerufen und eigentlich verpflichtet. E1 bringt ungefragt ein: „Ein schlechtes Gewissen habe ich, wenn es darum geht, neue Gemeindemitglieder zu gewinnen, was ja unser aller Aufgabe ist, aus dem Fundus, der ja da ist." Dem wird sogleich der Satz angeschlossen: „Das ist hier wirklich nicht leicht, und da tue ich mich auch schwer, hier jemanden darauf anzusprechen." E4 verweist auf Spezifika der Erfahrungen im Osten: „Wie massiv Menschen manipuliert wurden aus den unterschiedlichsten Bereichen, [...] das hängt unseren Leuten heute noch an und die Vorsicht davor. [...] Wie sollen wir uns dann einfach hinstellen und sagen: ‚Kommt zum Glauben'? Ich würde mir das auch nicht zutrauen, einfach so zu jemandem zu gehen, um ihn zu überzeugen, [...]." Zwei weitere Ehrenamtliche assoziieren die Haustürwerbung. E1: „Das liegt auch nicht jedem – wie die Zeugen Jehovas, die draußen klingeln." E2: „Ich bin auch nicht der Missionar, der von Tür zu Tür geht. Das liegt mir nicht, und ich habe auch nicht die Absicht, [...]." Angemessen ist Mission für E4 „höchstens als Vorbild in der Lebensweise mit der Hoffnung, dass das etwas abfärbt". E5 übt grundsätzliche Kritik an der Mission im Sinne von Werbung für den Kircheneintritt:

> „Was würde die Nichteingetragenen unterscheiden von den eingetragenen, wenn sie Mitglied werden würden? [...] Wenn ich da noch tiefer gehe: Bei uns gibt es *eine* Familie, in der geistliches Leben im Alltag wichtig ist, das z. B. zum Tischgebet reicht oder zum Lesen der Losungen – nur eine Familie. So ist das hier,

> und wir reden hier von Kirche und Christen. Wo also fängt das an? Wir machen hier also niedrigschwellige Angebote. Das ist die Situation bei uns. Das kann in anderen Gemeinden schon wieder anders sein. Bei uns gibt es keine kirchlichen Traditionen mehr. Hier ist es auch nicht selbstverständlich, dass ein Kind getauft wird. Bei uns gibt es keine Dienste mit und für Kinder. Es gibt aber ein paar Leute, die hier etwas veranstalten, die etwas anbieten und wo dann auch Nachfrage besteht, aber unverbindlich. Dann ist es schön, wenn man wieder einmal im Dorf zusammen sein kann, aber deswegen werden sie keine Mitglieder. Vielleicht nehmen sie aber den einen oder anderen Gedanken mit."

E6 verweist darauf: „Da sind Menschen, die sich für Glauben noch nie interessiert haben, aber dann ihre Kinder bei uns lassen." E3 jedoch fragt: „Aber was hilft es, wenn die Kinder nach der Schule heimkommen und zu Hause vom Glauben und der Kirche erzählen, die Eltern selbst aber nicht dahinter stehen?" E5 meint: „Hoffnungsvoll ist hier, dass jetzt manche Kinder zum Religionsunterricht gehen und dass auch wieder Kinder getauft werden."
d) Schließlich ist die *Sicht auf die Zukunft der Kirche im Dorf schwankend* bzw. es gehen die Meinungen in der Gruppe darüber sehr auseinander. Klar ist, wie stark sie von der weiteren wirtschaftlichen Entwicklung der Region mit abhängt (E1). Einerseits sieht es so aus, als stürbe alles mit der jetzigen Generation der Älteren aus (E4) oder man könne bestenfalls den Bestand erhalten. Andererseits gibt es dann doch Hoffnung, dass etwas über die Kinder entsteht, „weil durch die Kinder wieder die Eltern teilweise mitkommen" (E6).

2.1.2 „Wir sind wirklich in der Region!" – zur Sicht der Hauptamtlichen

Positive Bewertung:
Dass die Hauptamtlichen ihr Projekt positiv bewerten, erstaunt nicht unbedingt. Nicht ganz so selbstverständlich ist, dass diese Meinung von allen Hauptamtlichen sehr ähnlich gesehen wird und es auch sonst kaum Unterschiede auch nur in den Akzenten der Bewertungen gibt. Die Perspektive der Hauptamtlichen ist natürlich eine andere als die der Ehrenamtlichen. Sie erfolgt im Kontext ihres hauptberuflichen Tuns. Und für das besteht ein Eindruck, der alles andere als selbstverständlich ist für die Stimmung der Hauptamtlichen in den Landregionen des Ostens Deutschlands. Es gibt eine *deutliche Zufriedenheit und geglücktes Zusammenstimmen von Arbeit und persönlichem Ergehen*: H3 findet, „dass das Arbeiten nach wie vor sehr gut funktioniert". Erinnert wird an das Motto des inzwischen weggegangenen Pfarrers: „Die Kirche soll leben, und wir wollen es auch" (H3). Bislang jedenfalls galt, auch als die zweite Pfarrstelle nicht mehr besetzt war und zudem noch der eine Hauptamtliche krankheitsbedingt ausfiel:

„Es waren dann doch noch Reserven da, dass im Normalbetrieb nicht auf Kante genäht wurde. Derzeit sind wir gut ausgelastet und Langeweile gibt's sicher auch nicht, aber wenn's dann auch noch brennt, wissen auch die Ehrenamtlichen: Wir können helfen, und wir kennen auch unseren Platz beim Helfen, und verstehen es auch, wenn dann die Hauptamtlichen mal nicht können. Auch sie schaffen die Arbeit selbstverantwortlich." (H2)

Zu den positiven Erfahrungen gehört also, wie das letzte Zitat zeigt, nicht weniger zentral als die Vermeidung von Selbstüberforderung die Erfahrung, dass das eigene Tun mit seinen Kapazitätsgrenzen *von den Gemeinden, den Ehrenamtlichen akzeptiert* wird. Das Wichtigste an der Regionalisierung war, „[d]ass die Gemeindevorsitzenden, die Ehrenamtlichen unsere Not wahrgenommen haben in diesem gesamten Prozess, und dass sie nicht nur darauf gesehen haben, was jeder einzelne Hauptamtliche schafft, sondern übergreifend und gemeinsam wir in der gesamten Region tätig sind" (H2).

Ehrenamtliche lassen sich darauf ansprechen, in der Situation zu helfen. Umgekehrt werden die *Fähigkeiten der Ehrenamtlichen* und ihre Arbeit von der Seite der Hauptamtlichen *positiv eingeschätzt*: „Die Gemeindekirchenräte arbeiten sehr selbstständig und überwiegend auch sehr gut und gründlich und werden dabei auch unterstützt vom Kreiskirchenamt" (H1).

Die Hauptamtlichen erfahren sich als welche, die *als Hauptamtliche der Gesamtregion angesehen* werden. Gefragt nach der schönsten Erfahrung, antwortet H1:

„Die schönste Wahrnehmung kam in einem Wortspiel mit Herrn [E5] zustande. Er begrüßt mich immer mit den Worten: „Grüß dich, mein Pfarrer", aber da wir Seelsorgebereiche eingeteilt haben, bin ich eigentlich gar nicht sein Pfarrer. Das ist immer einfach spaßig zwischen uns, und das drückt auch sehr gut aus, was ich in der ganzen Region so wahrnehme, dass nämlich die hauptamtlichen Mitarbeiter in der gesamten Region wirklich in die Gemeinde reingehören und sie gleichzeitig auch immer weniger am Einzelnen klammern. Also jede Gemeinde weiß, wenn einer von uns auftaucht, dass wir ganz da sind und auch dort hingehören, und gleichzeitig wissen sie auch, dass wir eigentlich auch ganz woanders hingehören, nämlich in die Region.
Dazu gehört auch, dass wir [...] an der Sprachregelung gearbeitet haben, dass wir uns, wenn wir uns vorstellen, nicht sagen: Ich bin der Pfarrer aus Theißen, sondern: Ich bin der Pfarrer aus dem nördlichen Zeitz, obwohl das keine Rechtsgröße ist. Das ist keine eigene Kirche, und die Region hat mich auch nicht angestellt. Wenn's um eine Stellenneubesetzung geht, sind die entsprechenden Gemeinden dafür zuständig und rechtlich dafür allein verantwortlich. Trotzdem wird dann vorher die gesamte Region zusammengerufen, weil wir alle sagen: Das wird ja unser Pfarrer. Das ist wirklich wunderbar, das so zu erleben, nicht nur in dem Sprachwitz, sondern auch in jeder Gemeinde, wie gut alles zusammengehört,

> auch innerhalb der Gemeinden, die das alles dann ja nicht so nah begleitet haben, die es aber doch sehen und mittragen."

Organisatorische Zuordnungen zu Teilregionen sind dennoch sinnvoll. So habe man Seelsorgebereiche „auch sprachlich wieder eingeführt", damit Dorfgemeindevertreter, z.B. wenn es um eine Kasualie geht, „wissen, wo sie zuerst anrufen" (H1).

Rollenveränderungen:
In der Kombination von Zuordnung und Präsenz ergibt sich der Eindruck der Verbesserung der Situation bei der Versorgung mit Hauptamtlichen: Gemeindeglieder können „dann sogar sagen: Wir haben zwei Pfarrer!" (H2). Insoweit habe das Noezz sogar eine „Steigerung!" erbracht (Einwurf H1). Die Regionalisierung führt, auch wenn das „nicht unbedingt ein negatives Erlebnis" sei, zu einer Veränderung in der *Pfarrerrolle:* „[...] was hier im klassischen Pfarrerbild absolut verlorengeht, ist, dass man seine Gemeindeglieder im alltäglichen Vollzug kennenlernt und ihnen begegnet" (H1). Jedenfalls in der Zeit der Vakanz gilt: „Was wirklich fehlt, ist der Freiraum, um größere missionarische Projekte anzupacken" (H1). Direkt daran schließt sich freilich der Satz an: „Derzeit laufen bei mir zwei." Ausführlich wird von beiden berichtet – einem Gospelchor und der Etablierung eines wiederholten alternativen modernen Gottesdienstangebots, vorbereitet von einer Gruppe. Auch aus Sicht des *nichtpastoralen Hauptamtlichen* (H2) hat eine gravierende Verbesserung stattgefunden gegenüber der Vergangenheit, in der er „zwischen den Orten hier etwas zwischen den Stühlen" saß, „auch zwischen den Pfarrern, von denen der eine das wollte und der andere etwas anderes": „Das alles haben wir dann aber hinbekommen."

Die Hauptamtlichen sind sich auch über die veränderte Rolle der *Ehrenamtlichen* im Klaren, befürworten dies und sehen ihre Aufgabe darin, sie zu stärken:

> „[Die Ehrenamtlichen] sind das Gesicht der Kirche. Das war auch schon Thema in den Gemeindesitzungen lange Jahre und immer wieder. Darüber müssen wir uns klar sein: Es sind nicht die Hauptamtlichen das Gesicht der Kirche. Die tauchen zwar auf und stehen bei Veranstaltungen vorn, und man sieht sie in den Gemeindegruppen, aber im Dorf selbst sind es die Ehrenamtlichen. Das muss man stärken und auch würdigen und sie dabei begleiten und schulen, dass sie auch tatsächlich als erster Ansprechpartner mit den Menschen reden können" (H1).

Wenn man sie unterstützt, ist das auch „gut investierte Zeit" (H1, zweimal).

Herausforderungen für die Zukunft:
Für die nähere Zukunft werden zwei organisatorische Weiterentwicklungen für erforderlich gehalten. Es müsste ein *zentrales Gemeindebüro* geben (H1). Und es sollte, wenn die Hauptamtlichen de facto Pfarrer der gesamten Region sind, auch dementsprechende *Rechtsregelungen über die bisherigen Kirchenvorstandszuständigkeiten hinaus* geben (H1 und H2). H1 geht noch weiter:

> „Ich spiele oft mit dem Gedanken, dass hier aus dieser Region Nördliches Zeitz eine Gemeinde wird mit einem Geschäftsführer, der sich um die ganzen Verwaltungs- und Rechtsfragen kümmert, mit zwei oder drei Hauptamtlichen, egal, wie sie verteilt sein mögen von ihrer Dienstbeschreibung her, und dass trotzdem die Gemeinden in den Orten der entscheidende Faktor in dieser Region sind. Also auf der einen Seite eine organisatorische Instanz, die das alles zusammenhält, und die Mitarbeiter haben ausreichend Freiraum, um bestmöglich arbeiten zu können. Das wird dann von allen in der Gemeinde getragen. Bleibt zu wünschen, dass es dann auch so funktioniert."

Wie würde sich die Region entwickeln, wenn weitere Hauptamtlichenstellen wegfallen? Gibt es eine Untergrenze für Hauptamtliche? Inwieweit sind *Hauptamtliche ersetzbar?* Die Antwort fällt komplex aus. Einerseits: Es „braucht mehr als einen Hauptamtlichen" (H1), andererseits: „Die regionale Arbeit wäre dann gelungen, wenn es auch von Bestand bleibt, wenn nur noch ein Hauptamtlicher in der Region arbeiten würde" (H1, ähnlich auch H2). Aber eigentlich gilt dann eben sogar, von Verwaltungsaufgaben abgesehen: „Ich würde es nicht an einer Zahl festmachen. In der Anfangszeit des Christentums gab es überhaupt keine Hauptamtlichen. Da gab es aber auch keine Kirchen und keine Friedhöfe" (H1).

Eine *Gefahr* in der Zukunft wäre, *selbst Opfer einer von oben verordneten Fusion* mit der Nachbarregion zu werden: „Das wäre schwierig, wenn da jetzt eine Kirchenleitung oder wer auch immer sagen würde: Jetzt macht das mal alles zusammen. Das wäre der Tod für diese Region" (H3).

Unterschiede zu der Sicht der Ehrenamtlichen:
Die Sicht der Hauptamtlichen unterscheidet sich in bestimmten Punkten von denen der Ehrenamtlichen:
a) Die Ehrenamtlichen beschleicht doch sehr stark auch das Gefühl: Mit uns stirbt alles aus. Die Hauptamtlichen sind *in Bezug auf das Nachwachsen neuer Ehrenamtlicher deutlich optimistischer*:

> „Es kommen immer wieder Neue hinterher. Zuerst waren es Kinder als Helfer und Mitarbeiter. Die Menschen wachsen mit ihren Aufgaben und mit dem, was sie

auch erleben mit zunehmendem Alter. Sie übernehmen das also irgendwann, auch wenn manche noch an ihren Dingen klammern, aber wenn sie erst einmal loslassen, kommen auch wieder andere nach. Das erlebe ich immer wieder“ (H2).

b) Die Ehrenamtlichen nehmen deutlich die Grenzen ihrer Fähigkeiten wahr. Die Hauptamtlichen arbeiten daran, die *Ehrenamtlichen weiter zu ermutigen, über ihre bisherigen Grenzen hinauszugehen*:

„Da wird es schon wichtig werden, den Älteren auch ein neues Bewusstsein zu vermitteln, dass sie nicht von den Jungen betreut und bedient werden, was ich hier auf die Gemeindeveranstaltungen einschränke. Sie sollten auch selbst in der Lage sein, dort etwas einzubringen, zu gestalten. Das wird nötig sein. Jetzt in der Situation, in der wir etwas eingeschränkt sind, und jetzt wieder verstärkt durch Mitarbeiter zeichnet sich das ab. In manchen Orten, die nah beieinanderliegen, aber jeder seinen eigenen Bereich hat, ist das so geregelt, dass wir nur alle zwei Monate dorthin kommen zum Seniorenkreis. Also, die letzten Monate war das so, seitdem ich als Pfarrer allein bin. Dann sage ich also: ‚Den einen Monat komme ich zu euch und im anderen fahre ich zu den anderen. Zwischendurch macht ihr das bitte selbst.‘ Manche waren dann so schlau und haben sich irgendwelche Anderen geholt, die irgendetwas inszeniert haben, aber manche haben auch gesagt: ‚Das kriegen wir hin.‘ Dann nehmen sie sich ein Gesangbuch und noch ein anderes Buch dazu, lesen einander vor und reden darüber. Das hat durchaus positive Rückmeldungen gebracht. Das noch zu verstärken und zu sagen: Wenn ihr in der Woche zusammenkommt, dann könnt ihr euch geistlich auch so viel geben, indem ihr miteinander redet und jeder auch etwas einzubringen hat, das sollte abgesichert werden. Sie haben das ja in sich drin, auch, weil sie es jahrelang selbst gehört und erlebt haben. Den Schülern macht man Vorwürfe, wenn sie nach acht Jahren Schule immer noch nicht viel wissen, aber viele unserer älteren Menschen kennen das schon 50 Jahre lang und wissen, worum es geht. Ihnen das zu entlocken und diesen Mut auch zuzusprechen, indem man sagt: ‚Ihr schafft das‘, das wird gerade in dieser Region und überhaupt in Regionen, die zu den sog. Schlafgebieten zählen, wird das sehr wichtig sein, dass die, die dableiben, und das sind in der Regel die Älteren, die Sachen, die sie interessieren, auch in die Hand nehmen. Die Gesellschaft wird ja auch nicht nur älter, sondern sie wird auch rüstig älter. Nicht jeder jenseits der sechzig ist dann auch bettlägerig. Sicher geht manches im Alter etwas langsamer, aber viele sind dann im Kopf noch sehr klar und auch körperlich noch recht rüstig. Es gibt ja durchaus auch 75- bis 80-Jährige, die noch sehr fit sind und gern aktiv, aber die muss man dann rannehmen und sagen: ‚Macht doch mal etwas in eurem Bereich.‘ Die sollen ja keine Jugendarbeit machen und keine Gottesdienste, aber es gibt wirklich viel, das sie aufrechterhalten können oder ins Leben rufen können. Da muss ein neues Verständnis geweckt werden. Obwohl wir das schon lange wissen, sind wir wohl auch erst noch beim Entdecken und beim vorsichtigen Herantasten, manchmal notgedrungen, wie es derzeit hier ist. Kollege W. hat einmal gesagt: ‚Alles braucht einen Leidensdruck, damit sich etwas bewegt.' Ich versuche das ja auch immer etwas zu negieren, aber ich denke, er hat doch Recht."

c) Die Ehrenamtlichen sehen aktivierende *„Mission"* für sich als fast unmöglich an. Die Hauptamtlichen (H2 und H3) sehen hingegen die Entwicklung in der Arbeit mit Kindern sehr positiv. Das Interesse von Seiten der Eltern für ihre Kinder an Fragen von Religion und auch die öffentliche Akzeptanz wächst. Die Kinder werden zum Türöffner für Eltern, die in die Gottesdienste oder sogar in die Christenlehre mitkommen. In der nächsten Generation könnte sich das bei den Kindern auswirken.
d) Bei den Ehrenamtlichen hat die Frage, ob die Dorfkirche noch geöffnet ist und in ihr etwas stattfindet, ein hohes Gewicht und wird vom geistlichen Leben nicht deutlich unterschieden. Bei den Hauptamtlichen insgesamt werden personale Prozesse und die bauliche Präsenz aus der Tradition der Institution Kirche weder in einen Gegensatz gebracht noch gleichgesetzt. H1 äußert sich dazu besonders deutlich. *Geistliches Leben ist nicht an Gebäude gebunden, aber auch Gebäude haben einen Wert:*

> „Was mir wichtig scheint und auch persönlich wichtig ist, ist, dass wir in unseren geistlichen Angeboten vom Gottesdienst als dem Sonntagsthema mit den Gemeindegruppen noch stärker zusammenwachsen und dass auch die Grenzen zwischen den Orten noch besser überwunden werden, damit die Menschen merken, wir feiern nicht nur Gottesdienst, um eine Kirche zu bespielen, sondern wir feiern Gottesdienst, weil wir Gottes-Dienst feiern. *Wo* wir das machen, ist dabei nicht vorrangig, sondern *dass* wir zusammenkommen, weil wir heiß sind auf Gottes-Dienst. Das ist mir absolut wichtig."
> Zu den „Schätzen" zählen die Kirchengebäude. „Das ist mir wirklich wichtig, und das ist auch allen Gemeinden wichtig. Deswegen haben wir auch gesagt: Wir wollen diese Gemeindearbeit so strukturieren, dass wir nicht sagen, wir machen etwas Zentrales, und ab und zu fährt man mal in das ein oder andere Dorf und hält mal eine Bibelstunde, sondern wir wollen den Gemeinden im Ort kirchliches Leben erhalten und wollen auch die Kirchen in den Orten, aber da ist es noch ein weiter Weg, dazu zu kommen, um zu sehen, dass es uns weniger um die Gebäude geht, sondern um das geistliche Leben. Da bestehen noch sehr viel Hoffnung und viele Möglichkeiten" (H1).

2.1.3 Fazit: Wann eine Regionalisierung gelingt

Bei der „Region Nördliches Zeitz" handelt es sich um ein Projekt, das schon erstaunlich lange läuft (seit 2006). Die Veränderung ist längst Teil des Gemeindealltags geworden. Trotz Unterschieden angesichts der jeweiligen spezifischen Lage von Ehrenamtlichen und Hauptamtlichen ist die Beurteilung beider Seiten eindeutig und gleichlautend positiv, gerade auch was die gegenseitigen veränderten Rollenzuweisungen betrifft. Die theoretisch vorab erwarteten Schwächen des Modells wurden im vorliegenden Fall eindeutig vermieden. Neben personalen Qualitäten beteiligter maßgeblicher Akteure lassen sich dafür weitere Positivfaktoren identifizieren, die strukturellen Charakter haben.

Ein guter Start in das Projekt:

a) Wichtige Merkmale des Anfangs, die entscheidend zu dem Gelingen beigetragen haben dürfen, sind: 1. In die Regionalisierung wurde vom Kirchenkreis mit der Bereitstellung zusätzlicher Ressourcen im Rahmen eines Modellprojekts (14 Monate 2006/2007) investiert. 2. Es erfolgte keine Zwangsfusion. Die rechtliche Rahmensetzung, nämlich die Selbstständigkeit von bestehenden Kirchengemeinden, wurde erst einmal gar nicht angetastet. 3. Stattdessen lag der Fokus auf dem praktischen Organisationsproblem, einen praktikablen und gerechten Gottesdienstplan zu schaffen.

b) Eine Win-win-Situation für alle Beteiligten wurde erreicht: 1. Der Gottesdienstplan wurde so austariert, dass er von allen beteiligten Gemeinden/ Dörfern als „gerecht" empfunden wurde. 2. Es gab eine spürbare Organisationsverbesserung für die Aufgabe, jeweils den aktuellen Gottesdienstplan aufzustellen. 3. Erleichternd für dieses Modell war, dass in der Region kein eindeutiges „Zentrum" bestimmt wurde/bestimmt werden musste, auf das sich der Neid der kleineren Orte beziehen könnte. 4. Es besteht der Eindruck bei den Ehrenamtlichen: Auf den Gottesdienstbesuch hat sich die Regionalisierung durchweg positiv ausgewirkt.

c) Es ergab sich eine verbesserte „Gemeinschaft": Das Bedürfnis der Ehrenamtlichen nach „Gemeinschaft" wurde gestärkt – als Gemeinschaft zwischen Ehrenamtlichen aus verschiedenen Dörfern. Damit sind diese zu Multiplikatoren geworden für die Erfahrung auch anderer Gemeindemitglieder, dass sich mit dem Weg über die eigene Dorfkirche hinaus positive Erfahrungen machen lassen. Natürlich gibt es in den Dörfern und unter den Gemeindegliedern weiterhin viele, die das nicht so sehen (können).

Kommunikation und neue Rollenverteilung zwischen Hauptamtlichen und Ehrenamtlichen im Projekt:

a) Die Hauptamtlichen „gehören" praktisch und gefühlt allen in der Region. Dabei hat die Zuständigkeit für Seelsorgebezirke den Charakter einer pragmatischen Regelung zur Klärung dessen, welcher Hauptamtliche der erste Ansprechpartner ist.

b) Man fühlt sich gegenseitig verstanden in der Beurteilung der eigenen Lage: Die Hauptamtlichen wissen, dass die Beschränktheit ihrer zeitlichen Kapazitäten den Ehrenamtlichen bewusst ist. Die Ehrenamtlichen haben den Eindruck: Die Hauptamtlichen sind da, wenn wir sie wirklich brauchen.
c) Kommunikation und Partizipation scheinen auch innerhalb der beiden Gruppen als gelungen. Die Interviewer bekamen den Eindruck: Die Hauptamtlichen sehen und anerkennen voneinander, was jeweils die anderen tun. Es besteht eine Atmosphäre des Humors. Während in Konflikten Übertreibungen todernst gemeint sind und die Konflikte weiter verschärfen, sind Übertreibungen des Humors ein Mittel, sich selbst und die eigene Sicht relativieren zu können. Die Ehrenamtlichen sind sich zwar dessen bewusst, dass auch sie in jedem Dorf in einer etwas anderen Situation stehen, gemeinsam aber ist ihnen: Die Arbeit macht Spaß; der Erfolg hängt stark auch von uns ab; wir erfahren Anerkennung und sind nicht allein.
d) Die veränderte eigene Rolle wird angenommen, ohne dass sich nicht auch noch Verbesserungsbedarf ergebe. Die Hauptamtlichen fühlen sich deutlich entlastet, aber würden durchaus gerne noch stärker Projekte durchführen können. Die Ehrenamtlichen sind stolz darauf, das Gesicht der Gemeinde vor Ort zu sein, aber mit der Verantwortungsübernahme steigt auch für sie die Sorge darum, was mit der Gemeinde nach ihnen wird.

Bewährung in schwieriger Situation:
Zurzeit ist eine der beiden Pfarrstellen unbesetzt. Es fehlen damit über 25 % der hauptamtlichen Arbeitskraft. Und doch erweist sich das regionalisierte System als eines, das damit umgehen kann. Es „funktioniert nach wie vor" (H3), so die Hauptamtlichen. Die Ehrenamtlichen äußern Wünsche und Fantasien, aber die Situation wird nicht als grundlegende Infragestellung erlebt. Die Situation hat also nicht den Charakter einer Katastrophe und schweren Krise, sondern einer zwar belastenden Herausforderung, der man sich aber stellen kann.

Umgang mit einer Erfahrung des Scheiterns:
Interessant ist: Zum Zeitpunkt des Interviews hat man sich gerade gegenseitig eingestanden: Ein Teilprojekt, die Regionalisierung der Bauangelegenheiten und -finanzen, gelang nicht. Interessant ist daran, man gibt zu: Es ist „gescheitert" (H1). Schuldzuweisungen scheinen dabei keine wichtige Rolle zu spielen. „Wir" – das Noezz mit seinen Haupt- und Ehrenamtlichen – haben uns geirrt. Und man erkennt: Effekte der Ressourcenoptimierung müssen sich nicht bei jedem Fusionsprozess einstellen. Hier wäre eine genauere Aufarbeitung noch hilfreich: Was hätten wir anders machen können? Das hat in den beiden Interviews noch keine Rolle gespielt. Doch der Eindruck der Interviewer

ist: Dass dies geschehen kann, dafür sind atmosphärisch und kommunikativ alle Voraussetzungen gegeben.

Das Beispiel zeigt, unter welchen Bedingungen Regionalisierung gelingen kann: Wenn sie sorgfältig geplant ist, wenn sie sich zunächst auf konkrete Arbeitsverbesserungen fokussiert, statt sich in Grundsatzfragen und Rechtsstreitigkeiten zu verwickeln und verringerte Selbststeuerungsmöglichkeiten zu fordern. Wenn die Teilhabe aller und die gute Kommunikation unter den Beteiligten gelingt, sind es gerade diese Erfahrungen, die den Boden für spätere Entwicklungen bereiten: Dass dann, wenn es sich als passend für das schon Erreichte erweisen sollte, Vertrauen und Einsicht in die Vorteile auch einer rechtlichen Fusion gewachsen sind.[46]

2.2 Zentralisierte Gemeindearbeit – und ein großes oberbayrisches Event (Oberammergau)

Name und Zugehörigkeit:	Ev.-Luth. Kirchengemeinde Oberammergau; Dekanatsbezirk Weilheim, Kirchenkreis München und Oberbayern, Ev.-Luth. Kirche in Bayern,
Orte:	Oberammergau, Linderhof, Graswang, Ettal, Unterammergau, Wurmansau, Altenau, Scherenau, Unternogg, Saulgrub, Bad Bayersoien, Sommerhof, Peustelsau, Morgenbach, Wildsteig, Schönberg, Gschwendt, Kreuth, Bad Kohlgrub
Gemeindeglieder:	ca. 1100 – davon ca. 500 in Oberammergau
Pfarrstellen:	1
Hauptamtlich/ nebenamtlich Mitarbeitende:	- Gemeindebüro (Sekretär mit 3 Wochenstunden) - Kirchenmusik (Organisten von auswärts) - Mesnerdienst - entsandte Pfarrer/innen und Organisten der Ev.-Luth. Kirche in Bayern und der Anglikanischen Kirche (Betreuungsangebot der internationalen Gemeinde bei den Passionsspielen Oberammergau)

46 Ähnliche Punkte markiert der Sammelband: Daniel Hörsch/Hans-Hermann Pompe, Region – Gestaltungsraum der Kirche. Begriffsklärungen, ekklesiologische Horizonte, Praxiserfahrungen, Leipzig 2012. Vgl. auch den Abschnitt "Kirchliche Regionalentwicklung: Gestalten und Prägen" in Ebert u. a., 2014, 209–264.

Ehrenamtlich Mitarbeitende:	- Kirchenvorstand (11 Kirchenvorsteher/innen: Pfarrer, 6 gewählte, 2 berufene und 2 erweiterte) - Seniorenkreis „Fröhliches Miteinander" - Posaunenchor (Dirigentin) - Gospelchor (ökumenisch)
Gebäude:	- Ev. Kreuzkirche (Oberammergau) mit Gemeindesaal, Küche und Toiletten (Erdgeschoss der Kirche) - Pfarrhaus (Oberammergau)
Einrichtungen:	in Oberammergau (aber nicht kirchlich bzw. evangelisch): - Altenheim (Andachten und Besuche) - Blindenhotel (Andachten und Besuche) - Rheumazentrum (Andachten und Besuche) - Kindergarten (ökumenische Aktivitäten) - Grund- und Mittelschule (6 Stunden Religionsunterricht)
Veröffent-lichungen:	„Gottesdienst- und Veranstaltungsplan" (kein Gemeindebrief)
Internet:	http://www.oberammergau-evangelisch.de
Raumtyp:	Gemeinde Oberammergau: ländlich, sehr peripherer Raum; 170 EW/qkm, Oberzentrum Garmisch-Partenkirchen ist ca. 19,7 km/23 Autominuten entfernt

Das Beispiel Oberammergau liegt im Schnittbereich von zwei der im Eingang entwickelten Modelle. Es handelt sich um eine Kirchengemeinde im ländlichen Bereich, bei der ein eindeutiges Zentrum besteht (Modell A2); zugleich gibt es auch hier ein prägendes Event (Modell C3), in diesem Fall die Oberammergauer Passionsfestspiele. Wie gelingt also hier die Zentralisierung der Arbeit an einem Ort, ohne dass die anderen Orte sich vernachlässigt fühlen? Und wie wird dieses überregionale Kulturevent auf die Arbeit der Gemeinde bezogen?

Beide Fragen, so wird sich zeigen, stehen nicht im Vordergrund in dem Sinne, dass die Arbeit sich hierin in den letzten Jahren gravierend verändert hätte. Die Zentralstellung des Ortes Oberammergau gegenüber dem umliegenden Dörfern war schon immer gegeben und ebenso die Passionsfestspieltradition des gesamtes Ortes im 10-jährigen Abstand, die auch die Jahre dazwischen stark beeinflusst. Trotzdem ist es nicht uninteressant zu sehen, wie beide Charakteristika auch Teil der Gemeindearbeit sind. Zunächst wird das Gespräch mit den Kirchenvorstehern, die zugleich auch ehrenamtlich stark engagiert sind, analysiert, danach das mit dem Pfarrer.

2.2.1 *„[...] ein Pfarrer mit einer positiven Ausstrahlung, mit Kontaktfreude" – die Perspektive der Kirchenvorsteher/Ehrenamtlichen*

Als der Interviewer die Kirchenvorsteher fragt: „Was gefällt Ihnen an dieser Gemeinde und was hat sich in den vergangenen Jahre vielleicht auch schwierig dargestellt?", lautet die erste Antwort aus der Gruppe der Kirchenvorsteher folgendermaßen:

> „Der Pfarrer hier macht den Eindruck, dass alles hier ganz leicht ist und unproblematisch. Ich bewundere ihn auch, wie er das mit den doch weiter auseinander liegenden Gemeinden handhabt, auch überall Gottesdienste macht und auch in den katholischen Kirchen. Das stelle ich mir nicht einfach vor. Durch die Kontakte, die er durch seine Besuche bekommt, scheint alles, was eigentlich kompliziert wäre, nicht mehr kompliziert. Das liegt wohl an seiner Persönlichkeit. Ich wüsste nicht, was hier schwierig ist" (E3).

E3 steht damit nicht allein. Als E1 sich eingangs des Gesprächs vorstellen soll, fällt ebenfalls der Satz „Ich bewundere ihn", denn: „Er fährt zu den Alten und Kranken, und das immer über weite Strecken. Wir verlangen wirklich ziemlich viel von ihm." Und E2, wiederum im Verlauf der Erstvorstellung, fällt zur „Pfarrersituation in Oberammergau" der Begriff „Idealzustand" ein. Die Ehrenamtlichen zeichnen also ein außerordentlich positives Bild von ihrer Situation und führen das auf den Pfarrer zurück.

Das positive Bild wird noch verstärkt durch *Kontrastierungen*. Es hebt sich stark ab von den Erfahrungen der drei Befragten mit dem Vorgänger sowohl auf evangelischer wie auf katholischer Seite, zu denen sich ebenfalls alle drei Befragten äußern. Zum Beispiel: „Das war eine traurige Zeit. Jetzt sieht alles so leicht und lebendig aus durch unseren Pfarrer" (E3). Der Pfarrer wird in einer Reihe von Varianten als *„kontaktfreudig"* beschrieben: „Unser Pfarrer ist offen und geht auch auf die Menschen zu. Er kommt gut an" (E1), „hat ein besonderes Gedächtnis und erinnert sich noch an jedes gewesene Gespräch" (E3), ist „wirklich sehr aktiv und fleißig" (E1). Auch in Sachen *Ökumene* wirkt sich das maßgeblich aus, sie gilt als „fast perfekt, aber auch geprägt durch die beiden Pfarrer" (E1). Deren Verhältnis zueinander „ist so gut, wie ich es so noch nie erlebt habe" (E1); auf einer Vorbereitungsreise zu den Festspielen, auf denen man in Doppelzimmern übernachten musste, bewohnten sie das gleiche Zimmer. „Wenn irgendwo etwas ist, sind beide Pfarrer da. Das ist inzwischen auch voll akzeptiert, auch von der Blaskapelle, den Trachtengruppen etc." (E2). „Unser Pfarrer singt auch im Motettenchor der katholischen Kirche mit, und er wiederum kennt ja auch jeden, auch mit Namen. Das ist sein großer Vorteil" (E2). „Wenn er [...] dort [in einem Heim] die Gottesdienste macht, kommen auch viele Katholiken" (E1). Der Pfarrer wird als einer beschrieben, der alles *positiv* und *„leicht"* und *„unproblematisch"* macht (E3). Auch das *Organisatorische* scheint dann einfach gut zu funktionieren, nicht

> „weil jemand gesagt hat: ‚Jetzt schreiben wir ein neues Organigramm und einen neuen Ablaufplan', sondern es hat sich so ergeben, weil ein Pfarrer da ist mit einer positiven Ausstrahlung, mit Kontaktfreude und wo die Leute sagen: ‚Da können wir gut wieder hingehen.'" (E2).

Die Mitglieder des Kirchenvorstands unter der Leitfigur des Pfarrers präsentieren sich als ein *„Wir"*. Dabei gehen drei Varianten von Wir ineinander über: 1. das Wir des Kirchenvorstandes bzw. der Kirchengemeinde in der Rolle der aktiven Unterstützung des Pfarrers (er wird dabei ständig „unser Pfarrer" genannt), 2. das ökumenische Wir der evangelischen und der katholischen Kirche und 3. das Wir aller Bewohner des Ortes. Zwei Beispiele dazu:

> „Wir vom Kirchenvorstand versuchen zu unterstützen. Was hier im Ort auch wirklich schön ist, ist, dass sich unsere beiden Pfarrer, der katholische und der evangelische, sehr gut verstehen. Jetzt haben wir auch die lange Nacht der Kirchen gemeinsam geplant. Da sind wir gerade bei den Vorbereitungen. Es geht so vieles in der Abstimmung, dass es doch schön ist, Kirchengemeinden auch zusammenzuhalten. Dann ist hier auch die Kirchenmusik sehr wichtig. Wir haben hier den Gospelchor und den Posaunenchor, die ihre Konzerte auch halten, und wo auch vielleicht solche in die Kirche kommen, die nicht unbedingt zum Gottesdienst kommen, sondern weil sie auch mal schöne Musik hören möchten" (E1).
> „Wir haben einen Gospelchor, aber der singt nicht jede Woche. Dieser Gospelchor ist auch ökumenisch. Ich persönlich fühle mich hier eigentlich gut aufgehoben in einem christlich traditionellen Kulturumfeld" (E2).

Die *geselligen Kontakte* spielen eine wichtige Rolle. Über sie läuft auch die Zusammengehörigkeit der Menschen aus den verschiedenen Orten. Der Interviewer fragt die beiden Ehrenamtlichen, die „neu im Kirchenvorstand sind", nach dem Positiven und danach „wie sich das Miteinander mit den 18 Gemeinden hier gestaltet". E1 antwortet darauf:

> „Ich denke schon, dass auch die Kirchenmitglieder die Möglichkeit haben, einander kennenzulernen. Dieses Zusammentreffen aus allen Gemeinden ist ja nicht nur im Gottesdienst, sondern auch das fröhliche Miteinander. Da werden die Älteren zusammengefasst mit Kaffee und Kuchen, mit Vorträgen oder etwas anderem Besonderen. Das ist auch immer prima organisiert. Manchmal muss man sehen, dass hier die Plätze überhaupt reichen. Dadurch werden die Orte auch

> zusammengeführt, und man sitzt auch bunt durcheinander und unterhält sich. Es ist etwas anderes, als würde man nur zum Gottesdienst gehen und dann hinterher wieder auseinander. Man lernt sich natürlich in so einer fröhlichen Runde besser kennen, kommt sich dann auch näher und fühlt sich als Gemeinschaft."

Der Kirchenvorstand selbst scheint zugleich eine entscheidende Struktur zu bieten: Die Unterstützung für den Pfarrer verwirklicht sich als Übernahme ehrenamtlicher Aufgaben durch die Kirchenvorsteher. Die im Kirchenvorstand Zuständige für die Jugendarbeit „organisiert und muss dann sagen, wo sie Hilfe braucht. Dann fassen alle mit an. Ich war auch den ganzen Tag mit dabei, habe Kuchen gebacken und beim Herrichten geholfen" (E1). Ebenso gibt es aus dem Kirchenvorstand Mithilfe im Zusammenhang von Gottesdiensten in Heimen. „So etwas wird über den Kirchenvorstand getragen" (E1).

Damit stellen die *gemeinschaftlichen Kontakte und die persönliche Zuneigung das Rückgrat* auch des Organisatorischen dar: „Es ist hier alles sehr personenorientiert und wenig verordnet" (E3). Den Kirchenvorstehern ist dabei deutlich, dass dies auch eine bestimmte Art von Beschränkung ihres Modells bedeutet. Es ist ganz auf die Person des Pfarrers bezogen: „Einiges, das im Kirchenvorstand läuft, hat auch mit persönlichen Dingen zu tun, und ist dadurch strukturell nicht eins zu eins umzusetzen in andere Gemeinden" (E2).

Die Kirchenvorsteher sind derzeit *wunschlos glücklich*, so wie es ist, und sehen auch für die Zukunft keine Gefahren. Am besten sollte alles genauso weitergehen. „Ich hoffe, dass wir in 20 Jahren noch so einen Pfarrer haben, wie wir ihn jetzt haben, der die Gemeinde mitreißt, der die Gemeinde lebendig hält und der auch zusammenführt. Das wäre mein Wunsch" (E2). Gefragt, ob eine weitere professionelle Unterstützung, etwa durch eine Diakonenstelle, nicht sinnvoll wäre, fällt das Urteil recht gedämpft aus. Einerseits ganz positiv – als Hilfe für den Pfarrer: „Ein Diakon wäre traumhaft. Darüber könnte die Kirche mal nachdenken. Das wäre für unseren Pfarrer [H] sicher eine deutliche Entlastung" (E2). Andererseits könnte darin auch ein Risiko für die personellen Konstellationen liegen. E3 sieht sich veranlasst zu sagen: „Unser Pfarrer ist ein Einzelkämpfer. Ich wäre gar nicht für einen Diakon." Und dann kurz darauf noch einmal: „Wir versuchen ja hier auch alle, ihm etwas abzunehmen, wenn er uns lässt, aber er ist lieber allein damit."

2.2.2 *„Das ist alles eine Sache der Einteilung" – die Sicht des Pfarrers*

Wie sieht nun der Pfarrer selbst die Situation? Welche Entscheidungen liegen seiner Arbeit zugrunde, die vielleicht von den Kirchenvorstehern nicht so deutlich artikuliert worden sind? Wie versteht er sich selbst und seine Arbeit?

H sieht sich als *„ganz normaler Pfarrer" für „eine ganz normale Diaspora-Gemeinde* in Oberbayern" – mit einer verstärkten Aufgabenstellung in den Bereichen der Urlauberseelsorge und der Seelsorge in den Reha-Einrichtungen; hinzu kommen natürlich die Besonderheiten der Oberammergauer Festspiele. Bei Letzteren ist er nach seiner Ankunft auch „gleich eingestiegen". Dabei gab es schon immer auf der höheren Ebene abgesprochene Vereinbarungen zu einer ökumenischen Zusammenarbeit bei Gottesdiensten, Bibelvorträgen für die Darsteller, Beiprogramm und Angeboten für die ausländischen Besucher und Gastfreundschaft mit ihnen überhaupt.

Von den 1100 Gemeindegliedern leben rund 500 in Oberammergau. 12 bis 13 Gottesdienste pro Vierteljahr werden außerhalb von Oberammergau gefeiert, „wobei sich die Gemeindeglieder auch gegenseitig dann in ihren Kirchen besuchen". „Derselbe Gottesdienst [...] wird auch in den Dörfern gefeiert" und ebenso in den Sozialeinrichtungen. Denn: *„Die Leute sollen wissen, dass keine Unterschiede gemacht werden"*, und ebenso, „dass alles zuverlässig stattfindet". Es gibt einen schon lange bestehenden ökumenischen Bibelkreis, „eine bunte Truppe", und einen Seniorenkreis. Für beide benutzt H die Aussage: „Daran bin ich beteiligt." Zu Letzterem:

> „Das ist immer auch ein Stück Erwachsenenbildung, ein Stück Gastfreundschaft mit schön gedeckten Tischen und gutem Kuchen und Kaffee, und das ist die Möglichkeit, sich einmal im Monat zu sehen. Die Gespräche sind da ganz wichtig" (H).

Vielerlei ökumenische Aktivitäten kommen hinzu. Grundstücke zu verwalten hat H „Gott sei Dank nicht"; neben Pfarrhaus und einem Kirchengebäude gibt es keinen zu verwaltenden Kindergarten oder Friedhof.

Gefragt nach Gruppen *in den Dörfern* lautet die Antwort des Pfarrers: „Keine extra Gruppen. Die Menschen kommen dann oft hierher, weil es auf den Dörfern andere Initiativen gibt. Parallelstrukturen aufzubauen verzehrt Kräfte." Und ebenso ist es „schon gut", „wenn man etwas zusammen macht". Eine zweite Abgrenzung: „Wir haben hier keinen Gemeindebrief, weil wir keine Leute haben, die das machen. Wir sind dankbar, dass sich jemand um die Homepage kümmert." Ein deutlicher Schwerpunkt liegt bei den Gemeindegliederbesuchen. „Der Hausbesuch gehört ja zu den geistlichen Aufgaben jeden Pfarrers dazu." Weil es „nur 1100 Gemeindeangehörige" gibt, „eine überschaubare Zahl", werden Personen gleich welchen Alters besucht, wenn H sich ohnehin in der Nähe findet, bzw. ein Gruß dagelassen. „Mir ist wichtig, dass sich die Leute wahrgenommen fühlen und sie so Schritt für Schritt merken: Wir gehören zur Kirchengemeinde Oberammergau, auch wenn das 20 oder 30 Kilometer von meinem Wohnsitz weg ist."

Gefragt nach dem *Schönen oder Schwierigen* in der Gemeinde, beginnt H: „Schönes gibt's hier sehr viel" und spricht zunächst vom „Privileg, in dieser Landschaft sein zu dürfen". Die weiteren Ausführungen fokussieren auf die persönlichen Begegnungen, aber auch die institutionellen Möglichkeiten:

> „Das Schöne ist, dass ich freundlich aufgenommen bin und werde und dass die Leute erstaunen, dass Kirche überhaupt zu ihnen kommt, und sie mich einlassen. Auch die vielen Gottesdienste in ihrer Vielfalt, die wir feiern, und das Eingebundensein, auch die Institutionen betreffend, bei den Bürgermeistern, den Schulen, den Vereinen und Verbänden." Und dann: „Zu den Schwierigkeiten fällt mir nichts Grundsätzliches ein. Schwierigkeiten sind immer eher punktuell. Das hängt auch immer an Menschen und Situationen. Ich mache es wohl nicht jedem recht, und so gibt es auch andere, die es vielleicht mit mir schwerhaben, aber derzeit wüsste ich eigentlich nichts zu sagen" (H).

Wieder fällt neben der Zufriedenheit die personale Bezogenheit auf. Gefragt nach Wünschen, *mehr Hauptamtliche* für die Arbeit zu haben, ist die erste Antwort kurz: „Der Landesstellenplan gibt das ja nicht her." Nach einem Nachhaken des Interviewers („Wenn aber die Möglichkeit bestünde, wo wäre eigentlich Mithilfe notwendig?") fällt die Antwort etwas ausführlicher aus und kommt dann doch zu dem gleichen Ergebnis: „Vieles wäre schön und eine Erleichterung, aber so wie es ist, geht's auch."

Gefragt nach dem, was *in den nächsten fünf Jahren* anliegt, wird zuerst die Sanierung des Kirchgebäudes genannt. H betont darin seine Rolle, ein „Auffangbecken von Geistlichkeit" dabei zu bieten. Dann werden summarischer eine „Vertiefung der Kinder- und Jugendarbeit", das „Potenzial von Eltern und Ehepaaren" und „natürlich auch die Älterwerdenden" genannt und zusammengeführt mit dem Satz: „Die Seelsorge am Ort halte ich also auch für ausbaufähig." Und abschließend: „Die Seelsorge am Einzelnen und damit auch an allen ist für die nächsten Jahre mein Schwerpunkt, und dann die vielfältigen Gottesdienste."

Gefragt: „Arbeitet die Demographie hier gegen Sie?", sieht H die Sache so: „Das ist hier auch auf dem Land so, aber es ängstigt mich nicht." Zu den Nachfragen zu Übertritten zwischen den Konfessionen heißt es: „Es fällt nicht so sehr ins Gewicht." Und: „Dass Kinder katholisch getauft werden, weil sie ja hier die Mehrzahl sind, ist einfach so. Da versuche ich dann immer, den Leuten trotzdem freundlich zu begegnen."

Schließlich formuliert der Pfarrer ein von ihm selbst eingebrachtes faktisches Schlusswort des Gesprächs:

„Mit meinem Blick auf die nächsten 20 Jahre bin ich sehr vorsichtig. Das ist eine Spekulation, die ich lieber dem Wirken des Heiligen Geistes überlasse. Kirche wird es immer geben, und die Sehnsucht der Menschen nach Leuten, die ihnen zuhören, wird nicht weniger werden."

2.2.3 Fazit: Günstige persönliche und historisch gegebene Ausgangsbedingungen werden genutzt

Das Gespräch mit H bestätigte die von den Kirchenvorstehern geäußerten Beobachtungen zu ihrem Pfarrer, seine stark *beziehungsorientiert* und *positiv* ausgerichtete Erscheinung. Von dieser Basis aus wird die Arbeit *gemeinschafts- und gruppenorientiert* betrieben und zugleich auf die *Einzelnen* bezogen, *institutionell* gegebene Möglichkeiten werden entsprechend aufgegriffen und der Kontakt über die Grenzen der eigenen Gemeinde zur katholischen Kirche wie zu den Ereignissen der Kommune insgesamt gepflegt. Über die personalen Beziehungen ergibt sich auch ein Netzwerk von Ehrenamtlichen (als solches ist auch der Kirchenvorstand offensichtlich ausgestaltet), das dann *Organisationsaufgaben* zur Unterstützung des Pfarrers zu leisten bereit ist.

Dabei kann sich diese Arbeitsweise auf *förderliche Kontextgegebenheiten* stützen: den Kontrast zu den Zeiten vor seiner Tätigkeit, die gute Relation zur Zahl der Gemeindeglieder, die Besonderheiten Oberammergaus und die Situation, immer noch eher ein Zuzugsgebiet für gebildete Evangelische zu sein.

So kann hier noch einmal ein sehr *klassisches Modell* des 20. Jahrhunderts alle seine Stärken ausspielen – mit dem Pfarrer in der Schlüsselrolle, gepaart mit einer intensiven Beziehungspflege. Die Auslandserfahrungen des Pfarrers dürften ihn zusätzlich dieses Modell gut haben kennenlernen lassen. Und es scheint so, als ob auch subjektiv der Pfarrer damit ganz in seinem Element ist. Für eine solche Gemeinde ist dann freilich ein Pfarrerwechsel die große Risiko-Situation, von der die Zukunft mehr als in anderen Gemeinden abhängt.

Auch in Sachen eines Modells der *Zentralisierung* hat diese Gemeinde gute Startbedingungen. Es gab keine evangelischen Einzelgemeinden in den Dörfern mit angestammten eigenen Kirchen und keine Eigengruppen in den Dörfern. So können funktionierende Gruppen in der Zentrale ausstrahlen, ohne dass gegenläufige Gewohnheiten in den Dörfern enttäuschen werden. Die Hausbesuche von Einzelpersonen und die „Gerechtigkeit" bei der Versorgung mit Gottesdiensten haben denen, die in den anderen Dörfern wohnen, auch vor Ort etwas zu bieten.

Das *große Event* ist ebenfalls schon vorgegeben und bereits Teil der Identität des Ortes und der Region. Auch hier bewährt sich der beziehungsorientierte Stil, der Evangelisches und Ökumenisch-Christliches und die Ortskultur miteinander verknüpft. Dabei fällt auch in der Beschreibung des Evangelischen und der Ökumene die konstruktiv-positive Darstellungsweise des Pfarrers auf:

> „Es ist nicht die Regel, dass ein evangelischer Pfarrer einen evangelischen Gottesdienst in einer katholischen Kirche feiern darf. Das ist schon ein Vertrauensbeweis. Auch das Ordinariat in München stimmt dem zu. Die Ökumene vor Ort ist gelungen und freundlich, wenn es auch für viele Katholiken eher gewöhnungsbedürftig ist, dass evangelische Kirche plötzlich so präsent ist in der Öffentlichkeit. Andere sind einfach froh, dass vieles gemeinsam gemacht wird, gerade was Kinder und Jugend im Gottesdienst betrifft oder Kinderbibeltage, die Entlassfeiern in den Kindergärten jetzt vor den Ferien oder die Erstklässler, die zur Schule kommen."
>
> „Manchmal bedaure ich einen gewissen Minderwertigkeitskomplex der evangelischen Kirche, wenn sie sich aufregt über Äußerungen der katholischen Kirche. Wir haben selbst so viel Potenzial. Die Erwartungshaltungen sind oft viel zu hoch geschraubt, und wir wissen doch im Grunde, dass das, was jetzt schon erreicht worden ist, schon sehr viel ist und noch gar nicht ausgeschöpft ist. Ökumene hat ja die Erfordernis, ehrlich zueinander zu sein. Lieber ein gescheites Nein als ein ‚Wischiwaschi'-Ja. Mit Blick auf dieses Datum 2017 sollten wir in der evangelischen Kirche auch mal wieder reformatorische Theologie machen. So schön es ist, dass es jetzt gerade dieses gemeinsame Papier gibt, das verabschiedet wurde zwischen der evangelischen und katholischen Kirche, aber manchmal fehlt mir die biblisch-theologische Unterfütterung. Das wäre von mir auch ein ökumenisches Debitum, da zu sein. Ansonsten bin ich einfach froh um vieles, das schon möglich ist, und das mag auch einige Wunden heilen oder wenigstens den Prozess einer Heilung anstoßen."

Größere Sorgen kommen nur da auf, wo Möglichkeiten personaler Begegnungen eingeschränkt werden könnten:

> „Mit Besorgnis sehe ich die zunehmende Belastung der römisch-katholischen Kollegen durch die Bildung von Pfarrverbänden. Darunter leidet auch die Ökumene, aber das ist ein Phänomen, das sich schon jahrelang hinzieht, weil die Kollegen oft gar keine Zeit mehr für Ökumene haben und es dann delegieren, und nicht, weil sie Ökumene als unwichtig erachten."

2.3 Gemeindekuratorin für das Dorf – eine neue Rolle in der Landeskirche in Braunschweig (Wolsdorf)

Name und Zugehörigkeit:	Ev. Kirchengemeinde St. Johannes Wolsdorf; Pfarrverband Frellstedt mit Wolsdorf, Propstei Königslutter, Ev.-luth. Landeskirche in Braunschweig
Orte:	Frellstedt und Wolsdorf
Gemeindeglieder:	Insgesamt: ca. 2000 Einwohner – davon ca. 1000 in Wolsdorf (mehrheitlich evangelisch)
Pfarrstellen:	Halbe Stelle (nicht besetzt), Vakanzvertretung im Pfarrverband Frellstedt mit Wolsdorf (0,5 Stellen) seit 2011 vom Pfarrer des Pfarrverbands Süpplingen (mit Süpplingenburg)
Haupt-/ nebenamtlich Mitarbeitende:	Gemeindesekretariat; Kirchenmusik (für Frellstedt und Wolsdorf: Organist und Posaunenchorleiter); Küsterdienst (Kirchenvögtinnen)
Ehrenamtlich Mitarbeitende:	Kirchenvorstände Frellstedt (6 Kirchenvorsteher/innen; Vorsitz: Gemeindesekretärin) und Wolsdorf (6 Kirchenvorsteher/innen; Vorsitz: E1); Pfarrverbandssitzung (Kirchenvorstände Frellstedt und Wolsdorf)
Gebäude:	St.-Vitus-Kirche (Frellstedt); Pfarrhaus (Frellstedt); St.-Johannes-Kirche (Wolsdorf); Gemeindehaus/Winterkirche (Wolsdorf – ehemals: Pfarrhaus)
Einrichtungen:	keine (Friedhof: kommunal verwaltet)
Veröffentlichungen:	„Kirchenbote“ (Auflage: ca. 450)
Internet:	http://www.gemeindekurator.de/511.html
Raumtyp:	Gemeinde Wolsdorf: ländlich peripherer Raum; 79 EW/qkm; Oberzentrum Wolfsburg ist 45,5 km / 35 Autominuten entfernt

In der Kirchengemeinde Wolsdorf ist die zuständige Pfarrstelle vakant – und das schon seit längerem. Entsprechend den Gemeindegliederzahlen ist auch nur eine 50-%-Stelle (für den Pfarrverband Frellstedt mit Wolsdorf) vorgesehen, doch es gibt keine zur Anstellung führenden Bewerbungen; eine Mitversorgung durch eine entferntere Gemeindepfarrstelle und entsprechende Eingemeindung will die Gemeinde aber nicht. Vakanz-Zuständigkeiten von Pfarrer/innen in der Umgebung bestehen. Und es gibt eine Person der Gemeinde, die ehrenamtlich den Kirchenvorstandsvorsitz innehat und nebenamtlich als „Kirchenvögtin" mit einer 8-Stunden-Wochenarbeitszeit angestellt ist (d. h. Küster- und Hausmeisterdienste leistet und sonstige Verantwortung für das Dorfkirchengebäude hat). Sie lässt sich nun zur „Gemeindekuratorin" ausbilden.

Somit liegt faktisch die Situation vor, die kirchentheoretisch im Modell *Kleinstgemeinden ohne Pastor* beschrieben wurde: Gemeindeleitung und Erfüllung pastoraler Aufgaben gehen an eine andere Person als einen Pfarrer/eine Pfarrerin. Wie kann eine solche Tätigkeit ausgestaltet sein? Eingangs waren zu diesem Modell folgende Fragen formuliert worden: Verteilt sich die Arbeit auf eine oder mehrere Personen? Welche Rechte und Pflichten hat/haben diese? Gibt es eine Aufwandsentschädigung/einen Lohn? Wie sieht es mit der Qualifikation in den Bereichen Theologie und Organisationsleitung aus? Gibt es eine Qualitätskontrolle?

Es wurden zwei Interviews geführt, eines mit E1 als der Person, die viele Aspekte der pastoralen Rolle übernommen hat, ein zweites befragte andere Ehrenamtliche (E2 bis E5; E1 nimmt am Gespräch auch teil).

2.3.1 Gemeindekurator – ein Name und eine Unterstützung für etwas, was es schon gibt

Die Ehrenamtlichen trauern noch darüber, *dass die Pfarrstelle verwaist ist.* „Früher" und „damals" war manches besser. Die Kirche heute ist „halbleer oder noch leerer" (E5), manches ist „leider ganz eingeschlafen" (E4). Auch „der Informationsfluss ist gestoppt", denn der Vakanzvertreter ruft zu selten Kirchenvorstandssitzungen ein (E3). So gibt es den deutlichen Wunsch (E2): „Wir hätten gerne einen, der nur für uns da ist, auch wenn das nur eine halbe Stelle wäre." Und auch sonst gilt: Pastor xxx [der Vakanzvertreter] ist „ein absoluter Glücksfall für uns" (E4), doch es währt dieses Glück eben nur „ab und zu" und „wenn er mal auftaucht" (beides E5). Ansonsten gilt: „Wir hingen total in der Luft" (E4), und: „Da sind wir völlig verlassen" (E3). Für die Zukunft schwankt die Stimmung zwischen „man sollte", „vielleicht" und „müsste" einerseits und dem Bewusstsein, dass das Dorf weiter an Ressourcen verliert. Aber auch eine solche Stimme gibt es: „Wir sollten uns zusammensetzen und es selbst versuchen" (E4). Und einmal heißt es auch: „Frau [E1] ist schon wirklich ein Ansprechpartner" (E2).

E1, die künftige *Gemeindekuratorin,* redet in dem Einzelinterview mit ihr fast durchweg von einem „Wir" – und beschreibt damit ihr Tun als Tun der Gemeinde. Die Vakanz sieht E1 nicht als eine ausnahmeartige Übergangszeit, sondern schätzt sie als einen Dauerzustand ein und akzeptiert das als

Realität: „Das Thema ist eigentlich für uns schon erledigt, dass dafür jemand kommt."

In einem längeren Prozess ist E1 immer mehr zum personalen Mittelpunkt der Gemeinde geworden. Begonnen hatte es mit Konfirmandenarbeit und Jugendgottesdiensten – das „war der Schritt dort hinein" – einer Aushilfe, daraus wurde dann die Leitungsrolle im Kirchenvorstand und die Verantwortung für das Kirchengebäude (so das Aufgabenprofil einer „Kirchenvögtin"). Nun aber ist eine weitere Stufe erreicht: die Ausbildung zur Gemeindekuratorin. E1 berichtet:

> „Da sah ich dann also diesen Flyer, den ich sofort durchgelesen habe, und dann dachte ich gleich: Das ist ja toll. Das spricht mich ja wirklich sehr an, schon bei der Profilbeschreibung. Da heißt es dann: ‚Gemeindekuratorinnen unterstützen das kirchliche Leben vor Ort. Sie kümmern sich um die Pflege von Kirchen. Sie geben der Kirche vor Ort ein Gesicht. Sie sind ansprechbar, auskunftsfähig und für Ehrenamtliche vermittelnd tätig.' Da habe ich gedacht: Genau das ist es. Das bin ich. Das mache ich."

Nach Ansicht von E1 holt dieses Angebot nur nach, was bei ihr schon längst der Fall ist, versetzt sie aber in die Lage, vieles bewusster und besser zu gestalten. Der Austausch mit anderen in ähnlicher Lage, mit denen man zusammen ein „Netzwerk" bildet, und die Unterstützung durch den Unterricht, die Lehrenden und das gesamt Angebot werden von E1 sehr geschätzt.[47]

---

47 Die Ausbildung von E1 findet in Braunschweig, Hannover und Hildesheim statt und umfasst fünf Module (1. Gemeinde und Organisation; 2. Kirchenraum und Kirchenjahr; 3. Gebäudemanagement; 4. Kommunikation und Ehrenamt; 5. Spiritualität und Andacht, Bibel), jeweils von Freitag 16 Uhr bis Samstag 17 Uhr – dadurch wird sowohl Berufstätigen als auch am Sonntagsgottesdienst Beteiligten die Teilnahme ermöglicht. Die Kosten für Ausbildung, Unterbringung, Verpflegung und Fahrten tragen die verantwortlichen Landeskirchen Braunschweig und Hannover. Wichtig für die Anmeldung ist die Zustimmung von Pfarrer und Kirchenvorstand – zwecks Entsendung. Neben dem offiziellen Teil der Ausbildung spielten für E1 aber gerade der gebotene Raum für Nachfragen und Gespräche durch die gemeinsame Zeit (Begrüßungskaffee vor Beginn, Mahlzeiten und Unterbringung, Dämmerschoppen am Freitagabend) und das entstehende Miteinander eine ganz wichtige Rolle. Außerdem stehen die beiden Projektleiter über die Ausbildung hinaus als Ansprechpartner zur Verfügung und bieten Informationen und Dokumentationen auf der Homepage www.gemeindekurator.de als Arbeitserleichterung zum Nachlesen an. Die Beauftragung zum/r Kurator/in setzt allerdings auch eine Bereitschaft zur Fortbildung voraus und wird nach erfolgreichem Abschluss der Qualifizierungsmaßnahme durch den jeweiligen Kirchenvorstand ausgesprochen – worauf ein Einführungsgottesdienst folgt. Vgl. zur Idee und ihrer Umsetzung insgesamt: Dieter Rammler/Albert Wieblitz, Gemeindekuratoren und Gemeindekuratorinnen. Projektdokumentation, o. O., 2010; dies., Gemeindekuratoren und Gemeindekuratorinnen. Gemeinschaft stärken. Abschlussbericht, o. O., 2012.

2.3.2 Pastorales und Ehrenamtliches in der Rolle der Gemeindekuratorin

Zusätzlich zur Zuschreibung „der Kirche vor Ort ein Gesicht geben" wählt die Interviewte zwei weitere Selbstbeschreibungen: Die Tätigkeit wird als Gesamtverantwortung für einen ganzen Tätigkeitsbereich gedeutet, wenn mehrfach E1 sich als die bezeichnet, *die „den Hut aufhat"*. Für die Zukunft sieht sich E1 als die zentrale Person, in der das sonstige Gemeindeleben vernetzenden Position, „auch ein bisschen wie die Spinne im Netz, die überall sieht, dass alles gut läuft und funktioniert".

Deutlich tritt heraus, wie die Stellung zur eigenen Tätigkeit einerseits Merkmale von Ehrenamtlichkeit enthält, andererseits aber auch viele Charakteristika sich ausbilden, die aus den Pfarramtsdebatten bekannt sind. Zunächst zum *Ehrenamtlichen*: So sehr E1 Stück für Stück in diese Position gekommen ist, so wird dieser Prozess doch als einer verstanden, der auf ihrem eigenen Wollen beruht (und die Erlaubnis des Ehemanns erfuhr: Du wolltest es doch). Dabei ist klar, dass das Tun mit anderen Rollen (Familie und Berufstätigkeit) in Ausgleich gebracht werden muss. Trotz aller Anstrengung – es befördern sich Berufstätigkeit und ehrenamtliche Leitungstätigkeit in der Kirche gegenseitig:

> „[...] ich profitiere ja auch über meinen Job, dass ich sehr kommunikativ bin, dass ich gut organisieren kann. Das kann ich in dieses Ehrenamt sehr gut einbringen. Den Kirchenboten am PC zu gestalten, ist für mich ein Klacks, weil es meine tägliche Arbeit ist. Das hilft mir dann auch. Ich kann beides sehr gut vernetzen, und ich lerne von dem einen für das andere und umgekehrt."

Andererseits: Das *Tätigkeits- und Aufgabenspektrum*, das E1 für sich im Blick hat, ist weit gespannt. E1 kümmert sich um die Konfirmanden (Unterricht zwar bei Nachbarpfarrerin, aber z. B. aktive Beteiligung an Gottesdiensten vor Ort) und deren Eltern. Sie ist Chefredakteurin des „Kirchenboten" und organisiert das Verteilen. In Vertretung leitet sie vorübergehend den Mütterkreis, macht Geburtstags- und Krankenbesuche. In ihren eigenen Worten: Sie „versucht, einen Besuchsdienstkreis aufzubauen". Und: „Der seelsorgerische Teil hier ist ganz wichtig. Ich bin die Ansprechpartnerin vor dem Gottesdienst." „Was für mich ganz wichtig ist, ist das Gemeindeleben, dass es wieder aufblüht." Es gilt, „Nachwuchs [zu] gewinnen". Die „Öffentlichkeitsarbeit" ist bedeutsam. Beklagt wird auch ein „Kirchturmdenken", und E1 fühlt sich nicht so sehr, wie gewünscht, „vom Kirchenvorstand unterstützt". Sie erlebt sich als „Einzelkämpferin"; darum will sie „probieren, mehrere Projektteams ins Leben zu rufen, wo ich dann nur delegieren und steuern kann, Steuerungsorgan bin".

Als im Gruppengespräch mit den fünf weiteren Ehrenamtlichen die Aussagen für die Zukunft pessimistisch werden, äußert sich E1 so:

> „Wir machen ja schon den Schritt, der Kirche wieder ein Gesicht hier im Ort zu geben. Dann könnte der Zulauf auch wieder ein anderer sein. Da gehe ich ganz fest von aus, und die Ideen sind ja da. Wir müssen es jetzt nur umsetzen. Wir müssen aus dem Phlegmatischen raus und losmarschieren. Wir müssen die Möglichkeiten, die wir haben, auch nutzen."

Man sieht in den Wortwahlen, der Selbstbeschreibung und den Rollenerwartungen, wie E1 sich sehr *ähnlich verhält, wie es von Pfarrerinnen und Pfarrern in ihrem Verhältnis zur Gemeinde typisch ist.* Im Einzelinterview, gefragt nach ihrem Bild von der Zukunft der Gemeinde, zeigt sich, dass diese Selbstsicht zudem auf lange Dauer angelegt ist. Auch für einen Zeitraum in 20 Jahren geht sie davon aus, dass sie dann noch „dabei sein" wird. Ja: „In 20 Jahren habe ich es dann auch geschafft, ein Team um mich herum aufzubauen, das es uns hier möglich macht und unabhängig davon, ob wir einen Pfarrer haben oder nicht, ein funktionierendes Gemeindeleben zu schaffen." Einmal wird E1 von einer Ehrenamtlichen (E3) sogar explizit (aus Versehen?) als „Pfarrerin [E1]" bezeichnet.[48]

Trotz dieser Entwicklungen hin zu einem fast pastoralen Selbstverständnis: Es *bleibt als ein ehrenamtliches Spezifikum*. E1 sieht sich als die, die Interessen hat und nicht sämtliche pastoralen Rollenpflichten erfüllen will. In diesem Zusammenhang ist interessant, wie sie sich zum Aufgabenfeld der Leitung von normalen Gottesdiensten als eine weitere und besonders klassische Aufgabe des öffentlichen und geistlichen Auftretens in der Pfarrerrolle verhält: „[...] aber ich denke schon, dass ich in diese Richtung noch geschubst werden soll. Ich werde auch oft gefragt, ob ich nicht die Lektorenausbildung noch machen möchte, aber das verneine ich derzeit noch." Sie sieht also diese Tätigkeit 1. auf sich zukommen, 2. nimmt sich das Recht, sich ihr zu entziehen, dies aber 3. nur mit Verweis auf eine derzeitige und vorübergehende Lage (Familiensituation).

Wie sieht sich E1 von der *Gesamtkirche unterstützt?* Sie weiß, dass Pfarrer anderer Gemeinden in ihrer Gemeinde aushelfen sollen und müssen. Doch diese erscheinen ihr weit weg und auch nur in besonderen Fällen gebraucht. Es gilt, den zuständigen Pfarrer zu „aktivieren, wenn's denn sein muss". Auch die Hilfe von der Kirche der Region wird von ihr als derzeit unbefriedigend gese-

48 In der Landkirchenliteratur gibt es erste (pauschale) Warnungen vor einer möglichen „Klerikalisierung der Laien" (Dagmar Winter, Faith and Future of the Countryside, in: epd 34/2012, 29–32, hier 30; aufgenommen bei Jürgen Schilling, 2012, 37–39, hier 39).

hen: „Von der Propstei bekommen wir überhaupt keine Unterstützung. Das ist nur, wenn man fragt.“ Andererseits bieten nun eben die Gruppe und die Lehrenden in der Gemeindekuratoren-Ausbildung „eine ganz tolle Truppe“, die in allen Belangen hilft; E1 wertet das als etwas, das „unabhängig vom Landeskirchenamt oder wovon auch immer, aber keine offiziellen Stellen“, geschieht.

2.3.3 *Fazit: Eine Ehrenamtliche bereitet sich auf die Zentralrolle vor*

Die angehende Gemeindekuratorin identifiziert sich hochgradig mit der von ihr für sich frei gewählten ehrenamtlichen Aufgabe. Ihre Perspektiven nehmen dabei zugleich pastorale Züge an. Die Unterstützung durch die landeskirchliche Fortbildung ist dafür hochgradig willkommen und wertgeschätzt, wird aber von der Ehrenamtlichen nicht der Landeskirche zugerechnet. Die anderen Ehrenamtlichen sind deutlich noch auf die vergangenen Verhältnisse fixiert und stehen noch am Anfang zu realisieren, was das Amt einer Gemeindekuratorin für sie und das Dorf bedeuten wird.

2.4 Dorfgottesdienste zu viert und ohne Leitung – ein Projekt für die Dörfer in Brandenburg (Altdöbern)

Name:	Ev. Kirchengemeinden Altdöbern (Altdöbern, Pritzen, Ranzow, Reddern) und Gräbendorfer See (Casel, Gahlen, Laasow, Missen, Ogrosen, Tornitz, Wüstenhain)
Zugehörigkeit:	Kirchenkreis Niederlausitz, Sprengel Görlitz, Ev. Kirche Berlin-Brandenburg-schlesische Oberlausitz (EKBO), EKD
Orte:	22 Dörfer
Gemeindeglieder:	ca. 360 in der Ev. Kirchengemeinde Gräfendorfer See
Pfarrstellen:	1
Haupt-/ nebenamtlich Mitarbeitende:	Kirchenmusik; Küsterdienst (überregionale Pfarrerstelle Missionarische Dienste der EKBO engagiert sich u. a. für das Gottesdienst-Projekt in den Ev. Kirchengemeinden Ogrosen und Missen [seit Herbst 2012 auch: Gräbendorfer See])
Ehrenamtlich Mitarbeitende:	Gemeindekirchenrat Altdöbern; Gemeindekirchenrat Gräbendorfer See
Gebäude:	9 Kirchen; Pfarrhaus (Altdöbern); Lutherhaus (Altdöbern – Gemeindehaus); als Gemeindehaus genutztes Pfarrhaus (Ogrosen)

Einrichtungen:	9 Friedhöfe
Veröffent-lichungen:	„Gemeindebrief für die evangelischen Kirchengemeinden Altdöbern und Gräfendorfer See" (viermal jährlich)
Internet:	http://www.kirchenkreis-niederlausitz.de (> Gemeinden > Altdöbern)
Raumtyp:	Gemeinde Altdöbern: ländlich sehr peripherer Raum, 42 EW/qkm, Oberzentrum Cottbus ist 33,6 km/42 Autominuten entfernt

Das Projekt betrifft eine *scheinbar zunächst nur ganz kleine und begrenzte Teilhandlung im kirchlichen Leben*: „eine Agende für einen ‚Gottesdienst ohne Hauptamtliche' zu gestalten, in der konsequent zwei Gruppen bzw. alle zusammen die Teile des Gottesdienstes sprechen. Dazu sollte es Anregungen für einen Gesprächsgang anstelle der Predigt geben."[49] Damit wird die „Gemeindeagende" des Kirchenkreises Egeln (südlich von Magdeburg) noch weiter radikalisiert, die noch eine geschulte liturgische Person in der ehrenamtlichen Leitungsrolle vorgesehen hatte. Hier lässt sich nun auch ein Gottesdienst mit vier ungeschulten Personen feiern. So findet vor Ort mit ganz wenigen Personen Gottesdienst und Gemeinde statt, wo und wenn er sonst gar nicht stattfände.

Es ist eine bestimmte Art von „Zellgemeinde", zu der das Projekt führt. In den *kirchentheoretisch abgeleiteten Vorüberlegungen* war uns das Modell „Zellbildung" (vgl. 1.5.2. zu B1) als eines erschienen, das ganz eindeutig auf Gemeinschaft und nicht Organisation und Institution setzt. Darum sei bei ihm zu überprüfen, ob es denn für sich stehen und alles andere ersetzen könne und ob es nicht doch auf andere Formen von Kirche angewiesen sei. In dem hier nun analysierten Beispiel von Zellbildung, so wird sich zeigen, sind von vornherein Organisation und Institution Kirche präsent, auch da, wo sich vielleicht nur vier Personen vor Ort treffen. Es „ist die Erstellung solch einer ‚Basisagende' für alle Gottesdienste eines Kirchenjahres geplant".[50]

Zwei Interviews wurden geführt, das eine mit einem Hauptamtlichen in einer typischen Organisationsposition, tätig in einer landeskirchlichen Projektstelle (H1). In dem anderen Interview wird eine ehrenamtliche Person befragt, die solchen Gottesdienst vor Ort gefeiert hat (E), ebenfalls bei dem

49 Jens Peter Erichsen, Missionarische Dienste der EKBO, Bericht über das Gottesdienst-Projekt in den Kirchengemeinden Ogrosen und Missen im Kirchenkreis Niederlausitz, Herbst 2012, S. 1 [unveröffentlicht].

50 Ebd., S. 3.

Interview anwesend ist und mitbefragt wird der zuständige Pfarrer (H2). Er befindet sich in einer Zwischenrolle, ist einerseits Abnehmer der Projektidee von H1, die in dem seiner Pfarrstelle zugeordneten Gemeindegebiet mit 22 Dörfern und 9 Kirchen ausprobiert wird, andererseits ist er aber auch an der Entwicklung des Projekts selbst beteiligt. Die Idee dazu wurde von H1 und H2 gemeinsam geboren.

2.4.1 *Eine Idee wird ausprobiert*

Im Hintergrund des Projekts steht eine *klare Option für die Dorfgemeinde* vor Ort, auch dann, wenn sie ganz klein geworden ist:

> „... die Leute sagen: ‚Solange wir eine Kirche in unserem Dorf haben, gehen wir zum Gottesdienst auch nicht woanders hin.‘ Natürlich schon, wenn mal etwas Besonderes ist, ein Zentralgottesdienst oder ein anderes Event, aber als sonntägliche Geschichte funktioniert das nicht. Ich glaube, man kann dagegen sein und das blöd finden, aber wir müssen uns darauf einstellen, dass es so ist. Um zum Supermarkt zu kommen, fahren die Leute weit, aber den Gottesdienst brauchen sie vor Ort. [...] Es gibt zwei schlechte Alternativen: Das eine ist die Zentralisierung. Das haben wir ja auch schon ausprobiert. Da bricht letztlich alles weg. Da bricht auch die Bindung sehr stark weg, oder das andere ist der Versuch der Versorgung, was zum Burnout der Beteiligten führen kann. Wir brauchen da noch andere Wege“ (H1).

Die Idee wurde geboren im Austausch zwischen landeskirchlichem Projektpfarrer und Gemeindepfarrer – in der Haltung: „Wir können das ja mal probieren“ (H1). Aber es stellten sich sogleich zwei Hürden bei den dann folgenden Vorgesprächen mit Gemeindegliedern:

> „Die erste Reaktion war für mich erschreckend, aber auch sehr wichtig, als eine Frau sagte: ‚Wir haben uns gerade erst daran gewöhnt, nur noch einmal im Monat oder mancherorts auch nur dreimal im Jahr Gottesdienst zu haben. [...] Das ist uns eigentlich schon zu anstrengend.‘ Das hat man ja schon öfter festgestellt, dass, wenn die Praxis nicht mehr da ist, sich auch der Bedarf verliert. [...] es bricht der Bedarf weg und die Gemeinschaft. Das heißt, die Kirche verdunstet quasi, [...]“ (H1). An anderen Orten der Region war die Situation anders; hier wurde es möglich, es zu einer Reduzierung der Gottesdienste erst gar nicht kommen zu lassen (H1).

Die zweite Hürde bestand darin, dass man vermutete, es sei eigentlich ein Sparprogramm. Und das, obwohl von Seiten der Projektbegründer beteuert wurde, es gehe nicht darum, dass der Pfarrer seltener Gottesdienst halte, sondern dass neben die zz. seltenen Gottesdienste weitere (andere) Gottesdienste treten.

So wurde es dann doch letztlich *einfach ausprobiert*. Und die Erfahrung zeigte: „Man ist erst mal mit der Sorge da. Im Vollzug passiert es dann aber doch“ (H1), dass mehr möglich ist als gedacht. Es fand sich z. B. doch jemand, der musikalisch begleiten konnte, oder an anderer Stelle entwickelte sich aus dem heiklen Teil des gegenseitigen Austausches – statt einer Predigt – unerwartet ein halbstündiges Gespräch, das man irgendwann beenden musste, um im Zeitrahmen zu bleiben.

2.4.2 Modifikationen, Effekte und Realismus

Interessant sind die *Mischungen aus festen Formen und immer wieder nicht vorhersehbarer Rezeption*. Einerseits: Auch „Regieanweisungen“ werden inzwischen aufgeschrieben (wann man aufsteht, wie sich die Gruppe hinstellen/setzen kann usw.). Andererseits: Die gleichen vorformulierten Fragen nach der Evangeliumslesung können den einen als zu eng und anderen als zu weit erscheinen.

Der Ehrenamtliche (E) bestätigt die Sicht:

> „Das Gute an diesem Projekt war, dass das mittelfristig angegangen wurde und nicht Hals über Kopf. Wir haben darüber gesprochen, ohne zu wissen, wann und ob überhaupt das wie umgesetzt werden würde. Dann wurde es konkretisiert und wiederholt darüber diskutiert, bis wir dann tatsächlich zu dem Punkt kamen, wo gesagt wurde: ‚Jetzt sind wir an einem Punkt, an dem wir eine zeitliche Schiene festlegen können.‘ Man kann nur etwas beurteilen, das getestet wurde. Im Nachgang muss ich sagen, wir waren alle nicht übermäßig mutig, aber wir hatten eine gute Vorlage, worin der gesamte Ablauf festgelegt war.“

Die kleine Zahl im Gottesdienst zum Start erwies sich sogar als ein Vorteil:

> Es waren „[s]ieben oder acht. Wenn es mehr gewesen wären, hätte das den Rahmen gesprengt und wäre vielleicht auch hemmend gewesen. Unsere ersten beiden Gottesdienste sind auch reibungslos abgelaufen. Es waren auch alle zufrieden. Es hat sich für alle Teilnehmer zum Guten gewandt. Bei 30 Leuten hätte schnell auch nur ein Querulant dazwischen sein können“ (E).

Es gibt Überlegungen, die Phase des *Austausches nach der biblischen Lesung stärker als Fürbittengebet zu akzentuieren*, und zwar als Fürbitte für Menschen im Dorf. H1 formuliert das als fiktive Eigenrede der Gottesdienstfeiernden:

„‚Wir sind ja die Experten für die Leute hier im Dorf, und wir wissen, ob Frau Meier krank ist. Das weiß ja sonst der Pfarrer in einer zentralisierten Gemeinde nicht. Wir sollten wissen, in welchen Familien Gewalt herrscht oder Alkohol im Übermaß. Das benennen wir dann untereinander und beten dann dafür in den Fürbitten. [...] Wir sind jetzt am Ort die Gesandten, die für die Menschen bei Gott einstehen.' Wenn man das Woche für Woche macht, oder wenigstens alle 14 Tage und dann sagt: ‚Wir haben doch kürzlich über Frau Meier gesprochen und für sie gebetet, und so und so hat sich das weiter entwickelt, und wir danken Gott' oder so, das kann auch ein sehr starkes geistliches Moment haben, in dem man auch entdeckt: Hier passiert auch etwas."

Dabei *bleibt* man dann andererseits doch sehr *auf dem Boden*. „Ob dafür das Projekt jetzt schon allein das Gelbe vom Ei ist, weiß ich noch nicht so genau", so der Pfarrer (H2). E meint (in jeder der vier Gemeinden hatte bis dahin ein Gottesdienst stattgefunden): „Wenn ich das zusammenfassen darf: Es hat niemand gesagt: ‚Nie wieder.' Das lässt doch vieles offen." Aber er wertet es eben auch als „eine Initiative, die von uns ausging." H1 sieht das Projekt so:

„Das ist ja nicht die Lösung für alle Fragen für die Kirchen auf dem Land, aber es ist sicher eine Möglichkeit, Kirche auch wieder stärker zu erfahren für die Menschen und in der Ermutigung der Ehrenamtlichen vor Ort, denn sie haben dann einen Dienst und einen Auftrag."

2.4.3 *Fazit: Gemeinschaft, Organisation, Institution – ein kleiner Anfang mit weitreichendem und einladendem Potenzial*

So *klein, vorsichtig, bescheiden* das Projekt daherkommt und es auch erst einmal ist, sind sich die Beteiligten in der Projektinitiative doch zugleich auch der weitreichenden Veränderung bewusst, die darin stecken kann: Es *ändert* sich, wenn es angenommen wird, dann *eben doch die Kirche am Ort radikal*: Nicht nur, dass eine kleine Gruppe miteinander in Kontakt kommt, vielleicht auch noch nach dem Gottesdienst zum Kaffee beieinander bleibt. H1 denkt stark von der verantwortlichen *Gemeinschaft* her. Er verknüpft das dann auch mit einem neuen *Pfarrerbild*. „Meine Hoffnung ist [...], dass das durch dieses Projekt und auch andere zu einer Bewegung wird, die dazu führt, dass Kirche auf dem Land auch bleibt und auch neu entdeckbar wird. Sicherlich in einem anderen Bild als heute." Heute ist „ja meistens der Pfarrer, die Pfarrerin Bezugspunkt". Doch unter den Bedingungen der Dörfer im Osten „können wir selbst attraktive Pfarrstellen auf dem Land nicht besetzen", und „das hängt auch sehr stark mit den Herausforderungen zusammen, die derzeit in den Pfarrstellen vorherrschen". Der Pfarrer, die Pfarrerin unter solchen anderen

Konstellationen, wie sie das Projekt bietet, „wird dann eine ganz andere Aufgabe bekommen als geistlicher Begleiter“.

Die Initiative basiert nicht allein auf der Sozialform der Gemeinschaft vor Ort. Auch eine *organisatorische landeskirchliche Planung* im Hintergrund erwies sich hier als sehr förderlich, eine Tätigkeit im Stil der klassischen Investition der Gesamtkirche in ein „Projekt“ und mit einem Finanzeinsatz, der für „Change Management“ Ressourcen zur Verfügung stellt. Inzwischen liegen Gottesdienstagenden der entwickelten Art für ein ganzes Jahr vor.

Und das Projekt hat auch Rückwirkungen auf die *Institution Kirche im Dorf*. In den Worten von H1:

> „[...] dann ist das schon etwas ganz Besonderes, weil man sagt: ‚Hier findet jetzt wieder wöchentlich Gottesdienst statt, und im Winter ist dort wieder Licht in der Kirche.‘ Das hat etwas zu bedeuten, und ich weiß letztlich auch, und das wird auch in der Dorfkommunikation auch funktionieren, dass man weiß: Dort sitzen sie zusammen und beten auch für Menschen aus diesem Dorf.“

Schließlich: Diese Art Kirche könnte *einladend* sein, weil die Schwelle niedrig wird für die, die sich mit Kirche und Gottesdiensten generell nicht auskennen:

> H1: „[...] die Form kann letztlich auch eine missionarische Komponente haben, weil man ja im Grunde nur lesen können muss, um einen Gottesdienst mit zu feiern. Man wird nicht wie sonst manchmal peinlich berührt. Man lädt ein und sagt: ‚Komm doch mal mit. Du kannst nichts falsch machen, und wir freuen uns, wenn einer mehr dabei ist.‘“

2.5 Wanderbühne Schäferwagen – Dorfpfarramt mit fränkischer Campingseelsorge (Gräfensteinberg)

Name und Zugehörigkeit:	Ev.-Luth. Kirchengemeinde Gräfensteinberg; Dekanat Gunzenhausen, Ev.-Luth. Kirche in Bayern
Orte:	Gräfensteinberg, Brombach, Geiselsberg, Igelsbach, Seitersdorf, Brand, Geislohe
Gemeindeglieder:	ca. 950
Pfarrstellen:	1 – davon 25 % Urlauberseelsorge (Schäferwagenkirche – auch für Einheimische)

Haupt-/ nebenamtlich Mitarbeitende:	Kirchenmusik; Mesnerdienst; Kindergarten
Ehrenamtlich Mitarbeitende:	Kirchenvorstand (Pfarrer und 6 Gewählte – mit erweitertem Kirchenvorstand insgesamt: 13); Kindergottesdiensthelferkreis; GPS: der etwas andere Gottesdienst (Team); Krabbelgruppe; Hauskreise; Posaunenchor; ChorInTakt; Gebets-, Frauen-, Männer- und Seniorenkreis; Besuchs-Team; Jungschar; Jugendtreff; Jugendbibelkreis
Gebäude:	St. Martin Kirche (Gräfensteinberg); St. Johannes Kirche (Brombach); Pfarrhaus (Gräfensteinberg); Gemeindehaus (Gräfensteinberg)
Einrichtungen:	Schäferwagenkirche; Kindergarten; Friedhof
Veröffentlichungen:	„Gemeindebrief der Evangelisch-Lutherischen Kirchengemeinde Sankt Martin Gräfensteinberg" (sechsmal jährlich – Auflage: 600)
Internet:	http://www.schaeferwagenkirche.de
Raumtyp:	Gemeinde Haundorf: ländlich peripherer Raum; 52 EW/qkm; Oberzentrum Schwabach ist 28,2 km/30 Autominuten entfernt1

Das Modell *Wanderbühnen* (vgl. 1.5.2 C2) setzt auf Einzelereignisse, mit denen in größeren zeitlichen Abständen Kirche mit einem besonderen Angebot zu den Menschen kommt. Grundsätzlich stellt sich die Frage, was dabei mit den kontinuierlichen Formen von Kirche passiert. Erfährt die Wanderbühne von denen, die vor Ort wohnen, Unterstützung und unterstützt sie? Wo werden Vertrauensbeziehungen aufgebaut und in den längeren Zeitabschnitten dazwischen gepflegt, wenn die Wanderbühne selbst das nicht leisten kann?

Beim untersuchten Beispiel wird seit 2008 an verschiedenen Orten immer wieder (im Sommerhalbjahr) ein Schäferwagen als eine Art mobile Kirche, auf einem Autoanhänger montiert, an Stränden der Freizeitseen vorgefahren, um im Freien Gottesdienst zu feiern.[51] Auch Taufen und Trauungen kommen

51 „Die Kirchen sind ausgerüstet mit Altar, Lesepult, Glockentürmchen, batteriebetriebener Lautsprecheranlage, Sitzbänken für ca. 80 Personen und einem großen Sonnensegel. Das Innere des Schäferwagens bildet den Altarraum, während die Gottesdienstteilnehmer davor im Freien sitzen. Musikalisch begleitet werden die Seegottesdienste von einem der zahlreichen Posaunenchöre aus dem Fränkischen Seenland oder von Gastchören aus anderen Landesteilen." (www.dekanat-gunzenhausen.de > Seenlandkirche & Schäferwagenkirche > Startseite Seenland- & Schäferwagenkirche > Die Schäferwagenkirchen – ein Plus des Fränkischen Seenlands).

vor. Interviewt wurde der die Gottesdienste durchführende Pfarrer (H), hinzu kommt eine knappe Befragung von zwei Ehrenamtlichen (E1, E2).

2.5.1 *Eine passende Erweiterung der Gemeindearbeit*

Im vorliegenden Fall dient die Wanderbühne nur in begrenztem Maße dazu, auf neue Weise eine sonst nicht mögliche Präsenz der Kirche in der Fläche weiterhin zu gewährleisten. Von Gottesdienstknappheit ist in dem Interview nicht die Rede. Vielmehr wird es *genutzt, um eine Dorfpfarrstelle (3/4-Stelle) zu halten*. Denn ihr ist zusätzlich dieses gesamtkirchlich finanzierte Angebot der Schäferwagenkirche im Umfang einer 25%-Stelle des Dekanats beigeordnet, die zur Urlauber- und Campingseelsorge gehört. Insgesamt gibt es drei solcher Aufträge für Schäferwagenkirchen im Dekanat.

Das Angebot *richtet sich vorwiegend an Nicht-Ortsansässige*. Die Kirche zeigt für H1 so: „Wir gehen hin", hier zu den Campern und Tagesgästen im Urlaub an den Badeseen. Doch findet sich nach den Erfahrungen des Pfarrers in den Gottesdiensten ebenso „ein Drittel aus der näheren Umgebung, die eben auch den äußeren Rahmen mögen".

Als Stärken dieser Arbeit gilt dem Pfarrer: Ein Angebot, nach dem Gottesdienst mit einem Gebetsanliegen oder mit besonderen Segensbitten zu ihm zu kommen, wird hier leichter wahrgenommen – in der Anonymität des Urlaubs. So tun sich *Seelsorgegelegenheiten* auf. „Die Leute kommen dann während des Aufräumens." Überhaupt erleichtert diese Arbeit „Kontakte mit den anderen fahrenden Leuten". So stellt das „auch wieder einen neuen Bezug her zu Menschen, zu denen man normalerweise gar keinen Bezug hat. Auf einen Pfarrer im Ornat geht man ja eher weniger zu. Da ist der Abstand viel zu groß, aber so wie hier erleichtert das viel."

Die Wagen wurden *mit Hilfe ehrenamtlicher Arbeit* gebaut und sind nach den Erfahrungen Stück für Stück zu optimieren. Sie könnten womöglich auch, über die ehrenamtlichen Hilfen beim Transport und beim Aufbauen und Abbauen hinaus, von Ehrenamtlichen selbst bespielt werden. Es gibt „vielleicht ja auch die Möglichkeit, Ehrenamtliche zu finden, die sich unter der Woche Zeit nehmen mit der Schäferwagenkirche, oder auch mal abends. Jemand, der einfach da ist, wenn ein anderer ein Gespräch sucht."

Auch in anderen Zusammenhängen wird die mobile Kirche bisweilen eingesetzt, als „Straßenmission" (H) an anderen öffentlichen Orten. Einem Ausbau der Aktivitäten sind aus der Sicht von H allerdings auch Grenzen gesetzt, weil er in Konkurrenz zu den Aufgaben des normalen Dorfpfarramts gerät: „Der Haken dabei ist: Es ist auch immer abendfüllend." Für die Jugendarbeit etwa und die Geburtstagsbesuche bei Gemeindegliedern bleibt so weniger Zeit, als H es sich wünscht. Es handelt sich bei der Schäferwagenkirche eben (nur) um einen Zusatz zum Dorfpfarramt, sodass klargestellt wird: „*Meine erste Priorität ist die Gemeinde*. Die Urlauberseelsorge macht mir richtig große Freude, aber auch dort gibt es Grenzen."

Für E1 zählt die Schäferwagenkirche zur missionarischen Arbeit, denn sie ermöglicht, „durch außergewöhnliche Projekte Menschen zu Jesus zu führen, ihnen den Glauben und auch die Kirche näherzubringen". E2 schätzt das Niederschwellige: So kommen „Leute ganz ungezwungen und auch manchmal zufällig zum Seegottesdienst. Und die Uhrzeit ist doch manchen Gottesdienstbesuchern passender."

2.5.2 Fazit: Eine Möglichkeit für einzelne Dörfer in einer noch reichen Landeskirche

Das Projekt öffnet Grenzen über manch binnenkirchliche Ausrichtung hinaus. Probleme mit der kontinuierlichen Präsenz hat man noch nicht, denn das Dorfpfarramt und die Kirchengebäude vor Ort gibt es noch. So ist auch das Projekt *noch ganz in die klassische Sicht von Dorfpfarramt und Hauptamtlichkeit eingeordnet*. Die Ehrenamtlichen drücken es so aus: „Der Vorteil war: Wir konnten durch diese zusätzliche 1/4-Stelle die Pfarrstelle [...] ohne Zusammenlegung halten" (E2). Wenn sich Ehrenamtliche finden, lassen sich „diese Projekte vergrößern, und hoffentlich sieht auch die Landeskirche, dass hier Stellen geschaffen werden müssen" (E1). Ebenso ist auch dem Pfarrer bewusst, dass die Schäferwagenkirche, so wie sie derzeit organisiert ist, noch nicht als strukturell relevante Innovation gelten kann. Pfarrstellen werden dadurch nicht entlastet, sondern die Arbeit eher weiter verdichtet: „Ein Einsatz am Badestrand bedeutet auch eigentlich einen Tag Arbeit. Dann habe ich aber auch immer Dinge im Hintergrund, die mir im Nacken sitzen und wo ich weiß, dass ich es machen müsste, aber dann fehlt die Zeit dazu. Das ist ein Haken an dieser Wahl." Und er befindet sich ja in „Bayern, wo man doch noch relativ reich ist". So urteilt er selbst:

> „Wir waren auch einmal auf der Zukunftsmesse in Kassel und haben uns Gedanken gemacht, ob wir den Zukunftspreis bekommen, aber ich bin froh, dass wir ihn nicht bekommen haben, sondern die Nordkirche in Mecklenburg, die Gottesdienste ohne Pfarrer machen."

2.6 Sommerkirche und Winterkirche – die Rhythmen einer Inselkirche in der Nordsee (Hallig Hooge)

Name und Zugehörigkeit:	Ev.-Luth. Kirchengemeinde Hooge; Kirchenkreis Nordfriesland, Ev.-Luth. Kirche in Norddeutschland
Orte:	Hallig Hooge; 107 Einwohner, 10 bewohnte Warften, 1 Lehrer, 1 Krankenpfleger (kein Arzt), 1 Grund- und Hauptschule, 1 Touristik- und Gemeindebüro, ca. 90.000 Tagesbesucher jährlich, ca. 46.000 Übernachtungen jährlich bei 532 Gästebetten in 2008[52]
Gemeindeglieder:	ca. 100
Pfarrstellen:	1 (mit zusätzlichem Predigtauftrag in Hörnum, Rantum und Wernum auf Sylt)
Hauptamtlich/ nebenamtlich Mitarbeitende:	Prädikantin/früher stellv. Pastorin (Gottesdienste: auch auf Plattdeutsch)
Ehrenamtlich Mitarbeitende:	Kirchengemeinderat Hooge; Freundeskreis Halligkirche Hooge; Hausmeister-/Gärtnerdienste (halbes Jahr, dafür freie Unterkunft: Sturmwohnung)
Gebäude:	Kirchwarft: St. Johannis Kirche mit Glockenstapel (freistehender Holzstuhl für die Glocke) und Pfarrhaus mit Gemeinderäumen und Sturmwohnung
Einrichtungen:	Friedhof (Kirchwarft)
Veröffentlichungen:	„De Hooger Kark“ (12 mal jährlich – im Internet)
Internet:	http://www.halligkirche.de
Raumtyp:	Hallig Hooge: ländlich sehr peripherer Raum; Oberzentrum Flensburg nach Fährverbindungen (regelmäßig 2 × täglich, 20 km) weitere 130 km/1 Std. 28 Autominuten entfernt

Die kirchliche Arbeit auf der Hallig Hooge besteht klar aus zwei unterschiedlichen Arbeitstypen, der Arbeit im Sommer, dann wenn die Touristen da sind, und der Arbeit im Winter, wenn man auf der Insel im Wesentlichen unter sich ist. Dabei befindet sich das Modell der Kombination von Sommerkirche und Winterkirche (vgl. 1.5.1 C 4) auf Hooge in einer privilegierten Situation:

52 Vgl. <http://www.hooge.de>.

Die Pfarrstelle, aus der Sommerarbeit begründet, ist auch im Winter präsent, obwohl auf der Hallig nur 100 Menschen wohnen. Im Sommer gibt es bis zu 5.000 Übernachtungsgäste und bis zu insgesamt 100.000 Tagesbesucher.[53]

Zwei Interviews wurden geführt, eines mit dem Inhaber der Pfarrstelle, ein zweites in einer Dreiergruppe. Hier waren neben dem Pfarrer (H) die beiden anderen Personen *in mehreren Funktionen* anwesend. E1 ist a) der Lehrer Hooges, der b) im kirchlichen Leben mitarbeitet und c) auch 1. Vorsitzender des Kirchenvorstands ist. E2 war a) in hoher kirchenleitender Position tätig und hat b), zur Prädikantin ausgebildet, die Hooger Pfarrstelle zu Beginn der Zeit, in der sie sich im Ruhestand auf Hooge niederließ, ein dreiviertel Jahr vertreten.

2.6.1 „Die Kirche für alle steht hier" (E2) – die Winterkirche

E1 führt sich so ein: „In dieser Funktion [ehrenamtlich Engagierter] sitze ich jetzt hier, auch als Vorsitzender im Kirchenvorstand, aber auch als Lehrer, denn es deckt sich sicher vieles." Später heißt es: Man ist gemeinsam von den demographischen Entwicklungen auf der Insel betroffen, denn: „[H] und ich sitzen da in diesem Jahr in einem Boot, weil die Konfirmandin in diesem Jahr auch bei mir in der Sekundarstufe ist" (E1). Der Pfarrer positioniert sich eindeutig: „Nach meiner Erfahrung hier in den vergangenen Jahren ist die Kirchengemeinde an erster Stelle für die Hooger da" und diejenigen, die immer wieder zum Urlaub herkommen; die „Stammgäste bilden einen Ring um die Kerngemeinde".

Wie wird die Winterkirche charakterisiert? E1 findet: „Wir können uns hier wirklich sehr glücklich schätzen, dass selbst im Winter bei sehr unschönen Bedingungen fast immer 10 % der Gemeindeglieder in der Kirche sind. Das ist nicht in vielen Gemeinden so." Der Pfarrer beschreibt:

> „Zum Gemeindeleben gehören dann aber auch Gemeindenachmittage mit Senioren, Kindernachmittage, und einen Konfirmandenunterricht haben wir hier, wenn auch derzeit mit nur einer Konfirmandin. Dann gibt es Film-Gesprächsabende und plattdeutsche Abende."

Gefragt nach den „schönen Erfahrungen hier mit Kirche auf Hooge", werden alte *Hooger Traditionen* genannt. E1 erzählt vom „Rumsagen", der Benachrichtigung von Familienereignissen durch ein Gehen von Tür zu Tür, und E2 fügt dem eine Darstellung einer weiteren Tradition hinzu: Wenn ein Halligbe-

53 So scheint man hier dem Ratschlag aus „Wandeln und gestalten" (2007), 49, zu folgen: „Die Einbeziehung der Besucher- bzw. Übernachtungszahlen an Urlaubsorten in die Berechnung von Stellen erscheint dabei ein sinnvoller Weg, diese Arbeit strukturell stärker zu berücksichtigen."

wohner verstorben ist (in der Regel in einer Klinik auf dem Festland) und auf der Insel bestattet werden soll, dann wird der Sarg von allen Inselbewohnern schon an der Anlegestation des Bootes in Empfang genommen und bis in die Kirche begleitet. E1 urteilt: „Es ist ein wesentlich intensiveres Zusammenleben [auf Hooge] als woanders, auch in der Gemeinde."

Die Intensität betrifft auch das *ehrenamtliche Engagement*: „Der Kirchendienst geht hier reihum" unter den Mitgliedern des Kirchengemeinderats. „Darum beneidet uns der Pfarrer [einer Nachbargemeinde]" (H). E1 berichtet, wie er in einer Angelegenheit, die Kirche betreffend, sogar mitten im Schulunterricht von einem Hooger zur sofortigen Klärung unterbrochen wurde. Obwohl es sich hier um einen Konfliktfall handelte, der sich schnell in dem sofort geführten Gespräch lösen ließ, deutet E1 verallgemeinernd: „So etwas habe ich in der Kirchengemeinde, in der ich vorher war, nicht erlebt, so einen brennenden Einsatz für die Kirche über den direkten Kontakt."

Die *integrierende und integrierte Stellung der Kirche* ist von der Art, dass sie schlicht alle Inselbewohner miteinschließt. Auch für die knapp 10 %-Minderheit der Katholiken ist dies ihre Ortskirche: „Die sind auch bei uns im Gottesdienst und nehmen hier auch am Abendmahl teil" (E2). Der Pfarrer meint: „Das gesamte Glaubensleben findet einfach hier statt" und vermutet, dass es auch, wenn es Kasualien für Katholiken gäbe, er gefragt werden würde und die katholische Kirche dies zuließe. E1 sekundiert: „Das ist hier auch gar kein Gesprächsthema. Die Kirche für alle steht hier." Zur Vorbereitungsgruppe für den Weltgebetstag gehört nicht nur eine Katholikin, sondern auch eine Muslima (so E2).

Die Integration gilt ebenso für das Verhältnis von Kirche und sonstigen Organisationen:

> „In der Hooger Theater-Gruppe [...] ist dann auch fast der gesamte Kirchengemeinderat dabei und der Pastor auch. [...] Wir machen einen Gesprächskreis nach der Filmvorführung. Das ist mal in der ‚Schutzstation Wattenmeer' oder hier im Pastorat. Das ist also wieder so eine Brücke und eine Verknüpfung. Auf Hooge lebt alles davon, dass man etwas miteinander macht. Kirche für sich geht hier gar nicht. Das geht nur zusammen mit der kommunalen Verwaltung und den Vereinen" (H).

Der Pfarrer hat diesen Bericht durch den Satz eingeleitet: „Da kriegt Kirche wieder ihre frühere Funktion zurück."

Die kleinräumigen Verhältnisse wirken sich auch darin aus, dass der Pfarrer seinen Gemeindegliedern *je einzeln nachgehen* kann, so etwa, wenn sie ins Krankenhaus müssen: „Ich besuche die Leute dann auch auf dem Festland. Ich halte dann den Kontakt." Aber neben dem Sich-umeinander-Kümmern verbinden sich damit auch Schattenseiten: „Man weiß fast schon zu viel voneinander. Die Privatsphäre ist dann manchmal auch schwer zu behüten und zu bewahren. Das macht es auch schwer, und da bleiben dann auch Spannungen nicht aus." Gefragt, ob bzw. wie er dann in diese Spannungen eingebunden sei, beschreibt er, dass er manchmal auch damit zu tun habe. „Ich versuche zu schlichten und zu klären, ganz neutral bei den Konflikten und mit einem offenen Ohr für beide Seiten." Das gelingt natürlich nicht immer, Konflikte können sich verhärten. Aber es gibt auch ein Bewusstsein auf der Insel, dass man nach heftigem Streit sich wieder vertragen können sollte. H hat auch kommunal die Position des „stellvertretenden Schiedsmanns" inne. In der obigen Schilderung kommt eine *Ambivalenz der besonders überschaubaren Verhältnisse* zum Ausdruck. Der Pfarrer kennt sie auch für seine eigene Person: „So schön ein so offenes Haus wie hier auch ist, ist es auch ein Stück belastend, weil die private behütete Sphäre dann doch auch leidet." Zugleich erfüllt ihn der Stolz auf das Inselleben: „Wir haben also hier den schönsten Ort zum Wohnen."

Die Wünsche von E1 für die *Zukunft* sind klar – Bewahrung der integrierten Stellung der Kirche auf der Hallig:

> „Da kann ich aus meiner Sicht ganz klar sagen: Ich möchte, dass dieses Standbein Kirche hier erhalten und präsent bleibt. Das ist wohl ein ganz solider Wunsch. Wenn wir das schon mal schaffen, sind wir wohl schon recht gut. Kirche, Schule und Gemeindepolitik vor Ort sind etwas Wesentliches. Mit diesen Standbeinen kann man auch Leben in der Zukunft gestalten. Wenn dann noch jedes Einzelne etwas Besonders liefern kann, ist es besonders gut."

2.6.2 *„Im Sommer sind eben alle für die Gäste da, natürlich der Pastor auch" – die Sommerkirche und ihr Verhältnis zur Winterkirche*

Die dörflichen Verhältnisse der Winterkirche weiten sich im Sommer. Dann ist die Arbeit anders. Und wie wirkt sich das auf die aus, die das ganze Jahr auf der Hallig leben?

Der Pfarrer beschreibt seine *abwechslungsreiche Arbeit* und die Gottesdienste im Sommer so:

> „Das ist jeden Sonntag spannend, und das bewegt mich auch. Hier weiß man nie, wer kommt und wie viele vertraute Menschen da sein werden. Dazu sind ja auch oft Jugendgruppen mit dabei, die zum Teil angemeldet kommen, aber zum Teil auch spontan einfach da sind. Hier ist kein Tag wie der andere. Das ist auch sehr schön an Hooge. Das Gemeindeleben hier ist sehr abwechslungsreich."

Ist dann „plötzlich eine recht große Gruppe" da, „wird einfach mehr improvisiert. Jeder soll sich ja angenommen und willkommen fühlen." Bewusst zeigt der Pfarrer Präsenz:

> „Wenn ich im Sommer in der Kirche bin, habe ich dauernd zu tun. Im ersten Sommer hier habe ich mich auch ganz bewusst sehr viel an die Orgel gesetzt und war auch einfach sehr viel in der Kirche. Dadurch habe ich die Reiseleiter kennengelernt. Wenn Gruppen kamen ohne Reiseleiter, war ich derjenige, der die Kirche präsentiert hat und eine Führung gemacht hat."
> Später hat er sich „da ein bisschen zurückgezogen, weil das zeitlich gar nicht immer zu schaffen ist. Inzwischen bekomme ich aber auch zunehmend Anrufe, auch von Reiseleitungen, ob ich nicht vielleicht eine Führung machen könnte, weil ich das doch alles viel besser wüsste. Dann mache ich's auch gerne."
> Er bevorzugt „Jugend- und Konfirmandengruppen" auf Tagesausflug. „Da kommt auch das ein oder andere Religionsgespräch zustande. [...] Was hier auch wichtig ist, dass ab und zu Gespräche zustande kommen, wenn jemand kommt und sagt: ‚Ich möchte mich aussprechen.'"

So abwechslungsreich eine solche Arbeit und auch der *Wechsel von Sommer und Winter* für den Pfarrer sein mögen, wie erleben das die Hooger selbst? E2 berichtet von ihren Erfahrungen als Prädikantin vom „großen Unterschied Sommer und Winter" folgendermaßen:

> „Am letzten Sonntag hatte ich Gottesdienst [...]. Bis auf die Organistin und mir waren keine Hooger da, sondern nur Gäste. Es ist im Sommer schon eine ganz andere Gemeinde, von der man dann auch andere Rückmeldungen bekommt. Einerseits genieße ich das und finde es schön, vor einer vollen Kirche zu predigen, aber ich genieße es im Winter genauso, wenn die Hooger da sind."

„Im Winter", so berichtet der Pfarrer,

> „sind da mehr die Hooger im Chor mit dabei, aber im Sommer ist es ein offenes Singen. Dann ziehen sich einige der älteren Hooger auch zurück, bis sich im September, Oktober das Blatt wieder wendet. Dann verändert sich unsere Arbeit auch wieder."

Noch einmal nachgefragt, ob es da auch *Überfremdungserfahrungen* gebe, antwortet er:

> „Bei den Gottesdiensten spielt das nicht so die Rolle. Wenn die Hooger Zeit haben, kommen sie auch gerne, aber es ist wirklich der Sommerbetrieb, der manche

> abhält, auch bei den Älteren, denn auch sie haben ihre Gäste. Wenn der Sonntag wieder freier ist, kommen auch wieder mehr Hooger zum Gottesdienst. Beim Singen ist das schon anders. Da habe ich schon bei manchen das Gefühl, dass sie lieber mehr unter sich sein wollen."

E1 schiebt eine Erklärung nach: „Das ist beim Singen ja auch eine andere Vertrautheit als im Gottesdienst, und auch die Beweggründe sind andere." Man könnte die Aussagen so deuten: Der Gottesdienst wird als eine Veranstaltung erlebt, die in ihrem vertrauten Rahmen bleibt. Beim Singen spielen aber das Repertoire und die musikalischen Fähigkeiten eine Rolle, und es gibt wohl auch eine Erwartung der Hooger an ein geselliges Miteinander unter Vertrauten.

Als später noch einmal nachgefragt wird nach „Überfremdung" im Gottesdienst, verstehen E1 und E2 die Frage als eine nach Störungen im Gottesdienst(ablauf): Sie beschreiben, dass auch bei Konfirmandengruppen kaum Störungen vorkommen und dass man im „Dorf" mit der Anwesenheit so vieler anderer im Gottesdienst und dem Engagement für Besucher wenig Probleme habe, was nicht selbstverständlich sei.[54] Der Pfarrer steuert eine Erklärung bei:

> „Ich bin im Sommer durch die Gäste schon sehr eingespannt. Das wissen die Hooger aber auch. In den Sommermonaten haben wir zum Beispiel keinen Senioren-Nachmittag, aber das geht wieder los, wenn wir mehr unter uns sind. Das wird auch verstanden. Natürlich versuche ich trotzdem, Kontakt zu halten und zu besuchen, aber das ist, so wie es ist, auch schon Tradition auf Hooge. Im Sommer sind eben alle für die Gäste da, natürlich der Pastor auch. Wenn natürlich Trauerfälle, Hochzeiten oder Probleme sich ergeben, bin ich auch ganz und gar für die Hooger da."

Die Arbeitsrhythmen der Bewohner und die des Pfarrers passen demnach zueinander: Der Sommer ist die Zeit für die Besucher, der Winter die Zeit der Gemeinschaft der Halligbewohner untereinander und mit dem Pfarrer. Da haben die Halligbewohner konkurrenzlos die Aufmerksamkeit des Pfarrers, wohingegen es im Sommer hauptsächlich die Sondersituationen sind, in denen er für sie ist: Kasualien und Notfälle.

54 Das Beispiel 2.8 zeigt, wie das auch ganz anders erlebt werden kann.

2.6.3 *Fazit: Solange organisierte Dienstleistung und klassische Volkskirche sich gegenseitig stützen ...*

Der *Wechsel von Sommerkirche und Winterkirche* ist für alle Beteiligten plausibel und wird von ihnen geschätzt. Dass man das Privileg eines Halligpastors trotz so kleiner Gemeindegliederzahl hat, ist der Sommerkirche zu verdanken, das wissen alle. Und es kann die Kirche im Sommer auch noch einmal ganz anders und authentisch im Gebäude der Halligkirche und durch den echten „Halligpastor" wirken, was durch einen zugereisten Kurprediger nicht möglich wäre. Beide Weisen kirchlicher Arbeit stützen sich gegenseitig – die kleinen Verhältnisse der engen Zusammenarbeit der Institutionen der Hallig nach dem Modell der alle umfassenden *Volkskirche* und das organisierte kirchliche *Dienstleistungsangebot* für die Touristen.

So hängt aber auch das Modell auf Hooge, das Urlauberkirche und Dorfkirche verbindet, genau an der Erhaltung dieser Doppelstruktur aus Winterkirche und Sommerkirche. Es ist dabei die Winterkirche wie ein Museum aus früheren Zeiten, allerdings ein funktionierendes und ganz lebendiges, das von den außergewöhnlich schwierigen Transportbedingungen gerade in seinem Erhalt geschützt wird. Für die *Zukunft ist nicht sicher*, ob die Weitergabe der Häuser in den Familien und an junge Familien erhalten bleiben wird oder ob die Gemeinschaft auf Hooge, so wird es auch im Interview angesprochen, nicht doch einen Weg nehmen wird, wie er auf der Insel Sylt der Fall ist, wo immer mehr Wohnhäuser zu Ferienhäusern im Besitz von reichen Festlandbewohnern wurden. „Diese Häuser stehen dann den Winter über leer", so H. Die Krankenpflege auf der Hallig Hooge hat schon jetzt nicht mehr eine institutionelle Absicherung – jeder muss selbst eine Lösung finden. Und es bleibt nicht sicher, ob nicht doch der Zeitpunkt kommt, wo die Hallig ihren Pastor zu einem Gutteil an eine Tätigkeit auf dem Festland abgeben muss bzw. ein Pfarrer auf dem Festland die Hallig nur noch mitversorgt.

2.7 Ein „Freund" auf Besuch – das Reisepastorat der Deutschen Ev.-Luth. Gemeinde in Finnland

Name:	Deutsche Ev.-Luth. Gemeinde in Finnland (EKD-Auslandsgemeinde)
Zugehörigkeit:	Diözese Porvoo (Schwedisches Bistum), Ev.-Luth. Kirche Finnlands
Orte:	Kirchengemeinde Helsinki; Kapellengemeinde Turku; Gemeindegruppen in 22 anderen Orten

Gemeindeglieder:	ca. 3000 – davon ca. 500 im ganzen Land[55]
Pfarrstellen:	1 Hauptpastor; 1 Reisepastor/in (Pfarrerehepaar mit je 50 %)
Hauptamtlich/ nebenamtlich Mitarbeitende:	Helsinki: Kanzlei und Gemeindebüro, Kirchenmusik, Küsterdienst, Diakonie, Kindergarten/Vorschule, Seniorenwohnheim; Turku: Nachmittagsbetreuung
Ehrenamtlich Mitarbeitende:	- Kirchenbevollmächtigte (KBV), Helsinki – 30 Mitglieder (Vorsitz: EA5, Turku) - Kirchenrat (KR), Helsinki – 12 Mitglieder (Vorsitz: Hauptpastor) - Kapellenrat, Turku – 8 Mitglieder (Vorsitz: Reisepastor/in) - Ehrenamtliche im ganzen Land
Gebäude:	- Helsinki: Deutsche Kirche mit Gemeindezentrum, Pfarramt (Kanzlei und Gemeindesekretariat), Pfarrhaus (Hauptpastor/in) und Kindergarten/Vorschule - Espoo: Pfarrhaus (Reisepastor/in) - Turku: Gemeindezentrum - im ganzen Land: Mitbenutzung von Kirchen und kirchlichen Gebäuden der Ev.-Luth. Kirche Finnlands
Einrichtungen:	- Deutsches Seniorenwohnheim, Helsinki - Kindergarten und Vorschule der Deutschen Gemeinde, Helsinki
Veröffentlichungen:	Gemeindebrief „Deutsch-Evangelisch in Finnland" (zehnmal jährlich)
Internet:	http://www.deutschegemeinde.fi

Für das *Modell „Wanderprediger"* (C1), so war oben angeführt worden (siehe 1.5.2), stellt sich die Frage, wie sich Verschiebungen im Charakter der Kirche als Institution, Organisation und Gemeinschaft ergeben, wie Anwesenheit und Überbrückung während der Abwesenheit gestaltet sind und wie sich die Rollen der Ehrenamtlichen und Hauptamtlichen verändern. Im vorliegenden Fall ist zusätzlich interessant, wie sich das Verhältnis zur Arbeit im Zentrum Helsinki bzw. auch in dem größeren Ort (Turku) gestaltet.

Im Folgenden ausschließlich in den Blick genommen ist das „Reisepastorat" innerhalb der zweiten Pfarrstelle der einen deutschsprachigen Kirchengemeinde im rechtlichen Sinne. Die Tätigkeit dieser Pfarrstelle gliedert sich seit den 1990er Jahren in drei Teilbereiche: 1. Helsinki (monatliche Gottes-

55 Vgl. Kirchliches Amtsblatt der EKKW, Nr. 8/128. Jahrgang, 31. August 2013, Nichtamtlicher Teil, Stellenausschreibungen der EKD, S. 128.

dienste, Gremien- und Seniorenarbeit und Freizeiten); 2. Turku und Tampere (monatliche Gottesdienste, Kapellenrat – alle zwei Monate, Gesprächskreise und besondere Veranstaltungen); und 3. die Besuche bei den ca. 20 Gemeindegruppen, die über das Land verstreut und bis zu 1000 Kilometer von Helsinki entfernt sind (je ein- bis viermal jährlich Gottesdienst, Seelsorge, Konfirmanden-Fernunterricht, Bibelarbeiten, Gemeindeabende, Tourismusarbeit und eine landesweite Ehrenamtlichentagung alle zwei Jahre). Das jetzige Pfarrerehepaar teilt sich die Aufgaben in Helsinki, Turku und Tampere; H1 macht Reisebesuche im Osten und Süden, H2 im Westen und Norden. Die deutsche Gemeinde stellt den Dienstwagen (H2: „My car is my castle"). Eine Besonderheit ist die Unterstützung durch die finnische lutherische Staatskirche. Ihre Kirchen können genutzt und auf die Dienste ihrer Küster und Kantoren kann zurückgegriffen werden – man muss sich freilich auch arrangieren mit den damit gesetzten Rahmenbedingungen. Außerdem gibt es einen finanziellen Zuschuss zu den Sachkosten (im unteren fünfstelligen Bereich), denn viele deutschsprachige oder mit Deutschen verheiratete Finnen kommen gerne zu den Gottesdiensten und Veranstaltungen, die mitunter zweisprachig stattfinden. Die „Kanzlei" der deutschen Gemeinde in Helsinki (die auch standesamtliche Aufgaben hat) ist auch bei den Kasualbegleitungen des Reisepastorats involviert. Planungen und Vorarbeiten für die Besuche (vielfach ein halbes Jahr im Voraus) sind: Terminabsprachen mit den Ehrenamtlichen, die sich als Ansprechpartner vor Ort um das Organisatorische kümmern; Versorgung des jeweils eingesetzten Kantors mit dem Material für Liturgie und Lieder; Versand der Gottesdienst-Einladungen (Internetseite, Lokalzeitungen, deutsche Vereinszeitungen, E-Mails). Zu jedem Gottesdienst gehört im Anschluss ein Kirchenkaffee mit Gebäck bzw. einer Mahlzeit, Zeit für den notwendigen Informationsaustausch und für Gespräche. Zwischen den Besuchen bietet das Reisepastorat Internet- und Telefonseelsorge an, Letztere auch per Freisprechanlage während der zahlreichen Autofahrten. Es ergeben sich bis zu 120 Reisetage im Jahr – inklusive der Rundreisen zu den Festzeiten –, die zwei bis drei Wochen dauern können. In Deutschland gibt es das Reisepastorat bei den evangelischen Landeskirchen so nicht, wohl aber bei jüdischen Gemeinden.[56]

Es wurden ein Interview in Helsinki mit den beiden Personen im Reisepfarramt geführt (H1 und H2) und insgesamt drei mit Ehrenamtlichengruppen in Kotka, Tampere, Oulu und Turku (mit insgesamt 34 Personen).

56 Vgl. die Mitversorgung liberaler jüdischer Gemeinden von Hannover, Hameln, Bad Pyrmont, Felsberg (bei Kassel) und Wien durch eine im südenglischen Eastleigh beheimatete Rabbinerin (<www.ekd.de/aktuell_presse/news_2003_07_29_2_fliegende_rabbinerin.html>).

2.7.1 *Aspekte von Gemeinschaft, Organisation und Institution*

Kirche als Gemeinschaft:
Man könnte vermuten, dass die Gemeinschaftserfahrungen angesichts der nur seltenen Besuche weniger werden. Doch das Gegenteil scheint der Fall zu sein. Was für nötig erachtet wird, drückt E7 so aus: „Das Gemeindeleben lebt durch den persönlichen Kontakt. Man kann kein Gemeindeleben auf Facebook haben." H1 betont: „Wir gehen nicht nur in Gottesdiensten und irgendwelchen Veranstaltungen auf. Wenn wir im Lande sind und dort übernachten und am nächsten Tag noch Zeit haben, gibt es natürlich Hausbesuche und Seelsorge." H1: „Nach dem Gottesdienst unterhält man sich beim Kirchenkaffee und [...] fährt dann [...] einige andere wieder nach Hause. Danach geht's für uns weiter oder wir übernachten noch privat, [...] oft ist es wirklich gut, weil man sich dann vertrauter wird, über den Ort oder die Gemeindestruktur mehr erfährt und Zeit miteinander hat. So kann man sich [...] besser einfühlen, was vor Ort wirklich nötig ist." Darum hat sich das Pfarrerehepaar auch die Besuche regional aufgeteilt.

So empfinden die Ehrenamtlichen sich den Pfarrpersonen ganz nah. E3: „Das wollte ich die ganze Zeit sagen: Der Reisepastor ist ein Freund." E5 formuliert an anderer Stelle den gleichen Satz. E3 hält die jetzige Situation für die bessere: „Obwohl man den richtigen Pfarrer eigentlich immer hat, so hatte man bei den Reisepastoren immer das Gefühl, dass sie nicht in Eile waren und für einen Zeit haben."

Wichtig ist auch eine in zweijährigem Rhythmus stattfindende zweitägige „kleine Einkehrtagungsfreizeit" (H1) für „unsere Ehrenamtlichen aus dem ganzen Land [...], [für d]ie, die immer den Kirchkaffee organisieren, die unsere Ansprechpartner sind". Die Hauptamtlichen laden ein, aber „leiten das Ganze nur an", so dass diese sich „austauschen [können]". E8 stellt im Vergleich mit den kulturellen Organisationen der Deutschen in der finnischen Diaspora fest: „Insofern geht es uns eigentlich ganz gut."

Organisierte Kirche:
Die Besuche müssen so organisiert sein, dass dann auch alles stattfinden kann, neben den normalen Gottesdiensten (oft auch an Nichtfeiertagen) und informellen Gesprächen gehören dazu auch Andachten in der Natur, im Kindergarten, Familien- und Kindergottesdienste, Vorträge oder Gesprächsabende. Auch Kasualien und vorbereitende Gespräche sind auf die Besuchszeiten hin zu terminieren. Da Beerdigungen in Finnland oft erst zwei bis drei Wochen nach dem Tod stattfinden, gibt es sogar auch hier Spielräume. Außerdem ist das Reisepastorat auch unterwegs immer bereit, in Krankenhäusern und Gefängnissen auf Anfrage Besuche zu machen.

Die Arbeit wird als präzise organisiert wahrgenommen und geschätzt. E3: „Man hat immer das Gefühl, dass alles ganz natürlich und selbstverständlich passiert. Keine Eile und keine Verspätung. Das klappt einfach. Das hat schon so viele Jahre gestanden. Das steht." E5 fasst nach einem längeren Bericht zur Organisation des Konfirmandenunterrichts und zur Konfirmation zusammen: „Das klappt ganz prima. Man kann sich absprechen, man macht Termine. Das geht alles super."

Die Vorbereitung zahlt sich auch für die Hauptamtlichen aus: „Wenn man alles geplant hat, die Reise steht und man weiß, wann man wo ist, hat das Gemeindeabendkonzept und die Predigt in der Tasche, kann man in Ruhe auf Reisen gehen, sich auf die Menschen freuen und für sie da sein" (H2).

Kirche vor Ort als Institution in der Gesellschaft:
Für die deutsche Diaspora insgesamt spielt auch unter den Bedingungen des Reisepastorats die Kirche eine nicht unwichtige Rolle, etwa für finnisch-deutsche Vereine. Es „plant der Verein die Familienfreizeit, und wir kommen als Referenten, [...]. Die Freizeiten werden also nicht von uns organisiert. Wir liefern die Inhalte" (H1). Darin liegen sogar „missionarische Gelegenheiten" (H1), die ansonsten in der eigenen Arbeit selten gegeben seien.

E5 berichtet über die Arbeit in der Kapellengemeinde in Turku: „Das jetzige Seemannsheim [traditioneller Name des Gemeindezentrums aus der Zeit der Seemannsmission], das für alle möglichen Leute offen ist [...], war früher ein Café, und deshalb gibt es auch noch einen ganz tollen Backofen." Es wird zu verschiedensten Anlässen und Aufgaben im Überschneidungsbereich von kirchlicher Gemeinde, finnisch-deutschem Verein und Lokalkultur genutzt: geselliges Beisammensein mit Essen und Trinken, Nachmittagsbetreuung, Kinder- und Elterngruppe mit dem Schwerpunkt Basteln, die maßgeblich bei dem Erntedankfest mitwirkt, Lese- und Gesprächskreis, Sommerfeste, gemeinsames Fußballschauen, Filmabende für Kinder und Jugendliche mit Programm. Darüber hinaus gibt es noch das Weihnachtsliedersingen mit dem deutsch-schwedischen Chor aus Helsinki und den Martinslauf zusammen mit den Deutschklassen der Schule.

> E5: „Es ist sehr weitläufig. Wir sind auch ganz eng mit dem finnisch-deutschen Verein hier in Turku verbunden und unterstützen ihn, wo wir können, und umgekehrt. Unsere Räumlichkeiten stehen auch ihnen zur Verfügung. Manche Projekte werden zusammen durchgeführt, gestaltet und die Kosten geteilt. [...] Hier [im Gemeindezentrum] ist eigentlich immer jemand, der ansprechbar ist. Das kann auch für die Diakonie sein oder für die Seelsorge. [...] und das alles auf Deutsch und Finnisch, wenn es sein muss auch auf Schwedisch."

2.7.2 *Pastorale Anwesenheit und Abwesenheit und ein neues Gegenüber mit den Ehrenamtlichen/Gemeindegliedern*

Überbrückungen bei Abwesenheit der Pfarrerin/des Pfarrers:
E4 berichtet: „Das ist nicht so das Problem, dass er (der Reisepastor) nicht greifbar wäre. Man kann ihn immer anrufen. Wie er technologisch mit Skype-Adresse und so ausgestattet ist, weiß ich jetzt nicht so genau, aber ich weiß von mehreren Leuten, die ihn auch a) zwischen den Gottesdiensten brauchen und b) erreichen."

Dass auch Gottesdienste ohne Pfarrer/innen gefeiert werden könnten, scheint in Finnland, vielleicht auch angesichts des staatskirchlichen Umfelds, kein Thema zu sein. Aber es bieten sich andere Möglichkeiten. E6 aus Turku sieht die Lage so:

> „Man kann im Fernsehen, im Radio und im Internet Gottesdienste verfolgen. Man hat also viele technische Möglichkeiten. Man kann auch nach Helsinki fahren. Von hier aus sind das zwei Stunden [...]. Ab und an machen wir das auch bei entsprechend wichtigen Gottesdiensten. Das Angebot als solches ist also groß."

E1, der 135 Kilometer von Helsinki entfernt wohnt, stimmt dem zu, gibt aber auch zu bedenken:

> „Im Herbst und im Winter ist es dunkel. Dann wollen wir Alten nicht mehr Auto fahren. [...] Im Sommer nehmen wir sie [die Angebote in Helsinki] dann auch oft nicht wahr, weil es hier auch schön ist. Das heißt am Ende eigentlich: Wir vermissen es nicht so. Wir können uns gut miteinander beschäftigen."

Auch Konfirmandenunterricht lässt sich gestalten: Beim Besuch vor Ort erfolgt Unterricht durch Hausbesuche, hinzu kommen Unterrichtsteile per Internet samt Einbindung der Eltern (Bibellese, Hausaufgaben). H2: „Da [...] muss man kreativ sein." E5 erwähnt als „ein tolles Beispiel" ihren Sohn, der eine Konfirmation wie in Deutschland miterleben wollte. Es fand sich ein zweiter Gleichaltriger, mit dem nahm er auch an einer „deutsch-finnischen [Konfirmanden-]Freizeit" teil, bei der dann „alle anderen Kinder" gleich dort konfirmiert wurden, die zwei der deutschen Gemeinde wurden aber in Turku vom Reisepfarrer konfirmiert, der sie unterrichtet hatte. Es „wurden alle drei [ihrer Kinder] deutsch konfirmiert und auch verheiratet, und das alles Dank" des Reisepastorats.

E4 berichtet, dass der Reisepastor ihn und seine spätere Frau „sogar schon während unserer Beziehung begleitet", sie später getraut und den ältesten Sohn getauft habe. Er resümiert: „Er hat einen auch über diese Entfernung hinweg sehr gut betreut", und verallgemeinert: „Der Reisepastor ist ein Freund." E4 drückt es so aus:

> „Zusammenfassend kann man sicher sagen, dass die Gemeinde [Name] über die Jahre sehr gut und regelmäßig von den Reisepfarrern betreut wurde, und auch die Dienstleistungen der deutschen Kirche in Finnland wurden regelmäßig in Anspruch genommen."

H2 beobachtet, dass die Seelsorge einen anderen Charakter annimmt:

> „Wir haben es hier erlebt, dass Seelsorgegespräche weniger Gespräche waren, um die Exploration zu fördern, sondern es wurden Bedürfnisse benannt, und der Seelsorger war dafür da, das im Gebet aufzunehmen. Das war erstaunlich, was alles schon durchdacht war und wie hilfreich es dann war, es im Gebet nochmal getragen zu wissen."

Ein neues Gegenüber von Pfarramt und Ehrenamtlichen in den Gemeinden vor Ort:
Reisepastoren sind unterwegs getrennt vom eigenen Privatleben, wodurch eine dienstliche Konzentration möglich wird. Der Reisepastor kann da im Vergleich zum Ortspastor viel mehr Nähe zulassen, ohne sein Privatleben zu Hause aufgeben zu müssen. Er ist auf Besuch.

Vielleicht auch deshalb ist die pastorale Aufmerksamkeit für das Anderssein des Gegenübers erhöht. Es ist nicht nur ein Anderssein von Individuen, sondern auch der jeweiligen Gemeinden vor Ort. H2: „Vom Klischee kann man es wohl ein bisschen mit einer Deutschlandreise vergleichen." Auf der Reise hat man „Zeit, um umzuschalten" und sich gedanklich auf die jeweiligen Besonderheiten vor Ort einzustellen. H1 findet: „Die finnische Frömmigkeit in Verbindung mit der Einsamkeit in der Landschaft war für mich eine echte Horizonterweiterung."

Auch wenn das Reisepastorat gut funktioniert – die Hauptamtlichen sind nicht frei davon, doch noch ihre Arbeit an den anderen Verhältnissen der Präsenz in der einen Ortsgemeinde zu messen: Dass die Gemeinde in Helsinki und an den vielen anderen Orten als „eine Gemeinde" – mit „Gemeindegruppen" – konstruiert ist, findet H1 „ein bisschen gestelzt". In der Kapellengemeinde in Turku „könnte das Gemeindeleben aufblühen, [...] aber es fehlt [...] eine pastorale Präsenz. [...] Da könnte man noch richtig was machen. Es liegt also das Gold auf der Straße, und wir sitzen in Helsinki und können es nicht aufheben." (H1; H2 unterstützt). H2 überlegt, ob es nicht sinnvoll wäre, „geographisch zentraler zu sitzen, damit man leichter überall hin kommt und nicht hier unten [in Helsinki] am Ende [von Finnland]". Stattdessen aber „geht die Tendenz eher dazu, den Reisepfarrer hier [in Helsinki] noch mehr zu binden". Zwischen der Tätigkeit in Helsinki, ihrem Wunsch nach Pfarramt vor Ort und der faktischen Tätigkeit im Reisepastorat tun sich also Spannungen auf. H2: „Man kann sich nicht zerreißen, aber wir werden hin- und hergerissen."

2.7.3 *Fazit: Reisepfarrer sind andersartige Pfarrer in andersartigen Gemeinden*

Im Blick auf das Reisepastorat machen die Hauptamtlichen eine wichtige Beobachtung, die ihr *Selbstverständnis von Pfarramt und Verantwortlichkeit für Gemeindeaufbau herausfordert*: Die Gewichte der Einflussmöglichkeiten haben sich tiefgreifend verändert. H2 formuliert:

> „Die Zukunft der Gruppen im Lande liegt in der Hand derer, die dort sind. Das kann man vom Reisepfarramt aus [...] nicht beeinflussen [...], ob eine Gruppe wächst oder nicht wächst. Wenn dort aktive Leute mit Charisma leben, die man hinzuziehen kann, kann das [...] wachsen. Wenn die Gruppe aber selbst damit kämpft, dass sie immer kleiner wird, oder der finnisch-deutsche Verein vergreist [...] und niemand mehr etwas machen kann, dann sehe ich von Seiten des Reisepfarramtes kaum eine Möglichkeit [...]. Es steht und fällt vor Ort. Ich kann mir aber auch vorstellen, [...] da bricht etwas neu auf oder geht ein, wie das in allen Gemeinden und Arbeitsfeldern ja so ist. [...] Es ist gut, Leute zu versorgen, sie im Land anzureisen und in die Fläche zu gehen, aber man ist relativ machtlos. [...] Das ist auf der einen Seite entlastend, aber auf der anderen Seite tut's einem auch weh. Man könnte so viel Tolles schaffen. Wir könnten ja auch mal eine Woche nur in Turku aktiv sein, aber das würde dann wieder mit allem anderen nicht mehr funktionieren."

Aus der Perspektive der Ehrenamtlichen vor Ort wagt E8 aus Turku nicht vorauszusagen, was in fünf oder 20 Jahren der Fall sein wird, beobachtet aber, dass in den finnischen Gemeinden die Mitgliederzahlen dramatisch fallen, während sie bei der deutschen Gemeinde steigen, und meint: „Wir tun auch relativ viel dafür."

Und *wie sehen sich die Ehrenamtlichen und Gemeindeglieder vor Ort, die Funktion ihres Gemeindeseins und die Aufgabe der Pfarrer/innen dabei?* E4: „Für mich bedeuten diese Besuche der Reisepastoren immer ein Stück Heimat in der Ferne, einmal durch die Sprache, dann durch die Liturgie und vor allem auch die Möglichkeit zum Gespräch mit den Reisepastoren." Dabei sehnt man sich nicht nach der eigenen Dorfkirche. E2: „Ich würde sagen, vom Raum hängt es nicht ab, sondern es hängt von der Gruppe ab, die da ist und wie aktiv sie ist. [...] Also für uns ist der Besitz eines Raumes nicht wichtig. Wir brauchen nur einen festen Platz, an dem wir Gottesdienst feiern können. Das ist wichtig." E4 nimmt in seinem Verständnis von Beheimatung vor Ort den Wunsch nach Umgrenzung (und Abgrenzung) noch weiter zurück, und beschreibt, wie man immer wieder auch eine andere finnische Kirche „genutzt" habe: „Wir haben uns also nicht in einen bestimmten Raum verkrochen, sondern sind auf die finnische Gemeinde zugegangen."

Die Reisepastoren erleben in ihrer Arbeit, wie wohltuend und bereichernd die neue Rolle ist: gewollt und eingeladen zu sein von einem Gegenüber, das ihnen als selbstständig begegnet. Es ist eine gegenseitige, gewünschte und gewollte „Abhängigkeit" in Freiheit:

> „Jede Gruppe hat schon so ihren eigenen Charakter, aber ich fand es nicht so schwer, mich da umzustellen. Was ich sehr schätze an den Gruppen, ist, dass sie sehr selbstständig sind und dass sie unbedingt auch wollen, dass man kommt. Man reist nicht hin und hofft, dass auch noch jemand anderes kommt, sondern man ist eingeladen. [...] Die meisten bemühen sich dann auch nach Möglichkeit um einen Kirchkaffee, oder es sind Schüler da aus dem Kunstgymnasium, die dann Gesangsbeiträge in den Gottesdienst einbringen" (H1).

H2 berichtet: „Sie fragen manchmal: ‚Kannst du uns Texte [für unsere Beteiligung im Gottesdienst] schicken, oder findest du das so oder so richtig?' Wir hätten auch noch einen Chor. Würde das auch passen? Im Grunde genommen müssen alle Gruppen vor Ort sehr selbstständig sein."

Beide – Pfarrerinnen und Pfarrer auf der einen und die Gemeindeglieder und Ehrenamtlichen auf der anderen Seite – brauchen sich gegenseitig und respektieren die Grenzen ihrer jeweils eigenen Möglichkeiten. Gerade so erfahren sie Gemeinschaft und verlässliche Organisation und sehen Perspektiven auch für die Zukunft.

2.8 Familienkommunität samt mitteldeutschen Dorfkirchen – im Feld divergierender Interessen und Kirchenbilder (Siloah/Metebach)

Name:	Ev. Kirchengemeindeverband Siloah (Familienkommunität SILOAH e.V. und Kirchspiel Metebach)
Zugehörigkeit:	Kirchenkreis Gotha, CVJM (Landesverband Thüringen), Ev. Kirche in Mitteldeutschland, EKD
Orte:	Aspach, Ebenheim, Metebach, Neufrankenroda, Weingarten
Gemeindeglieder:	ca. 340

Pfarrstellen:	1 (25 % Gemeindepfarrstelle, 25 % Kirchenkreisjugendpfarrstelle, 25 % landeskirchlich, 25 % kommunitär finanziert)
Haupt-/ nebenamtlich Mitarbeitende:	20 (auf 14 Vollzeitstellen der Kommunität)
Ehrenamtlich Mitarbeitende:	Gemeindekirchenrat (Pfarrer und 4 Kirchenälteste); Kinderarbeit (Gemeinde); Küsterdienst (Kommunität); Jahresteam und Ehemalige (Kommunität); Freundeskreis (Kommunität); Internationale Erntehelfer (Kommunität)
Gebäude:	Siloah-Hof mit Krypta; St. Johannes Kirche (Metebach); Ev. Kirche Aspach; Ev. Kirche Ebenheim; Ev. Kirche Weingarten; Gemeinderaum (Anbau der ehemaligen Schule Ebenheim)
Einrichtungen:	Siloah-Hof: Gutshof (mit aktiver Landwirtschaft und einem Erlebnisbauernhof für Kinder und Jugendliche); Freizeithaus (70 Betten und 5 Gruppenräume für Schulklassen, Kinder-, Jugend-, Konfirmanden- und Gemeindegruppen – mit Programmangebot); Campinggelände (60 ha für bis zu 20.000 Menschen); Pilgerunterkünfte (Wohncontainer); Kirchengemeinden: ein kirchlicher Friedhof (vor Ort verwaltet)
Veröffentlichungen:	„Jahresprogramm Siloah"
Internet:	http://www.siloah-hof.de; http://www.suptur-gotha.de/pfarraemter/metebach
Raumtyp:	Gemeinde Hörsel/Hörselgau: teilweise städtisch, peripher: 70 EW/qkm; Oberzentrum Erfurt 53,7 km/44 Autominuten entfernt

Eine der kirchentheoretisch ableitbaren Möglichkeiten von Kirche in der Peripherie (Modelle der Gruppe D) besteht darin, dass eine andere eigentlich *nicht-parochiale Einrichtung und die Dorfgemeinde(n) mit ihrer(n) Dorfkirche(n) sich zusammentun*. Der sich wesentlich aus anderen Quellen finanzierende nicht-parochiale Partner könnte etwa eine evangelische Bildungseinrichtung, eine diakonische Einrichtung oder – so in dem hier vorliegenden Beispiel – eine evangelische Kommunität sein (1.5.2 Modell D1).

Neben den Ressourcen-Effekten, so hatten wir eingangs festgestellt, könnte bei dieser Modellgruppe ein Potenzial darin liegen, dass sämtliche Handlungsfelder dörflicher Kirche von dem entsprechenden Fokus mitgeprägt werden. Nicht so sehr in der Ausdifferenzierung dorfgemeindlichen Lebens, sondern *in der Integration in diesen Gesamtfokus liegt die Chance*. Es kommt entscheidend darauf an, dass sich eine Verschränkung von interner Gemeinschaft (hier: Kommunität) mit den Gemeinschaften der Dörfer (Kirchspielgemeinden) entwickelt. Zu beachten ist dabei, ob die Aufgaben innerhalb der Kommunität eventuell die Erfüllung der parochialkirchlichen Aufgaben beeinträchtigen. Das Modell bietet sich, angesichts der Voraussetzung, dass eine Kommunität eine Lebensgemeinschaft auf Dauer und in wirtschaftlicher Hinsicht darstellt, nur in einigen wenigen Fällen an.

Die *Familienkommunität* Siloah ist in einem ehemaligen Gutshof mit seinen Gebäuden lokalisiert. Neben dem im Zentrum stehenden kommunitären Leben wird der Hof mit aktiver Landwirtschaft betrieben; es gibt einen Erlebnisbauernhof für Kinder und Jugendliche, ein Freizeithaus mit 70 Betten und 5 Gruppenräumen für Schulklassen, Kinder-, Jugend-, Konfirmanden- und Gemeindegruppen, ein Campinggelände von 60 ha Größe mit Platz für Zeltlager von bis zu 20.000 Personen sowie Pilgerunterkünfte in dafür extra aufgestellten Wohncontainern. Die Kommunität hat 20 haupt- und nebenamtlich Mitarbeitende auf 14 Vollzeitstellen. Hinzu kommen viele Ehrenamtliche unterschiedlicher Art, die ebenfalls kurz oder langfristig mitarbeiten: a) das Jahresteam mit Jugendlichen aus Deutschland und anderen Ländern, die in der Regel für ein Jahr in der Kommunität leben und arbeiten, sowie die daraus hervorgehenden Ehemaligen, b) ein Freundeskreis und c) internationale Erntehelfer. Der Leiter der Kommunität hat eine landeskirchliche Pfarrstelle inne. Die Finanzierung eines Viertels der Stelle erfolgt mit dem Auftrag der Mitversorgung des Dienstes für das Kirchspiel Metebach (340 Gemeindeglieder), in dem die Kommunität liegt. Ein Viertel wird von der Kommunität selbst finanziert, ein weiteres ist als Kirchenkreisjugendarbeit deklariert, ein letztes landeskirchlich finanziert.

Ein erstes Gespräch fand zwischen dem Interviewer und den zwei leitenden Personen der Kommunität statt, dem Pfarrstelleninhaber (H1) und einem weiteren Kommunitätsmitglied (H2), das ebenfalls in leitender Funktion für die Gemeinschaft tätig ist. Ein zweites Interview erfolgte danach mit drei Ehrenamtlichen (E1 bis E3), die jeweils eines der zum Kirchspiel gehörenden Dörfer im Kirchenvorstand vertreten; H1 ist dabei anwesend und am Gespräch beteiligt.

2.8.1 „Hoffnung, dass […] wieder Neues von der Gemeinschaft in die Gemeinden einfließt" und „Wir selbst sind völlig ausreichend beschäftigt" – zur Perspektive der Familienkommunität

H2 beschreibt *die Lage* aus seiner Sicht eingangs so: „Wir haben natürlich Verschiedenes probiert in den Jahren, in denen wir hier zusammenarbeiten, die Gemeinden zu beleben, zu aktivieren, aber wir sind auch immer wieder an ähnliche Grenzen gestoßen." In seiner Sicht hat demnach das „Wir" der Kommunität die Aufgabe, an einem anderen, der Parochie, tätig zu sein (beleben, aktivieren). Die Schwierigkeiten ergeben sich aus unterschiedlichen Zeitrhythmen: Der „Gästebetrieb an den jungen Leuten" ist „natürlich sehr stark geprägt [...] von einem Kommen und Gehen mit weniger festen Strukturen. Das lässt sich mit einer Gemeindearbeit oft schlecht vereinbaren." Ja, es wird eine Konkurrenz empfunden:

> „Zuletzt im Winterprojekt hatten wir Kirchenchor oder auch Kinderarbeit in der Gemeindearbeit, wo man im Nachhinein sagen musste: Zeitlich war das o. k. und es lief auch ganz gut, aber es stand immer wieder in Konkurrenz zu unserer Aufgabe hier auf dem Hof."

Ein zweiter Sachverhalt wird von H2 als „eine Herausforderung" (so dreimal) für die Dorfgemeinde bezeichnet. Die Herausforderung zeigt sich bei Gottesdiensten in den Dorfkirchen.

> „Natürlich muss man sagen, dass hier in dem ländlichen Raum sind unsere Gottesdienste wohl der Rahmen, wo Menschen aus der Gemeinde dazukommen und wir nicht mehr mit einer Oma in der Kirche allein sitzen, sondern dann nehmen schon 30 bis 40 Menschen teil, die gemeinsam Gottesdienst feiern, und somit wird dann natürlich auch wieder mehr Interesse geweckt. Grundsätzlich ist es natürlich eine große Herausforderung."

In dieser Sicht stellt die Gemeinschaft („wir") den Rahmen solcher Gottesdienste, bei dem dann die Einpassung der parochialen Personen, hier repräsentiert durch das Bild der allein sitzenden Oma, schwierig ist. Dass die Anpassung sich so herum zu vollziehen hat und nicht umgekehrt, scheint schon angesichts der Zahlenverhältnisse alternativlos zu sein. Verbunden ist dies mit dem Hinweis: Wenn dann etwa eine Konfirmandengruppe den Dorfgottesdienst besucht, so gehört das in den Zusammenhang einer „überregional" wichtigen „Rolle innerhalb der Landeskirche", die die Kommunität hier ausfüllt.

Es sehen in den einzelnen Dörfern die Verhältnisse unterschiedlich aus:

> „Wenn ich jetzt Gemeinden wie [A-Dorf] erlebe oder [B-Dorf], dann erlebe ich das wirklich sehr dankbar, dass die Menschen, die dort sind, diese Bereicherung doch sehr schätzen und das auch sehr dankbar aufnehmen. Da gelingt es, aber in anderen Orten ist das mehr oder weniger: ‚Ach, die von Siloah mit ihren Gruppen ...' Die kommen dann zu den Feiertagen."

Überhaupt gilt H2 die Gegend als „eine sehr krasse Region“. „Da haben die Kommunisten volle Arbeit geleistet. Man sollte das wohl nicht einen entseelten Raum nennen, aber einen geistlich nicht sehr lebendiger Bereich.“ Hinzu kommt: „Auf den Dörfern sind die Leute schon intoleranter als in der Stadt.“ Es gibt einen „Krieg“ darum, in welchem Dorf Gottesdienste stattfinden, statt dass man sich auf ein Zentrum einigt. Die gegenwärtige Lage scheint keine Zukunft zu haben:

> „Das ist nur noch gut für die Alten, die dort in ihrem Dorf auf ihrer Tradition bestehen, dass in ihrem Dorf Gottesdienst stattfindet, ist wertvoll und wichtig. Aber das merken wir ja auch: Es gibt Orte, in denen hat sich das auch schon biologisch gelöst. Die treuen Gottesdienstbesucher, die dort einmal kamen, sind jetzt nicht mehr da. Jetzt ist in diesen Gemeinden das normale Gemeindeleben erloschen.“

Es zeigt sich in all dem ein deutliches *Differenzerleben zwischen Kommunität und Dorfgemeinde*, wobei die Kommunität als das Primäre und Komplette eingeschätzt wird und die Dorfgemeinden sekundär hinzutreten: „Durch das Siloah-Zentrum haben wir alle einfach eine Grundlage. Wir würden uns eigentlich genügen als geistliche Gruppierung, als Gemeinschaft mit unseren Gästen.“ Einen Kontrast zum Differenzerleben stellt ein ausführlich geschildertes Ereignis dar, dessen Abschluss so erzählt wird:

> [...] dann klopfte mir einer der alten Großbauern auf die Schulter und sagte: ‚Jetzt seid ihr akzeptiert. Früher haben wir gedacht, ihr seid alle nur Spinner und ein wilder Haufen, aber das brauchte einfach seine Zeit. Ihr macht hier eine tolle Arbeit, und wir achten euch.‘ Das hat mir sehr gutgetan“ (H2).

Wie verhält sich aus der Sicht von H2 die Kommunität in dieser Lage? Mehrere *Strategien der Kommunität* werden deutlich:

1. Die Kommunität beteiligt sich an der Festkultur. Die Menschen in den Dörfern „haben einen Zugang über die Schöpfung“ und weniger über traditionelle Formen des Gottesdienstes. „Das ist schon toll, und da haben wir unsere Aufgabe. Da strahlen wir auch in die Umgebung hinein.“ Dabei scheinen auch die Selbstzwecke der Kommunität eine maßgebliche Rolle zu spielen. Zum „Blütenfest“, einem Mittelalterfest, heißt es an anderer Stelle: „Das ist im Grunde genommen unser Freundestag. ‚Verkleideter Freundestag‘ – wir benutzen das Thema ‚Mittelalter‘ natürlich nur als Kulisse, nicht weil das unser großes Thema ist.“
2. Die Kommunität erneuert Kirchengebäude und macht sie für sich passend. H2 berichtet:

> „Was uns gerade ein schwerer Klotz am Bein ist – auch für unsere Familien mit kleinen Kindern, die in unserer Gemeinschaft leben und auch beabsichtigen, in unsere Kommunität einzutreten –, ist einfach dieser Tourismus in diese kalten Kirchen, und dann auch den Gottesdienst auszuhalten mit Kindern auf dem Schoß, wo nicht einmal ein Raum zum Spielen ist und keine ordentliche Toilette, wo also einfach die Rahmenbedingungen für die heutige Zeit nicht mehr passen."

Für eine dieser Dorfkirchen gibt es eine Lösung. Dort, „so ist es ja auch geplant, wird es [...] ein Zentrum geben, und das ist natürlich erst mal Siloah, wo wir den Standard, den ein moderner Mensch einfach auch gewöhnt ist, liefern können". Die Service-Mentalität bei den Siloah-Teilnehmern wird in der darauffolgenden Passage durchaus auch kritisch gesehen. Sie ist aber als Handlungsbedingung doch akzeptiert, also wird das Dorfkirchengebäude entsprechend nachgerüstet. Der Ausbau der Dorfkirche in C-Dorf soll Folgen haben für die anderen Dörfer:

> „Wir haben das jetzt gar nicht so sehr miteinander kommuniziert, aber ich denke, wir [Kommunität und ihre Gäste – abgesehen vom Pfarrer, siehe nachstehend unter 2.8.2] werden dann nur noch an den großen Festen und besonderen Feiertagen die anderen Kirchen bedienen, und da haben wir eben jetzt auch ein Stück weit ein Zentrum."

3. Weitere Aktivitäten in den Dörfern neben dem gottesdienstlichen Leben werden von H2 kurz und nur summarisch genannt: „Wir sind auch im seelsorgerischen Bereich, im Hauskreis hier im Ort und darüber hinaus auch immer wieder aktiv in anderen Aktionen." Wenn die Überalterung der Dörfer in der Regel als das Problem erscheint, so gibt es in einem Ort eine andere Situation. H2 äußert sich dazu so:

> „In [C-Dorf] gibt es zum Beispiel ein Neubaugebiet, genannt [xxx], aber wie ein kleiner Speckgürtel mit sehr viel Dynamik und sehr vielen jungen Leuten. Da könnte man auch etwas erreichen, auch im geistlichen Sinne, wenn es klar wäre: Dort ist eine der Kirchen und ein geistliches Zentrum, wohin man kommen kann mit einem guten Kindergottesdienst und einer guten Infrastruktur."

Konkretere Planungen scheint es aber dazu noch nicht zu geben. Gilt jetzt hier die Gebäudesituation als das Problem?

Wie wird von H2 die *Zukunft* gesehen? Als der Interviewer nach der Zukunft der Beziehung von Siloah zu den Dorfgemeinden fragt, antwortet H2 so:

> „Was das Gemeindeleben betrifft, ist meine große Hoffnung, dass es uns als Gemeinschaft gelingt, neue Leute in die Gemeinschaft mit hineinzunehmen, [...]. Wir selbst sind völlig ausreichend beschäftigt. Jeder von uns Alten ist so beschäftigt, dass wir eine zusätzliche Gemeindearbeit, die in eine Entwicklung hineinführt, derzeit gar nicht gewährleisten können. Wir hüten uns gerade auch ganz bewusst, in den Gemeinden Aktionen zu betreiben, die dann dazu führen, dass wir uns dann kontinuierlich kümmern müssen, auch, weil wir die Kraft nicht haben und die Zeit nicht da ist, aber die jungen Leute, die dazukommen, und die anderen, die haben sehr wohl Potenzial, auch ihre Ehefrauen oder jemand anderes von ihnen. Dieses Potenzial ist, was ich für die Zukunft hoffe, dass sie dann auch wieder aktiver werden. [...] Das ist dann die Hoffnung, dass einfach da wieder Neues von der Gemeinschaft in die Gemeinden einfließt, auch mit dem neuen Gemeindezentrum in [C-Dorf] [...].“

Man will also derzeit keine Aktivitäten, die notwendige Kräfte von Siloah abziehen könnten, und hält sich darum mit vermehrtem Engagement in den Dörfern zurück. Was bleibt, ist derzeit eine allgemeine Hoffnung, dass zukünftig durch die Kommunität mehr und „was Neues von der Gemeinschaft in die Gemeinden einfließt“.

Ein *Zwischenfazit:* In den theoretisch abgeleiteten Erwartungen hatten wir den Fokus auf das „Wie“ der Integration gelegt. Von Seiten der hier zunächst betrachteten Perspektive der Kommunität wird deutlich, wie schwierig das ist. In dem gezeichneten Gesamtbild stehen den vielen Jungen der Kommunität mit ihren innovativen und intensiven Glaubensausdrücken die wenigen Alten der Dörfer ohne geistliches Leben und Zukunft gegenüber. Begriffe wie „Klotz am Bein“ und „Konkurrenz“ fallen. Integration meint für den Befragten neben dem Anschluss Einzelner aus den Dörfern an das Leben der Kommunität vor allem die Nutzung der Dorfkirchengebäude (und einer lokalen Festtradition) für die Zwecke der Kommunität.

2.8.2 Örtliche Anbindung und landeskirchliche Bedeutung als Schutz vor der „Privatisierung“ der Kommunität – zur Sicht des Pfarrers

Wie verhält sich nun dazu die Sicht desjenigen Hauptamtlichen, der zugleich *Pfarrer* der Kommunität und der Dorfkirchen ist? Inwiefern bestätigt er den bisher gewonnenen Eindruck oder korrigiert ihn?

H1 führt sich mit einer *Charakterisierung der Dörfer* ein, in denen er tätig ist. Es ergibt sich ein Kontrast von ‚guter‘ und ‚schlechter‘ Kirche, bei dem Gebäudecharakterisierung und Kirchlichkeit der Menschen sich jeweils gegenseitig bestärken. Zunächst zum Negativtyp:

„Das betrifft unser größtes Dorf und die größte Kirche, nämlich [C-Dorf]. Da ist alles dicht. Da läuft nichts mehr, konsequent. Da erleben wir das, was unsere Kirche weitgehend schon geworden ist, nämlich eine Kasualkirche. Wenn es einen Kasus gibt, sind sie alle da, und wenn es das 25-jährige Dienstjubiläum der Bürgermeisterin wäre oder ein Ortsjubiläum oder eine Einweihung oder natürlich dazwischen kirchliche Amtshandlungen, dann ist der Schuppen voll, auch die dunkle, hässliche Kirche von [C-Dorf]."[57]

Diesem Typ der Kasualkirche stehen andere Dorfkirchen gegenüber – wo „Christen" sich zum Gottesdienst versammeln:

„[...] während die kleine [Kirche] in [D-Dorf], wo es einzelne wenige Christen gibt, wo wir aber sagen: Mit denen sind wir auch als Gemeinde noch in Verbindung. Die ist wirklich wunderschön und auch beheizbar. Da ist zumindest im Sommerhalbjahr, wenn kein Frost ist, auch eine Toilette da und auch oben noch ein Raum, eine Küche, und alles so, dass man mit 100 Leuten da gut hereinkann, was wir hier nicht können. [...] [A-Dorf] ist ein kleines Dorf mit einer ganz entzückenden kleinen Kirche, aber bitterkalt, im Winter nicht beheizbar. Im Winter sind wir da nur gelegentlich, aber im Sommer sind wir alle immer gern dort. Auch der Weg von ca. 2–3 Kilometer ist gut zu laufen." „Und dann haben wir noch am weitesten weg, fünf Kilometer von hier ist [B-Dorf] mit einer ganz normalen kleinen Dorfkirche, hell und schlicht, aber da gibt es eine kleine Gemeinde, die lebt. Da kommen vielleicht 15 Menschen zum Gottesdienst und sagen: ‚Wir sind Kirche, und wir treffen uns hier, weil Gottesdienst ist', also nicht nur Kasualkirche."

H1 macht sodann auf eine *Ambivalenz* aufmerksam, die sich aus der Stärke der Kommunität und der Schwäche der Dorfkirchengemeinden ergibt – „ein Segen und ein Fluch zugleich". Sie drückt sich aus in dem in den Gemeinden geläufigen Spruch: „Siloah macht das schon." Wie für H2 gilt auch für H1: „wir [die Kommunität] sind eindeutig die Mitte". Es tritt bei Organisationsabläufen wie dem Aufstellen des Predigtplans zutage. Dass jedoch die Stärke beim schwachen Partner Gefühle der „Überfremdung" auslöst, wenn die Kommunität mit ihren Besuchern den Dorfgottesdienst dominieren, findet H1 insoweit auch verständlich und kommt deshalb auch „hin und wieder" ohne weitere

57 Das Phänomen der Kasualien wird später allerdings auch positiver beurteilt, als missionarische Gelegenheit beim Kasualgespräch, nämlich „zum Anlass der Verkündigung jenseits des Gottesdienstes", „da gibt es so viele Chancen, seelsorgerisch tätig zu sein". Und über „das Thema weltliche Amtshandlungen in einer Kirche [...] wollen wir auch im Kollegenkreis nochmal nachdenken": „Wir können nicht alles tun, was die Leute wollen, aber wie kann man das so hinbekommen, dass sie merken, sie sind wertgeschätzt, geliebt, geachtet. Hier sagen selbst die blutigsten Heiden: DAS ist unsere Kirche und meinen das Gebäude und wollen es erhalten" (H1).

Begleitung, um in einer Dorfkirche den Gottesdienst zu halten.[58] Umgekehrt stellt die Kommunität für seine Aufgaben als Dorfpfarrer die Mitbenutzung von Büro, Kopierer und Telefon bereit; Dienstwagennutzung wird (durch die Dorfgemeinden) nur mit 50 Euro pro Monat vergolten; auch den Musiker im Gottesdienst und die benötigten „Utensilien" trägt die Kommunität bei. Also: „Die Kirche spart ja auch enorm dadurch." Abgewiesen wird eine Deutung, dass die Kommunität eine Schuld an der Misere trage: „Ich will [...] nicht sagen, dass wir mit der Übermacht von Siloah jetzt in [D-Dorf] oder [C-Dorf] ein blühendes Gemeindeleben erdrückt haben. So ist das nicht [...]." Grundsätzlich wird die Kombination als sinnvoll bewertet: „Das ist gut, dass wir eine örtliche Anbindung haben und nicht als überregionales Werk einfach unseren Dienst tun und sonst gar nicht wissen, wer hier lebt. Das ist schon toll." Wenn gerade auch Besucher bei ihrem Mitfeiern in den Gottesdiensten der Dorfkirchen davon beeindruckt sind, ist freilich, so H1, ganz nüchtern zu sehen: „Das hat [...] nichts damit zu tun, dass wir besonders toll sind oder was auch immer, oder dass hier eine wer weiß wie erweckliche Arbeit im ländlichen Raum läuft. Dem ist nicht so. Es ist sogar am Fuße des Leuchtturms oft am dunkelsten." Es wird also der Kontrast hier, neben der lebendigen Kommunität, nur noch viel augenfälliger.

Noch weitere Elemente gehören zu der Wechselbeziehung. Als am Schluss des Interviews im Blick auf die Zukunft von ihm und H2 sehr ausführlich und hoch reflektiert von den Zukunftsfragen der Kommunität die Rede gewesen ist[59], nimmt H1 eine Korrektur vor:

---

58 Anders als bei H2 findet sich bei H1 auch eine Passage, die zeigt, wie hier der Pfarrer mit einem Zusatzangebot reagiert: „Es kann schon auch mal sein, dass ich allein Gottesdienst habe, wo kaum jemand von hier mitkommt, weil die Gästegruppen irgendwo in einer großen Kirche waren. Das habe ich hin und wieder auch schon gemacht, dass ich in den Dörfern einzeln war. Das ist o.k., und da muss man ganz genau hinschauen. [...] aber es gibt auch Einzelfallentscheidungen, zum Beispiel der Ewigkeitssonntag. Das hat einen Ritus, und das ist wichtig. Da habe ich in der Regel drei Gottesdienste."

59 Im Vergleich mit den Aussagen zu den Dorfkirchengemeinden sind die Ausführungen von H1 und H2 zur Entwicklung der *Gemeinschaft Siloah ungleich differenzierter*, sowohl in der Analyse der Gegenwart als auch in den Gedanken zur Zukunft. Es besteht ein intensives bundesweites Netzwerk mit anderen ähnlich gesinnten Gemeinden; die Kontakte werden als „eine personal ganz geistliche Beziehung, die uns ganz wichtig ist" (H1) benannt. In diesen Zusammenhängen ergab sich auch der Kontakt mit einer Stiftung, die nun zu einem wichtigen Finanzier der Gemeinschaft und ihrer Umbaupläne werden könnte. Aber in diesem Wandel liegt auch „die große Gefahr", „dass etwas gut funktioniert, aber aufgehört hat zu leben". „Derzeit sind wir in so einer existenziellen Angewiesenheit, auch auf Gott selbst. Das alles geht gar nicht ohne Glaube und Gebet und der Hoffnung [...]" (H1). Wie schon bezüglich der Entwicklung zu gefestigteren finanziellen Verhältnissen, so sind auch andere Entwickelungen sehr sensibel und auch selbstkritisch im Blick. Aufmerksam werden die Veränderungen in den Generationen gesehen: Wenn die in der Gemeinschaft aufgewachsenen Kinder ausziehen in die Welt und auch nur zum Teil wiederkommen, wenn die soziale Absicherung für das Alter in der Gemeinschaft schwierig wird, weil man noch ältere Menschen aufnehmen will, und ebenso wenn Jugendliche

„Jetzt haben wir viel von Siloah geredet und weniger von der Wechselwirkung in den ländlichen Raum und in das Kirchliche hinein, aber das ist wirklich wie eine Herzfunktion, die niemand sieht und die im Verborgenen ist. Das Herz merkt man nur, wenn es krank ist. Das ist auch gut so."

Im Bild scheint die *Kommunität die Funktion des Herzens* übernommen zu haben, das in den Körper der Kirche auf dem Land wirkt, wenn auch eher im Verborgenen. Wenn es mit Siloah nicht gut weitergehen würde, dann würde erst sichtbar werden, wie segensreich seine Tätigkeit für das Umland war. In der Anfangsphase war das Verhältnis zum Dorf zunächst schwierig gewesen:

„Also, zuerst waren wir einfach eine Sekte, und da hat uns die Kirche sehr geschützt, weil wir eben Kirche sind und ich Pfarrer. Es war einfach irgendwann mal klar: Aha, das ist also doch Kirche und nicht privat. Da ist vieles überwunden, was im Dorf am Anfang genau so gelaufen ist."

Trotz einiger Konflikte mit einzelnen Personen gelte inzwischen insgesamt: „Da haben wir einen guten Draht, wirklich nahezu zu allen Häusern."

Die *Bindung an die Kirche erwies sich da für die Kommunität als von großem Nutzen*. Die Gemeinschaft profitiert von der Legitimität und Akzeptanz der evangelischen Großkirche in der Öffentlichkeit. In der schwierigen Lage der Großkirche stellt sich für H1 die Sache so dar:

„ [...] nicht immer nur dieses flächendeckende Ich-bin-immer-für-alle-da. Ich bin schon der Pfarrer da und das nicht nur für die Christen dort, sondern auch für die Heiden. Da bin ich Seelsorger, aber ich muss auch verstehen, dass da der Brennpunkt ist mit der Kerngemeinde derer, die dort ehrenamtlich tätig sind und sich dort in der Gemeinde engagieren, egal wie. Sie müssen wir in besonderer Weise mitnehmen und nicht immer nur zusehen, noch mehr Dörfer dazu zu bekommen, dass sie auch Gottesdienste gestalten in ihrer ganz authentischen, wenn auch theologisch laienhaften Form."

---

weniger aktiv werden in der neuen Lebensphase der Familiengründung. Der Spagat zwischen dem, was rechnerisch guttut und was identitätsstiftend ist, wird deutlich formuliert. Dass eine Gemeinschaft mehr ist als Freundschaft, nämlich ein Ringen um gegenseitige Liebe durch alle Konflikte hindurch, ist im Bewusstsein. Die interne Pluralität in der Gemeinschaft, auch was die Identität angeht, wird gesehen. Ebenso, dass auch das Private und die Muße ihren Ort haben bei allem Engagement und dass Burnoutgefahr besteht. Man macht sich tiefgehende Gedanken darüber, wie der Generationenwechsel und die Nachfolge in der Leitung gelingen können und dass man abweichenden Vorstellungen der nachfolgenden Generation Raum geben muss.

Die Rolle des Pfarrerseins der Landeskirche in der Fläche bringt mit sich, sich auch an Nichtkirchenmitglieder gesendet zu wissen, und dies wird mit der Rolle des Seelsorgers verbunden. Dem gegenübergestellt, wird als „Brennpunkt" der Tätigkeit die Arbeit mit der *„Kerngemeinde" der Engagierten* verstanden. Die eigentliche Aufgabe ist, die Kirchenmitglieder „mitzunehmen" zur aktiven Gestaltung. Einen Friedhof zu verwalten, wie im Moment bei der zusätzlich übernommenen Vakanzvertretung, so H1, „lasse ich nicht so nah an mich heran. Das sind weltliche Dinge dort. Da mache ich nur das Pastorale, das wichtig ist. Ansonsten gehört das für mich nicht dazu."

Die gegenwärtige Situation darf nicht durch Abdeckung weiterer Parochien unterminiert werden. Auf Seiten der Landeskirche bestehenden Vorstellungen, nach der die Kommunität „vielleicht 25 Orte" mitversorgen soll, wird eine klare Absage erteilt – mit Verweis auf die Interessen der Kommunität:

> „Das ist aber nur die kirchliche Vision, die von der Parochie her denkt. Von Siloah aus müssen wir aufpassen. Einer unserer Begleiter hat uns mal gesagt: ‚Man kann nicht zwei Berufungen miteinander vermischen, die Berufung einer Kommunität mit ihrem übergemeindlichen Auftrag von Verkündigung, Seelsorge und Gästebetrieb mit dem parochialen Auftrag.'"

Freilich ist die Sache komplex. H1 fährt fort: „ Ich glaube, der Satz ist nicht falsch und nicht ganz richtig." Er vergleicht dazu in einer längeren Ausführung seine Situation (verheirateter Geistlicher – Familie erhebt berechtigte Ansprüche) mit der eines zölibatär lebenden Geistlichen. Dabei wird die Kommunität dann mit den Ansprüchen der Familie gleichgesetzt:

> „Es kann sein, dass die Gemeinschaft mich da noch irgendwann zurückpfeift. Das war ein schwerer Schritt, als ich zu Beginn diesen Jahres die große Vakanz von elf Dörfern übernommen habe. Ich habe jetzt 300 % Pfarramt."

Die Unterstützung von Kollegen bei der aktuellen Vakanzvertretung sei sehr gut, aber es bestehe eben doch die Gefahr, nun darüber die Tätigkeit in der Gemeinschaft zu vernachlässigen. Und so sind für H1 jedenfalls die Prioritäten klar:

> „Auch ich muss mir im Klaren darüber sein, wenn es Streit gibt oder eine Entscheidung ansteht, dass die Kirche nach mir greifen würde, dann müsste ich sagen: ‚Das letzte Wort spricht die Kommunität und nicht die Bischöfin.' Das muss klar sein."

Freilich müsste in einem solchen Fall, so H1, die Kommunität dann auch seine Besoldung zu übernehmen bereit sein.

So ist die gegenwärtige Konstruktion seines Pfarramts für die Kommunität und die Dorfkirche eine, die eng verknüpft ist mit dem, was H1 seine *pastorale „Identität“* nennt. Die Tätigkeit als Dorfpfarrer „schützt auch Siloah vor der von mir sehr gefürchteten Privatisierung“. Nicht die bestehende rechtliche Privatstruktur der Kommunität als eigener eingetragener Verein stellt ein Problem dar, wohl aber wäre das der Fall, wenn die Kommunität sich von der evangelischen (Landes-)Kirche trennen würde.[60] „Wenn Siloah nicht mehr Kirche ist, bin ich hier nicht mehr dabei“, dieses Szenario wäre für H1 „status confessionis“. Umgekehrt soll aber auch die Kirche aus ihren Mitteln seine Arbeit für Siloah und damit die überregionale auch für die Kirche wichtige Arbeit weiter finanziell unterstützen und von ihm nicht mehr erwarten, als dass er in eng begrenztem Umfang als Dorfkirchenpfarrer tätig ist – „wenigstens 75 %“ seiner Tätigkeit, findet er, „gehören nach Siloah“.

So sieht H1 auch in der *Zukunft* die Bezogenheit der Kommunität auf die Landeskirche vorrangig in der Funktion einer geistlichen Zentrale für die Region:

> Es kommt „darauf an, wie viel die Gemeinschaft ertragen kann unter dem Aspekt des Wanderns der Gottesdienste, dass man dann [wenn die Kirche in C-Dorf durch Stiftungsgelder, die aus der Unterstützung der Stiftung für die Kommunität erwuchsen, umgebaut ist] vielleicht sagt: ‚Wir haben in [C-Dorf] eine schöne Kirche. Die ist hell und warm und hat ein Taufbecken, einen Raum für Kinder und Toiletten.‘ Aber die Gemeinschaft kann nicht an zwölf Orten sein. Das ginge einfach nicht mehr. Von daher glaube ich, dass dann lieber andere Kollegen und Kolleginnen den Dienst in den Gemeinden tun, und wir wären dann eher die verbindende Instanz, wo man sagt: Da kann man relativ unkompliziert mal einen Kirchentag feiern oder möglicherweise jeden Monat einen Gottesdienst. In dem Saal mit 400 Plätzen kann man schon sagen: ‚Einmal im Monat gehen wir nach Siloah.‘ Das ist eine spürbare Entlastung [für die Pfarrerschaft], wo man sagt: ‚Dann kommt her. Hier ist alles da bis hin zum Mittagessen.‘ Das wäre ein Konzept. Aber dass ich jetzt in der Pfarramtsverwaltung noch sehr viel mehr übernehmen könnte, kann ich mir derzeit nur vorstellen für ein Jahr, in dem ich Vakanz habe, und da habe ich meiner Kirche auch einfach in einer besonders schwierigen Lage dienen wollen, und die Gemeinschaft ist, Gott sei Dank, auch mitgegangen. Darum hätte ich schon auch gekämpft, aber auf Dauer ginge das sicher nicht. Ich kann auf Dauer hier nicht 16 Dörfer haben und hier einen Betrieb leiten … Das geht gar nicht. Priorität bleibt Siloah. Das muss jeder wissen“ (H1).

60 In der Kommunität gibt es auch viele Menschen mit freikirchlichem Hintergrund.

2.8.3 *„Wir, die eigentlich nur so das Organisatorische regeln" – zur Sicht von Dorfkirchenvorstehern*

Wie sieht nun *die Sicht auf der anderen Seite* dieser Konstellation aus, *bei den Vertreterinnen und Vertretern der Dorfkirchen*? Bei dem Interview mit drei Personen aus den Kirchengemeinderäten ist H1 weiter anwesend und meldet sich auch bisweilen zu Wort – ergänzend und korrigierend. Umso deutlicher ist zu gewichten, wie diese Menschen ihre Sicht auf die Konstellation dennoch zur Darstellung bringen und auch Differenzen zu der von H1 ziemlich deutlich werden.

Am Anfang dreht sich das Gespräch um die *Zahlen* der Kirchenmitglieder in den Dörfern und um die Häufigkeit der Treffen des Kirchenvorstands – und dies trotz eines Impulses des Interviewers zu berichten, welche Erfahrungen mit der Kombination aus Kommunität und Dorfgemeinden gemacht wurden. E2 schildert sodann die Strukturveränderungen als *ein „Zusammenwerfen"* in mehrfachen Abschnitten, „und jetzt, in der neuen Reform, sind wir zu Siloah gestoßen mit der Kirchengemeinde". H1 weist darauf hin, dass anders als vorher nun ein gemeinsamer Verband gegründet wurde. Doch E1 bleibt bei seiner passiven Beschreibung: „Da haben wir es angetragen bekommen, es zu unternehmen. Wir sind nicht von alleine gekommen, da die Auflösung da war und die Neubesetzung der einzelnen Kirchspiele, und da sind wir eben hier gelandet." H1 verweist korrigierend, dass der „Strukturausschuss des Kirchenkreises" und die „Kirchenleitung" Vorgaben gemacht haben, aber E1 meint dennoch, „da habt ihr uns das einfach auch rechnerisch vor Augen gestellt, und man hat gesagt, dass das so zu empfehlen ist, und man soll das dann so machen, und da haben wir das dann entschieden".

Als H1 die Kirchenvorstandsstruktur erläutert („Vier Kirchenälteste werden zu wählen sein. Aus jedem Dorf einer und aus [E-Dorf]/Siloah kommt der Pfarrer. Das reicht."), leistet E1 in der Rolle eines „Wir" der Dorfgemeinde(n) ebenfalls Widerstand: „Nur wir waren nicht so begeistert", und plädiert für zwei Vertreter pro Dorf. Er begründet: „Da unser Pfarrer da recht zügig immer voranschreitet, da kann es passieren, dass jemand überfahren wird, ganz schnell, und das möchten wir nicht." H1 sieht sich nun veranlasst, zustimmend klarzustellen, dass auch Stellvertreter an den Sitzungen teilnehmen können.

Als der Interviewer noch einmal ausdrücklich danach fragt, ob es Dinge gibt, die „nicht so schön" sind, wird von E3 das Problem angesprochen, dass Menschen im Dorf *„sich nicht mitgenommen" fühlen* (so zweimal) *bei den Gottesdiensten*, die von Siloah dominiert sind. E2 betont hingegen das Positive an Gottesdiensten, die gut besucht sind. Doch E3 bleibt dabei: „WIR haben viele solche Gottesdienste! Wir haben ja nicht oft Gottesdienst." Das meint wohl: Wir haben viele ‚überfremdete' Gottesdienste, ansonsten wenige. Es schließt sich ein kleiner Austausch zur Zahl der Gottesdienste an den verschiedenen Orten an.

Auf eine wiederholte Nachfrage des Interviewers nach anderen Schwierigkeiten erklärt E2 bezüglich des Pfarrers: „Da er ja nun dieses großflächige Objekt hier [Kommunität] mitbetreut, ist er manchmal nun doch nicht abkömmlich zu einem Termin." H1 verteidigt daraufhin die Lage als gut geregelt und als Normalfall für Kirche auf dem Land: „Das regeln wir dann aber richtig. Das klappt und wird unter den Kollegen geregelt. Ich bin nur nicht so nah an der Basis. Das ist aber auch durch die flächendeckende Struktur bedingt und bei den Kollegen genauso [...]." Doch E1 insistiert: „Aber das fehlt eben ein bisschen." Daraufhin werden von H1 nun doch siloahspezifische Gründe genannt: „[...] bin ich viel unterwegs. Das Winterhalbjahr ist meine Reisezeit." E2 bedauert nun, dass es nicht mehr die Seniorennachmittage gibt. Wieder reagiert H1 zunächst mit einer Verteidigung:

> „Aber zu den Senioren habe ich in beiden Dörfern gesagt: Das ist euer Seniorennachmittag. Gewöhnt euch ab, dass das der Pfarrer macht. Ihr macht den allein. Das haben sie auch wirklich verstanden. Doch es wurden weniger, und ich habe gesagt, ladet ein und ich komme gerne, aber ich mache keinen Seniorenkreis. Die Senioren machen das für sich und ich komme dazu."

Auch hier gibt es erneut die Gegenrede (E2): „Jetzt sind es nur noch drei, und da lohnt es sich ja auch nicht, wenn er (Pfarrer) dafür runterkommt." Und wie bei der ersten Meinungsverschiedenheit zeigt H1 dann Entgegenkommen: „Doch! Ich komm auch für drei Leute. Doch, doch, das mache ich schon."

Nun will E3 dem Gespräch eine *positive Wendung* geben und fragt den Interviewer: „Wollten Sie jetzt eigentlich etwas Positives hören? Was war die Frage eigentlich?" Nachdem dieser seine Doppelfrage nach der schwierigsten und der schönsten Erfahrung wiederholt hat, sucht sich E3 dann aber selbst auch wieder die Artikulation eines Problems aus: „Schwierig ist in dieser Konstellation, das Zusammenwachsen und eine Gemeinschaft zu entwickeln." E2 sekundiert: „Das dauert Jahre." Und E3 verstärkt und benennt als „wirklich schwer" die Aufgabenverteilung im Gegenüber: „Wir, der Gemeindekirchenrat, die wir eigentlich nur so das Organisatorische regeln, [und] die Kommunität, die das Inhaltliche, die Gottesdienste macht. Man ist so und so und so, und es ist wirklich schwer."

Schließlich kommt man doch noch auf etwas Positives zu sprechen, den Guss der neuen Kirchenglocke. H1 bringt hierzu wieder ein, dass sich dieser finanzielle „Spielraum", „den wir nie hatten", aus der Kooperation mit Siloah ergebe.

Auf die Frage, was man sich *von den nächsten fünf Jahren erwarte*, sind die Nennungen bei den Vertretern der Dorfkirchen relativ knapp. „Das weiter voranzutreiben. Dass wir an dem, was unser jetziges Problem ist – das Zusammenwachsen –, weiter arbeiten", so E1, wobei offenbleibt, was genau zusammenwachsen soll. Von E2 lautet der Spitzensatz der Ausführungen: „Immer schön damit zufrieden sein, was man kriegt".

2.8.4 Fazit: Zwei gegensätzliche Leitbilder von Kirche und die dörfliche Kasualkirche

Die Herausforderung bei diesem Modell liegt darin, eine Integration beider Einheiten (Kommunität und Ortsgemeinden) zu erreichen. Schon allein sprachlich fiel das durchgängige *Gegenüber von zwei Wir-Gruppen* auf, noch ohne ein deutliches gemeinsames Wir. Das zeigt an, dass noch einiges an Wegstrecke zu gehen ist. Während aus der Perspektive der Kommunität eine Integration der Dorfbewohner in das Leben der Kommunität erwartet wird und einiger Nutzen bezüglich der Gebäude deutlich vor Augen steht, aber auch eine zeitliche Belastung empfunden wird, sieht es aus der Perspektive der Ortsgemeinde anders aus. Die Sicht derer aus den Kirchengemeinden ist geprägt von der Wertschätzung der Heimatlichkeit des Gottesdienstes der jeweiligen Dorfbewohner und von Organisationsfragen. Man trauert den vergangenen Zeiten nach. Man erlebt sich passiv. Einerseits findet man, Glück gehabt zu haben bei dem, was der Pfarrer ‚heranschafft' (durch die Stiftung). E2: „Wir haben so einen Pfarrer wie ihn, der so ein paar Beziehungen hat – zu besseren Sachen." Andererseits weiß man sich verlassen, überfremdet und abhängig. „Gemeinschaft und Zusammenwachsen" (E1) gelten als noch nicht erreichte Ziele. Einige Ziele und Pläne der Kommunität scheinen den Dorfgemeinden (noch) nicht bekannt zu sein (Konzentration des Gottesdienstangebots von Seiten Siloahs auf [C-Dorf]). Ein gewisses Widerstandsverhalten der Dorfgemeinden mit selektiven Wahrnehmungen war im Interview zu beobachten.

Der Pfarrer steht dazwischen. Ihm liegt einerseits aus ganz grundsätzlichen Erwägungen daran, dass die Kommunität auch lokal präsent ist und Verbindungen zur Landeskirche auch auf diese Weise hervortreten. Andererseits hat auch für ihn die Kommunität erklärtermaßen die Priorität. Es gilt ihm die Dorfkirche als weitgehend sterbende Kirche, die sich dem missionarischen Aufruf leider nur in wenigen Fällen öffnet.

Betrachtet man die *wirtschaftlichen Zusammenhänge*, so profitieren beide Partner. Die Gemeinschaft erhält durch die Finanzierung einer pastoralen 75 %-Stelle aus kirchlichen Quellen diverser Ebenen eine erhebliche Ressourcen-Unterstützung. Dadurch behalten die Dorfkirchengemeinden immerhin eine 25%-Pfarrstelle für die kirchliche Arbeit vor Ort und bekommen mancherlei zusätzliche Sachmittel. Die größte Dorfkirche (in [C-Dorf]) konnte nur saniert werden, weil, von der Kommunität organisiert, ganz erhebliche Finanzmittel aus einer Stiftung eingeflossen sind, so dass das Gebäude für die Zwecke der Gemeinschaft, aber auch der Ortskirche genutzt werden kann.

Wie soll man das Gesamtbild bewerten? Hat die Kommunität doch den größeren wirtschaftlichen Nutzen aus ihrer Verbindung mit den Dorfgemeinden oder profitieren gleichermaßen die fünf Dörfer – plus daneben die Landeskirche – von dieser Verbindung, da die Angebote der Kommunität auch abgelegenen Gemeinden zugutekommen können?

Die *gegenseitige Mitprägung* durch das Anliegen der jeweils anderen vor Ort bleibt jedenfalls noch unausgeglichen. Die Dörfer bekommen volle Gottesdienste und teils sogar durchrenovierte Gebäude und fühlen sich dabei dennoch weniger beheimatet. Die Kommunität spielt eine wichtige Rolle für das große Heimatfest der Region – sieht dies allerdings mehr als Äußerlichkeit und zweckorientiert auf die Kommunität bezogen.

Offen bleiben muss an dieser Stelle, wie stark sich in der Konstellation einerseits strukturelle Gegebenheiten, andererseits eine spezielle Theologie auf Seiten der Kommunität auswirken. *Hier scheinen sich zwei verschiedene Leitbilder von Kirche (missionarische Gemeinschaft versus parochiale Institution) gegenüberzustehen mit wenig Berührungsfläche.* Dabei stellen beide Seiten jeweils noch bestimmte Varianten dieser Kirchenbildtypen dar. Die von H1 vertretene Position dürfte die folgende sein: Eine ‚Kirche der Gemeinschaft aktiv Glaubender' in der Großkirche durchsetzen zu können, ist illusorisch. Vielmehr ist nur möglich, eben einzelne Inseln geistlicher Gemeinschaft zu bilden, die dann aber durchaus in die Landeskirche ausstrahlen können und sollen und darüber Einzelne (Seelsorge) erreichen können. Die von den Dorfkirchenvertretern geäußerte Position meint eine Gemeinschaft des sonntäglichen Gottesdienstbesuchs und regelmäßiger Kreise innerhalb der Grenzen des jeweiligen Dorfes. Doch diese volkskirchennahe Praxis befindet sich in einer ausgeprägten Minderheitenposition, und sie erfährt: Es wird alles immer weniger.

H1 stellt einmal im Interview mit den Hauptamtlichen fest: „Durch Siloah bricht hier nicht die Erweckung aus – nicht in der Ortsgemeinde und überhaupt. Das ist auch nicht unser Anspruch, das ist nicht unsere Realität." H2 versucht, die Lage positiver darzustellen und ergänzt: „Wir haben hier schon einige getauft." Doch dies bewirkt nur eine noch deutlichere Aussage von H1: „Ja, das sind natürlich seelsorgerische Verbindungen, aber nicht von wegen: Das ist die Rettung der Kirche im ländlichen Raum. Überhaupt nicht!"

So ergibt sich ein etwas überraschendes Ergebnis: Die kritisierte bloße *„Kasualkirche" wird de facto hier besonders deutlich praktiziert,* und die Gottesdienste sollen in Zukunft stärker zentralisiert sein. Das Verhältnis, das sich von Seiten der Kommunität zu den Dorfgemeinden ausbildet, bleibt also gerade auf den Charakter von Kirche ausgerichtet, den man eigentlich nicht will. Was theoretisch auch genannt war, das Seelsorgerliche, steht – jedenfalls in der Interview-Kommunikation – ganz im Hintergrund.[61]

2.9 Evangelische Schule und evangelische Kirchengemeinde – ein kombiniertes hessisches Schul- und Gemeindepfarramt (Steinatal/Trutzhain)

Name:	Ev. Kirchengemeinde Steinatal in Trutzhain
Zugehörigkeit:	Kirchenkreis Ziegenhain, Sprengel Hersfeld, Ev. Kirche von Kurhessen-Waldeck, EKD
Orte:	Steina; Trutzhain; Steinatal (Gelände der Melanchthon-Schule)
Gemeindeglieder:	ca. 700 – abgesehen von der Schulgemeinde (Schüler, Eltern, Lehrer, Schulpersonal)
Pfarrstellen:	1 kombinierte Pfarrstelle Gemeinde/Schule[62]
Haupt-/ nebenamtlich Mitarbeitende:	Kirchenmusik; Küsterdienst
Ehrenamtlich Mitarbeitende:	Kirchenvorstand; Kindergottesdienst-Team; Besuchsdienstkreis; Gemeindebriefredaktion; Posaunenchor
Gebäude:	Ev. Kirche Steina; Ev. Kirche Trutzhain; Ev. Gemeindehaus (Trutzhain); Pfarrhaus (Trutzhain)
Einrichtungen:	Melanchthon-Schule Steinatal

61 In „Wandeln und gestalten" (2007) war für die geistlichen Zentren auf dem Land gerade die Erfordernis einer gegenseitigen Achtung innerkirchlicher Pluralität markiert worden: „Wichtig ist [...] in beiden Fällen die Einbettung in die Region, um die Wirkung positiv zu entfalten. Vor allem aber ist auf den volkskirchlichen Charakter der Zentren und Gemeinden zu achten. Auch wenn kirchliches Handeln hier in außergewöhnlicher bzw. exemplarischer Weise erfolgt, so steht es im Kontext und im Dienst der gesamten Kirchen und hat dem in der Gestaltung der Arbeit Rechnung zu tragen. Der Begriff der ‚binnenkirchlichen Ökumenizität' bringt diesen Aspekt treffend zum Ausdruck" (63).

62 Gemeindepfarrstelle, verbunden mit der Wahrnehmung der Aufgaben des Schulpfarrers in der Melanchthon-Schule; vgl. Werner Wölbing (Hg.), Handbuch der Evangelischen Kirche von Kurhessen-Waldeck – Beschreibung der Kirchengemeinden und Kirchenkreise, im Auftrag des Landeskirchenamtes Kassel, Kassel 1994, S. 872.

Veröffent-lichungen:	Gemeindebrief „Mittendrin" (viermal jährlich – Auflage: 400)
Internet:	<http://www.ekkw.de/ziegenhain/gemeinden/steinatal.html>; <http://www.melanchthon-schule.de>
Raumtyp:	Gemeinde Schwalmstadt (2 städtische Kerne und 11 Stadtteile/Dörfer): teilweise städtisch, peripher; 218 EW/qkm, Oberzentrum Marburg 51,2 km/ca. 49 Autominuten entfernt; Kassel 58,5 km/ca. 47 Autominuten

Wie können evangelische Schule und Ortsgemeinde zusammenwachsen bzw. von der Doppelheit profitieren? Die Konstruktion (halbes Schul- und halbes Gemeindepfarramt) besteht schon länger, wurde vor der Besetzung der Pfarrstelle 2009 auch einmal in Frage gestellt, dann aber doch beibehalten. Diese Lösung wird von den Gemeindegliedern bevorzugt, die so eine Selbstständigkeit ihrer Gemeinde (insgesamt 700 Mitglieder) bewahren konnten. Im Bewusstsein aber ist, so zeigten die Interviews, dass in der Zukunft die beiden Gemeindeorte je an eine benachbarte größere Gemeinde/Pfarrstelle fallen könnten. Ähnlich wird es auch in der Gebäudesituation (Schule im Steinatal, Kirche in Steina, Kirche samt angeschlossenem Gemeindehaus und Pfarrhaus in Trutzhain) wohl in Zukunft Änderungen geben müssen. Außerdem besteht eine klare geschichtliche Differenz zwischen beiden Kirchengemeinden: Steina ist ein gewachsenes Schwälmer Dorf mit 97 % Protestanten, Trutzhain eine nach dem 2. Weltkrieg durch Flüchtlinge und Industrialisierung gegründete Gemeinde in einem katholischen Umfeld und mit hoher Bevölkerungsfluktuation. Wie können sich diese drei Einheiten (Steina, Trutzhain, Schule) zueinander verhalten? In welchem Maß gelingt es schon, das Potenzial der Kombination zu nützen?

Interviewt wurden je in einem eigenen Gespräch die hauptamtlich tätige Pfarrperson (H) sowie eine Person aus dem Kirchenvorstand (E), die interessanterweise sowohl in der Schule als auch in beiden Ortskirchen engagiert ist.

2.9.1 Zwei Ortsgemeinden wachsen zusammen

Trotz persönlicher *Verknüpfung mit Gemeinde wie Schule* überwiegt bei E der Eindruck der jeweils eigenen Systeme. Gefragt wurde: „Wenn Sie an die Schule und Gemeinde denken, wünschen Sie sich auch an anderer Stelle noch mehr Gemeinsamkeit und Zusammenarbeit?" Die Antwort darauf, bei der E sich als Vertretung der Gemeinde versteht, lautet:

> „Die Schule haben wir da ziemlich außen vor gelassen. Wir sind eigentlich mit dem so zufrieden, wie es ist. Sie kommen schon mal in den Gottesdienst. Mit unserem Gesangschor und Posaunenchor haben wir einiges, das wir dort mitgestalten, zwei- oder dreimal in Jahr."

An anderer Stelle, an der E von seiner Aktivität in der Schule berichtet, heißt es ebenfalls: „Die Schule ist eine ziemlich abgeschlossene Einheit." Aus seiner Sicht bestehen zwar Erwartungen von Seiten der Gemeinde, aber man muss sich in die Realitäten fügen:

> „Man merkt es im Ländlichen schon, dass der Pfarrer mal vor Ort sein muss, aber nicht kann. Bei Beerdigungen ist die Schule dann zweitrangig. Manchmal könnten wir aber auch schon ein bisschen mehr Gemeinde haben, und dann wäre es gut, wenn die Einteilung etwas anders wäre, also nicht halbe-halbe, sondern dass doch etwas mehr Zeit für die Gemeinde da ist. Das ist aber seit Jahrzehnten eigentlich schon so. Wir meinen eben auch, dass der Pfarrer rund um die Uhr immer da sein muss. Da müssen wir durch, und ich denke, dass wir das einigermaßen auch verstanden haben."

Bezüglich der *beiden Kirchengemeinden* ist ebenfalls die Differenz im Bewusstsein, doch sieht man hier auch Veränderungen: „Da prallen schon zwei verschiedene Welten zusammen, aber sie haben sich in den letzten Jahren doch sehr angenähert." Schon länger findet der Konfirmandenunterricht (in Trutzhain) und die Konfirmation (große Gruppen: in Trutzhain, kleine Gruppen: in Steina) gemeinsam statt. Man trifft sich in einer gemeinsamen Kirchenvorstandssitzung. Eine Reihe von gemeinsamen Aktivitäten werden genannt bzw. solche, bei denen man sich besucht: Wandergottesdienst samt Beisammensein, die Vorbereitung der Kirchennacht, der Gesangverein, das Adventssingen, das Kartoffelessen. „Wir vertragen uns wirklich gut" und: „Es läuft alles Hand in Hand."

2.9.2 Die Verbindung von Schule und Kirche über die Pfarrstelle

Wenn aus ehrenamtlicher Sicht eine Dynamik des Zusammenwachsens zwischen Schule und Gemeinde kaum gegeben ist, so liegt die entscheidende Verbindung bei der hauptamtlichen Person (H). Sie erlebt: „Das Schöne ist, dass von einer Pfarrerin, die auch im Gemeindedienst ist, Erlebtes viel bodenständiger weitergegeben werden kann." In der Begegnung mit den Menschen werden die Querverbindungen von ihr als Vorteil erfahren. Die Begehung des Kirchenjahres und die Bearbeitung mancher Themen dort erweist sich als Vorteil für den Unterricht und für Schulgottesdienste. Durch die Schule ist die

Pfarrerin auch bei Eltern der Schüler/innen in der Region bekannt. Überhaupt wird im Interview sichtbar, wie sie sich als Schulseelsorgerin innovativ und aktiv ins Schulleben einbringt.

Andererseits erlebt sich die Hauptamtliche auch als Pfarrerin für zwei Gemeinden: Sie habe „einen Organisten mit einer ganzen Stelle und zwei halbe Küsterinnen. Macht eine ganze Stelle, aber ich bin nur ein halber Pfarrer. Das ist schon eine Diskrepanz, die ich spüre." Und: „Im Prinzip ist es eine ganze Stelle mit wenigen Gemeindegliedern." Auch gibt es vielfältige ehrenamtliche Gruppen in der Gemeindearbeit (ein Kindergottesdienst-Team, einen Besuchsdienstkreis, eine Gemeindebriefredaktion und einen Posaunenchor). Und dazu kommt dann eben die Schulstelle (8 Unterrichtsstunden, 6 weitere Vertragsstunden, Organisationsvorbereitung zweier Schulgottesdienste pro Woche und Halten von 12 schulischen Sonderfeiern im Jahr).

Teils stören sich die Arbeitszeiten (zur Schulzeit: Termine überörtlicher Kirchengremien sowie Beerdigungen), teils sieht die zeitliche Beanspruchungen keine Pause vor: an Werktagen Präsenz in der Schule, am Wochenende und in den Zeiten der hohen Feste (Weihnachten, Ostern, Pfingsten) Präsenz in der Gemeindearbeit, sodass für Urlaub nur die Sommerferien bleiben. Die vorhandenen schriftlichen Arbeitsplatzbeschreibungen für beide Tätigkeiten sind sehr allgemein gehalten und kümmern sich nicht um die Koordination beider Tätigkeiten. Ebenso finden jeweils ein Jahresgespräch für die Gemeindearbeit mit einem dafür zuständigen Vorgesetzten und ein anderes für die Schule mit einem anderen Vorgesetzten statt. H beobachtet: „Es gibt, glaube ich, niemanden, der das Gesamtbild wirklich im Blick hat."[63]

2.9.3 *Fazit: Herausforderungen einer strukturierten Wahrnehmung der Gesamtaufgabe mit Kooperation der Säulen kirchliche Schule und Ortsgemeinde*

Das Beispiel zeigt, dass zur Verbesserung dieser Pfarrstellenkombination Organisationsüberlegungen anstehen. Auf der Ebene der weiteren Ausgestaltung der Hauptamtlichen-Tätigkeit müssten Bemühungen um weitere konsequente Entlastungen statt Doppelbelastungen bei den Arbeitsrhythmen und bei den Gremienpräsenzen (derzeit sowohl Teilnahme an allen Schulkonferenzen wie am Montag, dem freien Schultag, allen Pfarrkonferenzen) erfolgen. Der gegenseitige Quernutzen könnte noch intensiver ausgearbeitet sein und

63 Ganz Ähnliches weiß auch die Gemeindepädagogin im Beispiel 2.1 zu berichten, die eine halbe Stelle in der Gemeindearbeit samt Predigtdienst hat und eine zweite halbe im Kirchenkreis. „Da sagt man normalerweise: ‚Ihr Angestellten habt eine Fünf-Tage-Woche.' Da kann ich nur fragen: ‚Welche von meinen sieben Tagen sind denn die fünf?' Da liegt noch etwas im Argen. Da fehlt noch ein Bindeglied" (H3).

müsste Teil eines gemeinsamen Jahresgesprächs mit den Vorgesetzten in beiden Teiltätigkeiten werden. Überlegungen dazu, wie die Schule in kirchlicher Trägerschaft sich als Schule der Gemeinde konzipieren kann, stehen noch sehr am Anfang (ein Leitbildprozess ist derzeit in der Schule des hier vorgestellten Beispiels im Gange). In der kirchlichen Säulenstruktur (hier Zuständigkeit für Schulpersonal, da für Gemeindepfarramt) ist eine gemeinsame Aufmerksamkeit auf die Kombination als kohärentes Gebilde noch nicht entstanden. So steht derzeit die Pfarrerin mit dieser Herausforderung ziemlich allein da.

2.10 Eine Diakoniegemeinde in Hessen – und die Inklusion (Hephata/Schwalmstadt)

Name:	Hephata-Kirchengemeinde
Zugehörigkeit:	Hephata Hessisches Diakoniezentrum e.V., Diakonisches Werk von Kurhessen-Waldeck e.V. bzw. Diakonie Hessen e.V. (ab September 2013), Kirchenkreis Ziegenhain, Sprengel Hersfeld, Ev. Kirche von Kurhessen-Waldeck, EKD
Orte:	Schwalmstadt; Hofgut Richerode bei Jesberg
Gemeindeglieder:	„Offene Gemeinde" – keine feste Mitgliedschaft (alle Mitarbeitenden und Klienten der Hephata-Diakonie sind Mitglieder der Franz-von-Roques- [Schwalmstadt] oder einer anderen Kirchengemeinde)
Pfarrstellen:	1 Gemeindeleitung (auch: Hephata-Vorstand und Diakonische Gemeinschaft Hephata); 1 Gemeindepfarrer; 3 bei Hephata angestellte Pfarrstellen (1 Klinikseelsorge, 2 Akademie) mit Predigtaufträgen
Haupt-/ nebenamtlich Mitarbeitende:	Kirchenmusik; Küsterdienst
Ehrenamtlich Mitarbeitende:	Gemeindevertretung (10 Laien bzw. Diakone, 1 Prädikant, 4–5 Pfarrer); Kindergottesdienst-Team; Ausstellungsteam
Gebäude:	Hephata: Kirche; Pfarrbüro; Hessisches Diakoniezentrum; bei Jesberg: Hofgut Richerode
Einrichtungen:	Behindertenhilfe, Jugendhilfe, Soziale Rehabilitation, Ludwig-Braun-Schule, Friedrich-Trost-Schule, Hephata-Klinik und Akademie für soziale Berufe

Veröffent-lichungen:	„Hephata Diakonie heute“ (viermal jährlich – Auflage: 22.000) und „Hephata Magazin“ (für alle Freunde und Förderer der Evangelischen Stiftung Hephata und unter: www.hephata-mg.de)
Internet:	http://www.hephata.de/content/kirchengemeinde
Raumtyp:	Gemeinde Schwalmstadt (2 städtische Kerne und 11 Stadtteile/Dörfer): teilweise städtisch, peripher; 218 EW/qkm, Oberzentrum Marburg 51,2 km/49 Autominuten entfernt; Kassel: 58,5

Die Hephata-Kirchengemeinde gibt es, weil es das *Hessische Diakoniezentrum „Hephata“* mit seinen vielfältigen Arbeitsbereichen gibt. Die eine Gemeindepfarrstelle ist eine landeskirchliche Stelle, während eine ganze Kirchenmusikstelle für diese Gemeinde von der diakonischen Einrichtung gestellt wird. Insgesamt vier weitere Pfarrer/innen arbeiten in der Einrichtung mit (als theologischer Vorstand, im Bereich Seelsorge, im Bereich Bildung). Der Einrichtung gehört auch das Kirchengebäude und wird von ihr unterhalten; sie stellt außerdem das Büro des Gemeindepfarrers. Die Leitung der Gemeinde im rechtlichen Sinne liegt nicht bei der genannten Pfarrstelle, sondern beim theologischen Vorstand. Seit den 1970er Jahren gibt es eine „Gemeindevertretung“. Sie hat wichtige Mitbestimmungsrechte eines Kirchenvorstands (Pfarrerwahl, Finanzhoheit) nicht, wird aber in ähnlicher Weise wie ein Kirchenvorstand gewählt. Zur Gemeinde gehört ein nicht unbeträchtliches Netz an Ehrenamtlichen; in den Gottesdiensten und Andachten engagieren sich auch vielfach Diakone und Diakoninnen der Einrichtung.

Das Beispiel teilt einige Charakteristika mit dem kirchentheoretisch abgeleiteten *Modell „Diakonisches Investment“* (1.5.1 D3): Es übernimmt hier eine eigenständige Einrichtung gemeindliche Funktionen mit und wirkt als ein Knotenpunkt im Netz der kirchlichen Gemeinden. Außerdem ist ein in der Nähe befindlicher Ortsteil (70 Einwohner) einer anderen Kirchengemeinde zwar nicht rechtlich, aber faktisch auf diese Kirche und Gemeinde hin orientiert. Es stellen sich die gleichen Fragen wie bei den Modellen Kommunitäten (D1) und Evangelische Schulen (D2) danach, wie die beiden Funktionen (hier diakonische Einrichtung und Ortsgemeinde) aufeinander bezogen sind.

Zwei Interviews fanden statt, das erste mit drei Hauptamtlichen, dem die Gemeindearbeit durchführenden Pfarrer (H1), dem theologischen Vorstand (H2) und der Kirchenmusikerin (H3), das zweite mit zwei Personen aus dem Gemeindevorstand, einer Bewohnerin im Diakoniezentrum (E1) und einer Person aus dem Kreis derer, die langjährig im Haus arbeiten (E2), auch H1 war hier anwesend und beteiligt.

2.10.1 *Von der Anstaltsgemeinde zur Personal- und Regionalgemeinde*

Die Gemeinde beschreibt sich selbst mit folgenden Aussagen im Internet:

> „Unser Name [Hephata = tue dich auf] ist Kennzeichen unserer Gemeinde rund um die Hephata-Kirche. In unseren Gottesdiensten und Veranstaltungen begegnen einander Mitarbeitende, Bewohnerinnen und Bewohner, Nachbarn, Angehörige, Diakone/innen, Gäste und Freunde Hephatas. Wir sind eine offene Gemeinde, ohne festen Bezirk, ohne feste Mitgliedschaft. Jeder und jede ist willkommen, egal wie oft. Wichtig ist uns, für diakonische Fragen aufgeschlossen zu sein. Das spiegelt sich auch in unseren vielfältigen und lebhaften Gottesdiensten. Die Hephata-Gemeinde erweitert so das Spektrum der Ortsgemeinden der Region. Auch in unseren Einrichtungen, Werkstätten und Schulen finden sich Menschen zu Gottesdiensten, Andachten und Gesprächsgruppen zusammen."[64]

Faktisch hat diese Gemeinde, als klassische *Anstaltsgemeinde* entstanden, inzwischen zusätzlich auch Merkmale einer *Personalgemeinde* erhalten und erfüllt in der Region die Funktion einer *Gemeinde mit regional ausstrahlendem inhaltlichem Schwerpunkt* – bei Kofinanzierung der eingesetzten Ressourcen für das professionelle Personal und Finanzierung der baulichen und sächlichen Ressourcen durch die diakonische Einrichtung.

In dieser Situation ist einerseits weiterhin viel Raum für klassische Gemeindearbeit (Kasualien, Kindergottesdienst-Team, Besuchsdienstkreise, Seniorenkreis, Posaunenchöre und sogar eine Exkonfirmandeneltern-Gruppe). Auf der anderen Seite sind Ressourcen da für besondere Projekte. Die musikalische Arbeit von H3 reicht weit in die Region hinein (z. B. Popmusik und Gospelchor-Projekte), H1 hat sich für Ausstellungen starkgemacht. Aus der Arbeit für Jugendliche der Einrichtung ist ein weiteres ausstrahlendes Projekt entstanden. Es bildete sich eine

> „tolle Arbeitsgruppe [...], [mit der] die Leiterin des Sozialamtes Schwalm-Eder und mit der Polizeidirektion, mit Schulsozialarbeiterinnen in einem richtig großen Kreis, in dem wir gemeinsam etwas auf die Beine stellen, auch wiederum für die Schulen. Die Schulen sind inzwischen auch mit im Boot und sind Gastgeber der Veranstaltungen."

64 <http://www.diakonische-gemeinschaft.hephata.de>.

2.10.2 Inklusion und Privilegien

Der Kirchenraum des Kirchengebäudes, so wird es gesehen, war ursprünglich nicht für alle gebaut worden, sondern wohl vor allem für die diakonische Gemeinschaft. Also, abgesehen von großen Festen, war er vor allem für die im Gelände der Einrichtung wohnenden Mitarbeitenden vorgesehen – befindet er sich doch im 1. Stock des Hauptgebäudes und war damit Gehbehinderten kaum zugänglich. H2 dazu: „Es gab eine sehr strenge Hierarchie." Die *Inklusion* aller sogenannten Behinderten und Nichtbehinderten in diese Gemeinde ist demgegenüber heute das Programm, gerade bei Gottesdiensten, im Konfirmandenunterricht und überhaupt in der Gemeindearbeit.

Die Gemeinde hat schon seit vielen Jahren einen *Konfirmandenunterricht* entwickelt, der *auch für geistig behinderte Kinder* zur Konfirmation führt. Das hatte Folgen in verschiedene Richtungen: Zum einen wurde der Unterricht auch für weitere Menschen attraktiv: „Das muss also wohl so gewesen sein, dass Jugendliche erzählt haben: ‚Konfirmandenunterricht ist gut. Da gehen wir hin'" (H1). Aus den Einrichtungen wurde das Angebot Stück für Stück mehr genutzt. So wollten dann auch Eltern mancher sogenannter behinderter Kinder aus Dörfern der Region diesen Unterricht für ihre Kinder. Hier erfolgt in solchen Fällen jetzt immer ein Abklärungsgespräch mit dem zuständigen Gemeindepfarrer; häufiger wird im Ergebnis dem Wunsch entsprochen. Die Konfirmation findet dann z.T. wieder am Wohnort der Familien statt, teilweise auch mit Begleitung durch den Pfarrer, der in Hephata den Konfirmandenunterricht durchführte. Und doch resultieren solche Öffnungen für „Behinderte" beim Konfirmandenunterricht zugleich auch in Schließungen von Seiten der Teilnahme „Nichtbehinderter" an diesem Unterricht: „[...] die Mitarbeiter-Kinder haben abgenommen, und derzeit haben wir keine mehr. Ich hab's am eigenen Leib erlitten, dass meine eigenen Kinder sagten: ‚Nicht böse sein, Papa, aber unsere Freundinnen und Kumpels gehen auch in die Stadtkirchen-Gemeinde. Da gehen wir auch hin'" (H1). Die Vorstandspfarrerin (H2) kommentiert: „Eigentlich entspricht dieser Konfirmationsunterricht nicht den Idealen einer inklusiven Welt, aber es ist eben auch die Erfahrung, dass, wenn nicht so, dann gar nicht."

In der Konstellation mit guter Ausstattung an finanziellen und personellen Ressourcen und gutem Klima sieht man sich *in einer besonderen, ja geradezu privilegierten Lage*: Im Gemeindevorstand sind unter den 15 Personen 5 Pfarrer. Der Gemeindepfarrer schätzt die „enorme Freiheit, das Gemeindeleben zu gestalten". Er findet: „Das ist aus Sicht der Wertschöpfung optimal, weil man wirklich die Hälfte der Zeit nicht mit Baumaßnahmen und Verwaltung beschäftigt ist, wie es in meiner letzten Stelle war."

Man ist etwas Besonderes, das ist auch den Ehrenamtlichen bewusst. E1: „Ich denke da auch an die Vielfalt, dass wir wirklich vom Schwerstbehinderten bis zum Professor der Fachhochschule alle hier haben, die wirklich auch öfter zum Gottesdienst zusammenkommen. Es gibt kaum eine Gemeinde, wo es so reibungslos gehen kann." E2: „Hier ist jeder willkommen. Hier ist es auch nicht schlimm, wenn mal irgendwo reingeredet wird. Hier kommt alles irgendwie zusammen. Das finde ich gut." Und der Gemeindepfarrer (H1) bemerkt: „Wir haben wenigstens alle zwei Jahre den Bischof hier oder die Prälatin. [...] Wir hatten hier Gottesdienstbesuche von 8000 bis 9000 im Jahr." „[...] bei aller Demut, selbstbewusst machen wir Sachen, die zukunftsweisend sind. Wir überspringen schon lange parochiale Grenzen, die ich persönlich für veraltet [...] [halte] und so nicht gut finde." Man hat also eine „exponierte Stellung".

Wie wirkt das auf die Gemeinden rundherum? Es gehört nicht viel Fantasie dazu, sich vorzustellen, dass dann auch Neidgefühle aufkommen können. In der Vergangenheit, so berichtet H2, „war das traditionell immer ein gespanntes Verhältnis. Da hieß es immer: ‚Die Hephatarianer meinen, sie sind etwas Besseres.' Das haben mir einige so erzählt." Bezogen auf die Gegenwart und die jetzt handelnden Personen und bei dem persönlichen Kontakt wird die Konstellation aber positiv bewertet:

> „Im Kirchenkreis und der Pfarrkonferenz sind wir jetzt prima geordnet. Damals waren das eher Menschen, die weiter weg waren und die das irgendwie gar nicht einordnen konnten. Damals hat wohl auch jemand mal gesagt: ‚Wenn jetzt gekürzt werden muss, könnten wir das eigentlich auch mal anders machen und einfach die Pfarrstellen von Hephata aufteilen, und jeder bekommt ein Stück davon. Dann können wir unsere Gemeinden behalten.' Darüber habe ich mich natürlich schon geärgert, weil so gar kein Verständnis dafür war, was die Aufgabe hier wirklich ist."

2.10.3 *Fazit: „Städtische" Verhältnisse einer Noch-Anstaltsgemeinde*

Anders als in den beiden anderen Beispielen dieser Gruppe (2.8 und 2.9) muss man sich in Hephata nicht mit dem Problem zweier erst noch zusammenwachsender früherer Eigenorganisationen befassen. Es gibt keine Konkurrenz um Gottesdienstorte – wo „die Kirche" der Gemeinde steht, ist klar; es gibt keine zwei Tätigkeitsteile auf der Pfarrstelle mit Erwartungen zweier verschiedener Gruppen (Einrichtung und Ortsgemeinde). Außerdem ist die Synthese von diakonischer Einrichtung und Kirchengemeindearbeit hier (noch) nicht von Ressourcenknappheit und auch nicht von weiten Wegen geprägt. Es gibt gewissermaßen „städtische Verhältnisse" und gerade nicht die der Peripherie.

Wenn sich die Lage bei den Ressourcen zuspitzt, ist das natürlich eine Herausforderung, selbst wenn die Knappheit ‚nur' die Gemeinden rundherum betrifft, nicht aber Hephata. Dann dürfte sich sehr wohl die Frage stellen, ob nicht doch die anderen Gemeinden mehr von den Ressourcen bei Hephata profitieren könnten. Dazu ist der Blick in die noch gar nicht so weit zurückliegende Vergangenheit interessant. Nach H1 hatten bis in die 1980er Jahre die Diakone Predigtaufträge auf dem Land. Aus diesen zogen sie sich jedoch zurück, als man fand, es seien „jetzt genug Pfarrer da". Noch ist solch Predigtdienst von Hephata aus „zwar nicht im Gespräch, aber ich kann mir das gut vorstellen. Derzeit helfen wir ja auch aus. Ich habe in diesem Jahr schon fünf oder sechs Gottesdienste auswärts gehalten. Da wäre [H2] sicher auch gleich mit dabei." Es könnte weiter die jetzige kirchenfinanzierte Pfarrstelle rechtfertigen helfen – in einem Zusammenhang, „wo man sagt: ‚So machen wir's, und dafür bleibt der Pfarrer hier.' [...] Da hat Hephata eine ganz lange Tradition." Allerdings – so wäre hier zu ergänzen: Das Berufsbild Diakon befindet sich inzwischen längst auf dem Rückzug in den diakonischen Einrichtungen und ist zum Sonderfall unter deren Mitarbeitern geworden. Eine einfache Rückkehr in die Tradition gibt es nicht.

Eine weitere Herausforderung, die mit der Tendenz zur Ambulantisierung von Behinderteneinrichtungen zusammenhängt, zeichnet sich ab. Dann kann diese Gemeinde ihren Charakter als Anstaltsgemeinde, wo alle gewissermaßen auf dem eigenen Gelände zusammengehören und in ihrer Kirche zusammen Gemeinde sind, wohl nicht mehr einfach so wie bisher aufrechterhalten.

3 Auswertung: Veränderungen der Kirche auf dem Land

In Teil 1 waren theoretisch abgeleitete Modelle von neuen Formen kirchlicher Arbeit in peripheren Räumen entwickelt worden. In Teil 2 lieferten Einzelstudien Einblicke in ausgewählte Fälle und die Fülle jeweiliger Ausprägungen von Kirche auf dem Dorf, die es schon heute gibt. Was sich da zeigte, ist nun noch einmal quer durch die Einzelfälle zu systematisieren. Abschließend wird dann herauszuarbeiten sein, welche Erkenntnisse sich verallgemeinern lassen.

Es geht dieser Studie weniger, als man erwarten mag, darum, möglichst leuchtende Vorbilder zu präsentieren. Zwar sind solche Fälle für die Leserinnen und Leser zunächst einmal inspirierend. Doch nicht weniger dankbar sind wir, dass uns die Interviewten ebenso bereitwillig auch Einblick gewährt haben in das, worin ihre Arbeit mit Schwierigkeiten zu tun hat, die noch nicht bewältigt sind. Denn diese zu sehen, ist genauso wertvoll für das Lernen. Es kann zeigen, wo die Kirche in ihren Formen der Arbeit auf dem Land gegenwärtig noch ziemlich am Anfang steht.

Grundmuster der gängigen Veränderung zu identifizieren, darin liegt der mögliche Gewinn der vorgelegten Untersuchung.[65] Es wird deutlicher, welche *Logiken* hier am Werke sind und welche *Regeln* sich formulieren lassen für die Kunst, in ländlichen Räumen die Veränderung je situativ angemessen zu gestalten.

Die untersuchten Projekte sind mehrheitlich dadurch gekennzeichnet, dass das Modell von einer Kirchengemeinde samt Pfarrstelle pro Dorfgemeinde nicht (mehr) besteht. Das führt zu Veränderungen. Diese können die Tätigkeit von *Personen* betreffen, die Gestalt von *Veranstaltungen* und die Größe des *Rechtsraums Kirchengemeinde*.

Wenn hier die Einzelphänomene in den Projekten zu einer Gesamtschau zusammengeführt werden sollen, dann ist zunächst noch einmal an die in Teil 1 eingeführte Matrix zu erinnern. Sie war dort zum Zweck der Formulierung von Vorerwartung zu den Handlungsmöglichkeiten bei Veränderungen der Situation der Kirche im Dorf aufgestellt worden (1.4.2, Tabelle 2). Drei

---

65 In zwei Fällen hat sich ausgerechnet an dem Ort, den wir untersucht hatten (2.3 und 2.4), die neue Arbeitsform erst einmal nicht über längere Zeit halten können. Darin liegt zwar kein Anlass zu grundsätzlicher Problematisierung – beide Modelle laufen auch an anderen Orten weiter. Allerdings zeigt es noch einmal, dass die Veränderungen sich erst auf dem Weg befinden.

Ebenen wurden unterschieden und mit zwei Typen des Umgangs mit geringeren Ressourcen gekreuzt:

Tabelle 2: Merkmale für den Umgang mit geringeren Ressourcen

	I) Ressourcenschonung	II) Ressourcenveränderung
1. Raum	verteilt auf verschiedene Orte und technische Überbrückung räumlicher Entfernung	andersartige Face-to-Face-Präsenz
2. Zeit	in größeren Abständen	zusammengelegt auf ein längeres Zusammensein
3. Personen	verteilt auf andere Schultern	veränderte Zentralrollen

Von dieser Matrix her lässt sich aufschlüsseln, welche Sachverhalte wir in den untersuchten Projekten tatsächlich gefunden haben (3.1–3.3). Ebenso wird für die weiteren eingangs vorgestellten Leitgesichtspunkte der Ertrag zusammengeführt: Kirche als Hybrid (3.4), primäre und sekundäre Religionserfahrung (3.5) und die kirchlichen Aufgaben (3.6).

3.1 Raumpräsenzen: nicht mehr vor Ort im Dorf – geht das wirklich?

Wenn die Kirche mit ihren Pfarrerinnen/Pfarrern und ihren pastoralen Gottesdiensten nicht mehr flächendeckend in den Dörfern präsent sein kann, so legt sich ein Typ von Veränderung nahe: Die Gemeindeglieder werden dazu gebracht, sich für die Erfahrung von Kirche im Normalfall aus dem Dorf herauszubegeben. Zentralisierung und Regionalisierung erscheinen als solche Raumveränderungen, die dies vorsehen. Sie sind dafür die gängigen, aber auch umstrittenen Muster. Bei den Projekten, die wir untersuchten, auch dem Fall von „Regionalisierung" (2.1) und dem von „Zentralisierung" (2.2), wird dieser Weg de facto jedoch eher wenig ausgeprägt beschritten.

Es erklärt sich dadurch, wie immer wieder auch von Interviewten genannt wurde, dass dahingehende Versuche auf erheblichen Widerstand stießen. Ob erwartet wird, dass Menschen sich an den einen zentralen Ort begeben oder sich je nach dem an jeweils verschiedenen anderen Orten in der Region treffen, macht dafür nicht einen prinzipiellen Unterschied aus. Die Wahrnehmungen in den Interviews bestätigen so noch einmal, was in der Literatur mit Vorschlägen für Regionalisierung und Zentralisierung gerne unterschätzt wird, in der Praxis dafür aber dann umso deutlicher heraustritt: Es gibt einen *erheb-*

lichen Anteil von Personen, der bei einer solchen Veränderung zurückbleibt.[66] Die Akzeptanz, eine Kirche jenseits der Dorfgrenzen zu besuchen, wächst nur sehr, sehr langsam. Das alles findet sich der Tendenz nach auf dem Land noch ausgeprägter als in der Stadt. Der Unterschied ist gut erklärbar. Denn auf den Dörfern wohnt ein besonders hoher Anteil der Menschen schon sehr lange am Ort und ist das Durchschnittsalter höher als in der Stadt, die Verwurzelung in der Nachbarschaft ist größer.[67] Für die Menschen im Dorf vollzieht sich die Identifizierung mit der Kirche besonders ausgeprägt als Teil ihrer Beheimatung im Dorf. So spielt die Kirche im Dorf, symbolisiert durch die Dorfkirche, eine zentrale Rolle.

Das ist selbst dann der Fall, wenn die Beziehung zur Kirche als Überzeugung und als Kirchgangspraxis eine geringe bis keine Bedeutung in ihrem Leben spielt. Es zeigen auch die Erfahrungen damit, was passiert, wenn beschlossen ist, dass die Kirche im Dorf geschlossen wird. Und den Interviewten (vgl. 2.1) fällt eine erstaunliche Bereitschaft zu ehrenamtlicher Hilfe bei der Kirchbauerhaltung durchaus auf.

So weit, so bekannt. Was zeigt sich aber in den Interviews an Ansätzen dazu, dennoch für die Erfahrungen mit Kirche zu einer Überschreitung der Grenzen des Dorfs zu ermutigen?

3.1.1 Zentralisierung legt sich durch die gegebenen Raum- und Ressourcenstrukturen nahe

Das Modell der Zentralisierung (vgl. Projekt 2.2) ist für diese Fragestellungen natürlich besonders einschlägig. Im untersuchten Fall von Oberammergau erscheint nach Auskunft der Befragten die Zentralstellung des einen Ortes Oberammergau als ganz unproblematisch. Warum? Zunächst: 1. Es musste nichts verändert werden, weil es noch nie eine evangelische Kirche in der Region außerhalb des Zentralorts gab – keine eigenen Kirchengebäude und keine alteinsässigen evangelischen Dorfgemeinden; man befindet sich ja in der oberbayrischen evangelischen Diaspora. 2. Es dürfte dort der Anteil der erst später im Leben Zugewanderten und der Höhergebildeten deutlich höher sein als in evangelischen Dörfern in anderen Regionen Deutschlands. 3. Aber es kommt auch stützend hinzu: Die Zentralstellung des Ortes Oberammergau gegenüber den umliegenden Dörfern gilt insgesamt *für das Leben in der Region*. 4. Zufälligerweise war es auch in der Amtszeit des Vorgängers kaum

66 Siehe oben Anm. 35; außerdem: Philip Hughes, Lay Leadership in Sparsely Populated Rural Australia. Uniting churches in South Australia, in: Rural Theology 8 [2010], 9–21.

67 Entsprechend zeigen bestimmte Milieus Vorlieben für ländliche Lebensweise (solche mit ausgeprägten Vorlieben für gesellige Kontakte und solche mit konservativ-einfacherem Lebensstil, vgl. Claudia Schulz/Eberhard Hauschildt/Eike Kohler, 2008, 105–110.

zum Aufbau von Gemeindegruppentreffen gekommen. 5. So kann sich das Handeln in diesem Fall darauf beschränken, eine Dezentralisierung nicht zu ermutigen, sondern bei dem Bisherigen zu bleiben.

Doch ganz unvergleichlich und exzeptionell ist der Fall dann doch nicht. Auch hier leben z. B. in den Dörfern evangelische Ältere, deren Bewegungsradius klein geworden ist. Die Gemeindearbeit in Oberammergau wird von mehreren strukturrelevanten Entscheidungen und Anliegen begleitet, die übertragbar sind. Bewusst wird versucht, etwas von den Nachteilen für die Menschen in den Einzeldörfern zu kompensieren. Ein klassisches Mittel dafür ist: 1. Es gibt einen *regelmäßigen Turnus* von (selteneren) Gottesdiensten in den anderen Dörfern. 2. Ungewöhnlich dabei – man betont: Wenn es schon einmal vor Ort außerhalb des Zentrums mit dem Pfarrer einen Gottesdienst gibt, ist der *gleiche Gottesdienst* wie am Zentralort zu feiern, nicht als eine weniger ausführliche Andacht. Der Pfarrer will offensichtlich demonstrieren: Ich lasse euch Anteil haben an dem, was am Zentralort passiert. 3. Eigene evangelische Gruppen in den Dörfern werden nicht aufgebaut, mit dem Argument, dass die allgemeinen Dorfgeselligkeitsstrukturen mit ihren bestehenden Gruppen keine evangelischen Parallelgruppen brauchen. 4. Es liegt dafür aber in der gesamten Gemeindearbeit überhaupt ein besonderer *Fokus auf den Hausbesuchen* (1100 Gemeindeglieder werden vom Pfarrer als „überschaubare" Zahl angesehen). Wenn der Pfarrer in der Gegend ist (bis zu 30 Kilometer vom Zentralort), verknüpft er das also mit Gesprächsbegegnungen. Die finden dann eben nicht an den begehrten Sonntagen und Festzeiten statt.

Wäre das vielleicht doch auch eine übertragbare Idee für Regionen mit vielen Dorfkirchen und höheren Gemeindegliederzahlen pro Pfarrstelle? Ließe sich die Praxis vielleicht auch so modifizieren, dass die Dorfkirche dann angekündigt geöffnet ist für eine Stunde zum Treffen mit dem Pfarrer, wenn er sowieso in der Gegend ist?

Die Grenzen solcher Praxis liegen darin, dass aller Kontakt über den Pfarrer läuft. Für eine Zukunft mit tendenziell immer weniger Pfarrstellen ist darum auch noch nach anderen Wegen zu suchen.

3.1.2 Aufbau von Gemeinschaften von Ehrenamtlichen der verschiedenen Dörfer

Ein anderer Weg (ausgeprägt in den Beispielen 2.1 und 2.7 zu sehen, auch in 2.2) besteht darin, nicht alle Gemeindeglieder dazu zu bringen, über das Dorf hinaus sich zu bewegen. Stattdessen wird bei einer ganz bestimmten Gruppe angesetzt: den Ehrenamtlichen. Gerade, wenn Ehrenamtliche wichtiger werden, wenn sie vor Ort tragendere und selbstständigere Rollen wahrnehmen (s. u. 3.4.2), legt sich das nahe. Denn zur besseren Bewältigung dieser ihrer

Aufgaben im Dorf ergibt sich für sie ein *Motiv: sich mit anderen in ähnlicher Situation auszutauschen* und Unterstützung durch den Hauptamtlichen zu erhalten. Geselligkeits- und Gemeinschaftsmomente und Organisationsarbeit können sich bei diesen Treffen verbinden. Hier ergibt sich statt einer Konkurrenz von außerdörflichem und dörflichem Geschehen deren gegenseitige positive Verbindung: Bei den neuen Schlüsselpersonen vor Ort wird der Sinn dafür gestärkt, über den Tellerrand des Dorfs zu blicken; zugleich wird das von ihnen (und mittelbar auch dem Dorf) als Stärkung ihrer Arbeit im Dorf erfahren. Pfarrer/innen sollen die Ehrenamtlichen dazu ermutigen und darin unterstützen – mit der für den Pfarrberuf typischen Kombination an Kompetenzen für die Bereiche persönliche Begegnung, geistliche Stärkung, Personalführung und Gesamtverantwortung für die Arbeit in ihrer Großgemeinde.

Eingangs erwarteten wir, in den Interviews auch auf ausführlicher dargestellte Beispiele von überörtlichen Gruppen zu treffen, die ein spezialisierteres Thema haben (Chor usw.); da wäre es plausibel, dass man dazu aus dem Dorf gehen muss und will. In den untersuchten Fällen fanden solche Gruppen nur am Rand Erwähnung. Sie hatten anscheinend für die Befragten ein geringeres Gewicht, als wir das vermutet hätten. Ob das auf eine tatsächlich vernachlässigenswerte Bedeutung hinweist, wagen wir dennoch zu bezweifeln. Es zeigt aber jedenfalls an, dass diese Gruppen in der Aufmerksamkeit der Pfarrer, der Kirchenvorstände oder der für die Kirche im Dorf verantwortlichen Ehrenamtlichen nur wenig eine Rolle spielen mögen.

3.1.3 Errichtung eines gemeinsamen Kirchenvorstands

In der Literatur und auch in der Praxis setzt häufig die neue Struktur damit ein, dass man sich als ein Hauptziel der Veränderung vornimmt, die alten Kirchenvorstände der Dörfer aufzulösen und in einen gemeinsamen Gesamtkirchenvorstand zu überführen. *Damit allein ist nur wenig erreicht*. Gibt es dann kein Untergremium für das Dorf mehr, erleben sich die Vertreter des Dorfes als verlassen und entmachtet. Gibt es weiterhin ein Dorfgremium, dann kann sich leicht der Konflikt fortpflanzen und sich ausleben in konträren Entscheidungen zwischen Dorfgremium und Regionalgremium samt der dann aufgeworfenen Frage, wer sich dabei durchsetzt. Am Beispiel 2.8 zeigt sich, wie dann etwa hinter der zunächst konträr bewerteten Frage, wie viele Personen aus den Dörfern an den Sitzungen im neuen gemeinsamen Kirchenvorstand teilnehmen dürfen, sich eine *Machtfrage* verbergen mag.

Im Beispiel „Nördliches Zeitz“ (2.1) lässt sich sehen, wie am Anfang der Regionalisierung nicht die Zusammenführung der alten Gemeinden in eine neue gemeinsame Gemeinderechtsform stand. Doch das verhinderte eben gerade nicht, dass es positive Erfahrungen mit Regionalisierungsteilprojekten gab. Und es kam so zum Aufbau einer Gemeinschaft derjenigen Ehrenamtlichen, die jeweils in den Dörfern die Kirche repräsentieren, und zu einer Zusammenarbeit mit mehreren Hauptamtlichen, obwohl diese rechtlich eigentlich der einen oder der anderen Teilregion zugeordnet sind. So entwickelte sich *im Laufe von rund 8 Jahren* ein Zusammengehörigkeitsgefühl.[68] Dies ergibt eine Basis, dass man nun angstfrei darüber nachdenken kann, ob man sich doch auch rechtlich zu einer Gesamtgröße zusammenschließen könnte. Aber auch: Als schlimmstes Szenario wird empfunden, selbst wieder fusionieren zu müssen.

3.2 Zeitpräsenzen: nicht mehr so oft – und welche Chancen darin liegen

Bei einem Rückgang an Ressourcen bleibt es nicht aus, dass bestimmte Vorgänge von Kirche nicht mehr so oft im Dorf geschehen wie bisher. In den untersuchten Beispielen betrifft das besonders die Anwesenheitszeiten des Pfarrers/der Pfarrerin im Dorf und die Zahl der (Sonntags-)Gottesdienste (und Festtagsgottesdienste) im Dorf.

Welche zeitlichen Kompensationsmuster für das „weniger oft" finden sich?

3.2.1 Ein klarer und berechenbarer und gerechter Rhythmus

Wie wichtig ein klarer und ein für das eigene Dorf im Vergleich mit den anderen als gerecht empfundener Rhythmus ist, zeigen mehrere Beispiele. In 2.1 (Nördliches Zeitz) war es überhaupt der Ansatzpunkt des gesamten Projekts, eine möglichst gut organisierte und verlässliche Praxis zu ermitteln, nach der die Sonntagsgottesdienste stattfinden. Bei der Umsetzung galten folgende Leitgesichtspunkte: *Kein Dorf soll bevorzugt oder benachteiligt* werden. Darum war wichtig zu berücksichtigen: Wenn kein Gottesdienst stattfindet, soll der woanders stattfindende Gottesdienst dann möglichst in einem benachbarten statt in einem entfernteren Dorf angeboten sein. Und: Die Regelung soll für alle Beteiligten eine *Verringerung des Arbeitsaufwandes* bei der Erstellung des Gottesdienstplans erbringen. Im Fall Oberammergau (2.2) steht die Zahl der Gottesdienste, die nicht im Zentrum stattfinden, fest. Betont wird hier, dass die Gottesdienste als Gottesdienste von gleicher Art verstanden werden wie die im Zentrum.

68 Zu den langen Anlaufphasen für Regionalisierung vgl. auch CHRISTIAN FUHRMANN, Perspektiven aus 25 Jahren Diskussion und Erprobung von kirchlicher Arbeit in der Region, in: SCHLEGEL/ALEX, Leuchtfeuer, 2012, 60–65, hier: 62.

Im Fall von Hallig Hooge (2.6) unterteilt sich der Plan in eine andere, ebenfalls berechenbare Ordnung der Angebote: Im Winterhalbjahr gibt es Kreise für die Dorfbewohner, die im Sommer nicht stattfinden; der Pfarrer sowie die Gottesdienste sind dann – anders als im Sommer – ungeteilt für die Dorfbewohner da, während die Feriengäste sich nicht mehr auf der Insel befinden.

3.2.2 Wenn seltener, dann dafür intensiver

Die kleine Zahl von kirchlichen Treffen und von Personen vor Ort im Dorf wird in diesem Muster nicht als trostlose Situation begriffen oder als Unterschreitung einer Mindestgröße, ab der erst sich die Veranstaltung bzw. die Präsenz des Hauptamtlichen lohnen würde. Sie wird stattdessen *als Chance genutzt zu einem besonders intensiven Kontakt*. Ein extremes Beispiel liefert Hallig Hooge (2.6): einen Konfirmandenunterricht für eine Konfirmandin. Das macht den Unterricht offensichtlich ganz anders. Gottesdienste mit einer Zahl von unter zehn Menschen bekommen ebenfalls einen anderen Charakter. Dass sie stattfinden, demonstriert bei solch extremen Zahlen schon: Hier werden die Verhältnisse im Dorf genauso ernst genommen. Sie machen dann aber Anpassungen an die kleine Zahl nicht nur nötig, sondern erfordern sie auch. Dazu lässt sich die Regel formulieren: Was hier geschieht, ist *auf keinen Fall von der Wertigkeit her weniger* Unterricht/Gottesdienst, sondern umgekehrt eröffnet es einen Freiraum für eine Intensivierung der Kommunikation, den erst die kleine Zahl möglich macht: Auf die individuellen Bedürfnisse und Fähigkeiten der Anwesenden in kleiner Zahl kann zugleich viel stärker und damit besser eingegangen werden.

Eine weitere Form der Intensivierung besteht darin, dass die seltenen Male des Zusammenkommens *zeitlich ausgedehnter* werden. Am Beispiel des Reisepastorats in Finnland (2.7) lässt sich das studieren. Der Besuch des Pfarrers zu den seltenen Gottesdiensten, die er vor Ort hält, schließt dann auch ein Zusammensein nach dem Gottesdienst ein; Einzelgespräche müssen und können auch auf die Stunden seiner Anwesenheit gelegt werden. Im Fall von Finnland ist der Reiseaufwand so hoch, dass eine Übernachtung dazukommt – und die findet bei einem Gemeindeglied statt, so dass es auch hier zu Gesprächen kommt, die ansonsten nicht möglich wären.[69]

69 Die Ausdehnung der Zeitintervalle sind nicht ohne ein spezifisches Risiko – man orientiert sich woanders oder man gewöhnt sich die Teilnahme ab (vgl. 2.7.2).

3.3 Im Dorf nicht mehr unter pastoraler Leitung wie bisher – veränderte Personalrollen

Die einschneidendste Veränderung besteht darin, dass sich das gesamte kirchliche Rollengefüge verändert. Alle *vier Akteursgruppen* sind davon betroffen – die *Gemeindeglieder* im Dorf, die *Ehrenamtlichen* im Dorf, die *Hauptamtlichen* der Region und unter den Hauptamtlichen noch einmal eigens die *Pfarrerinnen und Pfarrer.*

Die Darstellung beginnt mit der neuen Rolle der Pfarrerinnen und Pfarrer. Denn dass sie nicht mehr im Dorf wohnen und ständig präsent sein können, stellt die Ausgangserfahrung der Veränderung dar. Damit rücken die Ehrenamtlichen in eine neue Position ein. Dies verändert auch die Erfahrungen und Handlungswahrnehmungen *aller* Gemeindeglieder im Dorf. Und schließlich, das sollte nicht übersehen werden, ergeben sich auch andere Aufgabenstellungen für die nichtpastoralen Hauptamtlichen.

3.3.1 Pfarrerinnen und Pfarrer im Dorf auf Besuch

Wenn die pastorale Leitungsfigur nicht mehr im Dorf wohnt, ist sie nicht mehr der „professionelle Nachbar" (E. Lange). Wenn das einzelne Dorf auch nicht mehr den täglichen Arbeitsplatz des Pfarrers hergibt, dann bedeutet das: Normalfall wird, dass der Pfarrer/die Pfarrerin nicht da ist. Er/sie kommt ins Dorf *auf Besuch.*[70] Insofern dieser Besuch ein verlässlicher und ein vertrauter Besuch ist, legt sich dann auch – für die Ehrenamtlichen – nahe, den Besuch als *Besuch eines „Freundes"* (so der Begriff im Beispiel Finnland, 2.7) aufzufassen. Die Besucherin bringt etwas mit, was man sonst ohne sie im Dorf nicht hätte – damit liefert die Besucherin für das, was im Dorf passiert, *Unterstützung.* Und wenn man sie dann auch noch im Notfall mal anrufen kann, dann

70 Der Begriff wird von den Gemeindegliedern in Finnland (2.7) immer wieder verwendet. Auch Philip Hughes beschreibt die Situation in Australien gleichlautend: „The great distances also mean that the clergy are not always available when there is a specific pastoral need. They remain visitors in most of the areas they serve" (Leadership, 11). Bereits 2005 formulierte Thies Gundlach in einem Artikel, nachdem er an die Asketen der Alten Kirche und die „Wanderprediger der Erweckungsbewegung" erinnert hatte: „Warum sollte es in einer modernen Form nicht auch solche spirituelle Wanderschaft geben? Der wandernde Pfarrer, die wandernde Pfarrerin sucht die Christen auf, die sich um die Dorfkirche oder auch in Hauskreisen auf dem Lande sammeln, er berät und fördert sie, er spricht die Würdigung der Gesamtkirche für ihre Arbeit aus, er begleitet ihre Gemeinschaft geistlich, visitiert ihre Gottesdienste und feiert Sakramente und Amtshandlungen, er berichtet von den Entwicklungen in der Gesamtkirche und den Geschicken der Ökumene. [...] Solche portablen Pfarrdienste spiegeln den Paradigmenwechsel vom Pfarrer als professionellem Nachbarn zum Pfarrer als professionellem Besucher; [...]" (Gundlach, 2005, 229).

ergibt sich die Einschätzung: Der Pfarrer ist, obwohl er meistens nicht da sein kann und nicht da ist, dennoch „für uns" da (so in Finnland [2.7], in der Region Nördliches Zeitz [2.1][71]).

Das Profil dieser Logik wird noch deutlicher, wenn man es *abgrenzt* von anderen denkbaren Besuchen. Wenn der Besuch nur als *flüchtiger Besuch* erlebt wird, dann wäre er auch verzichtbar, ganz nett bestenfalls, aber nicht weiter mehr bedeutsam, womöglich auch überflüssig. In Wolsdorf (2.3) heißt es etwa, dass der Vakanzvertreter aktiviert wird, „wenn's denn nötig ist". Der Pfarrer ist dann, so könnten wir weiter schließen, zum Fremden im Dorf geworden – er gehört zu den anderen, denen von draußen, die nicht so recht erkennen können, wie es wirklich im Dorf steht. Man muss ihm gegebenenfalls deutlich die Meinung sagen.

Wenn es der Besuch eines *Kontrolleurs* wäre, dann wäre der Besuch mit unangenehmen Gefühlen belastet: Besser, er kommt so selten wie möglich. Es gilt sich zu wappnen für den Besuch, sich von seiner besten Seite zu zeigen, damit der Pfarrer nicht merkt, wie es wirklich um das Dorf steht. Das Dorf findet: Der Pfarrer will etwas anderes, als das Dorf will. Man ist auf der Hut, dass das, was der Pfarrer will, keine Wirkung bekommt. Mit dem Pfarrer muss man vorsichtig umgehen. Gut, wenn er wieder weg ist.

Spiegelbildlich dazu ist die Sicht, die der Pfarrer auf Besuch vom Dorf hat. Lohnt sich sein Besuch im Dorf? Ist es für ihn womöglich eher lästige *Pflicht* – dann ist der Besuch im Dorf eine Störung seiner Arbeit.[72] Die Energie ist darauf ausgerichtet, den Besuch möglichst ressourcenschonend zu absolvieren. Der Besuch sollte bei dieser Sicht auch möglichst noch einen Nebennutzen abwerfen. Beide Gesichtspunkte sind bei haushalterischer Einstellung ja alles andere als unsinnig, aber sie treten hier in den Vordergrund. Der Pfarrer wünscht sich, dass seine Besuche möglichst kurz sind – bis hin dazu, dass sich das Besuchen eines Tages erledigt haben sollte. Er findet, dass die Priorität auf jeden Fall nicht hier liegen kann; es gibt für ihn Wichtigeres zu tun, sodass dann der Besuch im Dorf eben ausfallen muss.

Ist der Besuch im Dorf nötig, weil man denen im Dorf alleine nichts zutrauen kann? Die Dorfbewohner haben bei dieser Sicht nicht die wirklich wichtigen Fähigkeiten, nicht die richtige theologische Einstellung. Dann begegnet der

---

71 Umgekehrt zeigen andere Beispiele, wo das Dorfpfarramt und eine andere Tätigkeit (Schulpfarramt, Pfarramt für eine Kommunität) kombiniert sind, aber auch: Es kann der Eindruck entstehen, dass der Pfarrer/die Pfarrerin zwar vor Ort da ist, aber meistens dabei oder eben nicht genug „für uns" da ist (2.8 u. 2.9). Oder Pfarrer/Pfarrerin haben den Eindruck, ihren Ansprüchen vor Ort nicht genug gerecht werden zu können (2.9, auch bei der Schäferwagenkirche 2.5 und dem Reispastorat in Finnland 2.7 ist das ein Thema).

72 Im Beispiel der Kombination mit der Tätigkeit für die Kommunität (2.8) finden sich solche Tendenzen, obwohl die Anbindung ans Dorf grundsätzlich bejaht und gewollt ist.

Pfarrer all dem, was im Dorf passiert, seinerseits mit einer Einstellung des *Misstrauens*. Er muss hin, um Schlimmes im Dorf zu verhindern. Sein Auftreten im Dorf wird dann die Grundausrichtung des Negierens haben. Er erzieht so de facto das Dorf dazu, entweder sich für besser als der Pfarrer zu halten, oder dazu, sich der Macht des Pfarrers zu ergeben und sich mit dem eigenen Engagement zurückzuziehen. Mit beidem bestätigt das Dorf nur die Vermutung des Pfarrers umso mehr: Ohne seine Kontrolle geht's gar nicht.

Die Abgrenzungen machen deutlich, was alles schieflaufen kann bei der neuen Rolle des Pfarrers als Besucher im Dorf. Was aber bedeutet nun dies, wenn der Pfarrer im Dorf tatsächlich zum gerne gesehenen Besuch in Freundschaft und zur Unterstützung wird? Im Vergleich zur früheren Rolle des präsenten Dorfpfarrers ist das *ein Machtverlust und Einflussverlust*. Beim Beispiel Finnland (2.7) wird das deutlich zum Ausdruck gebracht. Der Pfarrer kann die Gemeindearbeit dort, wo er nur auf Besuch da ist, nicht mehr durchgreifend gestalten. Er kann das tun, wozu man ihn gerufen hat – eine Kasualie abhalten, eine pastorale Predigt halten, pastorale Seelsorge ausführen; er kann mit Rat – mehr als mit Tat – in vielen Fragen dann, wenn er gefragt wird, zur Seite stehen. In einer solchen Konstellation ist die Pfarrerin besonders deutlich und in noch höherem Ausmaß das, was in manchen pastoraltheologischen Entwürfen inzwischen beschrieben wird als die Rolle des *Enablers*[73], *einer* „Ermöglicherin". Sie ist ansonsten *Gastpredigerin* für besondere Anlässe und *Notfallseelsorgerin*, wenn man sie bei außergewöhnlichen Vorfällen braucht. Und sie kann Einzelne im Dorf umgekehrt zum Besuch bei sich in einer regionalen Gruppe oder zu etwas am zentralen Standort *einladen* – hin und wieder (vgl. 2.7 und 2.1). Der Pfarrer kann also *nicht mehr*, selbst wenn er es wollte, der entscheidende Motor der *Gemeindeentwicklung im Dorf* sein (vgl. 2.7), er kann, selbst wenn er es wollte, *nicht mehr entscheiden, wer die Gemeinde im Dorf wirklich repräsentiert* und leitet. Auch die Macht über Nachfolgeprozesse in Umbrüchen der Dorfgemeindeleitung hat er nicht mehr. Welche Besonderheiten das Dorf hat und welche Frömmigkeit in ihm dominiert, konnte schon der im Dorf wohnende Pfarrer relativ wenig verändern[74], der Pfarrer als Besucher kann es noch viel weniger.

Unwichtig wird die Pfarrerin/der Pfarrer im Dorf durch alle diese Entwicklungen aber eben gerade nicht. Ihre Fähigkeiten, neben den Gottesdiensten, Kasualien und Einzelbesuchen, die Kontakte mit den Ehrenamtlichen vor Ort kommunikativ verlässlich, anerkennend und konstruktiv zu gestalten, machen weiterhin einen entscheidenden Unterschied dafür aus, wie es der Kirche im Dorf geht, wie es den neuen Leitenden der Kirche im Dorf geht.

73 So z. B. schon Allen Hinand, The pastor as Enabler for Lay Ministry, in: Pastoral Psychology 1971, 21–26.

74 Das macht Harm Cordes, 2013, eingehend deutlich (54–65).

3.3.2 Ehrenamtliche als Gesicht der Dorfgemeinde

Wenn es die Kirche im Dorf weiterhin gibt, dann stellt sich die Frage, wer nun – ohne anwesende/n Pfarrer/in – für die Kirche im Dorf steht, und zwar im Alltag. Wer ist nun da für die tagtäglichen Begegnungen zwischen Vertreterin der Kirche im Dorf und Gemeindeglied (im Dorf haben die Begegnungen im Alltag ja höheres Gewicht, weil die Überschaubarkeit der Personen der Örtlichkeit als Normalfall oder wenigstens als Ideal gilt)? Wer ist verlässlich da für die Gottesdienste, auch eben für die, die stattfinden (stattfinden könnten), wenn die Pfarrerin nicht da ist? Es kommt so dazu, dass Nicht-Hauptberufliche nun das *Gesicht der Gemeinde*[75] werden und große Verantwortung übernehmen für die Kirche im Dorf. Diese Ehrenamtlichen können und wollen nicht die Lückenbüßer sein. Sie können und wollen nicht einfach das Gleiche tun, was vorher der Dorfpfarrer tat. Wie aber sieht ihre Tätigkeit dann aus?

Es gibt unterschiedliche Ausgangspunkte für die Entwicklung von Ehrenamtlichen zu dieser Tätigkeit. Sie kann erwachsen aus der Tätigkeit als Kirchenvorsteher/in. Sie kann sich ergeben über die Übernahme von Leitungsverantwortung im Gottesdienst. Sie kann sich vollziehen über die ehrenamtliche Ausbildung zur Prädikantin/zum Prädikanten. Sie kann sich vollziehen über die ehrenamtliche Ausbildung zur Gemeindekuratorin/zum Gemeindekurator. Somit lassen sich die neuen Rollen in einem Viererfeld strukturieren (Tabelle 5).

Tabelle 5: Ehrenamtliche Gesichter der Dorfkirchengemeinde

	Akzent: Gottesdienstgeschehen	*Akzent: Rahmenverantwortung*
ohne ehrenamtliche Zusatzausbildung	Gottesdienstleiter/in	Kirchenvorsteher/in
mit ehrenamtlicher Zusatzausbildung	Prädikantin/Prädikant	Kurator/Kuratorin

Nicht selten liegen bei leitenden Ehrenamtlichen in der Praxis *mehrere der Zugangswege* vor oder es wachsen Stück für Stück immer weitere Facetten von Leitung zu. Ebenso ist es nicht ausgeschlossen, dass mehrere Personen zu den Gesichtern der Gemeinde werden, eben auch mit jeweilig unterschiedlichen

75 Der Begriff fällt ausdrücklich in 2.1 (Nördliches Zeitz), vgl. auch 2.3 (Gemeindekuratorin für das Dorf).

Schwerpunkten. Dennoch macht es Sinn, die jeweiligen Positionslogiken zu unterscheiden.

Wenn die pastorale Leitung des Sonntagsgottesdienstes nicht gegeben ist, dann fällt der Gottesdienst entweder aus oder er findet unter anderer Leitung statt. Diese Tätigkeit dient dazu, die Minimaldefinition von Kirche nach Confessio Augustana Art. 7, das gottesdienstliche Geschehen (am Sonntag im Dorf), aufrechtzuerhalten und weiterzuführen. In der Dorfkirche passiert das, wozu Kirche da ist: dass das Evangelium weitergegeben wird und dadurch und dabei Gott gelobt wird und all dies die Menschen sich erfahren lässt als Menschen, als von Gott geliebte Menschen, als Sünder und Gerechte. Die gottesdienstliche Leitung tut mehr, als nur den Ablauf zu organisieren, sie übernimmt für das Erklingen von Evangelium und Gotteslob ihren Teil der Verantwortung.

Die Prädikantin/der Prädikant tut dies im Rahmen einer gesamtkirchlich standardisierten Fassung der eigenen Rolle. Da ist geregelt, dass eine adäquate Ausbildung zur Predigt (und Gottesdienstleitung) erfolgt. Es gibt Fälle, in unseren Beispielen gab es dafür relativ wenig Material[76], dass nun Ehrenamtliche, ausgebildet zum *Prädikanten, zum Gesicht der Kirche im Dorf* werden. Ebenso, und das dürfte vermutlich der häufigere Fall sein, kann es sein, dass auch solche entsprechend ausgebildeten Prädikanten dann den Gottesdienst im Dorf halten und dabei doch selbst auch nur ebenfalls *Besucher/in im Dorf* sind. Ihr Besuch ist willkommen für den Gottesdienst. Doch ist dabei auch klar, dass der Besuch sich auf die Tätigkeit im Gottesdienst beschränkt. Fragen der Verwaltung, Seelsorge und Mitberatung mit den Ehrenamtlichen vor Ort gehören nicht zum Aufgabenspektrum. Insofern ist der Besuch durch auswärtige Prädikanten weniger facettenreich und damit auch weniger bedeutsam als der des Pfarrers/der Pfarrerin.[77] Die Tätigkeit auswärtiger Prädikanten füllt eine Gottesdienstlücke aus, bearbeitet aber nicht die Vielfalt der Dimensionen, die beim Dorfpfarramt vorhanden waren.

Nach unserem Material liegt der gängigste Ausgangspunkt für Ehrenamtliche als Gesicht der Kirche im Dorf in der Position der Personen, die als *Kirchenvorsteher/Kirchenvorsteherin* tätig sind. Da in der Regel sich im Kirchenvorstand Personen befinden, die sich ohnehin schon ehrenamtlich für einen bestimmten Teilbereich des Dorfkirchenlebens engagieren und zu den häufigeren bis regelmäßigen Gottesdienstbesuchern gehören, liegt es nahe, dass sie auch da einspringen, wo noch ein anderes Engagement nötig ist. Es ent-

76 Einzig Hallig Hooge (2.6): eine Überbrückungszeit durch die Prädikantin auf der Insel.

77 Eine empirische Untersuchung über das Bild der Prädikanten im eigenen Selbstverständnis und im Verständnis der Gemeinde wäre ein interessanter Untersuchungsgegenstand. Die vorliegende Studie bietet dafür nicht hinreichendes Material.

spricht dem Aufgabenspektrum von Kirchenvorstandsarbeit: Wenn der Dorfpfarrer nicht mehr da ist, muss sich jemand anderes um bestimmte Aufgaben kümmern, die mit Verantwortung für das Dorfkirchengebäude zu tun haben. Hier nach dem Rechten zu sehen, also selbstständiger und erweiterter im Vergleich zum Küsterdienst bei Anwesenheit des Pfarrers/der Pfarrerin, wird zur Aufgabe. So rücken solche Personen ein, dafür zu sorgen, dass die Kirche weiterhin im Dorf steht und benutzt wird. Sie haben ja als Dorfbewohner großes Interesse daran, dass ihr Dorfkirchengebäude benutzt wird, dass in ihm Gottesdienste stattfinden. So ergibt sich auch eine Mitverantwortung für das Programm der Dorfkirche, für ihre Gottesdienste. Und von daher treten dann diese Personen auch leichter in die Mitverantwortung für einen guten Ablauf des Gottesdienstes, auch für seine Inhalte ein – all dies je nachdem, wo die eigenen Fähigkeiten und Interessen liegen. Die ehrenamtlich tätige Person wird so – in der Wahrnehmung der anderen – die wichtigste Person für die Kirche im Dorf. Sie wird von den Nichtkirchenmitgliedern im Dorf jedenfalls als die verstanden, die damit *auf Kirche immer ansprechbar* ist. Und dies betrifft schließlich die ganze Breite von Organisationfragen und Inhalten bis hin zur Seelsorgeerwartung.[78]

So wachsen Personen in die Position hinein, zum personalisierten und ständig präsenten Gesicht der Kirche im Dorf zu werden. An die Stelle des Dorfpfarrers in der Schlüsselposition des professionellen kirchlichen Nachbars tritt nun die *Schlüsselposition der ehrenamtlichen kirchlichen Nachbarin*. Bei der Ausgestaltung dieser Position können die Akzente ganz unterschiedlich liegen – verwaltungsorientiert, theologisch-inhaltlich, gesellig. Gesicht der Kirche, das heißt auch, dass die Lebensführung dieser Person vom Dorf mit unter dem Gesichtspunkt der Passung zur Kirche bewertet wird. Es tun sich somit *alle aus dem Pfarrberuf bekannten Thematiken des Pfarrerseins ebenfalls hier* auf. Die ehrenamtliche Person wird zur Institution der Kirche im Dorf. Sie – nicht mehr der Pfarrer – prägt, mit ihren Akzenten und Lücken, mit ihren Stärken und Schwächen die Entwicklung der Gemeinde in diesem Dorf. Was sie vom früheren Dorfpfarrer unterscheidet, ist eigentlich nur dies: Sie kann diese Position beenden und beibehalten, wie sie will. Das erhöht das Risiko, dass Nachfolgeprozesse unglücklich laufen. Es ermöglicht aber auch, dass Nachfolgeentwicklungen sich angemessen schleichend und schrittweise vollziehen können.

Die Position des *ehrenamtlichen Gemeindekurators/der Gemeindekuratorin* ist neuerdings als eine weitere Möglichkeit hinzugetreten (vgl. dazu das sehr instruktive Beispiel 2.5). Und auch da lässt sich die Tendenz zu einer Gesamt-

78 Im Fall der Gemeindekuratorin (2.3) lässt sich solch eine Entwicklung ablesen, in der das Amt der Küsterin (in Braunschweig genannt Kirchenvögtin) eine wichtige Etappe gewesen war. Aber auch für die Region Nördliches Zeitz (2.1) ist das typisch.

verantwortung beobachten, die dann doch auch die Gottesdienstleitung mit einschließt.

Damit wird deutlich: Die Aufgaben, denen sich die Ehrenamtlichen hier stellen, sind *genauso komplex wie die Aufgaben im Gemeindepfarramt*. Ja, sie sind *noch komplexer*: Effekte des generellen Amtsbonus entfallen, dafür werden personalisierte Wahrnehmungen des Gesichts der Kirche bei einer Person, die schon immer im Dorf wohnte, noch ausgeprägter wirken. Die Rahmenvorgaben sind noch diffuser als im Pfarramt. Die Burnout-Risiken sind noch größer. So sind alle Arten von Variationsbreiten bei der Ausübung der Position im Vergleich mit dem Pfarramt zusätzlich erhöht. Auch in den kirchlichen dörflichen Verhältnissen tut sich somit eine *spätmoderne Pluralisierung auf mit all ihren Chancen genauso wie den Risiken*. Das zeigt noch einmal, wie wichtig in diesen veränderten Verhältnissen die gut organisierte und qualitativ hochstehende pastorale Aufgabe der Begleitung dieser Ehrenamtlichen wird. Das Besuchspfarramt ist hier alles andere als überflüssig.

3.3.3 Zellgemeinden als Ausdruck des allgemeinen Priestertums der Getauften

Es kann auch sein, dass es im Dorf keine solchen Ehrenamtlichen zur Übernahme einer ehrenamtlichen Leitungsverantwortung gibt. Und doch wohnen weiterhin Gemeindeglieder im Dorf, wenn auch eher wenige. Doch auch da kann Kirche und in der Dorfkirche ein Zusammenkommen der Gläubigen sich ereignen. Eines der untersuchten Projekte (2.4, Altdöbern) reagiert auf diese Konstellation. Es stellt sich der Frage, wie *Gottesdienst* stattfinden kann, *wenn niemand die Leitung übernimmt*.

Das allgemeine Priestertum der Gläubigen ist in der evangelischen Kirche ein hohes Ideal. Beurteilung der Lehre durch die Laien – das wird in den evangelischen Großkirchen vor allem in Kirchenvorständen und Synoden umgesetzt. Bei der Literatur zu Zellgemeinden ist in der Regel – auf der Spur der collegia pietatis – an besonders intensiv Gläubige mit hohen Ausdrucksfähigkeiten gedacht[79] oder an Gruppen in Ländern mit Unterdrückung von Kirchenbildung. Für die Dorfkirchen ist die Frage, was den Zellgruppen in dörflichen Verhältnissen mit gerade auch typischerweise *alten Menschen* bedeutet. Hier ist also im Unterschied zur Stadt die Wahrscheinlichkeit höher, dass auch solche Gemeindeglieder die einzigen vor Ort sind, die sich selbst wenig zutrauen und bei denen die Artikulationsfähigkeit, erst recht die Artikulationsfähigkeit im Glauben, bislang schwach ausgeprägt ist. Diese Menschen sollten nun aber gerade *nicht als mindere Christen abgeschrieben* werden und die Gemeinde nicht, weil sie womöglich aussterben könnte, schon jetzt wie eine tote behan-

79 Vgl. z. B. Jörg Wuttke, Zellgemeinde, Essen 2001^3.

delt werden. Das Projekt in Altdöbern (2.4) zeigt, wie ein Gottesdienst auch ohne Leitung und ohne Predigt gehen kann. Das hält die *Chance für weitere Entwicklungen* bis hin zu ehrenamtlicher Leitungsverantwortung offen, ohne diese als schon gegeben voraussetzen zu müssen. Auch dies ergibt eine sinnvolle, eine vollgültige Gestalt von Kirche. Und auch diese Praxis bedarf offensichtlich der Unterstützung und Ermutigung durch das Pfarramt auf Besuch.

3.3.4 Nichtpastorale Hauptamtliche

In den untersuchten Beispielen spielte diese Akteursgruppe nur bei der Region Nördliches Zeitz (2.1) in den Interviews eine Rolle. Es bildet sich im sonstigen Fehlen der Trend ab, diese Akteursgruppen in Zeiten der geringen Ressourcen einzusparen. Einen solchen Trend halten wir allerdings nicht für sinnvoll. Dabei zeigt der Fall Nördliches Zeitz schon die ganze Breite der Möglichkeiten, die hier bestehen.

a) Nichtpastorale Hauptamtliche fungieren *wie Pfarrer/in bzw. Prädikant/in*. Im Falle von 2.1. sind Gemeindediakon und Gemeindepädagogin weitgehend in den komplexen Plan der Sonntagsgottesdienste einbezogen. Das ist verständlich, bringt aber noch nicht ihre spezifischen professionellen Fähigkeiten im pädagogischen bzw. im diakonischen Bereich zur Geltung. Diese stellen jedoch ein wichtiges Potenzial dar.

b) Die Tätigkeit nichtpastoraler Hauptamtlicher schafft bestimmte Orte, an denen ein *pädagogisches oder ein diakonisches Projekt* verwirklicht wird. Das würde der Logik von Zentralisierung entsprechen bzw. einer solchen Regionalisierung, bei der an einem Ort/in einem Dorf stellvertretend für die Region ein spezifisches Projekt verwirklicht wird.

c) Die nichtpastoralen Hauptamtlichen bieten sich für alle Dörfer einer Region an als *Expertinnen und Experten für Fragen von Pädagogik bzw. Diakonie*, bei denen die ehrenamtlich Leitenden in den Dörfern hierfür Unterstützung anfordern.[80]

Die untersuchten Beispiele insgesamt zeigen, dass aber dies beileibe nicht die einzigen Bereiche sind, wo Bedarf an Unterstützung vorkommt (neben dem, der durch die Pfarrerin/den Pfarrer abgedeckt werden kann). Besonders brennend sind in der Regel auch die Baufragen und dann in deren Gefolge schnell auch (Bau-)Rechtsfragen, die bezüglich des Dorfkirchengebäudes ent-

---

80 Vgl. Nicole Piroth/Matthias Spenn, Gemeindepädagogische Professionalität: berufliche Kompetenzen und Aufgaben, in: Peter Bubmann u. a. (Hg.), Gemeindepädagogik, Berlin/Boston 2012, 297–323; Uta Pohl-Patalong, Von der Ortskirche zu den kirchlichen Orten. Ein Zukunftsmodell, Göttingen 2006², 144 f.

stehen. Im Beispiel 2.1 konnte von Ehrenamtlichen geäußert werden, dass dann der kirchliche Experte dafür „flugs" da ist, wenn er gebraucht wird – und, das wurde als große Erleichterung der Arbeit erfahren, das Gefühl vermittelt, nicht alleingelassen zu werden. Bei solchen Unterstützungsdiensten, so scheint uns, besteht insgesamt noch ein *erheblicher Nachholbedarf*.

Dabei wird es darauf ankommen, dass bei dem Besuch von Fachkräften aus der kirchlichen Verwaltung einer größeren Region eben gerade nicht die Logik des Besuchs des Kontrolleurs dominiert, sondern die des Dienstleisters, des Unterstützers und Beraters in Fragen, die man allein vor Ort nicht bewältigen kann. Auch bei den alltäglichen Verwaltungsvorgängen hin zu Computerangelegenheiten etc. stellt sich die Frage, wo es hier Unterstützung geben kann durch Standardlösungen oder durch Fachkräfte. Zu beachten ist, von welcher Ebene aus (z. B. Gemeindebüro – mit welcher Qualifikation?, Kirchenkreis, Landeskirche) die Unterstützung am passendsten erfolgt. Ebenso ist zu überlegen, wie davon nicht nur die Ehrenamtlichen, sondern auch die Pfarrer/innen mit entlastet werden können, ohne dass eine zügige Erledigung und Mitbeachtung der Ortskenntnis darunter leiden (siehe weiter dazu den Abschnitt 3.7.3).

3.4 Verschiebungen zwischen den Anteilen von Kirche als Institution, Organisation und Gemeinschaft?

In den ekklesiologisch abgeleiteten Vorüberlegungen, war a) die These zugrunde gelegt worden: Von den dreierlei Sozialformausprägungen von Kirche (Institution, Organisation und Gemeinschaft) wird auch in Zukunft das Hybrid aus ihnen nicht überführt werden in eine Situation, wo etwa gar nicht mehr Institution und nur noch Gemeinschaft oder nur noch zweckrational durchstrukturierte Organisation gegeben sind. Andererseits war aber auch b) erwartet worden, dass in den unterschiedlichen Modellen sich die Gewichtsverteilungen zwischen Institution, Organisation und Gemeinschaft erheblich verschieben könnten.

Die Auswertung der Einzelfälle hat der Tendenz nach These a) deutlich bestätigt. Für die Vermutungen darüber, in welche Richtungen die Gewichtsverschiebungen zwischen den drei Sozialformen gehen können (b), gab es aber auch einige Überraschungen.

So war erwartet worden, dass Modelle der Entgrenzung des Raumes (Regionalisierung und Zentralisierung) zu empfindlichen *Einbußen in erlebter Gemeinschaft* führen können. Doch in den entsprechenden Interviews (2.1/2.2) war für die Ehrenamtlichen/Kirchenvorsteher stattdessen davon nichts wahrzunehmen. Es war gelungen, auch wenn Pfarrer/innen nur noch viel seltener vor Ort sind, Gemeinschaftserfahrungen in variierter Weise von hoher Erlebnisqualität zu etablieren. Dazu dienten vor allem eine nun etablierte Gruppe der Ehrenamtlichen (Kirchenvorstandstreffen als Gemeinschaft, so in 2.1, 2.2, vgl. auch 2.7) und auch durchaus intensive Besuche bei Einzelnen (2.2, vgl. auch 2.7). Die empfundene Verlässlichkeit des Kontakts scheint dabei wichtiger zu sein als die Häufigkeit. Dann können auch die Ehrenamtlichen von einem „Wir" reden, das die anschauliche Gemeinschaft der Kirchenmitglieder in der Region meint (vgl. 2.1, 2.2, 2.7). Wo aber das Zusammenkommen als nicht so verlässlich erlebt wird oder wo man den Eindruck hat, für den Pfarrer/die Pfarrerin seien andere wichtiger als die eigene Dorfgemeinde, da verhindert selbst die physische Anwesenheit im Dorf nicht, dass das „Wir" fast immer die je eigene Dorfgemeinde meint und der Pfarrer/die Pfarrerin dabei gerade nicht mit eingeschlossen ist (vgl. 2.8 und 2.9).

3.4.1 Kirche als Organisation

Das Gerüst einer zweckrational überlegten Organisiertheit von Abwesenheit und Anwesenheit, von Zeitrhythmen und von Unterstützungsleistungen, von als gerecht angesehenen ausgehandelten Kompromissen und offengelegten Zielen, also die *kirchliche Gesamtorganisation im Hintergrund*, spielt in den Beispielen eine eher noch bedeutsamere Rolle als erwartet. Dienstbeschreibungen, so zeigte sich für 2.8 und 2.10, beschränken sich immer noch zu sehr auf die bloße Nennung von pauschalen Prozentangaben, die schlicht nur angeben, welche Anteile der Stelle von welchem Finanzgeber finanziert werden. Bestenfalls werden Mindestangaben über eine Zahl der zu haltenden Gottesdienste oder den Gottesdienstrhythmus in den Raum gestellt. Pfarrerinnen und Pfarrer werden dann damit alleingelassen, alles weitere zu regeln; sie müssen die Zerreißprobe zwischen den unterschiedlichen Erwartungen allein mit sich selbst ausmachen. Wo diese Aufgabe klarer Absprachen als Kernbestandteil des Projekts selbst aufgefasst wurde (2.1) oder wo der Pfarrer als Persönlichkeit über Beliebtheit und Freundlichkeit und sehr hohen Zeiteinsatz es schafft, alle zufriedenzustellen (2.2), kann diese Lücke an Kirche als Organisation dennoch gefüllt werden. Ebenso ist das der Fall, wenn die Größe der Entfernungen alle Beteiligten zu langfristigeren Planungen zwingt (Finnland) oder wenn die Aufteilung für alle in gleicher Weise vorgegeben ist (so auf Hallig Hooge bei der Sommerkirche für die Touristen und der Winterkirche für die Inselbewohner).

Aber daneben stehen Fälle, wo diese Lücke deutlich zu sehen ist. Dies zeigt sich in mehrfacher Weise: a) Diejenigen, die von der Gesamtkirche in den Teildienst im Dorf geschickt wurden, haben keine funktionierende *Vorgesetztenebene*, kein Organisationsleitungs-Gegenüber, mit dem ein Austausch über die Gestaltung der Misch-Tätigkeit stattfindet (so 2.8 und 2.10). Es fällt für den Pfarrer/die Pfarrerin ein Gegenüber mit dem Interesse an der Gesamtverantwortung aus. b) Stattdessen sind sie nur jeweils für sich den *konträren Erwartungen anderer* ausgesetzt (2.8, 2.10, auch 2.9). c) Der *Informationsstand* dieser einzelnen Teildienst-Repräsentanten (Kirchenvorstand vs. Kommunität [2.8] bzw. Schule [2.9]) ist unterschiedlich – man sieht die jeweils andere Seite nicht wirklich bzw. man sieht sie nur aus der eigenen Perspektive als möglichen Konfliktherd. d) Das schafft *unter den Dorf-Ehrenamtlichen eine Atmosphäre des Argwohns*, wo sie den/die Pfarrer/in als eine/n sehen, von der/m sie nicht ausreichend das bekommen, was ihnen zusteht. e) Informationsfluss, Anwesenheitszeiten und Machtpositionen überhaupt können dann zum großen Thema werden.

In den Vorüberlegungen hatten wir erwartet, dass solche Modelle für die Zukunft besonders interessant sind, wo eine andere kirchliche Eigenorganisation (Kommunität, Schule, Diakonie) und Dorfgemeinde ein zukunftsweisendes Gesamt ergeben mit Vorteilen auch für andere Dörfer in der Region (2.8 bis 2.10). Die Interviewergebnisse weisen darauf hin, dass mehr noch als bei all den anderen Modellen ganz große Sorgfalt auf die Organisationsseite dieses kirchlichen Gesamtgebildes zu legen ist. Unklarheiten, die hier bestehen bleiben, scheinen geradezu zwangsläufig Konfliktpotenzial zu entwickeln.

3.4.2 Kirche als Institution

Die Institution wird schwächer, wenn die Ressourcen gering werden. Dass die Kirche in den peripheren Räumen als Problemfall wahrgenommen wird, hängt ja genau damit zusammen, dass ihre klassischen institutionalisierten Gestalten des Dorfpfarrers und des sonntäglichen Dorfgottesdienstes/der benutzten Dorfkirche wegbrechen. Damit steht die Kirche im Dorf überhaupt in Frage und wird ihr Weggang als letzter verbliebener Institution umso mehr als Verrat am Dorf empfunden, also als Verrat der Kirche an den Schwachen. Die Untersuchungen der ausgewählten Beispiele erbrachten aber auch hierzu mehr als erwartet:

Es lassen sich sämtliche vorgestellten Beispiele als Bemühungen verstehen, möglichst viel von der Institution Kirche zu bewahren: dass es weiterhin regelmäßig Gottesdienste im Dorf gibt (bes. 2.1 und 2.3, dass Dorfpfarrstellen(anteile) gesichert sind (2.2, 2.8, 2.9), dass also mit der Kirche vor Ort das Christentum als lebendige Größe weiterhin noch bemerkbar ist. Wenn weiterhin der Pfarrer/die Pfarrerin vor Ort ist und weiterhin der sonntägliche Gottesdienst gefeiert wird, dann, so zeigt das Beispiel Hooge (2.6) eindrücklich, bestehen noch die guten alten Verhältnisse von Volkskirchlichkeit: Kirche steht für Religion und Dorfkultur überhaupt, der Pfarrer ist Sinnbild und Akteur für den Zusammenhalt aller Bewohner. Oder, wie im Fall der Kombination von Schule und

Gemeinde (2.9): Es kann sogar etwas von Verhältnissen aus dem 19. Jahrhundert (die Überschneidung von Pfarramt und Lehrerberuf) in manchen Anteilen wieder neu hergestellt werden. In anderen Fällen sind die Gegebenheiten der Institution zwar weniger geworden, aber nur in Maßen weniger – und doch wird dies deutlich betrauert (2.6, 2.8, 2.9).

Besonders interessant sind die Anzeichen neuer Institutionalisierungen bzw. veränderter Institutionen: Der Gottesdienst findet statt, aber in einer Form, die ohne Liturgen auskommt (2.4). Es gibt weiterhin ein persönliches verlässlich ansprechbares Gesicht der Kirche – nur sind das nun Personen im Ehrenamt und ohne Theologiestudium (2.1, 2.4); es gibt weiterhin eine/n für das Dorf zuständige/n Pfarrer/in, aber als seltener und gern gesehener Besuch (2.1, 2.7). Was diese veränderten Institutionalisierungen auf Dauer bewirken, wird sich erst noch zeigen. Wie wird es sein, wenn Menschen es als Normalfall erleben, Gottesdienst ohne theologisch-liturgische Leitung zu feiern? Wie wird es sein, wenn Ehrenamtliche als Gesicht der Kirche pastorale Sichten auf ihre Gemeinde und ihre Dorfkirchenmitglieder entwickeln (z. B. als defizitäre Objekte betrachten, die zu aktivieren sind) und wenn 1. die Fragen von Nachfolge in der Rolle des Gesichts der Kirche sich nicht – so jedenfalls bei Pfarrstellen in einigen Landeskirchen – automatisch nach 10 Jahren stellen, wenn 2. in Konflikten keine Versetzung wegen ungedeihlicher Zusammenarbeit oder als Ergebnis von 10-Jahres-Gesprächen möglich ist oder wenn 3. auch nicht mit Erreichen eines Ruhestandsalters spätestens automatisch ein Generationswechsel bei der (ehrenamtlichen) Gemeindeleitung stattfinden muss?

Wie wird bei solchen veränderten Institutionalisierungen das Kooperieren mit anderen Institutionen des Dorfes aussehen? Bei den untersuchten Beispielen wurde davon leider wenig explizit, obwohl z. B. im Falle Finnlands (2.7) die Querverbindungen zu den Vereinen der Deutschen/Deutsch Sprechenden eine Rolle spielen. Was bedeutet es, wenn Individuen, die Gesicht der Dorfkirche geworden sind, eine Personalunion mit anderen Institutionen (im [kommunal-]politischen, kulturellen oder wirtschaftlichen Bereich) darstellen? Welche Chancen liegen darin – und welche Gefahren?

3.5 Brücken und Spannungen zwischen primärer und sekundärer Religionserfahrung

In den ekklesiologisch-theologisch bestimmten Vorüberlegungen hatten wir zwischen primärer und sekundärer Religionserfahrung unterschieden (1.2). Gemeint war damit die Differenzierung zwischen der allgemeinen, familiär und nachbarschaftlich sozialisierten und funktional eingebundenen Kulturreligion (Religion 1) und der bewussten als individuellem Bekenntnis gelebten spezifisch christlichen Religion (Religion 2). In einer Situation, in der Religion überhaupt in der säkularisierten Moderne nicht mehr selbstverständlich ist, bekommt das, was die Kirche thematisieren kann und thematisieren muss, einen doppelten Charakter. Nicht nur ist ihr Thema das spezifisch Christliche (Religion 2), sondern sie ist auch Anwältin in der Öffentlichkeit dafür, dass überhaupt dazu ermutigt wird, sich auf Religiosität einzulassen und mit Religion Erfahrungen zu machen. Kirche in der Spätmoderne leistet einen Dienst für die Gesellschaft darin, dass sie den Subjekten Räume für religiöse Erfahrungen (vgl. die Aufgabe 2 in Abschnitt 1.3) bereitstellt, ohne dass sie nicht-dezidiert christliche Erfahrungen ausschließt. Folgt man dieser Sicht, dann lässt sich diese Aufgabe in drei folgenden praktisch-theologischen Setzungen konkretisieren: a) Kasualienfrömmigkeit muss möglich sein und in ihrem relativen Eigenwert auch anerkannt werden können. b) Feste des Dorfes und für das Dorf müssen auch als kirchliche Feste begangen werden können. c) Öffentliche Nachbarschaftlichkeit mit anderen religiösen und nicht-religiösen zivilgesellschaftlichen Akteuren hat ihren Eigenwert.

Was ließ sich darüber in den Interviews sehen an Entwicklungen bei der Kirche in peripheren Räumen? Dass Kasualien, wenn gewünscht, weiterhin von der pastoralen Person der Kirche durchgeführt werden können, scheint so selbstverständlich zu sein, dass es in den untersuchten Fällen nie groß zum Thema wird. Für die Sätze b) und c) gilt: Wenig überraschend ist, dass die Kirche bei Anwesenheit der Pfarrperson auch als ständige Akteurin für Dorfgemeinschaft überhaupt und gemeinsam mit anderen Akteuren auftreten kann. So sind beispielsweise im Fall Oberammergau (2.2) die Beteiligung am öffentlichen Großereignis der Passionsfestspiele und das ökumenische und das gesellige Miteinander ausgeprägt; auf Hallig Hooge (2.6) wird die Situation mit dem Satz beschrieben: „Die Kirche steht für alle hier.“ Von größerer Aussagekraft sind die Fälle, bei denen die Verbindungen nicht mehr traditionell überkommen sind. Das gilt für die Beispiele aus dem Osten Deutschlands, wo eine kulturchristliche Nachbarschaft besonders hochgradig nicht mehr die Nachbarschaften prägt. Interessant ist auch zu prüfen, was sich verändert, wenn die Anwesenheit des Pfarrers vor Ort besonders selten geworden ist (am extremsten beim Beispiel Finnland). Die Überlegungen zu diesen beiden Punkten seien noch weiter unter Zuhilfenahme der Unterscheidung von „Religion 1“ und „Religion 2“ ausgeführt.

Für die Frage von Religion 2 ergibt sich hier insgesamt der Trend: *Tragende Verantwortung für Religion 2 bleibt nicht mehr den Hauptamtlichen (den Pfarrerinnen und Pfarrern) allein überlassen.* Wo Ehrenamtliche zum Gesicht der Kirche vor Ort werden, übernehmen sie Mitverantwortung eben auch für Religion 2. Sie sind darauf ansprechbar, stehen sie doch erkennbar nun für die evangelische Kirche und ihre Inhalte. Sie agieren hier auf eigene Verantwortung bis dazu hin, dass sie, allein sie, auch im Gottesdienst das Wort führen, antworten und bezeugen, was ihnen der biblische Text sagt (so das Beispiel der neuen Gottesdienstform in Wolsdorf [2.3]).

Wie aber steht es dann mit Religion 1? Ebenso *lässt sich bei der Kirche in peripheren Räumen Religion 1 auch in Zukunft nicht ausschließen*. Man kann das am Beispiel Finnlands (2.7) sehen, wo die Verknüpfung mit den Vereinen der deutschsprachigen Kultur im Ausland eng ist. Unter den Bedingungen Ostdeutschlands ist das aber weniger eindeutig. Hier hatte ja die kommunistische Religionspolitik vor allem dargestellt, dass Religion überhaupt unbegründet ist und darum auch die christliche Religion. Jeder Ausdruck von Religion war damit als Bekenntnis im Sinne von Religion 2 definiert. Und die kommunistische Weltsicht sollte als Überzeugungshaltung dann auch die Felder der kulturellen gemeinschaftlichen Funktionen von Religion 1 ersetzen (Jugendweihe, lokale gemeinschaftliche Begehung von Jahresfesten). Auch wenn die kommunistische Weltsicht sich dann auf Dauer nicht, ja immer weniger überzeugend durchsetzen ließ, blieb der Platz für Familienfeiern im Sinne der Funktion von Religion 1 doch hartnäckig besetzt, auch nach der Wende. Es konnte sich die Kirche hier nicht mehr erneut mit einem maßgeblichen Anteil etablieren. Wenn aber Kirchenmitglieder und bewusste Christen der Religion 2 dementsprechend weiterhin gleichgesetzt werden, dann erscheinen Phänomene, die dazu nicht passen, verwirrend. Bei den Ehrenamtlichen der Region Nördliches Zeitz (2.1) kommt dies exemplarisch zum Ausdruck, wenn sie sich wundern, wie es sein kann, dass „eingetragene Christen" nicht fleißig den Gottesdienst besuchen und dass die erstaunliche Nachbarschaftshilfe für die Renovierung des Kirchgebäudes des Dorfes dann nicht zur späteren Beteiligung der Helfer am Gottesdienstleben führt. Eine Einsicht in die öffentliche und kulturelle Bedeutung von Kirche für die Sinnfrage und die offenen Fragen nach Religion liegt hier doch noch fern. Sie wird nur erahnt mit einem Satz wie: Die Kirchen „sind noch so'n bisschen kulturelles Zentrum [der Dörfer]".

Noch einmal anders sieht es aus, *wenn aus theologischen Gründen Religion 1 als Aufgabe der Kirche abgelehnt wird*. Das ist in 2.8 der Fall. Hier erscheint nun auch die Kirche im Osten aus der Sicht des Kooperationspartners und auch des Pfarrers als dem Ideal von Religion 2 nicht entsprechend. Zusammengefasst ist das in dem Begriff „Kasualkirche". Er steht für den Typus der negativen, von sich entfremdeten und (jedenfalls im Osten Deutschlands) aussterbenden (Volks-)Kirche. Annähern kann man sich dann dementsprechenden Praktiken nur, wenn man sie als Hülle für einen anderen Inhalt, für Zwecke von Religion 2, nutzt: die Kasualfeiern für das Eigentliche der Verkündigung, das Mittelalterfest der Dörfer für die Zwecke eines Jahresfestes der Kommunität (statt der Dorfgemeinden). Doch zeigen sich am Rande, als Krisenerfahrung gedeutet, dass auch in der Kommunität nicht nur Überzeugungs-, sondern auch Sozialisierungsmechanismen zu wirken beginnen: Die Kinder der zweiten Generation verlassen die Kommunität und kehren nur zum Teil zurück. Wirtschaftlicher Erfolg könnte die Überzeugungsgemeinschaft zu satt machen und vom Inhalt der Angewiesenheit auf Gott wegführen. In einer solchen Konstellation, bei der man die faktische Dorfkirche theologisch als zu viel von Religion 1 durchdrungen problematisiert, wird es schwierig, zu Impulsen zu finden, die bei den Kritisierten konstruktiv wirken könnten, nämlich als Impulse für die Dorfkirche als Dorfkirche der Zukunft. Es scheint, als wird nur der Niedergang verwaltet; alles andere, was nicht in einer Tätigkeit zum Nutzen der Kommunität unmittelbar überführt werden kann, erscheint als vage Option und Einzelfall statt strukturell bedachte Option.

Es wird somit deutlich, was nötig ist. Zusätzlich zur für die sekundäre Religion fachexegetisch verantworteten Theologie bedarf es auch für die primäre Religion einer Theologie. Das müsste eine solche Theologie sein, die Kultur und Religion zwar unterscheidet, aber doch auch konstruktiv aufeinander beziehen kann, und die mit interreligiösen Konstellationen zwischen verschiedenen Religionen (im Osten bislang noch wenig im Blick) theologisch reflektiert umgehen kann.

3.6 Das Aufgabenspektrum der Kommunikation des Evangeliums auch in kleinsten Dorfgemeinden

Eingangs war von einer Rekonstruktion von sechs Grundaufgaben der Kirche ausgegangen worden (Tabelle 1 im Abschnitt 1.3). Bereits im vorigen Abschnitt 3.5 hatten wir unter dem Thema „Religion 1" die Aufgabe 2 (Räume für Religion bieten) neben der klassischen der Vermittlung der christlichen Botschaft (Aufgabe 1) bedacht. Somit bleibt hier noch nach den Feldern mit ausgeprägter Orientierung am Subjekt (Aufgabe 3: individuelle Lebensbegleitung; Aufgabe 4: Initiierung von Gemeinschaft) und Orientierung an der Welt (Aufgabe 5: Hilfe für Hilfebedürftige; Aufgabe 6: Einsatz für bessere Gesellschaft) zu fragen. Können Dorfgemeinden solche Aufgabenstellungen überhaupt angehen? Müssen sie sich bei Ressourcenknappheit nicht ganz aufs Thematische beschränken?

Die Interviews lassen sichtbar werden, wie viel an Wahrnehmung anderer Aufgaben möglich wird:

a) Die Dorfkirche in peripheren Räumen ist nicht zu klein und zu schwach für die Breite der Aufgaben: Dasjenige Beispiel (2.4 Altdöbern), das sich auf die allerkleinste Form konzentriert, widerspricht der Vermutung, bei wenig Ressourcen müsse das grundsätzliche Aufgabenspektrum kirchlicher Arbeit aufgegeben werden. Das Projekt entwickelt ja eine gottesdienstliche Kleinstform, bei der ganz ohne pastorale und liturgische Leitung Gottesdienst zu feiern möglich ist. Hier wird ernst genommen: Es ist für die Kirche mit ihrer Dorfkirchenstrategie alles andere als eine vernachlässigbare Größe, wenn auch zwei oder vier Menschen im Dorf Gottesdienst feiern möchten. Deren Lebensbegleitung im Dorf durch gelebte Kirche vor Ort ist wertvoll und soll mit dem Projekt bewerkstelligt werden. Und es wird solcher Kleinstgottesdienst bedacht als Bildung von kleiner Gemeinschaft, die nahelegt, nach der Feier noch ein bisschen zusammenzubleiben. Sie hat das Potenzial, nicht nur ein kleiner in sich geschlossener Zirkel zu bleiben, weil das gottesdienstliche Feiern selbst den Horizont erweitern kann: Wenn in der Kleinheit des Dorfes das Fürbittengebet andere Individuen im Dorf ausdrücklich benennt als die, für die gebetet wird, dann macht das einen Unterschied aus. Es stützt Impulse, auch als Individuum nach dem Gottesdienst interessiert zu sein an der Person, für die gebetet wurde, sich einzusetzen für alltagsnahes Hilfehandeln für sie. Damit aber liegt im scheinbar so unbedeutenden Kleinstgottesdienst/Lesegottesdienst das Potenzial, etwas beizutragen zur Verbesserung der Welt (des Dorfes). Und schließlich könnte sogar auch diese Form unter den Bedingungen Ostdeutschlands die Schwelle für Nichtgläubige senken, weil sie ja nur eingeladen sind, einmal mitzukommen, wenn eine Handvoll Nachbarinnen und Nachbarn unter sich (und ohne Pfarrer) zusammenkommen.

b) In spezialisierten Tätigkeiten liegt das Potenzial für die Breite des Aufgabenspektrums: Die Diakoniekirche Hephata (2.10) erscheint auf den ersten Blick beschränkt zu sein auf die Menschen in der diakonischen Anstalt und deren Freunde. Weil sie aber z. B. Konfirmandenunterricht für im rationalen Denken eingeschränkte Jugendliche anbietet, liefert sie damit auch eine Alternative für Individuen in der Region, bei denen Ähnliches vorliegt. Der Pfarrer der Diakoniegemeinde bietet sich als Experte an, mit der Familie und dem dortigen Ortspfarrer/der Ortspfarrerin die Situation zu erörtern. Gegebenenfalls, wenn die Entscheidung dann so läuft, erhält der Jugendliche daraufhin die Möglichkeit, in der Diakoniegemeinde einen für ihn passgenaueren Unterricht zu bekommen. Diese Hilfe für einen Hilfebedürftigen verändert dafür in einem ersten Schritt seine Situation in jener Kirchengemeinde vor Ort nicht, bis dann aber in der Konfirmationsfeier am Heimatort – gegebenenfalls begleitet von seinem Konfirmandenunterrichtspfarrer – für alle sichtbar demonstriert wird: Es gibt Behinderung, es gibt Exklusion in unserer Gesellschaft, und die evangelische Kirche, die Gottesdienstgemeinschaft vor Ort verhält sich dazu und sucht nach Möglichkeiten der Integration.

Ein zweites Beispiel: Die Schäferwagenkirche (2.5), bei der durch diesen Zusatzauftrag etwas vom bisherigen Dorfgemeindepfarramt noch einmal bewahrt werden konnte, feiert nicht nur andere Gottesdienste am Campingsee, sie erweitert auch Seelsorgegelegenheiten: Ein Pfarrer kann beim Aufräumen nach dem Gottesdienst ohne große Barrieren kurz mal angesprochen werden.

c) Auch in peripheren Räumen sind andere Hauptamtliche als die Pfarrerin/der Pfarrer möglich und sinnvoll.

Diese Möglichkeit ergibt sich erst, wenn man tatsächlich die Struktur einer umfassenderen Regionalisierung gewählt hat. So sieht man unter den analysierten Beispielen einzig bei der Region Nördliches Zeitz (2.1) auch andere Hauptamtliche wirken, die mit ihrer Situation zufrieden sind.

d) Auch lange Zeiten ohne pastorale Anwesenheit und Pfarrer/innen in weiter räumlicher Entfernung sind nicht das Ende der Dorfgemeinde.

Beim finnischen Reisepastorat (2.7) ist plausibel, dass eine pastorale Begleitung nicht anders geht – aber auch, dass dies viel mehr als gar nichts ist. Als potenziell gefährlich erweist sich in Finnland lediglich, dass man Gottesdienst nur dann feiert, wenn der Pfarrer/die Pfarrerin auch da ist – das aber müsste nicht sein (wie sich aus Beispiel 2.4 lernen lässt). Die Möglichkeiten der individuellen Begleitung über Fernunterricht, der seelsorglichen Hilfe über das Telefon und das Internet sind da und können genutzt werden. Wenn die Dorfgemeinde tatsächlich für die Menschen einen Unterschied macht, dann sind solche Überbrückungen heute mehr denn je möglich, sofern diese auch verlässlich und mit Einsatz von Seiten des Pfarrers/der Pfarrerin getan werden und es dann auch immer wieder regelmäßig zum Treffen vor Ort kommt.

3.7 Zusammenfassung: Kirche auf dem Land als Vorreiterin wichtiger Innovationen für die Kirche

An der Wende zum 20. Jahrhundert versuchte die Gemeindebewegung (Emil Sulze), die Dorfkirchenverhältnisse der Überschaubarkeit auch auf die städtischen Parochien zu übertragen. Das gelang teilweise, führt aber auch zu einer Verzögerung in der Beachtung von Modernisierungserfordernissen in den städtischen Gemeinden. Ab den 1960er/70er Jahren und dann noch einmal ab den 1990ern wurden Modelle der Zentralisierung, der Spezialisierung der Gemeinden und der Regionalisierung im Blick auf die städtischen Verhältnisse ausgearbeitet und begannen sich langsam auch in der Praxis auszuwirken. Ihre Übertragbarkeit auf die ländlichen Verhältnisse erwies sich dabei jedoch als schwierig – eine Einsicht, die nicht zuletzt auch zum EKD-Auftrag für die hier vorliegende Studie führte.

Die vorliegende Studie erbringt im Vergleich zum älteren Muster der Verdörflichung der Stadtgemeinden und zum jüngeren der schlichten Übertragung der städtischen Modelle auf das Dorf ein anderes Ergebnis. Es lässt sich auf die Formel bringen: *Die Gesamtkirche kann in der anstehenden Phase der allgemeinen Ressourcenverknappung von den dörflichen Verhältnissen in den peripheren Räumen lernen.*[81] Schon längst nicht mehr lautet die Botschaft wie früher: Wenigstens auf dem Land gibt es noch intakte Verhältnisse – die Vergangenheit der Kirche als Idylle. Sondern es gibt gute Gründe zu betonen: Die Zukunft einer veränderten Ausgestaltung von Pfarrberuf[82] und Ehrenamtlichenrolle wird auf dem Land schon angegangen. Forschungen zu Landgemeinden außerhalb Deutschlands weisen in die gleiche Richtung: Die Kombination aus in örtlicher Nähe selbstverantwortlich agierender Ehrenamtlicher mit der zuverlässigen professionellen Begleitung durch nichtlokale Hauptamtliche ergibt eine gute Mischung für die Kirche auf dem Land.[83]

Die Trends der radikalen Verringerung der Ressourcen werden bislang in den städtischen Verhältnissen und den Zwischenräumen zwischen Stadt und Land noch nicht so ernst genommen, wie es eigentlich angemessen wäre. Dabei sind sie doch mitbetroffen von drei Vorgängen, die man auf dem Land schlicht und einfach nicht mehr übersehen kann: 1. Es findet eine radikale Verringerung der Zahlen von Pfarrer/innen aus demographischen und finanziellen Gründen statt. Darin liegt nicht nur eine bloß quantitative, sondern auch eine *qualitative Veränderung des Pfarrberufs*. Wenn parallel dazu die Landeskirchen die Bedeutung der Prädikantinnen und Prädikanten entdecken, stellen sich die Fragen nach dem Verhältnis zwischen deren Dienst und dem im ordinierten Pfarramt, wie in der Debatte für oder gegen eine Prädikantenordination bereits deutlich wurde. 2. Die *Entdeckung der Ehrenamtlichen als zentrale Akteure* überhaupt führt zur Frage, ob sie nicht noch viel mehr als bislang

81 Auch Göring-Eckardt, 2012, ist der Ansicht, „dass vieles, was wir für den weiten, ländlichen Raum bedenken, früher oder später in der Stadt ankommt" (11).

82 Weber, 2012, spricht von „neuen Formen des Pfarrdienstes"; „der Pfarrer wird mobil" (19); vgl. auch a.a.O., 21 zur Ausdifferenzierung pastoraler Dienste und: „Die Residenzpflicht verliert [...] ihre innere Begründung" (23). Für Schilling, 2012, gehört ebenfalls zu einem nötigen „Maßnahmenbündel [...] [d]ie Aufhebung der Präsenz- und Residenzpflicht, die als Grundsatz weder sach- noch zeitgemäß sind" (38).

83 Eine Studie zu Landgemeinden in Australien (Hughes, 2010) kommt zu dem Ergebnis: Weder die rein ehrenamtlich geleiteten Gemeinden noch die hauptamtlich geleiteten sind per se besser als der jeweils andere Typ. Während Erstere „ownership" und lokale Vernetzung ausspielen können, können Hauptamtliche ihren Mangel daran wiederum doch durch Professionalität, theologische Tiefe und kirchliche Weite kompensieren (15, zit. in: Schlegel, Ausstrahlung, 2012, 29 Anm. 19). Stattdessen „gedeihen die Gemeinden am besten, in denen ein Team von Ehrenamtlichen von einem externen Hauptamtlichen betreut wird" (Schlegel, a.a.O., 39 Anm. 28, mit Verweis auf die gleiche Studie, 12.)

in einer Theologie des Ehrenamts[84] als Schlüsselakteure der Kirche begriffen werden müssen. Während in den Städten und Zwischenräumen zwischen Stadt und Land Pfarrerinnen und Pfarrer in Reichweite vor Ort da sind und die Diskussion über Ehrenamtliche mehr als eine der bloßen Wertung und der Abstimmung von Zusammenarbeit zwischen Anwesenden ist, zeigen einige unserer Beispiele (2.1, 2.3, 2.5) in den peripheren Räumen längst eine andere Wirklichkeit: Ehrenamtliche sind die einzigen normalerweise anwesenden Ansprechpartner für Kirche im Dorf! 3. Der Trend zu einem Ausbau der Organisationsmerkmale der Kirche stellt die Frage nach dem *Charakter kirchlicher Verwaltung und deren Dienstleistungsauftrag* zugunsten sowohl der pastoralen als auch der ehrenamtlichen Akteure der Kirche.

Zur Debatte über die Veränderungen liefern die Ergebnisse über die neuen Muster kirchlichen Arbeitens in den peripheren Räumen einen interessanten, weil radikal zugespitzten Beitrag. Das sei abschließend nun noch einmal profiliert.

3.7.1 Von Pfarrerinnen und Pfarrern im Zentrum aller Gemeindeprozesse zur selten gewordenen Erscheinung mit besonderen Aufgaben

Die Entwicklungen auf dem Land führen vor: Pfarrer/innen werden – jedenfalls in den peripheren Räumen – in Zukunft noch weniger als bisher durch ihre ständige Präsenz auf Gemeindeentwicklungsprozesse regieren können. Das macht sie allerdings nicht weniger wichtig, sondern anders wichtig. Sie werden gebraucht mit ihrer qualitativ hochwertigen *hermeneutischen Kompetenz*. Mit ihr unterstützen sie auch bei zeitlich beschränkter Präsenz die Gemeinden wesentlich: Durch ihren Weitblick für die Wechselbeziehung von Bibel und gegenwärtiger Situation stehen sie den Gemeinden mit Spitzeninterpretation zur Verfügung: für ausgesuchte Gottesdienste, für Begleitung der Ehrenamtlichen in der Schlüsselrolle, für die gravierenden Notfälle des Lebens. Gerade wenn Pfarrerinnen und Pfarrer für eine größere Region als die lokale Gemeinde zuständig sind, stehen sie außerdem noch deutlicher für den *ökumenischen, d.h. hier den ortsübergreifenden Charakter christlicher Kirche*. Wenn eine solche professionalisierte Unterstützung durch Pfarrer/innen gelingt, werden sie weniger für Geselligkeit und Kontakt mit möglichst vielen stehen können, auch nicht mehr für die Gesamtvorgänge der Verwaltung und Organisation am Ort, dafür stärker als bislang für ausgewählte Predigt und ausgewählte Seelsorge. Ihre Tätigkeit nimmt damit

84 epd-Dokumentation 21/2013 des Konsultationstages zur Theologie des Ehrenamts am 7.3.2013. Darin u.a.: Eberhard Hauschildt, Kirchliche Strategie ehrenamtlichen/freiwilligen Engagements und die „Theologie des Ehrenamtes", 7–14.

zunehmend einen *Charakter* an, der bislang den *geistlichen Repräsentanten der mittleren Ebene* vorbehalten war. Möglich wird das freilich nur dann, wenn sie ihrerseits von Aufgaben der Verwaltung vermehrt entlastet werden können.

3.7.2 Ehrenamtliche in der Schlüsselposition

Wenn Ehrenamtliche in die Schlüsselposition merklich mit einrücken, dann gewinnen die Fragen ihrer Qualifizierung Gewicht.

1. Ein wichtiger Weg sind *Schulungsmodelle*.[85] Ausbildungen für jeweils einen einzelnen Sektor haben schon längere Tradition (besonders bestimmte Bereiche der Seelsorge wie der Telefonseelsorge, der Krankenhausseelsorge und für den Besuchsdienst). Mit Ausbildungen für den Dienst des Prädikanten/der Prädikantin betrifft das auch eine öffentlich exponierte Schlüsselrolle. Wegweisend erscheint uns die von der Landeskirche Braunschweig zusammen mit der Hannovers entwickelte Ausbildung zum Gemeindekurator/zur Gemeindekuratorin. Zwar setzt sie (so auch der in Sachsen noch etwas früher entwickelte Kurs für Kirchenkuratoren) bei der Verantwortung für das Kirchengebäude an. Sie passt damit aber genau auch für solche Gemeinden, die keine pastoralen Hauptamtlichen mehr vor Ort haben. Mit ihren Modulen zu einem Verständnis von Gemeinde überhaupt und von Ehrenamtlichkeit und von Kommunikation und zum Anbieten von Andachten begibt sich diese Ausbildung auf den Weg, einen sehr umfassend ausgelegten Dienst für Aufgaben in einem breiten Spektrum vorzubereiten.
2. Die eben genannten formalisierten Schulungen haben aber auch eine Grenze. Sie richten sich de facto an bildungsaffine Menschen aus den entsprechenden Milieus der Kirche. Darum ist stärker noch die gesamte *Vielfalt von Ehrenamtlichen mit ihren Varianten an Fähigkeiten und Interessen* zu beachten. Nicht in jedem Dorf wohnen potenzielle Prädikanten oder Gemeindekurator/innen. Für die Zukunft sind vielmehr lokal sehr unterschiedliche Verhältnisse von Leitung durch Ehrenamtliche zu erwarten. Für welche kirchliche Tätigkeit im Einzelnen Menschen vor Ort da sind und für welche nicht und wie sehr solche Menschen bildungs- und schulungsaffin sind oder nicht, das wird sehr verschieden sein. Darum müssen die Arten der Unterstützung für diese Personen eine entsprechende Passung annehmen können. a) Die Angebote müssen diversifiziert sein. So liegt der besondere Charme des Brandenburgischen Modells für kleinste Dorfgottesdienste (vgl.

85 In „Wandeln und gestalten" (2007) erfährt das Thema der „Aus-, Fort- und Weiterbildung von Ehrenamtlichen" eine deutliche Aufmerksamkeit (67), ist dabei der landeskirchlichen Ebene zugeordnet; die „Begleitung Ehrenamtlicher" wird auch als Aufgabe der Pfarrer/innen gesehen.

2.4) gerade darin, dass hier ein Formular geboten wird, das einen Gottesdienst auch noch zu viert erlaubt, ohne dass überhaupt eine Person eine liturgische Leitungsrolle einnehmen muss; lesen zu können reicht aus. b) Die Aufgabe von Pfarrer/innen, die für eine zweistellige Zahl von Dorf-Kleinstgemeinden zuständig sind, besteht dann gerade darin, solche Ehrenamtlichen in überschaubaren Gruppen begleiten zu können. Die die pastorale Kompetenz abrufende Herausforderung besteht darin, zusammen mit den Gruppen herauszufinden und zu bearbeiten, zu welchem Thema, für welche Tätigkeit und auf welche Weise die jeweiligen Gruppenmitglieder Unterstützung brauchen.

3.7.3 Hauptberufliche der Kirche in der Beraterfunktion

Wenn angesichts der Grenzen der Fähigkeiten der Ehrenamtlichen je fallweise Unterstützung durch die Gesamtkirche wichtig wird und wenn Pfarrerinnen mit ihrer weitgespannten Arbeit für jeweils eine Mehrzahl von kirchlichen Orten ebenfalls entlastet werden sollten, dann bekommt das Arbeiten auch anderer Hauptberufe als des pastoralen eine veränderte Zuspitzung. Verwaltungskräfte, Bauspezialisten, Rechtspezialisten, professionelle Kirchenmusiker/innen, Sozialarbeiter/innen, Diakon/innen und pädagogische Kräfte werden dann wichtig auch genau für diese Aufgabe: bei Anfrage in einem zu bestimmenden Umfang die Gemeinden vor Ort zu beraten, sei es in pastoraler Leitung oder in ehrenamtlicher. Das heißt, sie wären dann in diese Richtung zu qualifizieren, nicht nur Fachwissen zu haben. Sie sind gezielter als bisher ebenso auf die *kommunikative Aufgabe als Teil ihres Professionshandelns* vorzubereiten, ihr Fachwissen konstruktiv ermutigend in den verschiedenen Fällen einer Reihe von Gemeinden vor Ort einbringen zu können. Sie müssen darauf vorbereitet sein, dass die jeweilig vorhandenen Kompetenzen beim Gegenüber viel geringer oder viel höher sein könnten als vermutet.

Treffen die diakonischen und pädagogischen Berufsbilder, also Hauptberufliche mit einer Doppelkompetenz aus Theologie und Sozialarbeit oder Theologie und Pädagogik, ist für die Kirche zu beachten: Für welche Art von Tätigkeit in den peripheren Räumen (und nicht nur dort) sollen sie denn eigentlich angestellt werden? Drei unterschiedliche Ausprägungen sind denkbar. a) Sie könnten in eine selbstständigere umfassende Gemeindeleitungsaufgabe als bisher einwandern. Das heißt allerdings: Sie wären dann im Grunde Ersatzpfarrer/innen – mit speziellen Kompetenzen. b) Sie könnten stärker für Projekte in einer jeweiligen Region an einem ihrer Orte bereitstehen. Dann würde man damit rechnen, dass eine funktionale Bedeutung von einzelnen Dörfern als Schwerpunktort für eine ganze Region möglich ist. c) Sie könnten ähnlich wie sonstige kirchliche Verwaltungsstellen für die fachliche Beratung in angefragten Fällen bereitstehen, für die eben eine spezifisch pädagogische oder spezifisch sozialarbeiterische Fachkompetenz zielführend ist.

An einem ganz konkreten Beispiel sei eine solche unterstützende Fachberatung skizziert, die sich stark an einem spezifischen Bedarf im Dorf orientiert: Kirchenmusiker/innen als Musikprofessionelle könnten ein Angebot machen, Instrumentalunterricht für Ehrenamtliche vor Ort oder an einem Zentrum anzubieten als Service der Kirche für die Dörfer: Deren Ziel ist, für Gottesdienste in peripheren Räumen eine musikalische Begleitung durch Kräfte im Dorf zu ermöglichen – an dem Instrument, für das zufällig sich jemand anbietet.

Die Veränderung der Tätigkeit nichtpastoraler Hauptberuflicher bedeutet dabei nicht nur eine Veränderung auf der Ebene dieser Individuen, sondern stellt die Frage danach, wie überhaupt dafür die *angemessenen Organisationsstrukturen* aussehen sollen.

3.7.4 Zellgruppen

Kleinstformen von Gemeinde sind wahrzunehmen, ekklesiologisch aufzuwerten und kirchlich zu fördern. Dabei dürften a) einerseits standardisierte Modellbausteine, die überregional entwickelt werden können, hilfreich sein. Das Beispiel der Gottesdienstliturgien für Kleinstgottesdienste (2.4) war oben bereits ausführlich angesprochen. Andererseits ist b) eine personale Unterstützung durch Angebote des Austauschs zwischen einzelnen Zellgemeinden von Bedeutung. Das kann über selbstgeknüpfte Netzwerke geschehen. Bei evangelikal-missionarisch ausgerichteten Zellgemeinden ist das in der Regel der Fall. Auch für andere frömmigkeitsprofilierte oder themenprofilierte Gruppen (z. B. ökumenische Zellgemeinde aus Katholiken und Protestanten, schöpfungstheologisch-ökologisch ausgerichtete Zellgemeinde) wäre das denkbar. Näher liegt allerdings, dass die Zellgemeinden einer Region über die zuständige Pfarrstelle in Kontakt gebracht werden, ihnen also in einer pastoral geleiteten/initiierten Regionalgruppe der Austausch über die sie gemeinsam betreffenden Herausforderungen erleichtert wird.

3.7.5 Der Beitrag zur gesamtkirchlichen Atmosphäre

Man kann hinterfragen, ob die hier skizzierten Entwicklungen für die Gesamtkirche in Deutschland so radikal eintreten werden, wie sie sich jetzt schon in peripheren Räumen zeigen. Auch dann noch haben die Ergebnisse der Studie Bedeutung für die Gesamtkirche der Gegenwart. Die Kirche in den peripheren Räumen zeigt an, dass und wie Kirche auch so unter den Verhältnissen in

Deutschland möglich ist.[86] Damit hilft die Kirche in peripheren Räumen der Gesamtkirche, auf eine mögliche Entwicklung vorbereitet zu sein. „An den Rändern eines Systems entstehen die Innovationen."[87]

Die Entwicklungen in den peripheren Räumen gesamtkirchlich wahrzunehmen, ist bedeutsam. Sie erscheinen jedenfalls im Rahmen der in dieser Studie benutzten Kirchentheorie nicht von der Art, dass sie die Grundbausteine gegenwärtiger kirchlicher Dynamik schon in Frage stellen, nicht einmal die der in der Volkskirche besonders hervortretenden Logiken von kirchlicher Institutionalität (vgl. differenzierend dazu oben 3.4.2) und von „Religion 1" (3.5) und auch nicht das Spektrum der Aufgaben der Kirche. In ihr sind dabei auch einige der bisherigen Gewohnheiten deutlich zu modifizieren – mit teils offenem Ausgang, wie es genau aussehen wird und wo die Chancen und Risiken sich darin genau verteilen. Insgesamt aber zeigte sich: Kirche mit viel weniger Ressourcen ist möglich – nicht als die deswegen bessere und an sich erstrebenswerte Kirche, aber ebenso als mögliche, auf die Lage passende und gute Kirche.

86 Nur angemerkt sei, dass neue Arbeitsformen in einigen Fällen auch erfordern, rechtliche Ermöglichungen oder Anpassungen dafür zu schaffen. Am Beispiel der Erfordernisse medizinischer Versorgung für das Land lässt sich sehen, wie groß Hürden an dieser Stelle sein können. Vgl. Steffen Fleßa, 33–36.

87 Schilling, 2012, 37.

III
Landaufwärts – Innovative Beispiele missionarischer Praxis in peripheren, ländlichen Räumen Die Greifswalder Studie

*Thomas Schlegel/Jörg Zehelein/Claudia Heidig/Andreas Turetschek/
Stefanie Schwenkenbecher/Heike Breitenstein*

1 Die Kriterien der Studie – Mission, Land, Innovation

1.1 Motivation und Absicht

Ländliche Räume genießen derzeit besondere Aufmerksamkeit.[1] Dies dürfte mehr sein als eine Modeerscheinung. Der rasante Wandel in peripheren ländlichen Räumen stellt die bisherige Staatlichkeit und die gewohnte Kirchlichkeit – vor allem strukturell – in Frage.[2] Durch schrumpfende Bevölkerungszahlen, zurückgefahrene Präsenz und ausgedünnte kirchliche Infrastruktur werden die Angebote weniger, die Gruppen kleiner und die Gebiete größer: Mancherorts lässt sich weder die Parochialstruktur halten noch dem traditionellen Pfarrerbild genügen.

In der vorliegenden Studie soll es *nicht* darum gehen, diese Dynamiken zu beschreiben – entsprechende Analysen werden vorausgesetzt[3] und jenseits von Dramatisierung und Beschönigung zu rezipieren versucht.[4] Die Absicht dieser Seiten besteht auch *nicht* darin, kybernetische Lösungen anzubieten oder gar ein Gemeindeentwicklungskonzept für die Peripherie zu entwerfen. Vielmehr soll dargestellt werden, wie von Kirchengemeinden bzw. christlichen Akteuren auf die Situation bereits *reagiert wurde*. Entsprechende Modelle werden analysiert und auf einen weitergehenden Ertrag hin befragt.

---

1 Zum Thema „Ländliche Räume und Kirche" sei auch auf die gemeinsame Einleitung beider Studien verwiesen (vgl I.).

2 Vgl. zur staatlichen Dimension Jens Kersten/Claudia Neu/Berthold Vogel, Demografie und Demokratie. Zur Politisierung des Wohlfahrtsstaates, Hamburg 2012, zur kirchlichen Dimension: Thomas Schlegel, Strukturell angefragt: Volkskirche in ländlichen Räumen, in: Kirche im ländlichen Raum 64,1 2013, 8–11, und zur Verschränkung beider Sphären: Claudia Neu/Thomas Schlegel, Anders und doch so ähnlich: Kirche und Staat als Akteure im ländlichen Raum, in: kunst und kirche 74 2011, Heft 1: Regionen – Orientierung im ländlichen Raum, 9–14.

3 Vgl. Frieder Dünkel u. a., 2014. Pointiert, regional eingefärbt, aber dennoch verallgemeinerbar ist die kirchliche Situationsanalyse in „Bei Dir ist die Quelle des Lebens. Überlegungen und Anregungen für eine Gemeindekirche von morgen", ein Papier, das 2009 u. a. von Ralf-Peter Fuchs, Matthias Rost und Annegret Freund für die ehemalige Evangelisch-Lutherische Kirche in Thüringen erarbeitet wurde.

4 Die Sichtung der einschlägigen Literatur zeigt, dass dieser Mittelweg selten beschritten wird. Die Darstellungen changieren mehrheitlich zwischen Untergangsszenarien und Bauernhofromantik, sicher in beidem ein *particulum veri* enthaltend. Vgl. dazu den Forschungsüberblick unter II, 2.2, S. 29.

Idealtypisch sind drei Reaktionen auf die Veränderungsprozesse in ländlichen Räumen denkbar und empirisch nachweisbar[5]: Das „Gegensteuern" versucht, die Entwicklungen innerhalb der gewohnten Bahnen aufzuhalten, sie abzubremsen oder gar umzukehren. Das „Anpassen" modifiziert die bisherigen Lösungen und passt sie so der neuen Situation an. Beide Maßnahmen sind auch aus dem kirchlichen Kontext bekannt. Obwohl sie in gewissen Bereichen notwendig sind, bleiben sie *rückwärtsgewandt*. Andreas Weber und Reiner Klingholz machen nach ihrer umfassenden Analyse entsprechender Projekte auf Bundes- und Länderebene deutlich, dass auf diese Weise keine nachhaltige Änderung erreicht wurde: „Gegensteuern" verbrauche die Energie damit, *gegen* etwas zu sein – was sich nicht aufhalten lässt, „Anpassen" machte nach einigen Jahren erneute „Anpassung" vonnöten. Dagegen zeichnet alle erfolgreichen Projekte des Bundes (und in Europa) folgende Grundhaltung aus:

> „Sie setzen nicht an den *Folgen* einer Entwicklung an und suchen diese zu *berichtigen* – etwa mangelnde Industrieansiedlung durch die vorauseilende Einrichtung von Gewerbeparks, die dann leer bleiben. Sie organisieren vielmehr *an der bestehenden Schrumpfung vorbei neues Handeln*, das nicht primär Symptome mildern muss, sondern das eine neue Dynamik schafft, die dann einen Abwärtstrend umkehren kann."[6]

Man könnte auch knapp formulieren: Die Projekte, die sich nicht nur resistent gegenüber den Schrumpfungsdynamiken zeigten, sondern sie partiell umkehren konnten, gingen in der Regel *neue Wege* und dachten bzw. agierten jenseits herkömmlicher Muster.

Diese Ergebnisse haben unser Interesse geweckt und auf vergleichbare Initiativen im kirchlichen Raum gelenkt. Denn im Rahmen unserer Beschäftigung mit „Kirche in ländlichen Räumen" sind wir als Institut zur Erforschung von Evangelisation und Gemeindeentwicklung (IEEG) immer wieder auf solche Projekte gestoßen: Kirchengemeinden, christliche Vereine und spontane Initiativen, die unter den herausfordernden Rahmenbedingungen der Peripherie kreative Ideen hatten und innovative Wege beschritten. Sie versuchten nicht aufzuhalten, sie reagierten nicht mit Rückbau, sie initiierten etwas Neues.

5 Vgl. Andreas Weber/Reiner Klingholz, Demografischer Wandel. Ein Politikvorschlag unter besonderer Berücksichtigung der Neuen Länder, Gutachten erstellt vom Berlin-Institut für Bevölkerung und Entwicklung, Berlin 2009.

6 A. a. O., 11.

Wir wollten wissen: Was zeichnet diese Gemeinden/Projekte aus? Was genau machen sie? Lassen sich im Vergleich Gemeinsamkeiten oder Besonderheiten identifizieren? Absicht war es, den Lernertrag aus diesen Modellen für die allgemeine kirchliche Praxis in ländlichen Räumen zu ermitteln.

In gewisser Weise bewegen wir uns hier auf dem Feld des „Best-Practice-Learning". Allerdings weist die dahinterliegende Logik – nicht nur wegen des Übertrags in den kirchlichen Bereich – gravierende Schwächen auf. In Anlehnung an den Schweizer Betriebswissenschaftler Michael Wade[7] sollen vier kritische Anmerkungen formuliert werden:

1. Was für eine Kirchengemeinde hilfreich war, muss es nicht für die andere sein. Wenn man den Ansatz einer kontextuellen Theologie bzw. inkarnatorischen Mission ernst nimmt, kann es keine Lösungen für alle geben. Jede Situation ist einmalig, und was in einem Fall weiterführt, kann in einem anderen Fall ins Leere laufen.
2. Ebenfalls kann es nicht um Kausalitäten gehen. Es ist nicht nachweisbar, dass ein bestimmtes Verfahren tatsächlich zum „Erfolg" führt. Die Analyse kann zwar Faktoren identifizieren, die alle ausgesuchten Vertreter teilen, aber ob diese den „Erfolg" bedingen, kann nicht belegt werden.
3. Wenn man sich allein an den innovativsten Organisationen orientiert, wird die Möglichkeit eigener, zukünftiger Innovationen ausgeblendet. Man bleibt dann letztlich auch in eingefahrenen Bahnen, nämlich den neuen Wegen anderer.
4. Schließlich besitzt das „Best-Practice-Learning" das Potenzial, die eigenen Mitarbeiter zu frustrieren. Die bereits eingeschlagenen Wege werden stets mit dem Modell verglichen und demgegenüber als suboptimal empfunden.

Zieht man allein diese vier Kritikpunkte in Betracht, dann legt es sich nahe, dem Muster des „Best-Practice-Learning" in der vorliegenden Studie nicht zu folgen.

Das gängige „Best-Practice-Learning" bietet nicht den Theorierahmen für diese Untersuchung, vielmehr das Konzept der *sozialen Innovation*. Bisher eine Domäne der Ingenieure und Betriebswirte, interessieren sich die Kultur- und

7 Vgl. <http://content.alpha.ch/b2c/1-ratgeber-hr-informationen/4-wissen-weiterbildung/1_alpha-aktuell/schattenseite-best-practice-lehre> (besucht am 05.11.2012). Indes werden die Grenzen des Best-Practice-Learning in verschiedenen Ansätzen sichtbar, so beispielsweise in dem Cynefin-Framework, das maßgeblich durch Dave Snowden entwickelt wurde (Cynefin, a Sense of Time and Place. An Ecological Approach to Sense Making and Learning in Formal and Informal Communities, conference proceedings of KMAC at the University of Aston, July 2000).

Sozialwissenschaften nun verstärkt für den Begriff der Innovation.[8] Darunter verstehen sie „eine von bestimmten Akteuren bzw. Akteurskonstellationen ausgehende intentionale, zielgerichtete *Neukonfiguration sozialer Praktiken* in bestimmten Handlungsfeldern bzw. sozialen Kontexten mit dem Ziel, Probleme oder Bedürfnisse besser zu lösen bzw. zu befriedigen, als dies auf der Grundlage etablierter Praktiken möglich ist".[9]

An einer späteren Stelle wird das Konzept soziale Innovation ausführlicher vorgestellt.[10] Hier möchten wir nur einige Aspekte hervorheben. Sie sollen Absicht, Aufbau und Kriteriologie unserer Studie plausibel machen, aber auch verdeutlichen, weshalb wir uns für diesen Theorierahmen entschieden haben.

1. Bei sozialen Innovationen geht es um die *„Neukonfiguration sozialer Praktiken"*. Sie besitzen einen Neuigkeitswert. Wir wollten in vorliegender Studie wissen, welche neuartigen Muster sich in Kirchengemeinden und Initiativen eingespielt haben. **Welche neuen Ideen** gibt es in der ländlichen Gemeindepraxis? Dieser Frage gingen wir bei der Sichtung und Prüfung der Beispiele nach und beantworten sie in der **Auswertungsdimension Eins**.
2. „[S]oziale Innovationen [sind] sehr viel *kontextabhängiger* und in ihrer konkreten Ausprägung -spezifischer als technologische."[11] Der Kontextbezug ist zentral für Idee und Wirklichkeit sozialer Innovationen: Sie entstehen da, wo sich das Umfeld verändert. Weil die bisherigen Abläufe den neuen Anforderungen nicht genügen, bilden sich neue heraus. „Dementsprechend kann man soziale Innovationen als geeignete Mittel betrachten, gesellschaftlichen Herausforderungen zu begegnen."[12] Mit dem **Kriterium „Innovation"** prüfen wir, auf **welche Herausforderungen** des peripheren ländlichen Raumes die Akteure antworten bzw. welche Problemlage sie bei der Ausarbeitung ihrer Konzepte im Blick hatten (**Auswertungsdimension Zwei**).
3. „Für viele Autoren ist die *Wertebezogenheit* sozialer Innovationen eines ihrer zentralen Kennzeichen."[13] Das Wort „sozial" könne durchaus „im normativen Sinne" verstanden werden. Das heißt, dass soziale Innovationen am Gemeinwohl orientiert sind.[14] Als „Ergebnis intendierten und zielgerichteten

8 Vgl. Werner Rammert, Die Innovationen der Gesellschaft, in: Jürgen Howaldt/Heike Jacobsen, soziale Innovation. Auf dem Weg zu einem postindustriellen Innovationsparadigma, Wiesbaden 2010, 21–50.

9 Jürgen Howaldt/Michael Schwarz, Soziale Innovation – Konzepte, Forschungsfelder und -perspektiven, in: Jürgen Howaldt/Heike Jacobsen, soziale Innovation, 87–108, 89.

10 Vgl. den Abschnitt zum Kriterium der *Sozialen Innovation* auf Seite 188 ff.

11 Howaldt/Schwarz, Soziale Innovation, 89.

12 Katrin Gillwald, Konzepte sozialer Innovation, (Wissenschaftszentrum für Sozialforschung Berlin), Working Paper 00–519, Berlin 2000, 7 f. (Download unter <http://bibliothek.wzb.eu/pdf/2000/p00-519.pdf>).

13 Howaldt/Schwarz, Soziale Innovation, 90.

14 A. a. O., 91.

Handelns"[15] und implementiert durch „planned and coordinated actions"[16] können sie unterschiedlichen Zwecken und Interessen dienen, „je nach Nutzendimension und geltender Rationalität"[17]. Ausgehend von dem grundlegenden Auftrag der Kirche wird diese Ausrichtung in dem **Kriterium „Mission"** beschrieben. In der **Auswertungsdimension Zwei** fragen wir, **welcher Aspekt der Mission** die jeweiligen Akteure leitete, und bringen dies in Verbindung mit den beiden anderen Kriterien Land und Innovation.

4. Soziale Innovationen entstehen „bei zunehmender Dysfunktionalität etablierter Praktiken"[18]. Neues gemeindliches Leben – so könnte man übertragen – stellt sich dort ein, wo bisherige Konzepte nicht mehr ausreichend funktionieren. Auch „die Diffusionschancen sozialer Innovationen sind in der Regel dort am größten, wo etablierte Institutionen nicht oder nur marginal agieren"[19]. Beides ist wohl am ehesten dort gegeben, wo die institutionelle Präsenz der Kirche am geringsten und weitmaschigsten ist: in der *Peripherie*. Wir wollen also bewusst Beispiele aus dem peripheren ländlichen Raum begutachten (**Kriterium „Land"**). Uns interessiert, wie genau diese sozialen Innovationen dort entstehen: Bietet die Ausdünnung eher Chance im Sinne eines Experimentier- und Freiraumes oder Hindernis aufgrund der fehlenden geistigen und finanziellen Ressourcen[20] (**Auswertungsdimension Zwei**)?

Auf die letzte Frage versucht auch **Auswertungsdimension Drei** zu antworten. In ihr wird besonders nach der **Anfangsphase** der sozial-missionarischen Innovation in der Peripherie gefragt: Welche Faktoren wirkten hier

15 A. a. O., 92.

16 Trisha Greenhalgh et al., Diffusion of Innovations in Service Organizations. Systematic Review and Recommendations, in: The Milbank Quarterly 82,4 2004, 581–629, hier 582.

17 Howaldt/Schwarz, Soziale Innovation, 92.

18 A. a. O., 90.

19 A. a. O., 93.

20 Aufgrund verschiedener Faktoren kann in beide Richtungen argumentiert werden: Zum einen weisen die beiden oben zitierten Aussagen darauf hin, dass Ausdünnung eher eine Chance für Innovation darstellt. Unterstützt wird dies durch eine historische Untersuchung Ibn Chalduns von 1951. Er „sah in der mittelalterlichen arabischen Welt die Städte als Zentren der Macht, deren administrative Fixierung aber gesellschaftliche Liberalisierung und Innovation hemmte, während sich diese in den Peripherien entwickelten" (Stephan Beetz, Peripherisierung als räumliche Organisation sozialer Ungleichheit, in: Eva Barlösius/Claudia Neu [Hg.], Peripherisierung. Eine neue Form sozialer Ungleichheit?, Berlin 2008, 7–16, hier 9 f.). Im selben Sammelband findet sich auch ein Beitrag von Annette Spellerberg. Sie fragt nach den Chancen der Peripherie in einer Wissensgesellschaft. Weil Wissen erst durch soziale Auswertung von Informationen entsteht (vornehmlich in Face-to-Face-Kontakten), sind verdichtete Metropolregionen im Vorteil. Wissen wird hier zum entscheidenden Produktionsfaktor, der die ländlichen Räume diesbezüglich im Abseits stehen lässt. So lautet das Fazit, dass „periphere Regionen von der Wissensgesellschaft vergleichsweise weit entfernt sind" (Ländliche Räume in der hoch technisierten Dienstleistungsgesellschaft: mittendrin oder außen vor? In: a. a. O., 25–35, 28 f.).

begünstigend? Welche behinderten die Entwicklung der neuen Ideen?[21] Welche Erkenntnisse können ganz allgemein über eine solche Neuentwicklung gewonnen werden? Diese Fragen dürften von besonderem kybernetischem Interesse sein. Denn sie lassen Rückschlüsse darauf zu, ob und wie eine sozial-missionarische Innovation gesteuert werden kann. Sie können Informationen darüber enthalten, welche „Hebel" bewegt werden sollten, um das Entstehen von Vergleichbarem zu befördern: Welches „Klima" erwies sich als günstig? Welche Personen und materiellen Ressourcen waren vonnöten? Hier kann es natürlich nicht um Kausalitäten gehen, sondern nur um Wahrscheinlichkeiten: Dennoch sind diese Fragen und Antworten sowohl für die Praktiker vor Ort als auch für die Entscheidungsgremien in den Zentren von unmittelbarer Bedeutung.

Mit dem vertiefenden Blick auf die Schwelle zwischen dem Noch-nicht-Vorhandensein einer bestimmten, neuartigen sozialen Praxis und dem jetzigen Vorhandensein einer bereits etablierten sozial-missionarischen Innovation versuchen wir, einem motivationalen Problem zu begegnen. Denn darin nehmen wir eine Perspektive ein, in der solche Akteure, die sozial-missionarische Innovationen (selbst initiieren) wollen, und solche, die sie bereits etabliert haben, quasi auf der *Schwelle des Anfangs* vereint sind. Würde allein das fertige „Hochglanz-Produkt" dargestellt werden, könnte dies bei den Rezipienten eher Frust erzeugen und verschleiern, dass gerade der Anfang oft mühevoll und noch wenig glänzend verlief. Zudem ist unser Wunsch, solche Akteure, die sich für ihren eigenen Kontext sozial-missionarische Innovationen wünschen, zu inspirieren, um selbst tätig zu werden.

Da wir in unserer Studie induktiv vorgegangen sind, mussten Kriterien definiert werden, sowohl für die Auswahl der Beispiele als auch für ihre Auswertung. Die gerade geschilderten Forschungsinteressen gaben dabei den Weg vor: Es sollte um kirchliche Modell in der *Peripherie* gehen, die auf besondere *Herausforderungen des Kontextes* mit *neuen Ideen* antworteten und dabei auch *Außenstehende* mit der frohen Botschaft des Evangeliums erreichen wollten. Das bedeutet, dass Mission, Land und Innovation die geeigneten Kriterien der vorliegenden Studie darstellen.

21 Diese Fragestellung deckt sich im Wesentlichen mit einer zentralen Fragestellung der von Anne Parpan-Blaser durchgeführten Studie, auf deren Ergebnisse wir Bezug nehmen (Innovation in der Sozialen Arbeit. Zur theoretischen und empirischen Grundlegung eines Konzepts, Wiesbaden 2011 [vgl. hier besonders 235]). Zwar ist die Autorin weniger einem normativen Innovationsverständnis verpflichtet, doch können ihre Ergebnisse – auch aufgrund der Schnittfläche eines ganzheitlichen Missionsverständnisses mit den Zielvorstellungen sozialer Arbeit – durchaus als theoretische Vorannahmen zur Anfangsphase herangezogen werden.

1.2 Mission

Dieses ist das theologische Kriterium, eines, das sich dezidiert auf die Inhalte kirchlichen Handelns bezieht. So gehört *Mission* zum Wesen und Auftrag von Kirche. Mission bedeutet, das Evangelium, das die Kirche selbst konstituiert, als *ein ganzheitliches Geschehen* in Wort und Tat zu kommunizieren.[22]

> Es „erweist sich", um mit Wolfgang Huber zu sprechen, „die Verantwortung für die Weitergabe des Evangeliums an die nächste Generation als Schlüsselverantwortung für die Kirche. Insofern lässt sich die Kirche insgesamt als eine Verantwortungsgemeinschaft für die Weitergabe des Evangeliums beschreiben."[23]

Kirche ist hierbei in die Mission Gottes mit hineingenommen (*Missio Dei*). Kirche wird durch die *Missio Dei* konstitutiert und dazu berufen, selbst Instrument der Mission Gottes zu sein. Insofern gehört Mission zum Wesen von Kirche und ist keine Aufgabe der Kirche neben anderen, sondern grundlegendes Wesensmerkmal, ihr „Herzschlag"[24].

Dabei bedeutet Mission zunächst die Sendung zur „Welt" hin. Das impliziert, dass sich Kirche auf Menschen außerhalb ihrer selbst ausrichtet. Nicht die Binnenperspektive, sondern die Außenperspektive ist hier entscheidend. Insofern ist Kirche dort im Vollsinn Missionarin, wo sie „außer sich" ist und sich an die Welt senden lässt.

In unserer Studie konzentrieren wir uns darum auf Initiativen (im Bereich der EKD), welche einerseits durch die *congregatio sanctorum* (CA VII) in ihren verschiedenen Spielarten (Parochie, Region, Verein) getragen werden und andererseits die Grenzen formaler Kirchenmitgliedschaft zu überschreiten versuchen.[25] Es geht bei dieser Absicht *eher um die Intention* als um die tat-

22 Vgl. zuletzt Christoph Ernst u. a. (Hg.), Ekklesiologie in missionarischer Perspektive. Beiträge zur siebenten Theologischen Konferenz im Rahmen des Meissen-Prozesses der Kirche von England und der Evangelischen Kirche in Deutschland, Leipzig 2012. Grundsätzliche Erwägungen zum missionarischen Auftrag und Wesen von Kirche stellt Paul Avis an (Auf dem Weg zu einer missionarischen Ekklesiologie, in: a. a. O., 82–90).

23 Vgl. Wolfgang Huber, Kirche für das 21. Jahrhundert. Ein theologischer Entwurf, in: Manfred Kock (Hg.), Kirche im 21. Jahrhundert, Stuttgart 2004, 153.

24 Vgl. Eberhard Jüngel, Mission und Evangelisation (1999), in: Ganz werden, Theologische Erörterungen 5, Tübingen 2003, 115–136.

25 Die Rede von der Überschreitung der Grenzen formaler Mitgliedschaft hat hier eine doppelte Bedeutung. Zuerst geht es nämlich schlicht um die Frage, wie das Geschehen, dass Kirche sich außerhalb ihrer selbst bewegt, handhabbar beschrieben werden kann. Hier schien es uns aus pragmatischen Gründen geboten, schlicht auf Mitgliedschaftsmerkmale zu achten. Zweitens ist die Definition einer die Grenzen formaler Mitgliedschaft überschreitenden „Mission" aber auch kirchentheoretische Op-

sächliche Wirkung, da diese mit unseren Methoden nicht bzw. schwer messbar ist.

Mission bedeutet dabei auch kontextspezifisches Vorgehen. „Welt" und „Kirche" können nicht als zeitlos gültige Phänomene gelten.[26] Missionarische Weltzuwendung meint dann einen Dialog mit dem jeweils gegebenen, „weltlichen" Kontext. Dabei werden die Einheit und Identität der Kirche durch den Bezug auf das Evangelium gewahrt. Zugleich wird die jeweils kontextabhängige Relevanz des Evangeliums und des missionarischen Handelns von Kirche in der Vielfalt der Ausdrucksformen ermöglicht.[27]

Was dann unter Mission im Detail zu verstehen ist, muss weiterhin präzisiert werden. Denn wer sich mit Sache und Begriff der Mission auseinandersetzt, begegnet nicht selten entweder einem (auf konventionell-evangelikale Theologie) verengten Missionsbegriff oder aber einem inhaltsleeren Modewort und Containerbegriff. Die „Five Marks of Mission", die die Lambeth Conference 1998 offiziell anerkannt hat[28], halten wir hier für einen guten Orientierungspunkt.[29]

---

tion. So impliziert unser Versuch, Mission in Bezug auf empirische Projekte zu beschreiben, zugleich die These, dass in Mission durchaus auch Kirchenmitglieder zu „Adressaten" von Mission werden können. Dies ist nicht nur im Blick auf Konversionen zu denken, sondern auch in Bezug auf Gerechtigkeitshandeln, Glaubensvertiefung, Diakonie, Schöpfungsbewahren. In kirchentheoretischer Hinsicht korrespondiert dies z. T. dem kirchenreformerischen Ansatz des Kirchenbilds der „Bewegung" und der „aktiven Gruppe", z. B. im Typ der missionarischen und alternativen Gruppe (vgl. Eberhard Hauschildt/Uta Pohl-Patalong, Kirche, 2013, 148 f.). Können und müssen hier Kirchenmitglieder (zuweilen) eingeschlossen sein, können doch – wo von Mission die Rede ist – keinesfalls Nichtmitglieder ausgeschlossen sein.

26 Vgl. Michael Moynagh, Church for Every Context. An Introduction to Theology and Practice, London 2012.

27 Vgl. David Jacobus Bosch, Transforming mission. Paradigm shifts in theology of mission, American Society of Missiology series 16, Maryknoll/N.Y. 1991, 427.

28 Vgl. The truth shall make you free, The Lambeth Conference 1988, aufgenommen etwa in der deutschen Übersetzung von „Mission shaped church" in: Michael Herbst, Mission bringt Gemeinde in Form. Gemeindepflanzungen und neue Ausdrucksformen gemeindlichen Lebens in einem sich wandelnden Kontext, Neukirchen-Vluyn 2008[3]. Zur historischen Genese und einer kritisch-würdigenden Auseinandersetzung mit den „Five Marks of Mission" vgl. Cathy Ross, An Exposition and Critque of the Five Marks of Mission, in: Ernst, Ekklesiologie, 146–157.

29 Diese Entscheidung für dieses u. E. vorbildliche Kondensat eines theologisch angemessenen Missionsverständnisses liegt allerdings nicht etwa an einer selektiven Präferenz für anglikanische Theologie, sondern entspricht den Erkenntnissen gegenwärtiger Missionstheologie. Dabei stehen sich in dieser Frage nicht mehr wie einst die Lausanner Bewegung einerseits und der Ökumenische Rat der Kirchen andererseits mit zwei konträren Missionsoptionen gegenüber. Vielmehr näherten sich beide Bewegungen zuletzt darin an, den ganzheitlichen Charakter von Mission zu betonen, wenn auch bestimmte Differenzen weiterhin bestehen (vgl. zur Lausanner Bewegung: Michael Herbst/Birgit Winterhoff/Ulf Harder [Hg.], Von Lausanne nach Kapstadt. Der dritte Kongress für Weltevangelisation, Neukirchen-Vluyn 2012; zum ÖRK den derzeit gültigen Entwurf zu Mission und Evangelisation „Gemeinsam

In ihrem Gesamtverständnis[30] soll sich missionarische Gemeindearbeit an folgenden Kriterien orientieren:

„To proclaim the Good News of the Kingdom.
To teach, baptize and nurture new believers.
To respond to human need by loving service.
To seek to transform unjust structures of society.
To strive to safeguard the integrity of creation and sustain and renew the earth".[31]

Diese fünf Kriterien von Mission bestechen in ihrer Gesamtheit zunächst durch den weiten Horizont. Nicht allein die „Evangelisation" als die verbale Verkündigung des Evangeliums des Reiches Gottes darf legitimerweise Mission genannt werden. Diese ist zwar als erster und unverzichtbarer Bestandteil eines angemessenen Missionsverständnisses aufgeführt (To proclaim the Good News of the Kingdom), doch müssen weitere Dimensionen hinzutreten, um Mission als *ganzheitliches* Geschehen in den Blick zu bekommen. So zeigt sich, dass in der Verkündigung des Evangeliums nicht bereits alles gesagt und getan ist. Das Wort soll Aufnahme finden, indem Menschen in Bezug auf ein Leben im Horizont des Reiches Gottes gebildet (to teach), zur Taufe geführt (to baptize) und als „new believers" in der Nachfolge des Glaubens Begleitung erfahren (to nurture new believers). An dieser Stelle kommt dann auch das *ekklesiologische Moment* von Mission zum Tragen. Durch die Taufe werden Menschen der Kirche eingegliedert und begeben sich dadurch in der Spannung von Individualität und Sozialität des Glaubens[32] auf einen gemeinschaftlichen Weg der Nachfolge.

Ein Leben im Horizont des Reiches Gottes umspannt dann weitaus mehr als eine bloß verbale Dimension. Insofern gehört es zum Wesen von Mission, auf konkrete Bedürfnisse[33] von Menschen liebevoll einzugehen und im Sinne

für das Leben. Mission und Evangelisation in sich wandelnden Kontexten" [<http://www.oikoumene.org/de/resources/documents>, 19.08.2013]).

30 Das bedeutet u. E. nicht, dass jede einzelne Ausprägung missionarischen Handelns *allen* fünf Kriterien genügen muss. Dennoch aber gilt im weiteren Horizont, dass Mission nach ihrem Vollsinn nur durch diese fünf Aspekte zum Ausdruck kommt, sie also Leitbildcharakter tragen.

31 Zit. nach Mission-shaped church. Church planting and fresh expressions of church in a changing context, 2. Aufl., London 2009, 171.

32 Vgl. Johannes Zimmermann, Gemeinde, 2006.

33 Diese Bedürfnisorientierung ist dabei kein zweites neben einer Orientierung am Evangelium. Vielmehr ergibt es sich aus dem Evangelium, dass die Liebe Gottes nicht nur im Wort, sondern auch in der Tat zu den Menschen kommen will. Tätige Nächstenliebe ist demnach keine Alternative zu Mission, sondern ein integraler Bestandteil derselben.

tätiger Nächstenliebe *diakonisch* zu dienen.[34] Um solchen Dienst geht es dann auch, wenn die *politische Dimension von Mission* zum Ausdruck kommt. Fokussiert auf das Thema der Gerechtigkeit als ein Kernthema des sozialen Zusammenlebens in einer (globalen) Gesellschaft (to seek to transform unjust structures of society),[35] weist das vierte der „Five Marks of Mission" die Kirche auf ihre gesellschaftliche Verantwortung hin. Kirche in Mission ist dazu berufen, sich aktiv an Prozessen zu beteiligen, die das gerechte Zusammenleben einer Gesellschaft bzw. der globalen Gemeinschaft befördern. Als letztes Kriterium eines ganzheitlichen Missionsbegriffs wird das Thema der Schöpfungsverantwortung benannt. Vielerorts sieht Kirche hier bereits einen Auftrag, doch ist das besondere der „Five Marks of Mission", dass jene ökologische Verantwortung als ein integraler Bestandteil eines ganzheitlichen Missionsverständnisses Aufnahme findet.

Ausgehend von diesem breiten Zugang stellt sich nun allerdings die Frage, ob und inwiefern es möglich ist, dieses Missionsverständnis auf unser spezifisches Forschungsvorhaben anzuwenden. Denn wir haben zum Ziel, abgrenzbare Initiativen und Projekte als „missionarisch" zu identifizieren (Mission als Auswahlkriterium) und zu qualifizieren (Mission als Auswertungskriterium). Hat Mission aber einen derart weiten Fokus, fällt es schwer, diese umfassende Weite in nur einer bestimmten Initiative wiederzufinden. Um dennoch nicht auf Projekte verzichten zu müssen, die nicht die ganze Bandbreite eines ganzheitlichen Missionsverständnisses abdecken können,[36] gehen wir im Zusammenhang unseres Forschungsvorhabens davon aus, dass in einem umfassend-ganzheitlichen Missionsverständnis auch Schwerpunktsetzungen möglich sind.

Im Zusammenhang unseres Forschungsvorhabens gilt darum solches Handeln eines kirchlichen Akteurs als „missionarisch", welches mindestens eine Dimension des oben entfalteten, ganzheitlichen Missionsverständnisses zu berühren beabsichtigt, sich aber nicht darauf beschränken will.[37] Ent-

34 Zum Verhältnis von Mission und Diakonie vgl. Michael Herbst/Ulrich Laepple (Hg.), Das missionarische Mandat der Diakonie. Impulse Johann Hinrich Wicherns für eine evangelisch profilierte Diakonie im 21. Jahrhundert, BEG 7, Neukirchen-Vluyn 2012³.

35 Vgl. etwa den Begriff der Gerechtigkeit als gerechte Teilhabe (A. Sen Rawls) in: Gerechte Teilhabe. Befähigung zu Eigenverantwortung und Solidarität, Eine Denkschrift des Rates der Evangelischen Kirche in Deutschland zur Armut in Deutschland, Gütersloh 2006.

36 Ist eine solche Einschränkung dieses Forschungsvorhabens geboten, gilt freilich für die Praxis von Kirche und Gemeinden, dass deren eigenes Handeln vor Ort (und ggf. in Vernetzung mit anderen Gemeinden in der Region) zum Ziel haben sollte, das oben entfaltete, ganzheitliche Missionsverständnis vollständig zum Ausdruck zu bringen.

37 So können auf der Ebene konkreter Praxis etwa ein Glaubenskurs oder ein am demokratischen Miteinander der Gesellschaft orientiertes Jugendprojekt gleichermaßen als *missionarische* Projekte angesehen werden.

scheidend ist hierbei letztlich, dass die jeweilige Ausrichtung eines Projekts als bloße Schwerpunktsetzung gilt, die grundsätzlich auf den Rahmen eines ganzheitlichen Missionsverständnisses bezogen bleibt.

So sind diakonische oder gesellschaftspolitische Arbeitsformen offen zu halten für die verkündigende Dimension et vice versa. Ferner können Kombinationen verschiedener Dimensionen eines ganzheitlichen Missionsbegriffes auftreten, so dass zum Beispiel der intendierte Ansatzpunkt der „loving service" ist, während darin und darüber hinaus auch Elemente missionarischer Verkündigung wirksam werden. Wiederum sind verkündigende oder verdichtende Ausprägungen von Mission immer auch an der sozialen und ökologischen Dimension von Mission interessiert. Falsche Alternativsetzungen wie: ‚Wir wollen hier Gutes tun und nicht missionieren!' oder ‚Wir predigen, aber die Lebensumstände der Menschen interessieren uns nicht!' sind bei einem ganzheitlichen Missionsverständnis problematisch und fanden in der vorliegenden Studie keine Berücksichtigung.

1.3 Land

In der gemeinsamen Einleitung beider Studien wurde hinreichend dargelegt, was unter peripheren ländlichen Räumen zu verstehen ist. Auch wurden bereits die Transformationsprozesse in solchen Gebieten angesprochen und einige der problematischen Aspekte benannt. Die folgenden Ausführungen bauen explizit auf der gemeinsamen Einleitung auf[38] und versuchen, die Herausforderungen zu bündeln bzw. zu systematisieren.

Der Absicht unserer Studie entsprechend, sozial-missionarische Innovationen im ausdünnenden, schrumpfenden Umfeld zu untersuchen, konzentrieren wir uns auf Projekte, die im Peripherraum sehr geringer Dichte (50 EW/qkm) bzw. im Peripherraum mit Verdichtungsansätzen (150 EW/qkm) angesiedelt sind.[39] Gerade weil Zentrenerreichbarkeit und Einwohnerdichte recht zuverlässige Aussagen über die Demografie erlauben, haben wir nur Beispiele ausgewählt und besucht, zu denen man *mindestens 20 Minuten vom Oberzentrum fahren muss und in deren Gemeindeverband maximal 150 EW/qkm woh-*

---

38 Vgl. Seiten 17–23.

39 Vgl. zum Ganzen: Raumordnungsbericht 2005, 15–22. Nach dem ROB 2011, der nach anderer Nomenklatur verfährt, handelt es sich um *Räume mit ländlicher Siedlungsstruktur in einer peripheren bzw. sehr peripheren Lage.* Sie machen 49,4 % der Fläche Deutschlands aus, 13,1 % der Bewohner leben und 7,9 % der Beschäftigen arbeiten hier (vgl. <http://www.bbsr.bund.de/cln_032/nn_1067638/BBSR/DE/Raumbeobachtung/Raumabgrenzungen/Raumtypen2010__vbg/Raumtypen2010_alt.html>).

nen.[40] Vor allem in diesen Räumen tritt das Phänomen auf, das im Schlepptau zu überdehnten Infrastrukturen und Problemen bei der Tragfähigkeit der Daseinsvorsorge führt: der eklatante Rückgang der Bevölkerung.

Er wird oft mit dem Containerbegriff „Demografischer Wandel" bezeichnet. Darunter verstecken sich allerdings mehrere Phänomene: Waren früher ländliche Räume durch einen Geburtenüberschuss geprägt, so hat sich die *Fertilität* heute der der Stadt angeglichen. Gerade die *Migration* junger (gebildeter) Frauen ist symptomatisch und führt zu einem Männerüberschuss und Müttermangel in der Peripherie.[41] Aufgrund steigender Lebenserwartung sind die *Älteren* oft diejenigen, die zunehmend das Gesicht der ländlichen Regionen prägen. Denn sie bleiben, sie wollen und können ihre liebgewordene Heimat nicht einfach verlassen. Sie geben den politischen Ton an, sie engagieren sich und setzen sich ein. Gleichzeitig steigt aber auch ihr Bedarf nach medizinischer Versorgung, seelsorglicher Begleitung und Pflege – und zwar vor Ort.

Der demographische Wandel ist einer der kontextbedingten Herausforderungen ländlicher Räume: Immer weniger Heranwachsende verlangen kreative Wege und neue Modelle in Kinder- und Jugendarbeit, weil ihre gesellschaftliche Integration zunehmend bedroht erscheint.[42] *Immer mehr Ältere und Alte, die die diakonische und seelsorgliche Dimension der Mission immer dringender benötigen – aber gleichzeitig als „junge Alte" auch großes ehrenamtliches Potenzial mitbringen –, verlangen besondere Aufmerksamkeit der gemeindlichen Arbeit in ländlichen Räumen* (**Herausforderung 3**)[43].

Um die Dynamik der ländlichen Schrumpfungen zu illustrieren, spricht man in Raumplanung und Soziologie auch von *Peripherisierung*. Darunter ist

---

40 Wie bei der Typisierung des BBSR bleibt die administrative Zugehörigkeit eines Ortes unberücksichtigt: Durch diverse Kommunalreformen in den zurückliegenden Jahren wurden und werden selbst kleine Orte (z. B. Globig) eingemeindet und damit formal zu Städten, was allerdings an ihrer Ländlichkeit im Sinne der Raumtypen nichts ändert.

41 „Migration ist vor allem für junge Frauen und Hochgebildete das Mittel der Wahl, um den heimischen Verhältnissen zu entfliehen" (Claudia Neu, Ungleichheit, 2006, 8–15, 15). Zu diesem Thema ist vor allem einschlägig: Rainer Klingholz/Steffen Kröhnert, Not am Mann. Von Helden der Arbeit zur neuen Unterschicht? Lebenslagen junger Erwachsener in wirtschaftlichen Abstiegsregionen der neuen Bundesländer, Berlin 2007.

42 So fordert das Modellprojekt dreier ostdeutscher evangelischer Akademien „Vitalisierung ländlicher Räume durch intergenerative Zusammenarbeit": „Keine strukturelle Benachteiligung von Kindern und Jugendlichen". In der Begründung heißt es: „Kinder und Jugendliche werden durch die strukturellen Auswirkungen von Abwanderung, Schrumpfung und Überalterung sowie politisch durch die Dominanz von ‚Seniorenthemen' besonders benachteiligt. Ihre Einbeziehung und Wertschätzung als Potenzial für die Zukunft der Gemeinden und ihre strukturelle und politische Entmarginalisierung wäre ein wichtiger Schritt für die Vitalisierung der ländlichen Regionen" (nach „Den Menschen im Blick. Ergebnisse und Empfehlungen", unter: <www.evangelische-akademien.de/vitalisierung>).

43 Die Zählung beginnt auswertungsbedingt bei drei.

die „graduelle Schwächung und/oder Abkopplung sozial-räumlicher Entwicklungen gegenüber den dominanten Zentralisierungsvorgängen“[44] zu verstehen. Schrumpfung ländlicher Gebiete wird in diesem Modell als Rückseite von Verdichtungen in Agglomerationsräumen gedacht.

Peripherisierung führt letztlich zu „territorialer (Des)Integration“[45] bzw. verminderten Teilhabechancen, weil „der Zugang zu erstrebenswerten Gütern und Dienstleistungen wie Arbeitsplatz oder gesundheitliche Versorgung […] aufgrund des Wohnortes dauerhaft erschwert […] ist“[46]. Die Entkoppelung hat auch eine emotionale Seite für die zurückbleibenden Dorfbewohner: „Ihre Sicht auf die Dinge bleibt irrelevant. Die Deutungs- und Benennungsmacht […] liegt bei anderen.“[47] Es herrscht das Gefühl, abgehängt worden zu sein oder: „dass es auf einen nicht mehr ankommt“[48].

Die Folgen für die Dörfer sind weitreichend: So kommt es nicht nur zum Entzug von (jungen und gebildeten) Menschen, sondern auch zum Abzug von sozialer Infrastruktur (Schulen und Kultur), von Wirtschaftskraft und Dienstleistungen. Die Desintegration zeigt sich in einem gestiegenen Extremismuspotenzial, dem drohenden Verlust gesellschaftlicher Werte und der zunehmenden Schwierigkeit, demokratische Grundregeln einzuüben und anzuwenden. Letzteres wird auch durch den Verlust von Öffentlichkeit forciert, den Soziologen auf dem Lande beobachten.

Das große Bündel, das hier mit den Begriffen Peripherisierung und territoriale Desintegration beschrieben wurde, fragt die politisch-prophetische Dimension der kirchlichen Mission an. Da Religion aus soziologischer Perspektive integrierend wirkt, stehen die christlichen Kirchen hier vor der Herausforderung, an dem gesellschaftlichen Zusammenhalt mitzuwirken (**Herausforderung 4**).

Aufgrund der beschriebenen Entwicklungen kommt es

> „häufig […] zu Kontraktionen (Schrumpfungen) in Verbindung mit der Konzentration auf wenige Nutzungen bzw. Aktivitäten. Die Folge ist die Reduzierung eines zuvor vielfältigeren Profils in funktionaler, wirtschaftlicher, sozialer und kultureller Hinsicht. Peripherisierungen münden in Entdifferenzierung und Fragmentierung.“[49]

---

44 Karl-Dieter Keim, Peripherisierung, 2006, 3–7, 3.

45 Vgl. Wilhelm Heitmeyer, Rechtsextremismus, 2014, 131–146.

46 Claudia Neu, Ungleicheit, 2006, 8–15, 8.

47 A. a. O., 13.

48 Heinz Bude, Die Ausgeschlossenen, 2010, 56.

49 Keim, Peripherisierung, 6. Vgl. dazu auch Heinz Bude, Wittenberge in Europa. Orte auf einem Kontinent der Ungleichzeitigkeit, in: Andreas Willisch (Hg.), Wittenberge ist überall. Überleben in schrumpfenden Regionen, Berlin 2012, 13–23, und ders., Die Ausgeschlossenen, 53–62.

Was bedeutet das? In schrumpfenden Gegenden wird zurückgebaut. Diesen Prozess gilt es zu gestalten. Teil der Reduktion ist die Zurücknahme von Differenzierung, und es besteht die Aufgabe, bisher Getrenntes zusammenzuführen bzw. in Verbindung zu bringen. Hierzu ist große Offenheit für (bisher) Fremdes notwendig, kommunikative Kompetenz, um *Kooperationen* zu suchen, und der Wille, mit anderen zusammenzuarbeiten. Wie zeitgemäß solche Brückenschläge in ländlichen Räumen sind, wird daran deutlich, dass bei fast allen EU-geförderten Projekten der letzten Jahre mehrere Akteure auftraten, Netzwerke im Hintergrund standen und das Bewusstsein vorherrschte, für das Wohl des Ortes/der Region andere Partner zu benötigen.[50] So heißt es resümierend von der Bundesanstalt für Landwirtschaft und Ernährung: „Der ‚rote Faden', der sich durch alle Projekte zieht, ist die Zusammenarbeit verschiedener Akteure, die gemeinsam mit ihren Gemeinden neue Wege gehen. Interkommunale Zusammenarbeit ist nichts Neues, wird aber in Zeiten gesellschaftlichen Wandels zunehmend wichtiger, um die Herausforderungen zu meistern."[51] Bei einigen Projekten bestand die Innovation regelrecht darin, Netzwerke aufzubauen und Synergien bisher isoliert agierender Partner zu schaffen.[52] Die Ergebnisse solcher Brückenschläge werden in neuen Veranstaltungen, aber auch in ungewohnten Nutzungen manifest. Inzwischen werden auch Kirchengebäude zunehmend *multifunktional* genutzt: Hier finden Kino und Musikworkshops statt, man trifft sich zu Gemeindeversammlungen, man integriert das Bürgermeisteramt[53] oder eine Heimatstube in das Kirchengebäude.

Auch diese Entwicklung ist eine Herausforderung für die Mission der Kirche. Gerade ihre Sendung in die Welt wird darin deutlich, dass Kirche auf andere zugeht, neue Koalitionen sucht, mit nichtkirchlichen Akteuren und ökumenischen Partnern kooperiert[54] *und ihre Räume für andere sinnvolle Nutzungen öffnet (Multifunktionalität). Damit „sucht sie nicht nur der Kommune Bestes" (nach Jer 29,7), sondern erlangt für die Menschen des Umfeldes neue Relevanz*

---

50 Vgl. DVS Ländliche Räume der Bundesanstalt für Landwirtschaft und Ernährung (Hg.), Leader+ in Deutschland. Ausgewählte Projekte, 2. Aufl., Bonn 2007.

51 DVS Ländliche Räume der Bundesanstalt für Landwirtschaft und Ernährung (Hg.), Gemeinsam geht's besser! MitMenschen – Zukunft auf dem Land partnerschaftlich gestalten, Bonn 2010, 2.

52 Vgl. die LAG AktivRegion Eider-Treene-Sorge, die die verschiedenen Jugendinitiativen der Region vernetzt haben, deren Angebote koordinieren und eine Plattform zum Erfahrungs- und Informationsaustausch bieten (DVS Ländliche Räume der Bundesanstalt für Landwirtschaft und Ernährung [Hg.], Engagement für die Region. Projekte des bundesweiten Wettbewerbs, Bonn 2010, 18 f.).

53 So in Waltersleben bei Erfurt (vgl. Martin Alex/Thomas Schlegel, Land in Sicht. Kirche in der Fläche, Ein Arbeitsheft mit sechs Impulsen, Dortmund 2014², 7).

54 Das schon erwähnte Papier „Vitalisierung ländlicher Räume" fordert ein ebensolches Vorgehen, das sie „ressortübergreifende Denkweise" nennt (vgl. <www.evangelische-akademien.de/vitalisierung>).

und findet mit ihrem Zeugnis den Weg zu bisher unerreichten Ohren und Herzen (**Herausforderung 5**).

Neben diesen gesellschaftlichen Entwicklungen, die den soziodemographischen Rahmen für Kirche in ländlichen Räumen markieren, laufen andere Prozesse ab, die die evangelische Kirche betreffen und sie gerade an der Peripherie vor ernsthafte Probleme stellen. Denn es ist keineswegs so, dass die EKD nur durch den demographischen Wandel Mitglieder verliert. Im Gegenteil: Eine exemplarische Analyse der Zahlen für Ostdeutschland hat ergeben, dass die Kirche hier in etwa dreimal so schnell schrumpft wie die Bevölkerung.[55] Neben demographischem Wandel ist also vor allem der *massive Traditionsabbruch* durch die Austritte vergangener Jahrzehnte (kohortenspezifischer Abbrucheffekt), die oft unterbleibende Glaubensweitergabe in evangelischen Familien (Taufproblem) und die *Säkularisierung* bzw. Individualisierung verantwortlich. Die Segmentierung der Gesellschaft droht, die Milieuverengung von Kirche zu verstärken. Diese Prozesse überlagern sich, verstärken sich zum Teil und bilden so die Gemengelage für kirchliches Handeln.

Zunehmende Säkularisierung, Traditionsabbrüche, Segmentierung, eine atheisierende Mehrheitsgesellschaft wie in Ostdeutschland stellen eine große Herausforderung für das missionarische Handeln der Kirche dar. Hier ist sie besonders gefragt, das Evangelium in Wort und Tat zu bezeugen (**Herausforderung 6**).

Freilich wirkt sich gerade die Bündelung der benannten Schwundfaktoren auf die Kirche selbst aus. Insbesondere die Strukturen bisheriger kirchlicher Organisation geraten zunehmend unter Druck. Das kleinteilige Parochialsystem wird ineffektiv und mittelfristig nicht mehr finanzierbar. Es gibt – wie in staatlicher Verwaltung[56] – den Sog hin zu Zentren bzw. größeren Einheiten, den Regionen. Wegen der größer werdenden administrativen Einheiten wächst die Menge an Kirchengebäuden, Liegenschaften und Immobilien, die zu unterhalten und zu verwalten sind, während sie gleichzeitig immer seltener und von immer weniger Menschen genutzt werden.

Die Strukturanpassungen sind seit Jahren in den kirchlichen Debatten präsent. Gerade auf Kirchenkreisebene geht es um Zusammenlegungen von Kirchengemeinden, Streichung von Pfarrstellen, Verkauf von Pfarrhäusern und neue Nutzungen für die instand gesetzten Kirchengebäude. Bisweilen wird auch nach Alternativen kirchlicher Versorgung in der Fläche gesucht. Die „Bonner Schwesterstudie" widmet sich dezidiert diesem Thema. Den Anpassungs-

55 Vgl. „Weniger ist Zukunft". Kirchliches Wachstum in Zeiten des Schrumpfens?, in: Hans-Hermann Pompe/Thomas Schlegel, Mitmenschen gewinnen. Wegmarken für Mission in der Region, im Auftrag des Zentrums für Mission in der Region, Kirche im Aufbruch 2, Leipzig 2011, 145–171, 153–158.

56 Vgl. dazu Neu/Schlegel, Anders, 9–14.

druck auf Struktur, Verwaltung und Gebäude bezeichnen wir als Herausforderung an die kirchliche „Hardware“ (**Herausforderung 1**).

Mit den größer werdenden Einheiten, den kleiner werdenden Gruppen und den wachsenden Verwaltungs- bzw. Instandhaltungspflichten verändern sich die Aufgaben und die Rolle der Pfarrer/innen. Sie werden künftig weniger Hirte, mehr Apostel sein. Ihre lokale Verwurzelung wird sinken, sie sind eher Gast als vertrauter Nachbar.[57] Mit der Veränderung der Pastoraltheologie verschiebt sich allerdings oft die Erwartungshaltung an die Ehrenamtlichen. Nicht selten wirkt es, als würden sie den ausgefallenen Hauptamtlichen ersetzen. Die Verantwortung der freiwillig Engagierten steigt, ihnen werden vermehrt nicht nur Pflichten, sondern auch Rechte eingeräumt. Damit geht aber auch eine ekklesiologische Verschiebung einher: Wird eine weniger institutionengestützte, zentral steuernde Kirche einer stärker von unten organisierten Kirche Platz machen, die dezentraler aufgestellt ist!?[58] Interessanterweise setzen ökumenische Reformmodelle in ländlichen Räumen hier an: Sowohl die *fresh expressions* auf dem Land[59] als auch die Basisequipen aus Poitiers[60] stärken die Eigenverantwortung der Kirchengemeinden bzw. der Christen vor Ort und konzentrieren sich mit aller Macht genau darauf – obwohl sie den größeren Kontext, also die Kooperation von Geschwistern in der Region ebenso betonen.

Die veränderte pastorale Rolle, die steigende Bedeutung der Ehrenamtlichen und die Selbstverantwortung von Gemeinden im regionalen Verbund sehen wir als weitere große Herausforderung für die „Software“ der Kirche in ländlichen Räumen an. Sie geht einher mit einer veränderten Ekklesiologie und stellt Fragen nach der Zukunft der Volkskirche in ausgedünnten Räumen (**Herausforderung 2**).

1.4 Soziale Innovation

Dass die untersuchten Modelle vor dem Hintergrund dieses Umfelds zu verstehen sind, ist bereits angeklungen. Gerade die Kontextbezogenheit ist eines der zentralen Charakteristika sozialer Innovationen – ebenso wie sich eine missionarische Kirche immer am Außen orientiert. Bei der nun folgenden

57 Vgl. dazu die Bonner Schwesterstudie und Martin Alex, Allein auf weiter Flur? Zum Pfarrbild in ländlich-peripheren Räumen, in: Michael Herbst/Matthias Clausen/Thomas Schlegel (Hg.), Alles auf Anfang. Missionarische Impulse für Kirche in nachkirchlicher Zeit, Neukirchen-Vluyn 2013, 42–68.

58 Vgl. dazu Thomas Schlegel, Von Wohlfahrtsstaat und Versorgungskirche: Das Ende einer Ära? Response zum Beitrag von Claudia Neu, in: Dünkel/Herbst/Schlegel (Hg.), Think rural!, 125–130.

59 Vgl. Sally Gaze, 2011.

60 Vgl. dazu Reinhard Feiter/Hadwig Müller (Hg.), Was, 2012.

Darstellung des Kriteriums *soziale Innovation*[61] werden wir uns auf zwei Forschungsansätze konzentrieren und sie dann mit dem Kriterium *Mission* verschränken.

Unser Forschungsinteresse war auf Beispiele guter, *innovativer* Praxis gerichtet. Nicht das Optimum einer *best practice* ist im Blick, sondern das Handeln bestimmter Kirchengemeinden, die *auf neuartige Art und Weise* auf die Herausforderungen des ländlichen, prekären Raums reagieren. Darum gilt: „What counts for social innovation is ‚good practice' – i. e. a practice that has shown some contribution to social innovation in other or similar contexts, or ‚good formulae' that could contribute to social innovation in the future."[62]

Die Diskussion über soziale Innovationen hat sowohl auf akademischer als auch (lokal-)politischer Ebene in den letzten Jahren einen merklichen Aufschwung erfahren.[63] Auch im Blick auf den ländlichen Raum ist das Interesse an sozialen Innovationen zuletzt gewachsen.[64] Dominik Rüede und Kathrin Lurtz halten in ihrem Überblick über die „various meanings of social innovation" allerdings fest, dass es im Diskurs über „social innovations" bisher zu keinem einheitlichen Sprachgebrauch gekommen ist.[65] Das Verständnis reicht – je nach der Konzeption ihrer Vertreter – von innovativen Management-Strategien zur Steigerung des sozialen Kapitals in Unternehmen bzw. Non-Profit-Organisationen (Damanpour) bis hin zur Annahme, dass soziale Innovation als neuartige Veränderung des Zusammenlebens zu verstehen ist (z. B. W. Zapf).[66] Da von keinem einheitlichen Begriffsgebrauch die Rede sein kann, bietet es sich an, solche Konzepte herauszugreifen, die sich in Bezug auf unser Forschungsinteresse als anschlussfähig erweisen. Hier sind wir insbesondere auf zwei Ansätze aufmerksam geworden, die auf einem gemeinsamen Theoriehintergrund argumentieren. Zunächst ist hier der sogenannte,

61 Einen raschen, aktuellen und profunden Überblick über den wissenschaftlichen Diskurs geben das schon erwähnte Arbeitspapier Konzepte sozialer Innovation von Katrin Gillwald (vgl. Anm. 12), Dominik Rüede und Kathrin Lurtz in ihrem Arbeitspapier aus dem Jahre 2012 (Mapping the various meanings of social innovation Towards a differentiated understanding of an emerging concept, EBS Business School Research Paper Series 12–03, <http://www.ebs.edu/index.php?id=10864&L=0>, 11.02.2013).

62 Frank Moulaert et al., Towards Alternative Model[s] of Local Innovation, in: Urban Studies 42,11 2005, 1969–1990, 1978.

63 Vgl. Howaldt/Schwarz, Soziale Innovation, 87.

64 Vgl. z. B. Eglė Butkevičienė, Social Innovations in Rural Communities. Methodological Framework and Empirical Evidence, Social Sciences/Socialiniai mokslai Nr. 1 (63), Kaunas 2009, 80–88, und Iris Kunze, Soziale Innovationen für eine zukunftsfähige Lebensweise. Gemeinschaften und Ökodörfer als experimentierende Lernfelder für sozial-ökologische Nachhaltigkeit, Münster 2009.

65 Vgl. Rüede/Lurtz, Mapping the various meanings, 2; so auch Rammert, Innovationen, 21 ff.

66 Vgl. die Übersicht bei Rüede/Lurtz, Mapping the various meanings, 9; vgl. auch Moulaert et al., Towards Alternative Model[s], 1974 f.

„ALMOLIN"-Ansatz (= „alternative models for local innovation") von Frank Moulaert, Flavia Martinelli, Erik Swyngedouw und Sara González zu nennen. Ein zweiter Ansatz, auf den wir hier Bezug nehmen wollen, ist der der litauischen Sozialwissenschaftlerin Eglė Butkevičienė. Diese rezipiert das ursprünglich für den städtischen Kontext entwickelte „ALMOLIN"-Konzept und entwickelt es speziell im Blick auf ländliche Räume als eigenes Analyse-Tool weiter.[67]

Beiden gemeinsam ist zunächst der Versuch, soziale Innovationen weniger aus der Perspektive des Organisationsmanagements (Implementierung von neuartigen Ideen / Innovation als Prozessoptimierung) zu verstehen, sondern bestimmte Initiativen in eher *heuristischer Perspektive* als *innovative Initiativen* mit positiven, sozialen und gesellschaftlichen Konsequenzen aufzuspüren, zu beschreiben und zu analysieren.[68] Dabei geht es jedoch nicht allein um Deskription, sondern ebenso sehr auch um eine normative Perspektive.[69] Denn es wird die These vertreten, dass nur solche Initiativen im eigentlichen Sinn als soziale Innovationen gelten können, die im Blick auf „better satisfaction of human needs, social inclusion and empowerment"[70] positive Wirkung zeigen.[71] Ferner ist es von entscheidender Bedeutung, dass soziale Innovationen auf lokaler Ebene bzw. auf der untersten Organisationseinheit entwickelt und durchgeführt werden.[72] Dabei können und sollen seitens von Institutionen und Organisationen unterstützende Impulse („Top-down"-Ansatz) eine Rolle spielen, maßgeblich ist aber der Fokus auf sozialen Innovationen als „Bottom-up"-Phänomene[73] bzw. „grassroots, spontaneous, creative initiatives [...] from below"[74]. Insofern demnach die Lokalität ausschlaggebend ist, sind soziale Innovationen notwendigerweise kontextuell gebunden.[75]

Ferner benennt Eglė Butkevičienė bestimmte Aspekte bzw. Charakteristika, die eine soziale Innovation auszeichnen. Diese ist nicht materiell fass-

---

67 Vgl. Butkevičienė, Social Innovations, 80–88.

68 Vgl. Butkevičienė, Social Innovations, 81.

69 Vgl. Moulaert et al., Towards Alternative Model[s], 1971 und Butkevičienė, Social Innovations, 81. Vgl. in kritischer Distanz zu einem normativ definierten Begriff von sozialer Innovation Howaldt/Schwarz, soziale Innovation, 90 f. Dort weisen sie darauf hin, dass die Definition dessen, was als normativ „gut" zu gelten hat, „... je nach Standpunkt [...] durchaus ambivalent sein [kann]".

70 Butkevičienė, Social Innovations, 86; vgl. Moulaert et al., Towards Alternative Model[s], 1976.

71 Insofern haben soziale Innovationen Produkt-, Prozess- und „Empowerment"-Charakter (vgl. Moulaert et al., Towards Alternative Model[s], 1976).

72 Vgl. Moulaert et al., Towards Alternative Model[s], 1978; Butkevičienė, Social Innovations, 83.

73 Butkevičienė, Social Innovations, 82, 87.

74 Moulaert et al., Towards Alternative Model[s], 1972.

75 Vgl. Moulaert et al., Towards Alternative Model[s], 1976, die hier zwischen einer allgemeinen Kontextualität (Umwelt), dann der „path dependency" einer Organisation (Entscheidungen in der Vergangenheit bestimmen den Status quo und die Zukunft einer Organisation) und der „territorial specificity" ([charismatische] Persönlichkeiten, Erfahrungen, Gaben etc.) unterscheiden.

bar, ihre Durchführung impliziert Unsicherheit und Risiko, sie ist als erfolgreiche soziale Innovation kultursensibel, ökonomisch tragbar und technologisch machbar. Für sie spielen Wissen (Know-how und Know-what), individueller Unternehmergeist („*hero*") und soziale *Netzwerke* eine entscheidende Rolle.[76] Schließlich ist auch die Neuheit einer Innovation von wesentlicher Bedeutung, wenn auch ein differenziertes Verständnis dessen, was hier als „*neu*" gilt, entfaltet werden muss. Neu sind demnach nicht nur völlig neue „Erfindungen", sondern auch die neuartige Gestaltung von bisher Bekanntem: „Social innovation is new ideas, new projects or new knowledge and also already existing ideas or knowledge used in a new way or new manner."[77]

Zusammenfassend können schließlich mit Eglė Butkevičienė die wichtigsten Grundlinien einer sozialen Innovation zusammengeführt werden. So geht es um „[...] (1) bottom-up (2) social innovations (3) that emerge and are developed by rural communities (4) and have social impact to the development of the community".[78] Dabei ist der Ansatzpunkt ein normativ formatiertes, *heuristisches* Modell, das dazu verhelfen soll, *Initiativen* aufzuspüren, die in einem konkreten Kontext einen nennenswerten Beitrag zur „*better satisfaction of human need*" leisten. Der Kontext des Landes ist dabei wesentlicher Bezugspunkt, die innovative Praxis ist darum niemals absolut neu, sondern *relativ neu* (nämlich bezogen auf den gegebenen Kontext).

1.5 Zusammenschau der Kategorien und ihre Unterscheidung

Die Beschreibung der Kategorien dürfte klargemacht haben, dass zwischen ihnen Schnittmengen existieren. So baut die Kontextbezogenheit der *sozialen Innovation* auf die Skizzierung der Herausforderungen des *Landes* auf – und der ganzheitliche *Missionsbegriff* erinnert an die normative Ausrichtung von *sozialen Innovationen*.

Besonders offenkundig sind die Schnittmengen beim Ansatz von Frank Moulaert und insbesondere Eglė Butkevičienė. Als erste Parallele ist dabei das Moment des Ländlichen zu nennen, das durch Eglė Butkevičienė (u. a.

76 Vgl. Butkevičienė, Social Innovations, 81.

77 Butkevičienė, Social Innovations, 81. Darüber hinaus kann nach Frank Moulaert et al. eine Innovation auch darin bestehen, dahingehend neue Wege zu beschreiten, dass auf alte rekurriert wird (z. B. Rückkehr zur kostenfreien Bildung für alle, vgl. Moulaert et al., Towards Alternative Model[s], 1978). Eine gründliche und differenzierte Betrachtung des Innovations- bzw. Neuheitsbegriffs nach der zeitlichen, sachlichen und sozialen Dimension findet sich bei Rammert, Innovationen, 29 ff.

78 Butkevičienė, Social Innovations, 81.

in Anwendung von ALMOLIN) aufgenommen wird.[79] Weiterhin entsprechen beide Ansätze unserem Interesse an Beispielen guter, innovativer Praxis, die von den Akteuren in ländlichen Räumen selbst ausgeht. Dass Initiativen im kirchlichen Raum immer von Menschen ausgehen und das Miteinander betreffen, lässt ihren Charakter als soziale Innovationen erkennen.

Wie angedeutet, markiert die normative Ausrichtung *sozialer Innovationen* eine Ähnlichkeit zu Sache und Begriff der *Mission*. Einige der „Five Marks of Mission" lassen sich in der dreifachen Zielbestimmung („better satisfaction of human needs, social inclusion and empowerment"; s. o.) wiederfinden:

Five Marks of Mission	*Eglė Butkevičienė/F. Moulaert u. a.*
3: to respond to human need by loving service	Satisfaction of human needs
4: to seek to transform unjust structures of society	Social inclusion and empowerment
5: to strive to safeguard the integrity of creation and sustain and renew the earth	Satisfaction of human needs/empowerment

Allerdings finden die Aspekte 1 und 2 unseres Missionsverständnisses in dem Konzept von Frank Moulaert oder Eglė Butkevičienė keine Entsprechung. Denn die eher theologischen Faktoren wie „die gute Nachricht des Reiches Gottes zu verkündigen" (1) und in ekklesiologischer Perspektive „Menschen zu taufen, zu lehren und sie auf ihrem Weg des Glaubens zu begleiten" (2) können in einem soziologischen Ansatz nicht berücksichtigt werden. Dennoch bildet das Konzept der sozialen Innovation wegen der recht aufschlussreichen Analogien u. E. ein geeignetes methodologisches Instrumentarium zur Darstellung und vertieften Analyse von Beispielen missionarischer, sozialer Innovationen im ländlichen Raum.

79 Der spezielle Fokus auf dem Ländlichen zeigt sich weniger in der theoretischen Grundlegung, die eher allgemeiner Natur ist (so bezieht sich Butkevičienė sehr häufig auch auf den auf Stadtentwicklung konzentrierten Beitrag von Moulaert et al.), als vielmehr in der Möglichkeit, die Theorie der sozialen Innovation auch auf den ländlichen Raum anwenden zu können, gerade wenn angesichts von „negative consequences of restructuring processes" dort die Frage nach der „satisfaction of human needs" besonders dringlich erscheint (vgl. Butkevičienė, Social Innovations, 80). Butkevičienė kommt schließlich im Ergebnis auf verschiedene Formen sozialer Innovationen, die im ländlichen Raum besonders angezeigt erscheinen (z. B. Tourismus, neuartige Bildungsprogramme, ökologische Landwirtschaft, vgl. ebd.).

Trotz dieser Verschränkungen haben wir uns entschlossen, die drei Kriterien *Mission*, *Land* und *Soziale Innovation* im methodischen Vorgehen sauber voneinander zu trennen. Denn sie liegen auf unterschiedlichen Ebenen. Beschreibt *Land* ein Projekt eher nach seinen *geographischen* Eckdaten, so fragen wir bei *Mission* nach dem *theologischen* Verständnis (vor dem Hintergrund der „Five Marks") und bei *sozialer Innovation* nach einem *soziologischen* Konzept.

Diese Ebenen sollen zunächst auseinandergehalten werden, d.h. für alle drei Kategorien haben wir unabhängig voneinander Daten gesammelt. Diese machen es möglich, das jeweilige Projekt in der entsprechenden Ebene zu quantifizieren und so darzustellen. Beispielsweise geben die Einwohnerdichte und die Zentrenerreichbarkeit Auskunft über die periphere Lage eines Ortes (Kategorie *Land*). Es ist also nicht möglich, die Projekte in *einem* Koordinatensystem darzustellen; vielmehr sind es *drei bipolare Spektren*, die nebeneinander liegen, jeweils ein Spektrum für *Land*, eines für *Innovation* und eines für *Mission*. Die entsprechenden Daten weisen dem Projekt in den drei Spektren einen Ort zu. So wird ein Ort mit 20 EW/qkm und einer Stunde Fahrzeit zum Oberzentrum einen höheren „Ausschlag" auf dem Peripherieindex (*Land*) aufweisen als ein Ort mit 110 EW/qkm, der nur 30 Minuten von der Stadt entfernt liegt. Das folgende Schaubild[80] soll die Logik veranschaulichen:

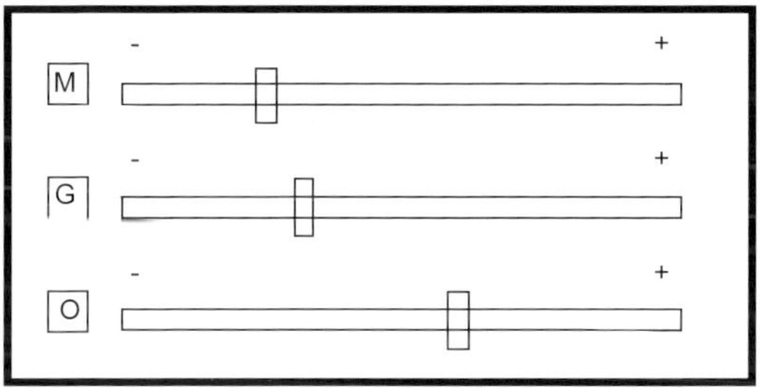

Man könnte das Diagramm auch als Mischpult mit drei Reglern betrachten, die jeweils unterschiedlich ausgefahren sind. Dieser Ausschlag ergibt eine „Schalterstellung", die für jedes Projekt einzigartig ist und deshalb bei uns „Fingerabdruck" genannt werden soll. Ein solcher Fingerabdruck ermöglicht dann den Vergleich der Beispiele, den wir in der Auswertungsdimension Zwei vornehmen.

80 Es stammt aus dem Aufsatz von Helmut Wiesenthal (Markt, Organisation und Gemeinschaft als ‚zweitbeste' Verfahren sozialer Koordination), bezieht sich eigentlich auf die Steuerung von Systemen und inspirierte Petra-Angela Ahrens und Gerhard Wegner bei der Erstellung ihrer Gemeindestudie (Wie geht's der Kirchengemeinde?, 2012). Diese wiederum inspirierte uns beim methodischen Vorgehen. Wir danken dem Team des Sozialwissenschaftlichen Institutes für diesen Hinweis.

2 Auswertungsdimension Eins: Sammlung und Sichtung von innovativen Beispielen missionarischer Praxis in der Peripherie

2.1 Methodisches Vorgehen

Am Anfang der Studie stand weniger das Interesse an einer detaillierten wissenschaftlichen Auswertung missionarischer Praxis in ländlichen Räumen. Es waren vielmehr Erfahrungsberichte, auf die wir stießen: Einmal bei Internetrecherchen[81], durch (telefonische) Kontakte zu Multiplikatoren[82] und persönliche Empfehlungen bzw. eigene Entdeckungen. Solche Beispiele haben wir zunächst gesammelt, dann in eine Liste eingetragen, die zwischen 2009 und 2012 auf etwa 90 solcher Beispiele anwuchs.

Im Juli 2012 kam es dann zu Gesprächen mit dem EKD-Reformbüro, vor allem mit OKR Dr. Thorsten Latzel und Pfarrer Jürgen Schilling. Sie hatten nicht nur katalysatorische Funktion für die Sammlung der Beispiele, sondern gaben dem Ganzen auch ein Ziel: eine Auswertung im Rahmen einer Doppelstudie, die mit dieser Publikation nun vorliegt. Zunächst entschlossen wir uns, die Datengrundlage systematisch zu erweitern. 85 ausgewählte ländliche Dekanate/Superintendenturen innerhalb der EKD haben wir angeschrieben und gebeten, uns innovative, missionarische Projekte zu nennen. Die Rücklaufquote war hierbei ordentlich (20 %), es meldeten sich 18 Vertreter der mittleren Ebene. Aufgrund dieser Erweiterung wuchs unsere bisherige Liste auf 112 Beispiele an.[83] Jedes Projekt wurde nun anhand der drei Kriterien *Land*, *Innovation* und *Mission* geprüft. Dabei kontrollierten wir bei *Land* die Einwohnerdichte bzw. die Fahrzeiten zum nächsten Oberzentrum nach dem BBSR-Programm INKAR. In Sachen *Mission* achteten wir in diesem Stadium der Auswertung lediglich darauf, ob sich das Projekt intentional an Außenstehende richtete, bei *Innovation* war hier der Faktor der „Bottum-up-Organisation" wesentlich.[84] Datengrundlage dieses Auswahl- und Reduktionsverfahrens

81 Insbesondere auf dem EKD-Portal „Galerie guter Praxis": <http://kirche-im-aufbruch.ekd.de/zukunftswerkstatt/programm/galerie_guter_praxis.html>, 04.11.2013.

82 Superintendenten, Ämter für missionarische Dienste etc.

83 Diese Liste kann bei Interesse am IEEG Greifswald eingesehen werden. Von einer Veröffentlichung wurde aus Gründen des Adressdatenschutzes abgesehen.

84 *Bottum-up* heißt, dass die jeweils untere Ebene die Projekte initiiert bzw. Ideen aufgenommen hat: Das können Kirchengemeinden, aber auch Vereine bzw. Regionen/Kirchenkreise sein, wenn sich der Einzugsbereich auf diese Ebene erstreckt. Ausgeschieden sind z. B. landeskirchliche Initiativen, die

waren letztlich alle solche Informationen, die durch Internetrecherche, kurze Telefonate oder sachkundige Hinweise von Dritten gesammelt werden konnten. Durch diesen Filterprozess sonderten wir 33 Beispiele aus.

2.2 Wiederkehrende Ideen oder: Was passiert an „Neuem" auf dem Land und wo?

Bei der Sichtung der verbleibenden 79 Beispiele waren zwei Dinge auffällig:

Erstens die Häufung der Modelle in den neuen Bundesländern. Es waren nur zwölf in den alten Bundesländern beheimatet (15 %). Ein Großteil der Initiativen spielt sich in Brandenburg (EKBO – 19) und in Mitteldeutschland (EKM – 20) ab. Selbst die kleine Kirche in Anhalt war mit drei Beispielen vertreten, während in Baden und Württemberg kein einziges Projekt der Prüfung standhielt bzw. insgesamt nur drei gemeldet wurden.

Die Erklärung für diese regionale Verteilung könnte einer der folgenden Faktoren bieten, wahrscheinlich eine Mischung derselben:

1) Suchen und Sammeln der Beispiele erfolgte nicht systematisch.[85] Wir haben in der ersten Phase (s. o.) aufgelistet, worauf wir in Recherche und durch Hinweise stießen. Dass diese mit einem regionalen Fokus erfolgte, lag daran, dass das IEEG selbst im Nordosten Deutschlands beheimatet ist und die beteiligten Mitarbeiter mehrheitlich einen ostdeutschen Hintergrund aufwiesen. Gegen diese Erklärung spricht allerdings, dass a) einer der am intensivsten an der Studie Beteiligten aus der bayerischen Landeskirche kommt, b) das Anschreiben an die Dekane/Superintendenten bewusst auf den Proporz achtete und c) keiner persönliche Kontakte nach Brandenburg besaß, aus der ein Großteil der Projekte stammt.

2) Die peripheren ländlichen Räume sind vor allem in den neuen Bundesländern zu finden. Bei der kriterienbezogenen Prüfung der Beispiele zeigte sich, dass hauptsächlich Beispiele aus den westlichen Gliedkirchen an unserer Definition von *Land* scheiterten. Es wurden uns Gemeinden genannt, die am Rande von Oberzentren lagen (Würzburg) oder so dicht besiedelt waren

---

man lediglich versucht hat, vor Ort umzusetzen. *Kontextualität* zu prüfen bzw. festzustellen, wie sehr diese Initiative auf Herausforderungen des Umfeldes antwortet, war zu diesem Zeitpunkt der Auswertung noch nicht möglich. Ebenso erwies sich die Einstufung des *Neuigkeitswertes* eines Projekts als schwierig. Gerade der Gedanke der Neuheit orientiert sich in den sozialen Innovationen am Kontext: So können Glaubenskurse, ja sogar „Zweitgottesdienste" in manch ländlichem Umfeld durchaus noch als „neu" gelten.

85 Insofern kann und soll es in unserer Studie nicht um Repräsentativität gehen. Dieses zweifelhafte Kriterium beanspruchen wir an keiner Stelle.

(Region Filderstadt), dass sie durch unser Raster fielen. Hier scheint eine unterschiedliche Wahrnehmung davon zu herrschen, was *Land* bedeutet. Wie eine Karte von der Raumstruktur Deutschlands verdeutlicht, wurde durch unseren Fokus „peripherer, ländlicher Raum" von vornherein ein Großteil der alten Bundesländer ausgeblendet.

3) In den weiten Flächen der Ost-EKD ist es in den letzten Jahren verstärkt zu Innovationen gekommen. Damit wäre die regionale Verteilung der Projekte ein erster Indikator für die Richtigkeit der eingangs geäußerten Vermutung.[86] Dort rekurrierten wir auf die Theorie sozialer Innovationen. Sie besagt, dass sich neue Praktiken gerade dort ausprägen, wo die alten Muster nicht mehr funktionieren. Bei den Vielkirchenpfarrämtern in Uckermark und Altmark, Pommern und Anhalt kann man kaum noch von intakten parochialen Strukturen sprechen: Alternativen bilden sich heraus, indem die betroffenen Akteure neue Muster erproben. Auch bei der Ausbreitung sei die ausgedünnte institutionelle Präsenz von Kirche förderlich, so die Theorie. Möglicherweise wird sie durch die regionale Verteilung unserer Beispiele bestätigt.

Gerade die geringe Dichte innovativer Modelle in Baden und Württemberg könnte diese These ebenfalls stützen. Auf unsere Nachfrage antworteten Dekane aus dem südwestdeutschen Raum, indem sie eher konventionelle Projekte (missionarische Aktionen) meldeten (die zudem nicht in peripherem Raum angesiedelt waren). Wir vermuten, dass hier klassische Gemeindearbeit noch recht gut „funktioniert": Es gibt eine lebendige Jugendarbeit, die Kirchlichkeit in der Bevölkerung ist recht hoch, Kirche ist angesehen – wieso sollte man hier neue Modelle entwickeln und nach Innovationen suchen?

Zweitens zeigte sich, dass innerhalb dieser Sammlung bestimmte Ideen wiederkehrten bzw. sich bestimmte Beispiele unter einer gemeinsamen Perspektive (z. B. mobile Arbeit) subsumieren lassen konnten. Dabei ließen sich in einem induktiven Verfahren insgesamt *11 + 1 Kategorien* entwickeln. Zu einer solchen Kategorie gehören unterschiedlich viele Modelle; gerade, was die multifunktionale Nutzung von Kirchengebäuden angeht, ließen sich sehr viele Vertreter finden; bei manch anderer sind es nur zwei bis drei.

Vorab sei vermerkt, dass diese Ideen mit einem gewissen Abstraktionsgrad gebildet wurden. So haben auf den ersten Blick die „Berggottesdienste im Fichtelgebirge" oder der „Labyrinthpark in der Uckermark" wenig miteinander gemeinsam. Man kann sie aber beide unter der Rubrik „Entwicklung eines touristischen Angebots" zusammenfassen, denn hier knüpft Kirche an ein „ländliches Entwicklungspotenzial" an und folgt damit (unbewusst) den

86 Vgl. den Abschnitt „Motivation und Absicht", Seite 173 ff.

Vorschlägen der Raumplanung zur Steigerung der Attraktivität ländlicher Räume.[87] Auch sind die Kategorien nicht scharf voneinander abgrenzbar. Sie überschneiden sich zum Teil: So kann man die Radfahrerkirche Wehlen der besagten Rubrik „Tourismus" zuordnen oder der Idee einer „multifunktionalen Nutzung von Kirchenräumen".

Dass sich solche Kategorien aufspüren lassen, zeigt offenbar, dass die dahinterliegenden Ideen sich bereits verbreitet haben. Diese Diffusion ist normaler Bestandteil eines Innovationsprozesses, wobei uns weder interessiert hat, die historisch Ersten aufzuspüren noch den Prozess der Diffusion näher in den Blick zu nehmen. Wie bereits angedeutet, lag das Augenmerk auf der Anfangsphase der jeweiligen Innovation.

Auf folgende wiederkehrende Ideen sind wir gestoßen:

1. **Mobile Arbeit**: Ähnlich wie gewerbliche Dienstleister macht sich Kirche in manchen Regionen in mobiler Form auf den Weg in die Dörfer. Weil die dauerhafte Präsenz vor allem aus Kostengründen nicht mehr gewährleistet werden kann, kommen kirchliche Mitarbeiter ab und zu vor Ort, in unterschiedlicher Frequenz und zu unterschiedlichen Zwecken: Es gibt einzelne Bildungsaktionen in den Dörfern (Schwerin: VOLX-Mobil) oder verlässliche Präsenz in der Jugendarbeit. So fährt der *Blaue Bus* jede Woche dieselben Orte an. Die Kinder in den Schulen und in den Dörfern wissen, wann das mobile Jugendzentrum da ist und planen ihre Freizeit dementsprechend. In gewisser Weise kann man auch die Pflegeangebote der Diakonie-Sozialstationen zu einem solchen mobilen Service zählen.

Mit diesem Format reagiert Kirche nicht nur auf die ausgedünnte Präsenz in der Fläche; sie stellt sich auch den Mobilitätsproblemen in ländlichen Räumen: Gerade Junge und Alte sind davon in der Regel am meisten betroffen.

Aus unserer Liste zählen in diese Kategorie u.a. *der „Blaue Bus" (CVJM iKO e.V.)*, das Theomobil (Ev. Kirchenkreis Nidda), das Bibelmobil (EKM) und das VOLX-Mobil der Ev. Jugend in Schwerin.

2. **Dezentrale Kirche ohne Pfarrer**: Gerade in Gebieten, in denen die Hauptamtlichen viele Dörfer „versorgen" und Predigtstätten bespielen müssen, stellen sich die Gemeinden immer häufiger darauf ein. Aktivitäten werden zunehmend ohne Hauptamtliche geplant. Besaß die Egelner Agende 2009 auf der EKD-Zukunftswerkstatt noch einen Neuigkeitswert, so hat sich diese Idee rasend schnell verbreitet. In kleinen Orten feiern wenige Christen Gottesdienst und gewährleisten so, dass Kirche im Dorf bleibt. Die Variationen dieser Idee sind groß, auch das Kuratorenmodell aus der Braunschweigischen bzw.

87 Vgl. ROB 2005, 207.

Sächsischen Kirche kann darunter zählen. Die Ehrenamtlichen kümmern sich hier allerdings stärker um bauliche und finanzielle Angelegenheiten. Kybernetische Impulse aus Frankreich und England setzen ähnliche Schwerpunkte (vgl. Poitiers).

Mit dieser Idee wird der institutionellen Ausdünnung (wie auch bei der mobilen Arbeit) begegnet: Nicht mehr die bezahlten Mitarbeiter, sondern die Ehrenamtlichen gestalten kirchliches Leben. Dass dieses nicht einfach in den Zentralort verlagert wird, sondern dezentral vor Ort bleibt, ist auf mehrfache Weise „intelligent“: Überschaubarkeit und Nähe sind wichtige Stellschrauben der Gemeindeentwicklung, weil viele kleine Einheiten meist mehr Menschen binden als eine große.[88] Darüber hinaus ist Partizipation generell eng an Identifikation gebunden. Diese orientiert sich gerade auf dem Lande an lokalen Gegebenheiten: der Dorfgeschichte, dem Kirchengebäude und dem eigenen Gottesdienst vor Ort.

Das *„Ad fontes“-Projekt des Kirchenkreises Schleiz* gehört in diese Rubrik, die besagte Agende im Kirchenkreis Egeln (beide EKM), die Initiative „Einfach.Gottesdienst.Feiern“ der Hannoverschen Landeskirche bzw. „Anhalt betet“ in der Landeskirche Anhalts – schließlich die „Gottesdienstkerne“ in der EKBO.[89]

3. **Vernetzte Dorfkirchen:** Ist die einzelne Dorfkirche vor allem bei den Dorfbewohnern hochgeschätzt, relativiert sich ihre Bedeutung mit zunehmender Distanz: In der Region, im Kirchenkreis, in der Landeskirche verschwindet sie hinter vielen Gleichartigen. Um dieser Entwicklung etwas entgegenzusetzen, vernetzen sich im Lande immer mehr Dorfkirchen: entweder dauerhaft in einer Kirchenstraße oder punktuell in einem Projekt. Durch den Verbund erhalten alle Beteiligten mehr Aufmerksamkeit: Plötzlich handelt es sich nicht mehr nur um die Kirche in ‚Adorf‘, sondern um eine Attraktion z. B. auf der „Mitteldeutschen Kirchenstraße“. Auswärtige Besucher interessieren sich für das steinerne Zeugnis in der Dorfmitte und stoßen auf eine „Heterotopie“, einen Begegnungsraum mit Gott.[90]

Mit dieser Idee, die sich inzwischen in vielen Spielarten findet, kreieren die Beteiligten eine ganz eigene Art kirchlicher Regionalarbeit: Nicht die geographische Nähe zählt, sondern die thematische. Es entsteht eine thematische Region.

---

88 Dieses kann man an unterschiedlichen Stellen sehen. Schon die Idee von Emil Sulze folgte dieser Einsicht. Auch riesige Gemeinden wie Willow Creek versuchen, Überschaubarkeit herzustellen, in Poitiers ist einer der Leitgedanken „proximité“ und selbst die Regionalgeographie hat nach den zentralisierenden Kommunalreformen der 1970er Jahre gelernt, dass solche Vorgänge mit erheblichem Schwund an Beteiligung einhergehen (vgl. dazu Thomas Schlegel, Regionale , 19–39, hier 20 ff. und 26 ff.).

89 Vgl. dazu das Projekt in Altdöbern, das die Bonner Schwesterstudie analysiert, S. 91 ff.

90 Vgl. dazu Tilman Beyrich, Theosphären. Raum als Thema der Theologie, Leipzig 2011.

Diese Projekte setzen auf „Vernetzung“, die gerade für die Peripherie heute unerlässlich ist. Sie nutzen zudem das ländliche Funktionspotenzial „Tourismus“, bei den projektartigen Zusammenschlüssen kommt der „Eventcharakter“ hinzu. Solch vernetzte Veranstaltungen sind uns verstärkt am Rande von Ballungsräumen/Städten begegnet (von denen nur die äußeren Orte unseren Landkriterien genügen) – vermutlich, weil das städtische Publikum die dazugehörigen Veranstaltungen besonders nutzt.

Die Idee wird u.a. umgesetzt bei dem „Tag der Dorfkirchen“ im Dresdner Norden (EVLKS), bei der „Nacht der offenen Dorfkirchen“ (unter gleichem Namen in EVLKS und EKvW), der *„Tecklenburger Orgelnacht“ (EKvW)* und der Mitteldeutschen Kirchenstraße (EKM).

4. **Neue Nutzung für das Kirchengebäude:** Obwohl die Bedeutung des steinernen Gebäudes für das dörfliche Bewusstsein kaum zu überschätzen ist, finden darin immer weniger Veranstaltungen statt. Die infrastrukturelle Ausdünnung führt zu einer Abnahme der Gottesdienstfrequenz. Die Teilnehmerzahlen sind in der Regel auch rückläufig. Damit wird die Kosten-Nutzen-Frage immer drängender: Da man Kosten kaum senken kann, bietet es sich an, auf andere Nutzungen zuzugehen: sei es für Kinovorführungen, die Gemeinderatssitzung, Hörspiele oder Kunstinstallationen. Viele Formen einer solch multifunktionalen Nutzung findet man inzwischen landauf, landab. Meist sind sie verbunden mit Sanierungsmaßnahmen, in denen die Kirche auf die neue Nutzung vorbereitet wird: eine flexible Bestuhlung, der Einbau von Toiletten, einer Heizung oder gar einer Küchenzeile.

Der 27. Evangelische Kirchbautag in Rostock empfiehlt in seinem Resümee:

> „Die Reduzierung des Angebots allein auf eine Grundversorgung ist keine zukunftsweisende Lösung. Sinnvoll erscheint vielmehr eine Differenzierung der Dorfkirchen in Themen-, Kultur-, Pilger-, Gemeinschafts-, Winter- oder Urlaubskirchen. Sinnvoll ist auch der Einbau von Gemeinderäumen.“[91]

Die Nutzungserweiterung ist nicht nur aus finanziellen Gründen sinnvoll. Es ergeben sich auch neue missionarische Kontaktflächen zu Außenstehenden. Kirche wird hier zudem im Gemeinwesen aktiv, weil die öffentlichen Orte zunehmend fehlen und nichtprivate Begegnungen immer seltener werden.[92]

In unserer Liste finden sich in dieser Rubrik mehrere Vertreter: die Hörspielkirche in Federow, die Kultur- und Wegekirche in Landow (beide Nordkirche),

91 Vgl. <http://www.kirchbautag.de/index.php?id=1257&type=98> (zuletzt besucht am 31.01.2014).

92 Vgl. Thomas Schlegel, Integration und Partizipation als Herausforderung ländlicher Räume. in: Lebendiges Zeugnis 68/1 (2013), 43–51.

die Erlebniskirche in Wählitz (EKM), die „entschlossenen Kirchen" im KK Zerbst (Anhalt) und die *Radwegekirche Wehlen (EVLKS).*

5. **Entwicklung eines touristischen Angebots:** Definierte sich das Land früher geradezu über die Agrarproduktion, so ist die Bedeutung dieses Sektors dramatisch geschrumpft, so dass Gebieten mit starker Landwirtschaft ein zunehmender Funktionsverlust droht. Auf der Suche nach Alternativen wird das naturräumliche und touristische Potenzial erschlossen. Daran partizipiert auch die Kirche: Sie richtet sich auf Urlauber ein, indem sie kulturelle Veranstaltungen bietet, die Kirchen offen hält oder extra Angebote für Ausflügler schafft. Auch das Schaffen eigener touristischer Attraktionen wie Bibelparks, Erlebnispfade und Pilgerstationen gehört in diese Rubrik.

Das unter Kategorie 3 Gesagte gilt ähnlich auch hier: Kirche schafft neue Resonanzräume für das Evangelium, sie dient dem Gemeinwesen und schafft dazu einen Haltefaktor in der Region.

Aus unserer Liste fallen der *Labyrinthpark Malchow (EKBO)*, Kirchenpark & Besinnungsweg in Gimte (EVLKA), der Hümmelinger Pilgerweg (EVLKA) und Berggottesdienste im Fichtelgebirge (ELKB) in diese Rubrik.

6. **Begegnungszentrum für das Dorf**: Wenn der Bäcker, die Poststelle und der Tante-Emma-Laden verschwinden, gibt es immer weniger Orte, an denen man sich begegnen kann. Begegnung im öffentlichen Raum ist aber nicht nur für die Gesellschaft von eminenter Bedeutung. Demokratische Grundprinzipien und politische Mitbestimmung lassen sich nur einüben, wo Menschen im Nichtprivaten zusammenkommen. Ähnliches gilt auch für die Kirchengemeinde: Sie definiert sich als *congregatio* bzw. *communio*.

Einige Initiativen konzentrieren sich darauf, im Dorf Begegnung möglich zu machen. Meist wird dazu eine Pfarrscheune, das Gemeindehaus oder das Pfarrhaus genutzt und zu einem Begegnungszentrum ausgebaut. Man arbeitet intergenerativ: Jung und Alt kommen zusammen, Jugendarbeit findet statt sowie verschiedene Bildungsangebote. Missionarische und karitative Aktionen ergänzen das Profil dieser kirchlichen „Dorfgemeinschaftshäuser".

Gerade das Mehrgenerationenhaus reagiert auf zwei weitere Herausforderungen des ländlichen Raumes: Den „demographischen Wandel" und die gesellschaftliche Fragmentierung.

Wir sind beim *„Haus der Begegnung" Globig (EKM)*, beim Begegnungszentrum Oberlaubenstall Borgisdorf (EKBO), der Pfarrscheune/Samaritergarten in Greiffenberg (EKBO) und beim Mehrgenerationenhaus im ehemaligen Pfarrhaus Groß Bistorf (Nordkirche) auf diesen Ansatz gestoßen.

7. Kirche als gesellschaftlicher Player: Bei dieser Idee erstreckt sich das Engagement der Kirchengemeinde in den Sozialraum hinein und ist – anders als bei 5. – nicht auf ein Gebäude konzentriert. Kirche nimmt hier ihre Rolle als einer der wenigen letzten institutionellen Akteure bewusst an und gestaltet Jugendarbeit vor Ort, organisiert einen Besuchsdienst für Ältere, kümmert sich um den Bürgerbus, den Dorfladen und bringt sich aktiv in die Regionalentwicklung ein. Kirche kooperiert sehr eng mit den Vereinen und der Kommune, sie „kehrt in die Mitte der Gesellschaft zurück"[93].

Diese Kategorie ist zugegebenermaßen eine recht unspezifische, da nach diesem Leitbild viele Kirchengemeinden arbeiten. Aber wenn im Zuge der Peripherisierung die Institutionen auswandern und die Kinder- und Jugendarbeit brach liegt bzw. von rechtsextremen Gruppen übernommen wird, gewinnt ein solcher Ansatz noch einmal eine andere Brisanz und innovative Form.

Damit erlangt Kirche neue Relevanz vor Ort; das Evangelium erreicht Menschen, die bisher wenig oder nichts davon gehört haben. Damit wird dem allgemeinen Bedeutungsverlust von Kirche etwas Aktives entgegengesetzt.

Dieser Kategorie ordnen wir die *Bandarbeit der Kirchengemeinde Joachimsthal* und das Aktionsbündnis gegen Rechtsradikalismus der Kirchengemeinde Groß Schönebeck (beide EKBO), die Arbeit der Kirchengemeinde Niederorschel (EKM), den Auerbacher „Brotkorb" und die Kinderspielplatzaktion in Crottendorf (beide EVLKS) zu.

8. Zentrale Events für die Region: Eine der Schwächen von Peripherie, ja geradezu Teil ihrer Definition, ist die fehlende Verdichtung: Die Konfirmandenzahlen im Dorf sind klein, die Chöre haben mit Nachwuchs zu kämpfen, und am Sonntag kommen weniger als 20 Personen in den Gottesdienst. Diese Ausdünnung kann mitunter frustrierend sein: Vier Konfirmanden gegenüberzusitzen, immer auf den Tenor verzichten zu müssen und dauerhaft mit vielen leeren Reihen konfrontiert zu sein, zehrt an Motivation und Begeisterung. Dem können zeitlich begrenzte Verdichtungen entgegenwirken. Für ein einmaliges Tauffest oder eine Woche Konficamp kommen die in der Fläche Verstreuten zusammen und feiern miteinander ihren Glauben. Diese Zusammenkünfte wirken auch auf andere attraktiv und bilden ein niederschwelliges Angebot, sich mit Gott, Glaube und Kirche auseinanderzusetzen.

Ist diese „Rüstzeitidee" schon alt, so begegnet sie doch in der Fläche immer häufiger, ja ersetzt teilweise die Versammlung vor Ort: Der Konfirmandenunterricht findet nur noch regional statt, und Jugendarbeit ist von den Dörfern an entsprechende regionale Treffs abgewandert. Diese „Strategie" reagiert

93 So beschreibt Ralf Kötter die Wirkungen der Aufbrüche in der evangelischen Lukas-Kirchengemeinde im Eder- und Elsofftal (EKvW), vgl. Ralf Kötter, Land, 2014, 20.

auch auf den sukzessiven Rückzug der Institution Kirche aus der Fläche und beispielsweise der Abnahme der Kinderzahlen durch den demographischen Wandel.

Hierzu ließen sich viele Projekte finden: Wir nennen hier das *Fußballcamp „Oese kickt!"*, den Mitmachzirkus „ZappZarap" in den Herbstferien (Kirchenkreis Henneberg, EKM), Tauffeste im Kirchenkreis Zossen, das Kenia-Music-Projekt in Fürstenwalde (beide EKBO) und das Konficamp in Sassen (Nordkirche).

9. **Missionarische Einzelaktionen vor Ort:** Sicherlich ist dieses Format missionarischer Arbeit kein Novum: Zeltevangelisationen, Verteilaktionen und beispielsweise Pro Christ gibt es schon länger; seltener in Dörfern, aber auch dort regelmäßig. Dennoch ist uns aufgefallen, dass man in den Dörfern neue Wege sucht: So wird der Glaubenskurs in Verchen mit Atheisten zusammen geplant und entwickelt, in einem thüringischen Dorf geht man mit Wort und Sakrament in die Häuser: Viele der Leute können nicht mehr kommen. Man feiert mit ihnen Hausgottesdienste, hauptsächlich im Advent. So richtet sich auch dieses Format stärker auf den demographischen Wandel und die zunehmende Konfessionslosigkeit aus: Hingehen und Einlassen auf Mensch und Umwelt sind integrale Beispiele der Evangelisation.

Wie viel Kraft und Energie Hauptamtliche künftig haben werden, dezentral in den Dörfern evangelistisch tätig zu sein, ist fraglich – gerade weil diese Arbeit zeitintensiv ist und die kleinen Schritte des Gehens benötigt. Beispielhaft wird deshalb eine alte schottische Idee in Mecklenburg wieder aufgegriffen: Gemeindeglieder besuchen dort in einer Woche das ganze Dorf bzw. bestimmte Zielgruppen. Verbunden mit Festen und Gottesdiensten am Abend ist dies eine Stärkung für die Gemeinde und bringt Außenstehende neu in Kontakt zu ihr.

Diese Rubrik ist durch folgende Beispiele vertreten: *Glaubenskurse mit Atheisten in Verchen (Nordkirche)*, Glaubenskurse für das Land in Finsterbergen (EKM), Hausgottesdienste in Wangenheim (EKM) und die „Besuchswoche" in Massow (Nordkirche).

10. **Missionarische Volkskirche**: Natürlich sind wir auch auf sie gestoßen: Die vermeintlich klassische Gemeindearbeit in ländlichen Räumen, die sich missionarisch an Außenstehende richtet. Oft ist es ein besonderer Schwerpunkt, den man dahingehend profiliert: etwa die Kinder- oder Jugendarbeit, aber auch das diakonische oder kirchenmusikalische Engagement. Viele Gemeinden sind in mehreren Feldern umtriebig, besitzen eine gute Öffentlichkeitsarbeit, entfalten eine rege Bautätigkeit und sind mit Kommune und Vereinen vernetzt – lebendige, missionarische Volkskirche.

In gewisser Weise ist diese Rubrik ein „Container“: Es existieren so viele Ideen, Initiativen und Projekte, dass sie hier nicht weiter spezifiziert werden können. In dem von uns gewählten Beispiel *Geithain (EVLKS)* wird die Breite der Arbeit besonders gut deutlich, aber auch erkennbar, dass man hier auf neue Herausforderungen in der Peripherie reagiert: Es geht um regionale Strukturen kirchlicher Organisation, um soziales Engagement, um neue Koalitionen und das Nutzen sozialer Netzwerke.

Aus unserer Liste sind hier außerdem zu nennen: Kirchengemeinden Fintel und Mariendrebber (EVLKA), Bernitt und Wattmannshagen (Nordkirche), die Christophorus-Kirchengemeinde Groß Kreutz (EKBO) und die Kirchengemeinde Großwechsungen (EKM).[94]

11. Bezug auf Dorfmentalität und Lokalgeschichte: Beim Sichten soziologischer und geographischer Literatur fällt auf, dass seit einigen Jahren zwei gegenläufige Tendenzen in der Raumentwicklung diagnostiziert werden: den Bedeutungsverlust kleiner Dörfer und zugleich die wachsende Bedeutung von Lokalität, überschaubaren Einheiten und regionaler Identität.[95] Mit beidem haben die kirchlichen Projekte zu tun, die in den Dörfern speziell auf Dorfgeschichte und -mentalität eingehen. Sie reagieren darauf, dass sich einzelne Dörfer fragen, welche Rolle sie im gesellschaftlichen Ganzen noch spielen – und andererseits antworten sie, indem sie das Lokalkolorit für die Gemeindearbeit nutzen. In Wandersleben (EKM) wird ein Dichter, der aus dem Dorf stammte, wiederentdeckt, geehrt und mit allerlei Veranstaltungen seines Wirkens gedacht. In Rottstock (EKBO) wird eine Glocke mit viel medialer Aufmerksamkeit in der eigenen dörflichen Erde gegossen. „Platz nehmen auf den Sitzen der Vorfahren“ heißt eine weitere Aktion in Siethen (EKBO), bei der alte Familienbilder gesammelt und gesichtet werden. Solche Arbeit verankert Kirche noch einmal ganz anders im dörflichen Bewusstsein. Dass dies nicht nur Brauchtumspflege ist, sondern missionarisch profiliert geschieht, zeigt das ausgewählte Beispiel der *Heimatstube in Brück (EKBO)*.

Hierzu gehören auch die Projekte „Meine Familie – unsere Familie“ (EKBO) und „Der Tod und das Meer“ der Kirchengemeinde Nebel/Amrum (Nordkirche).

---

94 In diese Rubrik würde man sicher auch die Lukas-Kirchengemeinde im Eder- und Elsofftal (EKvW) einordnen. Dass sie bereits bei der siebten Kategorie genannt wurde, bestätigt, dass es sich bei der missionarischen Volkskirche um eine Container-Idee handelt und die Grenzen zwischen den Clustern durchlässig sind.

95 Vgl. dazu Hans Heinrich Blotevogel, Auf dem Wege zu einer ‚Theorie der Regionalität'. Die Region als Forschungsobjekt der Geographie, in: Gerhard Brunn (Hg.), Region und Regionsbildung in Europa. Konzeptionen der Forschung und empirische Befunde, Baden-Baden 1996, 44–68, Zur Konjunktur der Regionsdiskurse, in: Informationen zur Raumentwicklung, Heft 9/10 (2000), 491–506.

12. Die besondere Idee: Wir sind bei unserer Sichtung nicht nur auf Mischformen gestoßen, die sich in mehreren Kategorien platzieren ließen, sondern auch auf Projekte, die einmalig sind und sich unter keine Überschrift bringen ließen. In einer höchst individuellen Mischung aus Geschichte, Interessen und Gaben der beteiligten Akteure hat sich hier etwas Eigenes entwickelt, was so pfiffig ist, dass es erwähnt und dann auch untersucht werden sollte. Diese Rubrik, die eigentlich eher Platzhalter und Nicht-Rubrik ist, offenbart eindrücklich, dass in den ländlichen Räumen Kreativität wohnt und Raum für innovative Ideen vorhanden ist.

Dazu zählen u. a. der *TV-Sender Elf in Laage (Nordkirche)*, die Hochzeitskirche Schwabstedt unter dem Motto „Sag zweimal JA!“ (Nordkirche) und „Der Meusel und der kleine Maulwurf“ in Meuselwitz-Reichenbach (EVLKS).

3 Auswertungsdimension Zwei: Darstellung, Analyse und Vergleich ausgewählter Fallbeispiele

3.1 Teil I: Darstellung und Analyse der Fallbeispiele

3.1.1 Methodisches Vorgehen

Nachdem sich die zwölf (elf + eins) Kategorien beim Screening aller Beispiele andeuteten, wählten wir für die detaillierte Auswertung jeweils einen Vertreter, also zwölf Beispiele.[96] Damit sollte eine gewisse Breite gewährleistet sein, die zudem für den Vergleich der Beispiele (Auswertungsdimension Zwei, Teil II) interessanter zu werden versprach. Doch zunächst galt es, die jeweiligen Initiativen genauer kennenzulernen, sie anhand unserer Kriterien zu untersuchen (Auswertungsdimension Zwei, Teil I) und auf ihren eigenen Anfang hin zu befragen (Auswertungsdimension Drei).

Nach Kontaktaufnahme und telefonischen Absprachen hat je eine Person des vierköpfigen Teams (Thomas Schlegel, Jörg Zehelein, Claudia Heidig, Andreas Turetschek) ein Projekt vor Ort besucht. Dort erfolgte dann auch die Befragung in der Form des Experteninterviews. Diese Methode ist im Bereich empirischer Sozialforschung inzwischen als valide Erhebungsmethode anerkannt.[97] Es handelt sich weniger um eine offene Interviewform (wie etwa in narrativ biographischen Interviews) als vielmehr um eine Erhebung von gedeutetem Erfahrungswissen, bei dem nicht die Person der Interviewten selbst von Interesse ist, sondern deren Einsichten und Reflexionsleistungen, die sie in Bezug auf eine bestimmte Thematik durch ihre hervorgehobene Funktion (Leitungsverantwortung, Zuständigkeit etc.) in einem System erwerben konnten.[98] Der methodische Zugang setzt in unserem Forschungsvorha-

96 Bei der Frage danach, welche Beispiele innerhalb einer Kategorie als erste zur Auswahl stehen können, wurde nach selektiven und forschungspragmatischen Gründen entschieden.

97 Vgl. nur Alexander Bogner, Das Experteninterview. Theorie, Methode, Anwendung, Opladen 2002; Jochen Gläser/Grit Laudel, Experteninterviews und qualitative Inhaltsanalyse, Wiesbaden 2006²; Aglaja Przyborski/Monika Wohlrab-Sahr, Qualitative Sozialforschung. Ein Arbeitsbuch, 2. Aufl., München 2009, 131 ff. Anzumerken ist allerdings, dass in zwei Fällen verantwortliche Personen nachdrücklich eine Befragung mehrerer Personen zugleich einforderten. Hier wurden, um das Ergebnis nicht als Ganzes zu gefährden, Abstriche bei der methodischen Stringenz gemacht. So kam es in zwei Fällen de facto zu Gruppendiskussionen mit mehreren Experten (vgl. Volker Kühn/Kay Koschel, Gruppendiskussionen. Ein Praxis-Handbuch, Wiesbaden 2011).

98 Vgl. Gläser/Laudel, Experteninterviews, 11 f. und Alexander Bogner/Wolfgang Menz, Expertenwissen und Forschungspraxis. Die modernisierungstheoretische und die methodische Debatte um die

ben demnach bei Personen an, die – etwa aufgrund ihrer formalen Rolle im System (z. B. Projektleitung) oder aufgrund nennenswert großen Engagements (Haupt- oder Ehrenamtliche) – über je selbst gedeutetes Expertenwissen verfügen.[99] Solche Personen wurden vor Ort mittels eines strukturierten Leitfadens zu dem jeweiligen Projektbeispiel befragt. In der Regel waren dies zwei Personen: einen bzw. den Hauptamtlichen und einen, der ehrenamtlich am Projekt beteiligt ist. Zum Teil waren es auch drei Personen, d. h. drei Gespräche, die wir vor Ort führten.

In Ergänzung der Experteninterviews wurden außerdem zusätzliche Informationen beschafft. So sammelten wir vor allem Dokumente aus den ersten zwei Jahren des Projekts (Zeitungsartikel, Protokolle), die wir mit Hilfe der Dokumentenanalyse auswerteten. Freilich nahmen wir punktuell an den Angeboten teil oder/und es gab ausführliche Ortsbegehungen. Wir hielten manches im Foto fest. Diese zusätzlichen Informationen flankierten die Erkenntnisse aus den Interviews.

Die Auswertung selbst stützt sich dann auf die Analyse der Interviews. Statt der zeitlich aufwendigen, vollständigen Transkription der per Audioaufnahmegerät aufgezeichneten Gespräche[100] wurden die Daten insofern aufbereitet, als durch den Moderator während des Interviews Notizen niedergeschrieben wurden und nach dem Interview ein Protokoll erster Eindrücke angefertigt wurde. Ferner wurden die Tonbandaufnahmen nachgehört und dabei die in der Tonaufnahme enthaltenen, wesentlichen Gesprächsinhalte exzerpiert. Passagen, die wichtige Informationen enthalten und besondere Reflexionstiefe vermuten ließen, haben wir wörtlich transkribiert, um in der Darstellung unserer Auswertungsergebnisse auf „O-Töne" zurückgreifen zu können. Zudem wurden stellenweise Betonungen hervorgehoben.

Insofern es uns um die Auswertung der *Inhalte*[101] ging, griffen wir zunächst auf eine vereinfachte Form der qualitativen Inhaltsanalyse nach Philipp Mayring[102] zurück. Demnach werden vorab theoretisch deduzierte Kategorien auf

Experten, in: Alexander Bogner/Beate Littig/ Wolfgang Menz (Hg.), Das Experteninterview. Theorie, Methoden, Anwendungen, Opladen 2002, 7–30, 16 f.

99 Vgl. Przyborski/Wohlrab-Sahr, die solche Personen als Experten erachten, die „über ein spezifisches Rollenwissen verfügen", etwa aufgrund ihres Berufes oder ihres außerberuflichen Engagements (Qualitative Sozialforschung, 132).

100 Zwar sprechen sich u. a. Gläser/Laudel grundsätzlich dagegen aus, auf eine vollständige Transkription zu verzichten (vgl. nur Gläser/Laudel, Experteninterviews, 188 f.), doch kann etwa auf Kühn/Koschel verwiesen werden, die ein solches forschungspragmatisches Vorgehen durchaus für legitim halten (vgl. Kühn/Koschel, Gruppendiskussionen, 203 f.).

101 Die Frage ist darum in erster Linie, *was* (nach manifesten Äußerungen) gesagt wurde, und weniger darum, *wie* es gesagt wurde.

102 Vgl. Philipp Mayring, Qualitative Inhaltsanalyse. Grundlagen und Techniken, 8. Aufl., Weinheim/Basel 2003.

das Material angewendet, um diesem auf methodisch kontrollierte Weise die für das Forschungsinteresse relevanten Informationen zu entnehmen. Die theoretischen Codes bildeten sich dann auch in der Struktur des *Leitfadens* ab.[103] An diesem Leitfaden entlang nahmen wir dann auch die Auswertung vor. Dabei berücksichtigten wir zunächst jedes Beispiel für sich und gingen danach in eine vergleichende Auswertung aller Fallbeispiele.

Im Blick auf die *Einzelauswertungen* wurde überblicksartig nach dem Ist-Zustand, nach unseren Kriterien von *Mission, Land* und *Innovation* und nach der Anfangsphase gefragt.[104] Auf der Schnittstelle zu einem weniger deduktiv-theoriegeleiteten als vielmehr induktiv-theoriegenerierenden Auswerten, wie es z. B. beim thematischen Codieren (einer Auswertungsmethode, die in der Forschungstradition der Grounded Theory steht) der Fall ist[105], bewegten wir uns dort, wo wir ergebnisoffen bzw. induktiv nach Bedingungen, Faktoren und wesentlichen Aspekten in Bezug auf die Anfangsphase einer sozial-missionarischen Innovation fragten.[106] Die Darstellung eines Einzelbeispiels wurde dann entsprechend gegliedert.

Fand dieser Schritt der Auswertung grundsätzlich in Einzelarbeit einer Person unseres vierköpfigen Teams statt, kam es dennoch bereits an diesem Punkt zu einer Perspektiverweiterung. So ergänzte jeweils eine andere Person unseres Forschungsteams die Einzelauswertung und brachte eine Zweitperspektive ein. Sie hörte die Interviews nach, schaute sich die Unterlagen an und machte sich eigene Notizen, ohne die Auswertung des Erstbearbeiters im Detail vor Augen zu haben. Ist man damit zwar von dem enorm aufwendigen Verfahren unter dem Stichwort der „Inter-Coder-Reliabilität"[107] noch weit entfernt, weist ein solches Vorgehen dennoch bereits in diese Richtung.

3.1.2 Der Fingerabdruck oder: Wo verorten wir das Beispiel innerhalb der Kategorien?

Um im zweiten Teil die Beispiele vergleichen zu können, achteten wir bei der Darstellung und Analyse (Teil I) bereits darauf, das Spezifische eines jeden

103 Der Leitfaden kann – ähnlich den Transkriptionen – auf Anfrage beim IEEG eingesehen werden.

104 Dabei sind die drei Kategorien Mission, Land, Innovation eindeutig „therorielastiger", als es die eher formalen Kategorien von Geschichte, Anfang und weiterer Entwicklung sind. Insbesondere in Bezug auf die Anfangsphase bewegten wir uns (s. u.) allerdings in der Nähe einer eher induktiven Herangehensweise (thematisches Codieren).

105 Vgl. Uwe Flick, Qualitative Sozialforschung, Eine Einführung, Reinbek 2002, 386 ff.

106 In gewissem Sinn sind auch die Kategorien des Überblicks und der Geschichte eines Fallbeispiels eher theorieoffen, da wir hier ohne einen klaren Theorierahmen das Fallbeispiel nach den jeweils für dieses Projekt relevanten Informationen dargestellt haben.

107 Vgl. Werner Früh, Inhaltsanalyse. Theorie und Praxis, Konstanz 2001[5], 177.

Fallbeispiels hervorzuheben. Dazu haben wir auf die drei Kategorien *Mission, Land* und *Innovation* zurückgegriffen, die ja nicht nur Auswahl-, sondern auch Auswertungskriterien darstellten. Wie bereits angedeutet, liegen die drei Kategorien auf verschiedenen Ebenen, weshalb wir jedes Fallbeispiel in jeder der drei Kategorien unabhängig voneinander verortet haben.[108] Die Zusammenschau dieser Verortung ergibt einen Fingerabdruck, der nun jeweils ganz individuell ist und somit den Vergleich im zweiten Teil ermöglicht.

Das heißt im Einzelnen: In der Kategorie *Land* haben wir den Projektort hinsichtlich der Einwohnerdichte und der Erreichbarkeit des nächsten Oberzentrums bestimmt. Aus diesen beiden Angaben haben wir einen „Peripherieindex“ konstruiert, der keinen wissenschaftlichen Eigenwert besitzt, aber bei der Verortung in der Kategorie *Land* hilft.[109] Wenn das Dorf 20 bis 30 Minuten vom Oberzentrum entfernt lag, bekam es einen Punkt, bei 30 bis 40 Minuten waren es zwei und bei weiterer Entfernung drei Punkte. Analog dazu verfuhren wir bei der Einwohnerdichte: Wohnen im Projektdorf 100 bis 150 Menschen auf einem Quadratkilometer, bekam der Ort einen Punkt, betrug sie 50 bis 100 waren es zwei Punkte, und bei unter 50 vergaben wir drei Punkte. Nun rechneten wir die Punkte des Ortes zusammen und erhielten so die Möglichkeit, die Ländlichkeit nach zwei Indikatoren *in einem Spektrum* darzustellen, das noch dazu den Vorteil hatte, dass es eine Skala von 1 bis 5 aufwies.[110]

1≙2 Punkte	2≙3 Punkte	3≙4 Punkte	4≙5 Punkte	5≙6 Punkte

1	2	3	4	5

Peripherieindex Land

108 Vgl. dazu den Abschnitt „Zusammenschau der Kategorien und ihre Unterscheidung“, S. 191 ff.

109 Unterstützend haben wir jeden Ort einem der „Raumtypen 2010“ zugewiesen. Dazu half eine Tabelle, die uns dankenswerterweise das BBSR zur Verfügung gestellt hat.

110 Natürlich ergeben drei plus drei Punkte sechs Punkte, also haben wir zunächst eine 6er Skala. Aber letztlich müssen wir immer zwei Punkte vergeben, weshalb die Skala sich von 2 bis 6 erstreckt, also nur 5 Werte aufweist. Insofern rangiert ein Projekt mit dem Punktwert 2 in der Skala auf 1 und eines mit 3 auf 2 usw.

Beispiel: Der Projektort Globig erhält für die Einwohnerdichte von 36,5 EW/qkm drei Punkte, drei weitere für die 45 Minuten Fahrzeit zum Oberzentrum Dessau-Roßlau. Mit den sechs Punkten liegt Globig am oberen Ende der 5er-**Skala Land**.

In ganz ähnlicher Art sind wir mit den beiden anderen Kriterien vorgegangen. Bei *Mission* und *Innovation* kann man das Spektrum allerdings eher als eine Ampel verstehen, auf der Farben an verschiedenen Stellen aufleuchten konnten: entweder Lambeth 1–5 für den jeweiligen Missionsansatz und bei *Innovation* die jeweilige Herausforderung, die man beim Projekt besonders im Blick hatte. Der Punkt, in dem sich die Absicht bzw. der Ansatz besonders verdichtete, wurde entsprechend hervorgehoben, da bei den Projekten oft mehrere Dimensionen berührt werden. Ein solches Vorgehen hatte sich bereits in einer Studie der anglikanischen Kirche bewährt.[111]

Beispiel: das Mehrgenerationenhaus in Globig, was diakonisch „ansetzt" (Lambeth 3, aber auch zum Ziel hat, Evangelium zu verkünden und Menschen in die Nachfolge zu rufen (Lambeth 1 und 2). Es reagiert in erster Linie auf den „demographischen Wandel" (Herausforderung 3), will der Abkoppelung des Ortes und dem Entzug von Infrastruktur entgegenwirken (Herausforderung 4) und möchte der Säkularisierung etwas entgegensetzen (Herausforderung 6).

Globig würde also hinsichtlich der beiden Kriterien folgendermaßen dargestellt werden:

Skala Mission

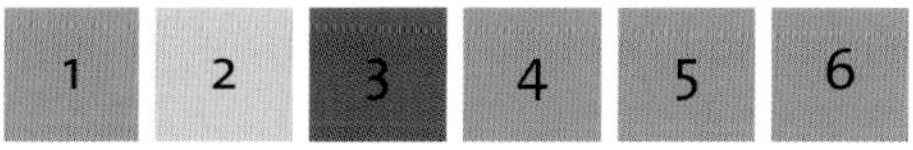

Skala Innovation

Auf diese Weise erhält jedes Fallbeispiel einen individuellen Fingerabdruck, der dann in einem zweiten Schritt verglichen werden kann.

111 Hier wurden 275 „stories" aus der Anglikanischen Kirchenlandschaft den fünf Dimensionen von Mission zugeordnet (vgl. Cathy Ross, Exposition, 146–157).

3.2 Die Fallbeispiele: Darstellung und Analyse

3.2.1 *Mobile Arbeit: Der Blaue Bus des CVJM iKO e. V.*[112] *(Evangelische Kirche in Berlin-Brandenburg-schlesische Oberlausitz)*

3.2.1.1 Abstract

Peripherieindex Land

Skala Mission

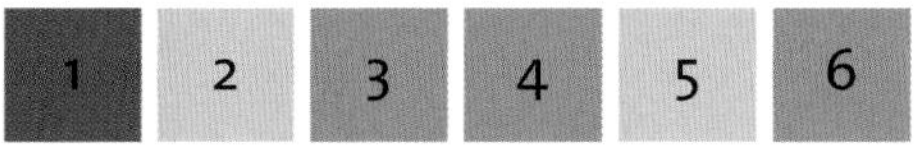

Skala Innovation

Wenn in Brandenburgs Osten ein blauer Bus zwischen den Feldern auftaucht, wissen alle: Heute haben wir wieder ein Jugendzentrum im Dorf. Seit 2002 fährt der Blaue Bus des CVJM iKO e. V. von Montag bis Freitag fünf verschiedene Dörfer im Landkreis Märkisch-Oderland an und bietet den Kindern und Jugendlichen dort Spiel, Spaß, Aktionen, Gruppenangebote für verschiedene Altersklassen, Raum für Gespräche über Gott und die Welt und vieles mehr. Der Blaue Bus ermöglicht kontinuierliche Jugendarbeit dort, wo das sonst niemand mehr anbieten kann.

3.2.1.2 Vorstellung des Projektes und der Gemeinde

Der Blaue Bus ist ein 17,5 m langer Gelenkomnibus, der zu einem mobilen Jugendzentrum umgebaut wurde, um „auf den Dörfern – wo es sich aus wirtschaftlichen Gründen nicht lohnt, eigene Jugendhäuser aufzumachen, weil nur 300 bis 400 Einwohner kein Jugendhaus rechtfertigen – auch Jugend-

112 Christlicher Verein junger Menschen im Kirchenkreis Oderbruch e. V.

arbeit zu ermöglichen".[113] So bietet dieser Bus genügend Sitzmöglichkeiten und Tische, Gesellschaftsspiele, eine Musikanlage und vieles mehr. Neben den Gruppenangeboten kann auch offene Arbeit laufen, denn eine Schiebetür trennt den hinteren Teil als Extraraum, wenn nötig, ab. Im vorderen Busabteil befindet sich eine voll ausgestattete Bistroküche.

Die Arbeit mit dem Blauen Bus entspricht der Vision des CVJM: „[...] durch Weitersagen der frohen Botschaft von Jesus Christus jungen Menschen [zu] helfen, gleich welcher Herkunft, sich mit den vielfältigen Problemen und Aufgaben dieser Welt zu befassen, um ihr Leben zu meistern".[114] Der Bus fährt seit 2002 im wöchentlichen Turnus fünf verschiedene Orte an. An Bord sind in der Regel zwei Hauptamtliche und ein Praktikant. Der Bus steht dann für fünf bis sechs Stunden (etwa 14 bis 20 Uhr) in den Dörfern und bietet den Kindern und Jugendlichen ein umfassendes Angebot von Snacks über Spiele, Hausaufgabenhilfe, Sportaktivitäten, bis hin zu Gruppenangeboten (vergleichbar mit klassischer Jungschar und Junger Gemeinde) sowie Seelsorge. Der Blaue Bus

113 In den Projektdarstellungen haben wir darauf verzichtet, den genauen Belegort einer Aussage anzugeben. Sie stammen – wenn nicht anders vermerkt – aus den Interviews, die am IEEG als Textversion verfügbar und auf Nachfrage einsehbar sind. Aus Datenschutzgründen werden auch die Namen der Interviewten nicht erwähnt. In der Regel ist aber erkennbar, welche Rolle der Befragte im Projekt einnimmt (Hauptamtlicher/Ehrenamtlicher).

114 <http://cvjm-iko.de> (zuletzt aufgesucht am 07.08.2013).

soll den Kindern zumindest für einen Tag pro Woche das bieten, was ein festes Jugendzentrum vor Ort ihnen zu bieten hätte.

Diese mobile Jugendarbeit deckt ein breites Milieuspektrum ab: vom Kind der Schulrektorin bis zum Kind von Langzeitarbeitslosen. Mit der offenen Jugendarbeit werden in manchen Orten etwa 70 % der Dorfkinder erreicht. Das heißt, dass die Mitarbeiter den größten Teil der Kinder in dem jeweiligen Ort kennen und Beziehungen zu ihnen aufbauen können. Wobei es ein Unterschied ist, ob die Begegnungen zwischen den Kindern und Mitarbeitern jeden Tag möglich sind – so in den festen Jugendzentren in Seelow und Wriezen – oder ob es nur einmal wöchentlich den direkten Kontakt gibt. Für die Mitarbeiter ist es immer wieder eine Herausforderung, die Orte nur einmal pro Woche als „ihr Dorf" wahrzunehmen.

Für einige Kinder stellt die Gemeinschaft rund um den Blauen Bus sogar eine Art „Ersatzfamilie" dar, wo sie gemeinsam essen, Probleme besprechen oder Geburtstag feiern. Für sie gehört „ihr" Blauer Bus einfach in den Wochenablauf hinein. Das merkt man an der Aussage eines Kindes: „Oh, ihr wart nicht da. Ich konnte meinen Hot Dog nicht essen." So ist der Blaue Bus ein wesentlicher Bestandteil der CVJM-Arbeit geworden. Der Verein ist jedoch nach reichlich zehn Jahren weiter am Nachdenken, wie die Arbeit fortgeführt und besser vernetzt werden kann. Eine zentrale Frage ist dabei, wie eine intensivere Zusammenarbeit mit den Kirchgemeinden in den jeweiligen Dörfern erreicht werden kann.

Die Busarbeit ist bisher ein Gemeinschaftsprojekt des CVJM iKO. e. V. und der brandenburgischen Provinzial-Genossenschaft des Johanniterordens. Den CVJM gibt es seit mehr als zwanzig Jahren in Seelow und Umgebung. Das anfängliche Unverständnis über die Notwendigkeit eines christlichen Vereins neben der Kirche zerschlug sich bald, und der Verein etablierte sich. Heute umfasst er zwölf hauptamtliche Mitarbeiter, zwei Jugendhäuser, den Blauen Bus als mobiles Jugendzentrum und leistet Schulsozialarbeit an mehreren Schulen. Mit der Neubesetzung der Kreisjugendpfarrstelle 2008 wurde auch die Leitung des CVJM neu strukturiert. Der Kreisjugendpfarrer hat gleichzeitig die theologische wie auch die inhaltliche Leitung des CVJM iKO e. V. zu verantworten. Daneben ist es seine Aufgabe, die kirchliche Jugendarbeit fortzuführen und diese mit der Arbeit des CVJM zu verknüpfen. So steht der Verein in fester Verbindung und Zusammenarbeit mit dem Evangelischen Kirchenkreis Oderbruch.

3.2.1.3 Der Kriteriencheck – Bemerkungen zu Mission, Land und Innovation

Mission

Das missionarische Anliegen wird beim Blauen Bus großgeschrieben. Die Jugendarbeit richtet sich nach außen, an alle Kinder und Jugendliche eines Ortes, unabhängig von ihrer konfessionellen Bindung. Auch kirchenferne Kinder werden erreicht, die einfach ein Freizeitangebot suchen. Es werden ihnen christliche und demokratische Werte vermittelt. Damit kommt der CVJM dem gesellschaftlichen Auftrag von Kirche nach (**Lambeth 4**). In den Gruppenangeboten wird versucht, bei alltagsrelevanten Themen die Bibel kreativ ins Gespräch zu bringen. Der CVJM möchte den Kindern und Jugendlichen eine christliche Grundbildung vermitteln, die sie von anderen Seiten, gerade im ehemaligen DDR-Gebiet, kaum bekommen können. Das Wort Gottes wird unter den Kindern und Jugendlichen verkündigt mit der Hoffnung, dass der Same irgendwann einmal aufgeht (**Lambeth 1**). Das durfte bei ein paar Kindern bzw. Jugendlichen bereits erlebt werden; allerdings gibt es im Alltag auch dieses: Viele Jugendliche schalten ab, wenn sie „Bibel" hören, oder sagen ganz ehrlich, dass sie nichts mehr über Jesus hören wollen. Genauso gibt es auch Kinder, die wegen dieses christlichen Hintergrunds der Arbeit nicht zum Blauen Bus kommen dürfen.

Der Kontakt zu den Kindern und Jugendlichen ergibt sich auf sozial-diakonischer Ebene. Es werden Beziehungen gebaut – manchmal schon durch das wöchentliche gemeinsame Spielen (**Lambeth 3**). Diese ermöglichen immer wieder tiefgründige Gespräche. Hin und wieder ergibt sich die Chance, mit Eltern ins Gespräch zu kommen. Gerade in Ostdeutschland begegnet man vielen Menschen, die noch nie Kontakt zu Kirche hatten. Ein langjähriger Mitarbeiter erzählt, dass sich die CVJM-Arbeit gerade darin gründet, nämlich den Auftrag und die Chance zu nutzen, welche die Kirche nach dem 40-jährigen Schattendasein hat. Nun müssten die Türen weit geöffnet und die Menschen eingeladen werden: Schaut euch an, was Christsein bedeuten kann! Den Kindern wird Liebe und Wertschätzung entgegengebracht, an ihre Geburtstage wird gedacht und sie werden gefeiert – was einige Kids nicht von zu Hause kennen.

So bewegt sich die mobile Jugendarbeit des Blauen Busses ihrer Intention nach zwischen Lambeth 1, 3 und 4, wobei sie bei 3 ihren Schwerpunkt hat.

Land

Der Landkreis Märkisch-Oderland (MOL) mit der Kreisstadt Seelow reicht vom östlichsten Teil Brandenburgs bis an Berlin heran. Die durchschnittliche Einwohnerdichte beträgt 88 EW/qkm, wobei die westliche Region des Landkreises durch die Nähe zu Berlin weitaus stärker besiedelt ist als der östliche Teil.[115]

Wriezen, die Zentrale des Blauen Busses, liegt rund 60 Kilometer nordwestlich von Frankfurt (Oder), dem nächsten Oberzentrum. Bis Berlin sind es von Wriezen ebenfalls 60 Kilometer in südwestliche Richtung.

Ein großes Thema in dieser Region ist der demographische Wandel. Jedes Jahr sinken die Geburtenzahlen. Das wird an der Kleinstadt Wriezen als Beispiel für die Situation im östlichen Landkreis deutlich: Zwischen 2004 und 2009 hat die Stadt 6,1 % ihrer Einwohner verloren, die Anzahl der 6- bis 18-Jährigen ist um 26,8 % gesunken. Die Arbeitslosigkeit lag 2009 bei 16,4 %.

Die aktuelle Klassifizierung des BBSR ordnet Wriezen dem *überwiegend ländlichen, sehr peripheren Raum* zu (Raumtypen 2010).

Innovation

Die Herausforderungen der ländlichen Räume sind entsprechend virulent. Für Kinder und Jugendliche fehlt vor allen Dingen Mobilität. Der Schulbus fährt nur selten. Wenn die Eltern sie nicht bringen, haben die Kinder meist keine Möglichkeit, an regionalen Angeboten teilzunehmen. Der schwindenden kirchlichen Infrastruktur bzw. der kontinuierlichen Arbeit an dezentralen Orten begegnet der Blaue Bus, indem er das Angebot für Kinder und Jugendliche mobil werden lässt (**Herausforderung 1**). „Wir gehen aus den [...] Zentren raus und lassen die Dörfer nicht im Stich." „Das Neue ist im Prinzip: Wir gehen dahin, wo es sich sonst nicht lohnt." So beschreibt es ein leitender Mitarbeiter der Busarbeit.

Mit dem Blauen Bus wird Leben in die Dörfer gebracht und den (noch verbleibenden) Kindern und Jugendlichen Aufmerksamkeit geschenkt. Wenigstens für einen Tag in der Woche ist damit ein Treffpunkt für einige Menschen geschaffen (**Herausforderung 4**). So wird mit dem Bus auf fehlende Angebote und die Peripherisierung in ländlichen Regionen reagiert.

Dass die weniger werdenden Kinder und Jugendliche in den Fokus der aufsuchenden Arbeit des CVJM rücken, unterstreicht, dass man hier dem demographischen Wandel begegnet (**Herausforderung 3**). Gleichzeitig wird durch die Vermittlung christlicher Inhalte der Säkularisierung entgegengewirkt und abgebrochenen Traditionen wieder neuer Raum gegeben (**Herausforderung 6**).

---

115 Vgl. <http://www.maerkisch-oderland.de/cms/upload/pdf/statistik/31–12–2009/Kreiskarte2010.pdf> (zuletzt aufgesucht am 27.08.2013) und <http://de.wikipedia.org/wiki/M %C3 %A4rkisch-Oderland#cite_note-Metadaten_Einwohnerzahl_DE-BB-1> (zuletzt aufgesucht am 27.08.2013).

3.2.1.4 Der Anfang und die Geschichte – die Entwicklung

Für die Idee und die Umsetzung der mobilen Jugendarbeit im Kirchenkreis Oderbruch erwiesen sich bestimmte Faktoren als wichtig. Dies war zum einen die *motivierte und begeisterte Grundstimmung* innerhalb des CVJM, die entscheidend geprägt war durch den 1996 gewählten ersten hauptamtlichen *CVJM-Leiter*, der als sehr charismatisch beschrieben wird. Laut dem interviewten Ehrenamtlichen leistete er die Kernarbeit, indem er wie ein Streetworker auf die Kinder und Jugendlichen zuging, sie zum Kindergottesdienst oder nach Hause einlud. Diese Zeit wird von den CVJM-Mitgliedern als sehr prägende und wichtige Zeit hervorgehoben: „Das war wirklich eine Zeit, da brannten alle auch dafür. Und das war die *Hoch*zeit. Und schon nach wenigen Monaten platzten wir aus allen Nähten." Noch 1996 wurde der Bau eines CVJM-Jugendzentrums in Seelow begonnen. Das war nur durch *Fürsprache des damaligen CVJM-Kassenwarts* im Rotary Club Frankfurt (Oder) und den in Folge gewonnenen *Unterstützern* (Herrhausen-Stiftung und Robert-Bosch-Stiftung) möglich. „Das Spannende war, dass wir jetzt nicht das Gebäude fertig hingestellt bekommen haben, sondern immer nur *Hilfe zur Selbsthilfe* bekommen haben." Die Arbeiten wurden mit den Jugendlichen und Firmen vor Ort selbst durchgeführt. Dieses gemeinsame Bauen schaffte eine Verbundenheit der Menschen untereinander, aber auch der Einzelnen mit dem Verein und dem Haus.

Mit der Eröffnung des Jugendhauses Seelow im Jahre 1999 kamen *Anfragen von außen* auf den CVJM zu. Der langjährige Mitarbeiter berichtet:

> „Da kam dann so 'ne *Stimmung* auf hier im Kreis, dass eben sehr viele Bürgermeister, Gemeinderäte, Stadträte ausm Umfeld gesagt haben ‚Na, Augenblick mal, da ist ein Jugendwerk [...] da gibt es scheinbar entsprechend Gelder.' Viele sind eigentlich nur auf uns gestoßen, weil sie dachten: Na ja, der CVJM ist steinreich [...] ja, verfügt über unsagbare Finanzquellen. Das ist denen nicht klar gewesen, wie das Ganze abläuft. Sie haben eben nur das fertige Produkt gesehen, dieses Haus, und sind dann auf uns zugekommen und haben gesagt: ‚Also so ein Haus woll'n wir auch.'"

Dieses Rufen der anderen Kommunen nach einem eigenen Jugendzentrum hat die CVJM-Aktiven ins Nachdenken gebracht. Sie sagten „Jetzt ist das Eisen so heiß, jetzt müssen wir's schmieden." Jedoch fehlte es für weitere Jugendhäuser an finanziellen und personellen Ressourcen.

Beim Skiurlaub, vor dem Kamin, kam plötzlich die Idee: „Wir müssen ein Haus bauen. Das Haus müsste Räder haben." Damit war der Gedanke geboren. Der Kirchenkreis Oderbruch braucht ein Haus auf Rädern, das alles beinhaltet, was das Jugendhaus in Seelow zu bieten hat. Zuerst dachten sie an einen ausgebauten Lkw mit allem darin, was das CVJM-Zentrum im Besonderen ausmacht, d. h. Bistro, Jugendräume, Spiele, Technik usw. Nach den ersten etwas ungläubigen Reaktionen im CVJM-Vorstand wurde die Idee erneut in den Rotary Club Frankfurt (Oder) getragen. Ein Rotarymitglied gab schließlich den Hinweis auf den Bus und stellte den Kontakt zu den Verkehrsbetrieben Frankfurt (Oder) her. Die waren von der Idee des mobilen Jugendzentrums derart begeistert, dass sie dem CVJM einen Bus für wenig Geld überließen. Nun mussten finanzielle Mittel für den Umbau zusammenkommen. Erneut konnte die Robert-Bosch-Stiftung für das Projekt begeistert und gewonnen werden. Als zweiter Träger wurde der Johanniterorden in Kooperation mit der Kinder-in-Not-Stiftung in Berlin mobilisiert. Bis heute finanziert der Johanniterorden eine Personalstelle.

Von Anfang an war die *Vision* klar: Das Jugendzentrum kommt zu den Jugendlichen. Es kommt in die Dörfer. Wöchentlich wiederkehrend. Gleicher Tag. Gleiche Stunde. Und so wird es seit 2002 umgesetzt. Teil der Ursprungsidee war auch, dass sich in den Orten etwas Festes, von dem Bus Unabhängiges bildet. Dies war bisher jedoch wenig erfolgreich, weil es an Personalkräften fehlt wie auch an ehrenamtlichen Helfern aus den Orten.

Allerdings haben sich andere Arbeits- und Verantwortungsfelder durch die Busarbeit aufgetan. Die Menschen haben wahrgenommen, dass der CVJM zuverlässige und qualitativ gute Arbeit leistet. Es sprach sich rum: „Die stehen zu ihrem Wort", „Die machen gute Arbeit". So hat der CVJM iKO e. V. immer wieder erfahren, dass es geradezu gesellschaftlich gewollt ist, dass Kirche sich einbringt. Infolge des größer gewordenen Vertrauens von kommunaler Seite kam ein Bürgermeister auf den CVJM zu mit der Bitte, das städtische Jugendhaus zu übernehmen und zu erneuern. Wenig später wurde der CVJM außerdem gebeten, das Wriezener Gymnasium vor der Schließung zu bewahren und es als Träger zu übernehmen, was unter dem Hut des Johanniterordens auch ermöglicht wurde. Obwohl diese neuen Aufgaben für den CVJM zu groß erschienen, blieb dem Verein oft nichts anderes übrig als einzugestehen: „Der HERR hat's uns vor die Füße gelegt. Wir müssen uns danach richten."

Trotzdem es auch immer wieder kleine Probleme, Widerstände oder Hindernisse gab, wie beispielsweise mangelnde Unterstützung oder Missverständnisse der Kirchgemeinden, so hat sich der Blaue Bus dennoch als großer Schatz für die Region herausgestellt und möchte durchaus Vorbild für andere Regionen sein.[116]

116 Als Ratschläge für die Entwicklung eines solchen Projekts gibt der CVJM Folgendes mit: 1.) Seien Sie überzeugt von der Sache! 2.) Haben Sie nicht die Wichtigkeit des Busses oder des Geldes im Blick, sondern die Wichtigkeit der Aufgabe. Was wollen wir eigentlich? Ein Bus ist lediglich Mittel zum Zweck.

3.2.2. Dezentrale Kirche ohne Pfarrer: Die „Ad fontes"-Andachten in Mönchgrün (Evangelische Kirche in Mitteldeutschland)

3.2.2.1 Abstract

Peripherieindex Land

Skala Mission

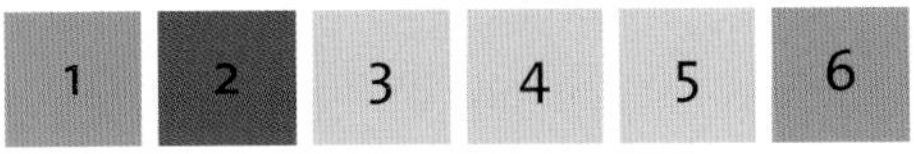

Skala Innovation

Seit dem Jahre 2010 gibt es für Gemeinden im Kirchenkreis Schleiz die Möglichkeit, an einem Andachtsprojekt teilzunehmen. Wenn sich drei Interessierte aus den eigenen Reihen finden, können sich diese an vier Abenden dazu ausbilden lassen, eine Andacht anzuleiten. Diese ist sehr schlicht und lebt vom Hören auf Gott in seinem Wort und in der Stille. Sie findet regelmäßig in der Kirche statt, steht aber eher in der Tradition der Hausandacht als der des Gottesdienstes. Eingeladen ist das ganze Dorf bzw. Stadt, auch im winzigen Mönchgrün kommen so einmal monatlich 7 bis 12 Personen zusammen.

3.2.2.2 Vorstellung des Projektes und der Gemeinde

Bisweilen bringt die junge Andachtsleiterin ihre Freunde mit. Obwohl selbst keine Christen, folgen sie der Einladung zu der Andacht in der Mönchgrüner Kapelle. Die junge Frau weiß, dass „Beten, Stille halten, wieder Beten und [...] Stille" für Außenstehende auf den ersten Blick wenig attraktiv wirken. Aber

3.) Es muss ein Bedürfnis da sein. Das Projekt muss gebraucht werden. 4.) Es werden Menschen gebraucht, die für das Projekt brennen. Lassen Sie es ein Gemeinschaftswerk sein! Erfolg braucht viele Väter und Mütter. 5.) Haben Sie ein Bild von dem, was aus dem Projekt wird. Haben Sie eine Vision! 6.) Richten Sie alle Kräfte immer wieder auf diese Vision aus! 7.) Ein solches Projekt braucht eine Leitung, die die Gaben jedes Einzelnen erkennen und gewinnbringend einsetzen kann.

danach – so berichtet sie – sei bei den Freunden „die Blockade zur Kirche [...] nicht mehr so ganz groß", im Gegenteil, einige sagten: „Interessant; tat eigentlich auch mal gut."

Sie ist davon überzeugt, dass die schlichten Andachten zeitgemäß sind, „weil es eben so hektisch ist" in diesen Tagen. Da wirkt das Beten und Hören entschleunigend.

> „Man kommt zur Ruhe, man lässt die Gedanken kommen und schiebt dann alles, was einen belastet, wirklich einfach mal zur Seite und kommt dadurch [...] mal wieder runter und kann [...] auch der Beziehung zu Gott [...] wieder näher sein; weil man [...] sich darauf wieder einstellt, was wirklich wichtig ist, [...] Was trägt mich eigentlich durch den Tag?"

Als der Pfarrer sie fragte, ob sie ehrenamtlich in der Kirchengemeinde Andachten leiten will, sagte sie rasch zu. „Dieses Projekt habe ich mitgemacht, eigentlich eher für mich selber, aber es tut mir natürlich auch gut, jetzt zu merken, dass [...] ich damit anderen Leuten was Gutes tue. [...] Die Leute kommen wirklich aus der Andacht heraus und sagen: ‚Dankeschön, war wieder schön!'"

Inzwischen gibt es im Kirchenkreis Schleiz 50 Andachtsgruppenleiter, die in neun Kirchspielen einfache Gebete mit Stille und Lesung anleiten. Dem Superintendenten ist es als Initiator des Projekts wichtig, dass es sich hier nicht um einen Gottesdienstersatz handelt. Er sieht die kleine liturgische Form eher in der Tradition der Hausandacht. „So wie einst mancherorts die Familie eines Hauses zusammenkam, um regelmäßig eine kleine Form der liturgischen Andacht zu halten, so soll mit dem Andachtsprojekt nun die Dorf- oder Stadtfamilie zur Andacht eingeladen sein."[117] Bei den 43 Einwohnern von Mönchgrün ist die Dorffamilie freilich überschaubar. Zu der monatlich stattfindenden Andacht kommen immerhin sieben bis zwölf Personen, darunter fünf aus dem Weiler selbst.

„Die Grundform der Andacht orientiert sich an den Grundelementen der Tageszeitengebete."[118] Auf die Glocken folgen das Entzünden der Kerzen, Eingangsvotum, Psalmgebet, Lesung, Stille, Fürbitten, Sendung und Segen. Gesang und Musik stellen keine notwendigen Elemente dar, können aber eingefügt werden. Auch auf Auslegung wurde bewusst verzichtet. Es soll möglichst schlicht bleiben, nicht nur wegen der beschränkten Möglichkeiten in den Dörfern, sondern auch wegen der Konzentration auf das Wesentliche. Die-

117 Faltblatt „Zurück zu den Quellen. Gemeindeprojekt im Kirchenkreis Schleiz in Zusammenarbeit mit der Christusbruderschaft Selbitz", hg. v. Kirchenkreis Schleiz.

118 Kirchenamt der EKM, Bei dir ist die Quelle des Lebens. Überlegungen und Anregungen für eine Gemeindekirche von morgen, Magdeburg 2008, 42. Ralf-Peter Fuchs gehört zu den vier Autoren der Schrift und hat hier das Andachtsprojekt bereits vorgestellt.

ses soll in der Erfahrung Gottes selbst, im Hören auf sein Wort und im Gebet liegen. So sei die Andacht keine neue Form, etwas „zu machen“, keine zusätzliche Veranstaltung, sondern „eine einfache Form des Empfangens, eine Einübung ins Beschenktwerden! Und alle Elemente sind nur deren Rahmung, die Hilfe. [...] In der Stille, das weiß die christliche Tradition, geschieht unendlich viel. Es ist ein Raum, den Gott füllt.“

Die Ausbildung der Andachtsleiter, die etwa vier bis fünf Abende in Anspruch nimmt, ist von daher auch Einübung einer Haltung, ein kurzer Exerzitienweg, der das eigene Gespür für die Situation und den Raum, die Menschen und Gottes Gegenwart schult. Freilich werden auch Grundkenntnisse im Psalmenbeten, Lesen von Bibeltexten und liturgischer Präsenz vermittelt; jeder erhält einen Ordner mit einfachen liturgischen Anweisungen und natürlich genügend Faltblätter für die Gemeinde.

Bei diesem Projekt, das „zurück zu den Quellen“ führen will, arbeitet der Superintendent mit den Schwestern der Christusbruderschaft Selbitz zusammen. Die ehemalige Priorin Anna-Maria aus der Wiesche war in den Jahren nach ihrer Amtsausübung in das nahe Schleiz gegangen, in Begleitung eines kleinen Konventes. Dieser Kontakt hat das Projekt sehr befruchtet; viele Andachtsleiter fühlen sich auch heute mit Selbitz verbunden.

Nach dem Ende der Ausbildung folgt eine Übungsphase in der Kleingruppe und allein. Gerade die Andacht für sich selbst ist eine wichtige Übung, weil es hier nicht um Teilnehmerzahlen geht. Beten, Hören und Bibellese können auch ohne Besucher stattfinden. Erst nach dieser einmonatigen Zeit entscheiden die Beteiligten, ob sich die Kirchengemeinde auf diese Form einlassen möchte. In einem Segnungsgottesdienst werden die Andachtsleiter – mindestens drei pro Gemeinde – eingeführt, und nach einem Jahr schauen alle, ob sie dieses „Ad fontes"-Projekt weiterführen wollen. Bis jetzt sei noch niemand abgesprungen, freut sich der Superintendent, dagegen habe sich in den Gemeinden viel Individuelles und Lebendiges entwickelt.

3.2.2.3 Der Kriteriencheck – Bemerkungen zu Mission, Land und Innovation

Mission

Die Werbung für die Andachten ist eher schlicht gehalten. Es gibt einen Plakatvordruck, auf dem dann jeweils die Zeiten und der Ort eingetragen werden können. Beim ersten Mal hat eine Andachtsleitende das ganze Dorf mit Handzetteln eingeladen. Seitdem sei das nicht mehr nötig, „Mundpropaganda" genüge auf dem Lande.

Das Projekt eigne sich kaum für eine große Öffentlichkeitskampagne. Was solle da stehen?

> „Evangelische Kirche betet wieder? [...] Ich vertraue auf eine andere Außenwirkung. Manche Kritiker dieser einfachen Gebetsform sagen: Es muss doch auch um Verantwortung, um Soziales gehen. Ich glaub nicht, dass das das Problem ist. Wer hält denn die Andacht? Wer kommt denn da? Arbeitslose, Leute, die im Kindergarten arbeiten, die im Management sind, Tierärzte. Und wenn das Gebet eine Kraft hat, dann hat es doch eine Kraft für diese verschiedenen Bereiche: mit meiner Arbeitslosigkeit umzugehen, im Management anders zu arbeiten und als Tierärztin vielleicht. Also ich glaube an diesen Geist. Das ist die Außenwirkung, [...] darüber geht es."

> „Eine Mission im Sinne der ‚Stadt auf dem Berge' ist, nicht des ‚Geht hinaus in alle Welt!', sondern: ‚Es kann nicht verborgen sein, wenn es gut ist.' Und das Zweite, woran ich auch glaube: umso einfacher die Form, umso mehr ist es auch eine Möglichkeit für Leute, die kirchlich nicht so stark sozialisiert sind. Wenn ich das Zimmer vollhänge mit irgendwelchen Sachen, ist es geprägt von einem bestimmten Geist, und mein Geist hat keinen Platz. Umso leerer ich den Raum mache, umso mehr habe ich – wenn ich hineingehe – Lust, hier was zu gestalten oder [...] hineinzugeben."

Die oben geschilderten Erfahrungen der Andachtsleitenden und ihrer Freunde geben dieser Vermutung Recht.

Auch die folgende Hoffnung deckt sich mit Erfahrungen aus dem Ort: „Ich hoffe darauf, dass Menschen dann auch aus dieser Stille heraus und aus dieser einfachen Form heraus dann weitersuchen: ob das ein Glaubenskurs ist, ob das eine Lektorenausbildung ist, ob sie sagen: Hauskreis wäre vielleicht was."

In dem Schleizer Andachtsprojekt geht es vor allem um Wachstum im Glauben (**Lambeth 2**), freilich auch um das Finden desselben (**Lambeth 1**).

Land

Mönchgrün ist ein Weiler, in dem 11 Häuser stehen und 43 Menschen wohnen. In der Mitte, umgeben von einem Straßenring, befindet sich die spätgotische Kirche St. Maternus, eigentlich eine Kapelle. Obwohl in unmittelbarer Nähe zur Autobahn A9 (1 Kilometer Luftlinie), liegt es idyllisch inmitten sanfter Hügel, satter Felder und Wälder. Der Volksmund bezeichnet die Gegend als „Land der 1.000 Teiche". Der Tourismus spielt hier – neben der Landwirtschaft – eine wichtige Rolle.[119] Das nächste Oberzentrum in 51 Kilometer Entfernung ist Hof, zu dem man ca. 40 Minuten mit dem Auto benötigt.

Politisch gehört Mönchgrün nach Görkwitz, das mit anderen 15 Gemeinden Teil der Verwaltungsgemeinschaft Seenplatte ist. Am 31.12.2012[120] lebten 292 Menschen auf den 5,8 qkm der Gemeinde, was einer Einwohnerdichte von 50 EW/qkm entspricht. In der Verwaltungsgemeinschaft beträgt sie 39 EW/qkm.

Auch diese ländlichen Gemeinden haben in den letzten Jahren Einwohnerverluste hinnehmen müssen. In Görkwitz lebten 2012 10,2 % weniger Menschen als noch 2007, und in der Verwaltungsgemeinschaft betrug der Rückgang der Einwohner 6,1 % in diesem Zeitraum, die Gruppe der 6- bis 18-Jährigen schrumpfte zwischen 2004 und 2009 um 26,8 %. Wie oft in peripheren ländlichen Gebieten sind die Männer hier zahlreicher vertreten, in Görkwitz leben 10 % mehr Männer als Frauen (153/139). Die Arbeitslosenquote lag 2009 bei 6,2 %.

Gemessen an unseren Kriterien kann Mönchgrün als Vertreter des peripheren, ländlichen Raumes gelten. Die aktuelle Klassifizierung des BBSR ordnet Görkwitz dem *überwiegend ländlichen, peripheren Raum* zu (Raumtypen 2010).

119 Vgl. dazu <http://www.vg-seenplatte.de/inhalte/vg-seenplatte/_inhalt/unsere_vg/unsere_vg> (zuletzt besucht am 07.08.2013).

120 Angaben nach <http://www.tls.thueringen.de/datenbank> (zuletzt besucht am 07.08.2013).

Innovation

Das Andachtsprojekt steht unter der Überschrift „Zurück zu den Quellen". In diesem Zusammenhang nach etwas Neuem zu fragen, sei absurd, sagt der Superintendent. „Es ist nichts anderes als das, was so steinalt ist wie irgendetwas: dem Wort etwas zuzutrauen. Die ganze lutherische Theologie ist davon voll." Die Bibel soll als Subjekt für die Spiritualität wiedergewonnen werden, ebenso wie das Hören in der Stille.

Dennoch ist diese Wiederentdeckung etwas Innovatives, gerade in der jetzigen Situation der evangelischen Kirche. Denn, wie noch zu berichten sein wird, standen am Anfang des Projekts zwei Wahrnehmungen: das Schwinden der gottesdienstlichen Präsenz in den Dörfern der gedehnten Kirchspiele und das Schwinden der persönlichen Frömmigkeit in den Häusern. Lebensfähig sei eine Gemeinde aber nur dann, „wenn sie ausreichend Menschen aus ihrer Mitte aktivieren kann, mit deren Gaben elementare Grundvollzüge der geistlichen, diakonischen und verwaltungstechnischen Selbstorganisation der Gemeinde gestaltet und gelebt werden können". Perspektivisch gehe es in den strukturschwachen Gebieten darum, dass in diesen Bereichen „die bisherige zentrale Verantwortung der Hauptamtlichen [...] auf die Gemeinden übergeht"[121].

Angesichts des Zurückfahrens des institutionellen Netzes wird mit dem Andachtsprojekt versucht, die Selbstverantwortung der Gemeinden und die geistliche Kompetenz der Christen vor Ort zu stärken. Dies ist in doppelter Weise innovativ: in strukturell-formeller Hinsicht, weil so die Präsenz vor Ort erhalten bleibt (**Herausforderung 1**), daneben aber auch in theologisch-spiritueller Hinsicht (**Herausforderung 2 + 6**), weil es in der Krise der Kirche nicht allein um Aktion geht, sondern um einen klaren Fokus: „Wir können vieles in unseren Gemeinden tun und machen, entscheidend aber wird sein, ob wir es als Menschen tun, die von Gottes Kraft beschenkt und mit seinem Geist begnadet sind."[122]

3.2.2.4 Der Anfang und die Geschichte – die Entwicklung

Es waren mehrere Anstöße, die zur Idee dieses Andachtsprojekts geführt haben: Wahrnehmungen, Erfahrungen und auch ein persönliches Interesse an kontemplativer Tradition. Zunächst war da die konkrete Not eines Pfarrers, der im Zuge der Strukturmaßnahmen einen um den anderen Predigtort dazubekam. Er war sich bewusst, das alles bespielen zu müssen, er wollte es aber so tun, „dass es mir auch guttut". Er entwickelt eine elementare Gebets-

121 Bei dir ist die Quelle des Lebens, 32.

122 Faltblatt, Innenseite.

und Andachtsform. Einmal im Monat findet die statt, weil er „keinen vierten Gottesdienst machen wollte, sondern irgendwas Ruhiges haben wollte, das mich selber trägt und wo ich nicht der Macher bin“. Diese Grundform ist dann in die Schleizer Andachten eingeflossen.

Als derselbe Pfarrer Superintendent wurde, war es dann die Wahrnehmung von der anderen Seite: Die Kirchspiele wurden immer größer, und mit ihnen sanken die Rhythmen zwischen den Gottesdiensten. Die Christen haben zwar noch „eine wunderschöne Kirche vor Ort“, aber „alle 3, alle 4, alle 5, alle 6 Wochen wird sie noch genutzt. Das ist nicht gut.“

Doch es sind eigentlich andere Defizite, keine strukturellen, die zum Engagement für die Andacht führten:

> „[D]as, was mir am meisten Sorge macht für den Weg unserer Kirche, ist, dass die persönliche Frömmigkeit weggefallen ist. Als Pfarrer, als ich angefangen hatte, gab es noch die Alten, die ich damals noch beerdigt habe, die mit der Bibel und dem Gesangbuch gelebt haben. [...] Diese ganz einfachen Formen der familiären Frömmigkeit, die Luther auch mal sehr hochgeschätzt hat [...] [sind] weg. In den Familien kriegen wir es vermutlich auch ganz schwer wieder hin. [...] Aber diese zwei Grundformen, das Gebet und das Hören auf Gottes Wort in dem Vertrauen, dass das auch wirkt, selbst wirkt, ohne dass es nur die Auslegung wäre, die etwas bewirkt, sondern dass die Texte etwas können, das wollt ich wiedergewinnen. [...] Also wie kann es gelingen, in einer veränderten Situation eine Grundform der Frömmigkeit und damit der Glaubenserfahrung wieder wachsen zu lassen?“

Etwa vor zehn Jahren, 2003, wurde dann in einer kleinen Stadt des Kirchenkreises einmal versuchsweise mit den Andachten begonnen. Man wollte nichts „in die Breite tun, was nicht im Kleinen vorher erprobt war“. In Ranis war durch Strukturveränderungen ein 14-täglicher Rhythmus des Gottesdienstes entstanden. Als die Gemeinde ihren wöchentlichen Gottesdienst einforderte, gab der Pfarrer die Verantwortung zurück: „Dann macht's selber!“ Und da wurde die Andacht installiert und eingeübt. Die Gruppe der Anleiter existiert noch, wobei zwei inzwischen Prädikanten sind.

Für den Gesamtkirchenkreis fiel der Startschuss dann vor drei Jahren, 2010. Zunächst beschäftigte sich die Kreissynode damit. Nach Billigung folgte ein Kirchenältestentag, bei dem Schwester Anna-Maria einen Vortrag hielt. Dann wurden Faltblätter gedruckt und an die Pfarrämter verteilt. Dann ging die Initiative von den Pfarrern bzw. Gemeinden aus. Es war deren Aufgabe, sich zu melden und Interesse zu signalisieren. Wo sich drei aus einer Gemeinde finden, wird vor Ort mit der Ausbildung begonnen.

Zu erwähnen ist noch, dass das Andachtsprojekt nicht das einzige seiner Art im Kirchenkreis ist: Es gibt daneben „Das Leben würdigen“ – Aufbau und

Schulung von Besuchsdienstkreisen und „Bibel erleben – Tiefe gewinnen: ein Kurs zur Begegnung mit der Bibel". Auch sie dienen der Förderung von diakonischer und geistlicher Selbstverantwortung der Ortsgemeinden. Die kybernetische Begründung solcher Stärkung bietet das schon erwähnte Papier „Bei dir ist die Quelle des Lebens. Überlegungen und Anregungen für eine Gemeindekirche von morgen", das unter anderem vom Superintendenten verfasst wurde. Die Überlegungen im Zusammenhang mit dieser Schrift seien eine weitere Motivation gewesen, auf die Andachten zuzugehen.

Warum es erst 2010 zu der breiteren Umsetzung kam, lag schlicht an der Arbeitsbelastung als Superintendent. Dieses Amt sei auch bisweilen bei den Schulungen ein Hindernis. Denn „das Erste, was man bei der Andacht lernen muss, ist, seinem eigenen Gespür zu vertrauen". Die Teilnehmer erwarteten aber gerade das bei ihm: „Na ja, da ist man vielmehr darauf: ‚Der sagt uns jetzt bestimmt, wie wird's gemacht!'"

Schwierigkeiten oder Hindernisse gab es bei der Einführung der Andachten nicht, bis auf die Skepsis manches Gemeindekirchenrates, ob denn da jemand käme. Die Erfahrungen in manchen Orten hätten aber gezeigt, dass die Andachten möglichst nicht Sonntag früh stattfinden sollen, weil sonst die Erwartung eines agendarischen Vollprogramms die schlichte Form der Andacht zu zerdrücken drohe, und man besser auf eine Auslegung verzichtet. Denn sonst rücken die Personen mit ihren theologischen Ansichten in den Vordergrund. Es gilt aber vielmehr, dem Wort Gottes den Vortritt zu lassen.

Eines der biblischen Leitworte steht in Joh 12,24: „Wenn das Weizenkorn nicht in die Erde fällt und erstirbt, bleibt es allein; wenn es aber erstirbt, bringt es viel Frucht." In der Stille übe man das Loslassen, um das es auch im Glauben geht. Es sei gefährlich, wenn man in

> „Umbruchszeiten [...] und Verunsicherung [...] ins Machen geht, ins Tun ..., in die Aktion ..., und eigentlich alles tun will, dass das Samenkorn nicht in die Erde fällt – also man rettet alles Kleine irgendwie – solange, wie's geht. Es darf nicht sterben... Eigentlich brauchen diese Zeiten der Veränderung – glaub ich – genau das andere: Also das sich Öffnen und warten, bis es soweit ist, dass Neues wächst."

3.2.3 *Vernetzte Dorfkirchen: Die Tecklenburger Orgelnacht (Evangelische Kirche von Westfalen)*

3.2.3.1 *Abstract*

Peripherieindex Land

Skala Mission

Skala Innovation

Von Kirche zu Kirche wanderte ein Konzert in der ersten Tecklenburger Orgelnacht. Sie war eine kostenlose kirchenmusikalische Veranstaltung des Kirchenkreises. An einem Abend ging es durch die Kirchen in Recke, Mettingen, Tecklenburg und Ladbergen. Ziel war es, „Orgelspuren durch den Kirchenkreis zu legen" und Menschen einer Region miteinander zu verbinden.

3.2.3.2 *Vorstellung des Projektes und der Gemeinde*

Seit langem fragte sich die Initiatorin, eine nebenamtliche Kirchenmusikerin: Kann man qualifizierte Konzerte auch auf dem Land machen? Obwohl sie sich selbst nicht sicher war, ob so etwas Anklang und genügend Hörer finden könnte, gab 2012 als Jahr der Kirchenmusik den Anlass, es doch zu probieren. Um den Adressatenkreis zu erweitern, wurde die Konzertveranstaltung so konzipiert, dass sie an einem Abend über mehrere Orte verteilt stattfand, wobei es den Besuchern freigestellt blieb, mit zu wandern oder nur eine Teilveranstaltung wahrzunehmen.

Die Orgelnacht selbst startete am 8. September 2012 um 18 Uhr und endete nach Mitternacht am letzten Veranstaltungsort. Den Wechsel zwischen den einzelnen Kirchen ermöglichte ein selbst organisierter Shuttleservice, den der größte Teil der Besucher gerne nutzte, um die 8 bis 22 Kilometer zwischen den Gemeinden zu überbrücken. Zwischen den einzelnen Konzerten und der Wei-

terfahrt bot sich bei Getränken und Imbiss Zeit zu Austausch und Gespräch. Nach der dritten Station wurde eine Verschnaufpause im Gasthaus „Anno 1560" eingelegt, um die Eindrücke wirken zu lassen und der Geselligkeit Raum zu geben. Für den musikalischen Genuss sorgte das internationale „Trio Jubilate", dem die Initiatorin selbst angehört. Diese professionellen Musiker genossen in der Region bereits eine breitere Bekanntheit, was für die Orgelnacht hilfreich war. Über den persönlichen Kontakt der Nebenamtlichen ließ sich sogar ein Berliner Komponist gewinnen, sodass es an diesem Abend zu einer Uraufführung kommen konnte, die vom Komponisten selbst vorgetragen wurde. Trotz dieses hohen Niveaus an kirchenmusikalischem Können bot die Veranstaltung auch den Organisten Raum, die sonntags ihren Dienst tun: Am letzten Konzertort spielte der nebenamtliche Organist aus Ladbergen ein Stück an der Orgel.

Die anwesenden Konzertgäste wurden ebenfalls aktiv eingebunden und sangen an jedem Ort ein ausgewähltes Reformationslied mit allen Strophen mit. Diese Lieder bildeten das jeweilige Motto des Veranstaltungsortes ab, das dann in einem geistlichen Impuls des/der örtlichen Pfarrer/in entfaltet wurde.

Schlussendlich hatte die Orgelnacht sogar Wirkung über den Kirchenkreis hinaus, da sich unter den Besuchern auch Leute aus den umliegenden Städten und dem benachbarten Ausland befanden, die durch Bewerbung in den Tourismusagenturen auf die Veranstaltung aufmerksam wurden.

Da die erste Orgelnacht insgesamt ein großer Erfolg war, soll sie alle zwei Jahre wiederholt werden, an anderen Orten des Kirchenkreises. Vieles müsste von neuem eingefädelt werden. Beides provoziert die Frage der kybernetischen Nachhaltigkeit vor Ort.

3.2.3.3 Der Kriteriencheck – Bemerkungen zu Mission, Land und Innovation

Mission

Musik und Lieder hätten der Reformation ihre Kraft verliehen, meint die Kirchenmusikerin, und daran möchte sie mit der Orgelnacht anknüpfen.

> „Musik öffnet […] die Dimension des Glaubens, […] erreicht die Menschen auf eine ganz besondere Art und Weise", ist sich auch der Superintendent bewusst und ergänzt, dass Kirchenmusik als solche durchaus Musikinteressierte anspreche, „die nicht dem kerngemeindlichen Bereich zuzurechnen sind".

Diese Erfahrung teilt auch eine Mitarbeiterin und merkt an, dass manche eher in ein Konzert gehen würden als in den Gottesdienst, „weil sie durch die Musik diese Inhalte anders transportiert bekommen". Die geistlichen Impulse als Teil der Konzerte boten ebenso Auseinandersetzung mit Glaubensthemen an, sie reflektierten den Eindruck des jeweiligen Mottoliedes.

Besondere Bedeutung kam dabei den Pausen zwischen den Einzelkonzerten zu, da hier Raum für Austausch war und Gelegenheit für eine Auseinandersetzung oder Vertiefung des Erlebten geboten wurde. Gefragt nach dem missionarischen Impetus und Chancen, hebt die Kirchenmusikerin daher hervor: „Also viel lief auf der informellen, personellen Ebene, […] bei zwischenmenschlichen Kontakten und Gesprächen."

Das Grundanliegen der Orgelnacht ist, den Menschen ein kulturelles Angebot zu bieten, das ihnen normalerweise im ländlichen Kontext kaum mehr gegeben ist. Dabei kam der Orgelnacht der besondere Reiz der kleinen Kirchen zugute, da die Stimmung eine Intimität schaffe, die der Stadt fehlt. Dies ermöglichte auch einen engeren Kontakt zu den Musikern, als es sonst üblich wäre. Der Superintendent berichtet, dass diese Nähe, die durch die Veranstaltungsräume eröffnet wurde, auch ein besonderes Gemeinschaftserlebnis bewirkte, sodass er im Rückblick über die Orgelnacht sagt: „Die Musik war eigentlich […] das, was die Leute […] angelockt hatte, und […] die Gemeinschaft, die zu erleben war, war das, was die Leute mitgenommen haben."

Die Tecklenburger Orgelnacht setzt vor allem bei den Grundbedürfnissen nach Gemeinschaft, Kultur und besonderen Erlebnissen an (**Lambeth 3**) und schöpft das besondere Potenzial von Musik aus, indem darüber Menschen auf den christlichen Glauben angesprochen werden (**Lambeth 1**).

Land

Die an der Orgelnacht beteiligten Kirchengemeinden liegen alle im Kreis Steinfurt, ganz im Norden von NRW, und sind über eine gute Infrastruktur in den Großraum eingebunden. Tecklenburg selbst liegt südwestlich von Osnabrück, was als Oberzentrum in 20 Minuten zu erreichen ist. Die A 1 und A 30 sind schnell zu erreichen. Die Region ist aus Sicht der Befragten stark vom Tourismus geprägt. Die Einwohnerdichte beträgt in Tecklenburg 130 EW/qkm.

Die vergleichsweise hohe Einwohnerzahl deutet auf Verdichtungsansätze in diesem ländlichen Raum hin. Das zeigt sich auch im relativ geringen Bevölkerungsrückgang in den Jahren 2005 bis 2010. Tecklenburg verlor „nur“ 3,6 % seiner Einwohner. Die aktuelle Klassifizierung des BBSR ordnet Tecklenburg dem *überwiegend ländlichen, zentralen Raum* zu (Raumtypen 2010).

Innovation

Die einzelnen Dörfer im Blick zu haben, gerade ihrer kulturellen Marginalisierung entgegenzuwirken, ist der große Verdienst der Orgelnacht. Dabei gab es bereits „ein kulturell anregendes Klima“ in der Region, bei dem auch die Kirchenmusik schwerpunktmäßig prägend ist. Hochwertige Konzerte in den entlegenen Gemeinden des Kirchenkreises zu ermöglichen, reagiert auf den sich abzeichnenden Mangel in ländlichen Regionen (**Herausforderung 4**)[123].

Um die Attraktivität hochzuhalten, verzichtete man auf Eintritt, nur der Bustransfer kostete etwas Geld. Dazu wurde auf die starke ehrenamtliche Beteiligung[124] und die noch recht hohe Spendenbereitschaft im ländlichen Raum gesetzt, was sich bis auf eine kleine Finanzierungslücke beim Buffet rentiert hat, wie der Superintendent berichtete.

Auf der anderen Seite sollte bei der Orgelnacht nicht an der Qualität gespart werden, sondern es wurde mutig nach dem Motto „think big not small“ versucht, mit wenigen Mitteln eine hochwertige, professionelle Veranstaltung auf die Beine zu stellen.

Eine Veranstaltung bis spät in die Nacht laufen zu lassen, ist sicher kein Alleinstellungsmerkmal, führte in diesem Falle aber dennoch dazu, dass sich auch Schüler für Kirchenmusik begeistern konnten.

---

123 Da diese Herausforderung primär im Blick war, wird sie beim Fingerabdruck besonders hervorgehoben.

124 Beispielsweise wurde nicht nur der Empfang mit Getränken nach dem ersten Konzert von Gemeindegliedern vorbereitet, sondern der Busfahrer beteiligte sich ebenfalls unentgeltlich.

> „Wir haben sogar erlebt, dass in dem letzten Konzert [...] Schüler waren, die sagten, sie seien zum ersten Mal in ihrem Leben in einem Orgelkonzert und zwar weil es nachts war. [...] [Sie hatten] schon vorher [...] gesagt: ‚Ah, also nachts in die Kirche gehen, dass is' ja cool, da kommen wir hin.'"

Innovativ wirkt bei der Orgelnacht auch die Idee einer wandernden Konzertreihe: Dorfkirchen werden vernetzt, was zu einem Bedeutungsgewinn jeder einzelnen führt und der Strukturausdünnung entgegenwirkt (**Herausforderung 1**).

3.2.2.4 Der Anfang und die Geschichte – die Entwicklung

Die Idee und Realisierung des Projektes verdankt sich zu einem Großteil dem persönlichen Engagement und dem Netzwerk der Kirchenmusikerin, die als gebürtige Tecklenburgerin in der Region verwurzelt und nah an den Menschen dran ist.

Hervorzuheben ist dabei besonders ihr Mut, „Chancen [zu] nutzen, die sich [...] am Wegesrand bieten". So sprach sie zum Beispiel den Landeskirchenrat für Kirchenmusik in der EKvW bei einer zufälligen Begegnung im November 2011 direkt auf ihre Idee an:

> „Beim Beerdigungskaffee habe ich gedacht, Mensch, jetzt habe ich diesen Menschen da, jetzt frage ich ihn doch einfach mal." [...] „Ich [...] hab gleich ganz hoch gepokert und [...] hab ganz lapidar gesagt: [...] ‚Ich brauche Geld .... Ich bin Organistin, ..., hab überhaupt keinen Etat für Kirchenmusik ..., ich hab aber gute Ideen, kann ich Geld haben?'"

Daraufhin erhielt die Veranstaltung im Frühjahr 2012 eine Anschubfinanzierung, einen Zuschuss der Landeskirche, der sich aus den Kollekten zum Jahr der Kirchenmusik zusammensetzte. Aufgestockt wurde das durch die beteiligten Kirchengemeinden. Die so zusammengetragenen 1.250 Euro reichten jedoch nur, um die beiden internationalen Musiker des „Trio Jubilate" und deren Flüge zu bezahlen, sodass die Veranstaltung ein finanzielles Risiko darstellte, wie der Superintendent berichtet.

Die Hauptorganisatorin versuchte, dieses Risiko durch ihre Bereitschaft zu persönlichem Verzicht zu minimieren[125], und sie fand über ihre Kontakte weitere ehrenamtliche Mitstreiter, sodass sich zum Beispiel der Berliner Komponist unentgeltlich beteiligte.

125 „Wenn das funktioniert, dann nehm ich 'n kleines Honorar, wenn es nicht funktioniert, mache ich's umsonst. [...] Ich hab das Risiko selber mit übernommen."

Das Konzept der Orgelnacht an sich greift auf etliche Vorerfahrungen der Initiatorin und des Superintendenten zurück. Zum einen inspirierten Nachtkonzerte in Münster die Kirchenmusikerin, Ähnliches auch im ländlichen Kontext zu wagen. Zum anderen fand die überregionale Zusammenarbeit von verschiedenen Gemeinden bereits bei der Nacht der offenen Kirche[126] guten Anklang, bei der es ebenfalls das Angebot eines Bustransfers gab. Damit konnte auf Bekanntes und Erprobtes zurückgegriffen werden, um Neues auszuprobieren.

Vorteilhaft erwies sich ebenfalls der persönliche Kontakt der beiden Hauptakteure, da der Superintendent bis 2011 Pastor in Tecklenburg war. Durch diese persönliche Bekanntschaft konnte intensiv auf die vorhandenen Strukturen und die Verwaltung des Kirchenkreises zurückgegriffen werden, ohne die die Organisation der Orgelnacht so wohl nicht zu bewältigen gewesen wäre.

3.2.4 *Neue Nutzung für das Kirchengebäude: Die Radfahrerkirche in Wehlen (Evangelisch-Lutherische Landeskirche Sachsens)*

3.2.4.1 *Abstract*

Peripherieindex Land

Skala Mission

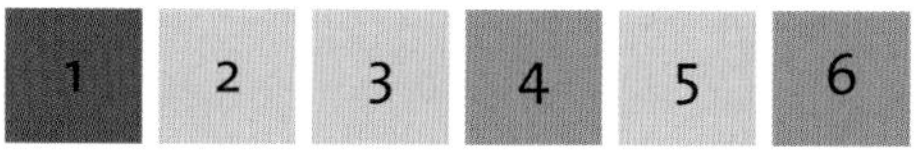

Skala Innovation

Ein idyllischer Kirchgarten mit Elbblick lädt zum Rastmachen ein: Die Touristen, die auf dem direkt angrenzenden Elberadweg unterwegs sind, können einen Stopp einlegen, die Kirche besichtigen, sich einen Moment der Stille, des Nachdenkens oder auch des Gebets gönnen. Denn die nach einem Hochwasser grundsanierte Kirche in Wehlen wurde 2004 als Radfahrerkirche wieder eröffnet.

126 Die Nacht der offenen Kirche ist eine Initiative der EKvW, die alle zwei Jahre zu Pfingsten stattfindet.

3.2.4.2 Die Radfahrerkirche in der Sächsischen Schweiz

„Wir sind keine Radfahrer. Dürfen wir trotzdem mal rein?", werden die Ehrenamtlichen und der Pfarrer häufig gefragt. Denn für viele ist eine solche Kirchenbezeichnung recht ungewohnt. Was kann man sich also unter einer Radfahrerkirche vorstellen?

Es handelt sich dabei um eine „normale" Kirche, die an einem Radwanderweg liegt und deshalb besonders – nicht ausschließlich – Radfahrer zum Innehalten einlädt. Die Kirchengemeinde in Stadt Wehlen heißt alle Touristen willkommen,

> „den Raum der Kirche als Ort der Begegnung neu zu entdecken, [außerdem] zu erfahren, dass der christliche Glaube unseren unruhigen Seelen Geborgenheit schenkt, [und] in der Langsamkeit die Schöpfung Gottes zu genießen, [sowie] den Körper als Geschenk dankbar anzunehmen und die eigene Lebendigkeit zu spüren".[127]

127 Flyer der Radfahrerkirche in der Stadt Wehlen.

Da der Begriff „Radfahrerkirche" zu Missverständnissen führen kann, wird mittlerweile häufiger der Name „Radwegekirche" gebraucht. So darf sich jedoch nicht jede Kirche, die sich an einem Radweg befindet, bezeichnen. Dafür, und um das Signet der Radwegekirche von der jeweiligen Landeskirche verliehen zu bekommen, müssen einige Kriterien erfüllt sein. Zum einen muss die Kirche in unmittelbarer Nähe eines Radwanderweges liegen. Zum anderen muss sie von Ostern bis zum Reformationstag jeden Tag eine verlässliche Kirchenöffnung bieten. Des Weiteren müssen sich am Radweg Hinweisschilder für die Radwegekirche finden lassen und der Kirchenraum als geistlicher

Raum erkennbar sein.[128] Das alles erfüllt die Kirche in Stadt Wehlen. Zusätzlich werden Kirchenführungen sowie geistliche Führungen[129] angeboten. Auch gibt es über die Saison verteilt mehrere Ausstellungen, Konzerte und gemeinsame Radtouren. „Highlights" der Wehlener Kirche sind außerdem

128 Vgl. Leitlinien der Radwegekirchen: <http://www.radwegekirchen.de/attachment/1e12d6c81a46b422d6c11e1967e111e6ea9d0fdd0fd/1e1888405fcc5de888411e18b647917fe3fbb03bb03/Leitlinien_Radwegekirche.pdf> (zuletzt aufgesucht am 10.08.2013).

129 In den geistlichen Führungen werden verschiedene christliche Inhalte und Handlungen erklärt.

ein Gebetsstein im Kirchenraum[130] sowie ein einladender Garten mit Sitzgelegenheiten und direktem Elbblick. Außerdem befindet sich vor der Kirche der von einem Künstler gestaltete Trinkwasserbrunnen, der an die biblische Geschichte über das Wasserwunder von Massa und Meriba (Exodus 17,1–7) erinnert.

Die Radfahrerkirche in Wehlen wird von einer Projektgruppe (zurzeit 6 Mitglieder) getragen. Diese Gruppe organisiert Events, lädt Personen und Gruppen entsprechend dazu ein, regelt die Finanzen, macht Pläne und vieles mehr. Für den Betreuungsdienst der offenen Kirche gibt es etwa 15 Ehrenamtliche. Diese sind als „Touristenbegleiter" und mitunter auch Leiter der geistlichen Führungen tätig. Sie stehen den Besuchern als Gesprächspartner zur Seite und kümmern sich auch darum, dass die Kirche und der Garten einladend und ordentlich sind. Nach Möglichkeit werden für die Arbeiten der Radfahrerkirche auch ABM- bzw. Bundesfreiwilligendienststellen besetzt.

Die Kirche in Wehlen gehört zur Philippuskirchgemeinde Lohmen, die sich aus insgesamt fünf Kirchorten zusammensetzt und etwa 2000 Gemeindeglieder zählt.[131] Die Gemeinde (v. a. in Stadt Wehlen) wird als „überaltert" beschrieben. Es fehlen Jugendliche und Kinder. Mit den Kirchen in den fünf Orten wird versucht, besondere Schwerpunkte zu setzen. So ist es in Stadt Wehlen die Verbindung zum Radfahren.

3.2.4.3 Der Kriteriencheck – Bemerkungen zu Mission, Land und Innovation

Mission

Es sind sehr unterschiedliche Menschen, die auf dem Elberadweg langfahren und mitunter an der Radfahrerkirche haltmachen: Familien mit Kindern, rüstige Rentner oder Sportler aus Dresden. Die Radwegekirche richtet sich an all diese Menschen und heißt sie willkommen. Gastfreundschaft kommt ihnen entgegen (**Lambeth 3**).

Die Arbeit hat nicht den Anspruch, Menschen zu „bekehren", aber sie möchte Interesse wecken für das kirchliche Leben und richtet sich nach außen. Der Pfarrer sagt, dass es ihm wichtig ist, „dass andere meinen Glauben erkennen können und möglicherweise auch neugierig werden". Dieses Wecken von Interesse am persönlichen Glauben ist ein ausdrückliches Anliegen des Projekts und „die Kirche für Suchende offen stehen haben" (**Lambeth 1**). Dazu helfen geistliche Führungen, Gottesdienste und persönliche Gespräche. Mit der offenen Kirche wird dem (Rad-)Touristen eine zwanglose Möglichkeit geboten,

130 Dort können die Besucher Kerzen anzünden, ihr Gebet niederschreiben und hinterlassen.

131 Vgl. <http://www.kirche-lohmen.de/ueber-uns.html> (zuletzt aufgesucht am 11.08.2013).

eine Kirche zu betreten. Die Menschen können mit diesem Angebot einen sehr sanften Zugang zur Kirche und damit zum christlichen Glauben finden und ihr Interesse unverbindlich zeigen.

Ein „Kontakt" zur Gemeinde von Seiten der Besuchenden entsteht eher indirekt über Gebete, die am Gebetsstein zurückgelassen werden, oder über Gästebucheinträge. Darüber nimmt die Gemeinde wahr, wo die Menschen stehen und was sie glauben. Von diesen Grundschritten ausgehend, können dann weitere folgen.

Missionarisches Potenzial hat auch die Mitarbeit in der Radfahrerkirche. Beispielsweise sollte eine Frau eine ABM-Stelle im Bereich der Radfahrerkirche übernehmen. Da sie jedoch kein Kirchenmitglied war, war das nicht möglich. Durch den Einsatz des damaligen Pfarrers kam es zu einer Ausnahmeregelung. Die Frau fand durch die Arbeit in der Kirche zum Glauben und engagiert sich nun seit einigen Jahren im Kirchenvorstand. Auch andere Menschen hat die Mitarbeit näher zum Glauben geführt.

In den oben erwähnten Zielen der Wehlener Kirche zeigt sich auch eine schöpfungstheologische Perspektive. Die Menschen sollen auf ihren Körper aufmerksam gemacht werden und diesen „als Geschenk dankbar [...] [annehmen] und die eigene Lebendigkeit [...] spüren".[132] Auch wenn es nicht die primäre Ursprungsintention war, so steht für den Pfarrer ganz klar die Idee dahinter, „dass Radfahren ein Ausdruck einer ökologischen und damit schöpfungsgemäßen und damit dem Christentum angemessenen Lebensweise" ist (**Lambeth 5**).

Land

„Wehlen: Eine Perle in der Sächsischen Schweiz am Fuße der weltberühmten Bastei" – so wird der Besucher der Wehlener Website begrüßt und der Ort mit seiner schönen Lage im Elbsandsteingebirge angepriesen. Wehlen liegt im Elbtal und hat Bus- und Fähranschluss sowie eine eigene S-Bahnstation auf der anderen Seite der Elbe. Der jetzige Pfarrer beschreibt Wehlen als „kleine, sehr selbstbewusste Ortschaft", deren Gefühl eher städtisch als ländlich ist, natürlich in sehr kleinem Maßstab. Als Kleinstadt wäre sie allein nicht mehr lebensfähig und wurde deshalb mit Lohmen zusammengeschlossen.

Dieser Gemeindeverband hat eine Bevölkerungsdichte von 135 Einwohnern/qkm. Dresden als Oberzentrum ist zwar in etwa 38 Minuten zu erreichen, dennoch ist die Stadt von typisch ländlichem Raum umschlossen: viele Felder und Wälder, die Ortschaften liegen nicht sehr dicht beieinander, und um sie zu erreichen, müssen oft einige Höhenmeter überwunden werden. Der frühere Pfarrer charakterisiert Wehlen als stark überaltert. Die Bevölkerung

132 Flyer der Radfahrerkirche in Stadt Wehlen.

ist im Zeitraum von 2004 bis 2009 um 3,8 % zurückgegangen. Bei den 6- bis unter 18-Jährigen muss die Region sogar einen Verlust von 23,2 % einstecken.

Die aktuelle Klassifizierung des BBSR ordnet Wehlen dem *teilweise städtischen, peripheren Raum* zu (Raumtypen 2010).

Innovation

Radwegekirchen haben ähnlich wie die Autobahnkirchen ihr Spezifikum darin, dass sie offen sind für Menschen, die gerade auf dem Weg sind. Sie wollen Menschen erreichen, die Tagesausflüge oder Urlaub machen; Menschen, die Zeit haben; Menschen, die nicht im Alltag stecken und gerade in solchen Momenten nachdenken, offen sind für Lebensfragen, äußerlich und innerlich einmal eine Auszeit nehmen. Die Kirche in Wehlen ist die zweite ihrer Art.

Am Beginn stand die Überlegung, wie das Gebäude nach der Sanierung mehr Menschen als den sonntäglichen Gottesdienstbesuchern offenstehen kann. Dazu bedurfte es einer anderen Nutzungsmöglichkeit, wobei die Verantwortlichen auf **Herausforderung 1** reagierten: Pro Saison besuchen nun 20.000 bis 30.000 Gäste die Kirche in Wehlen.

Bei der erweiterten Nutzung ging es nicht allein um das Gebäude, sondern auch um Botschaft und Gemeinschaft. Die Menschen treffen in der Kirche auf Ehrenamtliche, die für Fragen und Gespräche offen sind. Es geht dabei auch um den Glauben; nicht um theologisch ausgefeilte Erklärungen, sondern die persönlichen Erfahrungen der Ehrenamtlichen, wie sie die Dinge verstehen und welche Erfahrungen sie in ihrem persönlichen Glauben gesammelt haben. Für viele Besucher ist das möglicherweise der erste Kontakt mit einem Christen. Der christliche Glaube bekommt ein Gesicht. Mit diesem Anliegen reagiert die Kirchengemeinde auf den christlichen Traditionsabbruch (**Herausforderung 6**).

Die Radwegekirche stellt auch eine Reaktion auf die wenigen kulturellen und geistlichen Angebote im Ort aufgrund der schrumpfenden und überalterten Gemeinde dar. So ist beispielsweise bemerkenswert, dass mit der Verbindung von Sport und Kirche ein Gemeindebereich geboten wird, der im Besonderen Männer anspricht und diese zur ehrenamtlichen Mitarbeit begeistert (**Herausforderung 4**).

3.2.4.4 Beginn und Entwicklung der Radfahrerkirche in Stadt Wehlen

Alles hat im Jahr 2002 mit einem Gemeindeentwicklungstraining (GET) begonnen. Da im Sommer 2002 das große Hochwasser dazwischenkam, wurde das GET im Jahr 2003 mit fünf Gemeinden noch einmal neu angesetzt. An sogenannten Visionstagen wurden Ziele und daraus Projekte entwickelt. Eines dieser Projekte war die Radfahrerkirche. Zur Entwicklung der Projekte innerhalb des GET half eine Analyse in drei Schritten: Situation (Lage), Auftrag (Schrift), Person (ich und wir). Von diesen drei Eckpunkten aus wurden Ideen gesponnen. Bei den Teilnehmern des GET war eine *motivierte Stimmung und offene Haltung* für Neues, auch Herausforderndes zu finden.

Anlass für diese Projektidee war die Spendenflut nach dem Hochwasser. Mit diesen Geldern konnte die stark beschädigte Kirche in Stadt Wehlen von Grund auf saniert und zu einem „Schmuckkästchen“ ausgebaut werden. Mit der Idee der Radfahrerkirche bereits im Hinterkopf konnten in dem Erneuerungsprozess schon einige Details mit eingebaut werden.

Wie kam es jedoch zu der Idee einer Radfahrerkirche? Grundlegende Überlegungen waren, im Rahmen des GET, nach der Situation und Gelegenheit zu fragen, in welche die Kirche ursprünglich gebaut wurde, und anschließend zu bedenken, was die *jetzige Situation* ist. Dies war schnell benannt: Sächsische Schweiz – Tourismus, Elbe, Radweg. Nun wurde nachgedacht, wie die Themen Radfahren und Glaube miteinander verknüpft werden können. Hinzu kam das Bewusstsein: „Die Leute haben uns so viel Geld gegeben, da ist es unverantwortlich gegenüber diesen Leuten, ja eigentlich gegenüber der Gesellschaft, die Kirche nur eine Stunde pro Woche aufzumachen.“ Die Ressourcen waren da, nun musste etwas daraus gemacht werden, das den Menschen auch etwas zurückschenkt. Damit gewann die Idee der Radfahrerkirche als offene Kirche Gestalt.

Die ganze Projektentwicklung bis heute sei wie ein Puzzle, bei dem sich viele Teile zusammenfügten und immer noch weiter zueinander finden. Beispiele für solche Puzzleteile (Faktoren) sind der beliebte Radweg direkt vor der Kirche, die zusammengefundene Projektgruppe, die Ausbildungsmöglichkeit von geistlichen Leitern, das Wahrnehmen der religiösen Befindlichkeiten und vieles mehr. Es kann auch passieren, dass Puzzleteile einmal nicht passen. Das wurde in Wehlen z. B. schnell an der geplanten Zielgruppe gemerkt. Ursprünglich hofften sie, junge Menschen erreichen zu können, doch der Großteil der Besucher ist zwischen 50 und 70 Jahre alt. So musste die Arbeit thematisch bald an diese Zielgruppe angepasst werden. Ebenso wurden verschiedene Aktionen ausprobiert, einige übernommen, andere wieder verworfen. Daran wird deutlich, dass es ein lebendiges Projekt ist, das von den Menschen lebt, die vor Ort sind und als Gäste kommen.

Das Projekt ist keines, das in erster Linie die Gemeinde vor Ort baut in dem Sinne, dass man auf Zuwachs durch die Arbeit hoffen kann. Die Touristen kommen und gehen wieder. Aber es besteht die Hoffnung, dass sie Anstöße und Gedanken, gute Erinnerungen und Gesichter mitnehmen. In der Gemeinde vor Ort hinterlassen sie lediglich ihre Gedanken und Gebete. Doch auch wenn die Leute wieder gehen, so erhält das ganze Projekt mit den täglichen Besuchern das Leben in der Kirche und der Gemeinde.

Das Puzzle ist noch nicht zu Ende gepuzzelt. Es geht immer weiter, und immer wieder müssen die Fragen gestellt werden: Was ist unsere *Situation*? Was ist unser *Auftrag*? *Wer* ist eigentlich da? Der Ehrenamtliche machte im Interview klar, dass die eigentliche Arbeit erst nach dem Projektstart beginnt. Dann geht es nämlich um die Erhaltung des Projekts. Dafür braucht es auch entscheidend die *Projektgruppe*, die mit *Leidenschaft* dahinter steht.

3.2.5 Entwicklung eines touristischen Angebots: Der Malchower Labyrinthpark (Evangelische Kirche Berlin-Brandenburg-schlesische Oberlausitz)

3.2.5.1 Abstract

Peripherieindex Land

Skala Mission

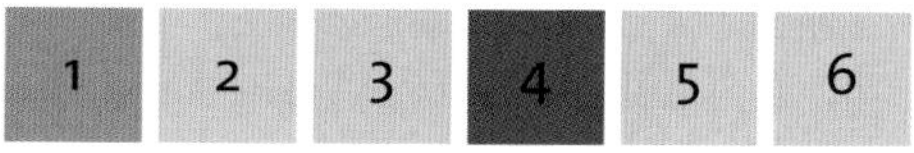

Skala Innovation

Im Rahmen der Landesgartenschau 2013 wurde in und um die Malchower Kirche ein Labyrinthpark eröffnet. In Deutschland einmalig lädt der 1 Hektar große Park zum Spielen und zum Durchlaufen, zum Suchen und Entspannen ein. Freilich will er auch den Symbolgehalt des Labyrinths transportieren und so zum tieferen Nachdenken über den eigenen Lebensweg und Gottes Spuren darin anregen. Der Park liegt gut erreichbar an einer Bundesstraße. Er gehört zum Pfarrsprengel Schönfeld, der auch mit anderen großen Projekten versucht, Kirche und Glaube im ländlichen Raum attraktiv zu gestalten und Menschen dazu einzuladen.

3.2.5.2 Vorstellung des Projektes und der Gemeinde

Möglicherweise muss man den Malchower Labyrinthpark nicht mehr eigens vorstellen: Die öffentliche Wirkung und die mediale Präsenz des Schönfelder Pfarrsprengels sind derart breit[133], dass man die kleinen uckermärkischen Gemeinden inzwischen vielerorts kennt. Im Sommer 2011 bekamen sie auf dem EKD-Kirchbautag in Rostock den Preis der Stiftung KiBa, übereicht durch Kulturstaatsminister Bernd Neumann.[134] Seit 2009 schreibt die eigene „Carl-Büchsel-Stiftung Uckermärkischer Kirchengemeinden Schönfeld" einen „Internationalen Malchower Kirchenpreis" aus, der u. a. Nachwuchsmusiker aus Lettland und Stettin anlockt. Bischöfe gehen hier ein und aus: Im Internet kann man einen Film über diese Modellgemeinde anschauen und daran lernen, dass „Reform möglich ist"[135].

Wenn man den Pfarrsprengel besucht, merkt man, dass dies nicht nur eine mediale Inszenierung ist, im Gegenteil. Das genauere Hinschauen offenbart, mit welcher Liebe und Sorgfalt hier auch das „Normalgeschäft" betrieben wird. Der Pfarrer hat Freude daran, in kleinen Dorfkirchen mit einer überschaubaren Gruppe Gottesdienste zu feiern:

133 Vgl. <www.kirche-schoenfeld.org> und <www.malchower-labyrinthpark.de>.

134 <http://www.ekd.de/presse/pm117_2011_preis_stiftung_kiba_2011.html> (zuletzt besucht am 15.07.0213).

135 So die Überschrift des Films unter <http://www.reformprozess.ekbo.de/1057594> (zuletzt besucht am 15.07.2013).

> „Wenn ich hinkomme und ich sehe, dass die Kirche vorbereitet ist, es stehen frische Blumen da, die Altardecke ist frisch, die Kerzen sind an; es ist jemand da, der die Orgel spielt; jemand, der läutet – dann hat das für mich eine Würde, und da kann ich auch mit dreien schön Gottesdienst feiern."

In der Gemeinde gibt es eine Vielzahl an Gruppen und Kreisen, möglichst dezentral vor Ort. Die Namen im Gemeindebrief weisen darauf hin, dass hier viele Verantwortung übernehmen: „Das geht nur, weil hier ganz ganz viele helfende Hände dabei sind", bemerkt ein Mitglied des Gemeindekirchenrats. Auch der Pfarrer betont öfter das „schöne Miteinander" zwischen den Gemeinden, insbesondere im Gemeindekirchenrat. Die elf Kirchdörfer sind in vier Gemeindekirchenräten zusammengefasst, die jedes Mal alle zusammen tagen, den einen gemeinsamen Haushalt verabschieden und alle Projekte gemeinsam tragen – immerhin 38 Personen kommen so zusammen.

Rund um die Malchower Kirche ist in den letzten Jahren ein 1 Hektar großer Park entstanden, der verschiedene Labyrinthe, aber auch einen Irrgarten enthält. Der Besucher kann durch das Chartres-Labyrinth an Lavendelbüschen entlanglaufen, sich durch das Urlabyrinth kämpfen oder sich das alte Eberswalder Labyrinth von 1609 erschließen.

> „In einem großen Sandkasten hinter dem Speichergebäude können [...] mit allerhand Materialien selbst Labyrinthe gebaut werden. Das Minenspiel stellt eine Art großes Schiffeversenken dar, und im Taxilabyrinth müssen die Besucher eine gute Orientierung beweisen."[136]

Doch keineswegs soll der Besucher im Park Stress empfinden. Es gibt Platz, die Picknickdecke auszubreiten, Mitgebrachtes zu verspeisen oder auf den 50 Stühlen des Cafés Platz zu nehmen. Eröffnet wurde der 800.000 Euro teure Park „im Rahmen der diesjährigen brandenburgischen Landesgartenschau"[137] am 9. Juni 2013.[138] An dem Festwochenende bündelten sich Aktivitäten mit einiger Prominenz (u. a. Gerhard Schöne, Matthias Platzeck). Auch die beiden anderen Großprojekte waren präsent: Es gab eine Führung über die Baustelle des Gutshauses Ludwigsburg, wo eine evangelische Begegnungsstätte entstehen soll. Alle kulturell Interessierten konnten das 5. Preisträgerkonzert des „Internationalen Malchower Kirchenpreises" besuchen.

---

136 Prenzlauer Zeitung vom 16.11.2012.

137 Die Kirche, 06.01.2013.

138 <http://www.blickpunkt-brandenburg.de/nachrichten/uckermark/artikel/14755.html>.

3.2.5.3 Der Kriteriencheck – Bemerkungen zu Mission, Land und Innovation

Mission

Bei der geringen Kirchlichkeit in der Uckermark ergeben sich durch die vielen Projekte und Initiativen automatisch Kontakte zu Konfessionslosen. So seien auf den regelmäßig angebotenen Freizeiten ganz viele Kinder „ohne kirchlichen Hintergrund. Wir sehen das als Kindersozialarbeit auf dem Land an", sagt ein Mitglied des Gemeindekirchenrates. Den Kindern Werte zu vermitteln, das Miteinander zu stärken, ihren Familien Hoffnung und eine positive Lebenseinstellung mitzugeben, sei in der Uckermark besonders wichtig – weil hier viele nach der Wende ihren Arbeitsplatz in der Landwirtschaft räumen mussten – und sich nicht selten resigniert zurückgezogen hätten.

Mit dem Labyrinthpark beabsichtigen die Kirchengemeinden, „ein ganz, ganz niedrigschwelliges Angebot [zu] machen [...] Wir wollen sozusagen mit dem Labyrinthpark Spaß an der Freude vermitteln." Dabei sollen Menschen wieder an „Kirche herangeführt" werden, so dass sich für die Besucher der Kontakt wieder ein Stück normalisiert. Erwachsene begegneten ihnen oft mit der Haltung: „Mit dem Eintritt in die Kirche betrete ich ein Kloster!" So sind die öffentliche Präsenz der Gemeinden, die Themen, die sie medial besetzen, ein erster Schritt auf dem Weg der Mission.

Der ausdrückliche Wunsch des Gemeindekirchenrates ist es freilich, dass Menschen sich intensiver mit Leben und Glauben auseinander setzen. Dazu eignet sich ein Labyrinth in besonderer Weise, weil es als Symbol eine Vielzahl an Anknüpfungsmöglichkeiten bietet: „Ich mache mich auf den Weg, ich bin mal näher an Gott dran, mal weniger, manchmal verliere ich ihn aus dem Blick, manchmal denk ich: ‚es gibt ihn gar nicht!', und plötzlich, plötzlich bin ich dran!" Dass dies keine bloße Theorie ist, weiß der Pfarrer: Denn auch der Gemeindekirchenrat habe einen Weg beschritten, die Beschäftigung mit Labyrinthen war eine geistliche Reise. Dazu geholfen haben auch Seminare mit Mag. Gernot Candolini, die man in ähnlicher Form auch für Schulklassen und Erwachsenengruppen anbieten möchte. Drei Staffeln von Glaubenskursen wurden erfolgreich durchgeführt. „Man merkt: Leute suchen hier auch, sie suchen." Um dieser Suche begegnen zu können, brauche es kontinuierliche Präsenz. Für Mission sei es unerlässlich, „über einen langen Zeitraum mit großer Beständigkeit vor Ort zu sein". Über die Zeit wachsen Beziehungen, entsteht Vertrauen und dadurch eigentlich erst die Plattform, die für Mission wichtig ist.[139]

139 „Von den acht Konfirmanden würde nicht die Hälfte kommen, wenn die zu einem zentralen Konfirmandenunterricht nach Prenzlau eingeladen werden würden. Die kommen, weil sie uns schon ken-

Mit dem Labyrinthpark sollen bewusst Außenstehende erreicht werden. Der Ansatz dafür sind allgemeine menschliche Bedürfnisse nach Erholung, erfüllter Freizeitgestaltung – und schließlich die Suche nach Sinn (**Lambeth 3**). Weil es auch um Wertevermittlung an die nachwachsende Generation geht, wird die gesellschaftlich-transformatorische Dimension von Mission ebenso berührt (**Lambeth 4**). Der Gemeindekirchenrat beabsichtigt schließlich, Menschen auf dem Glaubensweg weiter zu führen (**Lambeth 2**).

Land

Wenigstens in einer Hinsicht liegt Malchow zentral: Es befindet sich in der Mitte zwischen den Kleinstädten Prenzlau und Pasewalk, die jeweils 12 Kilometer entfernt sind. Auf der B 109, die direkt an der Kirche vorbeiführt, benötigt man in beide Orte jeweils 12 Minuten. Dies kann freilich nicht darüber hinwegtäuschen, dass Malchow zur ländlichen Peripherie gehört: Im Landkreis Uckermark am nordöstlichsten Zipfel von Brandenburg gelegen, ist es mit Tornow Teil der Gemeinde Göritz, in der am 31. Dezember 2012 781 Menschen lebten, was einer Bevölkerungsdichte von 31 EW/qkm entspricht. Das agrarisch geprägte Amt Brüssow, in das die Kommune neben vier anderen eingegliedert ist, ist noch etwas dünner besiedelt (21 EW/qkm).[140] Die infrastrukturelle Anbindung hat sich durch die A 20, die das Amt Brüssow durchzieht, deutlich verbessert, wobei man für die 58 Kilometer zum nächsten Oberzentrum Neubrandenburg noch immer 38 Minuten benötigt.

In den Jahren zwischen 2004 und 2009 hat das Amt Brüssow 9,4 % seiner Einwohner verloren, wobei gerade die Verluste junger Menschen mit 33,4 % (6–18 Jahre) und 24,4 % (18–24 Jahre) eklatant zu Buche schlagen. Größer geworden ist eigentlich nur die Gruppe der 50- bis 64-Jährigen, die um 24,7 % gewachsen ist. Die Arbeitslosigkeit im Amt Brüssow betrug im Jahre 2009 15,0 %, im Landkreis Uckermark 17,8 %.

Gemessen an unseren Kriterien kann Malchow als Vertreter des peripheren, ländlichen Raumes gelten. Die aktuelle Klassifizierung des BBSR ordnet Göritz dem *überwiegend ländlichen, sehr peripheren Raum* zu (Raumtypen 2010).

Innovation

Die Verantwortlichen weisen darauf hin, dass der Labyrinthpark „ein in Deutschland einmaliges Projekt“[141] ist. Sie wissen um den innovativen Charakter ihrer Idee. Auch schon mit der Auslobung des „Internationalen Malchower

---

nen und Kontakte haben und ich dann auch mal nachhake bei den Eltern [...] spielt ne ganz große Rolle, ne ganz gewichtige!“

140 Vgl. <www.amt-bruessow.de>.

141 Gemeindebrief für den Ev. Pfarrsprengel Schönfeld und die Kirchengemeinden Göritz und Malchow (Juni – Juli – August 2013), 2.

Musikpreises" wollte der Gemeindekirchenrat bewusst neue Wege gehen. Als eine Bonner Stiftung Geld „für die musikalische Arbeit mit Kindern" in Aussicht stellte, „haben wir lange überlegt im Stiftungsvorstand und im Gemeindekirchenrat: ‚Was machen wir?' Und haben gesagt: ‚Wir wollen etwas Neues machen. Wir wollen nicht etwas machen, was schon existiert. Wir wollen was machen, was etwas in Gang setzt.'"

Damit reagieren die Gemeinden auf die Peripherisierung: Ländliche Räume verlieren kulturelle und touristische Angebote, gerade die Uckermark erscheint in der öffentlichen Meinung als Problemgebiet und wird als „Wolfserwartungsland" karikiert[142]. Solch ein Leuchtturmprojekt wie der Labyrinthpark hat von daher für die Integration der Region einen elementaren Wert (**Herausforderung 4**).

Mit Musikpreis und Labyrinthpark antwortete der Gemeindekirchenrat außerdem auf die Frage der Kirchennutzung. Das Projekt entspricht mustergültig dem Vorschlag des EKD-Kirchbautages von 2011, der die „Differenzierung der Dorfkirchen in Themen-, Kultur-, Pilger-, Gemeinschafts-, Winter- oder Urlaubskirchen"[143] anregt.

Das bewusste und innovative Reagieren auf das Downsizing kirchlicher Infrastruktur (**Herausforderung 1**) zeigt sich schließlich an einem Schritt, der noch weiter zurückliegt: Im Jahre 2006 wurde die „Carl-Büchsel-Stiftung Schönfeld" gegründet, weil die Kirchengemeinden bemerkten:

> „‚Wir sehen – so viel wie wir auch ackern –, [...] dass die Gemeindegliederzahlen fallen. Eine Umkehrung können wir noch nicht absehen, aber uns ist wichtig, dass auch hier in 20, 30 Jahren und länger Kirche existieren kann. Und wenn das nur an den Kirchensteuerzuweisungen hängt, müssen wir uns nach einer anderen Finanzierungsmöglichkeit umgucken [...] Sie haben einen Teil ihrer Rücklagen zusammengelegt [...] mit dem Ziel, dass – wenn eines Tages [...] es nicht ausreicht, um hier eine Pfarrstelle und 0,4 Katechetik zu finanzieren, aus der Stiftung zu finanzieren."

3.2.5.4 Der Anfang und die Geschichte – die Entwicklung

Die Idee zum Labyrinthpark kam eigentlich zufällig: Während des jährlichen Sommerurlaubs in Dänemark stößt die Pfarrfamilie in Kalvehave (Insel Sjælland) auf einen Park, in dem man durch Labyrinthe und Irrgärten laufen kann. Es war „total Zufall". Gerade die Kinder fühlen sich dort wohl, man ver-

142 SZ vom 30.08.2013.

143 <http://www.kirchbautag.de/kirchbautag/27-evangelischer-kirchbautag/rostocker-resuemee.html> (zuletzt besucht am 06.08.2013).

bringt den ganzen Tag, es herrscht eine entspannte und freundliche Atmosphäre. „Da hab ich zu meiner Frau gesagt: ‚Mensch, das kriegen wir doch auch hin!'"

Wieder daheim informiert sich der Pfarrer über Labyrinthe, ihre christliche Symbolik und stellt die Idee dem Gemeindekirchenrat vor. Der zögert nicht lange und beschließt, sich den Park selbst zu besehen. Und so brechen 20 Kirchenälteste früh an einem Herbsttag 2009 auf, um in Kleinbussen nach Dänemark zu fahren, mit Betreiber und Architekt Carsten N. Larson zu reden und am Abend wieder in der Uckermark zu sein. Eine Kirchenälteste beschreibt die Stimmung rückblickend so: „Das hört[e] sich spannend an, wir gucken mal [...] Ausflug wollten wir ja sowieso mal machen, warum dann nicht dahin [...] wenn wir uns das nicht vorstellen können, wär's ein schöner Tag geworden."[144] Doch der Funke springt über: „Sie waren *auf der Stelle* begeistert, total, auf der Stelle! Allesamt, allesamt, allesamt haben gesagt: Das kriegen wir auch hin!" Der Pastor schwärmt von der Zeit, die jetzt kommt: Denn sie war eine „ganz große [...] geistige" und auch geistliche „Erweiterung".

Ein Unterausschuss des Gemeindekirchenrats kümmert sich nun gezielt darum; es folgen weitere Informationsfahrten und viele Arbeitstreffen, u. a. mit den beiden Labyrinthologen Dr. Uwe Wolff und Mag. Gernot Candolini, mit denen das Konzept besprochen wird. Die Architektin der Malchower Kirche stellt den Kontakt zur Eberswalder FH für Landschaftsarchitektur her, die einen einwöchigen Workshop mit der Partneruni Gödöllö (Ungarn) organisiert. So kommen im Juni 2010 Studierende nach Malchow, um in einem internen Wettbewerb den Park zu projektieren. Nach und nach wird nun Geld organisiert, und die Bauabschnitte können umgesetzt werden. Dabei gibt es immer noch eine Vielzahl an Etappen und Herausforderungen (so die Verlegung von Wegen und Rohren für die Nachbargrundstücke), deren Darstellung hier aber zu weit gehen würde.

Wichtig ist allerdings, noch einmal einige Schritte zurückzugehen. Denn der Labyrinthpark ist der Abschluss eines Weges, der viel früher begonnen wurde und ein gemeinschaftlicher war. Der Zusammenhalt und die Dynamik des Gemeindekirchenrates, seine Bereitschaft, Neues zu wagen und sich gegenseitig zu ergänzen, ist laut dem Pastor „der wichtigste Punkt", warum es zu diesem Park, aber eben auch zum Musikpreis, zur Stiftung und zum vielfältigen Gemeindeleben gekommen sei.

Woher dieses „gute, schöne Miteinander" im Gemeindekirchenrat kommt, kann natürlich nicht vollends geklärt werden. Deutlich an den Berichten der Experten wird allerdings zweierlei: Zum einen reicht das Selbstbewusstsein

---

144 Und sie fügt hinzu: „Die Begeisterung muss natürlich da sein. Wenn alle nur sagen: ‚O, wie furchtbar!' Da wird nichts!"

des Gremiums weit zurück. Als die Pfarrstelle zu DDR-Zeiten gestrichen werden sollte, sind vier Älteste nach Berlin ins Konsistorium gefahren und

> „haben sich auf den Flur gesetzt und gesagt: Wir gehen hier erst weg, wenn wir einen Pfarrer kriegen [...] Und dann haben die vier Ältesten geschafft, dass die Kirchenleitung hierher kam. Und da sind die hier so überzeugend aufgetreten, dass die Kirchenleitung gesagt hat: ‚Gut, wir versuchen es noch mal, wenn wir einen finden [...], dann soll die Stelle auch besetzt werden."

Zum anderen ist es der Pastor, der immer Wert darauf gelegt hat, vor Ort mit den Menschen zu leben und zu arbeiten. So war es Mitte der 1980er Jahre sein ausdrücklicher Wunsch, dahin zu gehen, „wo ich dringend gebraucht werde". Dabei nannte er Schönfeld in der Uckermark, obwohl die Stelle damals schon seit zehn Jahren vakant und das Pfarrhaus „ne Ruine, mit Pappe und Brettern zugenagelt" war. So hat der junge Pfarrer, selber handwerklich „ein Vollidiot", mit den Leuten aus den Dörfern das Pfarrhaus aufgebaut. Sein Ort war der Zementmischer. Die Bauleute seien ein Teil seiner Anfangsgemeinde gewesen und noch heute manche Kirchenälteste. Immer wieder entscheidet er sich für die kleinen Dörfer und die Menschen in ihnen: Er votiert gegen die Ordination in Berlin, bemüht sich, dass die Menschen aus den jeweiligen Dörfern ihre Kirche aufbauen und spielt die lokale Verantwortung nicht gegen die regionale Zusammenarbeit aus. Es fließt viel Zeit und Energie in den Gemeindekirchenrat, sie werden in allem mitgenommen und ernst genommen.

Neben Idee und Offenheit des Gemeindekirchenrates benennt der Pastor noch einen dritten Punkt, der zum Labyrinthpark geführt hat: Die Fördermöglichkeiten. Für die Kirchengemeinden insgesamt ist hier eine große Agilität im Fundraising zu beobachten. Die Privatspender kommen aus ganz Deutschland, mit Hilfe der umliegenden Agrarbetriebe kann eine feste Stelle finanziert werden; Sparkasse, ENERTRAG, GAW, KiBa, Landkreis, kreiskirchliche und landeskirchliche Töpfe: Sie alle werden „angezapft". Durch das Fundraising ist man schließlich auch in die Situation gekommen, über eine Nutzung des Grundstücks um die Kirche Malchow nachzudenken.

Denn noch vor zehn Jahren war das Gotteshaus eine „Totalruine". Zum letzten Mal 1958 genutzt, kam sie 2003 in den Zuständigkeitsbereich des Pfarrsprengels Schönfeld. Hier war man sich schnell einig, dass man auf die Sanierung der Kirche zugehen wolle. Doch ausschließlich als Gottesdienstraum nutzbar schien das nicht möglich: Weil eine Bonner Stiftung Geld für das Musizieren von Kindern und Jugendlichen in Aussicht stellte, kam die Idee des Musikpreises. Diese fand große Resonanz, ein Konzept entstand; doch für Sanitär und Küche benötigte man noch zusätzlichen Platz, der aber nicht zur Verfügung stand: Das Grundstück um die Kirche gehörte einer Liechtensteiner Bank, die dieses zufällig gerade versteigern wollte. So erwarb eine Kirchenälteste in Berlin den einen Hektar gegen sieben Mitbewerber. Inzwischen waren ELER-Mittel in Aussicht. Der Regionalausschuss gewährte 500.000 Euro für die Kirche, machte aber zur Auflage, dass das Grundstück um die Kirche genutzt werden sollte. So brauchte man hierfür eine Idee, und dann kam der Sommerurlaub der Pfarrfamilie im Jahre 2009.

In den Interviews werden kaum direkte Schwierigkeiten benannt. Sie scheinen nur durch, als von der Reserviertheit des Konsistoriums berichtet wird, als die Kirchengemeinde ein Grundstück erwarb. Weiterhin klingen sie an, als Kollegen und Leitung des Kirchenkreises thematisiert werden: Von den vielen Schönfelder Projekten und der ständigen medialen Präsenz scheinen nicht wenige genervt zu sein. Sie bleiben in reservierter Distanz.

Der Pfarrer berichtet auch, dass der Zusammenhalt im Gemeindekirchenrat beständige Arbeit erfordert. So verschiedene Hintergründe und Geschichten, Milieus und Gaben zu vereinen, sei nicht immer leicht gewesen. Manchmal seien ihnen auch Zweifel gekommen, erzählen die Kirchenältesten:

> „Das wird zu groß. Wir sind doch eigentlich eine kleine uckermärkische Gemeinde. Wie können wir einen internationalen Musikpreis machen?" Wie gut, dass ein Spruch von Alfred Delp zum Motto der Gemeinden gehört: „Gottes Kraft geht alle Wege mit."

3.2.6 Begegnungszentrum für das Dorf: Das „Haus der Begegnung" in Globig (Evangelische Kirche in Mitteldeutschland)

3.2.6.1 Abstract

Peripherieindex Land

Skala Mission

Skala Innovation

2009 wurde das „Haus der Begegnung" als Mehrgenerationenhaus in Globig gegründet. An vier Tagen in der Woche lädt es mit besonderen Angeboten Kinder, Eltern, Teenager und Ältere ein, um miteinander zu reden, zu spielen und sich zu begegnen. Das Haus der Begegnung ist ein Projekt unter dem Dach der St.-Petri-Kirchengemeinde Pratau, im Wesentlichen aber die Initiative eines Ehepaares. Man kooperiert eng mit dem Kirchenkreis. Vor Ort sind Ehrenamtliche maßgeblich in die Arbeit eingebunden. Dem Selbstverständnis nach handelt es sich um eine missionarisch-diakonische Initiative.

3.2.6.2 Vorstellung des Projektes und der Gemeinde

Das Haus der Begegnung versteht man vielleicht am besten von den Menschen her, die sich dort engagieren: „Die Starken, die bleiben", titelte die Mitteldeutsche Zeitung[145] über zwei der ehrenamtlich Engagierten im Haus der Begegnung. Sie waren für die entsprechende Rubrik „Ehrensache" vorgeschlagen worden. Eine von ihnen haben wir befragt. Für sie war der Bericht wirklich eine Ehre. Sie sei sogar auf der Straße darauf angesprochen worden. Im Gespräch merkt man, dass sie im Mehrgenerationenhaus nicht nur (freiwillig)

145 MZ Wittenberg/Gräfenhainichen vom 08.04.2013.

Herzlich Willkommen!
Das Haus
der Begegnung Globig
Öffnungszeiten
Montag 15.00-18.00 Uhr
Dienstag 14.00-18.00 Uhr Kontakt-Cafè
Mittwoch geschlossen
Donnerstag 15.00-18.00 Uhr
Freitag 15.00-18.00/19.00-22.00 Uhr

arbeitet, sondern mit ganzem Herzen dabei ist. Wenn sie einmal einen Arzttermin hat und nicht da sein kann, vermisst sie die Gemeinschaft. „Das fehlt dann, wenn du zu Hause bist", sagt sie. Und als sie mit ihrem Mann nach einer neuen Wohnung sucht, ist es für sie klar, dass es wieder Globig sein müsse. Nach Bad Schmiedeberg, in die Stadt? Nein, „das geht nicht!". Dann müsste sie „alles aufgeben". Aber sie winkt ab und meint, man könne das nicht in Worten beschreiben: „wie die alten Leute sich unterhalten", wie sie mit den Kindern spielen und wie ihre eigene Enkeltochter dort „neue Omis" gefunden habe.

Sie spricht vom Kontaktcafé am Dienstag, das die Idee des Hauses wohl am besten repräsentiert: Menschen aus dem Ort begegnen sich, sie erzählen, essen selbst gebackenen Kuchen und spielen miteinander. Es kommen Kinder, deren Eltern, manchmal auch Teenager und Senioren. Die Gemeindepädagogin hält für sie eine Andacht bereit und leitet beim gemeinsamen Spiel an: „Bingo" oder etwas für die Feinmotorik, denn da gäbe es Defizite. Und so kommt alle vier Wochen eine Ergotherapeutin ins Haus. Für die Senioren gibt es im Herbst „Gleichgewichtssport, damit die Senioren gut über den Winter kommen". Kinder können Gitarre lernen, die Teenager sich körperlich bei Fußball und Tischtennis auspowern, Eltern können in der Kleiderkammer nach dem Passenden schauen und sich bei Stammtischen austauschen, Arbeitslose ihre Bewerbung am PC schreiben und ausdrucken. Seminare rund um Erziehung gehören ebenso zum Angebot, nächstes Jahr ist ein Kurs zur Sterbebegleitung geplant, und derzeit kann man „Schach für Anfänger" belegen. Bei den Festen entfaltet das Haus eine regionale Strahlkraft. Doch sollte man die Einrichtung nicht von den Angeboten her verstehen. Man will in erster Linie nur *da sein*, offen sein, Präsenz bieten und so Begegnung möglich machen. Denn das Entscheidende wären die persönlichen Gespräche: Dort würden die brennenden Fragen gestellt, die Sorgen geteilt, und dort hören die Globiger auch aufmerksam zu, wenn der Glaube zum Thema wird. Damit solche Freiräume entstehen, hat das Haus offen: Montag, Dienstag, Donnerstag und Freitag, ab 15 Uhr.

„Das ‚Haus der Begegnung Globig' wurde als christlich-diakonische Einrichtung unter dem Dach der Ev. Kirchengemeinde St. Petri Pratau mit Hilfe des Kirchenkreises Wittenberg ins Leben gerufen." Es will ein „Anlaufpunkt zur Hilfestellung bei sozialen Problemen sein" und „soll den Menschen Mut machen, sich mit eigenen Ideen und Begabungen einzubringen", so verrät es das Konzept auf der Homepage[146]. Das Haus wird über Spenden bzw. Zuschüsse der genannten Träger finanziert, hat für die Ausstattung der Kinderspielzimmer und anderer Räume gezielte Förderungen erhalten. Eine geringfügig angestellte „Bürgerarbeiterin" kümmert sich um Catering und Bewirtung. Das

146 Vgl. www.hausderbegegnungglobig.de (zuletzt besucht am 10.07.2013).

Ehepaar, das hinter all dem steht, bringt sich hier selber ehrenamtlich ein. Die Gemeindepädagogin ist mit einer 70 %-Stelle vom Kirchenkreis angestellt. Für die Zukunft ist ein weiterer Mitarbeiter erwünscht, der gezielt Zeit mitbringt für Kinder und Jugendliche, die immer zahlreicher kommen. Mit einem weiteren Angestellten verbindet sie auch die Hoffnung, weiter zu wachsen – so dass man dort einer Gemeinde Jesu Christi immer ähnlicher werde.

3.2.6.3 Der Kriteriencheck – Bemerkungen zu Mission, Land und Innovation

Mission

Im Gespräch wird immer wieder das christliche Profil des Hauses unterstrichen. Dieses weise nicht nur auf Kirche als Trägerin hin, sondern vor allem auf den Geist, der dort herrschen soll: Annahme und Akzeptanz, Vergebungsbereitschaft, Dankbarkeit und Freude. Schließlich ginge es um die Weitergabe des Evangeliums, den Menschen erzählen, wie Jesus mit ihnen umgeht, und das Christsein authentisch im Alltag vorleben. In die Räume des Hauses wird z. B. auch ProChrist übertragen. Durch Hauskreise und Gespräche sollen Menschen in der Nachfolge Jesu begleitet und zu mündigen Christen werden (**Lambeth 1 und 2**).

Das missionarische Konzept des Hauses ruht auf zwei Grundentscheidungen: die Bedeutung diakonischer Arbeit und kontinuierlicher Präsenz. Mission sei zwar die Weitergabe der guten Botschaft, aber in ihrer Region gehe das nur „in Wort und Tat", betont die Gemeindepädagogin: „[F]rüher hatten sie gehört: ‚Der Kommunismus war's.' Dann haben sie gedacht: ‚Der Kapitalismus ist es.' [...] Erzählt haben die viel gekriegt. Aber wir brauchen eben auch die Tat. Wir müssen beides haben." Sie weiß auch: „Mission ist im Wesentlichen Beziehungsarbeit, hier bei uns!" Und um Beziehungen zu pflegen, braucht es Nähe und Zeit: „Deswegen kann ich nicht eine Christenlehre machen mit eineinhalb Stunden." Weil sie Zeit brauche, Kindern zuzuhören und dazubleiben, wenn die im Anschluss noch zusammen bleiben. Das Eingehen auf menschliche Bedürfnisse ist der missionarische Ansatzpunkt des Begegnungshauses in Globig (**Lambeth 3**).

Kirchliche Mitarbeiter, die missionarische Pionierarbeit leisten wollen, könnten nicht in vielen verschiedenen Orten wirken, sie müssten sich konzentrieren, am besten als Team: „Eine Zeit an einem Ort, wo Menschen sich um Menschen kümmern und die Botschaft bringen [...], und das muss eben eine längere Zeit sein, das dauert."[147]

147 Die Leiterin über das Arbeiten an verschiedenen Stellen: „Wenn du Beziehungsarbeit machen willst, wenn du Gemeinde bauen willst, geht das nicht."

Land

Wenn man Globig von seinen administrativen Grenzen her beurteilt, ist es seit 2009 eigentlich eine Stadt bzw. einer der 28 Ortsteile der Stadt Kemberg. Seine Selbstständigkeit verlor das Dorf allerdings schon 1965 durch die Zusammenlegung mit Bleddin. Vor der Eingemeindung nach Kemberg lebten 584 Einwohner auf den 15,91 qkm der Doppelgemeinde Globig-Bleddin, was einer Einwohnerdichte von 36,5 EW/qkm entspricht.

Globig erscheint nach heutiger Anlage als Straßendorf. Der 1292 erstmals erwähnte Ort „hat jedoch die Form eines wendischen Rundlings" und ist umgeben von weiten Wiesen und Feldern einer typischen Elbauenlandschaft. In der Vergangenheit war die Ortschaft oft vom Hochwasser betroffen.[148]

Die nächste größere Stadt, binnen 20 Minuten mit dem Auto zu erreichen, ist Wittenberg, das nächste Oberzentrum Dessau-Roßlau liegt in 47 Kilometer Entfernung westlich. Mit dem Auto benötigt man dorthin ca. 45 Minuten.

Die Arbeitslosenquote im Landkreis Wittenberg betrug 2009 12,7 %, in Kemberg 9,0 %. Auch wenn die Mitarbeiter des Mehrgenerationenhauses davon berichten, dass vereinzelt junge Familien zuziehen – und tatsächlich die Gruppe der 25- bis 30-Jährigen in Kemberg zwischen 2004 und 2009 um 7,0 % gewachsen ist –, ist der Rückgang der anderen Altersgruppen eklatant: Diejenigen, die zwischen 6 und 18 sind, sind um 31,2 % weniger geworden, die 18- bis 25-Jährigen sind um 17 % geschrumpft und die 30- bis 50-Jährigen um 16,1 %. Nur bei den Senioren war ein Anstieg zu verzeichnen, insgesamt ist die Bevölkerung um 6,8 % in fünf Jahren zurückgegangen. Übrigens: Der oben genannte Zuwachs der 25- bis 30-Jährigen betrifft statistisch nur männliche Personen. Selbst in dieser Altersgruppe lebten 2009 1,4 % weniger Frauen in Kemberg als 2004.

Gemessen an unseren Kriterien kann Globig als Vertreter des peripheren, ländlichen Raumes gelten. Die aktuelle Klassifizierung des BBSR ordnet Kemberg dem *überwiegend ländlichen, sehr peripheren Raum* zu (Raumtypen 2010).

Innovation

Das „Haus der Begegnung" Globig kann in mehrfacher Hinsicht als innovativ gelten: Es antwortet auf gesellschaftliche und kirchliche Herausforderungen des peripheren ländlichen Raumes mit einer selten umgesetzten Idee.

Indem gezielt mit jungen und alten Menschen gearbeitet wird, ist das Globiger Haus zuerst eine Antwort auf den „demographischen Wandel" (**Herausforderung 3**). Vor dem Hintergrund der Fragmentierung in der ländlichen Gesellschaft gilt es, Menschen verschiedener Orientierung und verschiedenen

148 Vgl. <www.stadt-kemberg.de/verzeichnis/objekt.php?mandat=99152> (zuletzt besucht am 10.07.2013).

Alters zusammenzubringen. Das ist für die Gemeindepädagogin ein Grundgedanke christlicher Gemeinde. Sie beklagt die alleinige Ausrichtung auf Zielgruppen:

> „Entweder wir machen Kinderarbeit oder wir machen Jugendarbeit oder wir machen Altenarbeit, aber das ist nicht Gemeinde! Für mich ist Gemeinde generationsübergreifend. [...] [W]enn die Kinder merken: Moment mal! Die Kirche kümmert sich um meine Mutter, weil ich bin ja nicht da; ich wohn' ja woanders. [...] Wieso machen die das eigentlich? Das ist auch ein Stück missionarisch [...]" (**Herausforderung 5**).

Durch den Abbau von Infrastruktur ist die Mobilität für Landbewohner eine Herausforderung. Die Gemeindepädagogin beobachtet aber, dass viele Eltern nicht fahren (wollen): Obwohl da unter den Kindern „so viele Begabungen sind" oder eben Defizite. Deswegen versucht sie, exemplarisch Angebote im Haus zu machen: Sport, Gitarrenunterricht, Ergotherapie:

> „Wir haben eine Ergotherapeutin vor Ort, weil die Leute mit ihren Kindern nicht zur Ergotherapie fahren, obwohl [...] wir ohne Ende feinmotorische und grobmotorische Störungen haben. Nö, die sagen: ‚Da kann ich nicht jede Woche hinfahren.'" (**Herausforderung 4**).

Bemerkenswert ist schließlich, dass das Haus der Begegnung auch auf die kirchlichen Strukturveränderungen reagiert. Gerade weil Präsenz und Lokalität wichtige Bausteine für die emotionale Orientierung und ländliche Spiritualität sind, stellt sich bei dem Rückzug der Institution Kirche die Frage, wie Gemeinde Jesu Christi für die Dorfbewohner noch gelebt und erlebt werden kann. Weil in Globig „Dasein" Grundprinzip ist und Gemeinschaft von Ehrenamtlichen mit einer hauptamtlichen Nichttheologin alltäglich erlebbar wird, könnte diese Idee ein künftiges Modell von Kirche in ländlichen Räumen darstellen: eine Art Neugründung nach anglikanischem Vorbild der *fresh expressions of church* (**Herausforderung 1**). Weil intentional missionarisch gearbeitet wird, reagieren die Akteure bewusst auf die hohe Konfessionslosigkeit in dieser Region (**Herausforderung 6**).

3.2.6.4 Der Anfang und die Geschichte – die Entwicklung

Ohne den Einzug des Ehepaars in das Globiger Pfarrhaus würde es dort heute wohl kein Haus der Begegnung geben. Hatte sie bisher als Krankenschwester gearbeitet und in Radis bei einer Freikirche die Jugendarbeit mitgestaltet, wird sie nach ihrem Wechsel in die Landeskirche angesprochen: Ob sie nicht die seit fünf Jahren vakante Jugendarbeitsstelle annehmen wolle. Parallel zur Gemeindepädagogenausbildung in Drübeck arbeitet sie bereits und macht Konfi- und Jugendarbeit. Der Pastor fragt das Ehepaar an, ob sie nicht nach Globig ziehen wollen: Das Pfarrhaus stehe seit Jahren leer – und der Pfarrer hatte sowieso vor, es zu einem Jugendhaus umzugestalten. Trotz stark sanierungsbedürftigem Zustand ziehen die beiden dort ein – im festen Glauben, dass Gott sie dort hingestellt habe. Neben der regionalen Ausrichtung ihrer Arbeit war die lokale Verwurzelung von Anfang an ein Thema für das Ehepaar.

Den Zugang zum Dorf fanden sie über ein Dorffest, wo das Ehepaar mitgeholfen hatte. Eine Frau kommt auf sie zu und fragt, ob sie nicht Schafe für den großen Pfarrgarten bräuchten – sie hätte welche, die sonst geschlachtet würden. „Durch diese Frau sind wir praktisch in so'n Kern von diesem Dorf mit den Menschen gekommen – also als Kontakt."

Wie sie die Menschen im Ort mit dem Evangelium erreichen könnten, hat das Ehepaar von Beginn an beschäftigt. Immer haben sie die „Augen offen gehalten" und im Gebet gefragt: „Herr, was können wir hier am Ort machen?" Der zündende Einfall kam dann 2007 durch eine Beobachtung: „[I]ch habe die [...] jungen Mütter im Sommer [...] am Spielplatz sitzen sehen und hab gesagt: ‚Was machen die eigentlich im Winter? Wo haben die 'ne Chance, sich zu treffen?' Und das war die Frage. Und mit dieser Frage bin ich zum Herrn gegangen." Und so wurde die Idee eines Kontaktcafés geboren; eine Idee, zu der sie manchen Bekannten im Ort befragte: „Könntet ihr euch vorstellen, dass wir so etwas machen?" „Ja", hörte sie von verschiedenen Seiten.

Parallel zu diesen Ereignissen befand sich der Kirchenkreis in einem Prozess der Neuausrichtung mit dem Titel „Vom Kind zur Familie". Vor dem Hintergrund der Überalterung fragten sich die Verantwortlichen, wie sie Familien besser erreichen könnten. Dazu kooperierten sie mit einer Schweizer Firma; es wurden Sozialraumanalysen vorgenommen. Als es im Rahmen des Prozesses die Möglichkeit gab, Projekte vorzuschlagen, denkt die Gemeindepädagogin wieder an das Kontaktcafé. In diesen Tagen klingelt es an ihrer Tür. Eine Freundin aus dem Ort meint: „Sag mal, wolltest du nicht so ein Kontaktcafé machen? Wann geht'n dat hier los?" Dadurch bestärkt, reicht sie das Konzept des Kontaktcafés ein und findet damit breite Zustimmung.

So startete das Café erstmalig am Dienstag, 6. November 2007, im Dorfgemeinschaftshaus. Von Anfang an waren Ehrenamtliche eingebunden, die klingelnde Freundin gehörte zum ersten Team und auch die erst jüngst mit dem Zeitungsartikel geehrten „Starken". Am ersten Tag kamen 20 Erwachsene und 40 Kinder: Es wird gebastelt, man sitzt zusammen und isst selbstgebackenen Kuchen. Später folgt eine Weihnachtsfeier, und im Sommer ist man wieder draußen am Spielplatz. Allerdings ist diese punktuelle Arbeit aufwendig: Im Dorfgemeinschaftshaus muss jedes Mal alles hergerichtet und weggeräumt werden: die Spielsachen, das Geschirr, die Deko. Dazu kommen die Miete, die beengten Platzverhältnisse und dass das Gemeinschaftshaus oft verschlossen ist.

Und dann entstand die Idee mit dem Haus, an die man aber anfangs selbst nicht glauben mochte: Ein „Haus hier im Dorf? [...] Wer finanziert denn so etwas?" Als eines Dienstags während des Cafés ein Mann das Hoftor hinter dem Treffpunkt öffnete, wollte die Gemeindepädagogin einen Blick auf das Gelände werfen. Als sie dort im Haus die drei nebeneinanderliegenden Toiletten zu sehen bekommt, ist ihr klar: „Das ist unser Haus!"

Noch bevor der Mietvertrag unterzeichnet ist und die Finanzierung steht, ersteigert ihr Mann bereits Teile des Interieurs. Der Superintendent ist schnell gewonnen. Er verwies auf Fördermittel, und so konnten Miete und Anschub-Anstellung gesichert werden: Es folgten viele Umbaumaßnahmen, die meisten in Eigenleistung mit dem Team. Am 7. November 2009 konnte dann das Haus der Begegnung mit 120 Gästen und einem fröhlichen Fest eröffnet werden.

Zu den Schwierigkeiten in der Arbeit des Hauses gehört sicher, „dass wir oft mit Menschen gearbeitet haben [...], die keine Weitsicht haben [...]. Das, was sie gelernt haben, können sie gut; aber immer, wenn's in eine neue Richtung geht, wird's schwierig." Ehrenamtliche, die nicht gelernt haben, Verantwortung zu übernehmen, müssen behutsam herangeführt werden. Dass die Mitarbeiter keine Christen sind, macht das Ganze noch schwieriger. Die Gemeindepädagogin weiß: „Sie sind selbst noch Besucher des Hauses." Ein missionarisch ausgerichteter Mitarbeiter, der Verantwortung für Teilbereiche übernehmen kann, ist deshalb ihr großer Wunsch.

Auch wenn die finanzielle Lage prekär bleibt und sich das Haus z.T. selbst tragen muss, meint die Gemeindepädagogin: „Geld war kein Problem"; hier hilft ein Netzwerk an Spendern und dass sich die Arbeit teilweise selbst finanziert.

Als Personen und Institutionen, die mindestens teilweise unterstützend gewirkt haben, werden aufgezählt: der Superintendent, der Pfarrer, der Gemeindekirchenrat, der Bürgermeister, der Verein „Die Globiger", der CVJM und natürlich die, die sich vor Ort so treu als Ehrenamtliche engagieren. Auffällig ist, wie unmittelbar das Ehepaar den Weg als Führung Gottes versteht.

> „Im Nachhinein muss man immer sagen: Das ist ein Wunder. Das ist das, warum ich hier sitze und immer sage: ‚Leute, wir sind Christen. Wir haben einen [...] Gott, dem nichts unmöglich ist. Und wenn der uns einen Auftrag gibt, dann gibt er uns auch die Schuhe, dass wir den Weg gehen können, und auch die Möglichkeiten."

Einer der biblischen Leitsprüche steht in Lukas 1,37: „Bei Gott ist kein Ding unmöglich." Ein anderer lautet: „Wenn der HERR nicht das Haus baut, so arbeiten umsonst, die daran bauen" (Ps 127,1).

3.2.7 *Kirche als gesellschaftlicher Player: „BAFF“ – das Band- und Breakdanceprojekt in Joachimsthal (Evangelische Kirche Berlin-Brandenburg-schlesische Oberlausitz)*

3.2.7.1 *Abstract*

Peripherieindex Land

Skala Mission

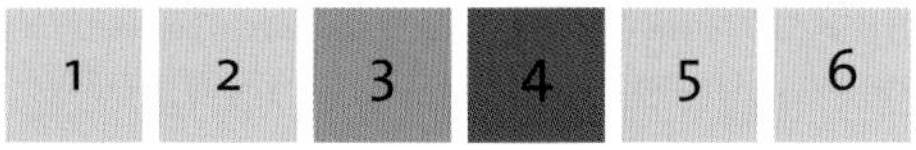

Skala Innovation

Bei „BAFF“ (Bands auf festen Füßen) wird der Versuch gemacht, „[...] über attraktive Jugendkultur mit Jugendlichen in Kontakt zu kommen, und über die Jugendkultur transportieren wir ein demokratisches, tolerantes Miteinander“. Gerade angesichts des im ländlichen Raum verbreiteten rechtsextremen Gedankenguts ist es zentrales Anliegen des Jugend-Projekts „BAFF“, Kinder und Jugendliche „[...] in ein anderes Umfeld zu bekommen – und eben ihnen durch Musik und Tanz verschiedene [christliche] Werte [zu] vermitteln.“

3.2.7.2 *Vorstellung des Projektes und der Gemeinde*

Wer die Kreuzkirche im Ortszentrum von Joachimsthal an einem Freitagnachmittag betritt, kann aus dem rechten Seitenflügel einen für Kirche eher ungewöhnlichen Klang vernehmen. E-Gitarre und Schlagzeug, Rap, harte Rockmusik und Ska. Für die Jugendlichen des Projekts „BAFF“ ist die Kirche nämlich nicht nur ein Sakral-, sondern auch ein Bandübungsraum. Mindestens sieben Musikgruppen gibt es derzeit; die Mitglieder sind im Schnitt zwischen 12 und 16 Jahren alt. Zu „BAFF“ gehören außerdem auch Tanzgruppen, die wie die Musiker in einem Nebenraum der Kirche proben. In drei Altersgruppen tanzen Mädchen (Kinder und Teens) im Stil von Street- oder Cheerdance. Eine Breakdancegruppe für Jungs befindet sich im Neuaufbau. Neben einigen kleineren

Aktionen finden zweimal im Jahr große Auftritte statt. Insgesamt sind ca. 60 Jugendliche bei „BAFF" aktiv, ein Projekt, das mittlerweile durch einen 2013 gegründeten Förderverein getragen wird und derzeit durch einen Musiklehrer und eine Tanzlehrerin unterstützt wird.[149]

149 Vgl. zu diesem Absatz: www.mut-gegen-rechte-gewalt.de und Beatrix Spreng, Entspannte Zuwendung zu „rechten" Jugendlichen, in: Gerhard Linn, Schritte der Hoffnung. Missionarische Gemeindeinitiativen, im Auftrag der EKU, Neukirchen 1999, 170–174.

Ziel der jugendkulturellen Angebote von Musik und Tanz in Proben und Auftritten ist es, Selbstbewusstsein und Erfolgserlebnisse zu vermitteln, was nach Aussage der Befragten auch bei vielen Kindern und Jugendlichen gelungen ist. Anfangs war „BAFF" v.a. als ein musik- bzw. tanzpädagogisches Angebot für rechtsextreme Jugendliche gedacht, die allerdings im Raum und Rahmen der Kirche weder inhaltlich (Musiktexte) noch äußerlich (z.B. Kleidung) noch durch ihr Verhalten menschenverachtende, gewaltbereite oder rechtsextremistische Ideen nach außen tragen durften. Im Lauf der Zeit entwickelte sich das Projekt jedoch dahin, dass vornehmlich Jugendliche teilnahmen, die sich gegen „Rechts" positionierten. So bildete sich das inhaltliche Profil von „BAFF" klarer heraus, „Toleranz" und „demokratische Werte" sollen hier gelebt werden, was etwa in einem basisdemokratischen „Plenum" zum Ausdruck kommt. Auch etwa in Tanzgruppen ergeben sich Prozesse des Miteinanders über Schulbildungsgrenzen hinweg. Schließlich wurde das Vermitteln von Bildung, wie es etwa in Jahresthemen Ausdruck findet („Mobbing", „Alltagsrassismus") mittlerweile zu einem wichtigen Aspekt der Arbeit.

3.2.7.3 Der Kriteriencheck – Bemerkungen zu Mission, Land und Innovation

Mission

Angesichts der Bedrohung durch rechtsextremistisches Gedankengut möchten die Akteure christliche und demokratische Werte vermitteln und treten für eine aktive Zivilgesellschaft ein. So nehmen sie den gesellschaftspolitischen Auftrag von Kirche wahr (**Lambeth 4**). Sie setzen sich für das Wohl von Kindern und Jugendlichen ein (**Lambeth 3**).

Oft sind dies kirchen- und glaubensdistanzierte Jugendliche.[150] „Von Anfang an waren ja nicht nur getaufte und Kirchenmitglieder dabei. Sondern das war ja auch gar nicht unser Ziel [...]. Bei uns war es ja von Anfang eigentlich an die anderen gerichtet." Das Verhältnis von Kirchenmitgliedern und Nichtmitgliedern beträgt ungefähr 50:50. Die Kommunikation des Evangeliums geschieht oftmals indirekt, ist aber durchaus intendiert (**Lambeth 1**). Allein die Tatsache, dass die evangelische Kirchengemeinde in Bezug auf „BAFF" als Akteurin und Trägerin in Erscheinung tritt, bewirkt, dass Jugendliche mit Kirche und Glaube in Berührung kommen, in Bezug auf den christlichen Glauben nachdenklich werden oder sich ggf. mit Kirche verstärkt identifizieren. Entscheidend ist es hierfür auch, dass die Proben von „BAFF" in einem Kirchenraum

150 „[O]ftmals hängen wir noch in den alten Strukturen. Christenlehre, JG [= Junge Gemeinde], [...]" Dieser über die bestehenden, kirchlichen Strukturen hinausgehende Ansatz sprengt dabei sogar kirchliche Statistikbögen, ein Grund dafür, dass „BAFF" – mit Bedauern der örtlichen Kirchengemeinde – bisher bei kirchlichen Visitationen vor Ort keine Berücksichtigung findet.

stattfinden. Oft kommt es vor, dass Jugendliche in der Kirche Kerzen anzünden, sich zur Stille bzw. zum Gebet in die Kirchenbänke setzen oder persönliche Sorgen oder Gebete ins ausliegende Gästebuch schreiben. „Wir bieten den Raum."

> „Und eine ganz tolle Situation war [...] beim Kinder-Karneval. Da haben wir uns alle vor der Kirche gesammelt. Da habe ich mit den Kleinen gerade angefangen. Und [...] ein ganz niedliches Bild. Da schien gerade das Licht, wir haben ja da dieses Kreuz, so als Jesus, ne. Da schien grad die Sonne so durch. [...] Am frühen Morgen und wir haben uns draußen versammelt. Zwei kleine Mädels waren noch in der Kirche. Und ich hab sie gerufen und mich in die Tür gestellt und auf einmal [...] – wie gesagt, wir können auch durchaus in der Kirche rennen, ne [...] und dann rannten beide Mädels so durch den Gang zu, die Haare fliegen so im Wind, voller Eifer. Die Sonne strahlte so durch, und die rufen mir beim Rennen so zu: Sag mal, Lisa[151], gibt es Gott eigentlich wirklich?"

Land

Die Kirchengemeinde Joachimsthal befindet sich im dünn besiedelten Naturschutzgebiet „Schorfheide", das durch seine Seenlandschaft und sein ausgedehntes Waldgebiet gekennzeichnet ist. Im Zentrum der Schorfheide liegt Joachimsthal, etwa 65 Kilometer in nordöstlicher Richtung von Berlin entfernt. Zwar hat Joachimsthal selbst ca. 3.300 Einwohner (Stand 31.12.2011) und seit 1604 das Stadtrecht inne,[152] doch entspricht es aufgrund der Kriterien von Einwohnerdichte (26/qkm) und Entfernung zum nächsten Oberzentrum (64 Minuten) unserer Definition von peripheren, ländlichen Räumen. Mit Blick auf die Bevölkerungsentwicklung zeigt sich dies dann auch darin, dass Joachimsthal zwischen 2004 und 2009 3,5 % Einwohner verlor. Bei Personen im Alter von 18 bis 25 Jahren war die Entwicklung im selben Zeitraum sogar um 23,4 % rückläufig.

Die aktuelle Klassifizierung des BBSR ordnet Joachimsthal dem *überwiegend ländlichen, peripheren Raum* zu (Raumtypen 2010).

Innovation

Aus Sicht der zum Projekt Befragten liegt eine besondere Herausforderung des ländlichen Raums um Joachimsthal im Bedarf an Bildung und dabei vor allem an demokratischer Wertebildung angesichts eines um sich greifenden Rechtsextremismus. Die Herausforderung von „rechts" trat insbesondere seit Mitte der 1990er Jahre in den Vordergrund. Mit „BAFF" begegnet die Kirchen-

---

151 Name geändert.

152 Vgl. <http://www.joachimsthal.de/stadt/geschichte> (zuletzt besucht am 02.05.2013).

gemeinde dem durch (Werte-)Bildung und das Stärken des Selbstvertrauens und der jeweiligen Persönlichkeit der Jugendlichen. Zum großen Teil auch aufgrund des Engagements der Kirchengemeinde können die Promotoren rechtsextremistischen Gedankenguts heute nicht mehr wie früher die „Nase so hoch strecken“ und „denken, sie verträten die Mehrheitsmeinung der Leute“. Diese Thematik lässt sich aus unserer Sicht den Herausforderungen der Peripherisierung und der territorialen Desintegration (**Herausforderung 4**) zuordnen.

Besonders interessant ist dabei ein regelrechter „Demokratisierungsprozess“ unter den Jugendlichen. Diese haben von sich aus einen Weg beschritten, auf dem sie im hohen Maß Verantwortung übernehmen und an Entscheidungsprozessen partizipieren („Plenum“). So werden in diesem „soziale[n] Projekt“ die christlichen, demokratischen Grundsätze, die selbst der Zielstellung des Projekts entsprechen, „greifbar“. Hier wandelte sich die herkömmliche Jugendarbeit von Erwachsenen für Jugendliche zu einer von Jugendlichen zum großen Teil selbst getragenen und verantworteten (bis hin zur Mitarbeit an Förderanträgen). Das ist indirekt eine Antwort auf **Herausforderung 2**, indem die Ehrenamtlichen in der Fläche ermächtigt werden.

Ein weiterer Aspekt, dem als Herausforderung des peripheren, ländlichen Raumes durch „BAFF“ innovativ begegnet wird, ist das Problem, dass Jugendliche zwar in der Gesamtzahl weniger werden, ihnen aber dennoch auf kreative Art und Weise Zuwendung zu schenken ist (**Herausforderung 3**). Im Raum um Joachimsthal fehlen oft Mittel und Möglichkeiten, Freizeitangebote zu machen. Die Rede ist von einer „Grundlangeweile“,[153] der „BAFF“ durch seine Angebote begegnen möchte. Besonders wichtig ist ihnen, dass die Teilnahme an den Aktivitäten von „BAFF“ kostenlos möglich sein soll. Die Herausforderung durch grundsätzlich knappe Mittel, die gerade auf dem Land gegeben ist, begleitet „BAFF“ ständig. Durch verschiedene (z.T. von den Jugendlichen selbst angestoßene) Fundraising-Aktionen, bundesweite Preisgelder oder Förderungen konnte die Finanzierung bisher 19 Jahre lang gesichert werden.[154]

3.2.7.4 Der Anfang und die Geschichte – die Entwicklung

Zur „Story“ der Entstehung von „BAFF“ gehört ein gewalttätiger Angriff von rechtsextremistisch gesinnten Jugendlichen in Joachimsthal auf Kinder und Jugendliche mit Migrationshintergrund im Jahr 1994. Der *Anlass* dafür, „BAFF“

153 Gerade diese „Grundlangeweile“ gilt dann wieder als begünstigender Faktor für die Zuwendung von Jugendlichen zu Angeboten rechtsextremistischer Organisationen.

154 Als besonderes Potenzial des ländlichen Kontextes konnte hier der für den ländlichen Kontext übliche hohe Grad an persönlicher Nähe in Betracht gezogen werden. Man kennt sich, positive Erfahrungen werden persönlich und mündlich sofort an andere Kinder, Jugendliche oder Familien weitergegeben. Werbung ereignet sich von selbst – ohne Einsatz von Zeit und Geld.

ins Leben zu rufen, war also nicht einfach der Wunsch nach kreativer, kirchlicher Jugendarbeit, sondern die *leidvolle Konfrontation mit Rechtsextremismus und Fremdenfeindlichkeit.*[155] „Ein schlimmes, ein traumatisches Ereignis": Berliner Kinder und Jugendliche mit Migrationshintergrund waren für eine Aufführung mit Musik und Tanz von der Kirchengemeinde nach Joachimsthal eingeladen worden („Kreuzberger Musikalische Aktion e. V."). Sie wurden heftig bedroht und angegriffen. Nur das Eintreffen der Polizei konnte Schlimmeres verhindern.

Auf dieses Ereignis hin war die Erschütterung und Empörung auf Seiten des Gemeindekirchenrats (GKR) groß. Er musste anerkennen, „dass auch unsere Jugendlichen hier in der Lage waren oder gewesen wären, wirklich Gewalt anzuwenden". Zudem hörte man einen immer wieder entgegengebrachten Vorwurf: „Mit den Ausländern macht ihr das alles – mit uns macht ihr nix!" Daraufhin fasste man im GKR den Beschluss, mit „BAFF" ein Angebot für die Jugendlichen des Ortes anzubieten, das Jugendlichen eine Alternative zu rechtsextremistischen Gruppierungen bot.

Diese Reaktion des GKR war ausschlaggebend in der Anfangsphase des Projekts.

> „Weil wir haben immer noch, obwohl die so feindlich gegen unsere [...] Veranstaltung waren, gesagt: ‚Das sind unsere Jugendlichen, unseres Ortes und unserer Kirchengemeinde. [...] Und *der GKR hat entschieden, dass er Verantwortung für diese Jugendlichen übernehmen will* [...] [a]uch aus Liebe zu den Jugendlichen.' Der GKR hat eben nicht „gesagt [ ]: Wir wollen uns jetzt nur mit unseren Konfirmanden beschäftigen, dass die so einen Unsinn nicht machen. Das war, glaub ich, ein ganz entscheidender Schritt."

Von Anfang an war klar, dass Kirche einen missionarischen Auftrag zu erfüllen habe und grundsätzlich die Verantwortung für alle Kinder und Jugendlichen des Ortes übernehmen möchte.

Die Idee dazu, diesen Entschluss des GKR in Form von „BAFF" umzusetzen, kam nicht aus dem Nichts. *Vielmehr konnten die Projektverantwortlichen auf Vorhandenes zurückgreifen.* „Warum nicht das, was die Berliner präsentiert haben, [ ] unseren Kindern bei[ ]bringen?" Schließlich wurde die Idee in die Tat umgesetzt. Über enge, persönliche Verbindungen zur „Kreuzberger Musikalischen Aktion e. V." konnten wesentliche Elemente und Erfahrungen dieser für den urbanen Kontext entwickelten Idee in die ländliche Situation vor Ort übertragen werden: „Die Musik, die Jugendkultur und die Erfahrung, dass mit

155 Vgl. dazu die ausführliche Schilderung jenes Vorfalls bei Spreng, Entspannte Zuwendung, 170 f.

der jugendkulturellen Arbeit [...] und indem Jugendliche z.B. zusammen Musik machen, ohne dass ein einziger Satz geredet wird, Politik geschieht."[156]

Da das Jugendprojekt „BAFF" mitten hinein in die heikle und konfliktreiche Auseinandersetzung mit rechtem Gedankengut gestartet wurde, brauchte es für die Umsetzung der Idee „so einen mutigen Vorläufer. Dass einer das macht." Neben der Pfarrerin und auch ihrem Ehemann waren die GKR-Mitglieder die „Mutigen sozusagen", die Verantwortung für die Umsetzung des Projekts übernahmen. Dabei galt *es heftige und lange andauernde Konflikte und Anfeindungen durchzustehen*.

Zunächst kam es durch rechtsextrem gesinnte Jugendliche zu Einbrüchen und Sachbeschädigungen an Kirche und Pfarrhaus („ca. 14 polizeilich gemeldete Überfälle"). Allerdings ebbten diese Anfeindungen schließlich ab, u.a. deshalb, weil die Verantwortlichen sich in ihrem Vorhaben nicht beirren ließen und sogar bewusst auf die betreffenden Jugendlichen zugingen:

> „[D]ann saßen die hier alle und erzählten, warum sie das gemacht haben. Ja. Und der eine zeigte mir seine blutige Hand, weil er die Scheibe eingeschlagen hatte. Und es saßen Leute vom GKR [...] und da flossen die Tränen, [und später] haben die sich hier aufgehalten. [...] und waren so glücklich, diesen Ort zu haben."

Die Auseinandersetzungen gingen jedoch auf anderer Ebene weiter. So musste sich der GKR „gegen Anschuldigungen der Stadtverordnetenversammlung wehren. Es gab regelrechte Tribunale gegen die Pfarrerin".[157] Ängste und Vorwürfe wurden laut, dass der „Ort zur braunen Hochburg" deklariert werde („Nestbeschmutzer-Geschichte"). Viele Verantwortungsträger aus dem kommunalen Umfeld bekämpften darum das Projekt „[m]assivst. Mit allem, was ging."

Erst nach Jahren entspannte sich das Verhältnis zur Kommune („ein großes, großes Geschenk"). Anfangs jedoch kam es darauf an, dass die Verantwortlichen *Durchhaltevermögen* an den Tag legten. Insbesondere war hier das Engagement der Pfarrerin, dann aber auch die Ge- und Entschlossenheit des GKR ausschlaggebend. „Mit so einem starken GKR, der sich so sicher ist, dass das die Botschaft ist, die sie hier vertreten wollen, ist das einfach deutlich. Da hat keiner gezuckt." Auch die Mehrheit der Kirchengemeinde – „auch wenn sie schweigend war, hat immer zu diesem Projekt gehalten".[158] Rückhalt gab es in

156 Auch in personeller Hinsicht (Musiker) wurde anfangs auf die „Kreuzberger Musikalische Aktion e.V." zurückgegriffen, auch wenn diese (West-)Berliner bald durch Musik- bzw. Tanzlehrer aus dem benachbarten Templin bzw. Dresden ersetzt wurden.

157 Vgl. Spreng, Entspannte Zuwendung, 173.

158 So wurde zum Zeitpunkt von GKR-Wahlen von einer kleinen Gruppierung innerhalb der Kirchengemeinde der Versuch unternommen, „die Macht [zu] übernehmen", was allerdings „absolut gescheitert" ist.

der Anfangsphase nicht vom Kirchenkreis,[159] sondern durch inner- und außerkirchliche Netzwerke („Alle, die gegen rechts waren."), z. B. durch den Beirat für Migration, der seitens der Kirchenleitung der EKBO initiiert worden war.

3.2.8 Zentrale Events für die Region: Fußballcamp „Oese kickt!" (Evangelisch-lutherische Landeskirche Hannovers)

3.2.8.1 Abstract

Peripherieindex Land

Skala Mission

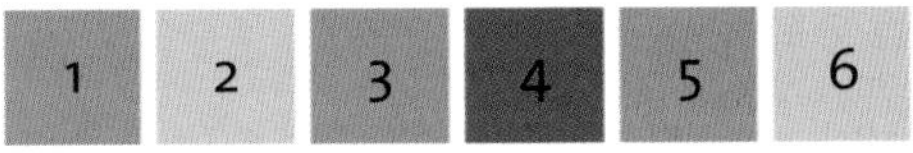

Skala Innovation

Das Fußballcamp „Oese kickt!" ist aus der überregionalen Kinder- und Jugendarbeit der Freizeit- und Begegnungsstätte (FUB) des Kirchenkreises Bremervörde-Zeven entstanden und findet seit 2007 jährlich in Oese statt. Die Arbeit richtet sich an Kinder im Alter von 8 bis 12 Jahren und verbindet professionelles Fußballtraining mit christlicher Wertevermittlung. Das Konzept dieser Freizeit entstand aus dem Wunsch heraus, ein spezielles Angebot für Jungs zu schaffen, und spricht Kinder über die Gemeindegrenzen hinaus an.

3.2.8.2 Vorstellung des Projektes und der Gemeinde

Jedes Jahr im Sommer treffen sich 60 bis 90 fußballbegeisterte Kids für eine Woche im abgeschiedenen Örtchen Oese und erleben eine Mischung aus

159 Hier handelte man nach dem Leitbild der Harmonisierung. So wurden z. B. massive Gegner des Projekts ausführlich angehört, während die Projektverantwortlichen solche Gespräche mit den Kirchenkreisverantwortlichen schmerzlich vermissten. Gegenwärtig ist das Gefühl von Rückhalt allerdings gegeben.

Input am Vormittag und Fußballtraining am Nachmittag. Die Freizeit steht jeweils unter einem bestimmten Motto,[160] das an den Vormittagen durch eine Andacht in der Kirche, ein Anspiel im Veranstaltungszelt und sich anschließende Bibelarbeitsgruppen entfaltet wird. Dieser Teil der Freizeit wird von einem der hauptamtlichen Diakone der FUB und einem ehrenamtlichen

160 2013 stand die Freizeit unter dem Motto „Echt wahr!", vgl. die Beschreibung der Freizeit auf <www.kkjd-ohz.de/Archiv/Fussballcamp> (zuletzt aufgesucht am 09.08.2013).

Mitarbeiterkreis gestaltet, zu dem auch ehemalige Teilnehmer gehören. Das Fußballtraining auf dem Gelände des örtlichen Fußballvereins TSV Basdahl-Volkmarst übernehmen externe Fußballtrainer (mindestens B-Lizenz). Den Abschluss der Woche bilden die Oese-WM und ein Gottesdienst mit Segnung der Kinder. Damit die Freizeit in den Alltag der Kids hineinwirkt, bieten der Diakon und einige der ehrenamtlichen Mitarbeiter sogenannte „Patenschaften" an und bleiben so Ansprechpartner.

Das Ziel der Arbeit ist es, „Vollwertfußball" anzubieten. Der Diakon versteht christliche Wertevermittlung als Persönlichkeitsentwicklung auf biblischer Grundlage, umschreibt die thematischen Inputs als „Basiskurse" und stellt fest: „es is' ein kleiner Glaubenskurs". Als Zielgruppe werden auch Kirchenferne bewusst in den Blick genommen.

Die Organisation des Fußballcamps kann auf die Strukturen der Freizeit- und Begegnungsstätte zurückgreifen und steht daneben in enger Kooperation mit kommunalen Vereinen und Trainern. Es gibt Unterstützung durch die Öffentlichkeitsbeauftragte des Sprengels Stade, sodass nicht nur Werbung in den lokalen Zeitungen, sondern auch bei den Radiosendern NDR und FNN geschaltet werden kann. Im Internet ist das Projekt mit einer eigenen Homepage[161] und seit 2012 durch ein YouTube-Video[162] präsent.

Bemerkenswert ist, wie häufig die Teilnehmenden selbst ehrenamtlich Mitarbeitende werden im kommenden Jahr, und das hohe persönliche Engagement der vielen Mitarbeitenden.

Die Mitarbeiter der FUB übernehmen dabei vor allem die vielfältigen Aufgaben der Koordination, der Kontaktpflege und sichern die Erfahrungskontinuität. Der Kirchenkreis tritt als Träger der FUB als Veranstalter der Freizeit in Erscheinung, und der Sprengel unterstützt maßgeblich durch Öffentlichkeitsarbeit, sodass „Oese kickt!" auf allen kirchlichen Ebenen Unterstützung findet.

Besonders herausfordernd gestaltet sich immer wieder die Finanzierung. Die professionellen Trainer machen mit ihrer Vergütung einen Großteil des Bedarfs aus. Verschärft hat sich die Situation durch die immer größer werdende Anzahl von Fußballangeboten im Großraum. Sie zwangen zu Veränderungen bei der Freizeitplanung. Die Freizeit wird nun für weniger Teilnehmende ausgelegt, das Konzept mit den Trainern anders gestaltet, und die Zusammenarbeit mit der Fußballschule Millerntor wurde eingestellt, um den Preis für die Freizeit gering zu halten. Dem kann auch Positives abgewonnen werden: Nun könne besser auf die einzelnen Kinder und Jugendlichen eingegangen werden. „Von Jesus zu erzählen gelingt nur dann, wenn man auch 'ne gute Beziehung zu den Leuten hat."

3.2.8.3 Der Kriteriencheck – Bemerkungen zu Mission, Land und Innovation

Mission

Das Grundkonzept von „Oese kickt!" – das Angebot von professionellem Fußballtraining – zielt auf einen Adressatenkreis jenseits des kirchlichen Binnenmilieus. Bei der Umsetzung war für den Hauptamtlichen das Wort „Du stellst meine Füße auf weiten Raum" aus Ps 31,9 Leitlinie: „Diesen weiten Raum, dieses weite Spielfeld [...] wollten wir auch vermitteln, also sowohl sportlich als auch [...] inhaltlich."

In Bezug auf die Teilnehmenden und vor allem die ehrenamtlichen Mitarbeiter setzt er auf eine Erfahrung, die Grace Davie klassisch formulierte: *belonging before believing* (erst dazugehören und dann glauben können). Es ist ihm wichtig, die Hürden für die Teilnahme und die Mitarbeit so niedrig wie mög-

161 Vgl. <www.fuba-fubb.kkbz.de>, letztmalig besucht am 09.08.2013.

162 Vgl. <www.youtube.com/watch?v=nA1fnDSdFCk>, letztmalig besucht am 09.08.2013.

lich zu halten, damit Kirche nicht in ihrem begrenzten Feld tätig bleiben muss und Menschen über die Mitarbeit der Weg zum Glauben eröffnet wird.

Die Fußballfreizeit bietet eine Begegnung mit dem christlichen Glauben durch die Beschäftigung mit christlich motivierten Werten. Das bringt Menschen zum Nachfragen, wie der Diakon zur veränderten Atmosphäre auf dem Platz berichtet: „Und das hat die Leute, die zugeguckt haben, auch die anderen Trainer, am meisten beeindruckt, und darüber haben wir auch diese [...] ehemaligen [...] Bundesligaprofis gekriegt. [...] kommt auf mich zu und sagt: ‚[...] was macht ihr morgens eigentlich?'"

So ist es dazu gekommen, dass auch einige der externen Trainer das Vormittagsprogramm besuchten und zum Abschlussgottesdienst kamen. Einer der Trainer ergriff im Gottesdienst das Wort:

> „Und dann [...] stellt der sich hin und sagt: ‚Ich will auch noch was sagen. Ich hab noch nie was in 'ner Kirche gesagt [...]. Aber eins sage ich mal [...]: Das was ihr hier macht, is' so unglaublich, das hätte ich nie erwartet. Ich dachte: Auf was lass ich mich hier ein? Und ich will euch sagen, was ich gelernt habe. Ich hab zwei kleine Kinder [...] die Tochter kommt jetzt in'n Kindergarten. Die kommt nicht in einen staatlichen Kindergarten, die wird in einen evangelischen Kindergarten kommen oder katholisch, aber auf jeden Fall kirchlich. Das habe ich gelernt in dieser Woche.'"

Die Dimension des Glaubens ist somit auf der Freizeit stets präsent.[163] Infolgedessen können sich Gespräche über Gott ergeben, müssen aber nicht. „Oese kickt!" ist somit offen für **Lambeth 1,** legt aber mit der Wertevermittlung den Schwerpunkt auf die vierte Dimension (**Lambeth 4**).

Wirkung zeigt sich in anschaulicher Weise daran, dass Eltern den veränderten Umgang mit den Kindern und der Kinder untereinander wahrgenommen und die FUB angefragt haben, ob dort auch Trainer ausgebildet werden könnten.

> „Eine der ersten Rückmeldungen, die wir bekommen haben [...], war [...] dass die Eltern gesagt haben: ‚Sag mal, macht ihr auch Trainerausbildung?' [...] ‚Was meine Kinder im Sportverein lernen, is [...] rauchen und trinken.' Das war wirklich von ganz vielen [...] die Rückmeldung. [...] Deshalb die Frage [...], macht ihr auch Trainerausbildung?"

---

163 Dazu ein Ehrenamtlicher: „Ich will nicht sagen, dass die Bibel in den Hintergrund [...] gerückt ist, aber es findet alles irgendwie praktischer statt."

Bemerkenswert ist auch das Bemühen der Hauptamtlichen und einiger der Ehrenamtlichen, für die Kinder über die Freizeit hinaus als Ansprechpartner zur Verfügung zu stehen, um das einmalige Event mit dem Alltag zu verbinden. Der Hauptamtliche ist bemüht, den Teilnehmenden den Weg zur örtlichen Jugendarbeit zu erleichtern, und kontaktiert die Jugendmitarbeiter aus den jeweiligen Herkunftsorten der Kinder. Zum anderen werden Patenschaften angeboten und damit versucht, mit den Kids in Verbindung zu bleiben.

Da die Arbeit aus dem Bemühen entstanden ist, ein Angebot für Menschen zu schaffen, die leicht übersehen werden, ist Mission nach **Lambeth 3** intendiert.

Land

Oese liegt in der Nähe von Bremervörde an der Bundesstraße 74 und ist ein Ortsteil der Gemeinde Basdahl. Die Gemeinde Basdahl selbst ist mit ihren 1475 Einwohnern[164] der südlichste Teil der Samtgemeinde Geestequelle, einem organisatorischen Zusammenschluss von fünf Teilgemeinden, die eine Einwohnerdichte von 46 EW/qkm aufweist.

Die A 27 und die A 1 sind ähnlich weit von Oese entfernt, sodass das Oberzentrum Bremerhaven bei einer Strecke von ca. 40 Kilometern in etwa 37 Minuten zu erreichen ist.

Die Bevölkerungsentwicklung ist hier bemerkenswert, da Geestequelle von 2004 bis 2009 zwar typischerweise bei den unter 6-Jährigen einen Bevölkerungsrückgang von 22,9 % zu verzeichnen hat, aber für den gleichen Zeitraum bei den 18- bis 25-Jährigen einen untypischen Zuwachs von 11,2 % aufweist.

Die aktuelle Klassifizierung des BBSR ordnet Basdahl dem *überwiegend ländlichen, sehr peripheren Raum* zu (Raumtypen 2010).

Innovation

Eingebunden in eine gute Infrastruktur, erreicht das Fußballcamp auch Jugendliche aus dem größeren, städtischen Umland, die in Oese mal „den ganzen Alltag abschütteln können“ und hier ein „gewisses Maß an Freiheit haben“. Damit bietet der ländliche Raum in diesem Punkt eine Alternative zum sonstigen Erlebnis- und Erfahrungshorizont etlicher Teilnehmender und gewinnt an Attraktivität.

Die ganze Arbeit in der FUB reagiert auf den Umstand, dass die jeweilige Ortsgemeinde nicht immer eine breite Palette an Angeboten für junge Menschen vorhalten kann, sodass die überregionale Kinder- und Jugendarbeit des Kirchenkreises hier versucht, Leerstellen zu schließen.[165] Man versteht sich

164 Einwohnerzahl ist dem Zensus 2011 entnommen und entspricht dem Stand vom 31.12.2012.

165 Der Diakon hebt aber im Experteninterview hervor, dass Kinder- und Jugendarbeit bei vielen Gemeinden des Kirchenkreises im Fokus stehe.

dabei bewusst als eine Ergänzung zur lokalen Arbeit (**Herausforderung 1**) und geht einer Konkurrenzsituation aus dem Weg, indem die Ausschreibungen der FUB erst zu einem deutlich späteren Zeitpunkt erfolgen als die der Freizeitcamps in den Ortsgemeinden. Damit antwortet die FUB als Ganze bereits auf den demographischen Wandel (**Herausforderung 3**) und die Peripherisierung des ländlichen Raumes (**Herausforderung 4**).

Des Weiteren wurde für die Umsetzung der Fußballfreizeit auf eine ausgeprägte Vereinsstruktur zugegriffen und an das Bedürfnis nach Breitensport im ländlichen Raum angeknüpft, wobei sich die noch recht hohe Akzeptanz kirchlicher Angebote positiv auf die Zusammenarbeit auswirkte. Durch das Hinzuziehen von professionellen Trainern ist kirchliche Arbeit hier eine neue Koalition eingegangen und reagiert damit auch auf die **Herausforderung 5**.

3.2.8.4 Der Anfang und die Geschichte – die Entwicklung

Das Konzept des Fußballcamps in Oese hat viele Ideengeber. Zum einen wirkte sich der Kontakt zu Wynton Rufer, einem ehemaligem Werder-Profi aus Neuseeland, über die Fußballschule Millerntor im Jahr der WM in Deutschland 2006 fruchtbar aus. Ebenso wurden Impulse aus der Arbeit von Josef Riederle, der sich mit speziellen Angeboten für Jungs beschäftigt, aufgegriffen und eigene Erfahrungen der Freizeitarbeit modifiziert und erste Ideen aus dem Projekt „Kick off" reflektiert.

Startschuss der Planung für eine Fußballfreizeit war die deutliche Niederlage, die die deutsche Nationalmannschaft im Freundschaftsspiel gegen Italien unmittelbar vor der WM 2006 gefangen hatte. Sie ließ die Notwendigkeit eines Kinderfußballcamps deutlich werden, wie der Diakon mit einem Augenzwinkern erzählt.

Um ein professionelles Training gewährleisten zu können, war dieses Angebot des Kirchenkreises von Anbeginn auf externe Expertise angewiesen. Dabei machte der Hauptamtliche der FUB die Erfahrung, dass besonders die Bitte um Mithilfe und das Eingeständnis, andere zu brauchen, als Türöffner wirkte:

> „Und dann ham wir [...] gesagt, wir brauchen mal eure Hilfe, und das hat sofort [...] gefunkt. Das fanden die echt gut, dass Kirche [...] auch ma' kommt und sagt: ‚Wir brauchen mal Hilfe, [...] ihr habt doch da ein gutes Netzwerk, ihr habt [...] die Trainer, ihr habt die Ausbildung, wie ziehen wir so ein Fußballcamp auf?'"

Mit der Haltung gelang es, ein breites Netzwerk an Unterstützung und Zusammenarbeit im kommunalen Bereich zu gewinnen. Hilfreich war dabei ebenfalls der Mut, in fremde Milieus zu gehen und sich auf die Menschen einzulassen, was der Diakon auch persönlich als Bereicherung empfand.

Daneben konnte auf die Strukturen und die Bekanntheit der FUB gebaut werden, sodass sich die grundlegenden Schritte am Anfang als Netzwerkarbeit, Wertschätzung der Beteiligten und Werbungmachen zusammenfassen lassen.

3.2.9 Missionarische Einzelaktionen vor Ort: „acht-geben" – ein Glaubenskurs von und mit Konfessionslosen in Verchen (Evangelisch-Lutherische Kirche in Norddeutschland)

3.2.9.1 Abstract

Peripherieindex Land

Skala Mission

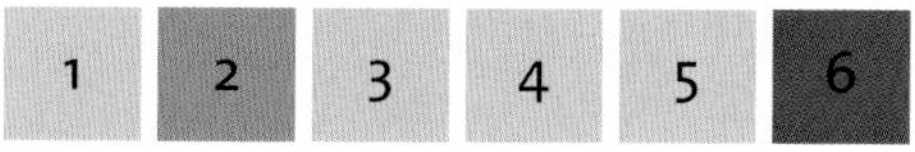

Skala Innovation

„acht-geben" ist der Name und das Motto eines Tauf- und Glaubenskurses, der im vorpommerschen Verchen am Kummerower See entstand. Im Zentrum der Aufmerksamkeit standen die Bedürfnisse, Fragen und Themen von Menschen, die in Distanz zu Glaube und Kirche leben. Wo wird der christliche Glaube im Leben relevant? Es waren nicht nur kirchliche „Insider", die darauf eine Antwort aufzeigen wollten. Haupt- und Ehrenamtliche der Kirchengemeinde gestalteten mit kirchen- und glaubensdistanzierten Menschen gemeinsam die Inhalte des Kurses.[166]

166 Aus methodischer Sicht ist anzumerken, dass diese Befragung auf ausdrücklichen Wunsch der Befragten hin in einer Gruppenbefragung statt der ansonsten bevorzugten Einzelinterviews stattgefunden hat.

3.2.9.2 Vorstellung des Projektes und der Gemeinde

Nicht vorher schon zu wissen, welche Themen wichtig sind, war Ausgangspunkt: „[D]ie Ratlosigkeit ist Teil des Konzeptes." Am Anfang waren es acht Personen, die sich gemeinsam auf den Weg machten, um einen neuen Glaubens- und Taufkurs zu erarbeiten. Diese acht Personen kamen unter dem Motto „acht-geben" zusammen. Sie setzten sich zum Ziel, in der Vorbereitungs- und später in der Kursphase aufeinander „achtzugeben" und eine Atmosphäre der Wertschätzung und gegenseitigen Annahme zu schaffen.[167] Sie achteten außerdem darauf, dass sie sich an den „Lebensthemen" der Menschen orientierten, und nicht zuerst daran, was aus Sicht der Kirche und ihrer Mitarbeitenden wichtig sei.[168]

Ein entscheidender Schritt war, Menschen dazu einzuladen, die bisher Kirche und christlichem Glauben fernstanden. Gemeinsam mit ihnen – sie waren den Verantwortlichen durch persönliche Beziehungen bekannt – wurde dann ein aufwendiger Erarbeitungsprozess gestartet, bei dem „Schnittstellen" und Verknüpfungen von „Lebens-" und „Glaubensthemen" aufgespürt wurden.

Diese Suchbewegung wurde auch als ein Hören auf Gottes Reden verstanden: „Acht geben, dass Gott seinen Raum hat und zu uns auch sprechen kann." Im Rückblick zeigte sich, dass diese Erarbeitungsphase bereits einen Eigenwert hatte. So waren der intensive Austausch und das Gespräch über Themen, „die erstmal für uns zu klären waren", bereits „ein großer Gewinn". „Der Kurs im Kurs sozusagen."

Doch auch das eigentliche Ergebnis – bisher zwei Einheiten des Tauf- und Glaubenskurses – konnten positiv gewürdigt werden: „[W]ir haben wirklich einen wunderbaren Kurs kreiert." Die erste Einheit widmete sich der Frage, ob diese Welt mit ihren Problemen und Schwierigkeiten noch zu retten sei (Rettung für alle), die zweite Einheit stellte das Thema Gesundheit (kritisch) in den Mittelpunkt des Interesses (Hauptsache Gesundheit!?).[169]

---

167 „[D]as gibt so ein vertrautes Gefühl, allein der Name „acht-geben" – nee [...] aufeinander aufpassen. Sich helfen, beistehen. Und ich hab's ja selber hier erlebt, und ich find das einfach großartig. In Situationen, wo man Hilfe braucht, dass das gelebt wird."

168 „Und wir merken, dass das einfach eine ganz wertvolle Sache ist. Also weil da noch mal die Themen gerade zur Sprache kommen, die uns unbedingt angehen müssen. Sind eben nicht immer die Themen, die [...] wo wir sagen, also Lk 15 und so [...]. Machen wir mal 'nen Abend drüber. Nee. Nee! Sondern das [...] die Lebensthemen."

169 Für die Zukunft wurde bereits mit der Frage nach dem Miteinander von Arm und Reich ein dritter Themenbereich ins Auge gefasst. Doch ist noch offen, ob und wann eine dritte Einheit stattfinden wird und ob nicht noch ein anderes Thema wichtiger erscheint.

Bei der Durchführung wurde viel Wert auf Methodenwechsel, Kreatives und dialogische Kommunikationsformen gelegt. Und tatsächlich führte der Kurs im Sinne der Zielsetzung zu zwei Erwachsenentaufen.

Neben diesen positiven Ergebnissen wurde zum Zeitpunkt der Befragung seitens der Projektverantwortlichen auch eine große „Ratlosigkeit" zum Ausdruck gebracht. Zu den durchgeführten Kursabenden kamen weniger Menschen, als man sich erhofft hatte („es waren mal drei/vier, mal fünf, mal waren's ein paar mehr"). Trotz großer Bemühungen, Menschen einzuladen (Flyer, persönliche Einladungen von Haus zu Haus, Zeitungs- und Gemeindebriefartikel), ist die Frage nach wirkungsvollem Einladen gegenwärtig ein ungelöstes Problem.

3.2.9.3 Der Kriteriencheck – Bemerkungen zu Mission, Land und Innovation

Mission

Dieses Projekt ist zunächst dahingehend missionarisch, dass hier eine Kirchengemeinde bzw. kirchliche Mitarbeitende „Menschen [...] erreichen [möchten], die entweder sehr am Rande von Kirche sind oder ganz außen". Dabei ist das entscheidende Anliegen nicht, dass Menschen „in die Kirche kommen, in unsere Kreise kommen" oder um „irgendwelche Zahlen [zu] steigern". Vielmehr liegt die „Priorität" darin „zu lieben".

> „Wenn Menschen Wertschätzung erfahren, indem sie angenommen sind. Und wenn jemand zuhört und auch sie merken, da steckt 'ne Ernsthaftigkeit drinne, wie der mit mir [...] der oder die mit mir über Themen redet, die mich wirklich brennend interessieren. Dann ist das eine Form der Liebe."

In diesem von Liebe geprägten Ansatz, Lebensthemen aus der Sicht des christlichen Glaubens zu beleuchten, äußert sich das Bemühen, die Botschaft des christlichen Glaubens weiterzutragen. Eine Steigerung von Kirchenmitgliedschaft bzw. -verbundenheit ist nicht primär von Interesse. Es wird aber begrüßt, wenn Menschen Kirche als einen Ort erfahren, an dem solche Wertschätzung und Liebe gelebt wird und dort dauerhaft Heimat finden.

Der Schwerpunkt von „acht-geben" ist, das Evangelium zu kommunizieren und Menschen in die Nachfolge zu rufen (**Lambeth 1+2**) und damit Menschen in Bezug auf ihre Bedürfnisse liebevolle Zuwendung zukommen zu lassen (**Lambeth 3**).

Land

„acht-geben" fand abwechselnd jeweils in den Gemeindehäusern von Verchen und Kummerow statt. Diese beiden Dörfer befinden sich in landschaftlich reizvoller Lage im Landschaftsschutzgebiet „Mecklenburgische Schweiz und Kummerower See" und gehören zu den Gemeindeverbünden „Demmin-Land" (Verchen) und „Malchin am Kummerower See" (Kummerow). Die Bevölkerung schrumpfte in beiden Gemeindeverbünden von 2004 bis 2009 vergleichsweise stark (Demmin-Land: 9,1 %; Malchin: 8,4 %). Insbesondere die Personengruppe der Einwohner von 18 bis unter 25 Jahren schrumpfte im Zeitraum von 2004 bis 2009 eklatant (Demmin-Land: 33,1 %; Malchin: 19,5 %). Das nächste Oberzentrum liegt 43 Minuten (Demmin-Land/Greifswald) bzw. 47 Minuten (Malchin/Neubrandenburg) entfernt, und die Einwohnerdichte beträgt 22 (Demmin-Land) bzw. 46 (Malchin) Einwohner/qkm.

Insofern können beide Gemeindeverbünde nach unseren Kriterien als peripher-ländlich gelten. Die aktuelle Klassifizierung des BBSR ordnet Verchen und Kummerow dem *überwiegend ländlichen, sehr peripheren Raum* zu (Raumtypen 2010).

Innovation

Der innovative Charakter dieses Kursmodells liegt in den neuen Wegen, die hier beschritten worden sind, um den Menschen dieses ländlichen Kontexts auf liebevolle Art und Weise zu begegnen, ihre Fragen und Bedürfnisse ernst- und wahrzunehmen und darauf aus der Perspektive des christlichen Glaubens einzugehen, um so die Lebensrelevanz des christlichen Glaubens aufzuzeigen. Insofern wird hier explizit auf die Herausforderung der Säkularisierung eingegangen, indem das Evangelium angesichts eines weit verbreiteten Atheismus bezeugt wird (**Herausforderung 6**). Der wesentlich „neue" Aspekt, den die Befragten hervorgehoben haben, ist aber der Erarbeitungsprozess, der sich im Miteinander von kirchlich sozialisierten und kirchendistanzierten Menschen ergeben hat und oben bereits kurz entfaltet wurde. Im Laufe des Erarbeitungsprozesses stellte sich die Bedeutung dieses Ansatzes mehr und mehr als entscheidende Weichenstellung heraus. Eben diese „Herangehensweise" könnte nach den Befragten auch für andere Gemeinden oder Glaubenskursprojekte zum Vorbild werden.

In diesem besonderen Zusammenspiel von Haupt- und Ehrenamtlichen sehen wir auch eine Reaktion auf **Herausforderung 2**, gerade weil das Entstehen und Reifen eines eigenständigen Glaubens der Menschen vor Ort im besonderen Fokus liegt.

3.2.9.4 Der Anfang und die Geschichte – die Entwicklung

Der Tauf- und Glaubenskurs „acht-geben" ist nicht der erste Versuch der Mitarbeitenden der Kirchengemeinde, andere Menschen mit der christlichen Botschaft in Kontakt zu bringen. Es wurden bereits vor „acht-geben" ca. fünf

Glaubenskurse veranstaltet, darunter ein Alphakurs, aber auch selbst kreierte Kurse zu den Ich-bin-Worten aus dem Johannesevangelium oder zu Texten aus dem Lukasevangelium. Dabei war der letzte Versuch vor „acht-geben“ schon ein erster Schritt auf die Lebenswelt derer zu, die erreicht werden sollen. Er folgte thematisch zwar einem der gängigen Glaubenskursmodelle, fand aber nicht in einem Gemeindehaus statt. Als Veranstaltungsort wurde der örtliche Kindergarten ausgewählt, ein öffentlicher Ort, der der Lebenswelt der Zielgruppe näher stand als das Gemeindehaus. Dennoch „sind wir ein wenig baden gegangen, da im Kindergarten“. Neben der Enttäuschung über sehr niedrige Teilnehmendenzahlen war am Ende des Kurses der Eindruck bestimmend, dass die vorgegebenen Themenstellungen kaum mit der Lebenswelt und dem Interesse der Teilnehmenden im Einklang waren. „Und ausschlaggebend war letztendlich auch eine [bestimmte Teilnehmerin]. Wo wir den Eindruck hatten – also wir sind wirklich im ländlichen Bereich hier – [...] also wir reden total daneben. Also das ist nicht ihre Welt. Also das ist gar nicht ihr Erleben.“ So stand am Anfang von „acht-geben“ zunächst *eine frustrierende Erfahrung*. Dass die Mitarbeitenden trotz dieser Enttäuschung dennoch einen neuen Versuch starteten, erläutert ein Befragter folgendermaßen:

> „Wir brennen doch auch dafür. Also wir machen ja nicht den ersten Kurs. [Da sind] verschiedene Leute, die ein brennendes Bedürfnis haben, mit Leuten irgendwie in Kontakt zu kommen und denen was weiterzusagen. Und wir überlegen ja miteinander, [...] das ist ja nicht [...] uns zwingt ja keiner dazu, das zu machen. Und wir sind dann immer so über die Jahre immer ein Stück weitergekommen, bis wir jetzt [gesagt haben], wir kommen nicht von Konzepten her [...] und nehmen den langen Weg auf uns, das (Rad?) noch mal neu zu erfinden.“

Das brennende Anliegen, das Evangelium zu kommunizieren, war Motivation dafür, angesichts einer frustrierenden Erfahrung einen Neuansatz zu wagen.

Darum haben sich engagierte Mitarbeitende „[...] zusammengesetzt [...] und haben erstmal überlegt: Was müssten wir anders machen? Und dann kam die Idee [...]“, einen Kurs neu zu entwickeln und dabei Menschen mit ins Boot zu holen, die kaum mit dem christlichen Glauben, wohl aber mit ihrer Lebenswelt vertraut sind. Diese Vorgehensweise „[...] fand sofort irgendwie Begeisterung [...]“. Dabei war *die Idee selbst zunächst „Eingebung“*, wie einer der Befragten mit Lachen und doch ernsthaft anmerkt. Auch das gemeinsame Gespräch im Team war wichtig, um die neue Idee zu entwickeln. Anstöße waren prägend, die aus dem bereits verwendeten Glaubenskurs-Material kamen und insofern nicht völlig „neu“ waren. Es fand also auch eine *Transferleistung* von bereits Bekanntem in die eigene Situation statt. Explizit genannt wurde das Kurshandbuch des „Emmaus"-Glaubenskurses[170], das empfiehlt, die Kurseinheiten in Teams gemeinsam zu erarbeiten, das Material als Hilfe, nicht als Vorgabe zu verwenden.

Besonders prägend für die Anfangsphase von „acht-geben" war wohl außerdem, dass die Erarbeitung der Themen als *mühevoll und kräftezehrend* erlebt wurde. Für mindestens eine Person, die vor „acht-geben" noch keine Erfahrungen in der Mitarbeit im kirchlichen Kontext gesammelt hatte, waren die „Gedankengänge" noch fremd, und es erforderte viel Kraft, sich auf solche Dinge einzulassen. Doch auch für manch einen der etablierten Mitarbeitenden war das Aufspüren der Themen mühevoll.

> „Das war was Neues – also in dem [...] im Team Themen zu finden. Und auch wirklich auch manchmal mühevoll. Immer Brainstorming, immer Brainstorming. Immer Worte. Und in der Mitte [der Flipchart] muss man das alles drum herum Schreiben. Und dann immer wieder vertiefen. [...] Dinge genau anschauen und so."

Im Rückblick wurde dieses Vorgehen als „das Gelungenste von dem Kurs überhaupt" bezeichnet: „Das war ja spannend und das funktioniert. Und im Nachhinein – mein Eindruck jedenfalls – ist das das Gelungenste von dem Kurs überhaupt." Wenn es anfangs auch anstrengend war, so war es doch auch *lohnenswert*: „Ich hab nicht gedacht, dass so was Schönes dabei rauskommt. Wir haben ja wirklich ein paar Abende hier gemacht, wo wir gesagt haben, also das war irgendwo klasse, ne. Ist angekommen."

170 MATTHIAS CLAUSEN/ULF HARDER/MICHAEL HERBST, Emmaus 2.0 – der neue Basiskurs, 2. Aufl., Neukirchen-Vluyn 2008.

3.2.10 Missionarische Volkskirche: Das Kirchspiel Geithainer Land (Evangelische Landeskirche in Sachsen)

3.2.10.1 Abstract

Peripherieindex Land

Skala Mission

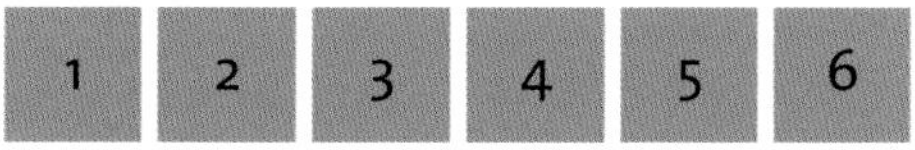

Skala Innovation

„Volkskirche sein im besten Sinne des Wortes" – so lautet das Motto des Kirchspiels Geithainer Land: Kirche sein mitten im Volk, Kirche sein für das Volk. Für die Geithainer bedeutet das ein vielfältiges Angebot an kirchlichen Gruppen, Kreisen, Projekten und Veranstaltungen. Wenn irgendwo im Ort etwas passiert, ist Kirche dabei. Kirche ist präsent, sie ist bei den Menschen. Kirche fällt mitunter auch mal auf. So stößt man im Programm der Geithainer Gemeinden auch immer wieder auf Events und Aktionen, die so ganz untypisch für Kirche sind.

3.2.10.2 Vorstellung des Projektes und der Gemeinde

Zum Kirchspiel Geithainer Land im Kirchenbezirk Glauchau-Rochlitz gehören neben der Stadt Geithain noch die Ortschaften Jahnshain, Niedergräfenhain, Ossa, Rathendorf, Syhra und Wickershain.

In diesem Kirchspiel läuft ein überaus umfangreiches und vielfältiges Gemeindeprogramm. Es wird unterstützt durch zwei Pfarrer, einen Kirchenmusiker, einen Sozialarbeiter, Kindergartenpersonal, mehrere Technik- und Verwaltungskräfte und viele Ehrenamtliche.

Insgesamt sind sieben Kirchengebäude und weitere Gemeindehäuser zu unterhalten, dazu dienen auch die vier Fördervereine. Insbesondere der Förderverein „Kirche im Land des Roten Porphyr" tritt in Erscheinung durch die

Unterstützung der Tafelarbeit und die Gestaltung eines Pilgerwegs (Via Porphyria). Für Letzteres konnte sogar eine EU-Förderung genutzt werden.

Neben den gewöhnlichen Gemeindeaktivitäten für die einzelnen Altersgruppen gibt es auch eine Vielzahl von besonderen Veranstaltungen. Ob musikalisch (z.B. Carmina Burana 2008, SummerOpenAir), touristisch (Pilgerweg, Sehenswürdigkeiten und Ausstellungen) oder sozial-diakonisch (Geithainer Tafelarbeit, Sozialberatung, Aktion „Abendbrot zum Abendläuten") – für alle ist etwas dabei. Auch mit Projekten und Events überrascht die Kirchgemeinde immer wieder, so z.B. mit dem Geithainer Stadtfest, Fußballfestivals, LARP[171] und einigem mehr.

„Als Kirche fürs Volk machen wir dann natürlich auch Dinge, die nicht von Kirche erwartet werden." Beispielsweise war das Kirchspiel Geithainer Land 2009 Träger und Organisator eines 14-tägigen Stadtfestes in Geithain zum Thema „Voll das Leben". In Zusammenarbeit mit der Deutschen Zeltmission, die abends ein Evangelisationsprogramm anbot, gab es tagsüber zum Tagesthema passende Ausstellungen, Vorträge, Konzerte, Aktionen und vieles mehr im und rund um das Veranstaltungszelt. Die grundsätzliche Idee war es, nicht nur am Abend, sondern ebenso tagsüber auf dem Markt präsent zu sein und den Menschen zu zeigen: Das hat etwas mit euch zu tun.

> „Wenn da so ein Zelt aufm Markt steht, dann muss das von früh bis abends gefüllt sein und nicht nur abends zu 'ner evangelistischen Veranstaltung, die eben [...] in [...] 20er Jahren geprägt wurde, diese Art der Verkündigung. Sondern das muss was mit den Leuten vor Ort zu tun haben."

Dabei wurden auch die ortsansässigen Vereine und Gewerbetreibenden mit einbezogen.

Generell ist es so, dass bei den Festen in einem der Orte immer auf die Geithainer Kirchgemeinde gezählt werden kann.

> „Wenn wir sozusagen alle Kirche sind und auch als Kirche verstehen, das Volk, die halt Gemeindeglieder sind, dann ist ganz klar, dass auch beim Dorffest in der Vorbereitung die Kirche mit da ist, weil die ein großer Teil des Volkes ist und wir uns verstehen, für das Volk mit da zu sein. Und aufs Festefeiern verstehen wir uns auch, [...] und [dass] wir uns einbringen mit unserem Know-how, ist uns auch wichtig."

171 Das **L**ive **A**ction **R**ole **P**laying ist eines der neueren Events im Kirchspiel. Eine Woche in den Sommerferien zelten Jugendliche (ab 13 Jahren) und Erwachsene und spielen 24 Stunden am Tag Theater. Sie versetzen sich gemeinsam in eine andere Zeit, bekommen eine eigene Rolle mit Lebenslauf, Kostüm und Requisiten. Dabei wird auch versucht, die Frömmigkeit der damaligen Zeit abzubilden. Ungeplant ergeben sich immer wieder seelsorgerliche Gespräche.

Es gibt auch schon Überlegungen für weitere Projekte, beispielsweise ein „Restaurant des Herzens" in der Geithainer Nikolaikirche.[172] Trotz der vielen Projekte und Events betonen die beiden Pfarrer die Wichtigkeit und Qualität

172 <http://kigha.pytalhost.com/projekte-events/geplante-projekte/restaurant-des-herzens> (zuletzt aufgesucht: 08.08.2013).

des „Kerngeschäfts", d.h., Kasualien, Gottesdienste, seelsorgerliche Dienste haben Priorität.

Grundlegendes Konzept ist es, „Volkskirche im besten Sinne des Wortes" zu sein – ein Ansatz, der sich insbesondere darin ausdrückt, dass ein sehr vielgestaltiges Gemeindeleben unterhalten wird. Damit sollen möglichst viele Angebote für Menschen verschiedenster Generationen und Interessen offenstehen.

3.2.10.3 Der Kriteriencheck – Bemerkungen zu Mission, Land und Innovation

Mission

Das Ziel der Gemeindearbeit ist es, dass Kirche in der Wirklichkeit der Menschen ankommt. Damit richtet sie sich an Gemeindeglieder wie Außenstehende gleichermaßen. Das Kirchspiel Geithainer Land versteht sich nicht nur als Gemeinschaft für sich selbst. Entsprechend stellen sie sich auf ihrer Homepage u. a. mit diesem Satz vor: „Unser Leben als Christen im Kirchspiel Geithainer Land soll uns erfüllen, Freude bereiten und *andere einladen, an unserem Christsein teilzunehmen.*“[173]

Sie wollen zum christlichen Glauben einladen. In dem vielseitigen Gemeindeprogramm geschieht das manchmal indirekt, etwa beim Fußballfestival oder in der Sozialberatung. Die Einladung wird jedoch auch gern direkt ausgesprochen. So ist zum Beispiel der Wiedereintritt ein ganz natürlich kommuniziertes Thema im Kirchspiel. Bei der typisch volkskirchlichen Jubelkonfirmation[174] kommt immer wieder die Sprache auf genau dieses Thema und führt hin und wieder tatsächlich zu Wiedereintritten. Auch kann man ganz einfach auf der Homepage ein Formular zum Wiedereintritt finden.

Ebenso lassen sich für beinahe alle „Five Marks of Mission“ jeweils Beispiele in der Gemeindearbeit nennen: **(1)** Die Gute Nachricht vom Reich Gottes wird im „Kerngeschäft“ verkündigt, d.h. in den Gottesdiensten, in der Christenlehre, der Konfirmandenarbeit etc. **(2)** Für Menschen, die neu glauben oder weiter wachsen wollen, werden Glaubenskurse, Eheseminare und Hauskreise angeboten. **(3 und 4)** Mit dem Dienst der Geithainer Tafel oder auch durch die zweimal wöchentliche Aktion „Abendbrot zum Abendläuten“ wird notleidenden Menschen in Liebe gedient, und durch politische Einmischung wird gesellschaftlichen Ungerechtigkeiten verändernd begegnet.

Das Kirchspiel Geithainer Land bildet eine Ausnahme unter den vorgestellten Projekten, da es sich hierbei um das Gesamtkonzept der Gemeinde handelt und nicht nur um einen Gemeindebereich. Daher lässt sich auch kein

---

173 www.kirche-geithain.de (zuletzt aufgesucht am 09.08.2013).

174 Nachdem diese viele Jahre ein Selbstläufer war, zu der sich die Jubelkonfirmanden sogar selbst anmelden und nachweisen mussten, dass sie noch Kirchenmitglied sind, wurde einiges verändert. „Und da haben wir gesagt, […] wir gehen das jetzt mal mit ganz viel Liebe an, und seitdem laden wir jeden ein, den wir erwischen können. Schriftlich. Natürlich sind da paar Leute traurig, die man nicht ausfindig gemacht hat […].“ Und so kommen dann immer Menschen zusammen, die ihr Konfirmationsjubiläum feiern. Es gibt einen zweigliedrigen Gottesdienst in Ossa und Geithain – damit auch etwas Heimatnähe entstehen kann. Dann folgt ein großes gemeinsames Essen im Bürgerhaus, wo die Pfarrer und Kirchenvorstände bedienen, sowie einige Programmpunkte mehr. Bei den Gesprächen fällt das Thema immer wieder auf Wiedereintritte, die dann oft auch passieren (nicht zwangsweise in Geithain). „Das [die Jubelkonfirmation] trägt ganz viel zum guten Ruf des Kirchspiels eben in der Bevölkerung bei.“

missionarischer Schwerpunkt festlegen, da die Gemeinde in ihrer gesamten Ausrichtung missionarisch sein will und deshalb auch ihr Augenmerk Jahr für Jahr woanders liegt.

Land

Die Verwaltungsgemeinschaft Geithain setzt sich zusammen aus den Gemeinden Narsdorf und Geithain. Dazu zählen, bis auf Jahnshain, alle zum Kirchspiel gehörenden Ortschaften. Diese Ortsgemeinschaft weist eine Einwohnerdichte von 134 Einwohner/qkm auf, das 200 Menschen kleine Dorf Jahnshain dagegen nur 56 Einwohner/qkm.

Die Stadt Geithain liegt genau zwischen den Oberzentren Leipzig und Chemnitz. Beide Großstädte liegen etwa 42 Autominuten von Geithain entfernt.

Die Bevölkerungsentwicklung in und um Geithain zeigt einen negativen Trend. Allein unter den 6- bis 18-Jährigen ist ein Rückgang von 29,7 % zu verzeichnen. Insgesamt hat Geithain im Zeitraum von 2004 bis 2009 8,4 % seiner Einwohner verloren. Das Geithainer Land entspricht somit den Kriterien für periphere ländliche Räume. Die aktuelle Klassifizierung des BBSR ordnet Geithain dem *überwiegend ländlichen, peripheren Raum* zu (Raumtypen 2010).

Innovation

Das Kirchspiel Geithainer Land will Kirche für das Volk sein. Wie einer der Pfarrer betont, bedeutet das, „nicht an den Dingen zu rütteln, die Kirche ausmachen“. Nein, es heißt, „dass wir nicht sagen: Wir träumen eine Kirche, wenn die Leute andere werden und die Umstände andere werden, dann können wir auch anders Kirche sein, sondern wir wollen Kirche sein für die Menschen, die hier leben, wo wir hingesetzt sind und *mit dem Kirchenleben in ihrer Wirklichkeit ankommen.*“ Das Augenmerk liegt also auf den Menschen, die im Ort sind, und von ihnen aus will erkannt werden, was nötig, möglich und gut ist.

Grundsätzlich reagiert Geithain innovativ auf die Herausforderungen des ländlichen Raumes durch ihre strukturelle Veränderung von einzelnen Gemeinden hin zu einem Kirchspiel (**Herausforderung 1**). Das Geithainer Kirchspielmodell weist einige Besonderheiten auf, welche die regionale Zusammenarbeit fördern, gleichzeitig aber auch Freiheit für Eigenverantwortlichkeit lässt. Ehrenamtliche werden gezielt gefördert (**Herausforderung 2**). Im folgenden Paragraphen wird dieses Modell näher ausgeführt.

Innovativ sind die Geithainer auch hinsichtlich der zahlreichen Koalitionen mit verschiedensten Akteuren der Zivilgesellschaft (**Herausforderung 5**). Es wird versucht, möglichst viele Menschen mit in die verschiedenen Arbeiten, Aufgaben und Aktionen einzubinden. Seien es die Wirtsleute, die gebeten werden, beim Stadtfest die Verpflegung zu organisieren, oder Handwerker, die für das LARP gebraucht werden, sowie der Bäcker, der für die Konficard-Aktion[175] geworben wird. Das gemeinschaftliche Tun und Gestalten strahlt aus. Es schafft ein Vertrauen und Miteinander in den verschiedenen Orten und Tätigkeiten. Die Kirche lebt im Volk und verkündigt Gottes Wort mitten in der Menge der Leute, mal offensichtlicher, mal mehr im Hintergrund.

Mit dem vielfältigen, lebendigen Gemeindeprogramm, das die Menschen des Ortes im Blick hat, reagiert das Kirchspiel bewusst auf die säkulare Gesellschaft und den Bedeutungsverlust der Kirche im Leben der Menschen (**Herausforderung 6**).

Ebenso lassen die Geithainer Gemeinden damit den demographischen Wandel nicht unbeachtet, indem sie sowohl Jugendlichen wie auch alten Menschen einen besonderen Raum in der Gemeinde einräumen (vgl. LARP, Jubelkonfirmation) (**Herausforderung 3**). Zum anderen reagieren sie auf die territoriale Desintegration und bieten Aktionen und kulturelle Veranstaltungen an, die der Ort aufgrund schrumpfender Kapazitäten allein kaum noch leisten kann (z.B. Stadtfest, Fußballfestival, SummerOpenAir, Musikschule), oder beteiligen sich mit ihrem Know-how sowie personellen und materiellen Möglichkeiten an kommunalen Aktivitäten (z.B. Dorffest) (**Herausforderung 4**).

Zusammenfassend lässt sich sagen, dass Geithain mit seiner Vielfalt auf fünf der sechs ländlichen Herausforderungen reagiert. Der Schwerpunkt liegt dabei auf **Herausforderung 5**, da die volkskirchliche Gemeindearbeit als missionarisches Gesamtkonzept ihre Stärke gerade darin hat, die Menschen in Geithain und Umgebung zusammenzubringen und alle zu involvieren: ungeachtet ihres Milieus oder ihrer religiösen Sozialisation.

3.2.10.4 Der Anfang und die Geschichte – die Entwicklung

Zusammenarbeit ist für die Kirchengemeinden im Geithainer Land nichts Neues. Schon während der DDR-Zeit kooperierten und unterstützten sich die Gemeinden rings um Geithain. Nach der Jahrtausendwende stellte die Landeskirche schließlich die konkrete *Frage nach der zukünftigen Regelung und Vereinigung der Kirchgemeinden in der Region*. Dazu gab es Überlegungen und teilweise auch Umsetzungen von Zusammenschlüssen einiger Gemeinden. Man merkte jedoch schnell, dass das den örtlichen Gemeinden mit ihren Kirchtürmen nicht gerecht wurde. Man hatte den Eindruck, dass Kompeten-

175 Die Konficard ist ein passendes Beispiel für Innovation. Es werden Läden und Firmen angefragt, ob sie für die Konfirmanden Prozente auf bestimmte Artikel oder Dienstleistungen geben, sodass die Teens etwas vom Konfirmandensein haben. Das Motto ist: „Leute vor Ort kümmern sich um Jugendliche vor Ort." – Damit es Spaß macht, Konfirmand zu sein!

zen weggenommen und Verantwortung von anderen übernommen wurden. Die Gemeinden entschieden sich letztlich für ein Kirchspiel und gründeten 2005 das „Kirchspiel Geithainer Land". *Selbstbewusst* schlossen sie mit der Landeskirche einen besonderen Vertrag. Dieser beinhaltet die Regelung, dass es einen Kirchspielvorstand gibt und vier Ortsvorstände, sodass bestimmte Dinge gemeinsam entschieden und getan werden, gewisse Entscheidungen und Überlegungen jedoch in den Orten bleiben können. Im Hintergrund steht das Bild der „Genossenschaft" von Kirchgemeinden,

> „[...] nach dem alten Wort, dass wir ‚Glaubensgenossen' sind [...]. Wenn's funktioniert, in einer guten Genossenschaft, ist jeder Genosse sein eigener Herr, und gemeinsam bilden sie die Genossenschaft. Das heißt, [...] manches geht besser zusammen, und man kann sich unterstützen und helfen und kann sogar Dinge gemeinsam haben und entwickeln. Aber bestimmte Sachen laufen vor Ort und das ist bis in die Finanzen hinein geklärt."

So bleiben den einzelnen Gemeinden ihre Zuständigkeiten und Vorlieben, der Kirchspielvorstand behält sich jedoch das Vetorecht ein, da dieser letztlich die Verantwortung trägt.

Es wurde damals spielerisch an das Kirchspiel herangegangen, was auch im Logo zu erkennen ist.

> „Unser Logo symbolisiert Kirchengruppen, die im Schwesternkirchverhältnis standen oder seit vielen Jahren eng miteinander arbeiteten und nun im Kirchspiel verbunden sind. Insgesamt gibt es in unserem Kirchspiel sieben Kirchen. Als zentrales Symbol in der Mitte steht das Kreuz dafür, dass uns Jesus durch seinen Tod und seine Auferstehung einen neuen Anfang schenkt und eine neue Welt schaffen wird. Die Gestaltung des Logos ähnlich einem Mensch-ärgere-dich-nicht-Spiel ist kein Zufall. Es erinnert daran, dass unser Kirchspiel nur in echtem Miteinander ‚gespielt' werden kann. Unser Leben als Christen im Kirchspiel Geithainer Land soll uns erfüllen, Freude bereiten und andere einladen, an unserem Christsein teilzunehmen."[176]

Diese spielerische Herangehensweise zeigt, dass eine *offene, gelassene und gleichzeitig mutige Haltung* von Anfang an da war und diese bis heute grundlegend ist.

Im Laufe der Jahre hat sich gezeigt, wie wertvoll es ist, wenn viele Gemeinden zusammenarbeiten: „Dann ist plötzlich auch *Manpower* da. Die beeindruckt auch andere Leute, wo man sagt: ‚Ach, das sind ja doch viele Christen in

---

176 Vgl. www.kirche-geithain.de (zuletzt besucht am 08.08.2013).

und um Geithain.‘ Und mit so ’nem Effekt kann man auch gut arbeiten.“ Man ist sich jedoch auch bewusst, dass vieles, was in den vergangenen Jahren lief, nur möglich war, weil es Menschen gab, die sich mit *Leidenschaft* hineingegeben haben und weil die *Haushaltstelle* dafür vorhanden war.

Zentral und als „Heroes“ zu benennen sind die beiden Pfarrer. Als Menschen, die vor Ideen sprühen, einen Blick für die Leute und Gegebenheiten vor Ort haben, offen sind für Neuerungen, Begeisterung ausstrahlen; Menschen, die den Überblick über die Arbeitsbereiche haben, die motivieren und bei denen die Fäden zusammenlaufen, als diese sind sie für die gesamte Gemeindearbeit nicht wegzudenken.

Für die volkskirchlich missionarische Gemeindearbeit hat sich bis heute immer wieder eine gute *Balance* als entscheidend herausgestellt: eine Balance zwischen Freiheit und Gebundensein, zwischen außergewöhnlichen Aktionen und dem sonntäglichen Gottesdienst, zwischen Zusammenarbeit und Eigenständigkeit. Dafür sei beispielhaft noch einmal genannt die Handhabung der Genossenschaft. Die Orte sind für vieles selbst zuständig und tragen dennoch gemeinsam die Verantwortung. Genauso ist die Freiheit für zahlreiche Projekte und Events gegeben, wenn das Kerngeschäft läuft, d. h. die regelmäßigen Gottesdienste, Kasualien und der seelsorgerliche Dienst am Menschen. Wenn diese Dinge zuverlässig funktionieren, kann Außergewöhnliches in Angriff genommen werden. Weiterhin wird den Mitarbeitern ein eigenes Budget eingeräumt.

> „Wo was werden soll, muss Budget hin.“ Sie erhalten Mittel, aber auch Verantwortung. Und genauso wird auch Mut gemacht, Neues zu wagen. Wenn Bitten und Anfragen an die Gemeinde getragen werden, dann „lieber ‚Ja‘ sagen […]. ‚Ja, aber bisschen anders.‘ ist besser als ‚Nein‘.“

Es darf Freiheit gelassen, aber gleichzeitig können auch Bedingungen gestellt werden, so z. B., dass die Gemeinde bei nichtchristlichen Bestattungen in der Kirche mit Liedern und Gebet einen Rahmen setzt.

Wichtig ist also, eine Balance zu finden zwischen Freiheit und Bindung. So ist es in der volkskirchlichen Gemeindearbeit das A und O, das Gleichgewicht zu halten zwischen den alltäglichen, grundlegenden Aufgaben der Gemeinde und allen Aktivitäten rings herum und dabei das Ziel von allem im Blick zu behalten, nämlich dass Christus in der Wirklichkeit der Menschen ankommt.

3.2.11 Bezug auf Dorfmentalität und Lokalgeschichte: Heimatstube in der St. Lambertuskirche in Brück (Evangelische Kirche Berlin-Brandenburg-schlesische Oberlausitz)

3.2.11.1 Abstract

Peripherieindex Land

Skala Mission

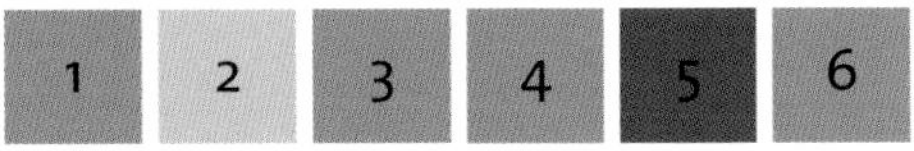

Skala Innovation

In der neugeschaffenen Heimatstube in der St. Lambertus Kirche Brück (Brandenburg) sollen die „Heimatverbundenheit“ gefördert und die „Geschichte Brücks“ dargestellt bzw. einer Öffentlichkeit zugänglich gemacht werden.[177] *Von Beginn an kooperieren in diesem Projekt Kirchengemeinde und politische Gemeinde, für die konkrete Betreuung hat sich ein „Heimatstubenkreis“ aus Ehrenamtlichen gegründet. Der Rekurs auf Heimat, Geschichte und Gebäude ist indes Teil des missionarischen Gemeindeaufbaukonzepts von Gemeindekirchenrat und Pfarrer.*

3.2.11.2 Vorstellung des Projektes und der Gemeinde

Den wanderfreudigen Senior erwarten am Ende der „Gesundheitswanderung“, einem Pauschalangebot des Fremdenverkehrsvereins Brück e.V., die „Heimatstube und unsere restaurierte Kirche St. Lambertus“, die Führung durch „unseren Pfarrer“ inklusive: „Hier erfährt der Wanderer, was Martin Luther und Gregor von Brück“ verbindet, nämlich nicht nur eine Freundschaft, sondern auch die gegenseitige Hochachtung: Nur einer unter den Rechts-

177 Vgl. Konzept der Heimatstube aus dem Jahr 2010.

gelehrten sei „fromm und weiße", meinte Luther 1532, nämlich jener Gregor von Brück (1484–1557).[178]

Um das Gedenken an den „vergessenen Juristen" der Reformation zu beleben, hat sich die Kirchengemeinde St. Lambertus einiges einfallen lassen: Im

178 WA 1,95, zitiert nach Sandy Fiedler, „Der einzig wahre Christ unter den Juristen". Gregor Brück und sein Verhältnis zu Martin Luther, in: „Gregor von Brück" (1484–1557). Der vergessene Jurist der Reformation, Protokollband anlässlich des wissenschaftlichen Kolloquiums über das Leben und Wirken des kursächsischen Kanzlers und Hofrats in der St.-Lambertus-Kirche in Brück/Brandenburg vom 30. September bis 1. Oktober 2011, hg. v. Ev. Kirchengemeinde St.-Lambertus-Kirche, Amt Brück und Studium Hallense e.V., Halle (Saale)/Brück 2012, 135–142, 139.

Herbst 2011 wurden unter Beteiligung namhafter Wissenschaftler der Martin-Luther-Universität Halle ein zweitägiges wissenschaftliches Symposium veranstaltet, ein Gedenkstein neben der Kirche enthüllt und der Platz vor der Kirche in „Dr.-Gregor-von-Brück-Platz“ umbenannt. Schließlich fertigte ein Stadtbewohner zu diesem Anlass in 320 Stunden eine filigrane Schnitzarbeit, die den ehemaligen Hofrat zeigt und neben dem Rednerpult beim Symposium zu stehen kam. Der Künstler ist selbst nicht Mitglied der Kirchengemeinde, aber engagierter Ehrenamtlicher im „Heimatstubenkreis“. Dieser Kreis aus vier Personen hat eine Ausstellung über Gregor von Brück erarbeitet, die pünktlich zum Symposium eröffnet werden konnte. Sie enthält u. a. eine Ahnentafel (mit Querverweis zu J. W. von Goethe), die beim letzten lebenden Nachfahren endet – die Familie derer von Brück war in die Gedenkaktionen stets eingebunden.

Die Heimatstube

> „befindet sich im Obergeschoss der Südkapelle, unmittelbar über dem Haupteingang der Kirche. [Sie] ist über eine kleine Wendeltreppe vom Eingangsraum oder über die Emporen zu erreichen. Der ca. 16 qm große Raum bietet Platz für vier an den Wänden aufgehängten Informationstafeln, eine Glasvitrine und einige frei aufgestellte Ausstellungsgegenstände. Da der Raum seit Jahrzehnten nicht reno-

viert oder instand gesetzt wurde, [mussten] alle Fußboden-, Wand- und Deckenflächen und die Elektroinstallation vollständig [...] überarbeite[t] bzw. erneuert werden."[179]

Am 13.12.2009 wurde sie im Rahmen eines Weihnachtsmarktes eingeweiht. Neben dauerhaften „Exponaten und Fundstücken aus der mehr als 850 Jahre langen Besiedelungszeit"[180] war dort die erste wechselnde Ausstellung zu sehen: Der „Holzkunst e. V." präsentierte „Schnitzkunst der Saison"[181].

Die nächste, bereits dritte Ausstellung soll dann im Jahre 2014 folgen. Sie wird Michael Stifel (1487–1567) gewidmet sein, der nach einer Fehlberechnung des Weltuntergangs kurze Zeit in Brück Pfarrer gewesen ist, bevor er als Professor für Mathematik nach Jena ging.

Damit sind aber die Pläne der Kirchengemeinde noch nicht erschöpft. So wünscht sich der Pastor eine erlebnispädagogische Erschließung der Heimatstube – mit mehreren Computern und einer Leinwand, auf der ein Film zu spielen beginnt, sobald der Besucher den Raum betritt. Einige Videoaufnahmen existieren schon. Unter dem Motto „Hilfe für ein Interview" haben Brücker Konfirmanden praktische Hilfe bei Einkauf, Haushalt oder Garten angeboten und danach spannende Gespräche mit den Einheimischen über Geschichte, Heimat und Glauben geführt.

3.2.11.3 Der Kriteriencheck – Bemerkungen zu Mission, Land und Innovation

Mission

Der Rekurs auf Kirchenbau und lokale Geschichte ist für den Pfarrer gelebter Gemeindeaufbau. Wenn die Menschen hier „Verbindung zur Kirche haben, dann ist das irgendwas mit dem Gebäude, [...] meinen Kirchturm muss ich sehen, also dieses Dörfliche." „[D]ie Gebäude interessieren, die Historie interessiert [...] und die Menschen kommen dadurch in Kontakt zu der Kirche." Manche könnten „sich eigentlich nur so annähern". Ihr Weg ist das Praktische, das Schnitzen oder die Kirchturmuhr, in die sich ein Einheimischer „verliebt" habe.

Aus diesen Berührungsflächen ergäben sich weitergehende Fragen über Kirche, Glaube und Identität, auch seelsorgerliche Gespräche und hin und wieder ein Gebet. Manche lassen sich zu weitergehenden Angeboten einladen; ein anderer „würde nie [...] zum Alphakurs kommen", weil er „nicht der Typ dafür" sei.

179 Projektbeschreibung des Architekten aus dem Jahre 2009.
180 Märkische Allgemeine Zeitung vom 31.07.2009.
181 Märkische Allgemeine Zeitung vom 14.12.2009.

> Wie missionarisch Gebäude wirken können, wird an der Geschichte eines Mannes deutlich, „der als Handwerker an der Kirche arbeitete und sagt: ‚Jetzt will ich's aber mal wissen! [...] Was ist das mit der Kirche, und so weiter?' [...] und dann erzählen wir [...] Und dann kommt er zum Alphakurs [...] und lässt sich taufen; [...] ist ein ganz Schweigsamer, und das, was ihn interessiert, ist immer: Kirchengebäude [...] das *Gebäude* [betont] [...] die *Geschichte* [...], so [...], aber jetzt geht er zum Alphakurs, ist ganz treu, ist jetzt auch wieder als Mitarbeiter bei [...]."

Seine Tochter fand ebenfalls Anschluss, ließ sich taufen, an Kantate 2013 folgten Mutter und Sohn nach.

Die missionarische Arbeit war für die Pfarrfamilie von Beginn an ein prägender Faktor. Früh beginnen sie mit Alphakursen und übertragen ProChrist. Sie laden dazu gezielt die ein, zu denen sie einen Kontakt aufgebaut haben – sei es im Rahmen einer Kasualie, durch die Gebäude oder eine Veranstaltung mit der Kommune, Feuerwehr oder diversen Vereinen.

Aber trotz aller Kontakte und Kurse benötige es immer einen „Kairos"[182]: Was das bedeutet, erlebte der Pfarrer an einem Silvestertag vor einigen Jahren: Zwei Jugendliche waren auf dem Weg zur Disko tödlich verunglückt. Konfessionslose Eltern rufen im Pfarrhaus an, weil ihre Kinder verstört seien. In dem spontanen Trauergottesdienst mit 100 Jugendlichen ist es interessanterweise der Choral „O Haupt voll Blut und Wunden" – gesungen von nur vier Menschen und von der Orgel begleitet – der manchen Jugendlichen das Herz öffnet, woraufhin sie sich taufen lassen wollen.

Dass die kirchengemeindliche Arbeit in Brück und insbesondere die Aktionen der Heimatstube intentional missionarisch sind,[183] darüber kann kein Zweifel bestehen. Sie wenden sich dezidiert an Außenstehende – bis in den Mitarbeitendenbereich herein: Der Heimatstubenkreis besteht zum Großteil aus Nichtchristen. Einer erwähnt seine Areligiosität im Gespräch immer wieder, er hat sich aber durch die „dynamische Vorgehensweise" des Pfarrers und den thematischen Fokus der Arbeit einladen lassen. Ansatzpunkt der Mission sind die menschlichen Bedürfnisse und Vorstellungswelten (**Lambeth 3**). Freilich ist die evangelistische Seite der Verkündigung (**Lambeth 1**) und das Heranbilden von Nachfolgern Jesu (**Lambeth 2**) ein integraler Bestandteil des Brücker Missionskonzeptes.

---

182 „Wir machen diese Aktion, und dann kommt der Kairos und da muss ich's wollen; jetzt ist der Kairos da und jetzt weiß ich, was ich zu sagen habe – in die Herzen rein."

183 Mit der Heimatstube wird aber auch ein Bildungsziel verfolgt, das Wissen über Geschichte zu erweitern. Sie hat aber auch das Ziel, „den Wissensstand zu heben".

Land

Brück liegt etwa eine Zugstunde von Berlin entfernt (RE 3), in südwestlicher Richtung. Der Ort, der zwischen 1360 und 1374 Stadtrecht erhielt, zählt 3.602 Einwohner (Stand 31.12.2011), erstreckt sich auf einer Länge von neun Kilometern und vereint heute fünf Ortsteile. Die Einwohnerdichte beträgt 42 Einwohner/qkm. Brück gehört mit seinen Ortsteilen zum Amt Brück, in dem sich seit 1992 insgesamt 6 Gemeinden auf einer Fläche von 232 qkm zusammengeschlossen haben. Es ist das „Bindeglied zwischen Fläming und Havelland. Die Landschaft ist geprägt durch weite flache Wiesen und Felder sowie ausgedehnte Kiefernwälder."[184]

Dieses zweifellos ländliche Ambiente wird etwas relativiert, wenn man die gute bzw. sehr gute Verkehrsanbindung von Brück berücksichtigt. In unmittelbarer Nähe der A 9 erreicht man über den eigenen Autobahnanschluss Potsdam in 33 Minuten, Brandenburg in 42 Minuten und das Berliner Zentrum in etwa 55 Minuten. Damit haben die Bewohner einen guten Zugang zu den beiden Oberzentren bzw. zur Metropole Berlin. Auch wenn nach Auskunft des Pfarrers viele Personen im Großraum Berlin arbeiten, hat das Amt Brück 3,3 % Einwohner zwischen 2004 und 2009 verloren. Die Verteilung der Gewinne und Verluste pro Altersgruppe macht den demographischen Wandel auch hier deutlich: In der Altersgruppe der 6- bis 18-Jährigen war einen Verlust von 29,3 % und bei den 18- bis 25-Jährigen ein Minus von 20,7 % zu verzeichnen. Größer wurde vor allem die Gruppe derer, die 50 Jahre und älter sind – allerdings gab es auch einen Zuwachs an Kleinkindern.

Gemessen an unseren Kriterien kann Brück als Vertreter des peripheren, ländlichen Raumes gelten. Die aktuelle Klassifizierung des BBSR ordnet Brück dem *überwiegend ländlichen, peripheren Raum* zu (Raumtypen 2010).

Innovation

„Im Allgemeinen gilt die Reformation in Deutschland als ein *urban event*, da maßgeblich die Städte Umschlagplätze für reformatorisches Gedankengut waren und in ihnen alle Dimensionen der Reformation zusammenfielen."[185] Auch wenn aktuelle Milieustudien belegen, dass die evangelische Kirche in traditionellen Milieus – die auf dem Land verstärkt zu finden sind – stark vertreten ist[186], kann gefragt werden, ob der Protestantismus mit seiner Wort-

184 <http://www.amt-brueck.de/verzeichnis/objekt.php?mandat=16771> (zuletzt aufgesucht am 17.05.2013).

185 Kai Hansen, Evangelische Kirche, 93.

186 Vgl. dazu Kirche in der Vielfalt der Lebensbezüge. Die vierte EKD-Erhebung über Kirchenmitgliedschaft, hg. v. Wolfgang Huber et al., Gütersloh 2006, 205–236, besonders der Typ E2 (220–222). Aktueller und mit einem regionalen Fokus versehen ist der Ansatz bei den Sinus-Milieus (vgl. dazu Heinzpeter Hempelmann, Gott im Milieu. Wie Sinusstudien der Kirche helfen können, Menschen zu erreichen, 2. Aufl., Gießen 2013, 38.42 f. u. ö.).

lastigkeit, der Betonung von Freiheit und Individualismus, seine Pflege von Hochkultur und akademischer Theologie nicht bis heute eher städtisch formatiert ist. In Brück jedenfalls kann man diesen Eindruck nicht gewinnen. Für die Arbeit von Kirchengemeinde und Pfarrer ist ein dezidiertes Einlassen auf ländliche Mentalitäten typisch. „Ländlichkeit heißt in erster Linie: Erdverbundenheit, Verbundenheit mit der Geschichte, Verbundenheit mit dem Gebäude, Verbundenheit mit den Menschen." Die Kirchengemeinde versucht deshalb, die Menschen über ihr Interesse an Heimat, Lokalgeschichte und Gebäude mit dem Evangelium zu erreichen.

Mit diesem Ansatz wird auf die Fragmentierung bzw. Segmentierung der Gesellschaft reagiert – die (**Herausforderung 5**), gerade weil sich Pfarrer und GKR durch eine Philosophie des Brückenschlagens auszeichnen – und auch die Kirche für eine andere Nutzung geöffnet (**Herausforderung 1**). „Das ist so [...] in solchen Dörfern: Man kann das ja nur mit den Leuten machen." Es ist zu vermuten, dass das Eingehen auf dörfliche, traditionale Lebensstile durch das starke Schrumpfen der jungen und gleichzeitigen Zunahme der älteren Bevölkerung künftig noch wichtiger sein wird. So gesehen reagiert der Ansatz auch auf den demographischen Wandel (**Herausforderung 3**) und den gesellschaftlichen Bedeutungsverlust ländlicher Lebensstile (**Herausforderung 4**). Weil Brück wesentlich durch die Nationale Volksarmee[187] geprägt war, ist der Grad der Säkularisierung hier besonders hoch und Mission gerade unter den ehemaligen Sympathisanten des DDR-Staates eine wichtige Aufgabe (**Herausforderung 6**).

3.2.11.4 Der Anfang und die Geschichte – die Entwicklung

Gefragt nach den ersten Schritten in Sachen Heimatstube erzählt der Pfarrer von seinem Beginn in Brück am Ende des Jahres 2007. Der Gewerbeverein hatte ihn zu einer Sitzung eingeladen, bei der der Adventsmarkt geplant wurde und das Interesse bestand, die Kirche zu nutzen. So wurde die Frage an den neuen Pastor gerichtet: „Was dürfen wir in *Ihrer* Kirche tun?" Der noch nicht einmal ordinierte Pfarrer weist die Frage zurück:

> „Was soll denn das? Das ist doch nicht meine Kirche, das ist eure Kirche! Das ist schon mal eine Stadtkirche gewesen. [...] Ich bin hier noch nicht mal Pfarrer, bin seit 14 Tagen hier – und nun wollt ihr mir erzählen, das ist meine Kirche?" Am Ende der Sitzung bekam er die Überraschung der Nichtkirchenmitglieder zu spüren. Nachdenklich fragten sie ihn: „Also, das ist unsere Kirche?"

187 Hier waren bis 1990 das Flugabwehrraketenregiment „Anton Fischer" und die Raketentechnische Basis „Robert Neddermeyer" stationiert.

Diese „Botschaft“, so der Pfarrer, machte die Runde. Wenig später kontaktiert ihn der Landrat und beginnt mit den Worten: „Ich habe gehört, mit Ihnen kann man reden.“ Selbst in der Brücker Lambertus-Kirche getauft und konfirmiert, inzwischen aber aus der Kirche ausgetreten, schlägt er vor, die Kirche zu sanieren. Nach einigen Treffen wird dies fest verabredet, und das Sanierungskonzept stand unter der Überschrift „Ein Raum für alle Bürger“.

Dass die Kirche sich öffne, Kontakte und Kooperationen unter der neuen Pfarrersfamilie leicht möglich seien, sprach sich schnell herum. Der Pfarrer zeigt hier keine Berührungsängste: Er geht auf Vereine zu, fuhr bei dem historischen Treck von Brügge nach Brück mit und ist bei „Titanen der Rennbahn“ dabei, einem Kaltblüterrennen, das jedes Jahr ca. 20.000 Besucher in die Region lockt.

Als vor einigen Jahren für die Rottstocker Kirche, einem Ortsteil von Brück, wieder eine Glocke beschafft werden sollte, gibt der GKR den Auftrag nicht an eine Glockengießerfirma in der Fremde. Sie holt den Glockengießer in den Ort: Unter großer Beteiligung von Bürgern, politischer und kirchlicher Prominenz sowie breiter medialer Aufmerksamkeit wird im August 2011 die Glocke in der Rottstocker Erde gegossen.[188]

Um die Kirchensanierung zu finanzieren, griff man auch auf eine Stiftung zu, die lediglich „kulturelle Sachen“ bezuschusst. „Da brauchten wir ein Einzelprojekt. Und da ist das Projekt Heimatstube entstanden.“ Doch dafür benötigte man einen Raum. In einer frühen Etappe der Kirchensanierung

> „haben wir einen Raum entdeckt […] der war leer […]. Und da war der Landrat, der hat gesagt: ‚Da machen wir doch eine Heimatstube!‘, und dann hab ich gesagt: ‚Na ja, machen wir!‘ und dann war die Frage: ‚Ja, wir […] brauchen […] aber […] Leute, die das machen!‘ […] Und dann gründen wir einen Heimatstubenkreis.“

Das Finden der „richtigen Leute mit den richtigen Gaben“ bezeichnet der Pfarrer im Rückblick als die größte Herausforderung bei der Gründung der Heimatstube. „Man muss ja Leute finden, die darauf warten!“ Es bildet sich eine feste Gruppe von vier Männern und „ein paar Frauen“, die „interessanterweise“ irgendwann zugezogen waren.[189] Mit ihnen wird ein Experte aus der Landeskirche eingeladen, der das Seminar „Heimatstube gründen“ anbietet. Es folgen Besuche anderer Heimatstuben und das erste Thema: Gregor von

---

188 Über dieses Ereignis wurde sogar ein Film von Eberhard Derlig gedreht (Die Rottstocker „Jesus ruft“-Glocke. Eine einzigartige Geschichte, telOwkanal 2012).

189 Die noch dazu „sächsisch sprechend“ waren bzw. sind. Pfarrer K. betont, dass die zugezogenen Sachsen im Zusammenhang der NVA, der Partei bzw. Politik nach Brück kamen und keine „Kirchenleute“ waren. Seine Vermutung ist, dass die „Fremden“ durch ihr Engagement in der Heimatstube ihre „Zugehörigkeit“ zeigen wollen. Der Pfarrer selbst hatte „nicht so die rechte Lust, dort Zeit zu investieren“.

Brück. Mit ihm beschäftigt sich der Heimatstubenkreis von Brück selbstständig, es wird recherchiert, gewerkelt und allerlei Wissenswertes zusammengesammelt.

Bei dem Symposium wird der Heimatstubenkreis ergänzt durch Studierende aus Halle, die der Pfarrer beim Zug der Titanen von Brügge nach Brück kennengelernt hatte. Diese waren motiviert, wissenschaftlich zu arbeiten und eine Veranstaltung zu organisieren, um sich in der akademischen Welt zu profilieren. Nicht zu vergessen ist die Begleitung durch Amtsdirektor und Bürgermeister, die dem Ganzen unterstützend an der Seite stehen. Die Landeskirche und der Kirchenkreis hätten ebenfalls hinter den Ideen gestanden. Der Pfarrer sieht sich immer in der Rolle des Motivators[190], er trägt gern die Letztverantwortung und besorgt das Geld: „Mein Part war immer, das Geld zu besorgen."

Auch wenn nach der Eröffnung der Heimatstube (s. o.) eine „Ruhemodusphase" eintritt, dauert die Beschäftigung mit der Geschichte an: So fährt der Heimatstubenkreis nach Wittenberg ins Lutherhaus, 2014 folgt die neue Ausstellung.

3.2.12 *Die besondere Idee: Der TV-Sender „ELF" in Laage (Evangelisch-Lutherische Kirche in Norddeutschland)*

3.2.12.1 *Abstract*

Peripherieindex Land

Skala Mission

Skala Innovation

190 „Meine Funktion dabei war immer: motivieren, im Zweifelsfalle zusammenzurufen und schon an verschiedenen Punkten Ideen reinzugeben."

Am 7. März 2004 ging das ELF, das Erste Laager Fernsehen, auf Sendung: Mit Nachrichten und einer Gute-Nachtgeschichte. Dieser Live-Betrieb war indes nur ein Bereich der Jugendmedienarbeit der kleinen Kirchengemeinde Laage. Immer wieder gab und gibt es hier neue Projekte, oft in Kooperation mit Schule oder Kommune, darunter auch „Free ride for your mind" - eine kreative Art Taxidienst, bei der man mit unterschiedlichsten Leuten ins Gespräch kam. So werden viele Jugendliche der Region erreicht, für viele ein erster Kontakt mit Kirche und Themen des Glaubens.

3.2.12.2 Vorstellung des Projektes und der Gemeinde

Der Fahrgast zögert nicht lange: „Noch nie", meint er und lacht etwas verlegen. Noch nie sei er in einer Kirche gewesen. Der Pastor ihm gegenüber, mit dem Mikro in der Hand, stutzt und wiederholt: „Noch nie? Echt nicht?" „Echt nicht!" „Noch nie mal so reingeguckt, wie das da so aussieht?" „Nee, noch nie." Die beiden sitzen auf der Rückbank eines alten Mercedes-Busses. Der schaukelt durch die Straßen von Rostock und bringt den Fahrgast nach Hause. Vor ihnen hält eine Kamera das Gespräch fest. Denn das ist die Vereinbarung: Der Fahrgast wird an den Ort seines Wunsches gebracht; dafür muss er vor der Kamera Rede und Antwort stehen. „Free ride for your mind", so heißt das Projekt von ELF-TV. Das fünfköpfige Busteam fuhr durch die Straßen von Laage, Rostock, Güstrow und Bad Doberan, von Februar bis Juli 2009.

> „Das war eine sehr spannende, schöne Zeit. Wir sind losgefahren [...] und haben einfach irgendwo an einer Bushaltestelle angehalten oder [...] mitten in der Stadt und sind auf die Leute zugegangen [...] und haben gefragt, ob wir sie mitnehmen können [...] Und da haben wir ganz wenige gehabt, die das nicht wollten."

Die beiden Interviewer haben sich die Themenkomplexe aufgeteilt: Bei der Sozialarbeiterin geht es um Familie, Politik und Fremdenfeindlichkeit, bei dem Pastor um Glauben und die Beziehung zur Kirche.

„Taxi für ein Interview" ist nur ein kleiner Ausschnitt aus der bunten Arbeit des „Kirchensenders" ELF-TV. Am 7. März 2004 ist er auf Sendung gegangen, mit eigenen Livenachrichten um 19 Uhr und einer anschließenden „Gute-Nacht-Geschichte", für die man Senioren zum Vorlesen gewann. Der Rest des Tages wurde mit eigenem Videomaterial aufgefüllt: Konzertmitschnitte, Fernsehspiele und „Zu Gast bei ELF", eine Sendung, für die man „bekannte Persönlichkeiten aus Mecklenburg-Vorpommern"[191] interviewt hat. Immerhin standen schon Angela Merkel und Johannes Rau vor der Kamera.

191 Kirchenzeitung, 29.02.2004.

Die Kooperation mit der Schule gehörte von Anfang an dazu und wird zunehmend wichtiger. Der Pastor hat sich bemüht, dass die Medienarbeit im Curriculum der Schule verankert ist. „'Schule und Kirchengemeinde sind hier Partner', freut sich der Schulleiter."[192]

Öfter haben die Produktionen des Senders Preise gewonnen: So z. B. für das Video „Die Bibel als Wurzelwerk", für das Konfirmanden Laager Bürger nach der Bibel befragten. Zu den aktuellsten Formaten gehören eine Kochshow und ein Quiz, bei dem Lerninhalte aus Schule und Bibel nach dem Wer-wird-Millionär-Prinzip aufbereitet werden.

Doch weist der Pastor im Gespräch vehement darauf hin, dass der Sender nicht die ganze Jugendarbeit repräsentiere. Denn „[m]ittlerweile ist die außerschulische Kinder- und Jugendarbeit in Laage komplett auf die Kirche übergegangen". In sechs weiteren Dörfern betreibt die Kirchengemeinde kreative Jugendtreffs, für die 1,75 Stellen zur Verfügung stehen.

Aber auch die Jugendarbeit sei nur ein Ausschnitt der sonstigen Gemeindearbeit. Denn hier versucht das Pastorenehepaar zusätzlich, in der Kinder- und Seniorenarbeit Akzente zu setzen. Viel Energie floss in den letzten Jahren in Musicals. Aktuell ist man mit „Die 10 Gebote" im Land unterwegs und stößt auf reges Interesse.[193]

192 Güstrower Anzeiger, 20.01.2004.

193 Vgl. www.soli-deo-gloria.com und neu www.christophorus-gemeinde.de (zuletzt besucht am 08.08.2013).

Zur zunehmenden Herausforderung werde allerdings, dass der Pfarrsprengel kontinuierlich wächst. So betreut das Pastorenehepaar inzwischen 60 Dörfer, einen „Riesenbereich", in dem man „kaum noch das verwirklichen kann, was uns [...] auf dem Herzen liegt. Alle Innovativität bringt ja nichts, wenn ich nicht Kontakt habe zu meinen Gemeindegliedern."

3.2.12.3 Der Kriteriencheck – Bemerkungen zu Mission, Land und Innovation

Mission

In zahlreichen Zeitungsartikeln über ELF klingt Angst vor „Missionierung" an. Als zum Jahresende 2006 die Alte Schule von Laage in umgebauter und sanierter Form als kreativer Jugendtreff eröffnet wurde, berichtete der Güstrower Anzeiger über die Eröffnungsveranstaltung:

> „Jenen, die da wohl fürchten, dass in dem Treff, der für den gesamten Amtsbereich Laage offen steht, durch die Hintertür Kinder missioniert werden sollen, denen sagte der Laager Pastor geradeheraus, dass man dafür den Haupteingang wähle. Wie einen Mantel wolle man den christlichen Glauben hinhalten. Wer mag, könne hineinschlüpfen."[194]

Neben einem deutlichen christlichen Profil ist dem Pastor wichtig, dass die Jugendarbeit offen gestaltet wird; ja, es wirkt bei ihm ganz natürlich, dass Offenheit und Mission zusammengehören. Als die JG zu ihrer Andacht ging, sind die Leute vom offenen Jugendtreff „immer alle mitgegangen. Es ist also nicht so, dass die gesagt haben: Ich komm später, wenn ihr erst mal eure Andacht macht, oder so was." Gerade die Gründergeneration des Senders habe viele Jugendliche aus der Region angezogen und angesteckt. Und immer wieder sei es vorgekommen, dass einige Konfessionslose sagten: „Ihr seid jetzt hier alle getauft und eigentlich fühle ich mich noch nicht so ganz dazugehörig. Ich möchte auch. Und dann haben wir viele Osternächte gehabt, wo wir auch Taufen gehabt haben" (**Lambeth 1**).

Allerdings sind Taufen nicht planbar. Missionarisch wertvoll sei bereits der Abbau von Vorurteilen.[195] Mit den Projekten von ELF verfolgt die Kirchengemeinde in erster Linie pädagogische Ziele. Sie berühren die gesellschaftspolitische Dimension: Die Medienkompetenz junger Menschen

194 Güstrower Anzeiger, 31.12.2006.

195 „Das habe ich halt auch immer gesagt, dass wir auch Punkte brauchen, wo wir auch an die jungen Leute herankommen, die wir sonst gar nicht erreichen." „Und das war für mich auch immer Aufgabe und Ziel, die Kirche zu öffnen. Das war mit dieser Medienarbeit halt ziemlich gut möglich." „Ich dachte, in der Kirche gibt es immer nur traurige Lieder. Dass man auch Fröhliches singen kann, habe ich nicht vermutet."

soll entwickelt und christliche Werte sollen vermittelt werden (**Lambeth 4**). Sowohl der Pastor als auch ein ehemaliger Zivildienstleistender sehen hier einen Schwerpunkt der Arbeit. „Was immer präsent war, war immer diese Wertegemeinschaft: ein offener Raum für Leute, mit denen man sonst nicht so zu tun hatte.“ Menschen verschiedener Prägung und sozialer Schicht seien hier „auf Augenhöhe miteinander umgegangen. Keine Hierarchien [...] jeder ist angenommen worden, wie er da hinkam.“ Aus diesem Grund sei er damals bei der Arbeit hängengeblieben – im Nachhinein war es „der größte Erfolg des Projektes zu sehen“, wie sich einige junge Menschen aus schwierigen sozialen Hintergründen „aufgerichtet“, um 180 Grad gedreht und eine positive Entwicklung genommen hätten (**Lambeth 3**).

Land

„Umgeben vom Recknitztal, einer interessanten Landschaft in der Hügelkette nördlich der Mecklenburger Schweiz mit herrlichen Wäldern, Hügeln, vielen Seen, Wiesen und Feldern, erhebt sich die Kleinstadt Laage. Sie wurde im Jahre 1216 gegründet.“[196] So informiert die Homepage den virtuellen Besucher über die Kleinstadt Laage. Zu ihr gehören elf weitere Ortsteile, in denen insgesamt 5.434 Menschen auf den 81,27 qkm wohnen, was einer Einwohnerdichte von 67 EW/qkm entspricht. 27 Kilometer vor den Toren Rostocks in südlicher Richtung gelegen, ist Laage bekannt durch den gleichnamigen Flughafen der Ostseemetropole und liegt gut erreichbar nahe der A 19. Die 22 Kilometer nach Güstrow fährt man auf der B 103 in 21 Minuten. Trotz dieser recht guten infrastrukturellen Anbindung hat der Bereich Laage zwischen 2004 und 2009 7,9 % seiner Einwohner verloren, wobei der Rückgang bei den 6- bis 18-Jährigen mit 34 % markant, aber für die demographische Situation typisch ist. Von den 18- bis 25-Jährigen lebten 2009 14,4 % weniger in Laage als 2004, und insbesondere gibt es nur bei den über 50 Jährigen wirklich Zuwachs, lediglich einen leichten noch bei denen, die zwischen 25 und 30 sind. Der Frauenanteil lag 2009 bei 49,2 % und die Arbeitslosigkeit bei 9,5 %.

Die aktuelle Klassifizierung des BBSR ordnet Laage dem *überwiegend ländlichen, peripheren Raum* zu (Raumtypen 2010).

Innovation

Bei den demographischen Eckdaten der letzten Jahre, insbesondere dem massiven Schwinden der jungen Generation, dürfte jede kirchliche Arbeit, die Jugendliche anspricht, als zeitgemäß gelten (**Herausforderung 3**). In Laage gelingt es offenbar nicht nur, einen kleinen Ausschnitt aus der jungen Generation anzusprechen, sondern fast die ganze Jugendarbeit der Region abzu-

196 <http://www.stadt-laage.de/index.php?id=71> (zuletzt besucht am 09.08.2013).

decken. Die guten Kontakte zu Schule und Kommune sind dabei vorbildhaft (**Herausforderung 5**).

Dabei werden christliche Werte vermittelt, man wendet sich dezidiert gegen „Fremdenfeindlichkeit" und „Intoleranz", was auf rechtsextremistische Kräfte in den ländlichen Räumen in Mecklenburg reagiert. Vor dem Hintergrund des stetig ansteigenden Einflusses von Internet, Film und Fernsehen ist die Vermittlung von Medienkompetenz an Jugendliche eine zentrale Herausforderung, der man sich in Laage stellt (**Herausforderung 4**).

Schließlich werden gerade bei „Free ride for your mind" Menschen auf ungewöhnliche Weise auf ihren Glauben, auf Gott und Kirche angesprochen. Damit eröffnen sich Kontaktflächen, die in der traditionellen Arbeit nicht bestehen. Gerade in einem Umfeld verdichteter Konfessionslosigkeit kann diese missionarische Berührung als innovativ und vorbildhaft gelten (**Herausforderung 6**).

3.2.12.4 Der Anfang und die Geschichte – die Entwicklung

Das Projekt kann inzwischen auf eine lange Geschichte zurückschauen. Die Beteiligten sprechen von verschiedenen Phasen, die die Medienarbeit in Laage durchlaufen hat. Die Anfänge des Senders reichen bis 1994 zurück. Damals kam der Pastor nach Laage. Mit den frisch Konfirmierten überlegte er, was man in der Stadt für junge Menschen tun könne.

> „Das muss eine besondere Zeit gewesen sein, weil da war ein ganz großes Interesse da. Vielleicht auch dem geschuldet, dass es [...] keine anderen Angebote gab in der Stadt für Jugendliche, und dann haben sie sich eben bei uns hier getroffen. Und da kam so die Idee, nicht nur eine religiöse, sondern eben auch offene, also niederschwellige Kinder- und Jugendarbeit anzubieten. Das war ja auch kurz nach der Wende, da gab es viel Geld."

Mit diesem wurden verschiedene Projekte durchgeführt, eine Holzwerkstatt und Töpferwerkstatt eingerichtet, ein Markt der Möglichkeiten aufgebaut und der kreative Jugendtreff eröffnet.

> „Pastor [...] bringt auf die Jugendfreizeit im Sommer '96 eine VHS-Videokamera mit. Die Jugendlichen der jungen Gemeinde fangen Feuer an dem frischen Medium und beginnen erste Videoprojekte – unter anderem zusammen mit dem Laager Gymnasium. Der kreative Jugendtreff [...] wird mit einer Videowerkstatt um ein weiteres Angebot bereichert: ein Zuspieler, ein Recorder und eine Schnittsteuerung. Diese wurden intensiv genutzt bei verschiedenen Projekten und die jungen Nutzer machten erste Erfahrungen mit dem Medium. Es folgten bunt

> durcheinander Theateraufzeichnungen, Abibälle, Hochzeitsvideos, Talkrunden, und Filmprojekte im Deutschunterricht. Mit dem wachsenden Know-how nahm man sich das Projekt Liveaufzeichnungen (u.a. von Konzerten) vor, wofür umfangreichere Technik benötigt wurde."[197]

Als diese mit einer großzügigen Einmalförderung angeschafft wurde, „entwickelte sich das Projekt nach vorne". Wann das genau war, erinnert sich der damalige Zivildienstleistende nicht mehr richtig: so um das Jahr 2000 herum. Bis dahin waren es eher die „Tüftler im Keller", aber nun multiplizierte sich die Medienarbeit immer stärker nach außen – was auch durch eine neu geschaffene Jugendmitarbeiterstelle gefördert wurde. „Im Frühjahr 2002 widmeten sich die Jugendlichen dem Aufbau der mobilen Aufzeichnungseinheit, die in einen liebenswerten alten Mercedes-Bus integriert wurde."[198]

Mit ihm wurden nicht nur Kirchentage und Festivals übertragen, sondern wurde eben auch Taxi gegen Interview gefahren. Die Idee dazu hatte der Pastor, allerdings stieß er zufällig im Internet auf eine ähnliche Initiative in Düsseldorf. „Und wir haben das ein bisschen verfeinert und [...] haben unseren TV-Bus umgebaut dafür, dass man da auch ordentlich drin sitzen konnte."[199]

Mit der neuen Technik waren indes auch „Studioaufzeichnungen möglich. Der Traum eines Fernsehsenders war geboren."[200] „Die Initialzündung dafür war, dass die Stadt Kabel verlegt hat." „Ein ganz bestimmtes grünes Kabel verschwand im Boden: Laage bekam sein eigenes Kabelfernsehnetz. Damit erschien der Traum eines Senders nun technisch realisierbar."[201] Es folgt die Beantragung der Lizenz, die Landesrundfunkzentrale hat sie dann irgendwann erteilt. Wie schon erwähnt, ging das Erste Laager Fernsehen (ELF) am 7. März 2004 um 12 Uhr auf Sendung.

Begleitet war diese Aufbauphase von ständigen Baumaßnahmen und Umzügen: vom Gemeindehaus ins Pfarrhaus, dann wieder ins Gemeindehaus, ins Kantoren- und Küsterhaus, schließlich in die Alte Schule, die als Jugendfreizeithaus mit bestem technischem Standard ausgebaut wurde. Das gemeinsame Bauen hat für den Pastor „sehr viel mit Gemeindeaufbau zu tun [...]. Wo wir miteinander arbeiten und essen und beten, da entsteht Gemeinde und das haben wir [...] über diese Jahre erlebt." Natürlich bedurfte

---

197 Vgl. die Darstellung der Geschichte auf der Seite www.elf-tv.eu (zuletzt besucht am 08.08.2013).

198 Ebd.

199 Beschreibung des Pastors durch den ehemaligen Zivildienstleistenden: „der ist immer auf der Suche nach Neuem. [...] Er ist ein Mensch, der sehr agil, sehr beweglich ist und sich immer Aufgaben sucht und braucht."

200 <http://www.elf-tv.eu/index.php?option=com_content&view=category&layout=blog&id=11&Itemid=17>.

201 Ebd.

es für diese vielen Aktivitäten, Projekte und Baumaßnahmen finanzieller Mittel. Neben dem Verhandeln mit Behörden und Ämtern sieht der Pastor darin seine Aufgabe. Er habe versucht, „den äußeren Rahmen [...] zu gestalten. Aber inhaltlich haben die das hauptsächlich selbst gemacht." Die Rede ist von einer Gruppe von Jugendlichen, quasi der Gründergeneration. Der ehemalige Zivildienstleistende hebt im Rückblick zwei von ihnen heraus, wobei er über einen davon und den Pastor noch hervorheben kann: Sie „waren verantwortlich für das Gelingen der ganzen Sache. Die [...] konnten immer gut zusammen. ELF war auch immer ein bisschen das Baby der beiden."

Der Pastor lobt indes den Einsatz der jungen Leute von damals:

> „Es sind Jugendliche gewesen, die ein sehr großes Interesse daran hatten, etwas selber zu gestalten, sich einzubringen, nachhaltig einzubringen [...] auch kontinuierlich. Wir haben ja Sendungen gemacht, die täglich neu gesendet wurden. Die sind täglich da gewesen im Studio, mussten was entwickeln usw."

Es waren nicht nur „junge Leute [...], die irgendwie Lust hatten, was zu machen [...] Die haben hier übernachtet! Die waren sozusagen Tag und Nacht hier und haben kaum was anderes gemacht." Schon an der Zeitform dieser Schilderungen merkt man, dass diese Phase vorbei ist. Seit zwei Jahren etwa nimmt der Pastor einen Umbruch wahr. Denn die hoch motivierten Jugendlichen „sind nicht mehr da. Die kann ich ansprechen, dann sind sie wieder da. [...] Aber nicht mehr für die kontinuierliche Arbeit."[202] Der TV-Sender konzentriert sich inzwischen auch stärker auf das Internet; eine Einspeisung in das Fernsehnetz ist derzeit nicht möglich, weil das Rückkabel kaputt ist.

Zu den Faktoren, die das Projekt entstehen ließen, gehörte auch ein Kirchengemeinderat, der dem Pastor immer freie Hand gewährte. Von kirchenleitender Seite war bisweilen die Frage zu hören, ob „das wirklich die Aufgabe von Kirche" sei. Aber insgesamt gab es auch hier viel Unterstützung, ähnlich bei Kommune und Schule: Sie habe sich gewandelt von einem eher skeptischen Partner zu einem, der wie kaum ein anderer die Kirchengemeinde finanziell unterstützt.

Die Herausforderung für ELF besteht wohl darin, das Projekt dauerhaft in die Zukunft zu führen. Den Pfarrer treibt die Beobachtung sehr stark um,

202 „Weiter heißt es: Man kann vielleicht auch sagen, dass sie es versäumt haben, Nachwuchs sich heranzuziehen, obwohl sie das immer versucht haben. Also wir haben immer wieder auch darüber gesprochen, dass das wichtig ist. Aber es ist jedenfalls nicht so gelungen, dass diese intensive Arbeit so kontinuierlich weitergehen kann. Aber ich glaube, es hat nicht unbedingt damit was zu tun, dass das denen nicht gelungen ist. Sondern dass, wie ich es jetzt erlebe, jugendliches Engagement sich verändert."

dass sich jugendliche Partizipation und Engagement grundlegend gewandelt haben: Es sei kaum mehr möglich, junge Leute dauerhaft zu binden und zu begeistern, die Ganztagsschule erschwere die offene Arbeit zudem. Auch sei die Beschaffung von Fördermitteln, gerade für Personal, zunehmend komplizierter geworden. Wenn es weitergehen wird, dann in anderer Form – so ist zwischen den Zeilen der Interviews zu hören. Man kann gespannt sein, welche Richtung dann eingeschlagen wird.

3.3 Teil II: Vergleich der Beispiele: Gemeinsamkeiten und Besonderheiten

3.3.1 *Methodisches Vorgehen*

Nach der Darstellung und Analyse der Fallbeispiele wurden diese nun miteinander verglichen, und zwar hinsichtlich der drei Kriterien *Mission, Land, Innovation*: Gab es auffällige, erwartete oder unerwartete „Einsamkeiten" oder Gemeinsamkeiten in der Zusammenschau der Fingerabdrücke? Dazu haben wir diese kategorienspezifisch abgebildet, so dass sich für *Land, Mission* und *Innovation* jeweils eine eigene Übersicht ergibt. In dieser ist die „Schalterstellung" bzw. „Ampelposition" der einzelnen Beispiele erkennbar und somit vergleichbar.

Die Schaubilder wurden zuerst innerhalb einer Kategorie ausgewertet: Welcher Ausschlag ist auffällig? Welcher ist erwartbar? Welche gemeinsamen Schalterstellungen ergeben sich? Lassen sich dafür Begründungen finden?

In einem zweiten Schritt wurden die drei Schaubilder miteinander verglichen: Gibt es Auffälligkeiten hinsichtlich der „Schalterstellungen"? Uns leiteten dabei Fragen wie: Reagieren besonders die entlegensten Projekte auf die Peripherisierung? Oder ist das Modell „missionarische Volkskirche" in relativ zentrennahen Räumen zu finden?

So interessant Antworten auf solche Fragen sind, ihre Aussagekraft muss leider relativiert werden: Denn beispielsweise haben wir nur einen Vertreter des Modells „missionarische Volkskirche" untersucht. Um aber zu belastbaren Antworten hinsichtlich dieser Korrelationen zu kommen, hätten es mehrere sein müssen. Unsere Ergebnisse im Quervergleich sind also nur Tendenzanzeigen, obwohl wir manche der Aussagen an der Gesamtliste geprüft haben – die Basis ist etwas solider als nur die der zwölf ausgewählten Beispiele.

Eine Besonderheit unseres Vorgehens bestand darin, dass wir die Beispiele als ein Team von vier Interviewführenden in einer „Intensivwoche" *gemeinsam* auswerteten. Das könnte darin resultieren, dass die Vergleichbarkeit in Bezug auf eine Gesamtauswertung der einzelnen Fallbeispiele durch eine solche Multiperspektivität weniger gut gegeben ist.[203] Hierin sahen wir allerdings eher eine Chance. Denn durch die Mehrzahl an auswertenden Personen (mit ihrer je eigenen Subjektivität) verlief der Auswertungsprozess selbst bereits intersubjektiv vermittelt. Im Team der Forschenden, die insbesondere die von ihnen besuchten und dargestellten Fallbeispiele vertreten konnten, kam es dann zu den unten dargestellten Ergebnissen.

3.3.2 Die Fallbeispiele: Vergleich und Auswertung

3.3.2.1 Vergleich hinsichtlich des Missionsverständnisses bzw. -ansatzes

Beobachtungen
Wenn man sich nebenstehende Grafik näher besieht, fällt ein Trend auf, der eventuell schon bei der Einzeldarstellung hervorgetreten ist: Die Hälfte der Projekte versteht sich zuerst als *diakonische bzw. soziale Initiative*. Dementsprechend orientieren sich die Akteure meist an der Lambeth-3-Dimension, um ihr Projekt zu beschreiben: Es geht um Kinder- und Jugendarbeit in Dörfern, um die Begegnung zwischen den Generationen, aber auch um das Bedürfnis nach Identitätsfindung, Sinnfragen, Vergewisserung durch Geschichte und Kultur. All das sind „human needs", auf die man antworten möchte. Es ist auffällig, dass die missionarischen Innovationen, die wir besucht haben, hier selbst ihren Schwerpunkt sehen. Freilich ist diese Kategorie nicht trennscharf abzugrenzen – vor allem von der vierten Dimension nicht: Dabei geht es um *gesellschaftliche Verantwortung der Kirche*, gegen Ausgrenzung, aber eben auch um Generationengerechtigkeit. Am markantesten tritt dieser Aspekt bei der Bandarbeit in Joachimsthal hervor, ebenso bei der Wertevermittlung durch den TV-Sender oder dem Fußballcamp. Wenn man also dieses vierte Lambeth-Kriterium eng neben das dritte stellt, sind es immerhin neun der zwölf Beispiele, die bei ihrer Mission in erster Linie an sozial-diakonisches, gesellschaftliches Engagement denken.

Schaut man dagegen auf die *evangelistische Dimension (Lambeth 1)*, also das, was früher allzu verengt mit Mission gleichgesetzt wurde, so wird man feststellen, wie selten hier der Schwerpunkt der eigenen Arbeit gesehen wird. Nur ein einziges Mal ist das verbale Verkünden des Evangeliums Fokus der eigenen Aktivität: bei dem Glaubenskurs „acht-geben". Diese Beobachtung sollte aber nicht zu einseitigen Schlüssen verleiten: Denn immerhin haben

203 Eine gemeinsame Fokussierung aller am Forschungsprojekt Beteiligten auf die Grundfragen unseres Forschungsprojekts fand freilich ohnehin statt. Zentrales Instrument war hier der strukturierte, gemeinsame Leitfaden.

Mission

Lambeth 1–5

1. to proclaim the Good News → vgl. S. 181
2. to teach, baptize and nurture new believers
3. to respond to human need by loving service
4. to seek to transform unjust structures of society
5. to safeguard the integrity of creation → vgl. S. 181

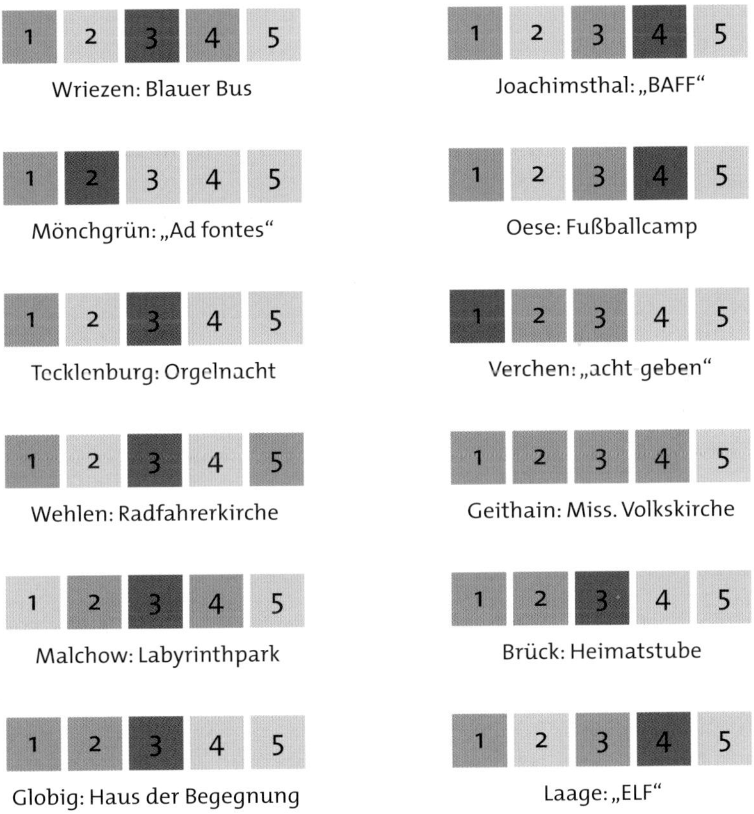

11 der 12 Beispiele *auch* die Absicht, von Gottes Handeln zu erzählen. Sie blenden die Verkündigung also nicht aus: im Gegenteil – sie verstehen es als notwendige Begleitmelodie dessen, was sie an und mit Menschen tun.

Der Text der Lambeth-Konferenz verweist auch auf einen Aspekt der Mission, der mindestens im Protestantismus gern übersehen wird: *die Heiligung, das Wachsen im Glauben (Lambeth 2).* Nur ein Projekt widmet sich vordringlich dieser Aufgabe: die Andachten, die die spirituelle Kompetenz und Mündigkeit der Teilnehmer zu fördern beabsichtigten. Anders als Lambeth 1 läuft diese Dimension nicht immer im Hintergrund mit: Lediglich fünf weitere Projekte haben die „Heiligung" als missionarischen Bestandteil im Blick.

Ganz außerhalb des missionarischen Selbstverständnisses scheint dagegen der *ökologische Aspekt* (Lambeth 5) zu stehen. Dass zu Gottes Sendung in die Welt auch die „Bewahrung der Schöpfung" gehört, berücksichtigt nur ein Fallbeispiel, und das eher zufällig: So will die Radwegekirche die nichtmotorisierte Form der Fortbewegung unterstützen, ihr Hauptanliegen ist das aber nicht.

Schließlich möchten wir noch darauf hinweisen, das in einem Fall keine Schwerpunktsetzung möglich war: In Geithain sind (fast) alle Dimensionen der Mission wichtig und man versucht, sie in der Arbeit abzudecken. Das mag nicht überraschen, denn das eigene Konzept heißt „missionarische Volkskirche" und verlangt folglich eine gewisse Breite.

Deutungen

Zugegebenermaßen hat uns die *Bedeutung des sozialen, diakonischen und gesellschaftlichen Aspekts (Lambeth 3 bzw. 4)* überrascht. Wir erwarteten, dass der evangelistische Teil insgesamt stärker zum Tragen käme. Immerhin haben wir in den Landeskirchen und Kirchenkreisen nach „missionarischen" Aktivitäten gesucht – bei denen man weithin Zeltmissionseinsätze, ProChrist, „Neu anfangen" etc. assoziiert. Wer mit der Selbstzuschreibung „missionarisch" nicht leben konnte, dürfte sich auf unsere Anfrage nicht gemeldet bzw. reagiert haben. Der unerwartete Ausschlag bei Lambeth 3 bzw. 4 kann verschiedene Ursachen haben. Wir führen hier einige Deutungsvorschläge an:

1. In peripheren ländlichen Räumen provoziert die soziale Not und die gesellschaftliche Randständigkeit diakonische und integrierende kirchliche Arbeit. Eingangs sind die Herausforderungen der geographischen Peripherie skizziert worden. Wer hier agiert, passt den Charakter der eigenen Arbeit an das Umfeld an.
2. Dass man auf die „social needs" eingeht und sie besser befriedigt werden, bestätigt, dass es sich um soziale Innovationen handelt. Denn dieser Punkt ist einer ihrer Charakteristika.
3. Immerhin lag allen befragten Akteuren auch die evangelistische Dimension am Herzen. Hier also den alten Gegensatz von Wort-und-Tat-Verkündi-

gung zu bemühen, scheint nicht angemessen. Eine weitere Erklärung könnte darin zu suchen sein, dass sich das Missionsverständnis gewandelt hat. Es ist integrativer, also umfassender geworden. Historische Einseitigkeiten versuchen sowohl die Lausanner Bewegung als auch der Ökumenische Rat der Kirchen zu vermeiden.[204] Transformatorische Mission vs. Evangelisation ist ein überholter Schematismus.

4. Denkbar ist, dass die Akteure diakonisches und gesellschaftliches Engagement als Sprache ansehen, die in ihrem Umfeld gehört und verstanden wird. Damit meinen wir nicht nur die generelle Akzeptanz des sozialen Engagements der Kirche. Religionssoziologische Analysen zeigen, dass gerade in den neuen Bundesländern der Gesprächsfaden mit Konfessionslosen weitgehend abgerissen ist. Religion, Gott und Kirche werden nicht (mehr) vermisst; man interessiert sich weitgehend nicht dafür. In so einer Situation mag eine verbal ausgerichtete Kommunikation die Adressaten nicht zu erreichen. Diese öffnen sich für die gedankliche Auseinandersetzung erst, wenn sie Christen, ihr Handeln und ihre Haltung erleben. Dies legen missionstheologische Erörterungen nahe[205], in unseren Beispielen klingt es in Globig an. Dort sagt die Hauptamtliche:

> „Mission ist: Die gute Botschaft weitergeben. [...] das geht – und da kann ich nur von unserer Region sprechen – [...] bei uns eben wirklich in Wort und Tat. [...] Früher hatten sie [= die Menschen] gehört: ‚Der Kommunismus war's!', dann haben sie gedacht: ‚Der Kapitalismus ist es!' [...] Erzählt haben sie viel gekriegt; aber wir brauchen eben auch die Tat. Wir müssen beides haben."

Zur nächsten Beobachtung kommend war unsere Frage: Was bedeutet die geringe Aufmerksamkeit, die Lehre und Jüngerschaft in den Projekten findet? Auch hier sind es drei mögliche Punkte, die dieses Phänomen erklären könnten:

1. Die zentrale Rolle der Hauptamtlichen findet hier ihre Entsprechung. Die Darstellungen haben es erahnen lassen, die Auswertung der Anfangsphase wird es bestätigen: In den untersuchten Beispielen sind es mehrheitlich hauptamtliche Mitarbeiter, die eine Schlüsselrolle im ganzen Projekt einnehmen. Wird dadurch versäumt, engagierte Christen zu fördern, sie fachlich und

---

204 Exemplarisch sichtbar wird die Annäherung an einem Dokument aus dem Jahre 2011. Der Vatikan, der Ökumenische Rat der Kirchen und die Weltweite Evangelische Allianz haben gemeinsam das Papier „Das christliche Zeugnis in einer multireligiösen Welt – Empfehlungen für einen Verhaltenskodex" verabschiedet.

205 Vgl. Thomas Schlegel, Mission im Osten Deutschlands und das Problem des Anknüpfungspunktes, in: Herbst/Clausen/Schlegel (Hg.), Alles auf Anfang, 117–135. Hier ist auch ein Verweis auf die genannten religionssoziologischen Analysen zu finden.

geistlich zu begleiten? Wird dem zu wenig Aufmerksamkeit und Beachtung geschenkt, so dass es als eigenes Ziel keine Erwähnung findet? Vielleicht hoffen die Beteiligten, dass „Heiligung" automatisch durch Mitarbeit geschieht. Wenn diese Vermutung zutrifft, muss aber ergänzt werden: Die Interviews lassen nicht darauf schließen, dass diese Dimension bewusst ausgeblendet würde. Es würde sich eher um eine unbewusste Lücke handeln.

2. Hintergrund dafür könnte sein, dass in unseren Breiten dem ganzen Aspekt zu wenig Beachtung geschenkt wird: In protestantischer Theologie und Kirche wird „Heiligung" hartnäckig ignoriert. In einem solchen Umfeld wäre es überraschend, wenn die Lambeth-2-Dimension in gleicher Weise vertreten wäre.

3. Es handelt sich in den untersuchten Beispielen um kirchliche Praxis, die sich an Außenstehende wendet. Ziel ist also, Menschen ganz niederschwellig zu erreichen: Man bietet das „Grundprogramm" an, aber an dem „Folgeprogramm", den Schritten zwei, drei und vier im Glauben, ist man nicht sonderlich interessiert. Der Fokus ist ein anderer.

Zu guter Letzt soll noch eine Lücke angesprochen werden, die ökologische. Warum bezieht sich keines der Beispiele dezidiert auf ein „grünes Thema", um Menschen anzusprechen – gerade im ländlichen Raum? Wäre dies nicht ein verheißungsvolles Feld, um authentisch Christsein zu leben und das Evangelium zu kommunizieren?

Wir sind, was diese Unterlassung angeht, etwas ratlos. Zumal es in Ostdeutschland mit dem konziliaren Prozess für Gerechtigkeit, Frieden und Bewahrung der Schöpfung eine theologische und kirchliche Tradition gäbe, solche Themen glaubhaft zu vertreten. In Zeiten der Energiewende schiene es zudem aktuell und nachhaltig wirksam.

Immerhin sind wir mit diesem Ergebnis nicht allein. Die „ökologische Lücke" findet sich auch bei der schon erwähnten Studie der anglikanischen Kirche. Auch wenn dort die prozentuale Verteilung aller Beispiele relativ gleichmäßig war, fiel die fünfte Dimension deutlich ab. So wiesen 31 % Lambeth 3 und 27 % Lambeth 1 als Proprium aus, aber nur 2 % aller Beispiele „Bewahrung der Schöpfung".[206]

3.3.2.2 Vergleich hinsichtlich der Ländlichkeit

Beobachtung und Deutung

Für die Darstellung haben wir aus Gründen der besseren Vergleichbarkeit einen Peripherieindex gebildet. Er setzt sich zusammen aus den Faktoren „Ein-

206 Ross, Exposition, 152 f.

Land

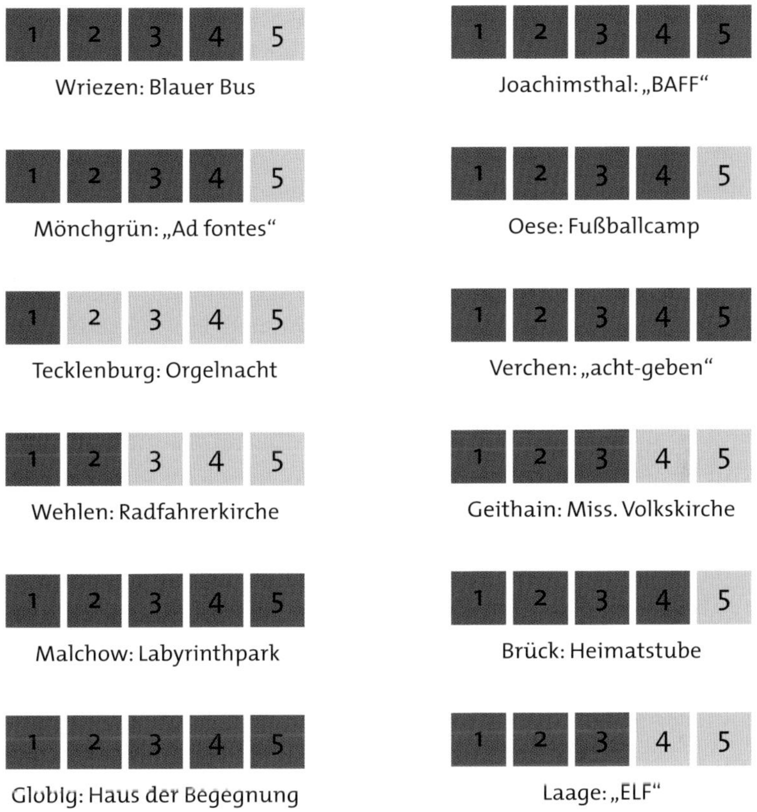

wohnerdichte“ und „Fahrminuten zum nächsten Oberzentrum“.[207] Wenn man die Projekte auf dieser Skala miteinander vergleicht, dann fällt auf, dass ein Großteil (10 von 12) drei und mehr Punkte aufweisen, Wehlen und Tecklenburg hingegen nur einen bzw. zwei. Innerhalb der definierten Grenzwerte (0–150 EW/qkm und >20 Minuten Entfernung) existiert eine gewisse Bandbreite: Die Mehrzahl der Projekte entstand in einem sehr ausgedünnten, entlegenen Umfeld, einige in einem etwas dichter besiedelten, etwas zentraleren Kontext.

Eine genauere Analyse erhält man, wenn man die beiden Komponenten des Peripherieindexes für sich betrachtet. Dazu verweisen wir auf das neben-

207 Vgl. dazu den Abschnitt „Der Fingerabdruck oder: Wo verorten wir das Beispiel innerhalb der Kategorien?“ auf den Seiten 207 ff.

stehende Säulendiagramm. Es unterstreicht die extreme „Ländlichkeit" der meisten Orte: In 9 von 12 der besuchten Regionen leben weniger als 100 EW/qkm. Und in 10 der 12 Dörfer benötigt man mehr als 30 Minuten mit dem Auto zum nächsten Oberzentrum. Die Projekte sind überwiegend im „Peripherraum sehr geringer Dichte" (ROB 2005) angesiedelt. Folgt man der EKD-Nomenklatur in „Wandeln und gestalten", sind sie im Raumtyp I entstanden, also den „strukturschwachen Räumen". Dies ist insofern bemerkenswert, als es in dem EKD-Text heißt: „Von einer besonderen kirchlichen Wachstumsperspektive kann in diesen ausgesprochen strukturschwachen Räumen nicht die Rede sein. Die spezielle Herausforderung für die kirchliche Zukunft besteht vielmehr in der Anpassung kirchlicher Arbeit an die veränderten Rahmenbedingungen außerhalb und innerhalb der Kirche. Es geht in diesen Räumen um die Sicherung und Gewährleistung von Grundvollzügen kirchlichen Lebens."[208] Die im Rahmen von „Landaufwärts" besuchten Beispiele stellen gerade keine Anpassung dar und begnügen sich nicht mit der Gewährleistung von Grundvollzügen.

Es lohnt sich, noch einen Blick auf die drei Orte zu werfen, die „dichter" besiedelt sind. Sie gehören schon eher in den „Peripherraum mit Verdichtungsansätzen" (ROB 2005) bzw. zählen zum Typ II von „Wandeln und gestalten", den „peripheren Räumen mit einzelnen Verdichtungsfeldern"[209]. Punktuell besitze Kirche hier eine „Wachstumsperspektive", nämlich in den Feldern Tourismus, Landwirtschaft und Natur. Diese EKD-Prognose bestätigt sich an unseren Beispielen. Die Radwegekirche in Wehlen wuchert mit dem erstgenannten Potenzial, die Akteure docken an den bestehenden Tourismus an und versuchen, mit seiner Hilfe Menschen zu gewinnen. (Anders beispielsweise in Malchow, wo man versucht, Tourismus zu initiieren). Und Tecklenburg macht sich die relative Nähe zu Osnabrück zunutze: Die städtische Klientel, die für eine Tour in klassischer Musik gern einige Kilometer fährt, belebt die Orgelnacht. Auch die Gemeinde in Geithain, das auf ein breites volkskirchlich-missionarisches Konzept setzt, wird wohl begünstigt durch eine höhere Einwohnerdichte und die verkehrstechnisch gute Lage zwischen Chemnitz und Leipzig. Die relative Nähe zu Rostock war auch ein Pluspunkt für den Laager TV-Sender: Einzelne Studierende bereicherten das Team, und für „Free ride for your mind" waren die Akteure auch auf den Straßen der Ostseemetropole unterwegs. Die genannten Projekte haben – ganz im Sinne der EKD-Schrift – versucht, die punktuellen Standortvorteile, die ihnen ihr Umfeld bietet, für neues Wachstum zu nutzen.

208 Wandeln und gestalten, 26.

209 A.a.O., 27 f.

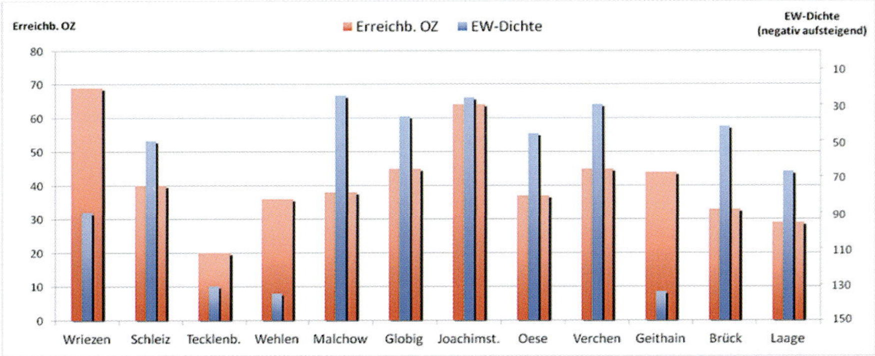

Allerdings ist ein Großteil der hier untersuchten Innovationen dort entstanden, wo es eigentlich keine Entwicklungspotenziale geben sollte – was offenbart, dass auch im Raumtyp I missionarische Aufbrüche möglich sind, die Prognose in „Wandeln und gestalten" also zu korrigieren ist. Man kann noch einen Schritt weiter gehen: Neue Wege in Mission und Gemeindeentwicklung gibt es sogar verstärkt[210] in diesen „Problemräumen".

Abgelegenes, ausgedünntes Land und soziale, missionarische Innovationen: Wir können zeigen, dass dies keine Gegensätze sind; dass sie sich bedingen, kann freilich nur vermutet werden.

3.3.2.3 Vergleich hinsichtlich des Innovationsansatzes

Beobachtungen

Wie bereits dargelegt, steht dabei nicht der Neuigkeitswert der umgesetzten Idee auf dem Prüfstand. Danach fragten wir bereits in Auswertungsdimension Eins. Hier kommt es eher auf Kontextualität als einem der entscheidenden Kriterien sozialer Innovationen an. Denn, so die Theorie[211], nur durch enge Verwobenheit mit dem Umfeld entstehen soziale Innovationen (schließlich reagieren die Akteure auf Dysfunktionalitäten) und haben es auch bei den Folgen im Blick: Für mehr Menschen soll in besserer Weise eine Befriedigung ihrer Bedürfnisse erzielt werden. Wie verhält es sich aber mit der Kontextualität unserer Fallbeispiele: Auf welche Dysfunktionalitäten reagieren sie? Welche Herausforderungen des Umfelds machten die Innovationen notwendig?

Ganz allgemein kann man sagen, dass die Beispiele auf kirchliche (1, 2, 6) *und* gesellschaftliche Herausforderungen (3, 4, 5) reagieren. Jedenfalls gilt dies

210 „Verstärkt" kann sich hier freilich nur auf unsere wenigen Beispiele beziehen.

211 Vgl. zum Folgenden die einleitenden Abschnitte dieser Studie.

Herausforderungen
1) Kirchl. Hardware (Strukturen, Gebäude)
2) Kirchl. Software (EA und HA / Selbstverantwortung von Gemeinden)
3) Demographischer Wandel (viele Alte, wenig Kinder, Pflege etc.)
4) Territoriale Desintegration („Peripherisierung") (Entzug von Kultur, Menschen, Wirtschaftskraft, Bildung, Öffentlichkeit)
5) Entdifferenzierung, Fragmentierung
6) Säkularisierung (Atheismus)

Innovation

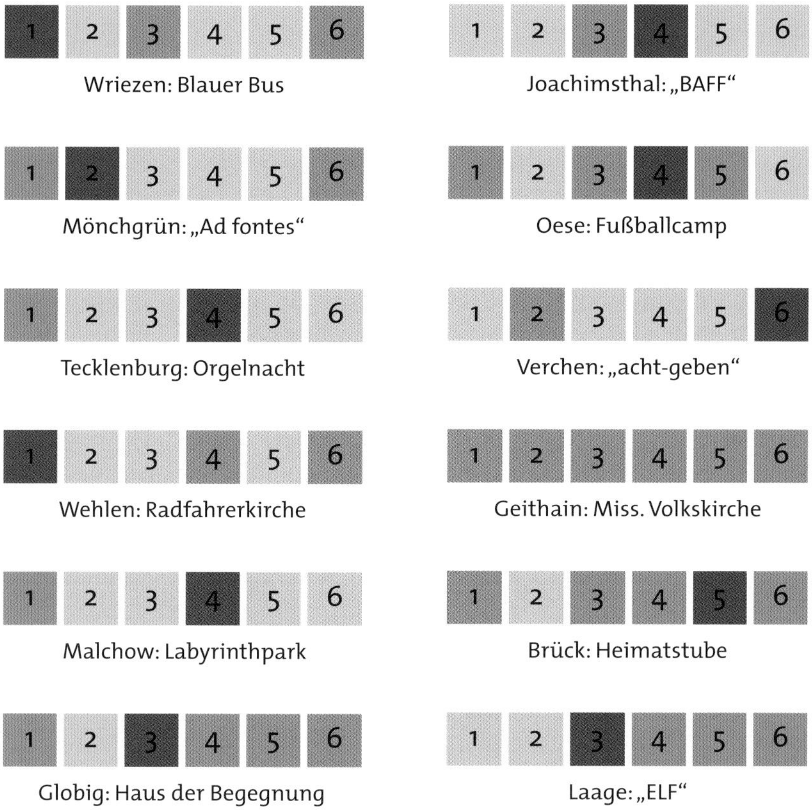

in zehn der zwölf Fälle. Nicht nur genuin kirchliche Engpässe (wie die Vergrößerung der Pfarrbereiche), sondern zugleich auch gesellschaftliche Szenarien bildeten den Hintergrund beim Entstehen der Projekte, mit einer leichten Schlagseite bei den allgemeinen, nichtkirchlichen Entwicklungen. Vor allem die *territoriale Desintegration des Landes* (Herausforderung 4), also das genuine Thema der Peripherie, ist der am häufigsten genannte Grund für das Entstehen der Projekte: Man wollte der Abwanderung von Kultur, Jugendarbeit, Bildung oder sozialer Dienstleistung bewusst etwas entgegensetzen. Für ein Drittel bildete dies die primäre Motivation; bei fast allen eine sekundäre. Eng damit verbunden sind alle Themen rund um den demographischen Wandel (Herausforderung 3): So gaben zwei der Projekte an, darauf besonders reagieren zu wollen – durch intergenerative Begegnungen bzw. dem besonderen Schwerpunkt in der Jugendarbeit. Hierher gehört auch die Gefahr des sozialen Auseinanderdriftens bzw. die Notwendigkeit des näheren Zusammenrückens auf dem Lande (Herausforderung 5), was in einem Fall treibende Kraft für das eigene Engagement darstellt. Zwar haben wir zwischen den Faktoren differenziert und gewichtet: Aber diese Zusammenstellung unterstreicht, dass die gesellschaftlichen Herausforderungen oft zusammenhängen, vor allem in den Aussagen der Akteure.

In den Interviews spielten die bedrängenden kirchlichen Herausforderungen auf dem Lande nicht die dominierende Rolle, wie manche innerkirchliche Diskussion hätte erwarten lassen. Freilich werden die Strukturveränderungen bei Pfarrstellen bzw. Gemeinden (Herausforderung 1) meist mitgedacht und auch erwähnt (9 von 12), als primäre Motivation tauchen sie aber nur in zwei der Beispiele auf. Ebenso die Frage nach freiwilligem Engagement (Herausforderung 2): Es läuft als Hintergrundthema immer mit, als entscheidendes Zukunftsthema, auf das man reagieren möchte, ist es aber nur in einem Fall identifiziert worden. Die fortschreitende Säkularisierung (Herausforderung 6) ist einmal explizite Motivation, aber in 8 von 12 Fällen als bedeutsam für das eigene Handeln erkannt worden.

Auffällig war darüber hinaus: Bei den beiden Projekten, die vorrangig auf kirchliche Herausforderungen reagieren, treten die gesellschaftlichen Probleme des Umfeldes in den Hintergrund, jedenfalls spielen sie in den Interviews keine Rolle.

3.3.2.4 Deutung und Zusammenschau der Vergleiche

In die folgende Deutung sollen neben den Beobachtungen zur Kontextualität auch die Ergebnisse der anderen Vergleiche (Mission, Land) einfließen. Denn es zeigt sich, dass sich die einzelnen Themen durch die Kategorien hindurch ziehen und so ein stimmiges Gesamtbild entsteht.

Die *hohe Aufmerksamkeit für die diakonische und gesellschaftliche Dimension der Mission (Lambeth 3 und 4) findet darin ihre Entsprechung, dass die Reaktionen auf gesellschaftliche Herausforderungen (3, 4, 5) im Vordergrund stehen.* Wie die Gesamtübersicht zeigt, korrelieren diese „Ausschläge" auf der Skala: Wer vornehmlich auf gesellschaftliche Entwicklungen reagiert, dem ist Lambeth 3 oder 4 besonders wichtig. Wo eher kirchliche Themen im Blick waren, hat Lambeth 1 oder 2 eine höhere Bedeutung.

Überraschend ist die Sensibilität für das zivile Umfeld indes nicht. Es kann damit erklärt werden, dass die Projekte sich als missionarisch verstehen. Sie wenden sich folglich nach außen: an den Sozialraum und seine spezifischen Probleme, weniger sind sie an der Klärung genuin kirchlicher Fragestellungen interessiert. Kirche will für andere da sein – tut dies allerdings nicht ohne Bewusstsein für die eigenen Herausforderungen. Denn Strukturfragen, die nachlassende Religiosität und – etwas schwächer – auch die Förderung des Ehrenamtes sind im Blick. Sie werden allerdings eher als Teil der gesellschaftlichen Herausforderungen angesehen. Die Interviewten ordnen jene diesen unter: Sie verstehen beispielsweise das Zurückfahren der Pfarrstellen als Teil der allgemeinen ländlichen Ausdünnung.

Warum allerdings der *Förderung und Begleitung Ehrenamtlicher* nicht mehr an primärer Aufmerksamkeit geschenkt wird, bleibt für uns eine Frage. Ist doch abzusehen, dass die Stützung durch Hauptamtliche in der Fläche abnehmen wird, so dass man die Investition in ehrenamtliche Strukturen als eine der nachhaltigsten bezeichnen kann. Dieser Befund ergänzt allerdings die Gewichtung innerhalb der Lambeth-Kriterien: Den Fragen der Jüngerschaft wurde vergleichsweise wenig Beachtung geschenkt. Auch die Deutungsversuche könnten hier wiederholt werden: Es sind mehrheitlich Hauptamtliche, die Verantwortung in den Projekten tragen; persönliche und geistliche Weiterentwicklung im Ehrenamt wird in unseren Kirchen zu wenig thematisiert; missionarische Projekte richten ihren Fokus nach „außen", nicht nach innen auf die Mitarbeiterschaft. Trotz dieses runden Gesamtbildes ist doch Vorsicht angebracht: Denn es wird an allen Projekten deutlich, wie stark hier Ehrenamtliche einbezogen, gefördert und begleitet werden. Nur geschieht dies qua Mitarbeit im Team indirekt, nicht direkt. Auf die Rolle der Freiwilligen und ihrem Verhältnis zu den bezahlten Mitarbeitern wird noch zurückzukommen sein.

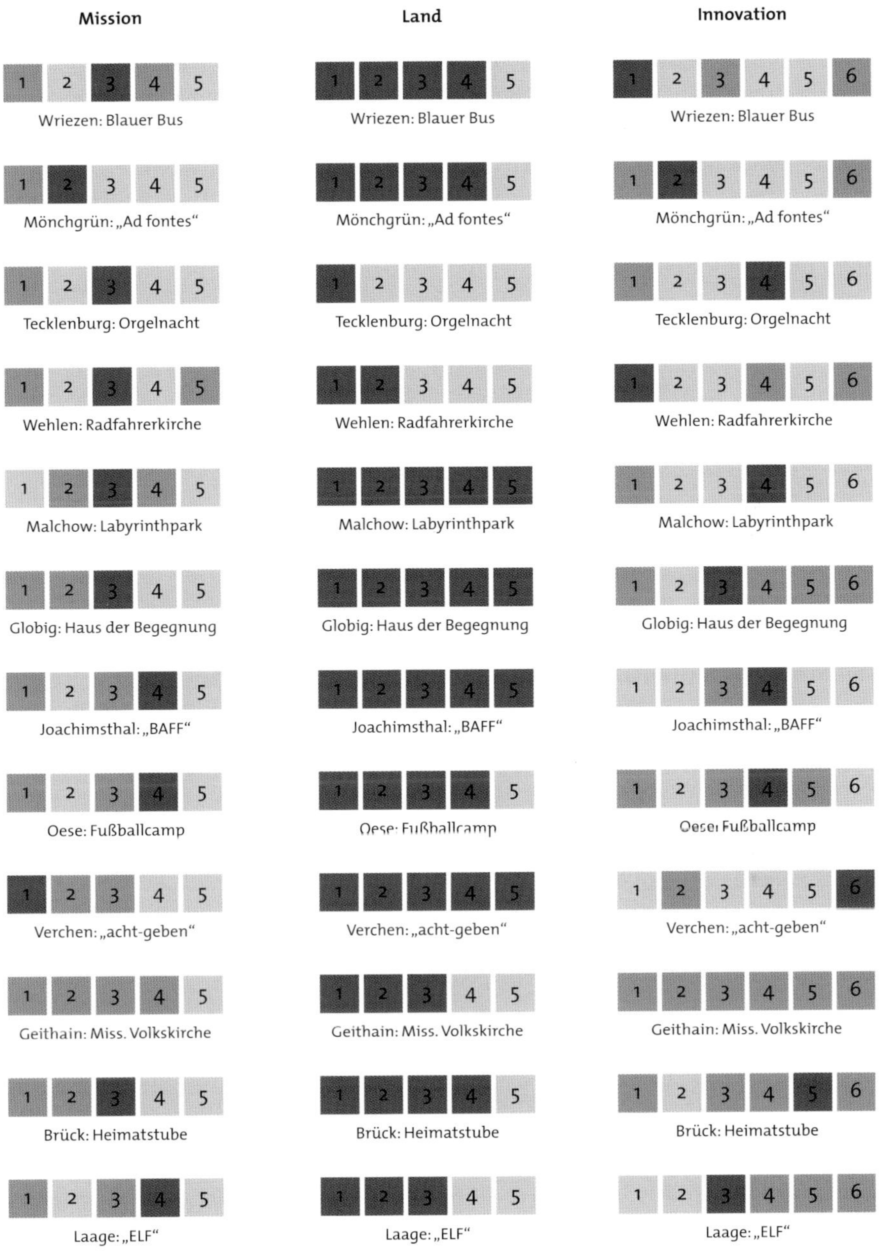
Mission
Land
Innovation
Wriezen: Blauer Bus
Mönchgrün: „Ad fontes“
Tecklenburg: Orgelnacht
Wehlen: Radfahrerkirche
Malchow: Labyrinthpark
Globig: Haus der Begegnung
Joachimsthal: „BAFF“
Oese: Fußballcamp
Verchen: „acht-geben“
Geithain: Miss. Volkskirche
Brück: Heimatstube
Laage: „ELF“

Zunächst aber noch einige Schlussfolgerungen daraus, dass die *Peripherisierung und die mit ihr einhergehende Desintegration als die wesentliche Herausforderung angesehen werden.* Das deutet zum einen den drängenden Handlungsbedarf an. Man spürt bei den Beteiligten, dass sie dem Abgekoppeltwerden begegnen müssen.[212] Es zeigt aber auch, dass die von uns besuchten Innovationen peripheriespezifisch sind, also vor allem auf das Land gehören. Denn die territoriale Desintegration galt ja als eines der markantesten Charakteristika der Peripherie: Sie lässt sich im Unterschied zum demographischen Wandel nicht flächendeckend beobachten. Sie ereignet sich vor allem am Rand: (in den großstädtischen Ghettos und) in peripheren, ländlichen Räumen. Deshalb sind unsere Fallbeispiele dort nicht zufällig angesiedelt. Wir haben sie auch nicht nur entdeckt, weil wir uns besonders für das Land interessieren: *Sie gehören dorthin, weil sie dort entstehen. Sie entstehen dort, weil sie in der Fläche ihren „Sitz im Leben" haben. Gegen Peripherisierungen wendet man sich in der Regel dort, wo Menschen, Kommunen und Gemeinden drohen, abgehängt zu werden: in der entlegenen Weite, nicht in den Zentren.*

Etwas entschärfter lässt sich diese These auch bei den Projekten aufrechterhalten, die auf unspezifischere Herausforderungen antworten: Denn der demographische Wandel, das Zurückfahren der Pfarrstellen: Sie werden am deutlichsten spürbar, wo sie sich mit der Peripherisierung überlagert bzw. durch sie bedingt werden – also in den ländlichen Räumen. Allein das Projekt, das vorrangig der Säkularisierung begegnen möchte – also der Glaubenskurs mit Atheisten –, hätte wohl genauso gut (oder besser[213]) in der Stadt entstehen können.

Nimmt man die Vergleichsergebnisse der Kategorie Land hinzu, *so spricht doch einiges dafür, dass das periphere Land einen besonderen Innovationsdruck erzeugt, der auch tatsächlich zu neuen, kreativen Wegen in Mission und Gemeindeentwicklung führt.*

212 Vgl. dazu auch die Interviewaussagen zum *Grund des Handelns* im Abschnitt „Faktoren der Anfangsphase" auf den Seiten 317 ff.

213 Weil nach der noch immer geltenden Typisierung des Konfessionslosen dieser eher in Städten zu finden ist (vgl. dazu Bernadette C. Hayes, Religious Independents Within Western Industrialized Nations. A Socio-Demographic Profile, in: Sociology of Religion 61 2000, 191–207, 192).

4 Auswertungsdimension Drei: Die Anfangsphase der Fallbeispiele

4.1 Methodisches Vorgehen

In diesem Auswertungsschritt ging es um eine gesonderte Analyse der Anfangsphase. In dem Interview spielte das Gespräch über Rahmenbedingungen, Aspekte und Faktoren bei der Entstehung der Innovationen eine herausgehobene Rolle bzw. stellte im Leitfaden einen gesonderten Fragenblock dar. Dabei galt es einerseits, Gegebenheiten in den Blick zu nehmen, die die *Basis* für das Zustandekommen des Projektes bildeten, andererseits visierte unsere Fragestellung auch Faktoren an, die die *laufenden Entwicklungsprozesse* (während der Anfangsphase) beeinflussten.

Im Rahmen der Auswertungswoche wurde das zur Verfügung stehende Material gesichtet: Dokumente aus den ersten zwei Jahren und die Transkriptionen, die gerade an diesem Punkt umfänglich angefertigt wurden. Angelehnt an die Methode der *Inhaltsanalyse*[214] markierten wir Schlüsselbegriffe (*Keywords*), sammelten sie und bildeten daraus *Kategorien*.

Die jeweiligen Belege wurden nun in einer umfangreichen Wörterliste zusammengestellt. Sie bildete die Grundlage für die Auswertung, die dann themenspezifisch vorgenommen wurde: Dabei war es unser Anspruch, dass alle Aussagen – der Sache nach – in dem folgenden Fließtext abgebildet worden sind. Durch den Überblick haben sich teilweise neue Bündelungen bzw. Subkategorien ergeben.

Parallel zur projektimmanenten Auswertung sichteten wir relevante Literatur hinsichtlich der Anfangsphase sozialer Innovationen. Hier kam es auch zum Austausch mit Frank Moulaert, einem der wissenschaftlichen Vordenker auf diesem Gebiet. Die Ergebnisse fließen jeweils in den Text, meist in der Form von Exkursen, ein.

Nach der *isolierten Auswertung* der Faktoren versuchten wir schließlich, diese in eine *zeitliche Abfolge* zu bringen. Damit sollte der Beginn der jeweiligen sozial-missionarischen Innovation nachgezeichnet werden. Durch die Verdichtung der Erkenntnisse waren wir schließlich auf der Suche nach einer *idealtypischen Prozessgrammatik* für solche Innovationen, die wie alle hier gewonnenen Erkenntnisse nur exemplarische Gültigkeit besitzen kann.

---

214 Vgl. unten „Methodisches Vorgehen“ unter „Teil I: Darstellung und Analyse der Fallbeispiele“ auf den Seiten 205 ff.

4.2 Die Anfangsphase sozial-missionarischer Innovationen oder: Wie hat alles begonnen?

Mit dieser dritten Auswertungsdimension wird vorausgesetzt, dass sich soziale Innovationen zeitlich bzw. linear gliedern und nach Phasen einteilen lassen.[215] Und tatsächlich greift die Forschung klassischerweise auf Phasenkonzepte zurück, „die in unterschiedlichen Variationsformen Schritte der Problemidentifikation, der Vorbereitung, der Generierung, der Beurteilung, der Umsetzung und der Stabilisierung umfassen“[216]. Ein Dreischritt findet sich etwa bei Rothmann[217] (Forschung, Entwicklung, Verbreitung) oder Perri[218] (Invention, Innovation, Diffusion). Ein Vier-Phasen-Modell vertritt Klaus Fichter, der allerdings betriebswirtschaftlich-technischer Diktion folgt: Er unterscheidet zwischen den „grundlegenden Innovationsphasen der *Generierung* (Problemanalyse, Ideengenerierung, Ideenauswahl usw.), *Entwicklung* (Konzeptentwicklung, F&E [= Forschung und Entwicklung] etc.), *Realisierung* (Produktionsvorbereitung, Marktvorbereitung, Markteinführung etc.) und *Diffusion*“[219]. Mit Hans-Werner Franz können die ersten drei Ebenen jeweils zur Anfangsphase einer Innovation gerechnet werden.[220] Die Phase der „Diffusion“ hingegen meint die Adaption jener innovativen Idee durch andere Akteure, Organisationen, etc. und geht insofern bereits von einem gelungenen, abgeschlossenen Praxisbeispiel aus, das nennenswert hohe Nachahmung findet.[221] Anne Parpan-Blaser votiert in ihrer Arbeit eher dafür, das Modell einer „sequentiellen Phasenfolge“ zugunsten eines „komplexen Prozesses“ aufzugeben, weil sich

215 Eine soziale Innovation lässt sich auf vier Ebenen gliedern: Prozess (1), Inhalt (2), Kontext (3) und Auswirkung (4) (vgl. Elias G. Carayannis/Edgar Gonzalez/John Wetter, The Nature and Dynamics of Discontinuous and Disruptive Innovations from a Learning and Knowledge Management Perspective, in: Larisa V. Shavinina [Hg.], The International Handbook on Innovation, Oxford 2003, 115–138).

216 Parpan-Blaser, Innovation, 229.

217 Jack Rothman/John L. Erlich/Joseph G. Teresa, Innovation und Veränderung in Organisationen und Gemeinwesen. Ein Handbuch für Planungsprozesse, Freiburg i. Br. 1979, 12.

218 G. Perri, Innovation by Nonprofit Organizations. Policy and Research Issues, in: Nonprofit Management & Leadership 3 (4) 1993, 397–414, 398–400.

219 Klaus Fichter, Nachhaltigkeit. Motor für schöpferische Zerstörung? In: Howaldt/Jacobsen, Soziale Innovation, 181–198, 183 (Kursive Hervorhebung von TS).

220 Vgl. die Definition der „Anfangs- oder Inventionsphase“ bei Hans-Werner Franz, Qualitäts-Management als soziale Innovation, in: Howaldt/Jacobsen, Soziale Innovation, 335–354, 338.

221 Solche Diffusion kann darüber hinaus durch unseren Begriff von „Innovation“ nicht hinreichend erfasst werden, da wir Innovation weniger von einer allgemein zu adaptierenden, guten, neuen Idee (das wäre „Best Practice“) her verstehen, sondern von der innovativen, missionarischen Antwort auf die Herausforderungen des jeweiligen Kontextes.

„lineare Modelle" als „wenig realitätsnah" erweisen. So durchliefen manche Innovationen „sich wiederholende Schlaufen"[222]. Die Problematisierung einer allzu einfachen Abfolge ist in unserem Fall hilfreich, weil sie auf die Vereinfachung eines linearen Ablaufs hinweist. Aus diesem Grund soll die Anfangsphase hier nicht näher gegliedert werden. Allerdings übernehmen wir die Abgrenzung von Hans-Werner Franz: Unsere Aufmerksamkeit richtet sich im Folgenden auf die Abläufe *bis einschließlich der Realisierung der Innovation, bevor sie allerdings diffundiert*. Vernachlässigt wird also das Innovationsmanagement, das allzu oft im Blick sozialwissenschaftlicher und kybernetischer Literatur ist und wo danach gefragt wird, wie sich Innovationen in Organisationen umsetzen bzw. durchsetzen lassen, aber nicht, wie es zur Innovation als solcher gekommen ist.[223] Diese Frage allerdings stand im Mittelpunkt unseres Interesses.

4.2.1 Faktoren der Anfangsphase

Als erster wichtiger, ja zentraler Punkt sind die Personen, die im Projekt agieren, zu nennen. Trotz der unterschiedlichen Projekttypen stellte es sich heraus, dass immer wieder einzelne Schlüsselpersonen eine herausgehobene Rolle spielten. Die Initiatorin der Tecklenburger Orgelnacht schildert es so: „Es braucht einen Menschen, der den Überblick über alles hat." Interessant ist in unseren Interviews, dass ihre zentrale Position von verschiedenen Seiten bestätigt und nicht angefragt wird. Es sind insbesondere die meist ehrenamtlichen Teammitglieder, die auf die Schlüsselstellung des „Entrepreneurs" hinweisen – während dieser seinen Einfluss eher relativiert.[224]

Die Untersuchung von kirchengemeindlichen diakonischen Aufbrüchen in der Uckermark resümiert: „Von größter Bedeutung für das Gelingen dieser Aufbrüche sind die einzelnen (vom Typ her VÖLLIG unterschiedlichen) *‚charismatischen' Leit-Personen*. Ihr Charisma zeigt sich immer auch in der Bildung eines sehr großen, positiv und tatkräftig gestimmten Mitarbeiterkreises mit hoher interner Kommunikation und Kooperation. Erfolge werden zwar hauptsächlich den Leit-Personen zugeschrieben, aber als gemeinschaftliche erlebt

222 Parpan-Blaser, Innovation, 74 und 229.

223 Vgl. dazu Parpan-Blaser, Innovation, 102 ff. und Rothman u. a., Innovation und Veränderung, 40.

224 So könnte der folgende Ausspruch über die Schlüsselperson in Malchow aus mehreren Projekten stammen: „Er ist jemand, der eigentlich […] und das ist wirklich das, was ihn auch auszeichnet – sich mit dem, was er hier leistet und was er macht, nicht in den Vordergrund stellt. Er sagt nicht: ‚Ich hab!', sondern ‚Wir haben!'. Ganz eindeutig. Und er ist auch oftmals stinksauer, wenn in dem Zeitungsartikel mit vielen Sachen nur sein Name drinsteht, sondern er sagt: ‚Nein, der Gemeindekirchenrat hat. Ich bin ein Teil davon.'"

und dargestellt."[225] Die Notwendigkeit solcher „community entrepreneurs"[226] für das Entstehen von sozialen Innovationen hat auch die sozialwissenschaftliche Literatur immer betont. Eglė Butkevičienė spricht hier von „hero"[227], Frank Moulaert nennt sie einfach charismatische Führungspersönlichkeiten.[228] Hierunter ist ein *Pionier* zu verstehen, der nicht als systemkonform agierender, „risk-taking entrepreneur", sondern in erster Linie als „‚non-conformist' individual" zu verstehen ist.[229] Diese Pioniere bzw. Helden des Anfangs spielen eine entscheidende Rolle, wenn es darum geht, Projekte zu initiieren und Netzwerke zu kreieren und zu aktivieren.[230]

In fast allen Fällen sind die Schlüsselpersonen hauptamtlich Beschäftigte, zum großen Teil Pfarrer. Es treten allerdings auch eine Gemeindepädagogin, ein Religionspädagoge, ein Sozialpädagoge und eine Musikerin als solche hervor. Es finden sich nur an drei Stellen Ehrenamtliche als „Heroes", wobei nur ein einziger als Landwirt in einem nichtkirchlichen Beruf arbeitet.[231]

Was macht sie bzw. ihn[232] zur Schlüsselperson? Bezüglich seiner/ihrer Rolle gibt es in den Schilderungen des jeweiligen Projektes große Übereinstimmungen bei den verschiedenen Befragten.[233] Am häufigsten wurde die Funktion als *Ideengeber* betont[234] – obwohl die Analyse ergab, dass die Idee häufig von außen kam und vom „Hero" aufgegriffen wurde. Da er ein guter *Organisator*[235] ist, laufen bei ihm die Fäden zusammen, sodass er auch häufig die *Letztverant-*

225 Das beobachten auch Wolf von Nordheim und Susann Jenichen in dem SI-Forschungsprojekt „Befähigende Kirchengemeinde" in der Uckermark (vgl. Zwischenbericht zum Projekt 123 des SI der EKD, Hannover 2012, 19 [unveröffentlicht]).

226 Stephan Beetz/Claudia Neu, From business development to quality of life. Innovation in rural northeast Germany, in: Outlook on AGRICULTURE 35, 2 2006, 137–142, 139.

227 Butkevičienė, Social Innovations, 81.

228 E-Mail von Frank Moulaert vom 18.09.2013.

229 Vgl. Beetz/Neu, Business development, 138. Darum ist auch die primäre Schwierigkeit nicht so sehr das finanzielle Risiko, das zu tragen wäre, sondern die Aufgabe, die soziale Akzeptanz einer Innovation zu erreichen.

230 Vgl. Beetz/Neu, Business development, 139.

231 Die Tecklenburger Initiatorin ist teilzeitbeschäftigt als Kirchenmusikerin, eine Frau aus dem Team in Verchen gehört zur Christusbruderschaft Selbitz. Der Landwirt war Teil des Zweierteams in Seelow/Wriezen.

232 Unter den „Heroes" finden sich 12 Männer und 4 Frauen.

233 Zum Beispiel erwähnt der Hauptamtliche in Malchow – befragt auf seine Rolle –, dass er „das Geistliche einbringt" und die ganze Entwicklung „moderiert". Die eine der beiden befragten Kirchenältesten sagt: „Sein Job ist nun mal – meiner Meinung nach – geistlich die Verkündigung, aber auch das Ganze hier in einem großen Part geschäftsführend am Leben zu halten, am Laufen zu halten." Der andere Kirchenälteste benutzt das Wort „Trainer" für den Pastor.

234 Brück, Geithain, Globig, Laage, Malchow, Wehlen, Seelow/Wriezen.

235 Brück, Schleiz, Wehlen.

wortung[236] trägt. Das *Beschaffen von Geld* wurde ebenfalls als wichtige Funktion benannt.[237] Bei den Pfarrern unter den Schlüsselpersonen war das Einbringen seiner *geistlichen und theologischen Kompetenz* ein weiterer Aspekt. Kaum überschätzt werden sollte seine Rolle als *Netzwerker*, wobei sie explizit nicht immer genannt wurde.[238] Denn – wie noch auszuführen ist – Schlüsselpersonen sind kooperative Menschen, die für andere offen sind. Ihre Kommunikationsfähigkeit und den partizipativen Leitungsstil, der die notwendige Begleitung in Veränderungsprozessen ermöglicht, hebt Anne Parpan-Blaser an den „Heroes" hervor.[239]

So müssen es nicht nur Einzelne sein, die eine Schlüsselrolle bei der Entstehung des Projektes spielen. Diese Funktion kann auch ein **Team von zwei bzw. drei Personen** einnehmen. Ihr Zusammenspiel prägt die Innovation entscheidend, so dass es – mindestens im Rückblick – nicht möglich ist, dieses Team auseinanderzudividieren und einem Einzelnen die hervorgehobene Rolle zuzuschreiben. Immerhin trifft dies auf vier der zwölf Beispiele zu: In Seelow/Wriezen war es ein kongeniales Team, das sich offenbar gut ergänzte und befruchtete. Auch für Verchen, Geithain und Laage könnte man Ähnliches konstatieren. Hier trafen die beiden/drei Akteure vor Entstehen der Innovation aufeinander und begleiteten das Projekt von Beginn an.

In keinem einzigen Fall freilich agiert der „Hero" allein, auch nicht dann, wenn es zwei oder drei Schlüsselpersonen gibt. Es bildet sich immer ein **Team von freiwillig Engagierten** heraus. Dabei tritt die Schlüsselperson nicht als unnahbare Lichtgestalt im Gegenüber zum Team auf. Es ist vielmehr das *Miteinander auf Augenhöhe*, was in den besuchten Projekten so vorbildhaft funktioniert.[240] So beschreiben die Ehrenamtlichen sich – trotz der Wertschätzung des „Hero" – nicht als seine Erfüllungsgehilfen. Sie reden vom **Wir**.

Auch die sozialwissenschaftliche Forschung verweist auf die Bedeutung eines Wir-Gefühls unter den Akteuren. Das beginne bereits bei einer vergleichbaren Wahrnehmung der Bedürfnisse vor Ort[241] und erstreckt sich auf „geteilte Visionen" als innovationsförderlichen Einflussfaktor.[242]

„Durch das, was sie machen, können sie ein Wir-Gefühl vermitteln, nehmen sie natürlich ganz, ganz viele Leute mit. Und das ist das Ausschlaggebende,

236 Brück, Globig, Laage, Malchow, Tecklenburg.

237 Brück, Laage, Seelow/Wriezen.

238 Brück, Joachimsthal, Oese, Seelow/Wriezen.

239 Vgl. Parpan-Blaser, Innovation, 232.

240 „Wir haben hier ein sehr gutes, schönes Miteinander." Ehren- und Hauptamtliche reden gleichermaßen davon.

241 Vgl. E-Mail von Moulaert vom 18.09.2013.

242 Vgl. Parpan-Blaser, Innovation, 230.

denk ich."[243] Bei der Schilderung der Aktionen wirkt es, als wenn die Frage nach Haupt- oder Ehrenamt in den Hintergrund rückt. Es zählen dann viel stärker die Kompetenzen bzw. Gaben der Teammitglieder.[244] Man geht arbeitsteilig vor. Insofern ist die Schlüsselperson auch bisweilen verzichtbar: Einige Teams operieren regelmäßig oder in größeren Abständen ohne ihn/sie: „Wir waren ein Team, und jeder hat so eingebracht, was ihm wichtig war. Die sind ja dann auch irgendwann selbstständig – da habe ich nie was mit zu tun gehabt – aufs Jugendmediencamp gefahren."[245]

Das dadurch entstehende Selbstbewusstsein wird besonders in Malchow augenfällig: Das Team agiert mit großer Souveränität. Das Grundstück, auf dem der Labyrinthpark steht, wird von einer Gemeindekirchenrätin in Berlin ersteigert, ein Ausschuss besichtigt selbstständig andere Erlebnisparks in Deutschland, um für Malchow zu lernen. Und wenn eine Fahrt ins Konsistorium nach Berlin ansteht, machen sich Teammitglieder auf den Weg:

> „Das sind auch so Sachen, die für […] Konsistoriumsbeamte manchmal ein bisschen schwierig zu verstehen sind, dass der Pfarrer daheimbleibt und sich nur die Ehrenamtlichen auf den Weg machen. Da kommt eben dann nicht nur einer, sondern […] vier oder fünf."

Betont werden sollte noch, dass dieses Selbstbewusstsein des Teams nicht in Autonomie mündet. Das Gegenteil ist der Fall: Team und „Hero" wissen, dass sie einander bedürfen. So findet sich der wechselseitige Verweis auf die zentrale Bedeutung mehrere Male.[246] In Geithain beispielsweise äußern die ehrenamtlichen Mitarbeiter auf die Frage, wer das Projekt maßgeblich präge: „die Pfarrer", und die Pfarrer ihrerseits betonen wie aus einem Mund: „die Ehrenamtlichen". Dass die **Eigenständigkeit des Teams** nicht problematisch,

---

243 Ein Ehrenamtlicher in Malchow, der die eigene Arbeit in der 3. Person Plural beschreibt.

244 Diese Beobachtung soll exemplarisch an folgenden Beispielen plausibilisiert werden: In *Seelow/Wriezen* wuchert der Ehrenamtliche mit seinen bundesweiten Kontakten; bei dem Hauptamtlichen ist es seine sozial-kommunikative Kompetenz, die lobend hervorgehoben wird. In *Laage* ist es die technische Kompetenz eines Teamers, die andere Jugendliche fasziniert und anzieht, der Hauptamtliche liefert Ideen für neue Projekte und das entsprechende Geld. In *Wehlen* fand ein ehrenamtliches Teammitglied durch seine Sport- und Fahrradbegeisterung dazu, obwohl er kein Christ war; ebenso zählen bei den Mitgliedern im *Brücker* Heimatstubenkreis ihre Kenntnis der Ortsgeschichte und das handwerkliche Geschick. Auch sie sind mehrheitlich keine Christen und gehören so nominell nicht zur Gemeinde.

245 In Schleiz führt dies auch zur Freude und Dankbarkeit des „Heroes": Die ersten Gehversuche der Ehrenamtlichen, ihre gewachsene Kompetenz und Selbstständigkeit. Ohne permanente Beteiligung des „Heroes" operieren auch die Teams in Laage, Malchow, Brück – in Globig wird die fehlende Eigenständigkeit des Teams beklagt.

246 So nachweislich in Brück, Geithain, Joachimsthal, Laage, Malchow.

sondern vielmehr erforderlich ist, wird z. B. in Globig mehrfach deutlich. Dort wird die fehlende „Weitsicht“ und Initiativität der Ehrenamtlichen von Seiten der Schlüsselperson beklagt und als Schwierigkeit offen benannt: „Das läuft alles über mich. [...] Wenn ich da nicht was mache, kommt auch keiner.“[247]
Was die Frequenz der **Teamsitzungen**, die **Größe des Teams** sowie deren klar umrissene **Ränder** angeht, gibt es eine hohe Varianz. In den eher projektartig konzipierten Innovationen bilden sich die Teams, wenn die nächste „Staffel“ ansteht, so in Tecklenburg, Verchen, Oese und z. T. auch in Brück. Andere, dauerhafte Innovationen benötigen ein verlässliches Team. In Globig besteht das Team nur aus wenigen Personen (vier), in Schleiz aus ca. 50. Wenn das Team mit einem festen Gremium ineinanderfällt[248], sind die Grenzen bestimmbar, wobei es auch hier Mitarbeiter außerhalb der Gremien gibt. Bei den Projekten, die vornehmlich jugendliche Partizipanten haben,[249] ist nicht deutlich, wer und wie viele eigentlich zum Team gehören, bzw. ist die Fluktuation hoch. Es scheint hier kaskadenförmig zu funktionieren: Es gibt einen engeren und weiteren Mitarbeiterkreis.

In Laage wird – quasi vom Gegenteil her – deutlich, welch eine zentrale Rolle das Team für Entstehen und Fortbestand einer Innovation spielt: Die Zeit der größten Dynamik fällt mit dem Engagement einer Gruppe von Jugendlichen zusammen, über die sich der Hauptamtliche im Rückblick euphorisch äußert:

> „Das [sind] ja nicht einfach nur [...] junge Leute gewesen, die irgendwie Lust hatten, was zu machen. [...] Die haben hier übernachtet! Die waren sozusagen Tag und Nacht hier und haben kaum was anderes gemacht. Da ist also ganz viel Zeit investiert worden, damit das überhaupt entstehen konnte. Also nicht nur von mir, sondern auch von den Jugendlichen.“[250]

Inzwischen ist ein Großteil des ehemaligen Teams, mit dem der Fernsehsender aufgebaut wurde, berufs- oder studienbedingt verzogen. Parallel dazu hat sich auch die Dynamik abgeschwächt, die Innovation entwickelt sich deutlich langsamer, sie hat sich verändert. Der Hauptamtliche bringt beides in einen ursächlichen Zusammenhang. In Bezug auf das Team sagt er:

> „Ich habe natürlich, sage ich mal, wenn ich das versuche rückblickend [...] anzuschauen, denen [...] die Möglichkeit gegeben, dass sie das tun können. Aber sie

247 Die Herausforderung, die „richtigen Leuten mit den richtigen Gaben [zu] finden“, wird in Brück, Wehlen und Seelow/Wriezen explizit benannt.

248 Brück, Geithain, Joachimsthal, Malchow.

249 Laage, Seelow/Wriezen.

250 Vgl. dazu den Faktor *Einsatzbereitschaft* weiter oben in dieser Auswertung, sowie das Zitat der Hannoverschen Studie „Ausstrahlung gewinnen“ (Faktor *Grund* bzw. *Anliegen* der Akteure).

haben es dann auch selbstständig getan. [...] Diese Möglichkeit ist nach wie vor da, aber es gibt kaum noch welche, die so intensiv gerne was tun wollen."

Ohne ein Team, so könnte man resümieren, wäre die Innovation in Laage nicht möglich gewesen. Die Schlüsselperson sagt es noch grundsätzlicher: „Der ländliche Bereich ist kein Hinderungsgrund für so ein Projekt. Hinderungsgrund ist einfach nur, wenn du keine Leute dafür hast, die dafür brennen – und die kann es eigentlich überall geben."[251]

An zwei Stellen soll diese Aussage vertieft werden. Zunächst deutet das „Brennen" auf die **weichen Faktoren** hin, auf die wir in den Interviews häufig gestoßen sind. Das können **Haltungen** der Akteure sein oder **Atmosphären** bzw. **Stimmungen**, die in den Teams herrschen. So unterschiedlich die Situationen und Personen auch sind, manche dieser weichen Faktoren sind in allen Interviews begegnet, so eben **Begeisterung** oder Leidenschaft.

In Seelow/Wriezen heißt es über den Anfang: „Das war wirklich eine Zeit, da brannten alle auch dafür. Und das war die *Hoch*zeit. Und schon nach wenigen Monaten platzten wir aus allen Nähten." Und in Malchow resümiert eine Kirchenälteste: „Die Begeisterung muss natürlich da sein. Wenn alle nur sagen: ‚O, wie furchtbar!', da wird nichts!"[252]

Noch häufiger berichten die Beteiligten, dass die Mitarbeit ihnen **Freude** bereite, sie **Spaß** mache und das auch auf die Zielgruppe überspringt. Die ehrenamtliche Andachtsleiterin aus Schleiz berichtet: „Wenn man da [= in die Kirche] hinkommt, man freut sich immer und man merkt, auch die anderen sind immer sehr offen und freudig drauf." Und der Initiator des Projektes erzählt von den Teamtreffen: „Diese Situation, dass sie sich untereinander austauschen und das mit Tiefe, [...] war für mich toll, hat einfach Spaß gemacht."[253]

Noch in einer zweiten Hinsicht soll auf obige Bemerkung des Laager Pfarrers eingegangen werden. Denn diese ließe sich auch fatalistisch interpretieren: Wo die engagierten Leute fehlen, kann man auch nichts machen. Dort wird es nicht zu einer Innovation kommen. Doch viele der Beteiligten sind für die Arbeit erst gewonnen worden. Es wird immer wieder von

251 Auch in Malchow und Joachimsthal wird das Team als der wichtigste Faktor für das Entstehen der Innovation bezeichnet. So sagt die Hauptamtliche aus Joachimsthal: „Der wichtigste Schritt: dass die Kirchengemeinden Verantwortung für die Jugend des Ortes übernommen hat."

252 Vgl. auch Joachimsthal, Geithain, Wehlen, Laage und Verchen, wo die Idee „sofort irgendwie Begeisterung" fand.

253 In Brück bemerkt der HA, dass die Arbeit im Projekt „wenigstens Spaß machen muss". In Malchow vergleicht ein Kirchenältester das Projekt mit einer Pflanze: „Man weiß ja nicht so genau, was entwickelt sich aus einer Pflanze. Aber diese entwickelt sich hier, und die macht Spaß und die macht den Leuten Spaß." Den Konfirmanden in Geithain soll die Zeit „Spaß machen"; ähnlich in Globig, Joachimsthal, Laage, Oese, Tecklenburg und Wehlen.

der Eigenschaft der Schlüsselperson berichtet, **andere mitzunehmen und anzustecken**:

> „Da können Sie keine Pfarrer haben, die introvertiert im stillen Kämmerchen sitzen und sagen: Ich bete nur zu Gott und alles andere interessiert mich nicht. [...] So was steckt natürlich an. Dann kommt die Begeisterung rüber. Und wenn so was dann gelingt und Spaß macht, dann funktioniert das. Das hängt natürlich immer an den agierenden Personen."

Aus der Binnenperspektive beschreibt es der Hauptamtliche in Wehlen so: „[W]enn man selbst von einer Sache ergriffen ist und mit Mitstreitern eine Sache von innen heraus betreiben kann, dann findet man auch Menschen, die mitgehen."[254] In Laage ist es das innere Team, das andere mitzunehmen vermag: Die Jugendlichen haben „immer noch so andere um sich geschart". Besonders einer von ihnen „hat es verstanden, junge Leute zu ziehen, indem er gemacht hat – vorgemacht hat. [...] [W]enn jemand sieht: ‚O krass, das kannst du?' [...] In seiner ruhigen Art hat er beeindruckt – eigentlich hatten alle diese ruhige Art, halt Mecklenburger."

Zur „ruhigen Art" passt sicher auch die **Beharrlichkeit** und **Treue**, mit der die Projekte verfolgt werden. „Du brauchst eine Regelmäßigkeit." Trotz teilweise massiver Widerstände bleiben die Akteure bei ihrer Idee. **Mut** und **Gottvertrauen** sind gefragt. So gab es gerade in Joachimsthal Anfeindungen, Einbrüche und sogar Morddrohungen. Vom Weg ließ man sich nicht abbringen, der Gemeindekirchenrat blieb geschlossen auf Kurs.[255] Gerade dieses Durchhalten offenbart das **Überzeugtsein** von den eigenen Ideen, man könnte es auch ausgeprägtes Selbstbewusstsein nennen.[256]

Dennoch fällt auf, dass die Interviewten ihre Arbeit hinterfragen und relativieren können. Sie geben Fehler zu oder fragen bei Misserfolg, was falsch lief (Globig, Laage, Tecklenburg). Sie unterziehen das Projekt einer systematischen Prüfung (Joachimsthal, Verchen) und lassen sich korrigieren (Oese, Seelow/Wriezen). Es herrscht eine Kultur der **Fehlerfreundlichkeit**. In Geithain beschreibt einer der Hauptamtlichen die eigene Haltung so:

---

254 Auch hier lassen sich wieder mehrere Belege anführen: In Joachimsthal stecken die Breakdancer und Rocker die Jugendlichen an, in Oese und Globig sind es die Hauptamtlichen, die um Mithilfe bitten, und in Tecklenburg „sprüht" die Schlüsselperson „vor Begeisterungsfähigkeit".

255 Auch in Geithain ist das Ziel, „treu [zu] werden im Durchhalten", und in Oese resümiert der Ehrenamtliche: „Einen langen Atem haben ist auf dem Land wichtig." Auch in Wehlen betonen die Ehrenamtlichen, wie wichtig „Durchhaltevermögen" ist.

256 Gerade angesichts finanzieller Engpässe wurde dieses Selbstbewusstsein in Tecklenburg wichtig: „Wir haben gesagt, wir haben ein gutes Projekt und das wird funktionieren. Wir haben einfach dran geglaubt."

> „Den größten Fehler, den du machen kannst, ist, gar nichts zu machen und nur die Hände in den Schoß zu legen und abzuwarten. [...] Mach was, bring dich ein, mit dem, was du kannst, so gut es geht, und hör dir die Kritik dann auch an und ertrage auch, wenn was schiefgegangen ist."

Anne Parpan-Blaser verweist in der Auswertung ihrer empirischen Erhebung ebenfalls auf die Bedeutung von Haltungen bzw. Eigenschaften: Was das Team der Mitarbeitenden (inkl. der Leitungsperson) angeht, hebt sie hervor: Offenheit und Lernbereitschaft, Professionalität, Kompetenz. Aber auch psychologische Persönlichkeitsaspekte wie „besondere Schaffenskraft" oder „ein hohes Maß an verbindlichem Engagement" sind von entscheidender Bedeutung.[257] Innovationsfördernd sei es ebenfalls, wenn sich Akteure oder Institutionen „als Lerngemeinschaften" verstehen und dabei eine Innovation als umfassenden „Reflexionsprozess" begreifen.[258] Lernen und Innovation stehen dabei in einem Zusammenhang.

In allen Beispielen eignet den Akteuren eine gewisse **Agilität** bzw. **Initiativität**. Sie sind auf der **Suche nach neuen Projekten**. „Wir wollen was Neues machen. Wir wollen nicht was machen, was schon existiert. Wir wollen was machen, was etwas in Gang setzt"[259], so beschreibt der Hauptamtliche in Malchow die Stimmung im Gemeindekirchenrat. Über den Pastor in Laage sagt ein Ehrenamtlicher: Er „ist immer auf der Suche nach Neuem. So der Spruch: Nach dem Projekt ist vor dem Projekt. Das trifft bei ihm sehr zu. Er ist ein Mensch, der sehr agil, sehr beweglich ist und sich immer Aufgaben sucht und braucht."[260] An zwei Stellen wird auch von **Pioniergeist** gesprochen.

Diese Haltung ist verwandt mit dem, was man wohl am ehesten mit **interessierter Offenheit** beschreiben könnte. Die Akteure zeigen sich offen für den Ort, die Region, für die Menschen, deren Bedürfnisse und Mentalitäten. In Geithain möchte man im „besten Sinne des Wortes" Volkskirche sein und

> „nicht sagen: Wir träumen eine Kirche, wenn die Leute andere werden und die Umstände andere werden, dann können wir auch anders Kirche sein, sondern

257 Vgl. Parpan-Blaser, Innovation, 232.

258 Vgl. Parpan-Blaser, Innovation, 231.

259 Die beiden GKR-Vertreter beschreiben die Sache von sich aus so: „Ich denke, da sind wir alle [...] im GKR neugierig und haben Lust auf was Neues und wollen was machen, und das zeichnet die Runde auch aus."

260 In Wehlen will man was Neues in der Kirche machen, in Brück erwähnt der „Hero" salopp, dass man immer eine „neue Sau durchs Dorf treiben müsse", in Verchen will man den Glaubenskurs „nochmal neu erfinden", auch wenn es mühsam ist, und in Tecklenburg ist die HA immer „interessiert, Neues zu hören".

> wir wollen Kirche sein für die Menschen, die hier leben, wo wir hingesetzt sind, und mit dem Kirchenleben in ihrer Wirklichkeit ankommen."[261]

So geht man auch auf ungewöhnliche Ideen ein: „Wenn 'ne Bitte an uns herangetragen wird, lieber Ja sagen oder [...] Ja, aber bisschen anders als Nein." Eine solche Ja-Mentalität bringt der Brücker Pfarrer auf den Punkt: „Ich sag immer erst mal Ja." Er hilft dem Tourismusverein bei einem Wildwasser-Fotoshooting, die Geithainer organisieren den Tanzkurs des Ortes, weil der bisherige Träger abgesagt hat, die Jugendlichen aber unbedingt tanzen wollen. Auch in Joachimsthal zeigt man sich offen für die Ideen der Jugendlichen, will für sie die Bandarbeit organisieren, auch wenn sie sich als gewaltbereit und offen für rechte Gedanken gezeigt haben. Es ist auffällig, dass sich die Protagonisten nicht abgrenzen, **auf Außenstehende zugehen** und keine Berührungsängste mit Nichtchristen zeigen.[262] Die Sensibilität für den Kontext ist in Verchen sogar zum Markennamen geworden: Der Glaubenskurs heißt „acht-geben", und die Akteure bitten uns: „Wenn Sie dazu irgendwas schreiben, dann wär's schön, wenn dieses ‚acht-geben' als [...] Projekt-Name auch auftaucht. Weil irgendwie hat uns das immer wieder begleitet." Diese Form der **Sensibilität für das Umfeld**, der Entgrenzung kirchengemeindlicher Zuordnungen und des Selbstverständnisses einer „Kirche für andere" ist in allen von uns besuchten Beispielen angetroffen worden. In gewisser Weise ist dies bei missionarischen Projekten erwartbar, sollte aber dennoch erwähnt werden.

Frank Moulaert hebt ebenfalls die Notwendigkeit einer wahrnehmenden Haltung („listening to the breaths and heart beats of the community") für soziale Innovationen hervor, welche die „(unmet) needs of the community" aufzuspüren versucht. Hier geht es zunächst um einen „Screening"-Prozess durch informelle Beobachtungen oder vielfältige Gespräche. Gleichzeitig können auch formalisierte Befragungen hilfreich sein (Fokus-Gruppen, Experteninterviews etc.).[263] Ähnliches empfiehlt Gerrit Noort im Blick auf innovative, missionarische Ausdrucksformen gemeindlichen Lebens.[264]

---

261 Fast gleichlautend klingt die Bemerkung des Ehrenamtlichen in Wehlen, der die Öffnung der Kirche begründet: „Wir müssen Leute nehmen, wie sie sind, und nicht, wie wir sie haben wollen.".

262 In Brück ist der Pfarrer eines Tages in den Räumen der Volkssolidarität unterwegs. Dort trifft er auf einen Kreis älterer Frauen, die regelmäßig zu Brettspielen zusammenkommen. Er redet mit den Damen. Sie äußern ihr Unbehagen über die Räumlichkeiten, die unansehnlich und zudem kalt seien. Der Pfarrer lädt sie umgehend ins Pfarrhaus ein, wo sie sich seitdem treffen – obwohl sie mit Kirche und Glaube keine Verbindungen haben.

263 Vgl. E-Mail von Moulaert vom 18.09.2013.

264 Vgl. Gerrit Noort, Einen Spielraum zur Neuorientierung bereitstellen, in: Christiane Moldenhauer/Georg Warnecke (Hg.), Gemeinde im Kontext. Neue Ausdrucksformen gemeindlichen Lebens, Neukirchen-Vluyn 2012, 134–144.

Offenheit bedeutet auch das Wahrnehmen fremder Kompetenzen, **Kooperationsbereitschaft** und das schon angesprochene Lernen von anderen. In Oese war dieses bescheidene Herangehen ein „Türöffner", wie der Hauptamtliche rückblickend beschreibt:

> „Wenn wir über Projekte auf dem Lande reden, dann finde ich das ganz wichtig, den Leuten nicht von oben herab zu kommen: ‚Wir machen das jetzt mal, und wir als Kirche machen jetzt auch noch mal Fußball.' Wir haben das ein bisschen stümperhaft begonnen an manchen Stellen [...] Und dann sind wir gleich auf so ein abweisendes Verhalten gestoßen. Bis wir dann gemerkt haben: Nee, lass noch mal überlegen, wer sind hier eigentlich die Experten? Wir als Kirche? Nein. Wir haben vielleicht eine Affinität zum Fußball, aber das macht uns noch nicht zum Experten. Und dann sind wir auf die Trainer zugegangen. Ich hab damals auch in einer Herrenmannschaft hier gespielt. Insofern war da ein kurzer Weg. Und da hab ich gesagt, wir brauchen mal eure Hilfe, und das hat sofort gefunkt. [...] Das fanden die echt gut, dass Kirche [...] auch mal kommt und sagt: Wir brauchen mal Hilfe, ihr habt doch da ein gutes Netzwerk, ihr habt die Trainer, ihr habt die Ausbildung: Wie ziehen wir so'n Fußballcamp auf? [...] Kirche wird oft ganz anders wahrgenommen, weiß auf jede Frage irgendeine Antwort, das wollen die Leute auf dem Dorf gar nicht so unbedingt."

Diese kurze Geschichte ist ein Beispiel dafür, wie aus Haltungen **Handlungen** werden. Die kommunikative Kompetenz und die Lernbereitschaft würden nichts nützen, wenn sich der Hauptamtliche nicht entschlossen hätte, diese Kontakte zu pflegen und tatsächlich von anderen zu lernen. Dies gilt für alle hier skizzierten Haltungen, dass sie nicht nur Eigenschaften bleiben, sondern in Taten und Aktionen münden. So wird bei vielen Interviewten eine hohe **Einsatzbereitschaft** offenbar, die dazu führt, dass sie keinen „Dienst nach Vorschrift" machen, sondern sich über das Normalmaß hinaus engagieren.[265] Die Handlungen selbst sind allerdings kaum vergleichbar. Mal ging es darum, ein Musikprogramm zusammenzustellen, einen Bus herbeizuschaffen, dann darum, in Archiven zu forschen oder mit Architekten zu verhandeln. Mehrfach war die Innovation mit einer **Baumaßnahme** verbunden[266]:

265 In Geithain hat man den „Winterball" am dritten Weihnachtsfeiertag wiederbelebt. Dieses Fest war dort eine alte Tradition, die eingeschlafen war, aber nach Meinung der „Heroes" dazugehört, wenn man „Kirche für das Volk" sein wolle. So kombinierte man das Fest mit Liveband, Varieté und Pfarrerkabarett – obwohl der Pfarrer solche Veranstaltungen für sich nicht präferiert: „Manchmal macht man seine Hobbys, vielleicht wie zelten gehen oder survivaln [...], aber eben auch Dinge, die man freiwillig nicht machen würde und die man auch am dritten Weihnachtsfeiertag nicht braucht, eigentlich."

266 So in Brück, Globig, Joachimsthal, Laage, Malchow, Wehlen und Seelow/Wriezen.

> „Bauen ist immer was, was sehr viel mit Gemeindeaufbau zu tun hat. Viele klagen darüber, bauen zu müssen, wir haben immer gerne gebaut, bis zum heutigen Zeitpunkt, weil wir eben nicht nur von Firmen bauen lassen, sondern wirklich möglichst viel selbst machen. Und wo wir miteinander arbeiten und essen und beten, da entsteht Gemeinde und das haben wir an sich über diese Jahre erlebt [...] diese alte Schule, die wir dort gebaut haben, das ist an sich hauptsächlich von Jugendlichen gebaut und das war einfach die sehr intensive Zeit."

Was allerdings fast immer eine Rolle spielte, waren Aktionen wie: **Geld beschaffen**[267], in der **Öffentlichkeit** auf die Arbeit aufmerksam machen, **Denken – Planen – Konzipieren**[268], **Beten**[269] und das schon erwähnte **Netzwerken.**

Hier lohnt ein vertiefender Blick, denn die agierenden Personen sind gut vernetzt. Was schon hinsichtlich des Heros gesagt werden konnte, gilt auch für das ganze Team: Es bleibt nicht allein, sondern hat weitere Kontakte und Beziehungen, die im Rahmen der Innovation zu **weiteren Unterstützern** werden. Art und Reichweite der **Netzwerke** bzw. ihr zeitlicher und finanzieller Einsatz differieren.

1. Fast immer pflegt man eine gute Beziehung zu **Kommune** bzw. **Verwaltungsgemeinschaft** oder Landkreis. Bürgermeister, Gemeinderat oder andere Behörden (Jugendamt etc.) gehören fast immer zu denen, die nicht unmittelbar in das Projekt involviert sind, es aber gutheißen und nach Kräften fördern. In Wehlen fährt der Bürgermeister auch schon einmal für die Fahrradkirche Rikscha, in Brück ist es der Landrat, der die Idee für die Heimatstube einbringt und in Laage haben die Stadtwerke den TV-Sender gefördert.[270]
2. Ebenso häufig und offenbar wichtig ist der Kontakt zu anderen **öffentlichen Einrichtungen** wie Schulen oder Kindergärten (Globig und Joachimsthal) bzw. den **Vereinen**, die kommunal oder regional aufgestellt sind. In Oese sind es gerade die Fußballvereine, mit denen man kooperiert, in Wehlen der ADFC, in Brück der Tourismusverein usw.
3. Daneben stehen diverse Interessenvertretungen und netzwerkartige Zusammenschlüsse wie **Stiftungen, Clubs oder Orden.** Sie agieren in der Regel deutschlandweit und tauchen gerade bei der Geldakquise mehrfach auf.

---

267 Überall außer Verchen und Schleiz.

268 Beide Faktoren überall.

269 Brück, Geithain, Globig, Laage, Schleiz, Verchen, Seelow/Wriezen: Gerade für die Anfangszeit war Geduld und Vertrauen darauf, dass Gott alles lenkt und leitet, nötig. Das Gebet hat dies immer begleitet. In Geithain berichtet einer der beiden Pfarrer, dass er von Beginn an für die Leute im Dorf bete, während seiner Autofahrten durchs Dorf. Das würde Vertrauen und Annahme schaffen und die Ja-Mentalität befördern.

270 Nur in Joachimsthal, Schleiz oder Verchen finden diese kommunalen und politischen Akteure keine explizite Erwähnung.

4. Naturgemäß bestehen auch Verbindungen zu **Kirchenkreis, Landeskirche, ökumenischen Partnern**, dem CVJM, der Diakonie, Bibelschulen oder Bruderschaften (Christusbruderschaft Selbitz).[271] Sie bieten finanzielle, geistliche und fachliche Unterstützung sowie personelle Entlastung. *Interessanterweise tritt die unmittelbare Nachbarparochie (-region) nie als Beteiligter oder Unterstützer auf.*

5. An mehreren Stellen rekurriert man auf **externe Experten**. Die Akteure kennen sie aus früheren Tätigkeiten, anderen (privaten) Zusammenhängen oder einfach, weil sie sie aufgrund ihrer Expertise anfragen. Sie stehen meist punktuell als Berater zur Verfügung: So liefern ungarische Studenten den Plan für den Labyrinthpark in Malchow, in Brück sind es Promovenden der Martin-Luther-Universität, die einen Workshop zu Gregor von Brück organisieren. Der Kontakt zu beiden Gruppen ergab sich jeweils über andere Kontakte und nicht aus einer offiziellen Anfrage heraus. Als Einzelratgeber fungieren in Oese Josef Riederle, in Geithain Klaus Douglass und in Schleiz Sw. Anna Maria aus der Wiesche. In Joachimsthal belebt man alte Verbindungen und bittet Rockmusiker und Breakdancer, die Arbeit mit den Jugendlichen zu übernehmen.

Besonders augenfällig wird der Effekt weit gespannter **Netzwerke** in Seelow/Wriezen. Eine der Schlüsselpersonen ist Ritter im Johanniterorden, gehört dem Rotary-Club an, ist Mitglied des Bundestages und war jahrelang Teil der Kirchenleitung in der EKBO. Als die Idee der Jugendarbeit im Oderbruch geboren war, begünstigten diese Verbindungen das Entstehen enorm: Über den Präsidenten des Rotary-Clubs in Frankfurt/Oder, der sich der Arbeit annahm, wurde bundesweit für die Arbeit geworben. Es ergaben sich Kontakte zur Herrhausen-Stiftung, zur Robert-Bosch-Stiftung und Kinder-in-Not-Stiftung, die sich alle in irgendeiner Form finanziell beteiligten. Darüber hinaus schossen die Landeskirche, das Land Brandenburg, das „Inner Wheel" (Rotary) und der Johanniterorden Gelder zu. Die Kontakte halfen beim Besorgen und Umbau des Busses, beim Schaffen und Besetzen von Stellen, so dass der „CVJM im Kirchenkreis Oderbruch" zu den personalstärksten Ortsvereinen in ganz Deutschland gehört. Die erwähnten Netzwerke waren dabei nicht nur als institutionelle Verbünde wichtig: Sie ermöglichten (vor allem) persönliche Kontakte zu Schlüsselpersonen in anderen Bereichen, die wiederum als Ideengeber oder Netzwerker zu anderen dienten.

Netzwerkbeziehungen zu Organisationen, Individuen, staatlichen und privaten Einrichtungen spielen in der Anfangsphase eine entscheidende Rolle, so

271 Der Kirchenkreis bzw. dessen SuperintendentIn ist trotz mancher Spannungen der häufigste kirchliche Unterstützer, dicht gefolgt von der Landeskirche. In Globig arbeiten hin und wieder Absolventen freikirchlicher Ausbildungsstätten mit, in Schleiz und Verchen sind Vertreter der Selbitzer Bruderschaft unmittelbar beteiligt.

sagt es die sozialwissenschaftliche Forschung übereinstimmend.[272] Denn solche Netzwerke bündeln die Ressourcen und Synergiepotenziale lokaler Akteure.[273] Wichtig ist dabei insbesondere, dass diese innovationsfreundlich ausgerichtet sind.[274]

Nach der Darstellung der agierenden Personen, ihren Haltungen und Handlungen soll nun der Blick darauf gerichtet werden, *wie* es denn in den einzelnen Fällen zur sozial-missionarischen Innovation kam. Ergeben sich aus dem Quervergleich der zwölf Beispiele Erkenntnisse zum Grund, warum sie nötig wurden?[275] Was war Anlass für die neue Praxis? Woher kam die Idee?[276]

Der **Grund** für die neue Praxis hat in unseren Beispielen entweder etwas mit einer besonderen, d.h. **veränderten Situation** zu tun, auf die die Akteure reagieren (wollen), oder/und mit einem **Mangel**, der als solcher wahrgenommen wird. So fragte man in Wehlen systematisch im Rahmen des Gemeindeentwicklungstrainings (GET) „nach der Situation“, in die „hinein [...] die Kirche gebaut“ wurde. Dann überlegte das Team: „Das Drumrum hat sich [...] im Laufe der Geschichte verändert und: Was ist denn jetzt unsere Situation? [...] Wie können wir jetzt Kirche bei den Leuten sein? Wenn man reinhört in die Zeit, dann heißt das: Sächsische Schweiz, Tourismus, Elbe, Radweg.“ Auch in Joachimsthal war die besondere Situation, in der der Rechtsextremismus im Abdriften der Peripherie einfachen Halt versprach, Grund dafür, sich der gefährdeten Jugendlichen besonders anzunehmen.[277] In Schleiz und Tecklenburg stellte insbesondere die veränderte kirchliche „Situation, dass Kirchspiele immer größer wurden“ bzw. die kulturelle Versorgung ausdünnt, die Hintergrundfolie für die Projekte dar. In diesen Fällen wird auch deutlich, wie eng die neue Situation mit einem Mangel verbunden wird: Der Tecklenburger Schlüsselperson ist klar, dass das kirchenmusikalische Angebot in den länd-

272 Vgl. Butkevičienė, Social Innovations, 81; Howaldt/Schwarz, Soziale Innovation, 94; E-Mail von Moulaert vom 18.09.2013.

273 Vgl. Beetz/Neu, Business development, 139.

274 Beetz/Neu, Business development, 139/141.

275 Für die inhaltliche Dimension der Gründe verweise ich auf die Auswertung der Kriterien (vgl. dazu den Abschnitt „Die Fallbeispiele: Vergleich und Auswertung“ auf den Seiten 302 ff.). Dort war bei Mission und bei Innovation dargestellt worden, wo die jeweiligen Projekte thematisch ansetzen (Evangelisation, Politik, Kultur etc.).

276 Eine separate Darstellung dieser Faktoren soll dabei nicht den Eindruck erwecken, als hätten sie nichts miteinander zu tun. Grund, Anlass, Idee und Anliegen sind nachträgliche Konstruktionen, die im Entstehungsprozess viel stärker miteinander verschmolzen sind. So bildete in Seelow/Wriezen die konkrete Anfrage der umliegenden Kommunen sowohl Grund als auch Anlass für den Blauen Bus, der freilich nötig wurde, weil es auf dem Land wenig Angebote für Jugendliche gab. Auch die Idee ist mit der Vielzahl der Anfragen gesetzt: „Wir müssen ein Haus bauen. Das Haus müsste Räder haben.“

277 Das Ausbleiben der Jungs bei den Angeboten der Freizeitstätte Oese und deren gleichzeitiges (wachsendes) Interesse an Fußball waren der Grund für das Fußballcamp Oese.

lichen Gemeinden zu dürftig ist, in Schleiz geht das Wegbrechen regelmäßiger Gottesdienste im überschaubaren Turnus mit dem Verlust an Frömmigkeit einher. Ähnliches gilt für Globig und Verchen, die beobachtet haben, dass die „normale kirchliche Schwelle zu hoch ist“ bzw. die Sprache in den bisherigen Glaubenskursen „total daneben“ war. Die Beobachtung, dass es keinerlei Angebote für Kinder und Jugendliche in Laage gibt, war zu Beginn der 1990er Jahre Grund für die breitgefächerte Jugend(medien)arbeit.

An den Beispielen wird deutlich, wie eng der Grund an das **Anliegen** der Akteure gekoppelt ist. Wenn es beispielsweise in Laage nicht Anliegen des „Hero“ gewesen wäre, auf die nachwachsende Generation zuzugehen, wäre obige Wahrnehmung folgenlos geblieben – oder sie hätte sich unter Umständen nicht einmal eingestellt. Wenn in Wehlen kein Bedürfnis vorhanden gewesen wäre, außenstehende Menschen zu erreichen, wäre man gewiss nicht auf das Potenzial der radelnden Urlauber gekommen – oder hätte noch nicht einmal die Situation analysiert. Ähnliches gilt für die anderen Beispiele: *Der Grund für die veränderte Praxis ergab sich aus der Spannung von derzeitiger Wirklichkeit und dem inneren Wunsch, wie sie sein sollte.* So wird in den Interviews an vielen Stellen klar, dass die Akteure *etwas wollen*.

Gerhard Wegner schreibt über das Geheimnis attraktiver Kirchengemeinden:

> „Entscheidend ist die Erfahrung, dass diese Gemeinden etwas wollen. Sie wollen die Dinge nicht treiben lassen, sie unternehmen etwas und machen sich auf den Weg. Und: Sie halten auch durch! Das jedoch hat viel mit dem Faktor Arbeit zu tun. Es wird in diesen Gemeinden viel gearbeitet. Das klingt banal – aber das ist es überhaupt nicht. Etwas zu wollen, das auch zu sagen und dann auch zu tun, hat seine eigene Faszination und zieht Menschen an, weil es mit Selbstbewusstsein einhergeht. Und Selbstbewusstsein erzeugt ein Kraftfeld. Indem eine Gemeinde ‚etwas zu wollen beginnt‘, fängt sie an, sich von anderen Gemeinden und von ihrer Umwelt zu unterscheiden. Sie beginnt, ein ‚Ich‘ oder besser ein ‚Wir‘ auszubilden.“[278]

Was die Akteure wollen, ist verschieden: So sagt die Hauptamtliche in Joachimsthal, dass sie „über attraktive Jugendkultur mit Jugendlichen in Kontakt kommen“, „über die Jugendkultur ein demokratisches, tolerantes Miteinander [...] transportieren“ und „Partizipation, Verantwortung, Selbstbewusstsein entwickeln“ wollen. Daneben erwähnt sie die „Liebe zu den Jugendlichen“,

278 Gerhard Wegner, Sozialwissenschaftliche Vermutungen über das Geheimnis attraktiver Kirchengemeinden, in: Philipp Elhaus/Matthias Wöhrmann (Hg.), Wie Kirchengemeinden Ausstrahlung gewinnen. Zwölf Erfolgsmodelle, Göttingen 2012, 187–198, 192 f.

und auch eine missionarische Dimension, die übrigens in allen Projekten vorhanden ist, aber eine je unterschiedlich starke Rolle spielt. In Verchen hat man das „brennende Bedürfnis, mit Leuten irgendwie in Kontakt zu kommen und denen was weiterzusagen" – auch dadurch, dass man die Teilnehmer erst einmal annimmt und wertschätzt, wie sie sind. Mission in Wort und Tat ist auch das Hauptanliegen in Globig, wobei hier im Einzelnen beabsichtigt wird, „Generationen zusammenzubringen", „Kinder zu fördern" und „Eltern zu stützen". Evangelistisches, diakonisches, kulturelles, gesellschaftliches Engagement sind Nuancen des breitgefächerten Einsatzes in den untersuchten Beispielen. Eine Einstellung verbindet allerdings alle Akteure: *Sie gehen alle davon aus, dass Kirche eine Mission hat und sich diese nicht nur auf die eingetragenen Kirchenmitglieder vor Ort richtet, sondern an alle Menschen im erreichbaren Umfeld.* Und sie alle versuchen, Teil dieser Mission zu sein.

Wie es zu diesem Anliegen der Akteure kommt, wurde nicht eigens erfragt. Es ist an manchen Stellen nur überdeutlich, dass die „Heroes" sie von außen, d.h. aus früheren Erfahrungen in anderen Kontexten mitbringen. Vielleicht fällt deshalb der Beginn der Innovation öfter in die Zeit des Arbeitsantritts. Die Schlüsselperson in Joachimsthal hat früher in Berlin/Kreuzberg eine ähnliche Arbeit gemacht, in Brück stammt er aus einer Missionarsfamilie, in Globig sammelte sie Erfahrungen im CVJM bzw. freikirchlichen Bereich, und in Tecklenburg erlebte sie ein ähnliches Projekt in Münster. In Schleiz reifte das Anliegen beim „Hero" in seiner früheren Arbeit als Landpastor.

Sehr viel konkreter wird es, wenn man nach dem **Anlass** fragt. In Brück wird bei den Sanierungsmaßnahmen ein bisher unzugänglicher Raum in der Kirche entdeckt. Glücklicherweise benötigte man für den angepeilten Fördertopf einer Stiftung ein Einzelprojekt, so dass die Idee des Landrats auf fruchtbaren Boden fiel. In Laage war es das Verlegen eines „grünen Rückkabels", das die Idee zum eigenen TV-Sender auslöste, in Malchow die Auflage des Fördermittelgebers, das Außengelände nutzen zu müssen, in Oese die Niederlage der deutschen Nationalmannschaft gegen Italien bei der heimischen Weltmeisterschaft und in Wehlen das Elbehochwasser 2002, die in die Zeit des GET fiel. Eine Systematisierung dieser ganz verschiedenen Ereignisse fällt schwer. Nicht nur, dass Situationen und Akteure jeweils einmalig sind, hier bekommt man auch ein besonderes Gespür für das Kontingent in der Entstehungsgeschichte der jeweiligen Innovationen. Doch darauf wird zurückzukommen sein. Immerhin deutet sich an drei Stellen[279] doch so etwas wie eine Gemeinsamkeit zwischen den Projekten an:

279 Die folgenden Bündelungen sind keine Kategorien im strengen Sinn. Manche überlappen sich, und einige Projekte passen in zwei oder drei der hier vorgestellten Kategorien.

1. Bei knapp der Hälfte der Beispiele bilden besonders **schwierige Umstände** oder negative Erlebnisse offenbar den Startpunkt für den Neuansatz. In Wehlen ist es die Flut, in Verchen ein gescheiterter Glaubenskurs, in Joachimsthal ein beinahe eskalierter Angriff von rechts, in Schleiz beginnt das Projekt, als ein Gottesdiensttermin in Ranis nicht mehr abgedeckt werden kann, und in Malchow weiß man zunächst gar nicht, wie man mit der neu dazugewonnenen, verfallenen Kirche umgehen soll.
2. Zum anderen sind es **institutionelle Anlässe** oder ein geregelter organisatorischer Rahmen, die die Innovation stimulieren. Beispielsweise „zündet" es in Seelow 1995, als drei spätere Schlüsselpersonen hier im Rahmen von ProChrist zusammentreffen. In Tecklenburg ist es das Themenjahr „Reformation und Musik", was die Orgelnacht auslöst, in Oese kommt man anlässlich der WM 2006 zusammen, in Globig und in Wehlen sind es geregelte Prozesse, in deren Rahmen sich Neuerungen ergeben.
3. Schließlich entsteht manche Innovation aus einem auferlegten **Handlungsdruck** heraus, der jeweils verschieden motiviert ist: In Geithain waren es die unumgänglichen Strukturüberlegungen im Kirchenkreis, die zu dem neuen volksmissionarischen Konzept führten. In Malchow bzw. Brück wurde durch die Fördermittelrichtlinien ein Reaktionsdruck aufgebaut.

Zentral für das Zustandekommen einer Innovation ist eine neue bzw. andere **Idee**. Wenn Dinge anders geregelt werden müssen oder etwas Neues entstehen soll, benötigen die Akteure einen Einfall, was und wie dies geschehen kann. Es hatte sich gezeigt, dass der Schlüsselperson die Rolle als Ideengeber zugeschrieben wird. In unseren Gesprächen haben wir explizit gefragt, wie die Idee zustande kam. Dabei hat sich dieses klare Bild etwas differenziert: In Brück kam die Idee für die Heimatstube vom Landrat, in Geithain kommen die Ideen „über Nacht" bzw. „zufällig", in Globig „schenkt Gott die Idee", in Joachimsthal bringt die Schlüsselperson die Idee mit, in Wehlen entstand sie schrittweise aufgrund analytischen Nachdenkens. Damit ist schon einmal das Spektrum der Möglichkeiten markiert. Dennoch gab es auch hier einige Gemeinsamkeiten:

1. Die konkrete Idee wird oft durch einen **Impuls von außen** angeregt bzw. kommt sie ganz von außen. Der Pfarrer von Malchow ist im Urlaub in Dänemark und besucht einen Labyrinthpark. Erst, als alle dort einen schönen Tag genießen, kommt der Gedanke nach einem Transfer in die Uckermark. Die Idee für den „Free ride for your mind" entdeckt der Hauptamtliche in Laage durch Zufall im Internet: In Düsseldorf wurde sie entwickelt und umgesetzt. Die Idee für das Fußballcamp Oese stammt von Wynton Rufer, der ein ähnliches Camp in Neuseeland betrieb, die Tecklenburger Musikerin schnappt die Idee in Münster auf, die Verchener haben ihre „irgendwo mal gelesen" und die Gossner Mission betrieb 1946 auch eine mobile Arbeit, wie sie dann in

Seelow/Wriezen aufgebaut wurde. Selbst in den Fällen, wo sie vor Ort geboren wird, wird ihr Ursprung als extern beschrieben: Über Nacht sei die Idee da (Geithain), Gott habe sie geschenkt (Globig), „Eingebung" (Verchen) und ein „wenig Heiliger Geist" waren verantwortlich, sie habe sich im Zuge von GET eingestellt (Wehlen). Dieser Eindruck wird bestätigt durch die Antworten, die wir auf die Frage nach dem Neuigkeitswert der eigenen Arbeit erhalten haben. Die Geithainer sind sich sicher: „Alles, was wir machen, hat es sicher schon überall mal gegeben." Ähnlich sieht es der „Hero" in Laage: „Fernsehen zu machen, ist nichts Neues", fügt aber hinzu: „Für uns schon." *Die Idee und die an sie gekoppelte Innovation müssen offenbar nicht neu sein, sie müssen nur für den Ort bzw. die Region – oder die Zeit – einen gewissen Neuigkeitswert haben.* So weist der Schleizer „Hero" mit einem müden Lächeln auf die Absurdität der Frage hin, was bei „Ad fontes"-Projekten neu sein soll: „Für die lokale Berichterstattung eignet sich so ein Andachtsprojekt nicht wirklich. Wie sollte denn die Überschrift lauten: ‚Kirche betet wieder!'?"[280] Die Rolle des Hero als Ideengeber liegt in diesen Fällen nicht darin, Dinge zum allerersten Mal zu denken, also zu erfinden, sondern vielmehr darin, bereits Bestehendes oder Bekanntes in einem anderen Setting neu zu denken. *Kreativ ist dieser Prozess nicht wegen völliger Neuschöpfungen, sondern wegen des Transfers.*

Stephan Beetz kommt in seiner Auswertung von drei Innovationen in Mecklenburg-Vorpommern zu einem ähnlichen Schluss:

> „[B]ei den vorgestellten Projekten wird deutlich, dass es sich nicht um Neues im engeren Sinne handelt, sondern sie eine De- und Rekontextualisierung, sprich eine Verfremdung oder Neuinterpretation, von Ideen darstellen. Innovation bezieht sich auf soziale Kontexte, so dass gleiche Handlungen in unterschiedlichen Kontexten und mit verschiedenartigen Zielbestimmungen durchaus innovativ sein können."[281]

2. Einige der Befragten haben die Situation der Inspiration anschaulich geschildert: Die Wriezener Akteure entspannten vor dem knisternden Kamin, als sie mit einigen Leuten bei einer Skifreizeit in den Alpen waren. In Malchow war es ein Herrenausflug in die Sauna, bei dem man auf die Spur des Musikpreises kam, der Familienurlaub im warmen, dänischen Sommer, der die Idee zum Labyrinthpark hervorbrachte. In Oese setzte man die Impulse während eines emotionalen WM-Spiel-Abends zusammen, in Laage surft der Pfarrer im

280 E-Mail vom 05.08.2013.

281 Uwe Altrock u. a. (Hgg.), Innovationsmilieus und Innovationsdeutungen in ländlich-peripheren Regionen, in: Landliebe – Landleben. Ländlicher Raum im Spiegel von Sozialwissenschaften und Planungstheorie, Planungsrundschau 12/2005, 51–67, 64.

Internet herum. Bei der Schilderung fallen Worte wie **„Zufall"**, ganz explizit in Laage, Malchow und Geithain. Freilich sind diese Settings kaum vergleichbar, und es sind auch zu wenige, um Regeln daraus abzuleiten: Es war für uns nur überraschend, dass sich Inspiration bzw. Transferleistung hier wohl eher in einem **zwanglosen, ungeplanten, entspannten Zusammenhang** einstellen.[282]

Diese Beobachtung kann noch etwas ausgezogen werden, weil sich in den Projekterzählungen immer wieder der Eindruck des Zufälligen aufdrängt. Die Entstehung erscheint im Rückblick als eine glückliche Verbindung kontingenter Einzelereignisse, die kaum zu einem geplanten und geordneten Ablauf passen. Es wirkt fast, als müsse man nur einen dieser brüchigen Bausteine aus der Kette herausnehmen – und es wäre nie zu dieser Innovation gekommen. Diese **Kontingenzen** begleiten die Projekte mehrheitlich, scheinbar waren hier die passenden Menschen zur passenden Zeit am passenden Ort zusammen – erst die Mischung der Faktoren bewirkte das Entstehen der missionarischen Innovation.

Am auffälligsten ist dies sicher in Malchow: Mit der Idee des „Internationalen Malchower Kirchenpreises" stellte sich der Bedarf ein, das Außengelände für Sanitär bzw. Küche zu nutzen. Dieses gehörte aber nicht der Kirche. Als man sich erkundigte, stellte man fest, dass das Grundstück zufällig in fünf Tagen in Berlin versteigert wird, schaltete dafür 12.000 Euro frei und fand jemanden aus dem Gemeindekirchenrat, die zu diesem Termin fahren konnte und sich mit 9.500 Euro gegen sieben andere Bewerber durchsetzte. Nur kurze Zeit später sprach eine kleine Vertretung der Kirchengemeinde bei der Vergabekommission eines Fördermittelgebers vor. Es winkten hohe Summen. Sie stellten die Idee des Musikpreises vor, das Gespräch lief gut, bis die Gruppe

> „zum Schluss, ganz zum Schluss gesagt [hat] [...], dass wir dieses Gelände erworben haben samt Speicher. Und da zuckten sie zusammen, und man muss dann raus, und normalerweise wird man nach fünf Minuten wieder reingeholt, und das dauerte, das dauerte, eine dreiviertel Stunde, ne Stunde, und dann holten sie uns rein und haben gesagt: Sie haben sich [...] den Kopf zerbrochen, sie sind total begeistert von dem Projekt [= Musikpreis] und wir kriegen X Euro für die Kirche, aber wir sollen uns was einfallen lassen mit dem Speicher. Die finden, das ist der Rest der Ortsmitte von Malchow, und wenn wir einen guten Einfall haben, kriegen wir nochmal so viel Geld!"

282 So auch die Kreativitätsforschung, etwa Charles Landry für das städtische Umfeld: The Creative City. A Toolkit for Urban Innovators, 2nd ed., London 2008. Hans-Hermann Pompe trägt die Ergebnisse in die kirchliche Regionalentwicklung ein, vgl. Die kreative Region. Was die Kirche von dem Stadtvisionär C. Landry lernen kann, in: Heinzpeter Hempelmann/Hans-Hermann Pompe (Hg.), Freiraum. Kirche in der Region missionarisch entwickeln, Leipzig 2013, 155–179.

Dann kam der Urlaub der Pfarrfamilie in Dänemark. Es bleibt ein Spiel mit Eventualitäten, aber was wäre passiert, wenn das Grundstück nicht zufällig zum passenden Zeitpunkt, zum passenden Betrag hätte ersteigert werden können? Was wäre gewesen, wenn die Bemerkung mit dem Gelände und Speicher nicht gefallen wäre? Was wäre, wenn man diesen Geldgeber nicht aufgetan hätte, zumal dieser bisher „eher abstinent [...] gegenüber Kirche war"? Wenn diese Ereignisse geplant sind, dann sicher nicht von menschlicher Seite.

Eine Äußerung des Pfarrers in Brück brachte uns auf eine Spur, der wir in diesem Kontext ein Stück folgen wollen. Er sagte, der erste Schritt einer Innovation sei das „Wahrnehmen, da ist ein Freiraum". Und tatsächlich reden auch andere von **Freiraum** bzw. Freiheit und Offenheit: Wenn man hier das semantische Feld etwas abschreitet, kommt man leicht auf zwei Nuancen im Gebrauch des Begriffs:

1. Zum einen wird Freiraum im Sinne eines **weiten Handlungsspielraumes** verstanden: Dort ist Platz zum Experimentieren und Probieren, was offenbar die Innovationsbereitschaft der Akteure erhöht hat. In Laage lobt der Hauptamtliche, dass er „immer Unterstützung durch großen Freiraum" seitens des GKR gehabt habe. Den Hauptamtlichen in Geithain ist wichtig, „dass die Ehrenamtlichen ihren Bereich haben, in dem sie frei agieren können, und dass dieser Freiraum auch geschützt wird".[283] Als man im Berliner Konsistorium 1987 an dem Wunsch des Vikars zweifelte, nach Schönfeld (Malchow) zu gehen, sagte dieser: „Lassen Sie mal, ich will mich mal versuchen." Mit „Pioniergeist" fing er dann in der Uckermark an. An diesem Beispiel wird auch die andere Nuance deutlich:
2. Freiraum bedeutet auch, dass **kaum noch etwas anderes da** ist. Es ist Platz für Neues, weil wenig Konkurrenz durch andere Akteure besteht und das kirchliche Leben geschwächt, bedroht oder gar zum Erliegen gekommen ist. In Schönfeld/Malchow war keine der vier Kirchen benutzbar, das Pfarrhaus nicht bewohnbar, und als der junge Pfarrer nach dem mühsamen Herrichten „hier Möbel reingetragen ha[t], ging ein alter Mann vorbei und sagte zu mir: ‚Was wollen Sie denn hier? Nach einem Pastor kräht hier kein Hahn!'" Das war sein „allererster Satz" beim Einzug. Auch in Globig sind die Umstände denkbar widrig: Das Pfarrhaus erinnert die Gemeindepädagogin an „Bulgarien", es findet alle sechs Wochen Gottesdienst mit wenigen alten Frauen statt. In Schleiz bildet bekanntermaßen eine Abdeckungslücke in der Gottesdienstversorgung den Anlass, auf die neue Form der Andacht zuzugehen. Die Schlussfolgerung geht sicher einen Schritt zu weit, aber es wirkt, als würden Abbrüche Aufbrüche fördern bzw. provozieren oder zumindest den Raum bieten, dass sich

283 Dem Duktus nach auch in Wehlen, wo man die „Gemeinde machen" lässt, vgl. oben die Bemerkungen zur Selbstständigkeit des Teams.

solche ungehindert entfalten können. Diese Tatsache würde die Hoffnung befördern, dass von der Peripherie des Landes her kirchliche Innovationen aufbrechen und sich verbreiten.

Auch die sozialwissenschaftliche und kybernetische Forschung verweist auf die Chancen eines infrastrukturellen Rückbaus. Hier entstehe eine Lücke („gap in use"), welche einerseits einen durchaus begrüßenswerten Innovationsdruck („innovation pressure") hervorruft, andererseits neue Möglichkeiten und Spielräume für Experimente bietet, die das Entstehen von Innovationen bedeuten können.[284] An anderer Stelle spricht Stephan Beetz davon, dass „Innovationen nicht nur aus ‚Dichte', sondern auch ‚in Freiräumen und Brachen' entstehen. Solche Nutzungslücken finden sich vor allem dort, wo die Erste Moderne ihre Projekte aufgegeben hat."[285] Für Anna-Konstanze Schröder, die ein missionarisches Gemeindepflanzungsprojekt begutachtete, ist für das gelungene Entstehen von missionarischen Innovationen ein Freiraum für Experimente nötig. Dabei sollte ein organisatorischer Rahmen zur Verfügung stehen, der Handlungsspielräume für bis dato unkonventionelles Handeln eröffnet.[286] Auch Gerrit Noort plädiert für einen „Spielraum zur Neuorientierung" und meint damit insbesondere das kreative Spiel des Experimentes.[287] Stephan Beetz und Claudia Neu betonen in diesem Sinn, dass für soziale Innovationen im ländlichen Raum ein „innovative climate" bzw. eine „innovative environment" erforderlich ist[288], das etwa von Fehlertoleranz und Wertschätzung geprägt sei[289] – und in dem kreatives Träumen möglich ist.[290]

Ganz analog betonen manche der Akteure nachdrücklich, dass es daneben auch einer „Frei-zeit" bedürfe. Im Vorübergehen könne man neue Ansätze nicht etablieren und gerade für Mission sei es

> „wichtig, über einen **langen Zeitraum** mit großer Beständigkeit vor Ort zu sein". Weil es auf Vertrauen und Beziehungen ankommt, braucht man Orte, „wo Menschen sich um Menschen kümmern und die Botschaft bringen. [...] wo man regelmäßig Gottesdienste macht [...], und das muss eben eine längere Zeit sein, das dauert".

284 Vgl. Beetz/Neu, Business development, 138 f.

285 Beetz, Innovationsmilieus und Innovationsdeutungen, 55.

286 Vgl. Anna-Konstanze Schröder, Innovation und Sprödigkeit. Die Gemeindepflanzung in Bergen und ihr organisatorischer Rahmen, in: Christiane Moldenhauer/Georg Warnecke (Hg.), Gemeinde im Kontext. Neue Ausdrucksformen gemeindlichen Lebens, Neukirchen-Vluyn 2012, 124–133, 133.

287 Vgl. Gerrit Noort, Spielraum zur Neuorientierung, 134 f.

288 Beetz/Neu, Business development, 139/141.

289 Vgl. Parpan-Blaser, Innovation, 230.

290 Vgl. Gerrit Noort, Spielraum zur Neuorientierung, 134–144.

Gerade auf dem Land müssen Dinge langsam wachsen und reifen können.[291]

Zu den Faktoren, die in der ersten Phase einer Innovation bedeutsam sind, zählt zweifelsohne die Frage der materiellen **Ressourcen:** Gebäude, Liegenschaften oder **finanzielle Mittel**. Gerade das Beschaffen von Geldern aus verschiedenen Förderquellen war eine der Hauptaufgaben beim Entstehen der neuen Arbeit. Eigentlich kommen nur zwei Projekte ohne das gezielte Einwerben von Geldern aus: Schleiz und Verchen. Alle anderen besuchten Beispiele wenden sich an verschiedene Geldgeber, vor allem aus dem nichtkirchlichen Bereich. Dazu zählen der Johanniterorden, Stiftungen, die EU, der Bund, das jeweilige Land und kommunale Mittel. Aber man geht auch auf Kleinspender zu, auf örtliche Agrarbetriebe, auf den Bildungsspender und versucht natürlich, bei Kirchenkreis und Landeskirche entsprechende missionarische Fördertöpfe bzw. Kollektenmittel zu beschaffen. Auffällig ist also hier die **Diversität** der Geldgeber: Man steht auf „mehreren, verschiedenen Beinen" und rekurriert nicht nur auf die Regelzuweisungen der Landeskirche. So hat der Malchow/Schönfelder Pfarrsprengel einen deutschlandweiten Freundeskreis aufgebaut, der regelmäßig Infopost bekommt. Wie kreativ und vielfältig in Seelow/Wriezen um Geld geworben wurde, ist bereits dargestellt worden. Wo dieser Bereich aus Personalgründen nur spärlich versehen werden kann, sind die Finanzen deutlich knapper, wie in Globig. Sonst sagen die Akteure, dass Geld eigentlich immer vorhanden war, es natürlich hätte mehr sein können und die Beschaffung mit Aufwand verbunden war. Insofern ist das Statement des Laager Pastors symptomatisch:

> „Eigentlich war Geld immer da. Aber auch natürlich nur mit ganz intensiver Akquise. Da habe ich ganz viel Zeit investiert, um an Geld ranzukommen, unendlich viele Briefe geschrieben, an Stiftungen, Organisationen, Firmen und keine Ahnung was. Und wir haben ja auch immer erst wieder weitergemacht, wenn sicher war, dass das Geld dafür da ist."

Finanzielle Ressourcen sind offenbar für die Umsetzung von Ideen notwendig, allerdings kaum für deren Entstehen. Denn am Beginn der Projekte stand nirgends ein großer Geldsegen, sondern Menschen mit Anliegen und Ideen. Sie haben sich dann erst in zweiter Linie um Geld bemüht. So könnte man kurzfassen: *Die Ressourcen bewirkten keine Innovation, aber ohne Ressourcen gab es auch keine Innovation.* Auch Anne Parpan-Blaser stuft die Ressourcen (Finanzen, Infrastruktur) dann als bedeutsam ein, wenn Ideen umgesetzt werden sollen.[292]

291 Vgl. Oese und Schleiz.

292 Vgl. Parpan-Blaser, Innovation, 233.

Ähnliches könnte man in Bezug auf **bauliche Ressourcen** konstatieren. Sie sind nach theologischem Verständnis für Kirche nicht nötig, aber für die konkrete Arbeit vor Ort doch erforderlich. So ist die Aussage des Brücker Pfarrers zu verstehen: „Wir brauchen Räume für Gemeindeleben nicht; aber ohne Räume gibt's auch kein Gemeindeleben." Wie bereits festgestellt, scheinen die inneren Aufbrüche oft mit äußeren zu korrelieren: Im Zuge der Innovation wurde vielfach gebaut. Wo die Innovation diese Dimension aufwies (in Verchen, Schleiz und Oese spielen Gebäude eine nachgeordnete Rolle), standen am Anfang jedenfalls nirgends die „perfekten Bauensemble". Wie in Malchow oder Globig bildete der Gebäudebestand eher Teil der Herausforderung, die dann im Zuge des Projekts bewältigt wurde. Über diese Befunde hinaus spielten Gebäude oder auch andere Liegenschaften in den Interviews keine Rolle.

Konflikte, **Widerstände** und **Probleme** stellen sich auch bei Modellprojekten ein, ja sie gehören zu Innovationen dazu.

Wenn die soziale Innovation sichtbar und erlebbar in ihrem Umfeld auftritt, wird ihre *Konflikthaftigkeit* zutage gefördert. So „geraten soziale Innovationen üblicherweise in Konkurrenz und Konflikt mit bisherigen Praktiken"[293]. Auch Helmut Martens sieht einen Zusammenhang von Innovation und Konflikt und erachtet Innovationsprozesse selbst als „konflikthaltige Prozesse"[294]. Das Auftauchen der Konflikte lässt sich gut vor dem Hintergrund der Diffusionstheorie nach Everett Rogers erklären. Die Akzeptanz der Innovation verläuft demnach nach einer bestimmten Adoptionskurve: auf die wenigen, überzeugten „early adopters", die als „opinion leader" den Weg beschreiten, auf dem ihnen – wenn der Prozess erfolgreich verläuft – sukzessive der „innovationsbereite Mainstream", später die innovationsverhaltene „späte Mehrheit" und schließlich die Gruppe der konservativen „Nachzügler" folgen.[295]

In den Interviews wurde diese Dimension gezielt abgefragt. Dabei wurden manche interne Herausforderungen benannt, die sehr individuelle Züge tragen: So gestaltete sich in Schleiz die zeitliche Nähe von Andacht und Gottesdienst am Sonntagvormittag als Problem, ebenso wie eine Wortauslegung anstatt der Stille. Jenseits solcher projektbezogenen Herausforderungen zog sich durch die Antworten auch hier Gemeinsames, das es nun darzustellen gilt:

---

293 Howaldt/Schwarz, soziale Innovation, 94.

294 Vgl. Helmut Martens, Beteiligung als soziale Innovation, in: Howaldt/Schwarz, soziale Innovation, 371–390. Martens sieht die Konflikte insbesondere auf der Ebene von Machtstrukturen.

295 Vgl. Everett Rogers, Diffusion of Innovations, New York 2003⁵. Dieselbe „Innovationskurve" findet sich etwa auch bei Peter Böhlemann/Michael Herbst, Geistlich leiten. Ein Handbuch, Göttingen 2011, 181 f., wenn es um Veränderungsprozesse in der Gemeindeentwicklung geht.

1. Mehrmals wurden Probleme rund um das **Mitarbeiterteam** angesprochen. „Schwierig ist, die richtigen Leute mit den richtigen Gaben zu finden: Man muss ja Leute finden, die darauf warten." Dass die Hauptamtlichen aus Globig und Laage hier zustimmen würden, klang bereits an, dass es in Wehlen ebenso gesehen wird, noch nicht. Und selbst in Malchow, wo das große Team durch Engagement und Geschlossenheit aufgefallen war, ist es immer wieder eine Herausforderung, diese Einigkeit zu erhalten. Die Zusammenarbeit in wechselnden Teams, auch „mit unkirchlichen Mitarbeitern (Trainer)" wird in Oese als Herausforderung benannt.
2. Eine andere Herausforderung, die sich mehreren Akteuren stellte, war die **Anbindung des neuen Projektes** an die bestehenden Muster in Gemeinde, vor Ort oder in der Region. So wird in Geithain als Problem markiert, dass nicht alle in der Gemeinde den neuen Kurs mittragen, und in Globig, dass Leute im Dorf über das ungewohnte Haus schlecht reden würden. In Joachimsthal sind die Widerstände aus Kommune und Region massiv. *Besondere Aufmerksamkeit müssen die regionalen Projekte der lokalen Anbindung widmen.* In Oese ist das Verhältnis zur örtlichen Jugendarbeit ein Dauerthema, in Schleiz lebt das Projekt nur, wenn sich die Vertreter aus den Orten anstecken lassen, in Tecklenburg schreckt der professionelle Rahmen der Orgelnacht die ehrenamtlichen Kirchenmusiker in den Dörfern eher ab, und in Seelow/Wriezen war man anfangs zu optimistisch, dass einige Engagierte aus den angefahrenen Orten sich dauerhaft in die Arbeit integrieren lassen. Offenbar scheint die Einbettung einer Innovation in den Kontext, dem sie entsprungen ist, eine große Herausforderung zu sein.

Stephan Beetz entdeckt darin eine ihrer neuralgischen Überlebenspunkte. „Die Einbettung von Innovationen in lokale Kontexte geht deshalb einher mit der Balance zwischen Veränderung und Erhaltung sozialer Strukturen, wobei beides einer gewissen Beharrlichkeit bedarf."[296] Das ist bereits von Beginn an bedeutsam: Frank Moulaert verweist auf die „significance" eines Konsenses hinsichtlich der wahrgenommenen Bedürfnisse.[297] Auf den Stellenwert eben solcher „geteilter Visionen" als einem innovationsförderlichen Einflussfaktor weist dann auch Anne Parpan-Blaser hin[298]: Je mehr Menschen mitgenommen werden, umso leichter können Innovationen vor Ort bestehen.

3. Manche der Projekte haben – vor allem auf lange Sicht – mit den **Veränderungen des Kontextes** zu kämpfen. Gerade die, die länger schon bestehen, bemerken, dass sich gesellschaftliche Parameter wandeln. So beklagt der Hauptamtliche in Laage die veränderten Kommunikationsstrukturen der

296 Beetz, Innovationsmilieus und Innovationsdeutungen, 60.

297 Vgl. E-Mail von Moulaert vom 18.09.2013.

298 Vgl. Parpan-Blaser, Innovation, 230.

Jugendlichen, die neuen Zeiten der Ganztagsschule, den „Rückgang der Fördertöpfe". Dass weniger Kinder in der Region leben, erschwert die Arbeit in Malchow und in Oese.

4. Mehrfach thematisiert wird auch der **Widerstand aus den eigenen Reihen**: Besonders Nachbarkollegen zeigen sich neidisch, ignorant oder eifersüchtig, wie in Tecklenburg, Wehlen und Malchow. Manchmal sei der Neid „fürchterlich", besonders „auf Kirchenkreisebene":

> „So dass man manchmal gar nicht Lust hat, eine Sache zu erzählen. [...] Dadurch hält man sich dann lieber zurück, was eigentlich natürlich dumm ist. [...] es geht ja nicht darum, dass man mit irgendwas protzen will, überhaupt nicht. Aber es ist doch wichtig, dass man sich gegenseitig austauscht: Was kann man machen, was ist gut oder so. [...] Das klappt über den Kirchenkreis hinaus besser."

Auch die Ehrenamtlichen bestätigen übrigens diese Wahrnehmung, die beileibe kein Einzelfall ist. „Die Öffentlichkeit, die wir hier suchen, die geht den anderen Pfarrern auf den Wecker." Von besonderen Akzeptanzproblemen unter der regionalen Pfarrerschaft berichten die Vertreter des CVJM in Seelow. Obwohl vor Ort meist keine Jugendarbeit mehr besteht, wittert man Konkurrenz durch den Blauen Bus – und versteht das Angebot nicht als Dienst oder Angebot zur Kooperation!

Die Schwierigkeiten durch Konkurrenz, Ignoranz oder/und Neid werden teilweise begleitet von Widerständen durch leitende Organe, hier besonders dem Kirchenkreis. Eine Schlüsselperson in Geithain bekam von leitender Seite zu hören, dass er „anstrengend" sei und die kreative Art, das Kirchspiel zu konstruieren, wenig Anklang finde. In Joachimsthal geht die Blockade bis hin zum Widerstand: Selbst Kirchenkreis und Pfarrkollegen verhalten sich ablehnend gegenüber dem Rechtsextremismusprojekt. Die Angst vor der „Nestbeschmutzung" kursierte. Dass die Kirchenkreisleitung Dinge ignoriert und damit Förderzusagen gefährdet hat – also blockierend gewirkt hat –, ruft in einem anderen Fall tiefen Frust hervor. Eine Erklärung lautet: „Die mittlere Ebene ist immer verstrickter, die hat's schwerer. Von außen, also von der Kirchenleitungsebene, von der distanzierten Ebene können die die Inhalte natürlich ganz anders sehen und können sich auch anders – ohne selber irgendwie Schaden zu nehmen – positionieren, aber in der mittleren Ebene, wenn's so ein heiß umstrittenes Projekt ist, ist es schwierig!"

Abschließend soll eine ehrenamtliche Schlüsselperson zu Wort kommen, die emotional engagiert erzählt, welch „schwere Verletzungen" die Blockaden aus der Pfarrerschaft hervorgerufen haben, gerade weil sie „aus den eigenen Reihen" kamen und meist indirekt kommuniziert wurden. Es sei „verrückt", sagt er, dass

„ausgerechnet weltliche Institutionen, oft sehr staatstragende Persönlichkeiten der DDR […] uns Türen und Tore geöffnet haben. Die haben uns oft viel eher als eine wichtige Kraft, wichtige Institution gesehen als ausgerechnet die, von denen wir Schützenhilfe und seelische und moralische Unterstützung erwartet hätten."

4.2.2 Zeitliche Ordnung der Faktoren

Nach der Beschreibung der Faktoren sollen diese in eine zeitliche Abfolge gebracht werden. Damit beabsichtigen wir, den Beginn der sozial-missionarischen Innovation nachzuzeichnen, eine Art *Prozessgrammatik* zu erstellen. Es soll so veranschaulicht werden, womit die Projekte ins Rollen kamen, was am Beginn da war bzw. was sich wann entwickelte. Im Vergleich der Beispiele könnte dabei eine Art Musterablauf sichtbar werden, der dann freilich nur für die hier besuchten Projekte gälte. Zu rekonstruieren, was am Anfang der Innovationen stand, könnte bei der Suche nach der Steuerung solcher Prozesse von Interesse sein.

Freilich ist bei diesem Verfahren in vierfacher Hinsicht Vorsicht angebracht: 1. Die zeitliche Gliederung bleibt eine nachträgliche Rekonstruktion, die auf den Interviews basiert. Sie muss sich nicht so zugetragen haben, sondern stellt sich den Akteuren im Nachgang so dar. 2. Es handelt sich nicht um eine kausale Verbindung zwischen den Faktoren, sondern eine temporäre. Welcher Faktor einen anderen bedingte, lässt sich hier nicht klären. 3. Wenn sich Gemeinsamkeiten bei den Projekten finden lassen, dann gelten diese nur für die von uns besuchten. Generalisierungen sind also ausgeschlossen. 4. Manche benannte Faktoren ziehen sich durch alle „Phasen", sind also nicht in ein zeitliches Schema zu bringen. Haltungen und Kontingenzen etwa gibt es an vielen Stellen.

Folgende Fragen lassen sich beantworten und die damit verbundenen Faktoren in ein zeitliches Nacheinander ordnen: Wann konstituierte sich das *Team*? Wann tauchte die *Schlüsselperson* im Kontext auf? An welcher Stelle wurden *finanzielle Ressourcen* erschlossen? In welchen Zusammenhängen wird von *Widerständen* und Herausforderungen gesprochen? Wann ereignete sich der *Anlass*, der zum Katalysator der Innovation wurde? Wann stellte sich die *Idee* ein? Wann wurden *Netzwerke* bzw. *Kooperationen* zu anderen wichtig? Wann folgte die Anbindung der Idee an den Ort?

In Beantwortung dieser Fragen ergibt sich die folgende Tabelle:

Ort	1	2	3	4	5	6	7
Brück	Schlüsselperson	Netzwerke	Anlass	Idee	Ressourcen	Team Herausforderung	*Weitere Umsetzung*
Geithain	Team	Netzwerke	Schlüsselperson	Anlass	Idee	Ressourcen	*Weitere Umsetzung* Herausforderung
Globig	Schlüsselperson	Netzwerke	Anlass	Idee	Team Herausforderung	Ressourcen Herausforderung	*Weitere Umsetzung* Herausforderung
Joachimsthal	Team	Schlüsselperson	Anlass	Idee	Netzwerke	Ressourcen	*Weitere Umsetzung* Herausforderungen
Laage	Schlüsselperson	Team	Anlass	Idee	Ressourcen	*Weitere Umsetzung*	Herausforderungen
Malchow	Schlüsselperson	Team	Anlass	Idee	Netzwerke	Ressourcen	*Weitere Umsetzung* Herausforderung
Oese	Team I Schlüsselperson	Anlass	Idee	Netzwerke	Ressourcen	Team II	*Weitere Umsetzung*
Schleiz	Schlüsselperson Idee	Anlass	Netzwerke	Team	*Weitere Umsetzung* Herausforderung		
Seelow/ Wriezen	Schlüsselperson	Anlass	Idee	Netzwerke	Ressourcen	Team	*Weitere Umsetzung* Herausforderung
Tecklenburg	Schlüsselperson Idee	Anlass	Ressourcen	Netzwerke	Team Herausforderung	*Weitere Umsetzung*	
Verchen	Schlüsselperson	Anlass	Idee	Team Herausforderung	*Weitere Umsetzung* Herausforderung		
Wehlen	Schlüsselperson	Team	Anlass I	Ressourcen Anlass II	Idee	Team II Herausforderung	*Weitere Umsetzung*

Wie man an dieser Tabelle erkennen kann, gibt es offenbar **keinen „Musterablauf“** einer sozial-missionarischen Innovation, schon bei den wenigen von uns besuchten Projekten nicht. Zu verschieden sind die Faktoren „gemischt“, als dass es sich hier um standardisierte Prozesse handeln würde. Dennoch sind manche Dinge auffällig, die an dieser Stelle abschließend markiert werden sollen:

Der **Schlüsselperson** kommt nicht nur eine inhaltlich zentrale Stellung, sondern auch eine anfängliche zu: In zehn der zwölf Beispiele steht die Schlüsselperson mit ihren Haltungen und Handlungen am Beginn der Prozesse, die wir untersucht haben. Meist ist es gar der Wechsel des „Heros“ in den jeweiligen Kontext, der die Dinge ins Rollen bringt.

Was die Stelle des **Teambuilding** angeht, so scheint es dafür zwei verschiedene Orte innerhalb des Prozesses zu geben: 1) Zum einen bilden sich Teams bald nach Eintreffen des „Heros“ oder sie sind bei seinem Eintreffen schon vor Ort. Sie bestehen schon, *bevor* Anlass und Idee aufkommen; sie alle partizipieren an dieser zündenden Phase (Laage, Malchow). 2) In anderen Fällen wird das Team erst gesucht, *nachdem* die Idee schon existiert oder gar schon Ressourcen verfügbar sind (Brück, Globig). Bemerkenswert ist, dass im zweiten Fall eher von Schwierigkeiten berichtet wird, was das Finden von Teamern angeht.

In Oese oder Seelow/Wriezen finden sich beide Varianten innerhalb des einen Projekts. Das kleine Kernteam startet die Innovation gemeinsam – ist insofern so etwas wie ein „Hero“ im Plural –, dann wird das Team gesucht, das die Arbeit jeweils umsetzt.

Ob nun „Hero“ oder Team: Am Beginn unserer Innovationen stehen immer **Menschen** – mit ihren Haltungen, Handlungen und Anliegen.

Für die **Netzwerke** könnte Ähnliches gelten wie für die Teams. Zum Teil sind diese Kontakte wichtig, bevor die Innovation mit Anlass und Idee an Fahrt gewinnt (Brück, Globig), zum Teil sind sie bedeutsam, wo es um die Realisierung der schon bestehenden Idee geht (Oese, Seelow/Wriezen).

Anlass und Idee sind in der Regel gekoppelt und geben der Innovation einen katalysatorischen Schub. Aber auch hier gibt es Ausnahmen, denn in Schleiz und Tecklenburg reifte die Idee bereits in einem anderen Kontext, sie benötigte vor Ort nur einen Anlass, um umgesetzt zu werden. In gewisser Hinsicht gilt das auch für Joachimsthal, wo die „Hero“ eine ähnliche Arbeit in Berlin leitete.

Den **Ressourcen** kommt – wie bereits betont – eine unterstützende Funktion zu. Sie gehören nicht in die ersten Abschnitte des Anfangs. Sie treten hinzu, um die Umsetzung der Idee zu ermöglichen, nicht um diese herbeizuführen. Allerdings gibt es in Wehlen auch eine Ausnahme. Dort waren mit dem Anlass (Flut) Ressourcen verbunden, die dann im Zusammenhang des zweiten Anlasses (GET) zur Idee führten.

Von **Widerständen** und **Herausforderungen** wird erst gegen Ende der von uns in den Blick genommenen Anfangsphase berichtet. Das heißt, sie treten dann auf, wenn die Innovation diffundiert – in den Ort, in die Region bzw. in das bestehende System hinein – und dort auf Beharrungsenergien trifft. Wenn die Teambildung erst spät stattfindet, ist sie offenbar von größeren Schwierigkeiten begleitet. Gerade in Bezug darauf scheint es wichtig zu sein, viele Menschen baldmöglichst zu beteiligen und „mitzunehmen".

IV
Landaufwärts – Ein Kommentar

Michael Herbst

Die Kirche sei die einzige Organisation auf Erden, die nicht zuerst für ihre Mitglieder, sondern vor allem für Nichtmitglieder da zu sein habe, meinte einst C.S. Lewis.[299] Die Studie „Landaufwärts" belegt eindrucksvoll, was passieren kann, wenn Gemeinden diesen Grundsatz verinnerlichen und ernst nehmen. Sie zeigt, was passieren kann, an einem der unwahrscheinlichsten Orte in der deutschen Kirchenlandschaft: in (oft: sehr) peripheren ländlichen Räumen. Einige Beobachtungen zur Studie seien hier vorgetragen.

---

299 Quelle leider unbekannt.

1 Von Personen und Pastoren

Mein stärkster Eindruck bezieht sich auf den starken Faktor „Personen". Jim Collins vertritt die Meinung, dass erfolgreiche Unternehmen immer zuerst die Frage der richtigen Personen klären. Die „Wer"-Frage muss demnach vor der „Was"-Frage platziert sein. „Entscheidend ist, *erst* die richtigen Leute an Bord zu holen (und die falschen loszuwerden) und sich *danach* zu überlegen, wohin die Reise gehen soll."[1] Natürlich kann man einwenden, dass so *intentional* in den geschilderten Projekten nicht verfahren wurde. Aber *im Ergebnis* war es entscheidend, dass jeweils die richtigen „Heroes"[2] mit den richtigen Teams zusammenkamen. Der Faktor „Menschen" – am richtigen Ort, zur richtigen Zeit – entscheidet.

Es ist eine nüchterne Einsicht, welche Bedeutung dabei den Pastorinnen und Pastoren zukommt. „In fast allen Fällen sind die Schlüsselpersonen hauptamtlich Beschäftigte, zum großen Teil Pfarrer."[3] In vielen Beispielen sind sie die „Heroes", bringen eine Idee mit, reagieren auf die Umstände, sammeln das Team, machen sich auf die Suche nach Ressourcen und bilden den stabilen Bezugspunkt für längere Strecken. Übrigens wird der (eigentlich guten und plausiblen) Überlegung, die Pastorinnen und Pastoren seien künftig eher Gast als Nachbar, eher Apostel als Hirt, dadurch etwas widersprochen: Die Pastorinnen und Pastoren in den meisten Beispielen sind durchaus stärker lokal involviert. Das bedeutet: Es gibt kein eindeutiges Zukunftsszenario für den Pfarrberuf, nicht einmal in missionarischen Initiativen.

Die zentrale Rolle der Pastorinnen und Pastoren wird aber offensichtlich durch eine gute und intensive Teamarbeit in gewisser Weise kompensiert. Vielleicht entspricht es nicht ganz dem theologisch verständlichen Wunsch nach völliger Egalität, aber es dürfte für den Realismus in den dargestellten Gemeinden sprechen: Eine starke Pfarrperson mit intensiv zusammenwirkenden Menschen im Ehrenamt, einem guten Wir-Gefühl, hoher Identifikation mit der gemeinsamen Aufgabe, ja „brennender" Begeisterung und viel Spaß.

Eine offene Frage ist für mich dagegen, was die Kombination verschiedener Ergebnisse unter dem Strich bedeutet: (1) Pastorinnen und Pastoren sind die Schlüsselpersonen in den meisten Innovationen; (2) die Herausforderung kirchlicher Software (Herausforderung 2) spielt eher eine untergeordnete Rolle in den beschriebenen Initiativen; (3) die Förderung von „Jüngerschaft" spielt

1 Jim Collins, Der Weg zu den Besten. Die sieben Management-Prinzipien für dauerhaften Unternehmenserfolg, München 2003, 65.

2 Nach Eglė Butkevičienė, Social Innovations in Rural Communities. Methodological Framework and Empirical Evidence, in: Social Sciences/Socialiniai mokslai, Kaunas 2009, 80–88.

3 Landaufwärts, 317 ff., Faktoren der Anfangsphase.

eher eine sehr untergeordnete Rolle in der Gewichtung der „Marks of Mission (Lambeth 2). Hier könnte ein Problem zu erkennen sein, dass dazu führt, die oben beschriebene Konstellation zu verfestigen und eine starke Abhängigkeit von den Pastorinnen und Pastoren hinsichtlich dauerhafter Stabilität der Initiativen zu fördern. Anders gesagt: Der Faktor „Lambeth 2" müsste deutlich verstärkt werden – durch vertiefende Kurse zum Glauben, Coaching und Mentoring, Mitarbeiterseminare und Impulse zum Wachstum im Glauben „in die Tiefe".[4] Oder aber etwas anderes wird hier deutlich:

2 Beteiligungs- und betreuungskirchliche Aspekte

Hier ergab sich für mich ein interessanter Vergleich mit unserem Projekt „Nebenan" in Bergen-Rotensee.[5]

Das Projekt zeigt viele **Gemeinsamkeiten** mit den Initiativen in peripheren ländlichen Räumen: Ein „Freiraum" entstand, weil im „Plattenbaugebiet" kaum noch kirchliches Leben wahrnehmbar war. Es fehlte an Alternativen, und mancher empfand den Druck, dass hier im Grunde genommen „Kirche" nicht mehr stattfand. „Freiraum" entstand aber auch, weil die Protagonisten um Burkhard Wagner ohne großen Erwartungsdruck über Jahre arbeiten konnten. Es gab eine Idee, die ein „Hero" hatte und persönlich lebte: Mission durch missionarisches Grüßen. Präsenz am Ort bei den Menschen als Geheimnis des beginnenden Vertrauens und der Öffnung. Der „Personenfaktor": Burkhard Wagner vereinte die nötigen Komponenten einer missionarischen Haltung, also die Bereitschaft, mit den Menschen vor Ort das Leben zu teilen, ihre Stärken und Schwächen wahrzunehmen, mit ihnen zusammen und für sie etwas für den Stadtteil zu tun, verbunden mit dem starken Wunsch, sie in Kontakt mit dem Evangelium zu bringen. Erst allmählich entstand ein kleines Team. Vor Ort bildete sich dabei nicht eine Kopie vorbildlicher Gemeindekonzepte, sondern durchaus Originelles: Kaffeetafeln auf dem Bürgersteig, ein altes Feuerwehrauto als Jugendheim, Wohnzimmergottesdienste mit Volksliedern, gemeinsames Kaffeetrinken und Bibellesen mit Einzelnen. Erst gegen Widerstand, dann zunehmend mit Unterstützung der kirchlichen Institutionen etablierte sich **ein kleines Modell missionarischer Gemeindearbeit in sozial prekären, hoch verdichteten urbanen Räumen**.

4 Vgl. Gordon MacDonald, Tiefgänger. Eine Geschichte über Menschen mit Potenzial, Leiter mit dem richtigen Blick und das Glück, diese Welt zu verändern, Asslar 2011.

5 Vgl. G. Burkhard Wagner, Missionarisch leben in der „Platte" – „nebenan" in Bergen auf Rügen, in: Christiane Moldenhauer / Georg Warnecke (Hg.), Gemeinde im Kontext. Neue Ausdrucksformen gemeindlichen Lebens, Neukirchen-Vluyn 2012, 118–123.

Angesichts der **Herausforderungen** durch individuelle und soziale Notlagen wie Arbeitslosigkeit, psychische Erkrankungen, Sucht, Gewalt, Mangel an elementarer Bildung wurde aber eines bald deutlich: Hier wird es nicht nach dem kybernetischen Lehrbuch gehen. Dieses würde nämlich den allmählichen Übergang von der pastoratszentrierten Betreuungsgemeinde zur charismatischen Beteiligungsgemeinde markieren. Allmählich würden die Bewohnerinnen und Bewohner ihre Gaben entdecken und aktivieren. Nun gibt es gute empirische wie theologische Gründe anzunehmen, dass entstehender Glaube Gaben wachruft und Bildung fördert. Aber in Bergen-Rotensee wird es sehr lange dauern und sehr mühsam werden. Die Abhängigkeit der dortigen Gemeindearbeit vom Pastor und seinem Team ist hoch. Stellt man sich vor, das gesamte Team zöge sich zurück, so würde die Arbeit nach menschlichem Ermessen zusammenbrechen. Und bis dato ist es kaum gelungen, die Teilnehmenden auch zu Mitwirkenden zu machen.

Aus dieser Sicht fällt bei den Beispielen unserer „Landaufwärts"-Studie auf, dass es neben den Pastorinnen und Pastoren in nahezu jedem Projekt eine starke ehrenamtliche Beteiligung gibt. Könnte es sein, dass hinsichtlich der Verfügbarkeit von Begabungen, Neigungen und Potenzialen der periphere ländliche Raum trotz aller „brain drain"-Erfahrungen ein etwas höheres Niveau hat als prekäre urbane Räume? Umso mehr wäre es dann doch sinnvoll, dieses Potenzial auch zu pflegen und zu stärken.

3 Das Besondere am Land ist doch gleich was ...?

Der Vergleich mit Bergen zeigt vielleicht auch eine kleine methodische Schwäche des missionarischen Fingerabdrucks. Während die Aspekte des Missionarischen und des Innovativen (also der neuen Antwort auf die sechs Herausforderungen) klar profiliert erscheinen, kommt bei der **Auswertung des Faktors Land** im Wesentlichen heraus: Die Orte, an denen sich das Neue missionarisch ereignete, sind dünn besiedelt und oft weit vom Schuss, eben peripher (und darum auch häufiger im Osten als im Westen).

Viele **Merkmale** dieser Orte würden aber z.B. auch für prekäre urbane Räume gelten: Säkularisierung ganz sicher, auch Probleme mit der kirchlichen Versorgung, dem Umgang mit Gebäuden, der Rolle von Pastorinnen und Pastoren, dem Entzug von Sozialkapital, der Ausdünnung des kulturellen und sozialen Lebens, also der Verödung der Lebensräume und des Verlustes zivilgesellschaftlicher Kräfte. Warum also: Land?

Vielleicht müsste hier der Faktor **„Distanz"** noch deutlicher gewertet werden. Allerdings ist Distanz nicht nur ein geographischer, räumlicher Begriff. Natürlich ist es weit von Joachimsthal nach Berlin. Aber weit ist es auch von

Rotensee nach Bergen. Die Distanz wird hier nur eben nicht geographisch, sondern sozial konstruiert. Besonders zurückgezogene Milieus verlassen ihren Kiez nicht – auch wenn die Stadt mit ihren Möglichkeiten nur einen Kilometer weit entfernt liegt.

Vielleicht müsste auch der Faktor **„Gebäude"** noch stärker bewertet werden. Oft geht es ja um die für die dörfliche Identiät so zentrale Kirche. Eine Kirche wird gerettet als Kirche am Radwanderweg, eine andere mit ihrer Heimatstube, eine dritte durch einen Park mit Labyrinthen, weitere werden bespielt durch Andachten von Ehrenamtlichen, durch Konzerte, die miteinander verknüpft sind. Ist der „emotionale Mehrwert" der Dorfkirche ein Faktor, der auch missionarische Initiativen auf dem Land von der Stadt unterscheidet?

Vielleicht müsste dann der Faktor **„Natur"** doch noch einmal näher in Augenschein genommen werden. Naturbezogene Faktoren scheinen hier und dort in der Auswertung auf. Allerdings wird so noch einmal auffällig, dass im Missionsverständnis „Lambeth 5" kaum eine Rolle spielt. Eine Kirche am Radwanderweg, ein Parkgelände mit Labyrinthen – das sind wenige Bezüge zum Naturraum. Umso mehr fällt auf (und ist vielleicht der Auswahl geschuldet), dass Landwirtschaft, Naturschutz, Tierhaltung, Lebensmittelproduktion, ländlicher Handel, ländliche Gastronomie, Fischfang usw. keine Rolle spielen. Die „ökologische Lücke" ist sehr auffällig. Wie kontextuell ist also die ländliche Mission tatsächlich schon gediehen?

4 Mission ist Präsenz, Dienst und Zeugnis

Man kann die Beispiele in der „Landaufwärts"-Studie nicht lesen, ohne sehr bewegt zu sein von den **Storys**, wie alles begann, was Menschen in Gang brachte, welche Widerstände und Gefährdungen zu bestehen waren und welche Geschichte Menschen am Ende doch zu erzählen wussten. Was ist das missionarische Geheimnis?

Es fällt ja auf, dass der **Dienst** an konkreten Menschen (Lambeth 3) das am stärksten vorhandene „Mark of Mission" darstellt, dass aber gleichwohl fast überall auch die evangelistische **Proklamation** wichtig ist (Lambeth 1). Die typischen missionarischen Sackgassen werden nicht beschritten: weder eine stumme, selbstbezügliche Tat ohne Wort noch ein vollmundiges, nicht beglaubigtes Wort ohne Tat. Aber der Weg führt von „Lambeth 3" nach „Lambeth 1".

Hier dürfte eine Verwandtschaft zwischen peripheren ländlichen und prekären urbanen Räumen vorliegen: Denn in beiden Kontexten ist die enge Verbindung von Wort und Tat nicht nur die bessere Theologie der Mission, sondern durch die Engpässe und offenkundigen Probleme der Desintegration, des Entzugs von Ressourcen, des Abbaus zivilgesellschaftlicher Einrichtungen etc. massiv provoziert. Wer hier arbeitet, kann die feine, aber falsche Trennung von Wort und Tat nicht mehr nachvollziehen.

Verbunden werden **Dienst und Zeugnis** durch eine hohe Qualität lokaler **Präsenz**: Die Protagonisten und ihre Teams sind tief mit ihren Orten verknüpft; sie haben im ländlichen Raum Wurzeln geschlagen. Sie nehmen die Menschen und ihren Ort wahr, ernst und an. Sie „interessieren" sich im wahrsten Sinn des Wortes: Sie sind mittendrin. Es geht um die Jugendlichen am Ort, die in Gefahr stehen, sich nach rechts zu radikalisieren.[6] Es geht um die Jugendlichen in den Dörfern der Uckermark, bei denen sonst nichts mehr an Kinder- und Jugendarbeit angeboten würde.[7] Es geht um die Integration der Generationen in einem mitteldeutschen Mehrgenerationenhaus.[8] Es geht um die spezifische Dorfgeschichte von Brück und die Tatsache, dass die Kirche dort den Menschen gehört.[9]

Der Dienst für Ort und Menschen erscheint nicht „taktisch". Die **Liebe** verbindet vielmehr Wort und Tat zu einer verträglichen Variante der Mission. Und so kann es neben der Heimatstube einen Alphakurs geben. So kann ein Stadtfest mit der Zeltmission kooperieren. Die Menschen vor Ort investieren Vertrauen, wenn und weil sie selbst authentisches Interesse spüren. Es geht den Christen um den Einzelnen und um „des Dorfes Bestes". Oder – wie es Frank Moulaert ausdrückte: Es geht um ein „listening to the breaths and heart beats of the community".[10]

Die **Menschen** werden auch nicht „behandelt", sie werden **einbezogen**, ihre Stimme zählt, sogar bei der Konzeption (!) eines neuen Kurses zum Glauben (Verchen, Nr. 8 „acht-geben").[11] Ihr Mitwirken kann dazu führen, dass „behaving" zu „belonging" wird – und „belonging" zu „believing"[12], wie bei einer konfessionslosen ABM-Kraft in der Radwegekirche Wehlen.[13]

---

6 Vgl. Landaufwärts, 256–263, Kirche als gesellschaftlicher Player: „BAFF".

7 Vgl. Landaufwärts, 210–216, Mobile Arbeit: Der Blaue Bus.

8 Vgl. Landaufwärts, 246–255, Begegnungszentrum für das Dorf: Das „Haus der Begegnung" in Globig.

9 Vgl. Landaufwärts, 285–293, Bezug auf Dorfmentalität und Lokalgeschichte: Heimatstube in der St. Lambertuskirche in Brück.

10 Zitiert in Landaufwärts, 325, Faktoren der Anfangsphase.

11 Vgl. Landaufwärts, 270–275, Missionarische Einzelaktionen vor Ort: „acht-geben" – ein Glaubenskurs von und mit Konfessionslosen in Verchen. Dass hier einmal das theologische Thema direkt adressiert wird, halte ich nicht für illegitim; es fällt im Umfeld der sehr stark diakonisch formatierten Beispiele zwar sehr auf (wie auch die Schleizer Andachten), ist aber deswegen nicht minderwertig oder kritikwürdig.

12 Vgl. Michael Moynagh, Church for every context. An introduction to theology and practice, London 2012, 334.

13 Vgl. Landaufwärts, 234, Der Kriteriencheck – Bemerkungen zu Mission, Land und Innovation (in Wehlen Radfahrerkirche) .

Dass dieses „believing“ immer im Blick ist, kann besonders im ostdeutschen Kontext nur bedeuten, dass die stark säkularisierte Kultur und die atheisierenden Haltungen der meisten Menschen im Blick sind. Deshalb glaube ich nicht, dass die Herausforderung **„Säkularisierung“** wirklich so wenig im Fokus ist, wie es die Textanalyse nahezulegen scheint.

Hier fügen sich noch zwei kleine Fragen gut an, die dem Beobachter kamen:

- Es ist deutlich mehr von Kindern und Jugendlichen die Rede als von **Senioren** – die aber auf dem Land bald in der Mehrheit sind (Ausnahme: das Globiger Mehrgenerationenhaus).
- Es stellt sich bei einigen Projekten die Frage der **Nachhaltigkeit** für die Gemeindeentwicklung: Wie prägend kann z. B. eine Konzertserie wie in Tecklenburg sein, wenn sie nur einen Höhepunkt darstellt, der alle zwei Jahre stattfindet? Welche flankierenden Maßnahmen wären da notwendig?

5 Eine bedrohliche Lage mit einer verheißungsvollen Mixtur

Es ist aufschlussreich, dass eine wirkliche gleichförmige **Struktur der Anfangsphase** von missionarischen Initiativen, die als soziale Innovation gelten dürfen, nicht feststellbar war. Es gibt zwar bestimmte „Ingredienzen“, aber keine feste Abfolge, schon gar keine Kausalkette. Aber es kommen Faktoren zusammen, die eine eigentümliche Mischung darstellen. Die Ausgangslage ist dabei durchaus krisenhaft und könnte ebenso gut zum ekklesialen Kollaps führen (und im Übrigen auch zum Absterben ruraler Biotope).

Die Situation erinnert von fern an die Vertreibung der Jesus-Anhänger aus Jerusalem, von der Lukas in der **Apostelgeschichte** berichtet. Das gemeinsame Moment ist das einer durchaus realen Gefährdung. Die Vertreibung hätte auch zum Erlahmen des Glaubens, zur Vereinzelung und Verstreuung führen können – und nicht zum zentrifugalen missionarischen Tun, bis hin zur Gründung von lebendigen Stadtgemeinden in Samaria und Antiochia und zur Grenzüberschreitung hin zu den Heidenchristen und hinüber nach Kleinasien und Europa.

Das Beeindruckende ist die **Mixtur**, die bei der „Landaufwärts“-Studie zu sehen ist:

- „Heroes“ und begeisterte Teams haben eine kreative Idee (oder den geschickten Transfer einer andernorts erfolgreichen Idee, merke: Blueprints und Kopien sind nicht immer von Übel!) – und sie finden sich zur rechten Zeit am rechten Ort gemeinsam ein. Beeindruckend ist jedenfalls hier das hohe Ausmaß an Fantasie – man trifft eben nicht auf die Ideen, die einem schon x-mal begegnet sind – und an Fokus, denn die Gemeinden tun etwas

Bestimmtes sehr konzentriert und nicht alles Mögliche (mit Ausnahme vom Kirchspiel Geithainer Land).[14]

- Mangel und Freiraum, also eine Situation, die so angespannt ist, dass jedermann zum Strohhalm greift, auch wenn er aus der Kirche stammt. Zugleich wartet man nicht auf Anordnungen von oben, sondern beginnt zu tun, was Erneuerung verspricht.
- Starke Anliegen: „Der Grund für die veränderte Praxis ergab sich aus der Spannung von derzeitiger Wirklichkeit und dem inneren Wunsch, wie sie sein sollte."[15]
- Gute Kondition und ordentliche Ressourcen: Die Teams halten durch, erwerben sich Vertrauen (oft gegen anfängliches Zögern bei den eigenen Leitungsorganen), lassen sich durch Neid und Widerstand nicht vom Kurs abbringen, beschaffen Ressourcen und stellen sich auf den „kybernetischen Marathon" ein.

Es gibt keine klare „Prozessgrammatik", keinen „Musterablauf", nur diese Mixtur. Wie wenig diese Mixtur machbar ist, zeigt sich an dem immer wieder offenkundig werdenden kontingenten Moment in vielen Initiativen. Fast „zufällig" wirkt, was da passiert. Zufällig kauft jemand einen Acker, zufällig ist jemand auf Urlaubsreisen am richtigen Ort, zufällig interessiert sich ein Landrat für ein marodes Kirchengebäude. Es gibt wohl so etwas wie den „Kairos" bei „Landaufwärts" – und damit die Erinnerung, dass wir arbeiten und beten, aber nicht die Dinge so zusammenfügen können, dass es am Ende tatsächlich zu einer reichen Ernte kommt.

Und am Ende ...

Mich beeindruckt, dass in den zwölf dargestellten und verglichenen Initiativen keine „Ekklesiologie des geordneten Rückbaus" zu erkennen ist. Es herrscht eine realistische Sicht auf den Ernst der Lage für Dorf und Kirche. Rückbaumaßnahmen sind unvermeidlich. Zugleich wird aber am Rückbau vorbei, gleichsam auf dem Nachbargrundstück mit den noch vorhandenen Ressourcen etwas Neues aufgebaut, es wird in Zukunft investiert, auf Wachstum gehofft, die Gemeinde der Zukunft im ländlichen Raum erträumt – und gebaut.

---

14 Vgl. die Kriterien der Vitalen Gemeinde, Nr. 7: „Wir konzentrieren uns auf das Wesentliche. Wir wollen lieber Weniges gut tun, als uns im Aktionismus zu verlieren." Vgl. Robert Warren, Vitale Gemeinde. Ein Handbuch für die Gemeindeentwicklung, Neukirchen-Vluyn 2008, 65–68 und 70.

15 Landaufwärts, 330, Faktoren der Anfangsphase.

V
Zusammenführende Auswertung beider Studien

Eberhard Hauschildt/Thomas Schlegel

1 Zum Charakter dieser Zusammenfassung

Im Rückblick auf die beiden Studien fällt auf, dass sie methodisch unterschiedlich verfahren. Zwar wurden in beiden Fällen Interviews mit Verantwortlichen und Beteiligten geführt und ausgewertet. Doch haben die Interviews jeweils eine andere Funktion.

Die Bonner Studie verfährt deduktiv. Sie geht von einer Kirchentheorie aus. Aus ihr werden die Typen von zu untersuchenden Beispielen gewonnen. *Die Analyse der Beispiele dient der Kontrolle der Theorie:* Wo erfüllen sich die Erwartungen? Was gibt es für Überraschungen, die dann die Theorie korrigieren helfen? Hohes Gewicht wird in der Analyse auf die Kommunikationen im Interview selbst und auf die Rollenbeschreibung zu den Pfarrer/innen und zu den Ehrenamtlichen gelegt.

Die Greifswalder Studie verfährt induktiv. Sie definiert eingangs nur die Kriterien Land, Mission und Innovation. Dann sucht sie aus einer hohen Zahl von Beispielen heraus, welche Merkmalsgruppen vorkommen. Zu denen wird dann jeweils ein repräsentatives Beispiel genauer untersucht. Die Analyse vergleicht die „Fingerabdrücke" und sucht darüber nach Spezifika innerhalb der Kategorien. Auf der Suche nach einer Prozessgrammatik fragt sie nach Ingredienzen des Anfangs, ihrer sachlichen und zeitlichen Ordnung.

Beide Studien erganzen sich dabei in den Lücken, die die jeweils andere lässt. *Greifswald fragt vergleichsweise wenig nach den normalen Praktiken einer Gesamtgemeinde und ist nicht direkt an volkskirchlicher Versorgung mit verringerten Ressourcen interessiert. Bonn fragt vergleichsweise wenig nach die Parochie transzendierenden Einzelprojekten und ist nicht direkt an missionarischem Bewusstsein interessiert.*

Es gibt ein interessantes Beispiel, wo Bonn und Greifswald gewissermaßen die Realisierung einer sehr ähnlichen Idee analysieren – die Andachten „Ad fontes" im Kirchenkreis Schleiz (Greifswalder Studie) und die Kleinstgottesdienstagende in Altdöbern (Bonner Studie). Die Greifswalder fragen nach den Auswirkungen der Andachten, die bewusst nicht am Sonntag stattfinden, auf den Ort, die Kirchengemeinde und Ausführende. Im Fall der Bonner geht es darum, mit ganz wenigen einen Sonntagsgottesdienst in Kleinstform zu feiern auch da, wo niemand eine (liturgische) Leitungsrolle einnehmen will. Die Greifswalder Auswertung betont, dass das Projekt Menschen dazu bringt, in Glauben und Frömmigkeit hineinzuwachsen, die Bonner, dass dies Gottesdienste vor Ort ermögliche, die sonst nicht stattfänden, und zur Selbstverantwortung auch ohne Schulungen ermutige. Auch in den Typen für die ausgewählten Exemplare von Kirche in der Peripherie gibt es viele Gemeinsamkeiten.[1]

Es finden sich weitere überraschende *Konvergenzen:* Die Missionsdefinition in der Greifswalder Studie nimmt gegenüber gängigen Bildern oder Zerrbildern von Mission eine deutliche Aufweitung vor: Mission bedeutet zugleich Sensibilität für Bedürfnisse im Dorf und der Region, ungerechte Strukturen und ökologische Nachhaltigkeit. Der Fokus einer Gemeinde richtet sich dadurch nach außen auf das Gemeinwesen, die Kommune, die Menschen vor Ort mit ihren Stärken und Schwächen und beschränkt sich nicht auf Bestandswahrung und Mitgliederbetreuung. Die Ergebnisse scheinen die Entscheidung für solch breites Missionsverständnis zu bestätigen: Die untersuchten Beispiele legen fast sämtlich ihr Hauptgewicht nicht auf Evangelisation und missionarische Rede, sondern auf soziale und gesellige Aktivitäten. Sie fragen stark nach dem Kontext und dessen Herausforderungen, auf die sie zu antworten suchen. Das verknüpfen sie auf verschiedene Weise mit einladender Verkündigung. Die Praktiken selbst, so erscheint es jedenfalls den Bonnern, sind viel weniger „typisch missionarisch" als gedacht. Auch der Begriff der Innovation ist genau zu betrachten: Wirkliche Neuerfindungen sind es in der Regel nicht, die Innovation besteht oft darin, dass fremde Ideen vor Ort umgesetzt werden – freilich in adaptierter und modifizierter Form.

Die Bonner Studie konzentriert sich auf Anpassungen der kirchlichen Infrastruktur, die aufgrund von Ressourcenverringerungen nötig werden. Anpassung ist aus Greifswalder Sicht zwar eine notwendige Reaktion, orientiert sich aber am Bisherigen und bleibt insofern ergänzungsbedürftig. Für die Greifswalder überraschend, stößt die Studie dann aber doch auf Muster radikaler Innovation, z. B. in den Rollenbeschreibungen von Pfarrer/innen und Ehrenamtlichen.

Damit bestärken die Studien gegenseitig ein **erstes zentrales Ergebnis: Bemühungen um missionarische Innovation und Bemühungen um Weiterführen des Bisherigen bei verringerten Ressourcen sind keine pure Alternative.**

Vielmehr macht beides Sinn. In der Bonner Studie zeigen die Beispiele auch: Damit es funktionierte, das Bisherige zu bewahren, wurde man oft auch innovativ, etwa in Sachen Rollenverteilung und Mustern der räumlichen bzw. zeit-

1 Greifswald kam im Zuge eines induktiven Ansatzes und in Bonn im Zuge eines deduktiven Ansatzes auf 12 bzw. 13 Typen besonderer kirchlicher Arbeit in der Peripherie. Die Überschneidungen liegen bei folgenden Charakteristika vor: mobile Arbeit, Kirche ohne hauptamtliche Stelle, Arbeit mit Zentralisierungscharakteristik, gemeinsame Arbeit verteilt in einer Region, tourismusbezogene Arbeit, gottesdienstlich-liturgische, diakonisch-sozialräumliche Ausrichtung, Kirchengebäudenutzung.

lichen Präsenz. In der Greifswalder Studie zeigen die Beispiele auch: Wenn die Innovationen funktionierten, banden sie meist auch herkömmliche Strukturen (Gebäude, Hauptamtliche) ein.

Ein zweites konvergierendes Ergebnis liegt in den personellen Konstellationen:
Die Begriffe und Bedeutungsfelder in beiden Studien sind unterschiedliche: Greifswald redet von „Heroes" und Team, Bonn von Hauptamtlichen und Ehrenamtlichen. In der Greifswalder Studie stellt sich aber heraus, dass die „Heroes" dann doch meistens Hauptamtliche sind. In Sachen „hauptamtliche Ehrenamtliche" sind die innovativen Projekte, die Greifswald untersucht, weniger revolutionär, als sie sich das gewünscht hätten. Freilich sind im volkskirchlichen Setting Teamkultur und gewandelte Pastorenrolle sowie ein Miteinander auf Augenhöhe durchaus nicht selbstverständlich.

In der Bonner Studie hingegen stößt man darauf, dass die alten Rollen von Ehrenamtlichen und Hauptamtlichen in einigen Beispielen sehr anders gefüllt werden. Vorausgehende und motivierende „Heroes" sind Hauptamtliche auch da, wo noch weniger radikale Ressourcenveränderungen vorliegen. Ehrenamtliche finden vor allem da zu einer stabileren neuen Rolle, wo sie zugleich miteinander ein Team bilden. Die Hauptamtlichen bekommen so sehr viel mehr den Charakter von Unterstützern und Dienstleistern einer Gruppe von Ehrenamtlichen.

Gemeinsam ist beiden Studien: **Der Schlüssel zum Gelingen liegt immer in der Kombination aus einem Gesamtsystem von aufeinander abgestimmten Teamrollen und Leitungsrollen.**

Diese einleitenden ersten Beobachtungen zu Konvergenzen und Divergenzen passen zu der Besonderheit dieses Buches: Hier werden nicht nur die beiden Studien nacheinander abgedruckt, sondern sie sollen in diesem abschließenden Teil der Darstellung gezielt miteinander ins Gespräch gebracht werden. Wie sieht das genauer aus? Die hier präsentierte Zusammenfassung und Weiterführung wählt einen ungewöhnlichen Weg. Jede Studie wird durch einen Verantwortlichen aus der jeweils anderen Studie zunächst zusammengefasst, dann kommentiert. Darauf hat wieder einer der Autoren das Wort, so dass ein wirkliches Gespräch inszeniert wird. Das schärft den Blick für Besonderheiten, für Gemeinsamkeiten und für Punkte zu weiteren Diskussionen, die im abschließenden Teil markiert werden.

2 Zur Bonner Studie aus Greifswalder Sicht

Thomas Schlegel mit einer Antwort von Eberhard Hauschildt

2.1 Schwindende Ressourcen und veränderte Präsenz

Beobachtungen

Die Bonner Studie „fragt danach, wie Dorfgemeinden in peripheren Räumen auf die Ressourcenknappheit reagieren". Erwartbare Muster solcher Reaktionen werden beschrieben und dann Beispiele dafür gefunden. Um im Vorfeld zur Kategorisierung zu gelangen, fragen die Autoren nach den Ressourcen, die knapp werden können: Raum, Zeit, Personal, (Gebäude). Bei begrenzter Verfügbarkeit werden sie entweder geschont oder verändert. Aus dieser Logik ergibt sich eine Matrix, die im Wesentlichen die gefundenen Beispiele präfiguriert.

Die empirische Untersuchung richtet sich dann darauf, inwiefern die alternative Präsenz Verschiebungen im Hybrid, bei der primären und sekundären Religionserfahrung bzw. den Aufgaben der Kirche, bewirkt. Wird diese Perspektive vor allem in der Einleitung und Auswertung eingenommen, so folgen die Einzeldarstellungen in der Regel den Richtungen der Interviews: Sie geben einen interessanten Einblick in die Situation vor Ort, markieren Verschiebungen im Rollenverhalten, zeigen Probleme auf und fragen nach der Zukunft der jeweiligen Arbeit. Die Analysen der Praxisbeispiele sind vom Umfang „unterschiedlich ausführlich ausgefallen", je nach „Umfang der relevanten Interview-Äußerungen", der „Komplexität der Beobachtungen" und auch der „eingeschätzte[n] Bedeutung für die Gesamtfragestellung".

Das Ergebnis der Bonner Studie geht über die anfängliche Frage hinaus. Denn es sind nicht Strukturmodelle, die hier als Alternativen kirchlicher Präsenz in der Fläche dargeboten werden, sondern deren Wirkungen, in die der Leser Einblick erhält.

Analyse und Kommentar

Folgende Faktoren sind für die Anlage der Bonner Studie konstitutiv: Es geht um 1) Ressourcenverknappung, die 2) Reaktionen von kirchlichen Akteuren an der 3) Peripherie provozieren. Diese Faktoren sollen in ihrer Wechselwirkung beschrieben und auf ihre ekklesiologischen Implikationen hin untersucht werden.

Bei 1) und 2) geht es um Veränderungsprozesse: Die Ressourcen verringern sich; daraufhin werden sie geschont oder anders eingesetzt. Die Fragestellung und die ganze Anlage der Bonner Studie basiert auf der Annahme, dass sich kirchliches Leben an der Peripherie *verändert*. Es geht nicht um stabile kirchliche Arbeitsbedingungen; Hintergrundszenario sind die Wandlungsdynamiken ländlicher Räume. Ja, man kann fast sagen, dass 3) „Peripherie" als Chiffre für „reduzierte Ressourcen" dient: Hier kommt es eben zu den Schrumpfungsphänomenen, die künftig auch in anderen Raumkategorien zu erwarten sind, weshalb die Anpassungsleistungen auch auf besonderes allgemeinkirchliches Interesse stoßen. Insofern verdient auch die Bonner Studie große Aufmerksamkeit, weil sie untersucht, welche Wirkungen diese Umstellungen in ländlichen Kirchengemeinden haben.

Es muss allerdings gefragt werden, ob die Beispiele die gewünschten Ergebnisse liefern *können*. Beim Lesen der Einzeldarstellungen fällt nämlich auf, dass nur vier der zehn beschriebenen Arbeitsformen tatsächlich Reaktionen auf verringerte Ressourcen darstellen: Die Regionalisierung in NOEZZ, die Kuratorin in Wolsdorf, die Kleinstgottesdienste in Altdöbern[2] und die Versorgung der Landgemeinden durch Siloah. Die anderen sechs Arbeitsformen bestehen schon länger bzw. dauerhaft, so dass hier von einer neuerlichen Anpassungsleistung an verringerte Ressourcen keine Rede sein kann: In Finnland wurden die deutschen Gemeinden von jeher so versorgt, die Diaspora der Gemeinden um Oberammergau ist gewachsen[3], ebenso das Wechselspiel von Sommer- und Winterkirche in Hallig Hooge[4], die Steinataler „Konstruktion (halbe Schulstelle und halbes Gemeindepfarramt) besteht schon länger"[5], und die Diakoniegemeinde in Hephata „ist noch nicht von Ressourcenknappheit und weiten Wegen geprägt"[6]. Auch die Schäferwagengottesdienste in Gräfensteinberg sind *„noch ganz in die klassische Sicht von Dorfpfarramt und Hauptamtlichkeit eingeordnet"*[7].

2 Freilich muss man auch hinter die Ergebnisse in Altdöbern ein Fragezeichen setzen: Der Gottesdienst hat zum Zeitpunkt der Befragung einmal stattgefunden, und es sind zwei Hauptamtliche maßgeblich daran beteiligt, weder das Konzept noch die erste Umsetzung hätte es ohne sie gegeben. So eine gute Personalausstattung deutet nicht auf verringerte Ressourcen hin – die allerdings definitiv im Hintergrund steht! Deswegen rechnen wir dieses Konzept in der Theorie auch zu den vier Reaktionsmustern auf reduzierte Mittel.

3 „So kann hier noch einmal ein sehr *klassisches Modell* des 20. Jahrhunderts alle seine Stärken ausspielen – mit dem Pfarrer in der Schlüsselrolle, gepaart mit einer intensiven Beziehungspflege." (84)

4 Zumindest funktioniert die Winterkirche „nach dem Modell der alle umfassenden *Volkskirche*", die Arbeit ist „für alle Beteiligten plausibel und wird von ihnen geschätzt" – und dass man trotz so weniger Gemeindeglieder einen eigenen Pastor hat, ist Folge einer überdurchschnittlich guten Ressourcenausstattung!

5 Vgl. 130, Evangelische Schule und evangelische Kirchengemeinde – ein kombiniertes hessisches Schul- und Gemeindepfarramt (Steinatal/Trutzhain).

6 Vgl. 138, Fazit: „Städtische" Verhältnisse einer Noch-Anstaltsgemeinde.

7 Vgl. 99, Fazit: Eine Möglichkeit für einzelne Dörfer in einer noch reichen Landeskirche.

Mit diesen kritischen Bemerkungen soll nicht bezweifelt werden, dass eine Analyse dieser sechs alternativen kirchlichen Präsenzen sinnvoll und aussagekräftig ist. Es ist z. B. ungemein erhellend, dem Ehepaar im finnischen Reisepastorat über die Schultern zu schauen. Einige der dortigen Einstellungen und Arbeitsweisen deuten sich in NOEZZ oder Wolsdorf bereits an. Fraglich ist für mich nur, inwiefern diese sechs Beispiele zu der Ausgangsfrage und Anlage der Studie passen, weil die Faktoren „Ressourcenverknappung" und „Reaktionsmuster darauf" hier nicht gegeben sind. Erkenntnisse aus anderen Schrumpfungsregionen zeigen, dass die *Dynamik* der Ressourcenverknappung das zentrale Problem darstellt, weniger geringe Ressourcen an sich: Deshalb können die Gemeinden in Finnland und Oberammergau sehr gut damit leben, dass der Pfarrer selten kommt bzw. man kein Kirchengebäude besitzt. Die Christen kennen es dort nicht anders. Aber der Verlust einer pastoralen und baulichen Präsenz fällt immens schwer, weil damit nicht nur Trauerprozesse verbunden sind, sondern man das Künftige auch vom Vergangenen her projektieren muss, also nicht einfach auf oberbayerische oder finnische Verhältnisse umschalten kann. Die Dynamik der Veränderung ist also alles andere als vernachlässigbar, zumindest wenn man untersuchen will, welche Wirkungen der Umgang mit geringeren Ressourcen zeitigt.

Sicher wäre man der Dynamik eher auf die Spur gekommen, wenn man den dritten Faktor, also das „periphere Land", eigens thematisiert und zu einem Kriterium entwickelt hätte.[8] Diese Raumkategorie steht als Platzhalter für knapper werdende Ressourcen und hat hierin ihre Funktion.[9] Dies ist auch ein zentraler Aspekt in der Greifswalder Teilstudie; allerdings wird in der Bonner Schwesterstudie nicht systematisch geprüft, welchem Raumtyp die Orte jeweils angehören und wie sich das jeweilige kirchliche Umfeld demographisch entwickelt hat – immerhin ein wichtiger Indikator für geringer werdende Ressourcen.

Als einen guten analytischen Rahmen empfinde ich die Matrix „Merkmale für den Umgang mit verringerten Ressourcen". Zwar bleiben Fragen offen: Müsste nicht auf die Finanzen eingegangen werden? Kann Raum als Ressource angesehen werden, die geschont oder verändert wird? Ist hier nicht vielmehr das Personal als Ressource gedacht, das seine räumliche Orientierung verändert: auf mehrere Orte oder eine „andersartige Face-to-Face-Präsenz"? Weiterführend scheint mir an der Matrix, dass die Autoren nicht allein

8 Damit ist nicht das bloße Bestimmen der geographischen Lage eines Ortes gemeint. Diese Prüfung ist erfolgt; es geht eher um den Konnex zwischen geographischer und sozialer Peripherie, die unter dem Stichwort „Peripherisierung" in der Einleitung bzw. der Greifswalder Studie mehrfach auftaucht.

9 Man vergleiche nur die synonyme Bezeichnung der Matrix, die einmal „Matrix erwartbarer Modelle kirchlichen Handelns in peripheren Räumen" (39) genannt wird, an anderer Stelle aber „Modelle der Innovation durch veränderten Umgang mit Ressourcen" (55) heißt.

von Schonung, sondern auch von Veränderung ausgehen. Das bedeutet, dass nicht nur die Anpassung der Infrastruktur in den Blick genommen wird (Schonung), sondern auch die Innovation (Veränderung). Dass gerade die zweite Reaktion die nachhaltigere Antwort darstellt, weil sie der Schrumpfung qualitativ begegnet, zeigen zahlreiche Beispiele aus der staatlichen Daseinsvorsorge.[10] Eine reine Anpassung der Infrastruktur an weniger Nutzer ist rückwärtsgewandt und muss permanent korrigiert werden[11]: Mindestens in den Kirchenkreisen Ostdeutschlands folgt Strukturreform auf Strukturreform; rein quantitative Anpassungsleistungen, die Kirche nicht stabilisieren oder gar wachsen lassen werden. Dafür bedarf es der Innovation oder der „Veränderung der Ressourcen“. Beide Reaktionsmuster finden Eingang in die Matrix und demnach in die Studie.

Ein bemerkenswertes Ergebnis besteht darin, dass der gerade entfaltete Schematismus aufgeweicht wird bzw. die Grenzen zwischen Anpassung und Innovation fließend werden. So lässt sich infolge der Anpassungsleistung „Regionalisierung“ im nördlichen Zeitz beobachten, dass sich die Zentralrollen verändern: Eine quantitative Maßnahme (Dehnung der Infrastruktur) führt also zu einer qualitativen Veränderung, hier dem Erleben einer „verbesserten Gemeinschaft“ und einer neuen Funktion der Christen im Dorf. Sie werden zum „Gesicht der Kirche vor Ort“. Diese Rolle findet sich in verschiedenen Modellen, in Wolsdorf, Finnland und in Altdöbern.

Zwei abschließende Beobachtungen an dieser Stelle: 1.) Das Neue, und nach obiger Logik Innovative (z. B. veränderte Zentralrollen), zeigt sich quer zu den Modellen. Das liegt auch daran, 2.) dass sich manche Modelle ergänzen bzw. eine ähnliche Entwicklung aus verschiedenen Perspektiven beleuchten. So geht es in B1/2 um die Folgen des institutionellen Rückzugs für die Gemeinde, A1 fragt nach den Strukturveränderungen und C1 nach den Auswirkungen auf die Hauptamtlichen. Wenn nämlich im großen Stil regionalisiert wird (NOEZZ), werden Ehrenamtliche zum Gesicht von Kirche vor Ort (Kuratorenmodell), und der Pastor ist eher ein Besucher (Finnland). Aus diesen beiden Gründen sind nicht die Organisationsmodelle (A1–E1) das überraschend Neue, sondern ihre Implikationen. Oder anders gesagt: Den praktisch-theologischen

10 Eine Studie über staatliche/kommunale Reaktionen auf den demographischen Wandel hält fest: Erfolgreiche Projekte des Bundes „setzen nicht an den *Folgen* einer Entwicklung an und suchen diese zu *berichtigen* – etwa mangelnde Industrieansiedlung durch die vorauseilende Einrichtung von Gewerbeparks, die dann leer bleiben. Sie organisieren vielmehr *an der bestehenden Schrumpfung vorbei neues Handeln*, das nicht primär Symptome mildern muss, sondern das eine neue Dynamik schafft, die dann einen Abwärtstrend umkehren kann“ (Andreas Weber/Reiner Klingholz, Demografischer Wandel, 11).

11 „Diese Strategie nutzt in der Regel keine neuen Ansätze und Instrumente. Sie versucht, Strukturen zu verkleinern, um sie an weniger Nutzer anzupassen.“ (A. a. O., 5).

Mehrwert der Studie liefern weniger die deduktiv erarbeiteten Formen alternativer kirchlicher Präsenz in der Fläche. Vielmehr liegt ihr Ertrag darin, die *Wirkungen* von andersartiger Präsenz auf einige Bereiche kirchlicher Wirklichkeit aufgespürt zu haben. Im Folgenden soll diese Hypothese anhand dreier zentraler Querschnittsthemen illustriert und unterstrichen werden.

2.2 Von den Personen einer ländlichen Kirche

Beobachtung

Ein wichtiges Querschnittsthema der Bonner Studie sind die agierenden Personen. Die Frage nach ihrem Handeln, ihrer Rolle und Haltung erfährt im Text eine hohe Beachtung: So sind die Konsequenzen der Ressourcenverknappung, die unter II, 3. formuliert werden, auf Pfarrer/Ehrenamtliche/nichtpastorale Professionelle bzw. Zellgruppen zugeschnitten. Hier werden die größten Veränderungen wahrgenommen, hier deutet sich deshalb Handlungsbedarf an. Diese Zuspitzung ist freilich nicht erst Teil der Auswertung, sie begegnet bereits bei der Matrix (Pfarrer/in als implizites Subjekt?) und in den Einzeldarstellungen. Anders, als man erwarten könnte, tritt die Darstellung struktureller Anpassung zurück – die personellen Folgen werden ausführlich thematisiert.

Besonders eindrücklich und mit markanten Zitaten untersetzt ist das Ergebnis hinsichtlich des „gesamten kirchlichen Rollengefüges“, das sich aufgrund knapper (Personal-)Ressourcen in ländlichen Räumen verändert: „Alle *vier Akteursgruppen* sind davon betroffen – die *Gemeindeglieder* im Dorf, die *Ehrenamtlichen* im Dorf, die *Hauptamtlichen* der Region und unter den Hauptamtlichen noch einmal eigens die *Pfarrerinnen und Pfarrer*.“[12]

Insbesondere die Chancen, aber auch die Gefahren einer solchen Rollenverschiebung werden klar geäußert (148 f.): Quer durch die Beispiele – und relativ unabhängig von konkreten Modellen – zeigt sich, dass durch das Schwinden der hauptamtlichen Präsenz die Ehrenamtlichen zum Gesicht der Kirche vor Ort werden, pastorale Aufgaben übernehmen, deren Ängste, Wünsche und auch Gefährdungen teilen und so in eine Hauptverantwortung vor Ort „rutschen“ (so besonders bei NOEZZ [A1], bei Wolsdorf [B2] und in Finnland [C1]).

> Ehrenamtliche im nördlichen Zeitz sagen: Wir „kennen die Menschen dort, auch mit ihren Sorgen und Nöten, die uns anvertraut wurden“, sie teilen die Sorgen der Hauptamtlichen, dass keiner zum Gottesdienst kommt, und sehen Mission

12 147.

> als „unser aller Aufgabe“ (68) an. Die Kuratorin in Wolsdorf meint, dass sie den „Hut aufhat“ (89), sie deckt ein breites Aufgabenspektrum ab, kümmert sich um Konfirmanden, Besuche, den Mütterkreis, sie baut einen Besuchsdienstkreis auf und resümiert: „Was für mich ganz wichtig ist, ist das Gemeindeleben, dass es wieder aufblüht“[13] – dazu versucht sie, ein Team um sich herum aufzubauen. Auch in Finnland wird die Selbstständigkeit der Ehrenamtlichen gelobt, sie können sich „gut miteinander beschäftigen“[14].

Für den Hauptamtlichen wird die Verschiebung hin zum Reise- bzw. Besuchsdienst konstatiert, der eher eine aufsichtliche Funktion innehat, die herkömmlich der mittleren Ebene entspricht. Damit ist auch das Abgeben von Einfluss auf die konkreten Entwicklungen vor Ort verbunden – und die besondere Aufgabe, die Ehrenamtlichen in den Orten stärker zu begleiten und zu befähigen bzw. Sachen zu ermöglichen.

> „Der Pfarrer kann also *nicht mehr*, selbst wenn er es wollte, der entscheidende Motor der *Gemeindeentwicklung im Dorf* sein (vgl. II, 2.7.), er kann, selbst wenn er es wollte, *nicht mehr entscheiden, wer die Gemeinde im Dorf wirklich repräsentiert* und leitet. Auch die Macht über Nachfolgeprozesse in Umbrüchen der Dorfgemeindeleitung hat er nicht mehr. Welche Besonderheiten das Dorf hat und welche Frömmigkeit in ihm dominiert, konnte schon der im Dorf wohnende Pfarrer relativ wenig verändern, der Pfarrer als Besucher kann es noch viel weniger. *Unwichtig wird die Pfarrerin/der Pfarrer im Dorf durch alle diese Entwicklungen aber eben gerade nicht.* Ihre Fähigkeiten, neben den Gottesdiensten, Kasualien und Einzelbesuchen die Kontakte mit den Ehrenamtlichen vor Ort kommunikativ verlässlich, anerkennend und konstruktiv zu gestalten, machen weiterhin einen entscheidenden Unterschied dafür aus, wie es der Kirche im Dorf geht, wie es den neuen Leitenden der Kirche im Dorf geht.“ (149)

Der Bedarf nach nichtpastoralen Professionellen wird trotz der Ressourcenverknappung gesehen. Ihnen kommt die Funktion des Dienstleisters, Unterstützers und Beraters in besonderem Maße zu (vgl. 163, 167 f.).

Kommentar
Der Fokus auf die Personen ist aus Sicht der Greifswalder Studie besonders interessant und gut nachzuvollziehen. Auch hier hatte sich gezeigt, dass den Akteuren besonderes Gewicht für Innovationen in peripheren, ländlichen

13 Vgl. 89, Pastorales und Ehrenamtliches in der Rolle der Gemeindekuratorin.

14 Vgl. 111, Pastorale Anwesenheit und Abwesenheit und ein neues Gegenüber mit den Ehrenamtlichen/Gemeindegliedern.

Räumen zukommt. Nicht die Strukturen, die Gebäude – auch nicht die Finanzen – machten in den untersuchten zwölf „Landaufwärts"-Projekten einen Unterschied, sondern die Personen.[15]

Michael Herbst schreibt: „*[I]m Ergebnis* war es entscheidend, dass jeweils die richtigen ‚Heroes' mit den richtigen Teams zusammenkamen. Der Faktor ‚Menschen' – am richtigen Ort, zur richtigen Zeit – entscheidet."[16]

Sie agierten *miteinander* in der Ergänzung ihrer Gaben, nicht als isolierte Einzelakteure. Eine wesentliche Beobachtung der IEEG-Studie besteht darin, dass die Hauptverantwortlichen sich nicht selbst inszenierten, sondern es vermochten, Menschen vor Ort mitzunehmen, sie einzubeziehen, sie zu befähigen und ihnen etwas zuzutrauen. Es war immer ein *Team*, das die jeweilige Innovation trug, bzw. ein Netzwerk, das sie absicherte.

Auch die Bonner Studie fragt nach dem Zusammenspiel von Haupt- und Ehrenamt und kommt zu folgender Antwort:

> „Die Aufgabe von Pfarrer/innen, die für eine zweistellige Zahl von Dorf-Kleinstgemeinden mit zuständig sind, besteht dann gerade darin, solche Ehrenamtlichen in überschaubaren Gruppen begleiten zu können. Die die pastorale Kompetenz abrufende Herausforderung besteht genau darin, zusammen mit den Gruppen herauszufinden und zu bearbeiten, zu welchem Thema, für welche Tätigkeit und auf welche Weise die jeweiligen Gruppenmitglieder Unterstützung brauchen." [17]

Es besteht also Grund zu der Annahme, dass mit weiterer Ausdünnung hauptamtlicher Präsenz die Aufgaben der Pfarrer/innen stärker von *Reisedienst* und *Ehrenamtsmanagement* geprägt sein werden. Mit dem finnischen Reisepastorat ist diese Wirklichkeit bereits in die Bonner Studie eingeflossen. Der Blick in das noch dünner besiedelte Südaustralien bestätigt das Gefälle einer solchen Entwicklung. Weil zwischen den Orten mehrere hundert Kilometer liegen können, sind die Hauptamtlichen „not always available when there is a specific pastoral need. They remain visitors in most of the areas they serve."[18] So schreibt es Philip Hughes, der die Auswirkungen verschiedener Leitungsmodelle in ländlichen Kirchengemeinden untersuchte. Er kommt zu dem Ergebnis, dass die Zufriedenheit dort am größten sei, wo sich Haupt- und

15 Vgl. dazu der dritte Teil der Auswertung, 140–169.

16 IV. Landaufwärts – Ein Kommentar von Michael Herbst, 347.

17 167. Das hier geschilderte Ineinandergreifen entspricht einem der klassischen Grundsätze des missionarischen Gemeindeaufbaus in der Volkskirche: „Der Pfarrer für die Mitarbeiter – die Mitarbeiter für die Gemeinde" (so Fritz Schwarz/Rainer Sudbrack, Überschaubare Gemeinde, Band 2 – die Praxis: Für Leute, die in der Kirche anpacken wollen, Gladbeck 1980, 62).

18 Philip Hughes, Lay Leadership, 9–21. Diesem Abschnitt sind alle folgenden Zitate entnommen.

Ehrenamt in ihren Stärken ergänzen: „It was evident from the case studies that these lay teams worked best when the lay people had been mentored into their responsibilities." Als Stärken der Ehrenamtlichen sieht er deren lokale/regionale Verwurzelung an. Auch sei das Gefühl der „Ownership" stärker ausgeprägt. „Local lay leaders often relate better to the local people than do the clergy who have been trained in the city and who are not considered fully part of the local community." Die Hauptamtlichen hingegen hätten einen größeren Erfahrungs- und Wissenshorizont, den sie in die Kooperation einbringen können. Der Gedanke ist auch schon hierzulande aufgegriffen worden: So orientiert sich ein spezifisches Regionalentwicklungsmodell an den Stärken von Haupt- und Ehrenamt bzw. Zentrum und Peripherie und plädiert dafür, beides ergänzend zusammen zu denken.[19]

Solche Logik findet Bestätigung durch die Ergebnisse der Bonner Studie. Diese geht in ihrer Analyse sogar noch darüber hinaus, indem sie das Ensemble der Mitarbeitenden erweitert und den Bedarf an nichtpastoralen Professionellen artikuliert. Dies kann nur bekräftigt werden: Die konzeptionellen Überlegungen zu einer nachhaltigen Infrastruktur in anderen Bereichen der Daseinsvorsorge dienen hier als Referenz. So wird bei der medizinischen Versorgung gerade das nichtärztliche Fachpersonal in der Peripherie wichtig, weil es verschiedene Funktionen übernehmen kann, weniger spezialisiert ist, geringer bezahlt wird und flexibler einsetzbar ist.[20]

2.3 Es geht um die Kirche vor Ort

Beobachtung

Die Bedeutung und der Wert des Lokalen sind ein weiteres Querschnittsthema der Studie. Auch wenn der Rückzug des Personals aus der Fläche thematisiert wird, auch wenn Zentralisierung und Regionalisierung als Modelle besprochen werden, die Bedeutung der lokalen Kirche – selbst bei einer kleinen Zahl Agierender – wird an keiner Stelle in Frage gestellt. Im Gegenteil: Es stellt sich heraus, dass Regionalisierung besonders gut gelingt, wenn eine gewisse Eigenverantwortung und Aktivität vor Ort bleibt (vgl. 142 f.). Wo die kleine Dorfkirche totgesagt wird (158 ff.), regt sich nicht nur der Widerstand der Ehrenamtlichen, sondern auch der der Autoren. Dass dieser Widerstand nicht unbegründet ist, zeigt das Ergebnis unter Bezugnahme auf Altdöbern: Auch die kleine Zellgemeinde besitzt das Potenzial, „das Aufgabenspektrum der Kommunikation des Evangeliums" zu übernehmen (vgl. 161 ff.). Schließ-

19 Thomas Schlegel, Regionale Ausstrahlung, 19–39.

20 Steffen Fleßa, Irgendwann muss jeder zum Arzt, 33–36.

lich gehen die Autoren in ihrer Auswertung auf regionale, also überdörfliche Gruppen gleichgesinnter Gemeindeglieder ein (Chöre). Hier war eingangs vermutet worden, dass in ihnen innovatives Potenzial liegen könnte.

> „Eingangs erwarteten wir, in den Interviews auch auf ausführlicher dargestellte Beispiele von überörtlichen Gruppen zu treffen, die ein spezialisierteres Thema haben (Chor usw.); da wäre es plausibel, dass man dazu aus dem Dorf gehen muss und will. In den untersuchten Fällen fanden solche Gruppen nur am Rand Erwähnung. Sie hatten anscheinend für die Befragten ein geringeres Gewicht, als wir das vermutet hätten" (144).

Die entscheidende Identifikation findet also doch (noch) vor Ort, mit dem überschaubaren Sozialverband, statt. Die Beheimatung in der lokalen Kirche ist nach wie vor ein sehr starkes Movens, sich einzubringen und zu beteiligen. Den Wert der lokalen Akteure spitzt der finnische Reisepastor prägnant zu:

> „Die Zukunft der Gruppen im Lande liegt in der Hand derer, die dort sind. Das kann man vom Reisepfarramt aus [...] nicht beeinflussen [...], ob eine Gruppe wächst oder nicht wächst. Wenn dort aktive Leute mit Charisma leben, die man hinzuziehen kann, kann das [...] wachsen. Wenn die Gruppe aber selbst damit kämpft, dass sie immer kleiner wird, [...] und niemand mehr etwas machen kann, dann sehe ich von Seiten des Reisepfarramtes kaum eine Möglichkeit [...]. Es steht und fällt vor Ort. Ich kann mir aber auch vorstellen, [...] da bricht etwas neu auf oder geht ein, wie das in allen Gemeinden und Arbeitsfeldern ja so ist. [...] Es ist gut, Leute zu versorgen, sie im Land anzureisen und in die Fläche zu gehen, aber man ist relativ machtlos. [...] Das ist auf der einen Seite entlastend, aber auf der anderen Seite tut's einem auch weh. Man könnte so viel Tolles schaffen. Wir könnten ja auch mal eine Woche nur in Turku aktiv sein, aber das würde dann wieder mit allem anderen nicht mehr funktionieren" (113).

Kommentar
Die Bedeutung der lokalen Kirche ist in der Greifswalder Studie immer wieder aufgeschienen. Ohne die Menschen vor Ort, ohne das Team aus freiwilligen und bezahlten Mitarbeitern geht es offenbar nicht; oder richtiger: In allen sozial-missionarischen Initiativen, die untersucht wurden, spielt das Potenzial vor Ort eine besondere Rolle.

Die Hauptamtlichen in Globig, Malchow und Geithain machen es explizit, was implizit überall zu hören ist: Missionarisch werden Dienst und Zeugnis nur wirken, wenn man sich in den Sozialraum hineinbegibt, Kontakte und Beziehungen pflegt und so Vertrauen erwirbt.

„Verbunden werden **Dienst und Zeugnis** durch eine hohe Qualität lokaler **Präsenz**: Die Protagonisten und ihre Teams sind tief mit ihren Orten verknüpft; sie haben im ländlichen Raum Wurzeln geschlagen. Sie nehmen die Menschen und ihren Ort wahr, ernst und an. Sie ‚interessieren' sich im wahrsten Sinn des Wortes: Sie sind mitten drin. Es geht um die Jugendlichen am Ort, die in Gefahr stehen, sich nach rechts zu radikalisieren.[21] Es geht um die Jugendlichen in den Dörfern der Uckermark, bei denen sonst nichts mehr an Kinder- und Jugendarbeit angeboten würde.[22] Es geht um die Integration der Generationen in einem mitteldeutschen Mehrgenerationenhaus.[23] Es geht um die spezifische Dorfgeschichte von Brück und die Tatsache, dass die Kirche dort den Menschen gehört.[24]

Der Dienst für Ort und Menschen erscheint nicht ‚taktisch'. Die **Liebe** verbindet vielmehr Wort und Tat zu einer verträglichen Variante der Mission. Und so kann es neben der Heimatstube einen Alphakurs geben. So kann ein Stadtfest mit der Zeltmission kooperieren. Die Menschen vor Ort investieren Vertrauen, wenn und weil sie selbst authentisches Interesse spüren. Es geht den Christen um den Einzelnen und um ‚des Dorfes Bestes'. Oder – wie es Frank Moulaert ausdrückte: Es geht um ein ‚listening to the breaths and heart beats of the community'[25]"[26].

Dieser Sozialraumorientierung bzw. lokalen Verwurzelung folgen auch zwei der derzeit wichtigsten kybernetischen Impulse für Kirche in ländlichen Räumen: Die Gemeindebildungsprozesse in der Diözese Poitiers und die sogenannten fresh expressions im ländlichen Großbritannien.[27] Denn sowohl die „Basisequipen" als auch die „Cell Churches" wollen keine Konventikelkirchen sein, die auf sich beschränkt blieben. Sie orientieren sich an den Bedürfnissen des Ortes, wollen den Menschen im Dorf dienen und sehen Diakonie bzw. Bildung neben der Zeugenschaft als ihre genuine Aufgabe an. Gerade mit solch ökumenischer Erweiterung des Blickwinkels kann nur zugestimmt werden, wenn die Bonner Studie anregt, dass „Kleinstformen von Gemeinde [...] wahrzunehmen, ekklesiologisch aufzuwerten und kirchlich zu fördern"[28] sind.

Dennoch bedeutet dies kein Aus für kirchliche Regionalentwicklungsprozesse. Dass diese sinnvoll und nötig sind, steht außer Frage. Neben einer organisatorischen Effizienzsteigerung bietet die Region vor allem einen mis-

21 Vgl. 256 ff.
22 Vgl. 210 ff.
23 Vgl. 246 ff.
24 Vgl. 285 ff.
25 Zitiert 325.
26 Herbst, Kommentar, 351.
27 Vgl. zu beidem den Literaturüberblick in der Einleitung, 29–33.
28 168.

sionarischen Mehrwert.[29] Aber Region sollte nicht alternativ zu Kirche vor Ort gedacht werden. Die beiden vorliegenden Studien zeigen, dass regionale Zusammenarbeit dann gelingt, wenn sie nicht auf Kosten des Lokalen geht. Wo das dennoch geschieht oder die Gefahr dazu droht – wie in Siloah – ist auch die regionale Arbeit gefährdet.

In einigen Fällen dient die regionale Kooperation sogar dem Erhalt der Kirche vor Ort. So standen die Bemühungen um den eigenen Gottesdienst am Beginn der Regionalentwicklung im nördlichen Zeitz. In allen Beispielen aber tritt das Regionale dem Lokalen ergänzend zur Seite, dass jenes dieses komplett ersetzt (was auf eine Zentralisierung hinausliefe), ist nirgends zu beobachten. Deshalb scheint man eine kirchliche Region nicht an den lokalen Gegebenheiten vorbei entwickeln zu können, sondern nur in Aufnahme der dörflichen Identitäten.[30]

2.4 Auswirkungen infrastruktureller Ausdünnung auf die Kirche als Hybrid

Beobachtungen

Die Bonner Teilstudie orientiert sich an der ekklesiologischen Leitfigur der Kirche als Hybrid. In Anlehnung an Non-Profit-Unternehmen im dritten, intermediären Raum wird Kirche als ein Mischwesen aus verschiedenen Teilsystemen verstanden, die nach je ihren eigenen Logiken verfahren. Was dieses angesichts reduzierter Ressourcen an der Peripherie bedeutet, wird im Vorfeld überlegt, dann beobachtet und schließlich ausgewertet.

Wenn weniger Mittel zur Verfügung stehen, betreffe dies alle Teile des Hybrids: Durch den hohen Symbolgehalt der institutionellen Marker (Kirchengebäude, Pfarrer und hohe Feste) liege in deren Ausdünnung besonderes Kränkungspotenzial für die dörfliche Identität. Auch die zunehmende Optimierung nach der Organisationslogik treffe das Land ebenfalls härter als die Stadt. Wo Kirche als aktive Gruppe entwickelt wird, steht ein Abzug lokaler Kräfte zu erwarten – spezialisierte Gruppen hätten eher regionale Bedeutung. So votiert die Studie bereits im Vorfeld dafür, das Hybrid Kirche nicht „in Richtung auf eines der drei Kirchenbilder“ weiterzuentwickeln; es komme

29 Vgl. Thomas Schlegel, Vielfalt als Mehrwert. Das missionarische Potenzial von Region, in: Christiane Moldenhauer/Georg Warnecke (Hg.), Gemeinde im Kontext. Neue Ausdrucksformen gemeindlichen Lebens, Neukirchen 2012, 47–55.

30 Diese strukturelle Doppelbewegung fordert auch das Team des EKD-Zentrums Mission in der Region an verschiedenen Stellen (vgl. z. B.: Region als mehrdimensionaler Gestaltungsraum. 37 Thesen zur Region, in: Daniel Hörsch/Hans-Hermann Pompe [Hg.], Region, 219–272). Zur kirchlichen Regionalentwicklung siehe Christhard Ebert/Hans-Hermann Pompe, Handbuch, 2014.

auf „gute Kombinationen“ zwischen den Teilsystemen an.[31] Die Auswertung bestätigt dies: in den Beispielen hätten alle drei Dimensionen weiterhin eine Rolle gespielt; dennoch seien manche Verschiebungen überraschend: Wenn der Pfarrer seltener kommt, führte das nicht zu „*Einbußen in erlebter Gemeinschaft*“[32]. Die Bedeutung der Gesamtorganisation im Hintergrund nähme eher zu als ab: Wo hier Lücken blieben, mindere das die Zufriedenheit bei den Partnern deutlich. Und auch wenn die Institution durch die Ressourcenverknappung schwächer werde, „lassen sich sämtliche vorgestellten Beispiele als Bemühungen verstehen, möglichst viel von der Institution Kirche zu bewahren“[33]: dass weiterhin Gottesdienste stattfinden und Pfarrstellenanteile erhalten bleiben. Wo sich die konkrete Gestalt der Kirche vor Ort ändert, komme es sogar zu neuen Institutionalisierungen. So nehmen dann z. B. Ehrenamtliche die Rollen der ehemals Hauptamtlichen ein (Wolsdorf). Die Institution eines verlässlichen Gesichtes der Kirche im Dorf bleibt erhalten.

Analyse und Kommentar

Die Anwendung der Hybridtheorie auf Kirche in ländlichen Räumen ist hilfreich. Sie lenkt den Blick auf die verschiedenen Logiken, die in der evangelischen Kirche, auch an der Peripherie, am Wirken sind. So lässt sich beispielsweise beobachten, dass selbst in der Minderheitensituation des Ostens das Kirchengebäude im Dorf eine zentrale Institution mit hoch aufgeladenem Symbolgehalt darstellt. Daran knüpfen einige Greifswalder Beispiele mit innovativen Konzepten an, um das Evangelium über die Gemeindegliedergrenzen hinaus zu kommunizieren (vgl. Brück, Malchow).

Besonders aufschlussreich ist zudem die Frage der Bonner Studie, was mit den drei Hybrid-Teilen passiert, wenn die Ressourcen zurückgefahren werden: Dass dies alle drei betrifft, war erwartet worden und wurde durch die Beispiele bestätigt (155 ff.). Wie sich die Dinge aber untereinander verändern bzw. verschieben, soll hier noch einmal gesondert reflektiert werden.

Was die institutionellen Marker angeht, so lässt sich eine gewisse Persistenz beobachten: Trotz der „von oben“ gesteuerten Ausdünnung dienen sie an der Basis als feste Größen, um deren Fortbestand man sich müht. Auch wo es zu innovativen Ansätzen kommt, bleiben sie zur Orientierung wichtig: So wird der Aufbau selbstständiger Gottesdienstkerne in Altdöbern auch als institutionelle Reorganisation verstanden: „[d]ann ist das schon etwas ganz Besonders, weil man sagt: ‚Hier findet jetzt wieder wöchentlich Gottesdienst

31 Bonner Studie, 48.

32 Vgl. 155, Verschiebungen zwischen den Anteilen von Kirche als Institution, Organisation und Gemeinschaft?

33 Vgl. 157, Kirche als Institution.

statt, und im Winter ist dort wieder Licht in der Kirche.'"[34] Bemerkenswert ist auch die Einschätzung eines Ehrenamtlichen aus dem nördlichen Zeitz:

> „Wenn wir heute sagen würden, wir hören auf, dann können alle Kirchen hier geschlossen werden. Dann werden nur noch die Kirchengebäude von der evangelischen Kirche verwaltet. Von der Seelsorge mal ganz abgesehen, unsere wesentliche Aufgabe."[35]

Diese Sätze bedeuten für mich zweierlei: Der Rückzug der Institution hinterlässt eine Lücke, in die andere Akteure drängen. Entweder halten diese das alte Schema aufrecht (Wolsdorf) oder sie füllen es neu (NOEZZ, Altdöbern). Die neuen Konstellationen bewerkstelligen Kirche im Dorf – und halten somit in gewisser Weise die alten Marker der Volkskirche aufrecht (regelmäßiger Gottesdienst, Bespielen kirchlicher Gebäude). Im ersten Fall, bei der Gemeindekuratorin in Wolsdorf, ändert sich innersystemisch wenig. Die engagierte Ehrenamtliche versucht, die Aufgaben des Pastors fortzuführen: Das traditionelle Dorfkirchengefüge bleibt bestehen – mit dem einzigen Unterschied, dass die Verantwortliche dafür nicht mehr bezahlt wird. Es kommt zu einer nichtpastoralen Pfarrzentrierung[36], im Hybrid ändert sich nichts. Die absehbare Überforderung, gepaart mit der Unsicherheit von Ehrenamtlichkeit, macht dieses Modell als Zukunftsoption problematisch.

Im zweiten Fall verändert sich etwas Qualitatives, also damit auch innerhalb des Hybrids Kirche: *Die aktive Gruppe drängt in die Lücke, die die Institution mit ihrem Rückzug eröffnet.* Sie stützt nun kirchliches Leben vor Ort, die Landeskirche kann ihre Versorgung nicht mehr aufrechterhalten. Aber die Institution ist dabei keinesfalls unwichtig geworden. Zwar versorgt sie nicht mehr, dafür gewährleistet sie aber: Der Pfarrer ist (in der Ferne) greifbar – für Sakramente, besondere Höhepunkte und Begleitung der Ehrenamtlichen. Die Gebäude werden von der Großkirche zur Verfügung gestellt; sie schließt Rahmenverträge mit Versicherungen und bildet weiterhin Hauptamtliche aus. Aber das kirchliche Leben vor Ort kann sie nicht mehr regeln, dieses muss die aktive Gruppe vor Ort übernehmen. *Mit der Ausdünnung kirchlicher Infra-*

---

34 Vgl. 96, Fazit: Gemeinschaft, Organisation, Institution – ein kleiner Anfang mit weitreichendem und einladendem Potenzial.

35 Vgl. 67, „Die unmittelbare Verbindung zu den Gemeindegliedern erfolgt über uns" – zur Sicht der Ehrenamtlichen.

36 Als Belege können Sätze wie diese angeführt werden: „In 20 Jahren habe ich es dann auch geschafft, ein Team um mich herum aufzubauen, das es uns hier möglich macht und unabhängig davon, ob wir einen Pfarrer haben oder nicht, ein funktionierendes Gemeindeleben zu schaffen" (90). Die Kirchenvögtin werde einmal im Interview auch als „Pfarrerin" angesprochen. „In einem längeren Prozess ist E1 immer mehr zum personalen Mittelpunkt der Gemeinde geworden" (88).

struktur in ländlichen Räumen verliert die Institution Kirche nicht an Bedeutung, ihre Rolle und Funktion ändert sich aber: Sie wird von einer versorgenden zu einer gewährleistenden Kirche. Solch ein Funktionswandel findet auf staatlicher Seite seine Entsprechung.[37]

Mit dieser Veränderung wird aber Organisation wichtiger, weil die Zahl der verantwortlich Beteiligten steigt und die Berührungsflächen zwischen verschiedenartigen Akteuren zunehmen.[38] Die Schnittstellen müssen präzise und immer wieder neu bestimmt werden. Es bedarf der genauen Regelung, wie z. B. die hauptamtlichen Ressourcen verteilt werden. Die Verwaltung der Liegenschaften wird zentralisiert, dadurch zwar effizienter, aber auch komplexer. Den hohen organisatorischen Aufwand kann man in Ansätzen in Finnland beobachten, wo alles zwischen verschiedenen Akteuren aus der Ferne geregelt werden muss. Daran sieht man: *Eine verminderte Präsenz der kirchlichen Institution in der Fläche verlangt ein hohes Maß an Regelkommunikation und organisatorischer Professionalität.* Wo darauf weniger Wert gelegt wird bzw. die Mühe gescheut wird, ist die so wichtige Integration der verschiedenen Elemente und ihren Logiken gefährdet (Steinatal/Trutzhain und Siloah)[39].

2.5 Abschließender Kommentar aus Bonner Sicht

Die Kommentare zur Bonner Studie arbeiten in den Abschnitten 2) und 3) zwei Gemeinsamkeiten zur Greifswalder Studie heraus: Entscheidende Ressourcen für das Gelingen von Kirche in der Peripherie sind und bleiben personale Fähigkeiten bzw. interpersonal gelingende Prozesse einerseits und die

37 Claudia Neu beschreibt diese Verschiebung, auch ihre Implikationen für die Beteiligung der Bürger: „Der Übergang vom sorgenden zum gewährleistenden Staat, so wie er aktuell diskutiert wird, impliziert die zeitgemäße Verschiebung: Der Staat vermindert den Anspruch, den seine Bürger an seine Leistungskraft stellen dürfen. Er muss aber zugleich Teile seiner allumfassenden Definitionsmacht an die Gesellschaft zurückgeben und so neue Handlungsspielräume schaffen." (Ländliche Räume und Daseinsvorsorge: bürgerschaftliches Engagement und Selbstaktivierung, in: Dünkel u. a., Think Rural!, 117–124). Die Response fragt nach den Analogien im kirchlichen Raum (vgl. Schlegel, Von Wohlfahrtsstaat und Versorgungskirche, Response zum Beitrag von Claudia Neu, in: A. a. O., 125–130).

38 Früher konnte der Hauptamtliche seinen Gottesdienstplan in einem überschaubaren Bereich selbst festlegen; heute sind sie mit mehreren Prädikanten und Lektoren, den kleinen Gottesdienstkernen und Ortsvertretungen in einer größeren Region abzustimmen. Das verlangt ein hohes Maß an professioneller Organisation, die auf gelungener Kommunikation beruht.

39 Freilich prallen in Siloah nicht nur zwei verschiedene Leitbilder von Kirche aufeinander, sondern auch zwei andere Organisationsweisen (zentral – dezentral), Wirkweisen (attraktional – inkarnierend) und theologische Paradigmen (volkskirchliche Theologie – freikirchliche Theologie). Dass das Maß an erforderlicher Kommunikation/Organisation für die Integration dieser beiden Muster hoch ist, wird überall deutlich.

Aufmerksamkeit für das Lokale andererseits. Im Abschnitt 1) wird die Bonner Studie aus der Perspektive des Greifswalder Interesses an Innovationscharakteristika geprüft, und man kommt zu dem Ergebnis, dass Innovationsprozesse in den letzten Jahren eigentlich nur in 4 der 10 untersuchten Fälle vorliegen (aus Bonner Sicht könnte man noch ein weiteres Beispiel, die Schäferwagenarbeit, hinzuzählen). Das mag angesichts der Ausgangsaufgabenstellung, „vorhandene Experimente“ (so der 2. Satz der Bonner Studie) zu untersuchen, und bei ihrer Bezeichnung als „Innovationsmodelle“ einigermaßen überraschen. Doch wurden die Typen *vorhandener* Experimente in der Bonner Studie kirchentheoretisch abgeleitet bzw. eingeordnet und damit solche Modelle rekonstruiert, bei denen die Pointe darin liegt, dass sie gegenüber der klassischen Dorfkirchengemeinde eine Innovation darstellen. Dabei ergab sich, dass einige gefundene ausgeprägte Beispiele nicht den Charakter hatten, erst kürzlich entstanden zu sein, sondern schon längst gegebene Sonderfälle (im Westen) darstellten. In der Tat, wie wir jeweils anmerkten, haben sie damit eine deutliche Schwäche in ihrer Bedeutung für die Fragestellung: In den Einzelfällen hängt ihre Existenz mit davon ab, dass eine radikale Ressourcenverknappung in der jeweiligen Landeskirche (noch) gar nicht besteht. Ohne Relevanz sind diese Beispiele aus Bonner Sicht dennoch nicht. Auch an ihnen lässt sich zeigen, wie Innenansichten eines denkbaren Musters für ländliche Kirchengemeinde in der Peripherie aussehen können – als Dual von Sommer- und Winterkirche, als zentrale Kirche mit nur einem Kirchenzentrum usw. Selbst da, wo Konfliktpotenziale geringer sind, weil etwas schon lange besteht, lässt sich in manchen Fällen studieren, wo dennoch unbearbeitete Unklarheiten bestehen und weitere Hausaufgaben zu bewältigen sind oder wie die Lösung einer bestimmten Problemstellung aussehen kann. In die Greifswalder Studie übrigens wurden ebenfalls solche Beispiele mit aufgenommen, wo sich zwar der Charakter der Arbeit verändert hat, aber Kontinuität darin besteht, dass es die klassische Dorfpfarrstelle weiterhin gibt.

Abschnitt 4) diskutiert, wie es mit Veränderungen in den Gewichten der Hybridlogiken Institution, Gruppe und Organisation in den analysierten Fällen aussieht. Dabei wird angefragt, ob nicht dem Modell der aktiven Gruppe eindeutig der Vorzug zu geben ist gegenüber dem einen quasipastoralen ehrenamtlichen Gemeindekuratorenamt. Mir scheint, dass dabei die eine Praxis von der anderen mehr idealtypisch abgesetzt wird. Doch faktisch wird sich auch in Gruppen sehr schnell ausbilden, dass in verschiedenen Ausprägungen von Leitungsrollen einige wenige Menschen sich ausbalancieren oder dass eben doch eine Person eindeutig die meisten Anteile von Leitungsaufgaben übernimmt. Die kritischen Anfragen an die Dynamik von Pastoralisierung Ehrenamtlicher stellen sich darum dann auch hier. Die Greifswalder Rückfrage legt gleichwohl einen wichtigen Merkpunkt offen: Es ist in den Initiativen der kirchlichen Qualifizierung und professionellen Begleitung Ehrenamtlicher in der Rolle von Gemeindekuratoren (und überhaupt derer, die Gesicht der Kirche vor Ort geworden sind) zwar bedeutsam, nötige Kenntnisse zu vermitteln und individualisierte Fähigkeiten auszubauen helfen. Doch kaum zu unterschätzen ist auch zu lernen, mit anderen zusammenzuarbeiten (wie es ja auch für gelingende Gemeindearbeit der Hauptamtlichen ebenfalls so wichtig ist). Ist das in der Begleitung von Gruppen Ehrenamtlicher und ganz besonders in der Ausbildung der Gemeindekuratoren schon genug mit im Blick?

Ein Punkt aus der Bonner Studie, der im Greifswalder Kommentar keine Rolle spielt, sind die zugegebenermaßen in der Bonner Studie auch nicht sehr weit ausgeführten Auswertungen zum Verhältnis von primärer Religionserfahrung und sekundärer Religionserfahrung[40]: Auch in peripheren kirchlichen Verhältnissen, selbst denen des Osten, erledigen sich beide Dynamiken nicht: 1. Die Kirche mit dem Evangelium steht dafür, über die bloß einsozialisierte familiäre oder soziale primäre Religiosität kritisch hinauszuführen als eine bewusste sekundäre Religionserfahrung. 2. Die Kirche übernimmt faktisch (und berechtigt) Funktionen von primärer Religion bei den Individuen und in der Öffentlichkeit mit – und darin sind die verschiedenen Religionen und Spiritualitäten nicht so spezifisch; es treten sozialer Bedarf, kulturelle Gemeinsamkeiten und mehr oder minder speziell christliche Traditionen in ein enges, hoffentlich konstruktives Verhältnis zueinander.

Schließlich – und das führt den eben genannten Punkt weiter: Erstaunlicherweise finden *in beiden Studien die Kasualien kaum Beachtung*. Vergleichbares ist auch in anderen Interviewstudien schon festgestellt worden[41], aber sachlich doch ungerechtfertigt. Denn Kasualien stellen eine Gelegenheit dar, bei der sonst wenig teilnehmende Gemeindeglieder präsent sind und ebenso auch Nichtkirchenmitglieder sich öfter einfinden als sonst, auch im Osten.[42] Nur ist dieses Phänomen nicht innovativ und anders als früher, sondern stellt eine altvertraute Situation kirchlicher Präsenz in Biografie und Gesellschaft dar, die auch in säkularisiertem Umfeld über den inneren Zirkel von Kirche hinaus ausstrahlt.

---

40 Abschnitt II, 3.5.; vgl. Abschnitt II, 1.2.

41 Eine Studie, die unter der Frage, warum Menschen beim Glauben und bei der Kirche bleiben, die Interviews über die Biographie im Kirchenbezug auswertete, ergab einen entsprechenden Befund (Gerald Kretzschmar, *Kirchenbindung*. Praktische Theologie der mediatisierten Kommunikation, Göttingen 2007, 336). In einem der Bonner Beispiele (Siloah) gilt die „Kasualkirche" einem Hauptamtlichen als Kontrastbild für die Kirche, die er nicht will.

42 Ein Viertel der Konfessionslosen im Osten haben an evangelischen Kasualien bzw. kirchlichen Festgottesdiensten teilgenommen, im Westen 35 % (Evangelische Kirche in Deutschland [Hg.], Engagement und Differenz. Kirchenmitgliedschaft als soziale Praxis. V. EKD-Erhebung über Kirchenmitgliedschaft, Hannover 2014, 82).

3 Zur Greifswalder Studie aus Bonner Sicht

Eberhard Hauschildt mit einer Antwort von Thomas Schlegel und Jörg Zehelein

3.1 Von der Innovationsforschung lernen

Beobachtung
An der Greifswalder Studie fällt die Nutzung der Innovationstheorie auf. Das liefert einen wichtigen Fortschritt. Auch in der Forschung zur sozialen Innovation gibt es eine Breite von Ansätzen, die von Fragen der Organisationsoptimierung bis zur Kreativitätsforschung reichen.[43] Daraus hat die Studie einen solchen Ansatz gewählt, der unter sozialer Innovation „eine von bestimmten Akteuren bzw. Akteurskonstellationen ausgehende intentionale, zielgerichtete *Neukonfiguration sozialer Praktiken* in bestimmten Handlungsfeldern bzw. sozialen Kontexten mit dem Ziel, Probleme oder Bedürfnisse besser zu lösen bzw. zu befriedigen, als dies auf der Grundlage etablierter Praktiken möglich ist“[44], versteht. Sie treten vor allem dort auf, wo bisherige Muster sozialen Handelns dysfunktional geworden sind. Das Interesse der Greifswalder Studie konzentriert sich dann, in Übereinstimmung mit gewichtigen Teilen der Forschung (insbesondere Frank Moulaert et al.[45]), auf Bewegungen „von unten“ in ihren lokalen Initiativen und auf Aktivitäten mit drei Zielen: 1. auf menschliche Bedürfnisse ausgerichtet zu sein, 2. soziale Inklusion zu erreichen und 3. Empowerment umzusetzen[46]. Weitere Merkmale wie Kontext-Sensibilität, der Transfer von Wissen und die sozialen Erscheinungen von sogenannten „Heroes“ und Netzwerken spielen nach dieser Theorie ebenfalls eine wichtige Rolle. Die Neuartigkeit kann auch vorwiegend darin bestehen, dass die Ideen und Wissensbestände prinzipiell nicht so neu sind, aber doch eine vor Ort neue und andere Praxis Gestalt gewinnen[47].

So mündet denn auch die Studie zum Schluss in eine beobachtungsgesättigte Darstellung einer Fülle von „Faktoren der Anfangsphase“ der guten Praxis der analysierten lokalen Initiativen[48]. Wenn man die Liste versucht zu

---

43 Vgl. Moulaert u. a., Towards Alternative Model(s), 1669–1990.

44 Howaldt/Schwarz, Soziale Innovation, 87–108, 89.

45 Vgl. Vor allem Frank Moulaert et al. (Ed.), Can Neighbourhoods Save the City? Community Development and Social Innovation, London 2010; Frank Moulaert et al. (Ed.), The International Handbook on Social Innovation. Collective Action, Social Learning and Transdisciplinary Research, Cheltenham 2013.

46 Vgl. 190.

47 Vgl. 191.

48 Vgl. 317–341.

systematisieren, ergibt sich folgendes Bild. Die Darstellung beginnt mit den *Heroes* und ergänzt, dass sie ein eigenständiges *Team* bei sich haben, wobei beide Seiten ihre Angewiesenheit aufeinander hervorheben. *Motivation* spielt natürlich eine wichtige Rolle; sie zeigt sich in Merkmalen wie „Begeisterung" samt Begeisterung anderer, „Mut", „Gottvertrauen" samt Beharrlichkeit in der Verfolgung der Ziele. *Andere Personen-Merkmale* treten hinzu, vor allem Wahrnehmungsfähigkeit und Fähigkeit zu reziproker Kommunikation; die Stichworte hierfür lauten: Kontextsensibilität, Offenheit und Kooperationsbereitschaft. Freilich geht es auch, vor allem für die Phase der Umsetzung der Idee, um *organisationsbewusste Aktivitäten*: Sich kümmern um Geld, Pläne machen und durchführen, auch das „Beten" wird von den Autoren dieser Liste der „Aktivitäten" zugeordnet. *Systemische Merkmale* werden dann benannt: Leiden schafft Handlungsdruck; nach dem Zerfall von Bestehendem ergeben sich Handlungsfreiräume. Schließlich: Es stellen sich zündende Ideen kontingent, also zufällig und unerwartet ein, oft gerade in Phasen der Entspannung. (Das entspricht ja ganz den Ergebnissen der *Kreativitäts*forschung.) Schlecht lösbare *Konflikte* bleiben nicht aus; sie treten vor allem dann auf, wenn die sich ausbreitende Realisierung der Idee auf die Gewohnheiten und besetzten Positionen anderer treffen.

Analyse und Kommentar

Die Verwendung der Perspektive der Innovationsforschung ist weiterführend. Sie lässt tiefer blicken und besser lernen. Das bietet einerseits eine innovative Alternative zur seit den 1990er Jahren kirchlicherseits verstärkten Erwartung, von „Best Practice" in der Kirche und so auch in der Kirche auf dem Land zu lernen. Best-Practice-Orientierung, so merken die Autoren zu Recht an[49], steht immer vor der Hürde der Übertragbarkeit in andere Verhältnisse. Best-Practice-Sammlungen sind Ideengeber und keine Blaupausen. Weiterführender ist, mit der Forschung sozialer Innovationen die *Merkmale guter Praxis* zu identifizieren.

Worauf die Innovationsforschung dann stößt, so zeigt die Auswertung bei der Greifswalder Studie, ist andererseits etwas Bekanntes und Allgemeines. Nicht nur für ländliche Regionen und nicht nur für die Kirche gilt: Gute Arbeit setzt Personen mit Kompetenzen voraus, persönliche Motiviertheit, Kommunikations- und Interaktionskompetenzen, Wahrnehmungs- und Kontextsensibilität überhaupt; Ideenfindung ist ein kreativer Prozess. Die zusätzlichen systemischen Beobachtungen scheinen am stärksten spezifische Relevanz für Innovationen in ländlichen Peripherieräumen zu entfalten: Radikale

49 Vgl. 175.

Veränderungen produzieren radikalere Innovationen. Und insofern kann, wie von der sozialwissenschaftlichen Theorie teilweise erwartet[50], für die untersuchten Projekte bestätigt werden: Die Situation in peripheren ländlichen Räumen und dann noch einmal besonders in der Minderheitensituation des Ostens erzeugen einen höheren Handlungsdruck, und das Zerfallen von Bisherigem schafft größere Freiräume für Pioniere[51]. Die Ideen müssen, wie ebenfalls von der sozialwissenschaftlichen Theorie erwartet,[52] dabei gar nicht so neu sein, aber es ergeben sich neue Realisierungschancen und Realisierungsformen[53]. Man kann die Studie auch lesen als Beschreibung neuer Realisierungen der bekannten Idee, die seit der Neuzeit besonders der Pietismus und die ihm nachfolgenden Bewegungen als den eigentlichen Kern evangelischer Kirche verstanden haben: der fragwürdigen Institution Kirche eine Praxis missionarischer Gruppeninitiative und -gemeinschaft gegenüberzustellen, die sich als ihr Hauptziel und ihre Hauptdifferenz zur lauen Kirche das Ziel setzt, über neue Formate öffentlicher Verkündigung und über Beziehungen in Gruppen Ungläubige zum Glauben zu bringen bzw. Menschen zu aktiven Anhängern kirchlicher Gruppen zu machen.[54]

3.2 Gruppe/Bewegung und ihre Beziehung zu Institution bzw. Organisation

Beobachtung

Beim Rekurs auf Innovationsforschung muss die Greifswalder Studie eine Auswahl treffen. Sie trifft sie so, dass man sich auf solche Arbeiten konzentriert, „die sich in Bezug auf unser Forschungsinteresse als anschlussfähig erweisen“[55]: Es ist ein Ansatz, der nach Innovationen von unten fragt, die dem

50 Vgl. 177, Anm. 20.

51 Vgl. 318.

52 Vgl. 192.

53 Vgl. 317 ff.

54 Für solche Lesart sind dann aber auch wieder eine Einschränkung und eine Aufweitung vorzunehmen: Manche, aber längst nicht alle Projekte stehen selbst solcher Leseart nahe. Und: Das Merkmal, als Ziel kirchlichen Handelns die Veränderung von Einstellungen und Verhalten bei Menschen zu bewirken, ist längst nicht nur auf Pietismus und evangelikale Bewegung beschränkt, sondern begegnet mit jeweils anderen inhaltlichen Zuspitzungen, etwa sozialmoralischen oder intellektuellen oder spirituellen, auch in anderen protestantischen Frömmigkeiten. Die Ausbildung von Überzeugungsgruppen überhaupt innerhalb der Kirche hat in der Neuzeit einen Aufschwung genommen und das davor jahrhundertelang dominierende Phänomen von Kirche als Institution und Tradition tiefgreifend ergänzt, teils auch ersetzt.

55 189, Soziale Innovation.

sozialen Leben vor Ort dienen sollen. Die Wahl der Innovationsforschung einer bestimmten Art in der Greifswalder Studie bedeutet somit eine *Fokussierung auf das Modell von Kirche als lokaler (aktiver) Gruppe (und Bewegung).*

Damit ist eine der grundlegenden Sozialformen von Kirche in den Blick genommen. Gruppen haben in der Moderne nicht, wie manche vermuten, an Bedeutung verloren. Im Gegenteil, in einer plural gewordenen Gesellschaft sind sie unersetzbar mit ihrer Kraft zur Aufrechterhaltung und dem Ausbau von Identität, und das gilt auch für die christliche Identität.[56] Je mehr, wie im Osten besonders ausgeprägt der Fall, die Kirche in einer Minderheitenposition ist, erscheint Kirche überhaupt als ein Gruppenphänomen. Und es sind gerade Gruppen, die dann auch, viel deutlicher als eine Gesamtkirche, sich als innovative Kraft verstehen können und in Szene setzen. So unterscheiden sich die Charakteristika der untersuchten Innovationsprojekte, wo in einer von Individuen gewählten Gruppenzugehörigkeit (Team) klare Zielsetzungen entwickelt und verfolgt werden, denn auch deutlich von den „alten" institutionalisierten Formen überschaubarer Gemeinschaft (Familie, Dorf, Dorfparochie).

Der Vorteil von Gruppen und Bewegungen ist, dass sie sich auf ihr ganz konkretes Ziel und Projekt konzentrieren können. Wo es sonst fast nichts mehr zu geben scheint, wo der Eindruck des Abbruchs von Kirche als institutionalisierter und organisierter Präsenz spürbar wird, ist es besonders plausibel, dass vor allem Gruppen den Bedarf sehen und auf ihn wirklich wirksam reagieren.

Doch werden, und dies ist aus der Perspektive einer Theorie von Kirche als Hybrid aus Gruppe, Institution und Organisation erwartbar, auch in der Greifswalder Studie manche Zusammenhänge zu Institution und Organisation dann im Verlauf der Darstellung wieder sichtbar. Denn für die zwölf ausgesuchten Projekte ergibt sich u. a. als Ergebnis:

> „In fast allen Fällen sind die Schlüsselpersonen hauptamtlich Beschäftigte, zum großen Teil Pfarrer. Es treten allerdings auch eine Gemeindepädagogin, ein Religionspädagoge, ein Sozialpädagoge und eine Musikerin als solche hervor. Es finden sich nur an drei Stellen Ehrenamtliche als Heroes, wobei nur ein einziger als Landwirt in einem nichtkirchlichen Beruf arbeitet."[57]

In zwei der zuletzt genannten Fälle waren die Ehrenamtlichen Teil eines bestehenden Teams mit einem hauptamtlichen Partner, im dritten Fall kam die Anfangsidee von einer teilzeitbeschäftigten Kirchenmusikerin. Beschrieben wurden also solche Initiativen, in deren Zentrum ganz eindeutig landes-

56 So betont in Pohl-Patalong/Hauschildt, a. a. O., 139–141.

57 318, Faktoren der Anfangsphase.

kirchliche Angestellte, mehrheitlich kirchenbeamtete Pfarrer/innen, stehen, finanziert aus Kirchensteuermitteln (in einem Fall CVJM-Hauptamtliche). Die Projekte einer missionarischen Initiative von unten werden damit im Zusammenhang der Arbeit von kirchlicher Berufstätigkeit betrieben. In ihnen schlägt sich insoweit faktisch immer auch sehr wirksam die Institution und die großkirchliche Organisation nieder.

Analyse und Kommentar
Es werden in der Greifswalder Studie Innovationsprozesse, die sich bei der Kirche als volkskirchlicher Institution und der Kirche als Organisations-Großverband vollziehen, nicht eigens verfolgt. (Hierauf liegt demgegenüber in der Bonner Studie ein stärkeres Augenmerk – die Kombination beider Studien erweist sich hier wieder als Vorteil.) Organisationsinnovationen aus Managementperspektive haben bei diesem Ansatz eine lediglich sekundär unterstützende Funktion. Wenn, in Übereinstimmung mit mancher der Literatur zu sozialen Initiativen, gesagt wird, dass Ressourcen wie Geld und Gebäude erst *nach* der Entwicklung der Idee eine Rolle spielen (337), dann stimmt das für die zusätzlichen Ressourcen. Doch der wichtige Satz „*Die Ressourcen bewirkten keine Innovation, aber ohne Ressourcen gab es auch keine Innovation.*“ (ebd.) hat noch größere Reichweite. Deutlicher als bei freien sozialen Bewegungen stellen organisationale Ressourcen auch faktisch eine Gegebenheit schon dort dar, wo allererste Ideen entwickelt werden. Das ist eine Besonderheit bei der Kirche. Man kann in den vorgestellten Beispielen die Großorganisation Kirche *nutzen* und nutzt sie auch. Die Finanzen für Hauptamtliche fließen von dort her – sie sind kirchensteuermittelfinanziert. Es wäre interessant, einmal genauer in Euro zu berechnen zu versuchen, wie hoch der Anteil dieser Förderung durch die Gesamtkirche liegt. Und auch ideell ist der Vorteil gegenüber wirklich rein privaten Bürgerinitiativen nicht zu unterschätzen. Neben der überzeugenden Begeisterungsfähigkeit der Individuen erleichtert auch dasjenige Renommee der lokalen Initiative, das aus der Zugehörigkeit zur Gesamtkirche stammt, oft (allerdings nicht immer) den Start. Es lässt zudem eine Seriosität erwarten, die vor allem bei Kooperationen mit staatsnahen Organisationen und bei dem Einwerben öffentlicher Fördermittel hilfreich sein kann.

Zugleich können dann, wenn man eine kirchliche Initiative als eigenes Projekt fasst neben der „normalen“ Arbeit und sie ggf. auch als Verein etc. rechtlich strukturiert, zusätzliche Finanzen eingeworben werden – durch Spenden, so wie das nur bei Projektinitiativen mit einem klar angebbaren spezialisierten Projektziel möglich ist. In 10 der 12 von der Greifswalder Studie untersuchten Beispiele ist das der Fall (vgl. ebd.). Und so ist man als eine im Vergleich mit anderen Teilen der Kirche reichere Teilorganisation jedenfalls reicher an aktiven Personen und oft auch an zusätzlichen Finanzen. In manchen Fällen soll zusätzlich gebaut werden und kann gebaut werden (337 f.). Der Hybrid aus Institution, Organisation und (privater) Gruppe erbringt so einen Vorteil.

Im Vergleich zu freien rein privaten Initiativen und Bürgerbewegungen macht die Bezogenheit zur Kirche freilich zugleich umgekehrt auch die Arbeit komplexer. Wenn die Innovation auf andere trifft, gerade auch andere in der Kirche, die nicht von der Idee erfasst sind, kommt es nicht selten zu Konflikten – weil es auch für sie, für ihre Gewohnheiten und Arbeiten Änderungen bedeutet und als Konkurrenz aufgefasst werden kann bzw. Neid entstehen lässt (vgl. 340). Das ist besonders bitter, hatte man sich doch von der sonstigen Kirche Unterstützung für das kirchliche Projekt erwartet. Es entspricht freilich auch den in Innovationsforschung beschriebenen Mustern (338 f.).

In der Bonner Studie sieht man viel davon, wie Hauptamtliche, die für das Projekt und das Normalgeschäft zuständig sind, hier in ein alles andere als einfaches *Spannungsverhältnis* geraten zu den Erwartungen kirchlicher Stakeholder. Für diese *Mittelposition der Hauptamtlichen* förderlich statt hinderlich zu wirken, ist eine Hauptaufgabe für die Großorganisation Kirche, wo es einigen Nachholbedarf gibt.

Auch in der Greifswalder Studie stellt sich die Frage nach der Institutionalität von Kirche – nach dem Verhältnis zwischen Initiative und den traditionellen Praktiken. Gottesdienste und Kasualien wie bisher, der Erhalt der Dorfkirche oder auch des Friedhofs usw. scheinen nur bei manchen der untersuchten situativen Initiativen als Thema mitzulaufen und spielen in der Auswertung wenig eine Rolle – vermutlich weniger, als sie es für die Gemeinden auch in der Peripherie tatsächlich tun? Die Kirche als Ganze muss sich auch dann dazu verhalten, wenn innovative Initiativen sich einen anderen Schwerpunkt wie etwa die Gewinnung von Nichtkirchenmitgliedern über neue Formate gewählt haben.

Damit ergibt sich aus Bonner Sicht eine doppelte Aufweitung der Herausforderungen:

1. Man kann sich für die Initiativen mehr Gestaltungsfreiraum durch die Gesamtkirche wünschen. Doch scheint auch jedenfalls aus Bonner Sicht umgekehrt es eine Aufgabe zu sein, die Hauptamtlichen und die lokale Traditionskirche bei dieser Balanceaufgabe nicht einfach mit ungeklärten Strukturfragen sich selbst zu überlassen (vgl. dazu in der Bonner Studie die Beispiele aus Siloah/Metebach und Steinatal/Trutzhain).
2. In Sachen Innovativitätsgrad ist es wichtig, die peripheren ländlichen Räume (und übrigens auch die prekären innerstädtischen) zu studieren; der Osten hat darin bei den ländlichen Räumen einen Vorrang. Es erweisen sich aber auch Vorgänge in nichtperipheren ländlichen Gebieten und in vergleichsweise noch ressourcenstärkeren westlichen Regionen als lehrreich. Bei ihnen stößt man deutlicher darauf, dass gerade die Zusammenhänge von

Initiative/Bewegung einerseits und Institution und Großorganisation einen Boden bereiten können für praktikable Ideen und Praktiken, die über die kleine aktive Gruppe vor Ort hinausgehen (vgl. aus der Bonner Studie die Beispiele Wolsdorf, Altdöbern und Gräfensteinberg).

Eine interessante neuere Studie hat 24 Expertinnen und Experten der Spitzenverbände der Freien Wohlfahrtspflege (auf Bundesebene, Länderebene und Trägerorganisationen) nach ihren Ansichten über Innovationsprozesse befragt. Auch hier findet sich ein uneinheitliches Bild bei den Interviewten darüber, ob eher Strukturen oder Personen das entscheidende Innovationskapital ausmachen.[58] Die Autoren jener Studie unterscheiden einen „evolutorischen" Ansatz, nach dem sich Gutes von unten durchsetzt und die Organisation nur Freiräume dafür zu schaffen hat, von einem „managerialen". Der evolutorische Ansatz setzt aber auch darauf, dass der Verband passende Strukturen entwickelt, weil beide Seiten *zusammen* erst Innovationen schaffen können.[59] Im Ergebnis sprechen sich damit – für die verbandliche Diakonie – die Autoren dafür aus, nicht auf eine spezialisierte Innovationsabteilung auf oberster Ebene zu setzen, die Innovation erfinden und steuern soll, vielmehr liegt für sie das besondere Potenzial der komplexen Großorganisation in Sachen Innovation in den *Querverbindungen zwischen den fachlichen Bereichen und zwischen den Ebenen* (Organisationsspitze, mittlere Ebene, Basis) als das Strukturmerkmal, das sich als innovationsförderlich erweisen kann.[60]

3.3 Leistungen eines erweiterten Missionsverständnisses

Beobachtungen

Ein besonderes Kennzeichen der Greifswalder Studie besteht darin, die Praxis von Mission in peripheren Räumen genauer zu untersuchen und mit den Merkmalen sozialer Innovation zu verschränken. Dazu wird auf die *Definition*

58 Lukas Nock/Gorgi Krlev/Georg Mildenberger, Soziale Innovationen in den Spitzenverbänden der Freien Wohlfahrtspflege – Strukturen, Prozesse und Zukunftsperspektiven. Eine Studie des Centrums für soziale Investitionen und Innovationen, Universität Heidelberg (CSI). Im Auftrag der BAGFW mit Unterstützung durch das BMFSFJ, Berlin 2013, in: <www.bagfw.de /veroeffentlichungen>. 15.

59 A. a. O., 44–46. Es wird das Potenzial einer komplexen Großorganisation deutlich. Der Akzent in der Greifswalder Studie liegt etwas anders; mit Verweis auf die zitierte Arbeit von Butkevičienė heißt es, dass von oben „unterstützende Impulse" hilfreich sind, „maßgeblich ist aber der Fokus auf soziale Innovationen als ‚Bottom-up-Phänomene'" (190). Pragmatisch ist solch ein Fokus aufs Lokale von unten sehr begründet und sinnvoll. Allerdings: Die Muster a) staatlicher Unterstützung sozialer freier Initiativen und b) kirchliche Organisationsdifferenzierung zwischen Bewegungen vor Ort und überlokaler Kirche dürften beachtenswerte Gemeinsamkeiten wie ebenso beachtenswerte Differenzen zeigen.

60 A. a. O., S. 55 f.

der Mission durch die anglikanischen Lambeth-Konferenzen von 1988 und 1998 zurückgegriffen. Diese Definition von Mission zielt darauf, den Missionsbegriff nicht allein auf die beiden klassischen Merkmale von Verkündigung („To proclaim the Good News of the Kingdom") und von Integration in die Kirche („To teach, baptize and nurture new believers") beschränkt sein zu lassen; vielmehr wird die Missionsdefinition um drei weitere Kennzeichen ergänzt: 1. diakonisches Eingehen auf Bedürfnisse („To respond to human need by loving service"), 2. Arbeiten an Strukturveränderungen für ein gerechtes Zusammenleben („To seek to transform unjust structures of society") und 3. Verantwortung für Schöpfung und ökologische Fragen („To strive to safeguard the integrity of creation and sustain and renew the earth") (181).

Zu den beiden klassischen Merkmalen von Mission gibt es zwar keine parallelen Merkmale bei der Innovationstheorie (ebd.). Aber nach Ansicht der Autoren bestehen bei diesem „ganzheitlichen Missionsverständnis" (178) deutliche Korrespondenzen zu den Innovationsmerkmalen sozialer Initiativen: Gerechtigkeitsorientierung der Mission hänge sachlich mit der Inklusion bei innovativen Initiativen zusammen, Diakonie mit Bedürfnisorientierung, und in den beiden Missionsmerkmalen Diakonie und Ökologie finde sich auch das Innovationsmerkmal Empowerment wieder (180 f.). So gelingt es, zwischen den Merkmalen sozialer Innovation und solchen von Mission Überschneidungen aufzuweisen. In den gesuchten Praxisbeispielen kann unterschiedlich gesetzt sein, bei welcher der fünf Dimensionen von Mission der Schwerpunkt gelegt wird, aber mindestens muss mehr als eine Dimensionen berührt sein (182). Die Studie kommt am Ende ihrer Untersuchung zu dem Ergebnis:

> „Die Hälfte der Projekte versteht sich als *diakonische bzw. soziale Initiative.* [...] Freilich ist diese Kategorie nicht trennscharf abzugrenzen – vor allem von der vierten Dimension nicht: Dabei geht es um *gesellschaftliche Verantwortung der Kirche*, [...] [So] sind es immerhin neun der zwölf Beispiele, die bei ihrer Mission an sozial-diakonisches, gesellschaftliches Engagement denken. [...] Schaut man dagegen auf die *evangelistische Dimension [...]*, so wird man feststellen, wie selten hier der Schwerpunkt der eigenen Arbeit gesehen wird. Nur ein einziges Mal ist das verbale Verkünden des Evangeliums Fokus der eigenen Aktivität. [...] Diese Beobachtung sollte aber nicht zu einseitigen Schlüssen verleiten: Denn immerhin haben 11/12 Beispiele *auch* die Absicht, von Gottes Handeln zu erzählen. [...] Nur ein Projekt widmet sich vordringlich [der Aufgabe der Heiligung, vgl. Lambeth 2]. [...] Anders als Lambeth 1 läuft diese Dimension nicht immer ‚im Hintergrund' mit: Lediglich fünf weitere Projekte haben die ‚Heiligung' als missionarischen Bestandteil im Blick" (302–304).

Insofern können die Beispiele insgesamt als missionarisch gelten, andererseits sind es gerade nicht die Evangelisation und Heiligung, die den Schwerpunkt der Tätigkeiten bilden.

Hier findet in der Missionsdefinition und in der faktischen Arbeit eine interessante Korrektur gegenüber der Entwicklung in den 1960er und 1970er Jahren statt. Damals spalteten sich im westdeutschen Protestantismus die aktiven Gruppen und Bewegungen in zwei Lager auf. In dem einen wollte man Mission primär als Umkehr hin zu Glaube und Kirche und bestenfalls sekundär politisch-sozial verstanden wissen. In dem anderen Lager wurde betont, dass in der Missio Dei, Gottes Zuwendung zur Welt und Handeln in ihr mit dem Ziel des Shaloms, die Kirche nur eine Rolle neben anderen Kräften spiele; man setzte faktisch oft auf soziale und politische Entwicklung aus christlicher Motivation statt Kommunikation über Gott und liturgisch-geistlicher Gemeinschaft.

Inzwischen will man beiderseits nicht mehr soziales und religiöses Handeln gegeneinander ausspielen.[61] Der Begriff der Missio Dei wird allgemein geschätzt. Auch die Greifswalder Studie beruft sich auf ihn – und nutzt ihn als eine Vorstellung, um Mission als Wesen der Kirche zu bestimmen: „Kirche wird durch die Missio Dei konstituiert und dazu berufen, selbst Instrument der Mission Gottes zu sein. Insofern gehört Mission zum Wesen von Kirche [...]" (179). Diese Mission kann als soziale Innovation beschrieben werden, weil sie sich auf die von den Menschen selbst wahrgenommenen Bedürfnisse und auf menschliche Entwicklungspotenziale in ihrer Breite bezieht.

Analyse und Kommentar

Die fünf Merkmale bzw. „Dimensionen der Mission", so lässt sich dann strukturieren, bestehen einerseits aus den beiden nicht mit der sozialen Innovationsforschung geteilten Merkmalen von Evangelisierung, der „evangelistische[n] Dimension (Lambeth 1)" und dem „Wachsen im Glauben (Lambeth 2)"[62], andererseits den drei mit der sozialen Innovation geteilten Merkmalen, die sozial unterstützendes, befähigendes und sozialpolitisches Handeln betreffen. Diese drei seien im Folgenden unter dem Begriff „Diakonie" zusammengefasst.

Wie verhalten sich dann im erweiterten Missionsverständnis „Mission" (Lambeth 1 und 2) und „Diakonie" (Lambeth 3 bis 5) zueinander?

61 In der Greifswalder Studie heißt es: „Transformatorische Mission vs. Evangelisation ist ein überholter Schematismus" (305). Verwiesen ist auf die inzwischen erreichten Konvergenzen im Missionsverständnis zwischen Lausanner Bewegung und Ökumenischem Rat der Kirchen und auf das Papier „Das christliche Zeugnis in einer multireligiösen Welt – Empfehlungen für einen Verhaltenskodex", gemeinsam verabschiedet von ÖRK, Vatikan und Evangelischer Allianz.

62 So benannt auf 302 u. 304.

Um dies genauer zu analysieren, sei hier ein Versuch der Unterscheidung möglichen Gebrauchs des Begriffs der „Mission" hinzugezogen. „Mission" kann 1. für christlich motivierte Kommunikationsprozesse überhaupt stehen (ein *fundamentaler* Begriff von christlich-kirchlicher Tätigkeit, die dann per definititionem immer Mission ist). 2. Er kann beschreiben, dass christlich-kirchliches Handeln und Reden jeglicher Art immer auch für den Glauben und die Kirche werbende Effekte haben (ein *dimensionaler* Begriff dafür, dass z. B. in Gottesdiensten und sozialem Handeln die jeweils dafür typischen Kommunikationsweisen bestimmend sind, aber implizit z. B. in guten Gottesdiensten und guter Diakonie eine missionarische Dimension mitläuft). 3. Schließlich kann er die spezifische Kommunikationsform expliziter Werbung bezeichnen, die an dem Ziel ausgerichtet ist, das Gegenüber möge sich in Richtung Glaube und Teilnahme an Kirche verändern (ein *sektoraler* Missionsbegriff für eine von anderen Kommunikationen unterschiedene Art der Kommunikation, nämlich der von Werbung – mit all den ethischen Ambivalenzen, die Werbeaktivitäten mit sich führen).[63] So sei aus dieser Perspektive betrachtet, wie das erweiterte Missionsverständnis in der Studie verstanden ist.

Für das Missionskriterium wird in der Greifswalder Studie noch vor der Darstellung der fünf Merkmale der Mission eine zusätzliche Bestimmung eingeführt: Dass christliche Initiativen sich „auf Menschen außerhalb ihrer selbst ausrichte[n], ist „entscheidend" (179). Soweit ergibt sich ein klassisches Gegenüber, das missionarische von nichtmissionarischer Gemeindearbeit unterscheidet.

Diese Missionsdefinition setzt dabei (da sie dann mit den fünf Merkmalen der Mission weiter konkretisiert wird) auf dem fundamentalen Missionsbegriff (Mission als jegliches kirchlich-christliche Handeln) auf, denn sie schließt ja die ganze Breite von helfendem und befähigendem Handeln ein im Vollzug der Missio Dei. Zugleich bekommt der Begriff dennoch eine engere Kontur durch die entscheidende Zielgruppe: Nichtkirchenmitglieder.

Blickt man hier noch einmal zurück auf maßgebliche kirchliche Selbstverständnisse in Mission und Diakonie am Ende des 19. Jahrhunderts und achtet auf die damals vorgestellten Zielgruppen, so zeigt sich, wie sich die Lage inzwischen verändert hat. Damals war der Missionsbegriff definiert als Arbeit an Orten ohne Kirche (Übersee) mit dem Ziel, durch Missionare im Zuge ihrer Werbearbeit eine Kirche zu errichten, die zuletzt ohne die Missionare von der Zielgruppe selbst weitergeführt wird. Evangelistische Verkündigung stellte

63 Eberhard Hauschildt, Praktische Theologie und Mission, in: Christian Grethlein/Helmut Schwier (Hg.), Praktische Theologie. Eine Theorie und Problemgeschichte, Leipzig 2007, 457–509, hier: 505–507; ders., Mission und Werbung – eine Bisoziation, in: Theologische Literaturzeitung 134 2009, 1289–1302.

das Zentrum dar, soziale Arbeit nur ein Mittel dafür.[64] Die Diakonie hingegen verstand sich als ein Handeln, das sich vor Ort exklusiv an evangelische Kirchenmitglieder wendet, wenn die sich in sozialer Not befinden; diese werden dann zusätzlich so auch ihrer Kirche wieder zugeführt.[65] Insofern handelt es sich bei Diakonie zugleich um „innere Mission" im Sinne inländischer Mission und Mission innerhalb der (evangelischen) Kirchenmitglieder. Beide Konstellationen (nichtchristliche Gebiete im Ausland und ein Deutschland der Getauften) gelten nicht mehr. Darauf reagiert im letzten Drittel des 20. Jahrhunderts eine solche Auslegung der Missio-Dei-Vorstellung, die das Modell der Mission als Konvivenz entwickelte – des gegenseitigen Austauschs im Zusammenleben von Christen und Nichtchristen in gemeinsam betreffenden sozialen Lagen wie in der Pluralität der Religionen, Weltanschauungen und Sinndeutungen.[66]

Welches Bild zeichnet nun die Greifswalder Untersuchung? Nicht erhoben wird in ihr, in welchem Maße die für das Kriterium „Mission" ausschlaggebende primäre Zielgruppe der Nichtkirchenmitglieder tatsächlich erreicht wird oder nicht. Es hätte eine deutlich andere Anlage der Untersuchung erfordert.[67] *Dass* auch häufig Nichtkirchenmitglieder mit erreicht werden, ist plausibel. Denn ein Angebot diakonischen Charakters ist für alle vor Ort interessant, wird somit in ziemlich hohem Maße Nichtkirchenmitglieder erreichen, besonders ausgeprägt im Osten Deutschlands aufgrund des hohen Durchschnitts von Nichtkirchenmitgliedern in der Bevölkerung. Insofern wird kirch-

---

64 Vgl. dazu den Klassiker der Missionswissenschaft, Gustav Warneck, Evangelische Missionslehre Bd I: Die Begründung der Sendung, Gotha 1897[2], S. 4: „Wird dieselbe [die „Diakonie, z. B. die Krankenpflege"] an Nichtchristen geübt, so kann man sie zu den indirekten Missionsmitteln zählen, weil sie dem christlichen Glauben Thüröffnungsdienste thut."

65 Zentralausschuss für die innere Mission der deutschen evangelischen Kirche, Programm und Statut. Berlin/Hamburg 1849, S. 19, § 1 zu Begriff und Umfang der Tätigkeit: „Die innere Mission hat zu ihrem Zwecke die Rettung des evangelischen Volkes aus seiner geistigen und leiblichen Noth durch die Verkündigung des Evangeliums und die brüderliche Handreichung der christlichen Liebe. Außer ihrer Aufgabe liegt es, Ungetaufte zu belehren oder Glieder anderer christlicher Religionspartheien herüberzuziehen. Sie umfasst nur diejenigen Lebensgebiete, welche die geordneten Ämter der evangelischen Kirche mit ihrer Wirksamkeit ausreichend zu bedienen nicht im Stande sind, so daß sie diesen in die Hände arbeitet und in demselben Maße ihre Aufgabe für gelöst ansieht, als die Wirksamkeit des kirchlichen Amtes sich erweitert." In Larissa Krainer, Das prozessethische Profil der Diakonie, in: Pastoraltheologie 104 (2014), 21–37 wird dieser Text zitiert, die Differenz zum gegenwärtigen Selbstverständnis des Diakonischen Werk beschrieben und beides als Beispiel für den klassischen Fall von Wertebezug-Dilemmata verstanden, wo logisch widersprechende Werte dann in eine Balance zu bringen sind (29–32).

66 Theo Sundermeier, Konvivenz als Grundstruktur ökumenischer Existenz heute [1986], in: Ders., Konvivenz und Differenz. Studien zu einer verstehenden Missionswissenschaft, Erlangen 1995, 43–75.

67 179 f.: „Es geht dabei *eher um die Intention* als um die tatsächliche Wirkung, da diese mit unseren Methoden nicht bzw. schwer messbar ist."

liche Arbeit, wenn sie diakonische Merkmale hat, per definitionem „missionarisch".

Die Studie unternimmt es aber sehr wohl, insoweit zu messen, als sie gewichtet, wie stark die einzelnen Merkmale der Mission in den Beispielen jeweils gegeben sind. Dafür wurden Informationen und Aussagen von Befragten aus den Projektteams erhoben und sind Interpretationen der Aussagen durch die Interviewer aufgeführt. Auf dieser Basis wurde entschieden, ob die untersuchten innovativen Projekte auch die Merkmale der evangelistischen Verkündigung und der Nachfolge enthalten, und sind in einer Dreier-Skala (kleines, mittleres, hohes Gewicht) eingeschätzt.

Deutlich ist, dass bei den ausgewählten innovativen missionarischen Projekten die Merkmale den Glauben thematisierender und explizit für ihn werbender Kommunikation insgesamt in den Projekten vergleichsweise weniger stark als die diakonischen ausgeprägt sind:

- Vier Projekte sind Jugendfreizeitangebote samt sozialer und pädagogischer Begleitung (offene Jugendarbeit im Bus, Breakdanceprojekt, Fußballcamp, TV-Sender-Projekt). Hinzu kommt das Familienfreizeitangebot Labyrinthpark.
- Drei Angebote laden in das Kirchengebäude ein – zu einem nicht spezifisch kirchlichen Angebot (Orgelnacht, Radwegekirche, Heimatmuseumstube). Hinzu kommt eines der Nutzung eines Pfarrhauses als offenes Haus der Begegnung für den Ort.
- Nur zwei Beispiele stellen eindeutig ein vor allem explizit religiöses Angebot dar, aber in besonders niederschwelliger Form (Andachtsprojekt und Glaubenskurs).
- Ein Beispiel versteht die gesamte Kirchengemeindearbeit als „missionarische Volkskirche".

Diese Verteilung der Gewichte bei den Projekten reiht sich ein in den Normalbefund, der kürzlich in einer Studie des Sozialwissenschaftlichen Instituts der EKD erhoben wurde: Kirchengemeinden in Deutschland deuten ihre Angebote so, dass in der Mehrzahl soziale Bezüge gegenüber religiösen (die immer als mitlaufend angesehen werden) überwiegen und man besonderen Bedarf in der Arbeit für Kinder und Jugendliche sieht.[68]

Wodurch werden dann solcherart sozialdiakonische Angebote, die die Greifswalder Studie analysiert hat, missionarisch im Sinne werbender Kommunikation?

68 So das Ergebnis der Forschungen des Sozialwissenschaftlichen Instituts in einer ersten Vorstudie: Petra Angela Ahrens/Gerhard Wegner, Wie geht's der Kirchengemeinde?, 23–29. Das entsprechende Ergebnis einer dann repräsentativen Umfrage wird 2015 veröffentlicht.

- Es gibt Angebote, bei denen es sich dann doch erweist, dass explizite religiöse Kommunikation als Programmpunkt im diakonischen Gesamtprogramm enthalten ist: Beim Fußballcamp z. B. gibt es Andachten und Bibelarbeiten, in der Orgelandacht ein geistliches Wort.
- Es gibt Fälle, wo Evangelisation (Pro-Christ wird übertragen) und Jüngerschaftbildungsformate (Glaubenskurse, Hauskreise) bereitgehalten werden (Mehrgenerationenhaus Globig, Heimatstube Brück, Labyrinthpark Malchow, Volkskirche Geithain) – Angebote sind das, die stärkere Affinitäten haben dürften zu einem *bestimmten Frömmigkeitstypus.*

Darüber hinaus werden in einer Reihe von Beispielen Verbindungen zwischen Mission und Diakonie von den Interviewten oder den Auswertenden explizit gemacht: Im Zusammenhang diakonischer Arbeit kommen Menschen zum Glauben und zur Kirchmitgliedschaft. Wieder finden sich unterschiedliche Typen:

- Es wird der Vorgang explizit missionarischer *Werbung und Werbeerfolge als Oberziel* verstanden:

> Radwegekirche: „Es sollen Menschen wieder an ‚Kirche herangeführt' werden [...]" (241). „Der ausdrückliche Wunsch des Gemeindekirchenrates ist es [...], dass Menschen sich intensiver mit Leben und Glauben auseinandersetzen" (ebd.). Globig: „Weitergabe des Evangeliums" (251). „Sie [die Befragte] möchte den Menschen erzählen, wie Jesus mit ihnen umgeht, und das Christsein authentisch im Alltag vorleben" (ebd.). Verchen: „Der Schwerpunkt von ‚acht-geben' ist, das Evangelium zu kommunizieren und Menschen in die Nachfolge zu rufen (Lambeth 1+2)" (272).

- Es werden *indirekte diakonische und direkte explizite Arbeitsformen unterschieden:*

> Breakdance-Projekt: „Die Kommunikation des Evangeliums geschieht oftmals indirekt, ist aber durchaus intendiert (Lambeth 1)" (258). Radwegekirche: „So ist die öffentliche Präsenz der Gemeinden, die Themen, die sie medial besetzen, ein erster Schritt auf dem Weg der Mission" (241). Geithain: Die Einladung geschieht „manchmal indirekt [...], jedoch auch gern direkt" (280); TV-Sender: „Missionarisch wertvoll sei bereits der Abbau von Vorurteilen" (296).

- Es werden in vielen Fällen *Erfolgsmeldungen-Erzählungen von Einzelfällen* berichtet (so in den Fällen Blauer Bus, Andachten Schleiz, Radwegekirche, Breakdance-Projekt, Fußballcamp, Volkskirche Geithhain, Heimatstube (210, 217, 230, 256, 263, 276, 285).

– Es erscheint manchmal der *Werbeeffekt im Modus der Hoffnung:*

Blauer Bus: „Das Wort Gottes wird unter den Kindern und Jugendlichen verkündigt mit der Hoffnung, dass der Same irgendwann einmal aufgeht" (213). Andachtsprojekt: „Ich hoffe darauf, dass Menschen dann auch aus dieser Stille heraus und aus dieser einfachen Form heraus dann weitersuchen: ob das ein Glaubenskurs ist, ob das eine Lektorenausbildung ist, ob sie sagen: Hauskreis wäre vielleicht was" (221). Radwegekirche: „[...] dass andere meinen Glauben erkennen können und möglicherweise auch neugierig werden" (234).

– Es erscheinen Beobachtungen zu einer *strategisch nutzbaren Möglichkeit, über* persönliche Beziehungen und Vertrauensbildung die Chancen auf Werbeerfolge zu erhöhen:

Labyrinthpark: „Über die Zeit wachsen Beziehungen, entsteht Vertrauen und dadurch eigentlich erst die Plattform, die für Mission wichtig ist" (241). Die Orgelnacht „schöpft das besondere Potenzial von Musik aus, indem darüber Menschen auf den christlichen Glauben angesprochen werden" (228). Mehrgenerationenhaus: „Von Jesus zu erzählen gelingt nur dann, wenn man auch 'ne gute Beziehung zu den Leuten hat" (266). „Über die Zeit wachsen Beziehungen, entsteht Vertrauen und dadurch eigentlich erst die Plattform, die für Mission wichtig ist" (241). Begegnungszentrum: „Mission sei zwar die Weitergabe der guten Botschaft, aber in ihrer Region gehe das nur ‚in Wort und Tat', betont die Gemeindepädagogin" (251). Fußballcamp: „[...] Hürden für die Teilnahme und die Mitarbeit so niedrig wie möglich zu halten, damit Kirche nicht in ihrem begrenzten Feld tätig bleiben muss und Menschen über die Mitarbeit der Weg zum Glauben eröffnet wird" (266 f.). Blauer Bus: „In den Gruppenangeboten wird versucht, bei alltagsrelevanten Themen die Bibel kreativ ins Gespräch zu bringen" (213). Heimatstube: „Sie laden dazu gezielt die ein, zu denen sie einen Kontakt aufgebaut haben – sei es im Rahmen einer Kasualie, durch die Gebäude oder eine Veranstaltung mit der Kommune, Feuerwehr oder diversen Vereinen" (289). „Aus diesen Berührungsflächen ergäben sich weitergehende Fragen, über Kirche, Glaube und Identität, auch seelsorgerliche Gespräche und hin und wieder ein Gebet" (288).

Außer von der Verknüpfung von Diakonie (und sozialem Kontakt) und Mission wird in einzelnen Fällen auch von Grenzen beim Übergang von Diakonie zur Mission berichtet:

So gibt es zwei Fälle, bei denen von Gegenreaktionen gegen die Werbeversuche die Rede ist. Hier scheint etwas davon auf, dass die faktischen Verhältnisse hinter den Intentionen zurückbleiben könnten:

„Viele Jugendliche schalten ab, wenn sie ‚Bibel' hören, oder sagen ganz ehrlich, dass sie nichts mehr über Jesus hören wollen. Genauso gibt es auch Kinder, die wegen dieses christlichen Hintergrunds der Arbeit nicht zum Blauen Bus kommen dürfen" (213). Auch bei folgender Erfahrung könnte mehr als nur die Ablehnung eines Bildungsformats mitschwingen: „Manche lassen sich zu weitergehenden Angeboten einladen; ein anderer „würde nie [...] zum Alphakurs kommen", weil er „nicht der Typ dafür" sei (288).

Schließlich gibt es auch Fälle, bei denen man sich ausdrücklich gegen bestimmte missionarische Werbeziele ausspricht:

Die Radwegekirche „hat nicht den Anspruch, Menschen zu ‚bekehren', aber sie möchte Interesse wecken für das kirchliche Leben" (234). Glaubenskurs Verchen: „das entscheidende Anliegen [ist] nicht, dass Menschen ‚in die Kirche kommen, in unsere Kreise kommen' [...], oder ‚irgendwelche Zahlen [zu] steigern'" (272). In einem zitierten Zeitungsartikel zum Jugend-TV-Sender heißt es: „Jenen, die da wohl fürchten, dass in dem Treff, der für den gesamten Amtsbereich Laage offen steht, durch die Hintertür Kinder missioniert werden sollen, denen sagte der Laager Pastor geradeheraus, dass man dafür den Haupteingang wähle. Wie einen Mantel wolle man den christlichen Glauben hinhalten. Wer mag, könne hineinschlüpfen" (296).

In einem Fall wird dabei eine Art Gegenentwurf präsentiert gegenüber einer Priorisierung der expliziten Werbung:

„Vielmehr liegt die ‚Priorität' darin, ‚zu lieben' [...] Wenn Menschen Wertschätzung erfahren, indem sie angenommen sind. Und wenn jemand zuhört und auch sie merken, da steckt ‚ne Ernsthaftigkeit drinne, wie der mit mir [...] der oder die mit mir über Themen redet, die mich wirklich brennend interessieren. Dann ist das eine Form der Liebe" (272). Die Deutung der Interviewer nennt die Kritik noch einmal, passt sie aber zugleich in übergeordnete Aussagen entschärfend ein: „In diesem von Liebe geprägten Ansatz, Lebensthemen aus der Sicht des christlichen Glaubens zu beleuchten, äußert sich das Bemühen, die Botschaft des christlichen Glaubens weiterzutragen. [...] Es wird [...] begrüßt, wenn Menschen Kirche als einen Ort erfahren, an dem solche Wertschätzung und Liebe gelebt wird und dort dauerhaft Heimat finden" (ebd.).

Ergebnis: Es erweist sich das Kriterium „Mission", gerade im Rahmen eines erweiterten Missionsbegriffs, als ein sehr komplexes Kriterium:

- Es kann meinen, wie deutlich Kirche für Nichtkirchenmitglieder und nicht mit der Kirche in stärkerer Verbindung stehende Mitglieder da sein will, also als Kirche *für andere* Angebote machen will – und das sind in der Regel nicht hauptsächlich religiöse Angebote. Der erweiterte Missionsbegriff führt hier dazu, dass man zu ähnlichen Ergebnissen kommt wie beim Durchschnitt aller Kirchengemeinden.
- Es kann meinen, wie sehr Kirche Kirche für andere sein *will*. Darin besteht Gemeinsamkeit auch mit allen solchen Gemeinden, in den Einzelpersonen und Gruppen ein Innovationsprofil von Angeboten in Richtung auf Öffnung für Probleme der Gesellschaft besteht, das dieses Wollen eindeutig belegt. Missionarische und diakonische Gemeinden sind sich darin gleich.
- Es kann meinen, wie sehr Kirche in Arbeit und Leben Kirche *mit anderen* ist. Ob in der Arbeit „missionarischer Gemeinden" (ebenso wie für die Arbeit „diakonischer" Gemeinden) der Anspruch des „Mit" quantitativ und qualitativ tatsächlich eingeholt wird, ist methodisch nur deutlich aufwendiger zu erheben. Es wäre eine weitere Aufgabe für die Forschung.
- Es kann meinen, wie stark religiöse Thematik und Werbung für Glauben explizit dann doch eingebracht wird. Dann wären freilich doch die Häufigkeit von expliziter *Werbekommunikation* (Evangelisation) und das *Lehren des Glaubens* die wirklich entscheidenden Missionsmerkmale. Der Missionsbegriff wäre nicht wirklich erweitert.
- Es kann meinen, wie sehr bei den Beteiligten oder den Interpreten ein *bestimmter Frömmigkeitstyp*, der mit dem Begriff missionarisch assoziiert werden kann, verbreitet ist. Dann würde das Kriterium „missionarisch" doch wieder nicht mehr als ein Spezifikum eines Sektors im Spektrum der Frömmigkeiten in der Kirche benennen.

Wenn die beiden letzteren Möglichkeiten nicht gemeint sind, dann ergäbe sich ein theologisch deutliches Profil, für das auf Überlegungen aus dem einen Greifswalder Beispiel zurückgegriffen werden könnte: Liebe als Ausdruck der Mission Gottes ist der sachliche Oberbegriff, Dialog (genuines Interesse an der Ernsthaftigkeit des Gegenübers) ist die ihm entsprechende Haltung und Praxis. Das schließt ein, dass auch Episoden werbender und belehrender Kommunikation zu Themen des Glaubens vorkommen dürfen müssen. Deren Qualität, deren ethisches Kriterium und vermutlich auch entscheidender Faktor des Gelingens ist das Einverständnis des Gegenübers, sich der Werbung auszusetzen. Maßgebliches Kriterium für die christlich angemessene Haltung der Missionierenden ist, dass die Liebe und das Interesse am Gegenüber *nicht* vom Ausmaß des Gelingens der Werbung abhängig gemacht werden.

So könnten einem erweiterten Missionsverständnis solcherart Botschaften im Umgehen mit Nichtkirchenmitgliedern bei der diakonischen Arbeit entsprechen, die den Geist der *Mission als Konvivenz* mit sich führen:

1. Wir, die wir als christliche Gruppe uns in diakonischer Arbeit engagieren, brauchen für uns und haben auch Freude daran, gemeinsam uns in unserem Glauben zu stärken. (Wir schließen natürlich keinen aus, der sich das auch mal anschauen will und prüfen, ob es ihm auch gefällt.)
2. Für uns gehören zu guter diakonischer Arbeit auch die Fragen von Sinn und von Religion. Jeder von uns in der christlichen Gruppe ist bereit, sich auf Augenhöhe mit anderen darüber auszutauschen, den je eigenen Fragen und eigenen Antworten. Wir könnten voneinander gegenseitig lernen. Deswegen gehören als Teil unserer Arbeit auch „Räume für Religion" hinzu mit Deutungsoffenheit für alle und aktiver Mitbeteiligung aller mit eigenen Beiträgen, getragen vom Respekt füreinander.

Es ergäbe sich dann daraus für ein erweitertes Missionsverständnis die Einsicht, dass bei missionarischen Initiativen weder klar christlicher Austausch unter Glaubenden (etwa in Gottesdienst und Gebet) noch klar offener Austausch unter den religionspluralen Anwesenden gleich welcher Ansicht über Fragen von Sinn und Religion (im Kontext von Bildungsformaten oder gemeinsamem Feiern) ausfallen sollten. Wo im Miteinanderleben beides vorkommt, da wird für beide Seiten überzeugend, dass explizit evangelistische Kommunikation nicht Macht- und Einflusskonstellationen für vom Gegenüber Ungewolltes nutzen will, sondern eine mögliche und angemessene Facette einer *Kirche mit anderen* ausfüllt.

3.4 Abschließender Kommentar aus Greifswalder Sicht

Die Bonner Bemerkungen zur Greifswalder Studie orientieren sich an drei Themenfeldern, zu denen hier noch einmal Stellung zu beziehen ist.

Zunächst wird die Grundentscheidung, sich am *Paradigma der sozialen Innovation* zu orientieren, hervorgehoben und als Fortschritt gegenüber dem Best-Practice-Learning markiert. Dazu wurden bereits in „Landaufwärts" einige Argumente gesammelt. Im Rückblick scheint es vor allem ein Punkt zu sein, der diese Entscheidung erneut rechtfertigt: Soziale Innovationen sind auf den Kontext ausgerichtet. Sowohl was ihre Entstehung als auch ihre Wirkung angeht, sind sie in signifikanter Weise mit dem konkreten Umfeld verwoben. „S[ocial] I[nnovation] is considered as path dependent and contextual", deswegen können sie nicht „become packaged as part of the pervasive language of ‚best practice' that can be applied anywhere in the world"[69]. Mit anderen Worten: Die zwölf Beispiele der Greifswalder Studie sind nicht aus ihrem ländlichen Setting herauszulösen – und einfach auf die Stadt oder den suburbanen Raum zu übertragen.

Die Auswertung hatte auf eine dreifache Verbindung zwischen „Text" und „Kontext" aufmerksam gemacht: Es waren zum einen die spezifischen Dynamiken peripherer ländlicher Räume, die diese missionarischen Modelle stimulierten. Andererseits wurden die Initiativen durch Freiraum begünstigt, der vor allem an den institutionell ausgedünnten Rändern zu finden ist. Schließlich wurde in der Auswertung auch die Bedeutung der individuellen, kontingenten Faktoren für jede Initiative deutlich – also auch trotz des gemeinsamen Raumtyps bleibt eine Kopie verwehrt. Kurz: Ohne den Theorierahmen „soziale Innovation" wäre vermutlich der Fingerabdruck jedes Beispiels nicht so scharf zu konturieren gewesen – und andererseits wäre zurückgetreten, was doch für das vorliegende Buch konstitutiv ist: der Verbindung von Kirche *und* peripheren ländlichen Räumen nachzuspüren.

Im Ergebnis allerdings, so meint der Bonner Kommentator, „stößt" die Greifswalder Studie auf „etwas Bekanntes und Allgemeines". Denn nicht nur für „ländliche Regionen und nicht nur für die Kirche gilt", dass es geeignete „Personen mit Kompetenzen" bräuchte, gewisse Haltungen, Netzwerke etc.

Sicherlich gilt dies auch woanders, aber dass diese allgemeinen Regeln auch hier gelten, auch in ländlichen Regionen und auch in der Kirche, ist in doppelter Hinsicht überraschend: 1) Auch in der Peripherie benötigt es charismatische, gut ausgebildete Personen, Netzwerke und soziale Verdichtung: Dinge, die eher für die Stadt typisch sind und in der Informationsgesellschaft deren entscheidenden Vorteil darstellen.[70] Soziale Innovationen erfordern diese Promotoren – auch in der weiten Fläche, obwohl die pejorative Rede vom „Lande" etwas anderes suggerieren mag: Dafür „reichten" ja auch die Kollegen mit den schlechteren Examensnoten. 2) Die andere Überraschung mag noch elementarer wirken: Wenn sich die sonst gängigen Ergebnisse auch in entlegenen Kirchengemeinden bestätigen, heißt das schlicht: Man stößt auch hier auf ähnliche Phänomene wie in verdichteten Räumen und bei anderen Akteuren. Es gibt also soziale Innovationen auch am geografischen und kirchlichen Rand. Dies ist keineswegs selbstverständlich. Wird doch nicht selten

69 Frank Moulaert et al., Social innovation. Intuition, precept, concept, theory and practice, in: Moulaert, Frank et al. (Ed.), The International Handbook on Social Innovation. Collective Action, Social Learning and Transdisciplinary Research, Cheltenham 2013, 13–24, 17.

70 Vgl. Annette Spellerberg, Ländliche Räume in der hoch technisierten Dienstleistungsgesellschaft: mittendrin oder außen vor?, in: Eva Barlösius/Claudia Neu (Hg.), Peripherisierung. Eine neue Form sozialer Ungleichheit? Berlin 2008, 25–35.

gedacht und gesagt, dass die Avantgarde in den Metropolen lebt und von dort her neue Wege zu erwarten sind.[71] Nein, auch in der (marginalisierten) Kirche in entlegenen Räumen gibt es Neuerungen, die für die EKD modellhaft waren und sind. So wurde bereits darauf hingewiesen, dass die gottesdienstlichen Kleinformen ohne Pfarrer, die multifunktionale Nutzung von Kirchengebäuden innovative Praktiken sind, die vom Lande ausgingen.

Die zweite Bonner Bemerkung beleuchtet die Greifswalder Studie im Lichte des eigenen kirchentheoretischen Ansatzes. Sie interpretiert die Konzentration bei sozialen „Innovationen *von unten* [...], die dem sozialen Leben vor Ort dienen sollen" als eine „Fokussierung auf das Modell von *Kirche als lokaler (aktiver) Gruppe (und Bewegung)*". Ergänzend trägt sie die beiden anderen Elemente des Hybrids Kirche ein und entdeckt Spuren von Organisation bzw. Institution in den Greifswalder Projektbeispielen: die Rolle der Hauptamtlichen, finanzielle und bauliche Ressourcen, das kirchliche Renommee vor Ort etc. Diese Perspektive stellt eine wichtige Erweiterung der Greifswalder Ausführungen dar und bringt neue Erkenntnisse: vor allem in Bezug darauf, wie die verschiedenen Dimensionen von Kirche zusammenwirken. Die Volkskirche mit ihrer Kirchensteuer, ihrem seriösen Ruf und ihrer Ausbildung hat – in der Tat – die Projekte überhaupt erst ermöglicht. Diese Ermöglichung freilich bezieht sich vor allem auf die Rahmenbedingungen. Diese selber verursachen noch keine Innovationen, aber sind wichtige, manchmal unerlässliche Voraussetzungen. Es kann geschlussfolgert werden: Bei gelungenen Innovationen wirken die Teile des kirchlichen Hybrids und die verschiedenen Ebenen der Großorganisation zusammen – und zwar in der Ergänzung ihrer Stärken. Dies liegt ganz im Gefälle der zitierten Studie über die Wohlfahrtsverbände und dem, was Eglė Butkevičienė über die Nachhaltigkeit ländlicher Innovationen herausfand: „As the empirical data has shown, the bottom-up perspective and top-down initiatives to facilitate bottom-up activity are the most successful strategies for the emergence and development of social innovations in rural communities."[72]

Trotz der Verflechtung verschiedener Ebenen und Dimensionen ist der Greifswalder Ansatz „von unten" bzw. bei dem sozialen Zusammenspiel lokaler/regionaler Akteure sachgemäß. Wir sind davon überzeugt, dass die Anfänge sozial-missionarischer Innovationen an der Peripherie so am besten erkennbar werden. Dafür können drei Argumente angeführt werden:

1. Die soziologischen Referenzen, die sich mit sozialen Innovationen in konkreten Kontexten beschäftigen (Stadt oder Land), setzen ebenso an. „Social innovation analysis and practice have indeed a strong territorial dimen-

---

71 Vgl. dazu Einleitung Landaufwärts, 171 ff., insbesondere 177, Anm. 20.

72 Eglė Butkevičienė; Social Innovations, 87.

sion, and both scholars and activists devote particular attention to the local space."[73] Dort werden die gesellschaftlichen Verwerfungen am ehesten spürbar, und die verschiedensten Akteure bilden einen kreativen Boden für „locally based initiatives". Sie hätten eher als „official state led programmes" das Potenzial, soziale Kohäsion nachhaltig zu befördern.[74] Schon 2005 wies eine Studie darauf hin: „[T]he more grassroot, spontaneous, creative initiatives, those which develop [...] from below, are also the most innovative, as the survey shows."[75] Dennoch führt dieser Ansatz nirgends zu einem romantischen Lokalismus. An verschiedenen Fallbeispielen wurde wiederholt deutlich: „[N] one of them could be sustained without at least some form of partnership with the state, or some other formal institutional system, that enabled the creation and sustained the operation of socially innovative initiatives."[76] So sei die Zusammenarbeit der verschiedenen Ebenen essenziell „to achieve human needs satisfaction"[77].

2. Der Bottum-up-Ansatz entspricht der Förderphilosophie des „new rural paradigm" der OECD aus dem Jahre 2006. Als exemplarisches Programm kann hier LEADER angeführt werden. Es „provides funding for area-based local strategies to induce rural development by innovative projects of resource valorisation, enhancing competitiveness, and networking. Strategies are supposed to emerge from bottom-up initiatives developed by local stakeholders."[78] Zu den sieben Merkmalen, die LEADER prägen, gehört als wichtigster der Bottom-up-Ansatz. „Das Hauptkonzept hinter dem Leader-Ansatz besteht darin, dass Entwicklungsstrategien [...] effektiver und effizienter sind, wenn sie durch lokale Akteure auf lokaler Ebene beschlossen und umgesetzt werden."[79] Politikwissenschaftler sehen in diesem „neo-endogenen" Zugang eine wirksame Strategie, das eigene Potenzial der ländlichen Räume für deren Entwicklung zu stimulieren.

---

73 Frank Moulaert, Social innovation and community development. Concepts, theories and challenges, in: Can Neighbourhoud save the City?, 4–16, 9.

74 A. a. O., 5.

75 Moulaert et al., Towards Alternative Model[s], 1972.

76 Moulaert, Social innovation and community development, 5.

77 A. a. O., 13. Die Richtung, in die sich soziale Innovationen entfalten, wird im 2013er Handbuch markiert: „Innovation often emerges from conflict: opportunity spaces at micro scales may make creative strategies possible at macro scales. Here, we already see the announcement of the very important relationship between the initiatives of individuals or groups in small communities, and its logic of continuation in the construction and facilitation of institutions that could enable socially creative strategies at macro/micro scales." (Moulaert et al., Social innovation, 17).

78 Martin Petrick, Re-thinking Rural Policy. External Stimulation in an Evolutionary Model of Neo-endogenous Rural Development, in: Dünkel u. a., Think rural!, 163.

79 Europäische Kommission, Generaldirektion Landwirtschaft und ländliche Entwicklung (Hg.), Der LEADER-Ansatz. Ein grundlegender Leitfaden, Luxemburg 2006, 8.

3. Schließlich kann dieser Fokus theologisch begründet werden. Da die Untersuchung die Anfänge missionarischer Erschließungen an den kirchlichen Rändern in den Blick nimmt, geht sie empirisch der Frage nach, wie Kirche wächst und neu entsteht. Dogmatische und historische Argumente legen nahe, dabei auf „Kirche als Gemeinschaft bzw. Gruppe" zu schauen. „Als frühe Keimzelle der Kirche bildete sich die Gruppe um Jesus herum."[80] Doch Kirche konstituiert sich auch heute – und zwar in der „Versammlung", in der das Evangelium rein gepredigt und die Sakramente recht verwaltet werden (CA VII). Gemeinschaft, *communio* oder Gruppe ist also auch systematisch-theologisch eine unerlässliche Voraussetzung für das stets neue Werden von Kirche. Blickt man auf die Anfänge, sachlich und zeitlich, ist der Greifswalder Ansatz „von unten" angemessen.

Als Drittes bezieht sich die Bonner Replik auf das „*erweiterte Missionsverständnis*" der Greifswalder Studie. Gegenüber manchen Verengungen werde in der Greifswalder Studie eine „interessante Korrektur" vorgenommen: Im Anschluss an die theologische Grundfigur der Missio Dei wird eine ganzheitliche Sicht von Mission als ein wesentliches Merkmal von Kirche festgehalten.

Zu Beginn des Bonner Kommentars wird deutlich markiert, von welchem Standort aus die Greifswalder Interpretation von Mission und deren Anwendung auf die Empirie missionarischer Gemeinden analysiert und kommentiert werden wird. Die eingenommene Perspektive deckt sich im Wesentlichen mit dem bereits vor einigen Jahren dargelegten Verständnis von Mission als Werbung (Eberhard Hauschildt).[81] Diese Offenlegung des eigenen Standorts verdient besondere Beachtung, da jenes vom Paradigma der Werbung ausgehende Missionsverständnis nur zum Teil mit dem Verständnis von Mission aus Greifswalder Sicht vereinbar ist.

Dabei kann zunächst der Analyse zugestimmt werden, dass das Greifswalder Missionsverständnis auf der Ebene eines fundamentalen Begriffs von Mission zu verorten ist, dessen Fokus dennoch dadurch verengt wird, dass als primäre Zielgruppe von Mission Nichtkirchenmitglieder in den Blick kommen. In ausführlicher Betrachtung einzelner Fallbeispiele werden dann verschiedene Möglichkeiten der Zuordnung von „Mission und Diakonie" aufgespürt. Dabei ist jenes Gegenüber aus Bonner Sicht als Unterscheidung von Hinführung zum Glauben und zur Kirchenmitgliedschaft einerseits und diakonischem Handeln andererseits zu verstehen. Hier sperrt sich allerdings der Greifswalder Missionsbegriff einer solchen Gegenüberstellung. Denn jene Aspekte sind

80 Hauschildt/Pohl-Patalong, Kirche, 138.

81 Eberhard Hauschildt, Praktische Theologie und Mission, in: Christian Grethlein/Helmut Schwier (Hg.), Praktische Theologie. Eine Theorie- und Problemgeschichte, (Arbeiten zur praktischen Theologie 33), Leipzig 2007, 457–509 (v. a. 503 f.).

hier in insgesamt fünf Perspektiven aufgliedert und lassen so Evangelisation, Hinführung zur Taufe und Kirchenmitgliedschaft, Diakonie, gesellschaftspolitisches Engagement und ökologisches Handeln als fünf Dimensionen *eines* Missionsbegriffes erscheinen. Nichtsdestotrotz sind die aus Bonner Sicht dargelegten Unterscheidungen bemerkenswert. So kann in Analyse und Kommentar der Aspekt von Mission als werbende Kommunikation im Zusammenhang von diakonischem Handeln im Modus der direkten oder indirekten Werbung, des Nebeneffekts, der Hoffnung bzw. des erfüllten Hoffnungsziels etc. aufgespürt werden.

Das aus Bonner Sicht festgehaltene Ergebnis kann dann zunächst nur überzeugen: Ein Kriterium und Begriff von Mission nach einem erweiterten Verständnis ist in der Tat komplex, und es bedurfte einiger Klärungsarbeit, um jene missionstheologische Theorie auf das Feld empirischer Kirchengemeinden anwenden zu können. Missionarische Kirche in unserem Sinn bedeutet dann das komplexe Mit- und Ineinander einer (das Evangelium) werbend kommunizierenden Kirche, einer diakonischen „Kirche für andere", einer ökologisch engagierten Kirche und nicht zuletzt einer konvivialen „Kirche mit anderen", wobei letztere Perspektive dem Greifswalder Modell in Analyse und Kommentar erst zugespielt wurde.

Beachtenswert sind dann die tendenziell kritisch gemeinten Hinweise darauf, dass in der Greifswalder Studie stellenweise der Eindruck erweckt wird, dass für Mission die Evangelisation und die darauf folgende Vertiefung des Glaubens und der Partizipation an Interaktionen von Kirche letztlich doch die entscheidenden Missionsmerkmale seien. Hier ist in Zukunft weitere Reflexion nötig. Auch muss beachtet werden, dass die Begriffe „Mission" bzw. „missionarisch" oftmals bereits eine bestimmte Ausprägung von Frömmigkeit implizieren. Diese Problematik wird allerdings schon dadurch entschärft, dass die Gesamtheit der Fallbeispiele keinesfalls etwa nur ein „evangelikales" oder nur befreiungstheologisch motiviertes Spektrum repräsentiert. Der Bonner Kommentar lässt schließlich offen, ob jene kritisch gemeinten Aspekte für die Greifswalder Studie nur marginal oder letztlich fundamental von Bedeutung seien.

Aus unserer Sicht sind jene kritischen Kommentare nur marginal, wenn auch bedenkenswert, weshalb hier zukünftig weitere Reflexion notwendig ist. Einen verheißungsvollen Weg zeigt dann die Bonner Analyse selbst auf, die im Anschluss an Überlegungen aus dem Fallbeispiel „acht-geben" davon spricht, dass die Liebe als Ausdruck der Missio Dei der sachliche Oberbegriff sei, dem weitere Facetten und Aspekte von Mission unter- und zugeordnet werden können. Für die missionarische Praxis bedeutet dies, dass Mission nur im Dialog und d. h. in der Begegnung auf Augenhöhe möglich ist, die die Freiheit des Gegenübers anerkennt, welche zugleich die Freiheit bedeutet, dass Kirche ihre eigene Berufung zur Mission in diese Begegnung einbringt. Treffend und u. E. nur begrüßenswert ist dann die Verknüpfung mit dem Modell der Konvivenz bei Theo Sundermeier, der eine Kirche *mit anderen* kennt, die den ihr Fremden in einem Raum der Freiheit und des Miteinanderlebens begegnet und doch darin auf die Erfüllung des ihr aufgetragenen Handelns als eines ganzheitlich-missionarischen Geschehens nicht verzichten muss.[82]

82 Vgl. Theo Sundermeier, Mission – Geschenk der Freiheit. Bausteine für eine Theologie der Mission, Frankfurt am Main 2005[1], 29 f.

4 Gemeinsames Fazit und Thesen

Beide Studien führen zu einem gemeinsamen Hauptergebnis: Schon längst nicht mehr lautet die Botschaft wie früher: Wenigstens auf dem Land gibt es noch intakte Verhältnisse. Es geht nicht mehr um die Idylle einer Vergangenheit der Kirche. Sondern die Zukunft der Kirche kommt hier in den Blick: Beispiele von Kirche in ländlichen Räumen erweisen sich als Vorreiter wichtiger Innovationen/Veränderungen für die Kirche überhaupt.[83] Für die Gesamtkirche sind Entwicklungen in dörflichen Räumen also alles andere als vernachlässigenswerte Randphänomene. In den Zukunftsfragen missionarischer Arbeit in einer säkularisierten Gesellschaft kann die Kirche von den dörflichen Verhältnissen in den peripheren Räumen lernen (Greifswalder Studie). In der anstehenden Phase der allgemeinen Ressourcenverknappung bei der Kirche kann sie von den dörflichen Verhältnissen in den peripheren Räumen lernen (Bonner Studie).

Das Ergebnis dazu lässt sich in zehn Thesen samt Erläuterung formulieren[84]:

Innovationspotenzial der peripheren Räume

These 1: Radikal veränderte Situationen (Peripherie, Minderheitsposition, also das, was vor allem im Osten zu finden ist) besitzen das Potenzial, Innovationen zu stimulieren. Diese sind auch für die Kirche an anderen Orten und in einer anderen Situation relevant. Sie erzeugen einen Sinn für die Dringlichkeit, Veränderung zu planen und umzusetzen. Denn es zeigt sich hier etwas von Möglichkeiten des Handelns, die für die gesamte EKD und deren Zukunft lehrreich sein können.

Wenn die Wege besonders weit, die Zahlen besonders klein und die ländliche Infrastruktur insgesamt besonders lückenhaft ist, dann ist es besonders plausibel, auch in kirchlicher Arbeit noch einmal ganz neue Wege zu gehen. Nirgendwo wird das so deutlich wie in den peripheren Räumen der nördlichen und mittleren Regionen des Ostens Deutschlands. Da Ressourcenabbau,

83 Auch Göring-Eckardt, Wandlung, ist der Ansicht, „dass vieles, was wir für den weiten, ländlichen Raum bedenken, früher oder später in der Stadt ankommt“, 11.

84 Die Thesen entsprechen fast wortwörtlich denen in der EPD-Veröffentlichung von der Fachtagung der Landkirchenkonferenz 2014. Sie sind hier zusätzlich erläutert und in eine veränderte Reihenfolge gesetzt.

Zunahme der Minderheitenposition und Säkularisierung aber auch für die meisten Regionen im Westen Deutschlands im Trend liegen, ist das durchaus für die gesamte EKD von Bedeutung. Hier wird etwas von der Zukunft Deutschland vorweggenommen – nicht so, dass die Verhältnisse sich überall angleichen werden, wohl aber so, dass neue Wege überall gebraucht werden und vielerorts von den Konstellationen Minderheitsposition evangelischer Kirche und Ressourcenknappheit mitgeprägt sein werden. Das wirkt sich auf das Verhältnis von lokaler Selbständigkeit und zentral verantworteten gemeinsamen Strukturen aus (vgl. Thesen 2, 7–10) und auf das Miteinander der Rollen von Akteuren in der Kirche (Thesen 3–5). Es ist dabei alles andere als eine bloß organisatorische Veränderung, sondern betrifft die Kirchenbilder mit und ist in den geistlichen Prozessen mit anwesend.

Lokalität

These 2: Beide Studien stärken die Einsicht: Lokalität, Kontextsensibilität und Nutzung dessen, was zufällig gegeben ist, sind ein Schlüssel zu kirchlicher guter Arbeit.

Wenn Regionalisierung nur einen Rückzug aus der Fläche bedeutet und man die städtischen Verhältnisse auf die ländlichen Räume und die peripheren genauso übertragen wollte, so liefern die Ergebnisse beider Studien Argumente dagegen. Sämtlichen untersuchten positiven Beispielen gelingt es, die Kirche vor Ort in einer Innovation, einer veränderten Gestalt, lebbar und attraktiv zu machen. Das glückt da, wo der jeweilige Kontext mit seinen Besonderheiten ernst genommen wird, denn Dörfer sind verschieden, ihre Bewohner wissen und wollen das auch. Dazu gehört auch, dass zufällig anwesende Personen ihr Potenzial einbringen und zufällig sich ereignende Situationen, Ereignisse zu nutzen wissen. Das alles kann nicht von außen oder von oben ausgedacht und durchgeführt werden.

Der Sachverhalt ist nicht mit Rückständigkeit zu verwechseln. Natürlich gibt es auch die Versuchung, sich von allem draußen abzukapseln und jede Veränderung zu fürchten – sie mag „auf dem Dorf" etwas größer sein als in der Stadt. Natürlich gibt es auch in den ländlichen Regionen längst eine große (Auto-)Mobilität (mehr noch als in der Stadt) und den medialen und mentalen Anschluss ans globale Dorf genauso wie in der Stadt. Natürlich ist die Differenzierung der Interessen im Dorf nicht unbedingt geringer als sonst wo. Höhere Wohndauer und längere Entfernungen ins Zentrum schaffen aber dennoch auch eine meist etwas höhere Bindung an die erfahrene Lokalität überschaubarer geographischer und teils auch personaler Verhältnisse.

Beide Studien legen die Akzente darin etwas anders, was diese Stärke der Lokalität kirchentheoretisch bedeutet. In der Greifswalder Studie findet man, dass hier der theologische Vorrang eines Kerngeschehens von Kirche als Gruppe zum Ausdruck kommt, während kirchliche Institution und überregionale Organisation angemessenerweise nur sekundäre unterstützende Funktion haben können. In der Bonner Studie findet man, dass ein dynamisches Wechselverhältnis der Logiken von Kirche als Gruppe und als Institution und als Organisation sich als optimal und theologisch angemessen erweist – auch in den ländlichen Räumen – und misst von daher auch gesamtkirchlichen Zusammenhängen im Vergleich mit dem Greifswalder Ansatz größere Bedeutung zu.

Zentrale Personen(gruppen)

These 3: Heroes und Teams (Greifswalder Studie), Hauptamtliche und Ehrenamtliche (Bonner Studie) – diese Konstellationen sind strikt als ein Gesamtsystem eines sich gegenseitig fördernden Beziehungsgeflechts zu verstehen.

Beide Studien widersprechen einer Sicht, bei der Leitung und Partizipation, Amt und allgemeines Priestertum der Gläubigen als konkurrierende Mächte angesehen werden. Im Gegenteil zeigt sich auch in den untersuchten Beispielen: Starke Leitung und starke Partizipation, starke Heroes und starke Teams bedingen sich gegenseitig. Professionalität ist hilfreich, aber nur dann, wenn deren Träger auch persönlich überzeugen können. Ein Team von Ehrenamtlichen stellt eine unersetzbare Ressource dar, aber nur dann, wenn in ihm verschiedene Fähigkeiten einander ergänzen. Die gemeinsame Ausrichtung auf die Ziele und ein gemeinsames Sich-dem-Evangelium-Aussetzen baut und erhält den Zusammenhalt.

Förderung der Arbeit in veränderten Rollen

These 4: Die sich verändernden Rollen aller Akteure im ländlichen System von Kirche verlangen besondere Aufmerksamkeit: Klärung der neuen Aufgaben, rechtlicher Schutz in veränderter Verantwortung, deutliche Kommunikation von Erwartungen, Möglichkeiten und Grenzen, schließlich weitere wissenschaftliche Analyse, auch gezielte Maßnahmen zur Vorbereitung und Begleitung von Pfarrerinnen und Pfarrern in der Aus-, Fort- und Weiterbildung.

Die neuen Wege führen in neue Rollen für alle Beteiligten – für Pfarrer/Pfarrerinnen und andere kirchliche Hauptamtliche ebenso wie für Ehrenamtliche.

Die Hauptamtlichen – insofern haben Schwarz/Sudbrack wirklich recht[85] – konzentrieren sich stärker als bisher auf die Begleitung der Ehrenamtlichen. Dies nun aber nicht einfach deshalb, weil die Ehrenamtlichen per se die Gläubigeren oder die wahren Christen und der Kern des Projekts sind, sondern weil sie in den jeweiligen Kommunikationen vor Ort als voll gültige Träger und Ausführende des Projekts wirken.[86] Die Bonner Studie arbeitet heraus, wie in einigen Beispielen Ehrenamtliche das „Gesicht der Kirche" vor Ort geworden sind. Die Greifswalder Studie zeigt, wie innovativ die Beteiligten wahrnehmbar anders in ländlichen Räumen die Kirche Gestalt und Dynamik gewinnen lassen.

Diese Veränderungen müssen dringlich genauer bedacht werden, bei der landeskirchenrechtlichen Schaffung von Freiräumen und Neugestaltungen (siehe unten These 10), bei der Aus- und Fortbildung von Pfarrer/innen und in der praktisch-theologischen Grundlagen- wie Auftragsforschung.

Qualifikation von Ehrenamtlichen

These 5: Qualifikationen von Ehrenamtlichen sind wichtig. Sie müssen der Vielfalt der Zugänge, Verantwortungen und Intensitäten, ehrenamtlich zu sein, entsprechen.

Die Qualifikation von Ehrenamtlichen bedarf der Aufmerksamkeit. Ehrenamtliche sind sehr verschieden in ihren Lernfähigkeiten wie Lernstilen. Die landeskirchlich organisierte Qualifikation von Prädikanten bildet einen Baustein darin. Zentral ist die Begleitung durch die Person, die hauptamtlich im/mit dem Team arbeitet, je zugeschnitten auf die eigenen Fähigkeiten der Ehrenamtlichen. Aber auch landeskirchlich lässt sich noch anderes tun. Die Bonner Studie enthält ein Beispiel der Ausbildung zur „Gemeindekuratorin" (Wolsdorf), als Desiderat wurde angemerkt, wie man darauf reagieren will, dass Ehrenamtliche auch schnell aufhören können mit ihrer Tätigkeit und dass sie gegebenenfalls im Alter nicht den Sprung finden, rechtzeitig aufzuhören.

85 Vgl. 366 bzw. Fritz Schwarz/Rainer Sudbrack, Überschaubare Gemeinde, 62.

86 Ein entsprechendes Miteinander von Haupt- und Ehrenamtlichen in Dörfern beschreibt Thomas Schlegel, Regionale Ausstrahlung oder Dienst vor Ort?, 19–39.

Typen der Veränderungen/Innovationen und die Mischung in der Praxis

These 6: Die Bildung von Typen unterschiedlicher Innovationen/Veränderungsmodelle lässt die mögliche Breite der Phänomene sehen. Die dabei erstellten Idealtypen und Messungen der Gewichte machen zugleich aufmerksam dafür, dass faktisch vielfach Mischungen und Kombinationen vorhanden und sinnvoll sind.

Beide Studien arbeiten mit Typenbildungen. Die Veränderungen auf dem Land verlaufen nicht nur nach einem Muster, sie folgen aber jeweils beschreibbaren bestimmten Logiken. Diese herauszuarbeiten war das Bestreben beider Studien. Dabei stießen die Studien auf ihren unterschiedlichen Wegen zum Teil auf Typen, die in beiden Studien sehr ähnlich beschrieben sind. Die Logiken der Typen werden herausgearbeitet. An den Typen gemessen zeigen sich in den Beispielen der Praxis auch vielfache Mischungen von Typen mit ihren jeweiligen Logiken bzw. graduelle Abstufungen im Gewicht bestimmter Merkmale. Kontextsensible Vielfalt und gemeinsame Muster widersprechen sich nicht.

Regionale und (inter-)nationale Land-Kirchen-Konferenzen

These 7: Für den weiteren EKD-Land-Kirchen-Prozess regen wir eine doppelte Strategie an: Gespräche auf regionaler Ebene, um der Diversität ländlicher Räume, auf die beide Studien aufmerksam machen, zu genügen. Andererseits zeigte sich: Innovative Impulse überspringen nicht selten die Grenzen des Raumtypus/der Nation/des kirchlichen Kontexts. Um solche übergreifenden Lernerfahrungen zu ermöglichen, sind nationale Konsultationen mit fachfremden und ökumenischen Impulsen weiterhin notwendig.

Die Greifswalder Seite hält eine Ergänzung der Diskussion im nationalen Rahmen durch Veranstaltungen, die sich auf das in bestimmten Gebieten Spezifische (Ost, West, Nord, Süd) konzentrieren, für dringend. Außerdem schlägt sie eine Intensivierung des ökumenischen und internationalen Austauschs vor. Die Bonner Seite hält beides ebenfalls für möglich und sinnvoll, gewichtet aber den EKD-internen Austausch als Grundform etwas höher.

Verwaltungsunterstützungsdienste

These 8: Die lokalen Akteure, seien sie ehrenamtlich, seien sie hauptamtlich, sind vor allem in Bau- und Rechtsfragen einer sehr komplexen Materie ausgesetzt, die sie zeitlich und sachlich überfordert. Hier ist die Expertise anderer vonnöten.

Doch die führt zum Widerstand, wenn sie den Charakter der Kontrolle und des Verbietens von Gewünschtem hat. Der kommunikative, prozessuale und unterstützende Charakter professionellen Handelns ist hier nicht weniger nötig als bei den pastoralen Hauptamtlichen. Wir schlagen vor, darüber nachzudenken, wie kirchliche Verwaltungs- und Rechtsfachberatung für diesen Charakterzug ihrer Arbeit zusätzlich sensibilisiert und geschult werden kann.

Der Bonner Seite liegt daran, die alte Idee von der Entlastung der Pfarrer/Pfarrerinnen von Verwaltungsroutineaufgaben neu zuzuspitzen – in dreierlei Hinsichten, die in ländlichen Räumen besonderes Gewicht haben: 1. Pfarrer/Pfarrerinnen in der Arbeit vor Ort und noch deutlicher Ehrenamtliche, die das Gesicht der Kirche vor Ort sind, haben fachliche Grenzen und brauchen in Bau- und Rechtsfragen Expertise, die besser in Verwaltungen auf höherer Ebene vorgehalten wird. 2. Für bestimmte Verwaltungsroutinetätigkeiten ist es wichtig, zentral Erleichterungen zu entwickeln – von der Vereinfachung von Formularen bis zu einer guten Liste mit Antworten zu „frequently asked questions". 3. Experten auf mittlerer bzw. landeskirchlicher Ebene sollten stärker den Charakter mobiler Servicedienstleister bekommen, die zur Beantwortung von Anrufen und Mails zur Verfügung stehen, aber auch im Bedarfsfall relativ zügig vor Ort zu einem Besuch kommen können. Sie sollten dafür nicht nur im Fach kompetent sein, sondern auch im Umgehen mit Menschen, gerade auch Ehrenamtlichen, sensibel und konstruktiv wirken können. Sie sollten für diese Dimension ihres Handels auch eigens vorbereitet werden.

„Vor-Ort-Kirche" und weite Fläche

These 9: Die Bedeutung lokaler Kirche, der Wert von Nähe ist bei künftigen Strukturmaßnahmen zu berücksichtigen. Dass dies keine bloße Alternative zu größeren Einheiten (Regionalisierung und Zentralisierung) darstellt, sondern beide Logiken vereint werden können, zeigen manche der untersuchten Beispiele eindrücklich.

Beide Studien setzen nicht bei den Maßnahmen an, größere Verwaltungsstrukturen zu schaffen, sondern beschreiben die Verhältnisse von unten. In der Greifswalder Studie wird gezeigt, wie jenseits davon innovative Projekte entstehen, neben den bisherigen Strukturen.

In der Bonner Studie wird gezeigt: Regionalisierung findet statt, aber mit anderen Akzenten. Es bewahrheitet sich die insgesamt kirchlich stärker werdende Einsicht: Rechtliche Fusionen sind nachrangig, nicht der Anfang, sondern ein mögliches Ergebnis von Kooperationen. Kooperationen der Dörfer sind unausweichlich und vorteilhaft: sich nachvollziehbar und gerecht Hauptamtliche zu teilen, Gottesdienstzeiten abzustimmen, Austausch zwischen Ehrenamtlichen der Dörfer über ihre gemeinsamen Herausforderungen. Kooperationen mit nichtkirchlichen Instanzen im Dorf sind sinnvoll: Es besteht ja ein gemeinsames Interesse am Dorfleben – und man kennt sich. Kooperationen von spirituellen Zentren oder pädagogischen oder diakonischen Zentren und lokaler Dorfkirche stehen allerdings noch sehr am Anfang.

In den Greifswalder Fallbeispielen spielen Kooperationen, teils auch weit über das Dorf hinaus, eine wichtige Rolle. Hier sind es eher informelle Unterstützernetzwerke, die Bedeutung erlangen. Sie bilden sich nicht in festen Strukturen aus, überschreiten damit aber schnell geographische und kirchliche Grenzen: Solche flexiblen Netzwerke halten die Greifswalder für eine wichtige Ergänzung herkömmlicher Organisationsstrukturen.

Beide Studien stehen im Zusammenhang von Arbeiten, die das Lokale und Beziehungshafte und die darüber hinausgehenden Zusammenhänge für ein wichtiges Netzwerk halten.[87]

Freiräume für radikale Alternativen

These 10: Die Veränderungen in ländlichen Räumen haben etwas Kontingentes. Radikale Alternativen brechen auf, wo Lücken Freiräume geschaffen haben. Was zunächst mehr wie eine vorsichtige Anpassung an Veränderungen aussieht, kann eine überraschende Veränderungsdynamik in Gang setzen. Zu viel zentrale Steuerung und Regulierung ist da hinderlich. Es sind Erprobungsräume zur eigenständigen Entwicklung zu bieten. Umgekehrt sind Entwicklungen, gleich ob sie von unten aufbrechen oder sich durch Anpassungen vollziehen, durch Zahlen und Gespräche innerhalb der kirchlichen Gesamtorganisation im Austausch zwischen lokalen, regionalen und zentralen Akteuren zu evaluieren.

Wer Experimente mit offenem Ausgang gerade da, wo es so wie bisher nicht mehr weitergeht, nicht zulässt, wird weniger als möglich lernen. Eine wichtige Aufgabe der Landeskirchen ist, dieses Lernen zuzulassen und zu fördern. Die Zulassung von Erprobungsräumen und von Einzelfallregelungen ist dafür ein sinnvolles Mittel. Für die dann absehbare Entscheidungsfrage, ob aus der Ausnahme eine Dauergestalt werden kann, ist es hilfreich, wenn Pilotprojekte und ungewöhnliche Entwicklungen genau beobachtet werden. Dafür ist weder nur die Erfahrung und Darstellung der Beteiligten noch nur die der Nachbarn oder der höheren Ebenen relevant, sondern ist genau ein gegenseitiger Austausch darüber wichtig. Auch kann es eine große Hilfe sein, bestimmte Daten zu erheben und mit anderen Beispielen (die ohne diese Neuerung arbeiteten) zu vergleichen, z. B.: Wie sehen die Finanzierungszu-

87 Vgl. z. B. Hauschildt/Pohl-Patalong, Kirche, und Martin Alex/Thomas Schlegel, Mittendrin!.

sammenhänge genau aus? Wie entwickeln sich Beteiligungszahlen, Mitgliederzahlen, Taufzahlen, wie steht es mit der Attraktivität für Personen jenseits der Grenzen des Ortes? Wie sieht die Nachhaltigkeit des Projekts aus? Was passiert, wenn Ehrenamtliche mit ihrem Engagement als Gesicht der Kirche aufhören oder auch nicht aufhören können?

Die beiden Studien liefern dafür vorbereitende Gesichtspunkte. Sie stellen eine Aufmerksamkeit her, die die Arbeit würdigt, sie genauer vor Augen führt und Kriterien erprobt.

Wenn die Entwicklungen in den peripheren Räumen gesamtkirchliche Aufmerksamkeit erfahren, wenn sie geklärt und im Bewusstsein sind, also wenn wir die Kirche in den peripheren Räumen ernst nehmen, dann hat das auch den folgenden Effekt: Es besteht kein Grund mehr, vor den Entwicklungen der Ressourcenverringerung in der Gesamtkirche, so herausfordernd sie auch sind und weiter sein werden, sich grundsätzlich zu fürchten. Denn auch in solchen Lagen lässt sich Kirche bauen und christlich leben.

Literaturverzeichnis

Monographien, Aufsätze, Studien

Abraham, Martin, Evangelium und Kirchengestalt. Reformatorisches Kirchenverständnis heute, Berlin/New York 2007.

Ahrens, Petra-Angela/Wegner, Gerhard, Wie geht's der Kirchengemeinde? Die Kirchengemeinde-Umfrage des Sozialwissenschaftlichen Instituts der EKD, Hannover 2012.

Alex, Martin, Allein auf weiter Flur? Zum Pfarrbild in ländlich-peripheren Räumen, in: Michael Herbst/Matthias Clausen/Thomas Schlegel (Hg.), Alles auf Anfang. Missionarische Impulse für Kirche in nachkirchlicher Zeit, Neukirchen-Vluyn 2013.

Alex, Martin/Schlegel, Thomas, Land in Sicht. Kirche in der Fläche, Ein Arbeitsheft mit sechs Impulsen, Dortmund 2014².

Alex, Martin/Schlegel, Thomas, Mittendrin! Kirche in peripheren ländlichen Regionen, BEG 21, Neukirchen-Vluyn 2014.

Alex, Martin/Schlegel, Thomas, Von ländlicher Idylle und schrumpfender Peripherie – Hintergründe und Ausblicke, in: Elhaus, Phillip/Hennecke, Christian u.a. (Hg.): Kirche. Eine ökumenische Vision, Würzburg 2013², 377–396.

Altrock, Uwe u.a. (Hg.), Innovationsmilieus und Innovationsdeutungen in ländlich-peripheren Regionen, in: Landliebe-Landleben. Ländlicher Raum im Spiegel von Sozialwissenschaften und Planungstheorie, (Planungsrundschau 12/2005), 51–67.

The Archbishop's Council (Hg.), mission-shaped church: church planting and fresh expressions of church in a changing context, London 2004.

Avis, Paul, Auf dem Weg zu einer missionarischen Ekklesiologie, in: Ekklesiologie in missionarischer Perspektive. Beiträge zur siebenten Theologischen Konferenz im Rahmen des Meissen-Prozesses der Kirche von England und der Evangelischen Kirche in Deutschland, Leipzig 2012., 82–90.

Barlösius, Eva/Neu, Claudia (Hg.), Peripherisierung. Eine neue Form sozialer Ungleichheit?, Berlin 2008.

Beetz, Stephan, Peripherisierung als räumliche Organisation sozialer Ungleichheit, in: Barlösius, Eva/Neu, Claudia (Hg.), Peripherisierung. Eine neue Form sozialer Ungleichheit?, Berlin 2008.

Beetz, Stephan/Neu, Claudia, From business development to quality of life. Innovation in rural north-east Germany, in: Outlook on AGRICULTURE 35, 2006², 137–142.

BEK in der DDR (Hg.), Die Kirche und das Dorf. Erkundungen – Erfahrungen – Fragen, Kommission für Kirchliche Jugendarbeit, Buchholz 1986, (unveröffentlichtes Manuskript).

Beyrich, Tilman, Theosphären. Raum als Thema der Theologie, Leipzig 2011.

Blotevogel, Hans Heinrich, Auf dem Wege zu einer ‚Theorie der Regionalität'. Die Region als Forschungsobjekt der Geographie, in: Gerhard Brunn (Hg.), Region und Regionsbildung in Europa. Konzeptionen der Forschung und empirische Befunde, Baden-Baden 1996, 44–68.

Blotevogel, Hans Heinrich, Zur Konjunktur der Regionsdiskurse, in: Informationen zur Raumentwicklung, Heft 9/10 2000, 491–506.

Boehmer, Julius, Dorfpfarrer und Dorfpredigt, Gießen 1908.

Bogner, Alexander, Das Experteninterview. Theorie, Methode, Anwendung, Opladen 2002.

Bogner, Alexander/Menz, Wolfgang, Expertenwissen und Forschungspraxis. Die modernisierungstheoretische und die methodische Debatte um die Experten, in: Alexander Bogner/Beate Littig/Wolfgang Menz (Hg.), Das Experteninterview. Theorie, Methoden, Anwendungen, Opladen 2002, 7–30.

Bosch, David Jacobus, Transforming mission. Paradigm shifts in theology of mission, American Society of Missiology series 16, Maryknoll/N.Y. 1991.

Böhlemann, Peter/Herbst, Michael, Geistlich leiten. Ein Handbuch, Göttingen 2011.

Bubmann, Peter u. a., Gemeindepädagogik als Anstiftung zur Lebenskunst, in: PTh 93 2004, 99–114.

Bude, Heinz, Die Ausgeschlossenen. Das Ende vom Traum einer gerechten Gesellschaft, München 2010.

Bude, Heinz, Wittenberge in Europa. Orte auf einem Kontinent der Ungleichzeitigkeit, in: Andreas Willisch (Hg.), Wittenberge ist überall. Überleben in schrumpfenden Regionen, Berlin 2012, 13–23.

Bundesamt für Bauwesen und Raumordnung (Hg.), Raumordnungsbericht 2005, Berichte Band 21, Bonn 2005.

Bundesinstitut für Bau-, Stadt- und Raumforschung im Bundesamt für Bauwesen und Raumordnung (Hg.), Raumtypen 2010, Bonn 2010.

Butkevičienė, Eglė, Social Innovations in Rural Communities. Methodological Framework and Empirical Evidence, Social Sciences/Socialiniai mokslai Nr. 1 (63), Kaunas 2009.

Carayannis, Elias G./Gonzalez, Edgar/Wetter, John, The Nature and Dynamics of Discontinuous and Disruptive Innovations from a Learning and Knowledge Management Perspective, in: Larisa V. Shavinina (Hg.), The International Handbook on Innovation, Oxford 2003, 115–138.

Clausen, Matthias/Harder, Ulf/Herbst, Michael, Emmaus 2.0 – der neue Basiskurs, Neukirchen-Vluyn 2008².

Clausen, Matthias/Herbst, Michael/Schlegel, Thomas (Hg.), Alles auf Anfang. Missionarische Impulse für Kirche in nachkirchlicher Zeit, BEG 19, Neukirchen-Vluyn 2013.

Collins, Jim, Der Weg zu den Besten. Die sieben Management-Prinzipien für dauerhaften Unternehmenserfolg, München 2003.

Cordes, Harm, Kirche im Dorf – Glaube im Alltag. Impulse für die kirchliche Arbeit im ländlichen Raum, Leipzig 2013.

Cox, Harvey, Stadt ohne Gott?, Stuttgart/Berlin, 1966.
Cynefin, a Sense of Time and Place. An Ecological Approach to Sense Making and Learning in Formal and Informal Communities, Conference proceedings of KMAC at the University of Aston, July 2000.

Daiber, Karl-Fritz, Kirche in der ländlichen Gesellschaft, in: Calwer Hefte 102, Stuttgart 1964.
Derlig, Eberhard, Die Rottstocker „Jesus ruft"-Glocke. Eine einzigartige Geschichte, TelOwkanal 2012.
Domsgen, Michael/Steinhäuser, Ekkehard (Hg.), Identitätsraum Dorf. Religiöse Bildung in der Peripherie, Leipzig 2014.
Dünkel, Frieder/Herbst, Michael/Schlegel, Thomas, Think rural! Dynamiken des Wandels in peripheren ländlichen Räumen und ihre Implikationen für die Daseinsvorsorge, Wiesbaden 2014.
DVS Ländliche Räume der Bundesanstalt für Landwirtschaft und Ernährung (Hg.), Engagement für die Region. Projekte des bundesweiten Wettbewerbs, Bonn 2010.
DVS Ländliche Räume der Bundesanstalt für Landwirtschaft und Ernährung (Hg.), Gemeinsam geht's besser! MitMenschen – Zukunft auf dem Land partnerschaftlich gestalten, Bonn 2010.
DVS Ländliche Räume der Bundesanstalt für Landwirtschaft und Ernährung (Hg.), Leader+ in Deutschland. Ausgewählte Projekte, Bonn 2007[2].

Ebert, Christhard/Pompe, Hans-Hermann u.a. (Hg.), Handbuch Kirche und Regionalentwicklung. Region – Kooperation – Mission, im Auftrag des Zentrums für Mission in der Region, (Kirche im Aufbruch 11), Leipzig 2014.
Erichsen, Jens Peter, Missionarische Dienste der EKBO, Bericht über das Gottesdienst-Projekt in den Kirchengemeinden Ogrosen und Missen im Kirchenkreis Niederlausitz, (unveröffentlicht), Herbst 2012.
Ernst, Christoph u.a. (Hg.), Ekklesiologie in missionarischer Perspektive. Beiträge zur siebenten Theologischen Konferenz im Rahmen des Meissen-Prozesses der Kirche von England und der Evangelischen Kirche in Deutschland, Leipzig 2012.
Europäische Kommission, Generaldirektion Landwirtschaft und ländliche Entwicklung (Hg.), Der LEADER-Ansatz. Ein grundlegender Leitfaden, Luxemburg 2006.
Evangelische Kirche in Deutschland (Hg.), Engagement und Indifferenz. Kirchenmitgliedschaft als soziale Praxis, V. EKD-Erhebung über Kirchenmitgliedschaft, Hannover 2014.
Evers, Adalbert/Ewert, Benjamin, Hybride Organisationen im Bereich sozialer Dienste. Ein Konzept, sein Hintergrund und seine Implikationen, in: Thomas Klatetzki (Hg.), Soziale Dienstleistungsorganisationen, Wiesbaden 2010, 103–128.

Fechtner, Kristian, Pfarramt auf dem Lande. Pastoraltheologische Notizen zur „Örtlichkeit des Ortes", in: Regina Sommer/Julia Koll, Schwellenkunde. Einsichten für den Pfarrberuf im 21. Jahrhundert, Stuttgart 2012, 205–217.

FECHTNER, KRISTIAN, Späte Zeit der Volkskirche. Praktisch-theologische Erkundungen, Praktische Theologie heute 101, Stuttgart 2010.

FEITER, REINHARD/MÜLLER, HADWIG (Hg.), Frei geben. Pastoraltheologische Impulse aus Frankreich, Ostfildern 2013[3].

FEITER, REINHARD/MÜLLER, HADWIG (Hg.), Was wird jetzt aus uns, Herr Bischof? Ermutigende Erfahrungen der Gemeindebildung in Poitiers, Ostfildern 2012[5].

FENNER, ECKHARD, Die Dorfkirchenbewegung, in: TRE IX 1982, 147–150.

FENNER, ECKHARD, Erfahrungen und Perspektiven im kirchlichen Dienst auf dem Lande, Hasefeld 1974.

FICHTER, KLAUS, Nachhaltigkeit. Motor für schöpferische Zerstörung?, in: HOWALDT/JACOBSEN, Soziale Innovation, 181–198.

FIEDLER, SANDY, „Der einzig wahre Christ unter den Juristen". Gregor Brück und sein Verhältnis zu Martin Luther, in: EV. KIRCHENGEMEINDE ST.-LAMBERTUS-KIRCHE, AMT BRÜCK UND STUDIUM HALLENSE E.V. (Hg.), „Gregor von Brück" (1484–1557). Der vergessene Jurist der Reformation, Protokollband anlässlich des wissenschaftlichen Kolloquiums über das Leben und Wirken des kursächsischen Kanzlers und Hofrats in der St.-Lambertus-Kirche in Brück/Brandenburg vom 30. September bis 1. Oktober 2011, Halle (Saale)/Brück 2012, 135–142.

FLEẞA, STEFFEN, Irgendwann muss jeder zum Arzt – und wenn keiner mehr da ist? Erfahrungen aus dem Dienstleistungssektor, in: epd 43/2012, 33–36.

FLICK, UWE, Qualitative Sozialforschung. Eine Einführung, Reinbek 2002.

FRANCIS, LESLIE, Rural Anglicanism: A future for young Christians?, London 1985.

FRANCIS, LESLIE, Church watch! Christianity in the countryside, London 1996.

FRANCIS, LESLIE/BREWSTER, CHRISTINE E., Understanding stress from time-related overextension in multi-parish benefices. The role of personal, environmental, psychological, and theological factors among rural Anglican clergy, in: Rural Theology 10, 2012, 161–178.

FRANCIS, LESLIE/ROBBINS, MANDY (Hg.). Rural life and rural church. Theological and empirical perspectives, Sheffield 2012.

FRÜH, WERNER, Inhaltsanalyse. Theorie und Praxis, Konstanz 2001[5].

FUCHS, RALF-PETER/ROST, MATTHIAS/FREUND, ANNEGRET, Bei Dir ist die Quelle des Lebens. Überlegungen und Anregungen für eine Gemeindekirche von morgen, Kirchenamt der EKM (Hg.), Magdeburg 2008.

FUHRMANN, CHRISTIAN, Perspektiven aus 25 Jahren Diskussion und Erprobung von kirchlicher Arbeit in der Region, in: SCHLEGEL/ALEX, Leuchtfeuer, 60–65.

GAZE, SALLY, Mission-shaped and rural. Growing churches in the countryside, London 2011[2].

GEIẞENDÖRFER, PAUL, Kirche und Dorf. Eine Chance für die Mitgestaltung unserer Gesellschaft, München 1975.

GEMEINDE- UND REGIONALENTWICKLUNG IN NORDOSTBAYERN (Hg.), Land in Sicht. Kirche in ländlichen Räumen und ihre Zukunft, Bad Alexandersbad 2014.

GERICKE, THOMAS, Landjugendliche im Osten Deutschlands. In: UTA SCHLEGEL/PETER

Förster (Hg.), Ostdeutsche Jugendliche. Vom DDR-Bürger zum Bundesbürger, Opladen 1997, 141–151.

Gillwald, Katrin, Konzepte sozialer Innovation, Wissenschaftszentrum für Sozialforschung Berlin, Working Paper 00–519, Berlin 2000.

Gläser, Jochen/Laudel, Grit, Experteninterviews und qualitative Inhaltsanalyse, Wiesbaden 2006².

Göring-Eckardt, Katrin, Kreative Wandlung – Perspektiven für Kirche in der Fläche, in: epd 43/2012, 8–11.

Gräb, Wilhelm, Religion als Deutung des Lebens. Perspektiven einer Praktischen Theologie gelebter Religion, Gütersloh 2006, 46–66.

Greenhalgh, Trisha et al., Diffusion of Innovations in Service Organizations. Systematic Review and Recommendations, in: The Milbank Quarterly 82, 2004⁴.

Grethlein, Christian, Praktische Theologie, Berlin/New York 2012.

Grünberg, Wolfgang u. a., Kirche in der Stadt, Hamburg 1991.

Gundlach, Thies, Wohin wächst die Kirche?, Von der Generalzuständigkeit zu Zentren gelingender Kirchen, in: PTh 94 2005, 217–230.

Hager, Hans, Hauskreis auf Zeit, in: Schlegel/Alex, Leuchtfeuer 2012, 158–163.

Hansen, Kai, Evangelische Kirche in ländlichen Räumen, Schenefeld 2005.

Hartmann, Richard (Hg.), Bilderwechsel. Kirche – herausgefordert durch ländliche Räume, Fuldaer Hochschulschriften 54, Würzburg 2012.

Hasselhorn, Johannes, Kirche auf dem Land, Missionarische Gemeinde Heft 4, Hannover 1962.

Hauschildt, Eberhard, Kirchliche Strategie ehrenamtlichen/freiwilligen Engagements und die „Theologie des Ehrenamtes", 7–14, in: Theologie des Ehrenamtes. epd-Dokumentation 21/2013 des Konsultationstages zur Theologie des Ehrenamts am 07.03.2013, 7–14.

Hauschildt, Eberhard, Mission und Werbung – eine Bisoziation, in: Theologische Literaturzeitung 134, 2009, Seiten?.

Hauschildt, Eberhard, Organisation der Freiheit – „evangelisch Kirche sein" verändert sich. Referat zum Schwerpunktthema 2007, in: Kirchenamt der EKD (Hg.), Kirche im Aufbruch. Schlüsseltexte zum Reformprozess, (Kirche im Aufbruch 7), Leipzig 2012, 215–230.

Hauschildt, Eberhard, Praktische Theologie und Mission, in: Christian Grethlein/ Helmut Schwier (Hg.), Praktische Theologie. Eine Theorie und Problemgeschichte, Arbeiten zur praktischen Theologie 33, Leipzig 2007, 457–509.

Hauschildt, Eberhard, Wiedereintritt in welche Gemeinschaft der Kirche? Was sich von den Wiedereintretenden in eine Praktisch Theologie der Kirche lernen lässt, in: PTh 102 2013, 27–39.

Hauschildt, Eberhard/Pohl-Patalong, Uta, Kirche, Lehrbuch Praktische Theologie 4, Gütersloh 2013, 117–219.

Hayes, Bernadette C., Religious Independents Within Western Industrialized Nations. A Socio-Demographic Profile, in: Sociology of Religion 61 2000, 191–207.

Heitmeyer, Wilhelm, Rechtsextremismus in ländlichen Räumen, in: Frieder Dünkel/ Michael Herbst/Thomas Schlegel (Hg.), Think rural!, 131–146.

Hempelmann, Heinzpeter, Gott im Milieu. Wie Sinusstudien der Kirche helfen können, Menschen zu erreichen, Gießen 2013[2].

Hempelmann, Heinzpeter/Pompe, Hans-Hermann (Hg.), Freiraum. Kirche in der Region missionarisch entwickeln, Leipzig 2013.

Henkel, Gerhard, Der ländliche Raum. Gegenwart und Wandlungsprozesse seit dem 19. Jahrhundert in Deutschland, Berlin u. a. 2004[4].

Herbst, Michael (Hg.), Mission bringt Gemeinde in Form. Gemeindepflanzungen und neue Ausdrucksformen gemeindlichen Lebens in einem sich wandelnden Kontext, Neukirchen-Vluyn 2008[3].

Herbst, Michael, Missionarischer Gemeindeaufbau in der Volkskirche, BEG 8, Neukirchen-Vluyn 2010[5].

Herbst, Michael, Kirche mit Mission. Beiträge zu Fragen des Gemeindeaufbaus, BEG 20, Neukirchen-Vluyn 2013.

Herbst, Michael/Laepple, Ulrich (Hg.), Das missionarische Mandat der Diakonie. Impulse Johann Hinrich Wicherns für eine evangelisch profilierte Diakonie im 21. Jahrhundert, BEG 7, Neukirchen-Vluyn 2012[3].

Herbst, Michael/Winterhoff, Birgit/Harder, Ulf (Hg.), Von Lausanne nach Kapstadt. Der dritte Kongress für Weltevangelisation, Neukirchen-Vluyn 2012.

Hermelink, Jan, Kirchliche Organisation und das Jenseits des Glaubens, Gütersloh 2011.

Hinand, Allen, The pastor as Enabler for Lay Ministry, in: Pastoral Psychology 1971, 21–26.

Howaldt, Jürgen/Jacobsen, Heike, Soziale Innovation. Auf dem Weg zu einem postindustriellen Innovationsparadigma, Wiesbaden 2010.

Howaldt, Jürgen/Schwarz, Michael, Soziale Innovation – Konzepte, Forschungsfelder und -perspektiven, in: Howaldt /Jacobsen, Soziale Innovation , 87–108.

Hoyer, Birgit, Seelsorge auf dem Land. Räume verletzbarer Theologie, Praktische Theologie heute 119, Stuttgart 2011.

Hörsch, Daniel/Pompe, Hans-Hermann (Hg.), Region – Gestaltungsraum der Kirche. Begriffsklärungen, ekklesiologische Horizonte, Praxiserfahrungen, (Kirche im Aufbruch 4), Leipzig 2012.

Huber, Wolfgang, Kirche für das 21. Jahrhundert. Ein theologischer Entwurf, in: Kock, Manfred (Hg.), Kirche im 21. Jahrhundert, Stuttgart 2004.

Huber, Wolfgang et. al. (Hg.), Kirche in der Vielfalt der Lebensbezüge. Die vierte EKD-Erhebung über Kirchenmitgliedschaft, Gütersloh 2006, 205–236.

Hughes, Philip, Lay Leadership in Sparsely Populated Rural Australia. Uniting churches in South Australia, in: Rural Theology 8 2010, 9–21.

Jung, Shannon, Discovering Hope: Building Vitality in Rural Congregations, Minneapolis 2001.

Jung, Shannon/Agria, Mary A., Rural congregational studies. A guide for good shepherds, Nashville 1997.

JUNG, SHANNON et al. (Ed.), Rural Ministry, The Shape of the Renewal to Come, Nashville 1998.

JÜNGEL, EBERHARD, Mission und Evangelisation 1999, in: DERS., Ganz werden, Theologische Erörterungen 5, Tübingen 2003, 115–136.

KEIM, KARL-DIETER, Peripherisierung ländlicher Räume, in: Aus Politik und Zeitgeschichte 37/2006, 3–7.

KERSTEN, JENS/NEU, CLAUDIA/VOGEL, BERTHOLD, Demografie und Demokratie. Zur Politisierung des Wohlfahrtsstaates, Hamburg 2012.

KIRCHENAMT DER EKD (Hg.), Kirche der Freiheit. Perspektiven für die evangelische Kirche im 21. Jahrhundert. Ein Impulspapier der EKD, Hannover 2006.

KIRCHENAMT DER EKD (Hg.), Wandeln und gestalten. Missionarische Chancen und Aufgaben der evangelischen Kirche in ländlichen Räumen, EKD-Texte 87, Hannover 2007.

KIRCHENAMT DER EKD (Hg.), Kirche in der Fläche. Konsultation von Landpfarrerinnen und -pfarrern am 31. Juni 2010 in Hannover. (= epd-Dokumentation 45/2010).

KIRCHENAMT DER EKD (Hg.), „Auf dem Land daheim". Dokumentation der 1. Land-Kirchenkonferenz der EKD vom 14.–16. Juni 2011 in Gotha (= epd-Dokumentation 37/2011).

KIRCHENAMT DER EKD (Hg.), Du stellst meine Füße auf weiten Raum. Perspektiven für „Kirche in der Fläche", Dokumentation der 1. Fachtagung der Land-Kirchen-Konferenz der EKD am 6. Juni 2012 in Hannover (= epd 43/2012).

KIRCHENAMT DER EKD (Hg.), Kirchenmitgliederprognose 2009–2040, Hannover 2011.

KIRCHENAMT DER EKD (Hg.), Kirchenbilder – Lebensräume. Dokumentation der 3. Land-Kirchen-Konferenz der EKD vom 18. bis 20. Juni 2015 in Kohren-Sahlis, Dokumentation von Beiträgen der 2. Fachtagung der Land-Kirchen-Konferenz am 6. Mai 2014 in Kassel (= epd-Dokumentation 42/2015).

KLEIN, MICHAEL, Zwischen Eigenkirchenrecht und Dorfkirchenbewegung. Historische Studien zum Verhältnis von Kirche und Land, Berlin 2003.

KLINGHOLZ, RAINER/KRÖHNERT, STEFFEN, Not am Mann. Von Helden der Arbeit zur neuen Unterschicht? Lebenslagen junger Erwachsener in wirtschaftlichen Abstiegsregionen der neuen Bundesländer, Berlin 2007.

KÖTTER, RALF, Das Land ist hell und weit. Leidenschaftliche Kirche in der Mitte der Gesellschaft, Berlin 2014.

KRAINER, LARISSA, Das prozessethische Profil der Diakonie, in: Pastoraltheologie 104 2014, 21–37.

KRETZSCHMAR, GERALD, Kirchenbindung. Praktische Theologie der mediatisierten Kommunikation, Göttingen 2007.

KRÖHNERT, STEFFEN/KUHN, EVA, Die Zukunft der Dörfer. Zwischen Stabilität und demografischem Niedergang, Berlin 2011.

KUNZE, IRIS, Soziale Innovationen für eine zukunftsfähige Lebensweise. Gemeinschaften und Ökodörfer als experimentierende Lernfelder für sozial-ökologische Nachhaltigkeit, Münster 2009.

KÜHN, VOLKER/KOSCHEL, KAY, Gruppendiskussionen. Ein Praxis-Handbuch, Wiesbaden 2011.

Landry, Charles , The Creative City. A Toolkit for Urban Innovators, London 2008².
Lehmann, Michael, Von volkskirchlichem Gemüt und missionarischer Leidenschaft. Beispiele aus dem evangelisch-lutherischen Kirchenkries Gotha, in: Schlegel/Alex, Leuchtfeuer, 149–157.
Lings, George, The Village and Fresh Expressions. Is rural different?, in: Encounters on the Edge 27, Sheffield 2005.

MacDonald, Gordon, Tiefgänger. Eine Geschichte über Menschen mit Potenzial, Leiter mit dem richtigen Blick und das Glück diese Welt zu verändern, Asslar 2011.
Mahr, Gustav, Predigtbuch der Dorfkirche, in 4 Bänden, o.O. 1915–1936.
Martens, Helmut, Beteiligung als soziale Innovation, in: Howaldt/Jacobsen, Soziale Innovation, 371–390.
Mayring, Philipp, Qualitative Inhaltsanalyse. Grundlagen und Techniken, Weinheim/ Basel 2003⁸.
Menzel, Kerstin, Pfarrerinnen und Pfarrer im ländlichen Raum und ihre Kirchenbilder. Eine Reflexion pastoraler Praxis im kirchlichen Umbruch, in: Birgit Weyel/ Peter Bubmann, Kirchentheorie. Praktisch-theologische Perspektiven auf die Kirche, Leipzig 2014, 167–188.
Moulaert, Frank, Social innovation and community development. Concepts, theories and challenges, in: Frank Moulaert/Flavia Martinelli, Erik Swyngedouw/Sara González, London 2010, 4–16.
Moulaert, Frank/Martinelli, Flavia/Swyngedouw, Erik/González, Sara (Hg.), Can Neighbourhoods Save the City? Community Development and Social Innovation, London 2010.
Moulaert, Frank et al, Social innovation. Intuition, precept, concept, theory and practice, in: Frank Moulaert et al, International Handbook , 13–24.
Moulaert, Frank/MacCallum, Diana/Mehmood, Abid/Hamdouch, Abdelillah (Hg.), The International Handbook on Social Innovation. Collective Action, Social Learning and Transdisciplinary Research, Cheltenham 2013.
Moulaert, Frank/Martinelli, Flavia/Swyngedouw, Erik/González, Sara, Towards Alternative Model[s] of Local Innovation, in: Urban Studies 42, 2005¹¹.
Moynagh, Michael, Church for Every Context. An Introduction to Theology and Practice, London 2012.
Möller, Christian, Lasst die Kirche im Dorf! Gemeinden beginnen den Aufbruch, Göttingen 2009.

Neu, Claudia, Territoriale Ungleichheit. Eine Erkundung, in: Aus Politik und Zeitgeschichte 37/2006, 8–15.
Neu, Claudia/Schlegel, Thomas, Anders und doch so ähnlich: Kirche und Staat als Akteure im ländlichen Raum, in: kunst und kirche 74, 2011, 9–14.
Nock, Lukas/Krlev, Gorgi/Mildenberger, Georg, Soziale Innovationen in den Spitzenverbänden der Freien Wohlfahrtspflege – Strukturen, Prozesse und Zukunftsperspektiven. Eine Studie des Centrums für soziale Investitionen und Innovationen, Univer-

sität Heidelberg (CSI). Im Auftrag der BAGFW mit Unterstützung durch das BMFSFJ, Berlin 2013.

Noort, Gerrit, Einen Spielraum zur Neuorientierung bereitstellen, in: Christiane Moldenhauer/ Georg Warnecke (Hg.), Gemeinde im Kontext. Neue Ausdrucksformen gemeindlichen Lebens, Neukirchen-Vluyn 2012, 134–144.

von Nordheim, Wolf/Jenichen, Susann, SI-Forschungsprojekt „Befähigende Kirchengemeinde" in der Uckermark, vgl. Zwischenbericht zum Projekt 123 des SI der EKD, Hannover 2012, 19 (unveröffentlicht).

Parpan-Blaser, Anne, Innovation in der Sozialen Arbeit. Zur theoretischen und empirischen Grundlegung eines Konzepts, Wiesbaden 2011.

Perri, G., Innovation by Nonprofit Organizations. Policy and Research Issues, in: Nonprofit Management & Leadership 3 1993[4], 397–414.

Petrick, Martin, Re-thinking Rural Policy. External Stimulation in an Evolutionary Model of Neo-endogenous Rural Development, in: Frieder Dünkel/ Michael Herbst/ Thomas Schlegel (Hg.), Think rural!, 163–184.

Petry, Bernhard, Leiten in der Ortsgemeinde, Gütersloh 2001.

Piroth, Nicole/Spenn, Matthias, Gemeindepädagogische Professionalität: berufliche Kompetenzen und Aufgaben, in: Bubmann, Peter u. a. (Hg.), Gemeindepädagogik, Berlin/Boston 2012, 297–323.

Pohl-Patalong, Uta, Von der Ortskirche zu den kirchlichen Orten. Ein Zukunftsmodell, Göttingen 2006[2].

Pompe, Hans-Hermann, Die kreative Region. Was die Kirche von dem Stadtvisionär C. Landry lernen kann, in: Heinzpeter Hempelmann/Hans-Hermann Pompe (Hg.), Freiraum. Kirche in der Region missionarisch entwickeln, Leipzig 2013, 155–179.

Pompe, Hans-Hermann/Schlegel, Thomas (Hg.), Mitmenschen gewinnen. Wegmarken fur Mission in der Region, , (Kirche im Aufbruch 2), Leipzig 2011.

Preul, Reiner, Kirchentheorie, Berlin/New York 1997.

Przyborski, Aglaja/Wohlrab-Sahr, Monika, Qualitative Sozialforschung. Ein Arbeitsbuch, München 2009[2].

Rammert, Werner, Die Innovationen der Gesellschaft, in: Howaldt/Jacobsen, Soziale Innovation, 21–52.

Rammler, Dieter/Wieblitz, Albert (Hg.), Gemeindekuratoren und Gemeindekuratorinnen. Projektdokumentation, o.O., 2010.

Rawls, A. Sen, Gerechte Teilhabe. Befähigung zu Eigenverantwortung und Solidarität, Eine Denkschrift des Rates der Evangelischen Kirche in Deutschland zur Armut in Deutschland, Gütersloh 2006.

Reformbüro der EKBO (Hg.), Stadt und Land – Welche Kirche brauchen wir morgen?, Schwanenwerder Gespräche, Berlin 2014, 11–52.

Robert Koch-Institut (Hg.), Sterblichkeit, Todesursachen und regionale Unterschiede, Gesundheitsberichterstattung des Bundes, Heft 52, Berlin 2011.

Rogers, Everett, Diffusion of Innovations, New York 2003[5].

Ross, Cathy, An Exposition and Critique of the Five Marks of Mission, in: Christoph Ernst (Hg.), Ekklesiologie in missionarischer Perspektive, Leipzig 2012, 146–157.

Rothman, Jack/Erlich, John L./Teresa, Joseph G., Innovation und Veränderung in Organisationen und Gemeinwesen. Ein Handbuch für Planungsprozesse, Freiburg i. Br. 1979.

Rouet, Albert, Die Gaben der Taufe und die Strukturen der Kirche, in: Martin Alex/Thomas Schlegel, Mittendrin!, 208–228.

Rössler, Dietrich, Grundriß der Praktischen Theologie, Berlin/New York 1994².

Schilling, Jürgen, Anstöße und Aufgaben – Zur Zukunft der „Kirche in der Fläche", in: epd 34/2012, 37–39.

Schlegel, Thomas, Dreifache Ermutigung. Impulse aus landeskirchlicher Sicht, in: Michael Domsgen/Ekkehard Steinhäuser (Hg.), Identitätsraum Dorf, 155–160.

Schlegel, Thomas, Integration und Partizipation als Herausforderung ländlicher Räume, in: Lebendiges Zeugnis 68/1 2013, 43–51.

Schlegel, Thomas, Mission im Osten Deutschlands und das Problem des Anknüpfungspunktes, in: Herbst/Clausen/Schlegel (Hg.), Alles auf Anfang, 117–135.

Schlegel, Thomas, Regionale Ausstrahlung oder Dienst vor Ort? Wie wir Menschen auf dem Lande besser erreichen, in: Schlegel/Alex (Hg.), Leuchtfeuer, 19–39.

Schlegel, Thomas, Strukturell angefragt: Volkskirche in ländlichen Räumen, in: Kirche im ländlichen Raum 64,1 (2013), 8–11.

Schlegel, Thomas, Vielfalt als Mehrwert. Das missionarische Potenzial von Region, in: Christiane Moldenhauer/Georg Warnecke (Hg.), Gemeinde im Kontext. Neue Ausdrucksformen gemeindlichen Lebens, Neukirchen 2012, 47–55.

Schlegel, Thomas, Von Wohlfahrtsstaat und Versorgungskirche: Das Ende einer Ära? Response zum Beitrag von Claudia Neu, in: Dünkel/Herbst/Schlegel (Hg.), Think rural!, 125–130.

Schlegel, Thomas/Alex, Martin (Hg.), Leuchtfeuer oder Lichternetz. Missionarische Perspektiven für ländliche Räume, Neukirchen-Vluyn 2012.

Schlegel, Thomas, „Weniger ist Zukunft". Kirchliches Wachstum in Zeiten des Schrumpfens?, in: Hans-Hermann Pompe/Thomas Schlegel (Hg.), Mitmenschen gewinnen. Wegmarken für Mission in der Region, 145–171.

Schlegel, Thomas, „Zeit für tiefere Bohrungen". Feedback aus der Perspektive Wissenschaft, epd-Dokumentation 17/2014, 40–43.

Schleinzer, Annette, „Vor Ort lebt Kirche" – Das VOLK-Projekt im Bistum Magdeburg, in: evangel. Magazin für missionarische Pastoral 2/2013.

Schneider, jan Simon, Der Blaue Bus – mit einem Jugendhaus auf Rädern vom Zentrum in die Fläche, in: Schlegel/Alex, Leuchtfeuer, 140–157.

Schregle, Franz, Pastoral in ländlichen Räumen. Wegmarkierungen für eine landschaftliche Seelsorge, Studien zur Theologie und Praxis der Seelsorge 77, Würzburg 2009.

Schröder, Anna-Konstanze, Innovation und Sprödigkeit. Die Gemeindepflanzung in Bergen und ihr organisatorischer Rahmen, in: Moldenhauer/Warnecke (Hg.), Gemeinde im Kontext, 124–133.

Schulz, Claudia/Hauschildt, Eberhard/Kohler, Eike, Milieus praktisch. Analyse- und Planungshilfen für Kirche und Gemeinde, Göttingen 2010[3].

Schwarz, Fritz/Sudbrack, Rainer, Überschaubare Gemeinde, Band 2 – die Praxis: Für Leute, die in der Kirche anpacken wollen, Gladbeck 1980.

Spellerberg, Annette, Ländliche Räume in der hoch technisierten Dienstleistungsgesellschaft: mittendrin oder außen vor?, in: Barlösius/Neu (Hg.), Peripherisierung, 25–35.

Spreng, Beatrix, Entspannte Zuwendung zu „rechten" Jugendlichen, in: Gerhard Linn, Schritte der Hoffnung. Missionarische Gemeindeinitiativen, im Auftrag der EKU, Neukirchen 1999, 170–174.

Sundermeier, Theo, Konvivenz als Grundstruktur ökumenischer Existenz heute [1986], in: Theo Sundermeier, Konvivenz und Differenz. Studien zu einer verstehenden Missionswissenschaft, Erlangen 1995, 43–75.

Sundermeier, Theo, Mission – Geschenk der Freiheit. Bausteine für eine Theologie der Mission, Frankfurt am Main 2005[1].

The Archbishops' Council, Mission-shaped church, Church planting and fresh expressions of church in a changing context, London 2009[2].

Treiber, Angela, Volkskunde und evangelische Theologie: die Dorfkirchenbewegung 1907–1945, Köln/Weimar/Wien 2004.

Uckeley, Alfred, Die moderne Dorfpredigt, Leipzig 1914[2].

Wagner, G. Burkhard, Missionarisch leben in der „Platte" – „nebenan" in Bergen auf Rügen, in: Moldenhauer/Warnecke (Hg.), Gemeinde im Kontext, 118–123.

Warneck, Gustav, Evangelische Missionslehre, Band I: Die Begründung der Sendung, Gotha 1897.

Warren, Robert, Vitale Gemeinde. Ein Handbuch für die Gemeindeentwicklung, Neukirchen-Vluyn 2008.

Weber, Andreas/Klingholz, Reiner, Demografischer Wandel. Ein Politikvorschlag unter besonderer Berücksichtigung der Neuen Länder, Gutachten erstellt vom Berlin-Institut für Bevölkerung und Entwicklung, Berlin 2009.

Weber, Friedrich, Flächenpfarrerin, Wanderprediger, Verwalter ...?, in: epd 43/2012, 16–24.

Wegner, Gerhard, Sozialwissenschaftliche Vermutungen über das Geheimnis attraktiver Kirchengemeinden, in: Philipp Elhaus/Matthias Wöhrmann (Hg.), Wie Kirchengemeinden Ausstrahlung gewinnen. Zwölf Erfolgsmodelle, Göttingen 2012, 187–198.

Wiesenthal, Helmut, Markt, Organisation und Gemeinschaft als ‚zweitbeste' Verfahren sozialer Koordination, in: Raymund Werle/Uwe Schimank (Hg.), Gesellschaftliche Komplexität und kollektive Handlungsfähigkeit, Frankfurt/Main 2000.

Winkler, Marlis, Nähe, die beschämt. Armut auf dem Land, Münster 2010[2].

Winter, Dagmar, Faith and Future of the Countryside, in: epd 34/2012, 29–32.

Wittwer-Backofen, Ursula/Luy, Marc, Soziale Ungleichheit – Ein Stadt-Land-Gefälle?, Public Health Forum 9,33 2001.

Wölbing, Werner (Hg.), Handbuch der Evangelischen Kirche von Kurhessen-Waldeck – Beschreibung der Kirchengemeinden und Kirchenkreise, im Auftrag des Landeskirchenamtes Kassel, Kassel 1994.

Wulz, Gabriele, Bleibt die Kirche im Dorf? Gemeinde im ländlichen Raum: Chancen, Grenzen und Herausforderungen, Gießen 2010.

Wuttke, Jörg, Zellgemeinde, Essen 2001[3].

Zentralausschuss für die innere Mission der deutschen evangelischen Kirche, Programm und Statut, Berlin/Hamburg 1849.

Zimmermann, Johannes, Gemeinde zwischen Sozialität und Individualität. Herausforderungen für den Gemeindeaufbau im gesellschaftlichen Wandel, BEG 3, Neukirchen-Vluyn 2009[2].

Digitale Verweise

http://de.wikipedia.org/wiki/M %C3 %A4rkisch-Oderland#cite_note-Metadaten_Einwohnerzahl_DE-BB-1 (27.08.2013)

http://www.amt-brueck.de/verzeichnis/objekt.php?mandat=16771 (17.05.2013)

http://www.amt-bruessow.de

http://www.arthurrankcentre.org.uk

http://www.bagfw.de/veröffentlichungen

http://www.bbsr.bund.de/cln_032/nn_1067638/BBSR/DE/Raumbeobachtung/Raumabgrenzungen/Raumtypen2010_vbg/Raumtypen2010_alt.html

http://www.bib-demografie.de/SharedDocs/Publikationen/DE/Download/Grafik_des_Monats/2013_04_geburtenziffer_stand_land.pdf?__blob=publicationFile&v=5

http://www.bistum-hildesheim.de/bho/dcms/sites/bistum/gesellschaft/lokale_kirchenentwicklung/index.html

http://www.blickpunkt-brandenburg.de/nachrichten/uckermark/artikel/14755.html

http://www.christophorus-gemeinde.de (08.08.2013)

http://content.alpha.ch/b2c/1-ratgeber-hr-informationen/4-wissen-weiterbildung/1_alpha-aktuell/schattenseite-best-practice-lehre (05.11.2012)

http://cvjm-iko.de/ (07.08.2013)

http://www.dekanat-gunzenhausen.de

http://www.diakonische-gemeinschaft.hephata.de

http://www.ebs.edu/index.php?id=10864&L=0 (11.02.2013)

http://www.ekd.de/download/kirche-der-freiheit.pdf

http://www.ekd.de/EKD-Texte/ekdtext_87.html

http://www.ekd.de/presse/pm117_2011_preis_stiftung_kiba_2011.html (15.07.2013)

http://www.ekd.de/si/projekte/17503.html

http://www.elf-tv.eu (08.08.2013)

http://www.elf-tv.eu/index.php?option=com_content&view=category&layout=blog&id=11&Itemid=17

http://www.evangelische-akademien.de/vitalisierung
http://www.fuba-fubb.kkbz.de (09.08.2013)
http:// www.gemeindekurator.de
http://www.gemeindekurator.de/uploads/media/Gemeinschaft_staerken.pdf
http://www.gemeindekurator.de/uploads/media/Projektdokumentation.pdf
http://www.hausderbegegnungglobig.de (10.07.2013)
http://www.hooge.de
http://www.joachimsthal.de/stadt/geschichte (02.05.2013)
http://kigha.pytalhost.com/projekte-events/geplante-projekte/restaurant-des-her zens (08.08.2013)
http://www.kirchbautag.de/index.php?id=1257&type=98 (31.01.2014)
http://www.kirchbautag.de/kirchbautag/27-evangelischer-kirchbautag/rostocker-re suemee.html (06.08.2013)
http://www.kirche-geithain.de (09.08.2013)
http://www.kirche-im-aufbruch.ekd.de/images/1._Land-Kirchen-Konferenz_-_epd -Sonderdruck.pdf
http://www.kirche-im-aufbruch.ekd.de/images/Du_stellst_meine_Fuesse_auf_wei ten_Raum_43_do_1_44_Sonderausgabe.pdf
http://www.kirche-im-aufbruch.ekd.de/images/epd-Dokumentation_10–45_Kirche_ in_der_Flaeche_SONDERAUFLAGE.pdf
http://www.kirche-im-aufbruch.ekd.de/themen_projekte/kirche_in_der_flaeche.html.
http:// www.kirche-im-aufbruch.ekd.de/zukunftswerkstatt/programm/galerie_guter_ pra xis.html (04.11.2013)
http://www.kirche-lohmen.de/ueber-uns.html (11.08.2013)
http://www.kirche-schoenfeld.org
http://www.kkjd-ohz.de/Archiv/Fussballcamp (09.08.2013)
http://www.maerkisch-oderland.de/cms/upload/pdf/statistik/31–12–2009/Kreiskarte 2010.pdf (27.08.2013)
http://www.malchower-labyrinthpark.de
http://www.mut-gegen-rechte-gewalt.de
http://www.oikoumene.org/de/resources/documents (19.08.2013)
http://www.radwegekirchen.de/attachment/1e12d6c81a46b422d6c11e1967e111e6ea9d 0fdd0fd/1e1888405fcc5de888411e18b647917fe3fbb03bb03/Leitlinien_Radwegekirche. pdf (10.08.2013)
http://www.reformprozess.ekbo.de/1057594 (15.07.2013)
http://www.religioustransformations.org
http://www.soli-deo-gloria.com
http://www.stadt-kemberg.de/verzeichnis/objekt.php?mandat=99152 (10.07.2013)
http://www.stadt-laage.de/index.php?id=71 (09.08.2013)
http://www.tls.thueringen.de/datenbank (07.08.2013)
http://www.uni-greifswald.de/forschen/forschungsleistung/forschungskonsortium-think-rural.html
http://www.vg-seenplatte.de/inhalte/vg-seenplatte/_inhalt/unsere_vg/unsere_vg (07.08.2013)

http://www.youtube.com/watch?v=nA1fnDSdFCk (09.08.2013)
http://www.zmir.de/veroffentlichungen/zmir_praktisch/

Kirchenzeitungen, Zeitungen, Faltblätter, Kirchenschriften

Die Kirche, 06.01.2013.
Faltblatt „Zurück zu den Quellen. Gemeindeprojekt im Kirchenkreis Schleiz in Zusammenarbeit mit der Christusbruderschaft Selbitz", Kirchenkreis Schleiz (Hg.).
Gemeindebrief für den Ev. Pfarrsprengel Schönfeld und die Kirchengemeinden Göritz und Malchow (Juni – Juli – August 2013), 2.
Güstrower Anzeiger, 20.01.2004.
Güstrower Anzeiger, 31.12.2006.
Kirche im Dorf, Himmelspforten/Hasefeld, 1950–1978.
Kirche im ländlichen Raum, Altenkirchen, 1978 ff.
Kirchliches Amtsblatt der EKKW, Nr. 8/128. Jahrgang, 31. August 2013, Nichtamtlicher Teil, Stellenausschreibungen der EKD.
Kirchenzeitung, 29.02.2004.
Märkische Allgemeine Zeitung, 31.07.2009.
Märkische Allgemeine Zeitung, 14.12.2009.
MZ Wittenberg/Gräfenhainichen, 08.04.2013.
Prenzlauer Zeitung, 16.11.2012.
Süddeutsche Zeitung, 30.08.2013.

Abkürzungsverzeichnis

ABM	Arbeitsbeschaffungsmaßnahme
ALMOLIN	Alternativ models for local innovations
BAFF	Bands auf festen Füßen
BAGFW	Bundesarbeitsgemeinschaft der Freien Wohlfahrtspflege e. V.
BBSR	Bundesinstitut für Bau-, Stadt- und Raumforschung
BMPL	ursprünglicher Titel der Greifswalder Studie „Landaufwärts“
CA VII	Confessio Augustana Artikel 7
CSI	Centrum für soziale Investitionen und Innovationen
CVJM iKO e. V.	Christlicher Verein junger Menschen im Kirchenkreis Oderbruch, eingetragener Verein
FUB	Förder- und Betreuungsbereich
GET	Gemeindeentwicklungstraining
GKR	Gemeindekirchenrat
HA bzw. H	Hauptamtliche
EA bzw. E	Ehrenamtliche
EKBO	Evangelische Kirche Berlin-Brandenburg-schlesische Oberlausitz
EKD	Evangelische Kirche in Deutschland
EKM	Evangelische Kirche in Mitteldeutschland
ELER	Europäischer Landwirtschaftsfonds für die Entwicklung des ländlichen Raumes
ELF	Erstes Laager Fernsehen
ELKB	Evangelisch-Lutherische Kirche in Bayern
EVLKA	Evangelisch-lutherische Landeskirche Hannovers
EVLKS	Evangelisch-Lutherische Landeskirche Sachsens
EKvW	Evangelische Kirche von Westfalen
EW/qkm	Einwohner pro Quadratkilometer
IEEG	Institut zur Erforschung von Evangelisation und Gemeindeentwicklung
KK	Kirchenkreis
KR	Kirchenrat
Nordkirche	Evangelisch-Lutherische Kirche in Norddeutschland
OECD	Organisation für wirtschaftliche Zusammenarbeit und Entwicklung
OKR	Oberkirchenrat
ROB	Raumordnungsbericht
VOLK-Projekt	„Vor Ort lebt Kirche“-Projekt